KB187850

정의론과 정치철학

실천철학의 쟁점들

2

정의론과 정치철학

박정순 외 지음

철학과 현실사

차례

발간사 6

1부 고전적 정의론

정의와 권위:『크리톤』이 주는 메시지 _ 이영환 11
플라톤의 국가철학:『국가』에 나타난 개인-국가 관계를 중심으로
    _ 이상인 43
플라톤의『국가』에서 정의와 강제 _ 강성훈 75

2부 롤즈의 정의론

자유주의 정치철학과 복지: 롤즈의 재산소유 민주주의를 중심으로
    _ 정원섭 107
자존감의 사회적 토대에 대한 비판적 고찰: 롤즈『정의론』의 분배 대상과
    원칙 논의를 중심으로 _ 목광수 133
페어플레이의 원칙에 대한 재조명과 리처드 아네슨에 대한 답변 _ 정훈 161
롤즈의 공정으로서의 정의가 현대 입헌 민주주의의 위기에 대해 갖는 실천적
    함의 _ 정태창 213

3부 신자유주의, 자유주의, 그리고 그 너머

윤리학에서 감정의 위치와 역할: 공동체주의, 여성주의, 자유주의
    _ 박정순 245

정치적 계약주의 비판: 선택에서 역량으로 _ 이양수 276
자유주의와 공화주의를 넘어서: 헤겔 국가철학에 내재한 '사회적 국가'의
    이념 _ 정대성 324
왈저의 반이상주의 정치철학: 상대주의와 보수주의 반론에 답하기
    _ 김은희 353
하버마스의 담론윤리학의 타당성에 관한 일 고찰 _ 정현철 391

4부 평등의 여러 문제

불평등에 대한 철학적 성찰 _ 신중섭 423
의료민영화와 정의로운 보건의료체계: 수단과 목적 _ 박상혁 454
여성의 범주와 젠더 정체성의 법적 수행 _ 김선희 481
안희정 1심 무죄 판결의 부당성 조명 _ 정대현 502
기술격차에 대한 철학적 반성: '접근성' 개념의 제안 _ 손화철 529

5부 한국사회와 정치철학

전통과 근대: 한국의 유교적 근대성 논의를 중심으로 _ 나종석 561
독립운동과 민주공화주의 이념 _ 이상훈 606

발간사

2019년은 '한국윤리학회'가 창립 30주년을 맞이한 뜻 깊은 해입니다. 1989년 '사회윤리학회'라는 이름으로 지금은 원로가 되신 여러 소장 학자의 의기투합에서 출발한 모임이 2007년에는 제 모습에 어울리는 '한국윤리학회'로 이름을 바꾸어 오늘에 이르렀습니다. 고금동서(古今東西)와 공사(公私)를 아우르는 그야말로 윤리학의 전 영역을 다루는 순수한 학술적 토론의 본산으로서, '한국윤리학회'는 감히 우리 철학계 여러 중진 학자들의 정신적 고향임을 자부합니다.

지난 30년, '한국윤리학회'는 신진 학자에게는 학계로의 진입로를 제공하는 동시에, 새로운 국제적 흐름을 국내 학계에 전파하려고 노력해 왔습니다. 국내외에서 윤리학을 전공한 대다수 박사급 학자가 본 학회를 거쳤고, 지금은 일반인에게도 잘 알려진 여러 해외 석학을—마이클 샌델, 피터 싱어, 마사 누스바움 등을—최초로 국내에 초청하였습니다. 또 국내 동량의 학문적 성과를 널리 공유하기 위하여 2012년에 창간한 『윤리학』은 2017년에 한국연구재단 등재후보지로 선정된 이래 등재지로의 승격을 향하여 순항하고 있습니다.

그리 짧지 않고 늘 순탄치만은 않았던 여정에서 '한국윤리학회'가 지금 이 자리를 굳건히 지킬 수 있었던 데에는 여러 전임 회장을 비롯한 많은 회원의 헌신적 노고와 후원이 있었습니다. 한편으로 오늘 우리가 발간하는 이 두 권의 책은 비록 부족하나마 바로 그분들의 노고와 후원을 기리고 감사의 마음을 전달하기 위한 것입니다. 다른 한편으로 이 두 권의 책은, 학문공동체가 사회에 공헌할 수 있는 하나의 유력한 방편으로서, 새로운 사상적 흐름과 최근의 사회현상에 대응하여 일궈진 다각적 연구성과를 모아 한눈에 조망하기 위한 것입니다.

지난 30년, 우리 사회는 정치적, 경제적, 문화적 격변을 겪었습니다. 나라의 이념적 근간부터 말초적 현상에 이르기까지 시급히 논의해야 할 무수한 쟁점이 불거졌고, 이 쟁점에 대한 다양한 반응과 관점이 출현하였습니다. 또 같은 세월 후속세대의 성장과 더불어 순수한 학술적 토론의 영역에서도 신선한 주제와 해석이 등장하였습니다. 윤리학과 사회철학이라는 한정된 영역에서조차 이 다양함과 신선함을 모두 담아낼 순 없었지만, 이 두 권의 책이 그동안 '한국윤리학회'를 거쳐 간 국내 동량의 성과를 일별할 기회가 될 수 있기를 희망합니다.

자신의 옥고를 쾌척해주신 모든 회원께 감사드립니다. 덧붙여 오랫동안 회장직을 역임하면서 본 학회의 발전에 크게 공헌하셨던 연세대학교 철학과 박정순 교수의 정년퇴임과 맞물려 이 책을 출판할 수 있게 된 것을 매우 기쁘게 생각합니다.

전 한국윤리학회 회장

김 신

1부

고전적 정의론

정의와 권위: 『크리톤』이 주는 메시지

이 영 환

『크리톤』은 사형집행 며칠 전에 자신을 찾아와 탈옥을 종용하는 친구 크리톤에게 소크라테스가 자신이 감옥에 남아 사형을 담담히 받아들여야 함을 논증하는 대화편이다. 이 대화편은 한국에서는 "악법도 법이다", 즉 부정의한 법이라도 그것이 법인 한에서는 무조건 지켜야 한다는 '권위주의적(authoritarian)' 메시지를 담고 있는 것으로 오해되어온 대화편인데 이러한 대화편의 성격과 한국의 현실정치와의 연관성 때문에 국내 학계의 규모에 비해 상대적으로 많은 연구가 수행된 작품이다. 『크리톤』의 소크라테스의 논증이 "악법도 법", 즉 모든 법은, 심지어 그 법이 부정의하더라도 따라야 한다고 주장하는 것으로 이해될 수 없다는 것은 분명하다. 『크리톤』에서 논의되는 문제 상황은 오히려 적용되는 법은 악법이 아니지만 그 법을 적용하여 판결하는 과정에서 잘못이 있어 부정

* 이 논문은 서울대학교 철학사상연구소 편, 『철학사상』 제69권(2018. 8)에 실린 글이다.

의한 유죄선고가 내려진 경우이다.[1] 이때 피고인이 선고된 벌을 감내해야 하는지, 아니면 법의 적용, 판결에 잘못이 있으니 그 판결에 불복하여 벌을 피하는 것이 정당화되는지가 문제이다. 이 대화편에서 소크라테스가 내리고 있는 결론은 비록 배심원들의 판결이 잘못되었더라도 벌을 감내해야 한다는 것이다. 그렇다면 비록 『크리톤』의 소크라테스가 "악법도 법"(잘못된 법을 포함한 모든 법에 복종해야 한다)이라고 주장하지는 않았지만 잘못된 판결에 대해서는 그와 상당히 유사한 권위주의적 주장(잘못된 판결을 포함한 모든 판결에 복종해야 한다)을 하고 있는 것이다. 한국에서 『크리톤』에 대한 오해를 불식시키고자 노력한 여러 연구에도 불구하고 『크리톤』에서의 소크라테스의 입장이 권위주의적인지 아닌지는 그래서 학자들 간에 아직도 논란거리이다.[2]

이 작품의 해석과 관련해서 두 가지 문제가 제기될 수 있다. 하나는 『크리톤』에서의 소크라테스[3]의 입장이 다른 대화편, 특히 『소크라테스의 변명』(이하 『변명』)에서 개진되는 소크라테스의 입장과 일관적인가 하는 것이다. 『변명』에서 소크라테스는 국가가 자신에게 철학적 활동, 즉 인간의 훌륭함이 무엇인지를 따지고 탐구하는 일을 그만두라고 한다면 자신은 이러한 명령보다 신의 명령에 더 복종할 것이라고 말하고 (37e-38a), 또한 자신이 실제로 민주정과 참주정 하에서 각각 국가/정치권력의 명령에 불복종한 이야기를 들려주고 있다. 만약 『크리톤』의 소크라테스가 국법의 명령은 그 명령이 부정의하더라도 복종하여야 한다

---

1) 권창은(1993)은 소크라테스에게 사형을 언도한 근거가 되는, 불경건을 벌하는 법이 아테네 시민에게도 소크라테스에게도 악법이 아님을 설득력 있게 주장하였다. 사실 대화편에 등장하는 의인화된 법 스스로가 소크라테스의 경우에 있어 잘못된 것은 법이 아니라 사람들, 즉 배심원들의 판결이라는 것을 지적한다. 54c.
2) 이 주제에 대한 학계의 지형은 Kraut(1987), 5-7과 Weiss(1998), 5, 주 5 & 6을 참조하라.
3) 이 맥락에서 '역사적 소크라테스의 문제', 즉 대화편에 등장하는 소크라테스가 실제 역사의 소크라테스를 반영하는지, 아니면 플라톤의 작중인물로서의 소크라테스인지의 문제는 다루지 않는다.

는 주장을 하는 것이라면, 『크리톤』의 소크라테스는 『변명』의 소크라테스와는 상치된 주장을 하는 셈이다. 『크리톤』의 논증이 앞 문단에서 지적했듯이 국가/법률이 명령하는바 일반에 대한 것이 아니라 재판 판결 결과에 대한 것으로 한정된다고 하더라도 철학을 그만두라는 판결에는 복종할 수 없다는 『변명』의 소크라테스의 선언은 『크리톤』의 소크라테스의 주장과는 일견 상치되는 것으로 보인다.

　소크라테스의 주장의 일관성의 문제는 『크리톤』과 『변명』 사이에서만 제기될 수 있는 것이 아니라 『크리톤』 내부에서도 제기될 수 있다. 『크리톤』에서 소크라테스는 자신이 탈옥해야 함을 논증하는 크리톤에게 자녀 양육이나 사람들 사이에서의 평판 등의 문제들은 논외로 하고 자신이 탈옥을 하는 것이 정의로운지 아닌지만을 검토해야 한다고 역설하고 논변을 펼쳐나가다가 중간에서 갑자기 아테네의 법률을 의인화해서 그 입을 빌려 탈옥 반대 논증을 이어나간다. 의인화된 법의 등장 시점을 기준으로 소크라테스 논증의 전반부와 후반부를 나눈다면 전반부에 제시된 논증의 전제들은 소크라테스가 여러 대화편에서 반복적으로 일관되게 주창해왔던 원칙들[4]로 구성되어 있는 반면 후반부의 논증에는 권위주의적인 해석이 자연스러워 보이는 많은 내용이 들어가 있다. 그래서 후반부의 의인화된 법이 설파하는 논증이 과연 소크라테스 자신의 입장을 나타내는 것으로 이해해야 할지, 아니면 소크라테스의 입장과는 거리가 있는 것으로 봐야 할지가 문제이다. (편의상 의인화된 법의 논증이 소크라테스의 입장을 담고 있지 않은 것으로 보는 입장을 '단절적 해석'으로 부르고 그와 반대로 의인화된 법의 논증까지 하나의 연속적인 논변으로

---

4) 옳다고 판단되는 원칙에만 기반해서 행동한다(46b). 다수의 의견이 아니라 전문가의 의견을 따라야 한다(47bc). 몸보다 영혼을 돌보는 것이 더 중요하다(47e). 단지 사는 것이 아니라 훌륭하게 사는 것이 중요하다(48b). 어떤 경우에도 자발적으로 부정의를 행하면 안 되며 이것은 부정의를 당했을 때에도 마찬가지다(49a-c). 합의한 것이 정의롭다면 합의를 이행해야 한다(49e).

보는 입장을 '통일적 해석'으로 부르겠다.) 물론『크리톤』해석상의 이두 문제는 서로 밀접하게 연결되어 있고 이 문제에 대한 입장은 후반부의 의인화된 법이 제시하는 논증을 어떻게 이해하느냐에 따라 결정된다. 후반부의 논증을 전반부의 논증과는 달리 권위주의적으로 이해하거나 또는 어떤 방식으로든 소크라테스 자신의 입장이 아니라고 이해한다면, 즉 단절적 해석을 취하면, 자연스럽게『크리톤』과『변명』사이의 일관성은 부정하게 되거나 아니면 아예 논의거리가 안 될 수도 있다.

위의『크리톤』해석의 문제에 대한 필자의 입장은『크리톤』후반부의 의인화된 법의 논증도 핵심적인 내용에서는 소크라테스 자신이 받아들이는 논증이라는 것이다.[5] 그 논증은 어떤 의미에서 권위주의적이라고도 할 수 있는 사상을 담고 있지만 그때의 권위주의란 합리적으로 받아들일 수 있는 수준의 권위주의라는 것이 이 글의 결론 중 하나이다. 이글의 또 하나의 결론은 대화편『크리톤』의 핵심 메시지가 무엇인가에 대한 것이다. 필자는 대화편『크리톤』의 핵심 메시지가 많은 학자들이 당연시하듯이 단순히 "부정의한 재판 결과에 승복해야 한다"인지 의구심을 갖고 있다. 필자는 부정의한 재판 결과에 대한 승복 여부 문제를 제기하고 논의하는 것을 통해『크리톤』이 전하고자 하는 또 다른 중심 메시지가 있다고 주장할 것이다.

아래 1절에서 필자는 단절적 해석을 비판적으로 논의하면서 필자의 해석 방향을 드러내고 2절에서는 그럼에도 불구하고 통일적 해석을 지

---

5) 위 문장에서 "핵심적인 내용에서는"이라는 한정구에 대해서는 2절에서 좀 더 설명한다.『크리톤』해석에 대한 필자의 입장은 어느 정도 절충적인 입장이라고 할 수 있다. 필자는 전체적으로 의인화된 법의 논증도 그 핵심적인 내용에 있어 소크라테스 자신이 받아들이는, 그리고 받아들일 만한 논증이라고 생각하지만, 그렇다고 해서 의인화된 법의 모든 주장이 그렇다고 생각하지는 않는다. 즉, 소크라테스 자신이 받아들이지 않을 만한 주장이 여기저기에 있다고 하더라도 그것이『크리톤』전체 해석의 방향을 단절적 해석으로 결정할 만큼은 아니라고 판단하는 것이다. 비슷한 의미의 절충적인 입장을 취하는 학자로 Gallop(1998)이 있다.

지하는 입장에 문제를 제기하는 것으로 보이는 몇몇 문제되는 텍스트를 다루겠다. 3절에서는 의인화된 법의 논증이 소크라테스의 입장을 대변한다면 도대체 왜 저자 플라톤은 이러한 특이한 서술방식을 택했는지를 다루면서 『크리톤』의 중심 메시지가 부정의한 재판 결과에 승복해야 한다는 것만으로 한정되지 않는다는 것을 주장하겠다.

1. 법의 입을 빌린 논증은 소크라테스 자신의 입장인가?

이 절에서는 하르테와 김유석의 단절적 해석[6]을 논의하면서 그 해석을 지지하는 전거들 중 필자가 보기에 받아들일 만하지 않은 것들을 논의할 것이다. 그것은 (1) 대화편 말미의 소크라테스의 코뤼반테스 의식에 대한 언급과 (2) 대화편의 드라마적 흐름에 등장하는 대화 상대자 크리톤의 성격이다. (1)은 하르테가 제시하는 근거이고, (2)는 김유석이 제시하는 근거이다. 그 다음에 필자가 통일적 해석을 지지하는 이유를 상술할 것이다.

먼저 대화편 말미에 등장하는 '코뤼반테스 의식'에 대한 언급에 대해 이야기해보자. 하르테(Verity Harte)는 그의 논문 "Conflicting Values in Plato's Crito"에서 의인화된 법이 제시하는 논변의 전제들은 소크라테스 자신이 지지하는 원칙들과 단지 다를 뿐 아니라 상충한다고 주장한다. 구체적으로 소크라테스와 의인화된 법 둘 다 복수하지 말라는 원칙(principle of non-retaliation, 이하 '무복수의 원칙')과 합의한 것을 지키라는 원칙(principle of keeping agreements, 이하 '합의의 원칙')을 견지하지만 그 구체적인 내용은 상충된다는 것이다. 이러한 해석에 따르면 『크리톤』은 통상적으로 이해되듯이 소크라테스가 부당한 판결의 희생자이면서도 탈옥을 거부할 이유를 제시하는 대화편이 아니다. 오히

---

6) Rosslyn Weiss(1998)와 박성우(2010)도 비슷한 입장이다.

려 이 대화편은 의인화된 법과 소크라테스 사이의 가치의 충돌을 드러냄을 통해 독자인 우리로 하여금 자신과 자신이 속해 있는 사회의 가치관에 대해 반성할 것을 촉구하는 작품이고 그런 의미에서 — 즉, 적극적인 주장 없이 대화 상대자/독자로 하여금 자신이 믿고 있는 바를 검토하도록 이끈다는 의미에서 — 소크라테스적 대화편이라는 것이다.

그가 자신의 해석을 지지하기 위해 제시하는 전거는 두 가지인데 첫째는 대화편 말미, 54d에서 소크라테스가 덧붙이는 코뤼반테스 의식에 대한 언급이고 둘째는 50e-51a에 등장하는 법의 주장이 가지는 함의이다. 필자는 그의 두 번째 전거는 설득력 있는 것으로 인정하고 여기서는 코뤼반테스 의식 언급에 대해서만 다루겠다.[7]

소크라테스는 논증을 끝내고 대화편 말미에 다음과 같은 말을 한다.

"친애하는 벗, 크리톤이여! 잘 알아두게나. 나는 이런 말들이 들리는 것으로 생각하네. 마치 코뤼반테스의 의식에 참여했던 사람들이 아울로스의 소리가 들리는 것으로 생각하듯이 말이네. 그리고 내 귀에서는 바로 이 말소리가 윙윙거리며 내가 다른 것을 들을 수 없게 하네. 알아두게나. 지금 내가 생각하는 것들에 관한 한, 자네가 그것들에 반대하는 주장을 편다면, 자네의 주장은 헛된 게 될 것이네."(54d)[8]

하르테는 여기서 코뤼반테스 의식과 윙윙거리는 소리에 대한 언급은 부정적인 함의를 갖는다고 주장한다. 더 구체적으로는 플라톤의 작품에

---

7) 하지만 필자는 의인화된 법이 소크라테스의 주장과 핵심에 있어 상반되는 주장을 하고 있고 그 둘(소크라테스의 원칙과 법의 원칙) 사이의 긴장관계를 드러내는 것이 『크리톤』의 서술 목적이라는 하르테의 결론은 받아들이지 않는다. 50a-51e에 대한 하르테의 해석을 받아들이면서 어떻게 그 해석이 지지하는 단절적 해석은 부인할 수 있는가? 이에 대한 필자의 입장은 결국 전체 대화편의 구성에서 왜 저자 플라톤이 의인화된 법을 도입하는 방식을 취하는가에 대한 논의(아래 3절 2)항)를 통해서 드러날 것이다.
8) 텍스트 인용은 이기백의 정암학당본을 따른다. 이기백(2009).

서 어떤 논증에 의해 코뤼반테스적 열광의 상태에 있다는 표현은 그 논증을 화자가 찬성(endorse)하지 않는다는 것을 의미한다는 것이다.[9] 하지만 하르테의 주장은 위에 인용한 소크라테스의 짧은 언급으로부터 너무 강한 함축을 끄집어내는 것으로 보인다. 하르테는 『파이드로스』 228b, 『향연』 215e, 『에우튀데모스』 277d를 전거로 들고 있는데 이 전거들이 확신을 갖기에는 너무 적을 뿐 아니라 코뤼반테스 의식의 영향을 논증과 연결시키는 전거는 『에우튀데모스』 277d뿐이다. 플라톤이 코뤼반테스적인 열광으로 뜻하는 바는 열정, 환희 등의 감정이나 어떤 생각 등에 압도되어 차분히 다른 가능성을 더 이상 고려할 수 없는 상태에 있다는 것만을 뜻하는 것으로도 얼마든지 이해될 수 있다. 다르게 표현하자면 '코뤼반테스적 열광'은 어떤 사람에게 감정이나 생각이 끼친 영향, 혹은 그래서 그 사람이 처해 있는 현재 상태에 대한 것이지, 그 감정이나 생각, 혹은 논변의 평가까지 포함하는 것은 아닐 수도 있다.

소크라테스의 '코뤼반테스' 언급의 포인트는 앞의 의인화된 법의 논증에 자신이 동의하지 않는다는 것을 암시하는 것이라기보다는 탈옥을 할 것인가 말 것인가에 대한 크리톤과의 토론이 (새로운 논점이 없는 한) 이제 종결되었음을 선언하는 것으로 볼 수 있다. 크리톤과 소크라테스 사이에 같은 주제로 앞선 논의가 있었다는 암시가 여러 곳에 있다. 크리톤은 앞서 탈옥을 종용했고 소크라테스의 동의 여부와 관계없이 소크라테스의 탈옥을 (교도관에게 "호의"(43a)를 보임으로써) 준비해왔다. 이런 구절들에 덧붙여 크리톤의 탈옥 종용 논변의 나름 체계적인 구성[10] 이 시사하는 바는 이미 여러 차례 탈옥을 종용했지만 실패한 크리톤이[11] 이번에는 작심하고 소크라테스를 설득할 요량으로 자신이 할 수 있는 한 최선의 논변을 준비해왔다는 것을 암시한다. 크리톤은 소크라테스에 대

---

9) Harte(2005), 230-231.
10) Beversluis(2000).
11) Weiss(1998), 40, n.4.

한 인간적인 우정 때문에 소크라테스의 논증을 객관적인 제삼자적 입장에서 공정하게 평가하고 받아들일 준비가 안 되어 있다. 아무리 훌륭한 논변이라도 그 논변의 힘에 설득될 준비가 되어 있지 않은 것이다. (이 점은 필자가 나중에 3절에서 논의할, 소크라테스의 "논변의 힘에 설득될 준비가 되어 있음"과 대조를 이룬다.) 이런 상황에서 소크라테스에게는 새로운 유관한 근거의 제시 없는, 그런 의미에서 철학적으로 무의미한 논의를 중단할 필요가 있고 코뤼반테스 의식에 대한 언급은 이렇게 제대로 설득될 준비가 되어 있지 않은 크리톤과의 토론이 종결되었다는 선언이라고 볼 수 있다. 물론 소크라테스는 그럼에도 크리톤의 편에서 새로운 논점이 있다면 언제라도 다시 들을 용의가 있다는 것을 재확인한다 (48d). 이렇게 볼 때 소크라테스의 코뤼반테스 의식에 대한 언급이 소크라테스 스스로 의인화된 법의 논증에 대한 부정적 평가를 암시하는 것이라는 하르테의 해석은 충분히 설득력 있지 않은 것으로 필자는 평가한다.

이제 (2) 대화 상대자 크리톤에 대한 평가 문제로 넘어가자. 김유석은 플라톤의 여러 대화편에 등장하는 크리톤이 소크라테스에 대한 우정은 깊지만 철학적인 능력은 떨어지는 사람으로 묘사된다고 지적한다.[12] 그는 『크리톤』 50a에서 소크라테스가 논변을 진행하다가 던진 질문에 크리톤이 가타부타 대답을 내놓지 않는 부분에 주목한다. (앞에서 부분적으로 인용한 소크라테스의 질문 전체와 그에 대한 크리톤의 답변을 아래에 인용한다. 앞서 언급했듯이 이 지점 이후로 소크라테스는 의인화된 법을 도입해서 논증을 이어간다.)

소크라테스 : 우리가 나라를 설득하지 않고 여기서 떠난다면, 어떤 이들을, 그것도 특히나 해롭게 해서는 안 될 이들을 해롭게 하는 것인가 아닌가? 그리고 우리는 우리가 합의한 정의로운 것들을 준수하는 것인가 아닌가?

---

12) 김유석(2010).

크리톤 : 소크라테스, 나는 자네가 묻는 것에 대답할 수가 없다네. 나는 그것을 이해하지 못하고 있거든(50a).

  김유석은 이 구절과 다른 대화편에서의 크리톤의 묘사에 근거하여 크리톤은 소크라테스의 철학적인 논변을 따라가기에는 깜냥이 부족한 사람으로 판단하고 『크리톤』 후반부의 논증이 소크라테스 자신이 받아들이는 입장이 아니라 크리톤이 수월하게 받아들일 만한 전통적인 가치관에 입각한 비철학적인 논변이며 오직 크리톤을 설득하기 위한 목적으로 수행되는 논변이라고 이해한다.[13]
  하지만 크리톤이 소크라테스의 철학적인 논변을 따라가지 못할 정도로, 그래서 소크라테스가 철학적인 논변을 포기하고 단지 설득만을 위한 수사학적 논변으로 논증방식을 바꿀 정도로 이해력이 떨어진다는 주장은 전체 대화편의 해석의 방향을 결정지을 근거를 제공하기에는 충분히 강력하지 않다.[14] 크리톤의 철학적 능력을 어떻게 판단하는가는 그 기준을 어디에 놓느냐에 따라 달라질 수밖에 없다. 대화편에, 특히 소크라테스적 대화편에 등장하는 인물들은 대부분 철학적인 능력이 변변치 못한 것으로 묘사된다. 소크라테스의 대화 상대자들은 소크라테스의 질문이 무슨 뜻인지도 모르고 엉뚱한 대답을 하기가 일쑤이고 소크라테스의 질문에 대한 자신의 대답이 곧 자신의 무지를 드러낼 것이라는 것을 전혀 알지 못한 채 너무나 자신만만하게 대답하곤 한다. 이러한 소크라테스적 대화의 맥락에서 자신이 "이해하지 못한다"는 고백은 꼭 그 사람

---

13) Weiss(1998)도 비슷한 입장이다.
14) 텍스트에서 반대되는 근거를 찾을 수도 있을 것이다. 크리톤은 소크라테스와 여러 번에 걸쳐 이미 철학적/윤리적인 논의를 했으며 "보복으로도 정의롭지 못한 짓을 해서는 안 된다"는 원칙은 소크라테스가 공언하듯이 오직 소수의 사람들만이 받아들일 원칙인데 크리톤은 주저 없이 강하게 그 원칙에 대한 동의를 표한다. 물론 크리톤에 대한 김유석의 평가를 지지하는 것으로 볼 수 있는 구절도 많다.

의 지적 능력이 낮음을 뜻하는 것이 전혀 아닐 수도 있다. 오히려 소크라테스의 논증이 어떤 방향으로 가게 될지를 간파하는 사람이라면 가타부타 선택하는 것에 신중할 것이다.[15] 그렇다면 하르테의 경우와 마찬가지로 김유석이 자신의 해석을 지지하는 것으로 제시하는 텍스트의 근거는 충분히 강하지 않다고 판단해야 할 것이다.

필자는 하르테, 김유석(그리고 Weiss)과는 다르게 의인화된 법의 논증도 소크라테스가 애초에 시작한 논증의 연장선상에 있다고 본다. 필자가 가장 중요시하는 근거는 대화편 안에서 소크라테스 자신의 논증에서 의인화된 법의 논증으로의 전환이 텍스트 자체로만 본다면 아주 자연스럽다는 것이다. 법의 논증은 너무나 명백하게도 전체적으로 크리톤이 대답을 거부한 위 질문에 대해 소크라테스가 기대하는 대답을 얻는 것에 초점이 맞춰져 있다. 소크라테는 위 인용된 부분에서 두 개의 질문을 한다. (1) 나라를 설득하지 않은 상태에서의 탈옥은 국가를 해롭게 하는 것인가 아닌가? (그런데 국가는 부당한 대우를 받았다고 해서 부당하게 되갚으면 더더욱 안 되는 그런 대상이다.) (2) 설득 없는 탈옥은 합의한 정의로운 것을 지키는 것인가 아닌가?

물론 소크라테스가 기대하는 대답은 각각 "그렇다"와 "아니다"이다. 만약 크리톤이 이렇게 대답했다면 사실상 소크라테스의 논변은 곧장 "설득 없는 탈옥은 정의롭지 않은 것이고 그러니 해서는 안 된다"라는 결론에 연역적으로 도달할 것이고 논증은 여기에서 끝났을 것이다. 그런데 크리톤은 명확한 대답을 미루고 이후의 법의 논증은 기본적으로 이

---

15) 만약 크리톤이 소크라테스의 질문의 의도를 간파하고 단지 소크라테가 원하는 대답을 피하기 위해 질문을 이해하지 못했다고 (거짓말)한 것이라면 이것은 자신이 옳다고 믿는 바를 거짓 없이 주장하여야 한다는 철학적 논의의 전제조건을 어기는 것이다. 「크리톤」에서도 소크라테스는 본격적인 논의를 시작하기 전에 이 전제조건을 언급한다. "최대한 자네가 생각한 대로 질문에 대답해보게나."(49a) 필자는 이렇게 이해할 수도 있다고 생각하지만 좀 더 개연성 있는 해석은 뒤에서 제시하겠다.

논점들에 대한 크리톤의 동의를 구하는 것에 초점이 맞춰져 있다. 구체적으로는, 첫 번째 질문에 대한 크리톤의 "그렇다"는 대답은

(1) 설득하지 않고 탈옥하는 것은 국가를 해롭게 하는 것, 극단적으로는 파괴하는 것이다(50ab).

(2) (아테네의, 또는 일반화하자면, 나름대로 정의로운 모든) 국가/법률은 (특히나) 해롭게 하지 말아야 할 대상이다(50d-51b).

에서 얻어지고, 두 번째 질문에 대한 "아니다"라는 대답은

(3) 소크라테스는 시민으로서 계속해서 삶을 통해 국가가 내린 판결을 준수하겠다고 (암묵적으로, 행위에 의해) 합의했다(52d).

(4) 그 합의는 정의로운 것이고 소크라테스 자신도 그렇게 생각했다(52e).

에서 얻어진다.

『크리톤』의 전체 논증이 자연스럽게 이어지는, 통일적으로 구성된 논변이라는 근거는 단지 이후의 법의 논변이 위의 소크라테스의 질문에 대해 크리톤이 유보한 대답을 얻는 데 초점이 맞춰져 있다는 것뿐만이 아니다. 전반부의 논변과 후반부의 (법의 입을 빌린) 논변의 논리적 구조도 전체 논변의 연속성을 보여준다. 소크라테스는 대화편 전반부에서 부정의를 당하더라도 어느 누구에게도 부정의를 돌려주면(antadikein) 안된다는 도덕원칙을 확립하고 출발하는데 후반부의 법의 논증은 이 도덕원칙에 기반해서 더 강한 결론을 이끌어내는 '하물며(a fortiori)' 논증이다.[16] 나와 아무런 관계가 없는 사람에게도 부정의를 돌려주는 것이 옳지 못하다면 나를 존재하게 하고 지금까지 은혜를 베풀어준 부모나 국

---

16) 이 논점은 강철웅(2012)이 앞서 지적했다.

가에게 부정의를 돌려주는 것은 더욱더 옳지 못하다는 것이다. 이 '하물 며'의 아이디어가 소크라테스가 자기 자신의 입장에서 논증을 진행하는 부분에서 이미 제시된다는 사실은 강조가 필요하다. 크리톤이 이해하지 못해 대답할 수 없다고 말한 소크라테스의 질문(의 앞부분)은 "우리가 나라를 설득하지 않고 여기서 떠난다면, 어떤 이들을, 그것도 특히나 해롭게 해서는 안 될 이들을(kai tauta hous hekista dei) 해롭게 하는 것 인가 아닌가?"였다. 법의 하물며 논변은 이렇듯 소크라테스가 자신의 입으로 제시하는 논증 전략의 자연스러운 연장선에서 제시되고 있는 것이다.[17] 『크리톤』 전체의 논증은 전체적으로 하나의 통일적인 논증을 이루고 있고 그런 한에서 전반부와 후반부가 서로 대립하거나 단절된 것으로 이해하는 것은 적절치 못하다.

하지만 이렇듯 논증의 큰 틀에서 법은 소크라테스가 크리톤을 설득하려고 애초에 계획했던 길을 그대로 따라가고 있지만 그럼에도 불구하고 몇몇 부분에서 소크라테스가 받아들이지 않았을 법한 권위주의적 요소를 보이는 것도 사실이다. 이 부분에 대한 적절한 설명이 없이는 필자가 지지하는 통일적 해석이 결국에는 위협받게 될 것이다. 이제 의인화된 법이 제시하는 논증에 나타나는 권위주의적 요소에 대한 논의로 넘어가 보자.

2. 의인화된 법의 논증에서의 권위주의적 부분

이 절에서 필자는 법의 논증에서 권위주의적으로 보이는 대표적인 두 부분을 살펴보겠다. 그 두 부분이란 (1) 국가와 시민의 관계를 아버지와 자식, 심지어는 주인과 노예의 관계에 빗대어 극단적으로 비대칭적인

---

17) 단절적 해석을 대표하는 또 하나의 학자인 Weiss는 의인화된 법이 등장하기 전에 소크라테스의 논증이 완결된다는 무리한 주장을 하고 있는데 이것은 단절적 해석의 약점을 스스로 보여주고 있다.

관계로 상정하는 부분(50e-51b)과 (2) 법의 명령에 복종하지 않을 가능성, 즉 법이 부당함을 설득할 가능성도 인정하는 것으로 보이지만(52a) 동시에 법을 성공적으로 설득하지 못하는 한에서는 법의 명령에 무조건 복종해야 한다고 주장하는 부분(51b, c)이다. 필자는 (1)에 대해서는 법의 논증이 수사적으로 과장되고 지나친 방식으로 표현되고 있다고 지적하고 그러한 수사학적 과장의 이면의 이유를 추측해볼 것이고, (2)에 대해서는 이 부분에 권위주의적 요소는 실재하지만 그때의 권위주의란 합리적인 수준에서 정당화 가능한, 소크라테스 자신도 얼마든지 받아들일 만한 수준의 권위주의라고 주장할 것이다.

먼저 국가와 시민의 관계의 비대칭성에 대해서 살펴보자. 의인화된 법은 소크라테스에게 그가 국가와 합의한 것이 정당하지 못하게 내려진 판결에 대해서는 불복종해도 좋다는 것인지 아니면 그런 판결도 준수해야 한다는 것인지를 묻는다.[18] 바로 대답하지 못하는 소크라테스에게 법은 위 질문에 대한 올바른 대답은 후자라는 취지의 논의를 계속 이어나간다. 법은 국가가 시민의 탄생과 교육에 있어서 많은 혜택을 제공했음을 지적하고 그런 면에서 국가가 시혜자라는 면에서 부모와 같으니 자식이 부모와 대등하다고 할 수 없는 것처럼 국가와 시민의 관계도 대등하지 않다고 주장한다.[19] 아마도 여기까지는 합리적인 수준에서 받아들일 수 있는 내용일 것이다. 그런데 법은 거기서 한 걸음 더 나아가 시민을 국가의 노예에 빗대기까지 한다(50e). 만약 앞에 서술한 내용이 논증의 전개에 필요한 전부라면 여기서 시민을 국가의 노예라고까지 극단적

---

18) "그러면 법률이 다음과 같이 말한다면 어떤가? 소크라테스, 이것(부정의한 판결에 불복하는 것)도 우리와 당신 사이의 합의사항이오? 아니면 국가가 내린 판결을 준수한다는 것이 합의사항이오?"(50c)

19) 이 전체 논의에서 소크라테스는 여기서 논의되는 법, 구체적으로는 아테네 법이 어느 정도 합리적인 수준에서 정의로운 국가의 법이라는 것을 전제하고 논의한다. 정의롭지 못한 국가나 법이 있을 때 그런 법도 시민이 지켜야 한다는 것은 논의의 앞부분에서 확실히 진술한 정의의 원칙에 어긋난다.

으로 표현할 이유가 있는가? 국가와 시민의 관계를 부모와 자식을 넘어 주인과 노예로 비유해서 더 성취하는 것은 무엇인가?

여기서 '노예'라는 표현은 여러 면에서 이상해 보인다. 여기서 이 표현이 21세기에 사는 우리뿐만 아니라 당시 아테네인에게도 편하지 않을 표현이라는 것이 강조되어야 한다. 물론 우리와는 달리 당시 아테네인들에게 노예는 익숙한 사회정치적 현실의 일부분이었다. 전통적인 도덕을 자연(physis)이 아니라 관습(nomos, (인간이 만든) 법)이라고 주장한 소피스트들을 제외하고는 당시 그리스인들은 노예제를 정치적, 도덕적으로 심각하게 문제 삼지 않았다.[20] 플라톤의 작품에서 소크라테스는 신의 노예가 되기를 기꺼워하는 사람으로 묘사되기도 하고 아리스토텔레스는 정말로 진정한 의미에서 왕이 되기에 합당한, 완벽한 덕을 갖춘 사람이 있다면 우리는 그가 세운 법, 그의 명령에 항상 복종하는 것이 마땅하다고 한다.[21] 우리가 '노예'라는 단어에 대해 느끼는 거의 반사적인 감정적 반발이 플라톤, 아리스토텔레스를 포함한 당시 아테네인에게는 전혀 없었으리라는 것은 명백하다. 하지만 여기서 노예는 신 또는 완벽한 덕을 갖춘 자와의 관계에서 고려되고 있다는 것을 잊지 말아야 한다. 궁극의 도덕적 우월함을 갖추지 못한 존재에 대해[22] 항상 복종하는 노예가 된다는 것은 전혀 다른 문제이다.

고전기 아테네인은 페르시아 제국의 국민과는 달리 자신들은 어느 누구의 지배도 받지 않는 자유시민이라는 것을 자랑으로 삼았다. 투퀴디데스는 『펠로폰네소스 전쟁사』에서 페르시아 전쟁을 단지 두 국가 사이

---

20) 주지하듯이 아리스토텔레스는 그의 『정치학』 1권에서 노예제를 적극적으로 옹호하는 철학적 논변을 제시하기도 한다.

21) 『정치학』, 3권 17장, 1288a15ff.

22) 『크리톤』 논의에서 국가/법률은 스스로 그런 훌륭함 혹은 도덕적 우월성을 갖지 못함을 공언한다. 판결에 복종해야 하는 이유는 그 국가/법이 훌륭해서가 아니라 국가/법이 존중되지 않을 때 따라 나올 해악이 부정의한 재판 결과에 복종할 때 따라 나올 해악보다 더 크기 때문이다. 판결에의 복종은 최선의 선택이 아닌, 차악의 선택이다.

의 전쟁이 아닌 두 정치체제 혹은 문화의 싸움으로 서술하고 있고, 이러한 시각은 대표적으로 페리클레스의 전몰장병 추모연설에도 잘 나타난다.[23] 그러니 국가와 시민의 관계를 주인과 노예에 빗대는 것은 노예제가 없어진 사회에 사는 현대의 독자에게 뿐 아니라 당시 플라톤의 독자에게도 마찬가지로 도발적으로 들렸을 것이다. 그렇다면 여기서 '노예'라는 표현은 도대체 왜 도입된 것일까? 필자는 여기서 '노예'라는 표현이 법의 논증에서 논증의 일부분으로서 필수적인 역할을 하지 않는, 그렇기에 논증 외의 다른 목적을 위해 들어온 문학적, 수사학적 장치라고 볼 것을 제안한다.

그렇다면 '노예'라는 표현이 이 작품에서 하는 역할은 무엇일까? 이 작품에서 '노예'라는 단어(혹은 그 동근어)가 등장하는 다른 맥락을 보고 소크라테스가 시민을 국가의 노예라고까지 표현한 이면의 이유를 짐작해보자. 이 작품에서 '노예(doulos)' 혹은 그 동근어인 '노예로 살기(douleuō)'라는 단어는 앞의 경우(50e) 외에 두 번 더, 52d와 53e에 등장한다. 의인화된 법은 52d에서는 재판에서 합법적으로 추방을 선택할 수 있었던 소크라테스가 불법적인 탈옥을 해서 국가의 근간을 흔드는 일은 노예나, 그것도 가장 하찮은 노예나 할 법한 일이라고 말하고, 53e에서는 소크라테스가 만약 제대로 된 법이 없는, 그래서 (상대적으로) 부정의한 나라로 탈옥을 한다면 그 나라에서 철학적 논의는 하지 못하고 목숨을 부지하기 위해 모든 사람의 비위를 맞추는 삶, 즉 노예의 삶을 살 것이라고 말한다. 노예 상태가 무언가에 지배당해 자유를 잃은 상태를 지칭한다면 52d와 53e에서 공히 자유를 박탈하는 요소는 자신이 믿어오고 살아왔던 원칙을 버리기까지 목숨의 연명에 집착하는 것이다. 그렇다면 거꾸로 이 부분에서 '노예'라는 단어를 사용하면서 저자 플라톤은 보통의 시민의 삶이 정치적으로는 노예가 아닐지 몰라도 검토된 원칙

23) 2권 35 이후.

없이 주위 사람들의 비위를 맞추며 사는 삶, 목숨의 연명 혹은 더 일반적으로 욕망의 충족을 위해 바쳐진 삶이고 이러한 삶은 자유인의 삶이 아닌 노예의 삶이라고 말하고 싶었던 것은 아닐까? 이러한 노예의 삶에서 풀려나는 방법은 삶을 지배하는 혹은 지배해야 하는 원칙을 철학적으로 검토하고 그 검토된 원칙에 따라 사는(소크라테스의 경우 아이러니하게도 죽음을 선택하는) 것이다. 이 '노예'라는 표현을 통해 플라톤은, 『고르기아스』와 『국가』에서 그러하듯이, 독자를 철학하는 삶으로 초대하고 있는 것은 아닐까 조심스레 제안해본다. (아래 3절에서 필자는 『크리톤』의 핵심 메시지가 무엇인지를 다루는데, 그 절에서의 필자의 입장이 받아들여진다면 '노예'라는 표현의 수사학적 역할에 대한 필자의, 다분히 추측성의(speculative) 제안도 부가적인 설득력을 가질 것이다.)

이제 '설득 혹은 복종'의 주제로 넘어가보자. 의인화된 법은 자신의 요구가 부당한 것이 아님을 설파하는데, 그 근거는 무조건 복종할 것을 요구하는 것이 아니라 대안, 즉 설득이라는 선택지를 제시했다는 것이다(52a). 그런데 여러 연구자들이 지적하듯이 여기서 얘기하는 설득은 단지 설득하려고 노력하는 것이 아닌 설득의 성공을 의미하는 것일 수밖에 없다. 어떤 법조항이 부정의하다고 생각하는 시민은, 물론 그 구체적인 법조항을 개정하려는 설득의 노력을 다해야 할 것이다.[24] 그런데 그 설득의 노력이 실패한 경우 언제나 법률의 명령에 따라야만 한다는 법의 주장은 결국은 권위주의적인 주장이 아닌가?

여기서 법률의 명령에 복종한다는 말은 일차적으로 재판 결과에 승복하는 것을 의미한다. 자신이 부정의를 저지르지 않았지만 잘못된 판결에 의해 유죄 선고를 받았을 때에조차 선고된 벌을 감내한다는 것이다.

---

24) 여기서 필자는 법체계 전체는 대체로 정의롭지만 법의 어떤 특정한 부분이 부정의한 경우를 상정하고 있다. 법률체계의 전체 혹은 대부분이 부정의한 국가가 있을 수 있을까? 국가에 법이 존재한다는 것은 그 자체로 그 국가가 어느 정도의 최소한의 정의로움은 갖췄다는 것을 의미한다고 해야 할 것이다.

왜 그래야 하는가? 시민들이 법정에서의 판결을 존중하지 않고, 원하는 판결이 나오지 않았다고 해서 불복한다면 그런 국가/법체계는 존립할 수 없기 때문이다(50b). 이것이 의인화된 법이 제일 먼저 제시하는 논점이다. 우리가 만약 국가의 틀 안에서 살기 원한다면 국법을 그리고 법정의 판결을 존중하기로 합의해야 하며, 거꾸로 국가의 비호 아래서 국가의 혜택을 누리며 충분히 오랫동안 그리고 어느 정도 만족하게 살고 있다면 그런 합의를 한 것으로 간주할 수 있다. 의인화된 법이 제시하는 논증의 핵심은 이것인데 이것은 충분히 설득력 있는 논증이며 소크라테스가, 그리고 우리도 얼마든지 받아들일 만한 논증이다.

이 주장은 스포츠 경기에 빗대어 이해될 수 있다. 인간이 심판으로 있는 스포츠, 예를 들어 테니스 경기에 참여하는 선수는 누구라도 심판의 잘못된 판정에 부당한 손해를 볼 위험성을 가진다. (영상 판독처럼) 잘못된 판정을 아예 막는 방법이 없는 한, 테니스 경기에 더 이상 참가하지 않을 것이 아니라면, 모든 테니스 선수는 심판의 오심에 손해를 볼 위험성을 감수해야 하며 또한 감수할 수밖에 없다. 물론 이것이 심판이 오심을 내렸다고 생각될 때에도 아무런 어필 없이 경기를 진행해야 한다는 것을 뜻하지는 않는다. 선수는 불평을 토로할 수도 있고 공이 라인에 남긴 자국을 가리키며 재고를 요청할 수도 있다. 하지만 그 어필의 과정의 끝에서 결국 판정을 내리는 권위를 가지는 것은 심판이고 선수는 그러한 상황이 불만스럽더라도 그것을 감내해야만 한다. 스포츠 경기 해설자들이 가끔 얘기하듯이 "그것도 게임의 일부"이다.[25]

물론 스포츠 경기에의 비유가 만족스럽지 않은 부분도 있다. 가장 명백히 비유가 어긋나는 부분은 잘못된 판결의 결과의 심각성이다. 스포

---

[25] Brickhouse & Smith(1994), 154도 같은 지적을 하고 있다. 브릭하우스와 스미스의 입장에 대한 비판적 논의는 정암학당 번역, 『크리톤』 2판에 실려 있는데 필자는 그에 동의한다. 이기백(2014), 35-37.

츠 경기에서 심판의 오심이 가져오는 결과와는 다르게 법정에서의 잘못
된 판결이 가져오는 결과는 가장 엄중하기로는 사람의 목숨이다.[26] 이
것은 '게임'일 수 없다. 하지만 이러한 차이에도 불구하고 현실세계에서
국가/법이 가지는 이런 정도의 권위는 스포츠 경기에서의 심판의 권위
를 인정하는 것이 합리적인 만큼이나 합리적이라고 해야 할 것이다. 의
인화된 법이 제시하는 '설득 혹은 복종' 논변에 대한 필자의 평가는, 이
논변은 틀림없이 어떤 의미에서 권위주의적이지만 합리적인 근거를 가
지는 권위주의적 논변[27]이다.

　여기서 위의 의인화된 법의 논증은 기본적으로 국가의 법체계가 상당
히 혹은 합리적인 수준에서(reasonably) 정의로울 때에만 성립한다는
것은 강조되어야 한다. 적절한 법이 없거나 악법이 횡행하는 상황, 혹은
법 자체에는 큰 문제가 없더라도 법이 일관성 없이 자의적으로 집행되는
상황에는 위와 같은 논변은 성립하지 않는다. 대화편의 전체 맥락에서
당시 아테네의 법 혹은 법 집행이 어느 정도 비교적 정의롭다는 것은 전
제되어 있는 것으로 보인다. 소크라테스가 아테네와 그 법에 (어느 정도)
만족했다는 법의 주장을 소크라테스는 부정하지 않고 있고, 이것이 소
크라테스가 아테네 국가/법에 따르겠다는 암묵적인 합의를 했다는 근거

---

26) 또 하나의 차이는 스포츠 경기는 얼마든지 아예 참가하지 않을 선택지가 있지만 (국가 수
준이든 아니든) 공동체를 이루고 그 공동체의 공동의 규칙에 따라 산다는 것은 (최소한 플
라톤, 아리스토텔레스 전통에서는) 우리가 마음대로 선택할 수 있는 것이 아니라는 것이
다.

27) 여기서 '권위주의적'이라는 표현이 줄 수 있는 가능한 오해를 피하기 위해 언급하자면,
이 논변의 결론은 권위주의적인 내용(재판의 판결 결과에 따르라)을 가지지만 이 논변이
작동하는 방식은 권위(예를 들어, 권위에의 호소)와는 상관없다. 『크리톤』의 핵심 논변은
오히려 두 가능한 선택지의 예상되는 결과를 비교하고 더 나은 (혹은 덜 나쁜) 선택을 한
다는 뜻에서 결과로부터의(consequential 또는 prudential) 논증이다. 사실 '권위'라는
말은 텍스트에 없다. '권위주의적(authoritarian)'이라는 표현은 연구자들이 『크리톤』해
석의 한 방향을 편리하게 지칭하기 위해 사용하는 용어일 뿐이다. 이 부분의 가능한 오해
를 피하게 된 것에 대해 익명의 심사자에게 감사드린다.

로 제시되고 있다. 거기에 더해 법이 소크라테스를 말로 설득하려고 하고 있다는 설정 자체가 그러한 법이 어느 정도 정의롭다는 것을 함축하는 것으로 보아야 할 것이다.

물론 여기서 "상당히 혹은 합리적인 수준에서 정의롭다"는 것은 모호한 기준이다. 과연 어느 정도 정의로워야 상당히 정의롭다고 할 수 있을까? 그 절대적인 기준을 제시하는 것은 불가능하겠지만 어떤 국가나 법률체계가 최소한 상대적으로 더 정의롭다고 판단할 수 있게 해주는 중요한 몇 가지 요소는 있다. 의인화된 법이 제시하고 있는, 시민의 입장에서의 설득의 기회 보장이 그중 하나가 될 것이다. 현대 법치국가에서 여러 번 재판을 받을 기회를 보장하는 3심제나, 억울한 사정을 알리거나 시민이 법 개정을 제안할 수 있는 통로를 제공하는 신문고 제도 등이 그 구체적인 예가 될 것이다. 거기에 덧붙여 (소크라테스가 살았던 아테네의 사정과는 반대로) 사형폐지도 거론할 수 있다. 왜냐하면 사형은 되돌릴 수 없는, 그래서 설득 혹은 잘못된 판결이 있었을 때 그 판결을 바로잡을 가능성을 원천적으로 봉쇄하는 형벌이기 때문이다.[28]

여기서 국가가 할 수 있는 최선이 설득의 '기회' 보장뿐이라는 것도 지적되어야 한다. 어떤 국가/법체계라도 설득하는 쪽이 올바른 경우 항상 설득에 성공하도록, 그리고 설득하는 쪽이 그른 경우 항상 설득에 실패하도록 보장할 수는 없다. 국가가 할 수 있는 것은 오직 적절한 설득을 방해하는 제도적, 절차적 요소들을 찾아내 가능한 한 제거하여 실제로 정의로운 주장이 설득에 성공할 확률을 최대한 높이는 것뿐이다. 누구도 (플라톤식 어법을 빌리자면) 정의로움 그 자체, 정의의 형상에 대한 지식을 갖고 있지 못한 현실세계에서는 그것이 최선이며 그 이상을 요구

---

28) 『변명』, 37a에서 소크라테스는, 사형이 거론되는 재판에서는 실질적인 설득의 가능성을 보장할 수 있도록 변론할 시간을 더욱 충분히 주어야 한다고 주장한다. cf. 『법률』, 855c-856a.

할 수는 없고 우리의 현실에서의 최선의 추구는 어느 정도 작위적인 타협을 용인할 수밖에 없다.[29] 의인화된 법은 이렇듯 철학적인 진리에 아직 다다르지 못한, 현실세계에서의 불완전하고 자의적인 타협의 차원에서 접근할 수밖에 없는 그런 종류의 정의를 다루고 있다. 이것은 역설적으로 정의에 대한 완벽한 앎을 가지고 있지 못한 불완전한 현실세계에서 어느 정도의 권위주의를 용납할 수밖에 없음을 또한 함축한다. 이 측면에서 철학적/학문적 맥락과 정치적/법적 맥락의 차이에도 주목해야 한다. 오로지 진리를 추구하고 진리에 도달하지 못했다면 가타부타 결정하지 않고 "모른다"로 끝낼 수 있는 철학적 맥락에 반해 정치적/법적 맥락에서는 확실한 진리에 도달하지 못했어도 주어진 한계 안에서 어떻든 결론을 내리고 그에 따른 선택을 할 수밖에 없다.

이렇듯 이상적이고 완전한 정의와 현실에서의 불완전한 정의의 대조는 또한 '정의로운 합의'에서도 찾을 수 있다. 소크라테스는 정의로운 합의는 지켜져야 한다는 원칙을 천명하고 의인화된 법률도 그 원칙에 기초하여 논변을 전개한다. (이런 의미에서 소크라테스와 의인화된 법률의 논증은 다시 한 번 연속적이다.) 하지만 소크라테스가 말한 정의로운 합의는 일차적으로 합의의 내용이 정의로운 것을 뜻할 텐데, 의인화된 법률이 말하는 합의의 정의로움은 합의에 도달하는 절차의 정의로움—속임수나 강제가 없을 것, 충분한 숙고 후에 합의할 것(52e)—이다.

여기서 이렇게 합의의 '정의로움'의 구체적인 내용이 사뭇 달라지는 것이 법률이 얘기하는 합의의 원칙이 소크라테스 자신이 받아들이는 합의의 원칙과 상충하는 것이 아니라는 것은 다시금 강조되어야 한다. 국가를 완전히 정의롭게 다스릴 철인왕이 없는, 즉 정의가 무엇인지에 대

---

29) 예를 들어, 설득의 기회를 보장하기 위해 여러 번 재판을 받을 수 있도록 하는 것이 틀림없이 더 정의로운 국가/법체계이겠지만 현실에서 무제한의 기회를 제공할 수는 없다. 결국 어느 정도에서 현실적인 타협이 이루어져야 하며 그 타협은 필연적으로 어느 정도 작위적—왜 2심이나 4심이 아니라 3심인가—일 수밖에 없다.

한 철학적 앎이 없는 현실세계에서 국가/법체계가 할 수 있는 최선은 절차를 정의롭게 하는 것이다. 정의에 대한 앎에 아직 도달하지 못한 현실세계에서 내용의 정의로움은 절차적 정당성으로 바꿔 접근할 수밖에 없다. 물론 정의로움 자체가 절차적 정당성으로 환원될 수는 없다. 우리는 결코 정당한 절차를 통해 합의된 것이 항상 정당하다/정의롭다고 주장할 수는 없다. 단지 현실적인 한계 내에서 정당한 것으로 여겨져야 한다고 주장할 수 있을 뿐이다. 그리고 판결에 대한 복종은 이렇듯 법이 정당한 것으로 '여겨져야' 한다는 주장으로부터 도출되는 것이다. 소크라테스가 법의 판결이 정당'하지' 않다고 끊임없이 주장하면서도 법의 판결에 따라 독배를 마시는 이유는 법의 판결이 정당한 것으로 '여겨져야' 하기 때문이다.

만약 우리 모두가 정의 그 자체에 대한 철학적인 앎을 성취한다면[30] 국가/법의 불완전한 권위에 의존할 필요는 없을 것이다. 그런 상황에선 불완전하게 정의로운 국가/법이 아예 존재하지 않을 것이기 때문이다. 하지만 현실세계에서는 비록 불완전하게, 기껏해야 (정말로 완벽하게 정의로운 게 아니라) 상당히 정의로울 뿐인 국가/법체계에 대해서도 우리는 그것에 (어느 정도 제한된) 권위를 부여해야 할 이유가 있다. 이런 의미에서 법의 입을 빌린 논증은 권위주의적이다. 하지만 만약 '권위주의적'이란 말을 (때로 우리가 그렇게 단어를 사용하듯이) 정당한 근거가 결여된 것을 의미하는 것으로 한정한다면 법의 입을 빌린 논증은 그런 의미에서 권위주의적인 것은 아니다. 위에서 서술한 그런 종류의 권위주의는 정당하게 근거 지워져 있기 때문이다.[31]

---

30) 또는, 최소한 한 명의 철학적 앎을 성취한 사람이 있고, 우리 모두가 그가 그러한 성취를 이뤄낸 사람이라는 것에 설득될 수 있다면.
31) 앞의 주 28 참조.

3. 『크리톤』의 핵심 메시지는 무엇인가?

지금까지 필자는 『크리톤』에서 개진되고 있는 의인화된 법의 논증을 포함한 소크라테스의 전체 논증이 과연 (핵심적인 면에서) 하나의 통일된 논증인지, 그리고 그 논증이 드러내는 아이디어가 어떤 의미에서 권위주의적인지에 대해서 논의했다. 이제 대화편 『크리톤』의 핵심 메시지가 과연 무엇인지를 다뤄보자. 필자는 이 절의 전반부 1)항에서 먼저 대부분의 연구자들이 이 대화편의 핵심 메시지라고 이해하는 주장, 즉 "재판 결과가 부정의함에도 불구하고 그 결과에 승복해야 한다"는 결론이 그 결론을 지지하는 논변의 특성상 이 대화편의 유일한 핵심 메시지라고 할 수는 없다고 주장할 것이다. 『크리톤』 논변(즉, 의인화된 법의 논변도 포함해서 소크라테스가 49a–54d에서 제시하는 논변)의 이러한 독특성을 인지하면 자연스럽게 이 대화편의 또 다른 핵심 메시지가 무엇인지 묻게 될 터인데, 그에 대한 필자의 대답은 2)항에서 개진하겠다.

1) 『크리톤』 논변의 대인적 성격

많은 연구자가 이 대화편에서 소크라테스가 논의의 중간에 의인화된 법을 도입하여 자신이 아닌 그 법의 입을 통해 논의를 이끈다는 사실에 주목하였고 이 사실은 앞에서 논의했듯이 여러 해석상의 논쟁을 불러일으켰다. 하지만 이 대화편의 논변이 가지는 또 하나의 독특성은 별로 주목을 못 받고 있는 듯한데, 그 또 하나의 독특성이란 『크리톤』 논변이 대인논변적(ad hominem)이라는 것이다.[32] 필자는 『크리톤』 논변이 가지는 이 두 가지 독특성이 서로 독립적인 특성이 아니라 밀접하게 연결되

---

32) 찰스 칸의 논문은 예외이다. 그는 『크리톤』의 논변이 'ad hoc'이자 'ad hominem'이라고 지적한다. Kahn(1989), 35, 36, 주 6.

어 있다고 생각한다.

『크리톤』 논변이 대인논변적이라는 사실은 일단 지적되기만 하면 굳이 따로 설명할 필요는 없을 것이다. 『크리톤』의 논변은 구체적인 인간 소크라테스에 (그리고 소크라테스가 살았던 구체적인 아테네의 국가/법체제에) 적용되는 논변이다.[33] 소크라테스가 아테네 국가/법과 합의한 것이 정의로운 합의이고 그래서 소크라테스가 만약 판결에 불복하여 탈옥한다면 그것은 정의로운 합의를 깨는 것이라는 주장은 소크라테스가 아테네 정치체제를 충분히 이해할 만큼 오랜 시간을 아테네에서 보냈고, 그럼에도 다른 국가에서 살기를 전혀 원하지 않을 정도로 아테네의 국가/법체제에 (최소한 다른 국가에 비교해) 만족했다는 상당히 소크라테스 개인에 한정된 사실을 통해 지지되고 있다. 철학자들이 『크리톤』의 논변을 다루면서 이러한 대인논변적 성격에 주목하지 못하는 이유는 가장 보편적인 결론을 찾으려 노력하는 철학자들의 관성 때문일 것이다.

물론 『크리톤』 논변이 대인논변적이라는 사실이 이 논변이 글자 그대로 오직 소크라테스라는 한 개별자에게만 적용된다는 것은 아니다. 이 논변은 소크라테스만큼이나 아테네에서 오래 살았고 소크라테스만큼이나 다른 국가에서 살 것을 고려해보지 않은 사람에게 마찬가지로 적용될 수 있다. 사실 생각해보면 오직 구체적인 개별자에게만 적용되는 (좋은) 논변이란 원칙적으로 불가능할 것이다. 하지만 틀림없이 이 논변이 적용되는 대상은 상당히 제한적일 수밖에 없다. 다시 말하자면 소크라테

---

33) 여기서 필자 혹은 칸의 주장과 앞에서 논의했던 김유석, 박성우 또는 와이스의 해석을 혼동하지 말아야 한다. 김유석 등도 의인화된 법의 논변이 대인적이라고 주장하는 것으로 이해할 수도 있을 텐데 그때 이 논변이 구체적으로 대상(ad)으로 삼는 것은 소크라테스가 아니라 크리톤이다. 즉, 어떤 이유로 자기 자신이 받아들일 만한, 철학적으로 타당한 논변을 제시할 수 없는 소크라테스가 단지 크리톤을 설득하기 위해 그를 대상으로 하는, 철학적이라기보다 수사적인, 즉 자신은 받아들이지 않는 논변을 제시하고 있다는 것이 김유석, 박성우, 와이스의 해석이다.

스만큼 아테네에서 오래 살지 않고 아테네 법 체제에 대해 만족하지 않은 사람에 대해서는 이 논변의 결론, 즉 부정의한 재판 결과에도 승복해야 한다는 결론은 적용되지 않는다. 왜냐하면 이런 사람은 (명백히 부정의한 것을 하라고 명령하지 않는 한) 국가의 명령에 따르겠다는 합의를 했다고 할 수 없기 때문이다.

『크리톤』의 결론이 가지는 이러한 제한은 명령을 받는 행위자에게 뿐만이 아니라 명령을 하는 국가/법에도 마찬가지로 적용된다. 앞에서 지적했듯이 『크리톤』에서 아테네 국가/법은 상대적으로 정의로운 것으로 전제되고 있고 그 사실에 대한 소크라테스의 암묵적인 동의가 전체 논의에서 핵심적인 위치를 차지한다.[34] 다시 말하자면 어느 정도의 사법적 정의를 구현하지 못하고 있는 국가에 대해서는 "재판의 판결에 복종해야 한다"는 『크리톤』의 결론은 적용되지 않는다. 이런 의미에서 『크리톤』의 결론의 적용 범위(scope)는 이중적으로 (어떤 종류의 국가/법인가, 그리고 어떤 종류의 행위자인가에 따라) 제한적이다.

이 측면에서도 『크리톤』이 어떤 국가에서 사는 어느 누구든 부정의한 재판 결과에 승복해야 한다는 받아들이기 어려운 권위주의적 주장을 하는 것은 아니다. ("악법도 법이다"라는 주장은 바로 이런, 전혀 동의할 수 없는 종류의 권위주의를 표방하는 것이다.) 그런데 여기서 한 가지 잊지 말아야 할 것은 앞에서도 지적했듯이 재판의 결과에 승복해야 하는지 아닌지를 결정짓는 이 기준이 어느 정도 자의적이라는 것이다. 얼마만큼 오래 살아야, 그리고 얼마만큼 다른 나라로 이주할 생각이 없어야 국가의 정치/법 체제에 합의했다고 할 수 있을지를 결정하는 명확한 기준은 있을 수 없다.[35] 결국 『크리톤』 논변이 구체적인 법 체제 안에서 얼마

---

34) 물론 이것은 통일적 해석을 채택했을 경우에만 성립한다.
35) 주어진 국가/법이 얼마만큼 정의롭냐에 대해서는 아마도 상대적으로 좀 더 명확한 기준을 찾을 수 있을 것이지만 역시 기준의 자의성을 완전히 제거할 수는 없다.

나 많은 사람에게 적용되어야 할지는 모호할 수밖에 없다. 아마도 이러한 모호한 기준을 특히 자신에게 적용할 때 보통 사람들은 일반적으로 '자신에게 유리하게', 즉 자신의 (철학적 검토를 거치지 않은) 욕망에 기반해서 판단할 텐데 이러한 태도는 비철학적이며 소크라테스의 시각에 따르면 공동체를 위해서도 자신을 위해서도 좋은 결과를 낳지 못한다.[36]

만약 이 대화편의 핵심적인 주장이 "재판 결과가 부정의함에도 불구하고 그 결과에 승복해야 한다"는 것이라고 가정한다면, 우리는 그 결론을 지지하는 논변의 성격상 이 대화편의 메시지가 아주 소수의 대상에 대해서만 적용되는 매우 제한된 메시지라고 평가할 수밖에 없다. 물론 필자는 『크리톤』편의 핵심 메시지가 이렇듯 매우 제한된 성격의 것이라고 생각하지 않는다. 다음에서 필자는 『크리톤』 논변의 대인논변적 성격이 이 대화편의 또 다른 특성인 의인화된 법의 도입과 어떻게 연결되는지를 다루면서 이 대화편의 진정한 메시지가 무엇인지를 논의하겠다.

2) 왜 소크라테스는 의인화된 법의 입을 빌려 논증하는가?

필자는 이 대화편이 주는 핵심 메시지는 "부정의한 재판의 결과에도 승복하라"가 아니라 오히려 "철학자는 자신의 유불리와 상관없이 타당한 근거와 원칙에 의거해서 결론을 내리고 그에 따른 행위를 해야 한다"라고 생각한다. 필자의 이해에 따르면 대화편의 또 다른, 더 중요한 메시지가 제시되는 곳은 49a 이후가 아니라 오히려 '메타논변'[37]이라고 부를 만한 부분, 구체적으로는 46b에서 48d까지이다. 그 이후의 논변은 (물론 그 논변 자체가 여러 철학적으로 흥미로운 주장들을 포함하고 있

---

36) 아래 3절 2)항 참조.
37) 혹은 '메타논의'. 강철웅(2018)의 표현이다.

지만) 앞의 핵심 메시지를 적용해 살고 그리고 죽은 한 훌륭한 인간을 보여(display)주는[38] 하나의 방식이다. 여기서 소크라테스는 자신이 "언제나 추론해볼 때 내게 가장 좋은 것으로 보이는 논변(logos) 이외에는 … 다른 어떤 것에도 따르지(복종하지, peithesthai) 않는 사람"이라고 말하면서 자신은 타당한 근거를 통해 제시되는 논증을 통한 설득 없이는 어느 누구에게도 동의하지 않을 것이라고 말한다. 다수의 힘이 제시하는 협박은 그런 종류의 설득이 아니라고도 덧붙인다(46b-c). 모든 판단이 똑같이 좋은 것은 아니기 때문에 좋은 판단과 나쁜 판단을 구별해야 하는데 그 구별 기준은 (다수의 의견이 아니라) 지식이다(46d-48a). 중요한 것은 삶의 길이가 아니라 얼마나 훌륭하게 사는지이기 때문에 (48b) 탈옥할지 말지를 숙고할 때에도 탈옥하지 않으면 죽게 될 것이라는 사실은 고려사항이 아니며 오히려 탈옥이 정의로운지 아닌지가 유일한 고려사항이다. 이 부분의 소크라테스의 주장은 소크라테스의 주장에 익숙한 사람이 아니라면 말도 안 되는 것으로 여겨질 만한 주장이지만 플라톤 연구자들에게는 어쩌면 너무 익숙해서 거꾸로 당연하게 여겨질지도 모르겠다. 하지만 이렇게 익숙한 플라톤-소크라테스적 전제들은 비록 여러 대화편에서 지나치면서 언급되고 있기는 하지만 사실 본격적으로 주제적으로 다루는 대화편은 많지 않은데 『크리톤』이 바로 그러한 대화편이다.

좋은 근거가 주어지면 사람들은 설득되는가? 그렇지 않다. 우리는 설득이 얼마나 어려운 것인지를 자주 경험한다. 아무리 훌륭한 근거, 훌륭한 논증을 제시해도 설득이 이뤄지지 않는 경우가 비일비재하다. 정치나 종교와 같은 민감한 주제에 대해서 사람들을 설득한다는 것은 거의 불가능에 가까워 보이기까지 한다. 한 입장에서의 '훌륭한' 근거, 논증

---

38) 그 메시지가 근거, 원칙을 따지는 논변에 대한 것이었기 때문에 소크라테스의 수행 (performance)도 논변일 수밖에 없다.

은 다른 입장에서는 전혀 '훌륭하지' 않다.

플라톤은 이러한 사실을 누구보다 잘 알고 있다. 플라톤의 『국가』편의 서두에는 이와 관련한, 잘 알려진, 아주 시사적인 대화가 등장한다. 축제를 참관하고 아테네로 돌아가려는 소크라테스를 폴레마르코스가 뒤에서 쫓아와서는 더 머물라고 강권한다. 그는 자신과 자신의 친구들이 소크라테스와 그의 동행자보다 수도 많고 힘도 세다고 말하면서 마치 소크라테스를 납치라도 할 것인 양―물론 농(弄)으로―말한다. 그러자 소크라테스는 폴레마르코스에게 물리적인 힘 말고도 논의를 통한 설득으로 이 문제를 해결할 수도 있지 않느냐고 묻는다. 이에 대해 폴레마르코스는 "들으려고도 하는 않는 사람을 설득하실 수가 있을까요?"라고 반문한다.[39] 말을 통한 설득/논증은 그것을 들으려는 사람에게만 소용이 있지, 아예 듣지 않기로 미리 마음을 먹은 사람 혹은 들을 준비가 되어 있지 않은 사람에게는 아무 소용도 없을 것이라는 것이다.[40] 보통 사람들에게 열린 마음으로 근거에 따라 자신의 믿음을 수정하는 것이 힘든 한 가지 이유는 틀림없이 호승심(philonikia)일 것이다. 그렇게 마음이 닫혀 있는 것이 보통의 사람이라면 철학자란 거꾸로 호승심이라는 보편적인 인간성의 한계를 넘어 "논박하는 것보다 논박당하는 것을 더 흔쾌히 여기는"[41] 그런 사람이다. 이러한 태도는 지혜를 사랑함(philosophia)의 필연적인 귀결 중 하나이다. 앞에서 이 대화편의 핵심 메시지로 거론한 "철학자는 자신의 유불리와 상관없이 타당한 근거와 원칙에 의거해서 결론을 내리

---

39) 『국가』, 327c.
40) 이러한 폴레마르코스의 지적에 소크라테스와 글라우콘은 결국 폴레마르코스를 따라 그의 집으로 향한다. 하지만 이러한 폴레마르코스의 주장에 "그렇다"고 명시적으로 동의를 하는 것은 소크라테스가 아니라 그의 동행자인 글라우콘이라는 것도 흥미롭다. 이 주장에 소크라테스가 아니라 글라우콘이 동의하게 한 플라톤의 의도는 무엇이었을까? 결국 인간은 훌륭한 논증에―비록 당장, 쉽게는 아니더라도―설득당할 것이라는 것이 소크라테스의 근본적인 믿음이라는 것을 표현하고자 했던 것이 아닐까?
41) 『고르기아스』, 458a.

고 그에 따른 행위를 해야 한다"는 명제는 사실상 철학자에 대한 당위 주장이라기보다는 오히려 철학자의 개념 규정이라고 할 것이다.

그렇다면 이제 우리는 저자 플라톤이 논의의 중간에 의인화된 법을 도입해서 그 논증에 소크라테스 자신이 설득당하는 모습을 보여주는 방식으로 이 대화편을 구성하는 이유를 이해할 수 있다. 그리고 이것은 동시에 의인화된 법의 논변이 왜 소크라테스가 받아들이지 못할 그런 종류의 논변이 아니라고 이해해야 하는지에 대한 또 하나의 방증이다. 소크라테스는 자신에게 불리한 결론을 내는 논변에 기꺼이 설득되는 것으로 그려져야 한다.

소크라테스가 여러 대화편에서 죽음에 초연한 모습을 보여주고 있는 것은 주지의 사실이지만, 물론 소크라테스가 자신의 목숨의 가치를 경시하고 있는 것은 아니다. 자신의 생명이 부정의를 대가로 연장해야 할 그런 가치를 가지고 있는 것은 아니지만, 틀림없이 정의-부정의 또는 일반적으로 덕-악덕의 문제가 없다면 자신의 생명을 연장하는 것은 얼마든지 선택할 만한 것이다.[42] 그렇다면 자신이 살고 죽는 문제에 있어서 소크라테스 자신이 공언한 대로 "추론해볼 때 내게 가장 좋은 것으로 보이는 논변"만을 따라 판단하고[43] 그 판단에 따라 행위하는 소크라테스의 모습은 철학자의 삶의 아름다움, 고귀함을 드러내는 최적의 예이다. 이러한 소크라테스의 모습을 드러내기 위해 대화편의 저자 플라톤은 소크라테스 자신에게는 불리한 "너는 재판 결과에 승복하여 사형을 당해야 한다"는 결론을 담은 논증으로 소크라테스 자신을 설득하는 타인 아닌 타인이 필요했던 것이다.[44] 소크라테스는 그 논증에 불편부당하게 따라가 기꺼이 설득당함으로써[45] 그 자신이 몸보다 영혼을 중요시

---

42) 필자는 여기서 스토아 철학에서의 '좋은 것'과 '선택할 만한 것'의 구별을 원용하고 있다.
43) 46b.
44) 물론 『크리톤』의 논증은 크리톤을 설득하기 위한 것이기도 하지만 우리가 서로를 설득하는 경우에도 그렇듯이 우리는 보통 우리 자신이 먼저 설득된 논증으로 타인을 설득한다.

하고 자신의 유불리와 상관없이 타당한 원칙에 입각하여 사고, 결정, 행동하는 진정한 철학자임을 보였다. 이렇듯 부정의한 재판 결과에 승복할 것인가 하는 문제는 이 대화편의, 바로 그(the) 중심 주제가 아니며 오히려 철학자는 오직 논증에 근거해서 사고하고 논증의 결론에 (그 결론이 자신에게 유리하든 불리하든) 복종해야 한다는 주제를 드러내기 위한 방편의 역할도 하고 있다고 이해해야 할 것이다.

여기서 노파심에 사족을 하나 덧붙이자면, "철학자는 오직 논증에 근거해서 사고하고 논증의 결론에 (그 결론이 자신에게 유리하든 불리하든) 복종해야 한다"는 주장은 사람들 중 단지 철학자라는 한정된 집합에게만 적용되는 주장이 아니다. 오히려 진정한 행복을 원하는 모든 사람(즉, 단적으로 '모든' 사람)에게 적용되는 주장이며 또한 플라톤의 입장에서 모든 사람에게 철학자가 되라고 하는 초대이다.[46]

4. 나가며

우리는 어떻게 훌륭하게 (혹은 도덕적이) 되는가? 철학적 논증들은 사람들을 훌륭하게 만들어주는가? 필자는 이 질문에 부정적으로 대답하고 싶지 않다. 하지만 논증이 설득을 통해 사람들을 훌륭하게 만들어주는 만큼 아니면 그 이상으로 사람들을 훌륭하게 만들어주는 것은 아름답고 고귀한 선례를 목격함을 통한 감동일 것이다. 『크리톤』에서의 소크라테스는 독자를 훌륭하게 만들 수 있는 이 두 가지 가능한 방식의 흥미로운

---

45) 여기서 '설득당한다'는 표현은 그 피동성 때문에 오해를 불러일으킬 수 있다. 우리말에는 대응되는 번역이 없지만 'allow oneself to be persuaded'라는 영어 표현이 적절할 것이다.

46) "판결에 복종해야 한다"는 『크리톤』의 논변은 한정된 적용 영역(scope)만 가지는 제한된 것이라는 주장과 "엄밀히 따져본 결과 얻어진 원칙에 따라 살아야 한다"는 『크리톤』의 메시지는 보편적으로 적용된다는 필자의 주장 사이에는 아무런 비일관성이 없다. 오히려 그러한 적용 영역의 차이는 『크리톤』의 핵심 메시지가 "판결에 복종해야 한다"가 아니라 "검토된 원칙에 따라 살아야 한다"라는 필자의 주장을 지지하는 근거이다.

결합의 사례이다. 한편으로 자신의 죽음을 앞에 두고도 온화하게 자신의 철학을 일관되게 유지하는 아름답고 고귀한 선례를 독자에게 보여주면서 또한 그 과정은 철저히 논증에 기반한 것이었다.

또한 어떤 의미에서 『변명』이 소크라테스에 대한 재판인 것처럼 『크리톤』에서는 국가 혹은 국가의 법률에 대한 재판이 벌어지고 있다고 할 수 있다. 죄목은 소크라테스를 부당하게 유죄로 판결한 죄이고 크리톤은 배심원이자 검사, 소크라테스는 배심원이자 변호사이다. 법률의 변호(이 변호는 소크라테스가 제시하고 있음을 잊지 말자[47])의 핵심은 소크라테스를 부당하게 유죄로 판결한 것은 판결에 관여한 사람들이지 자신이 아니라는 것이다(54c). 하지만 부당한 판결이 나는 데에는 법률도 일말의 책임이 있지 않은가? 최대한 부당한 판결의 가능성을 줄이기 위해 했어야 하는 것들, 예를 들어 가능한 한 충분한 변론의 기회와 시간을 주거나 변론의 기회를 원천적으로 봉쇄하는 형벌을 없애는 등의 것들을 충분히 수행했는가? 사형을 용인하는 것 자체가 법률의 부정의함을 드러내는 것은 아닌가? 아테네의 국법은 이러한 의혹에서 완전히 자유롭지 못하다.

하지만 소크라테스는 배심원이자 변호사로서 법률이 자신을 부당하게 유죄로 판결했음에도 불구하고 그에 대한 최선의 변호를 수행했다.[48] 법률에 대한 최종 판결은 '무죄'. 하지만 이렇게 자신에게 사형을

---

47) 물론 단절적 해석을 받아들이면 이런 주장은 할 수 없다.

48) 혹시 법률에 대한 변호를 수행함에 있어 소크라테스는 오히려 자신에게는 공정하지 않았다고 해야 할 것인가? 다른 대화편에서처럼 좀 더 엄밀하게 법률의 논변을 따져 반박할 수 있지는 않았을까? 그런데 만약 소크라테스가 그렇게 법률의 논변을 엄밀하게 조목조목 따져 반박한다면 그런 모습은 우리에게 어떻게든 살아보겠다고 애쓰는 평범한 인간의 모습으로 비칠 것이다. 그렇다면 『크리톤』에 묘사된 소크라테스의 모습이 훌륭한 철학자인 이유는 자신에게 (개인적으로 통념적으로) 이득이 되는 문제는 철저히 따지지 않아서일 것이다. 그런데 사실 플라톤-소크라테스의 입장에서는 이 결론이 하등의 문제를 일으키지 않는다. 왜냐하면 우리가 보통 통념적으로 이득이 된다고 여기는 많은 것들, 돈, 명예, 목숨 등등이 정말로 좋은 것이 아니라는 것이 플라톤-소크라테스의 핵심적인 주장이기 때문이다.

내리는 데 일조한 국가와 법률을 변호하고 탈옥을 거부하고 감옥에 남아 사형을 순순히 받아들임으로써 소크라테스는 역설적이게도 자신을 유죄로 판결한 법정의 판결이 틀렸다는 것을 다시 한 번 훌륭히 입증했다.[49] 이런 의미에서 『크리톤』은 법률에 대한 변론이자 소크라테스에 대한 또 하나의 변론이다.

참고문헌

강철웅, 「플라톤 『크리톤』의 번역과 이해의 문제: 기존 국역에 대한 비평과 대안을 중심으로」, 『철학연구』 98, 2012.

강철웅, 「플라톤 『크리톤』에서 설득과 공감」, 서양고전철학회 전반기 학술대회 발표원고.

권창은, 「소크라테스와 "악법"」, 『철학연구』 33, 1993. 권창은, 강정인, 『소크라테스는 악법도 법이라고 말하지 않았다』, 고려대 출판부, 2005에 재수록.

____, 「소크라테스에 있어서 정의와 준법」, 『철학연구』 35, 1994. 권창은, 강정인, 『소크라테스는 악법도 법이라고 말하지 않았다』, 고려대 출판부, 2005에 재수록.

김유석, 「크리톤은 왜 소크라테스의 탈옥을 단념했는가?: 수사학적 관점에서 바라본 플라톤의 『크리톤』」, 『수사학』 12, 2010.

박성우, 「『변론』과 『크리톤』에 나타난 소크라테스적 시민성의 재해석」, 『아세아 연구』 53, 2010

---

49) 이것은 사실 의인화된 법이 주장하는 바를 뒤집은 것이다. "(당신이 테베나 메가라로 간다면) 당신은 당신의 재판관들에게 그들의 판단을 확증해주어 그들이 옳게 판결을 내렸다고 생각하게 만들 것이오."(53b)

이기백 옮김, 『크리톤』, 정암학당 플라톤 전집, 2판, 이제이 출판사, 2014.

이정호, 「『크리톤』: 소크라테스는 악법도 법이라고 말한 적이 없다」, 『시대와 철학』 6권 2호, 한국철학사상연구회, 1995.

투퀴디데스, 천병희 옮김, 『펠로폰네소스 전쟁사』, 숲, 2011.

최봉철, 「플라톤의 『크리톤』에 대한 분석」, 『성균법철학』 17, 2005.

Allen, R. E., "Law and justice in Plato's *Crito,*" *Journal of Philosophy* 69, 1972.

Beversluis, J., *Cross-examining Socrates: a Defense of the Interlocuters in Plato's Early Dialogues*, Cambridge, 2000.

Brickhouse, Thomas C. and N. Smith, *Plato's Socrates*, Oxford University Press, 1994.

Gallop, David, "Socrates, injustice and the Law: a response to Plato's *Crito,*" *Ancient Philosophy* 18, 1998.

Harte, Verity, "Conflicting values in Plato's *Crito*" in R. Kamtekar, ed., *Plato's Euthyphro, Apology, and Crito: Critical Essays*, Rowman & Littlefield, 2005.

Kahn, Charles, "Problems in the argument of Plato's *Crito,*" *Apeiron* 22, 1989.

Kraut, Richard, *Socrates and the State*, Princeton, 1987.

Weiss, Rosslyn, *Socrates Dissatisfied: an Analysis of Plato's Crito*, Oxford University Press, 1998.

플라톤의 국가철학:
『국가』에 나타난 개인-국가 관계를 중심으로

이 상 인

대부분의 법률들은 가장 타락한 국가에 있다.

(corruptissima re publica plurimae leges)[1]

1. 들어가면서: 근대적 국가이해의 사상적 전제

오늘날 우리는 다양한 법과 제도로 조직화된 국가와 일종의 배리적 관계를 맺으면서 살고 있다. 그래서 자본가의 의도와 무관하게 자율적으로 시장경제를 배후에서 조종하는 아담 스미스의 보이지 않는 손[2]이나 자유와 평등을 보장하기 위해 인간의 이성적 본성에 의해 합리적으로 조직된 '인조인간' 국가[3]를 급기야 개인에 대한 저주로까지 지각하게 되는 것이다. 제도와 국가에 대한 이러한 부정적 인식은 전형적으로 근

---

[1] P. Cornelius Tacitus, *Annales*, Tomus I, ed. H. Heubner, Stuttgart(Teubner), 1983, III 27,3.

[2] Artikel, "Smith, Adam," *The Encyclopedia of Philosophy*, ed., P. Edwards, New York, 1967, Vol. 7, 463.

[3] 홉스는 이런 인조인간을 무소불능의 권력에 대한 상징으로서 성서의 거대한 바다괴물(Leviathan)에 비유한다(『리바이어던』, 한승조 옮김, 삼성출판사, 1990, 153, 263).

대적인 징후이다. 그리고 영향사적으로는 새로운 인간이해로부터 국가권력의 기원과 정당성을 해명하는 근대의 국가철학에 그 이론적 뿌리를 두고 있다. 이진우 교수는 『도덕의 담론』에서 다음과 같이 적고 있다. "근대 이래 국가는 인간에 의해 가장 많이 예찬되었으며 동시에 가장 많이 증오를 받았던 제도에 속한다. 한때는 국가의 이름으로 치르는 전쟁에 기꺼이 목숨을 바치기도 하였으며, 한때는 개인의 자유를 제한하고 억압하는 국가가 오히려 투쟁의 대상이 되기도 하였다."[4] 그는 이 말을 통해 근대의 국가철학이 자체 내에 배태하고 있는 개인자유과 국가권력 사이의 모순적 관계를 간명하게 표현하면서 동시에 개인의 자유를 수호하기 위해 요청된 국가의 개인에 대한 절대적 권력 행사의 정당화의 문제는 철저히 '근대에 들어와 정립된 국가'의 문제임을 밝히고 있다.

널리 알려져 있듯이 근대(Neuzeit)는 새로운 것(novum)을 추구한 시대였다. 이전에 옳다고 받아들여졌던 것들에는 '시대착오적'이라는 의미의 '전근대적(premodern)'이라는 낙인이 찍혔고 새로운 이념과 가치는 당당히 '현대적(modern)'이라는 술어와 함께 칭송되었다. 이러한 신시대의 가장 중심적인 철학적 화제는 무엇보다도 자유, 특히 모든 형이상학적, 도덕적, 신학적 실재 그리고 그에 기초한 봉건적 사회규범으로부터의 인간의 해방이었다. 근대인들은 절대적 규범이 가져오는 온갖 부자유와 비자립성에 대항해 인간의 주체적-주관적 반성의 근원적 자율성과 자립성을 역설하였고 '무거운' 외적 현실로부터의 '가뿐한' 천재적-상상적 초월을 동경하였으며 자신들의 시대에 이르러서야 비로소 진정한 자유가 발견(erfinden)되었다는 도취에 빠졌다.[5] 대표적으로 프랑스 혁명은 이러한 사상적 투쟁의 한 전리품이었다. 국가철학도 이런 열광적인 시대 분위기로부터 결코 자유롭지 못했다. 따라서 근대 국가

---

4) 이진우, 『도덕의 담론』, 문예출판사, 1977, 171.
5) W. Dilthey, *Einleitung in die Geisteswissenschaften*, G.S. I, 352 참조.

철학은 (1) 타자로부터 근본적으로 독립된 개별실체로서의 인간의 선천적 자유와 그 자연적 권리에 대한 믿음에서 출발한다. 홉스는 스토아적 노선 위에서[6] 자기보존을 위해 자신의 욕망과 의지를 관철시킬 수 있는 자유를 모든 인간의 자연적 권리로 규정하고[7] 자유의 원리로서 모든 사람의 선천적 평등을 제시하였다.[8] 그리고 루소 역시 자신의 국가철학의 이론적 출발점을 인간의 선천적 자유에서 찾았다.[9] 인간의 존엄성의 상징인 자유와 평등은 근대 정치철학의 시대적 이정표였다. (2) 그러나 인간의 자연적 자유에 대한 믿음은 필연적으로 동시에 타인의 자유에 대한 침해의 자유 역시 하나의 자연적 사실로서 만든다. 따라서 국가는 개별자들의 자유롭고 평등한 공동생활을 위하여 그들의 자유를 제한하고 한정하는 제도로서 요청될 수밖에 없었고, 그 수립목적과 관련하여 이기적 인간들 상호간의 자의적 자유오용을 법과 같은 제도적 강제력을 통해 중재하는 일종의 제도국가, 권력국가(Machtstaat)의 형태를 띠게 되었다.[10] (3) 결국 상호간의 자유를 침범하지 않는 범위 내에서 모든 개인의

---

6) *Stoicorum veterum Fragmenta*(=SVF), ed. H. v. Arnim, 4 Bde., Leibzig, 1903, III, 178.

7) 홉스, 앞의 책, 234, 289.

8) 홉스, 앞의 책, 229.

9) J. J. 루소, 『사회계약론』, 이태일 옮김, 범우사, 1975, 15.

10) 홉스는 인간의 자연을 만인의 만인에 대한 투쟁(bellum omnium contra omnes)으로 특징지음으로써 인간의 욕망과 충동에 뿌리박은 자연상태에서의 상호 자유침해를 기술하고 있다(홉스, 앞의 책, 231-2). 그리고 시민들은 계약적 동의하에서 자신의 주권을 국가에 이양함으로써 개인들 사이에서 난무하는 상호 자유침해를 이성적으로 통제할 수 있다는 식으로 국가의 초개인적 권력 사용을 정당화하였다(홉스, 앞의 책, 260 이하). 다른 한편 루소는 인간의 선천적 자유를 말하면서도 인간이 인간에 대해 늑대가 되는 이런 전쟁상태를 인간의 자연상태로 보지는 않는다. 그는 홉스적 자연상태를 거부하고 인간 상호간의 연민(Mitleid) 감정에서 인간의 자연적 본성을 찾았다(루소, 『인간불평등기원론』, 최현 옮김, 범우사, 1975, 240 이하). 그에 따르면 홉스적 의미에서의 자연적이고 자유로운 인간은 오히려 타락한 사회에 거주하는 비자연적이고 부자유한 존재이다. 그러나 이런 차이에도 불구하고 그도 홉스처럼 시민들의 타락과 불평등을 극복하기 위하여 각 개인의 의지를 넘어서는 초개인적 보편의지(volonté générale)를 그리고 이 일반의지의 담지자로서 국가를 요청한다(루소, 『사회계약론』, 28 이하).

자유와 평등을 공정하게 실현하는 데서 성립하는 사회정의란 전체의 하나의 요소로 등장하는 개인이 전체의 목적을 위해 자신을 전체에 능동적으로 통합시킬 때 성취될 수 있다. 그러나 그러한 능동적 통합은 역설적으로 동시에 피동적이다. 그래서 이런 국가철학의 종착점은 개인의 자유의지의 최대의 신장은 국가의지에의 최대의 복종 속에서만 실현된다는 스토아적 운명주의[11] 혹은 칸트적 의무주의[12]이다.

이 세 특징들은 모두 개인과 국가 간의 외면적 관계를 전제하고 있다. 따라서 근대 국가철학은 국가권력을 정당화하고자 할 때 하나의 순환에 빠지지 않을 수 없다. 한편 국가의 주권적 권위(Autoritaet)가 모든 개별의지 위에 군림하지 않는 한 개별자들 사이의 갈등을 공정하게 중재할 수 없다. 그러나 모든 개인에게 보편적으로 타당한 국가의 권위라는 것도 또한 시민들의 동의에서 오는 것이 아닌가? 그래서 주권은 본래 시민에게 있는 것이 아닌가? 이런 물고 물리는 의견의 대립은 국가를 개인을 위해 개인 밖에서 개인을 통제하는 보편자 혹은 하나의 슈퍼개인으로 보는 한 결코 해소될 수 없다. 루소의 노선에서 개인의 자유와 보편적 법의 일치를 주장하는 칸트의 스토아적 운명주의도 이 충돌을 피하려는 고육책일 뿐이다.[13] 물론 오늘날 개인보다는 더 보편적인 그러나 국가보다는 덜 보편적인 중간자로서 시민권력단체라는 제3의 제도적 장치를 가지고 이 악순환을 극복하려는 시도가 있다.[14] 이 시도가 현실 정치권력의 비도덕적 자의를 통제하는 데, 그리고 시민의 보다 나은 권리를 확보하는 데 중대한 역할을 한다는 것은 의심할 수 없다. 그러나 그 이면에

---

11) 홉스, 앞의 책, 289-90; 루소, 『사회계약론』, 34: "이것은 각 개인이 자유롭게 되도록 강제한다는 의미에 불과한 것이다." Vgl. SVF II, 974.

12) K. R. 미노그, 「홉즈와 절대주의의 정치철학」, D. 톰슨, 『서양근대정치사상』, 김종술 옮김, 서광사, 1990, 87-8; 루소, 『사회계약론』, 34.

13) Vgl. 이충진, 「칸트에서의 법칙과 권리. 칸트 『법철학』 해설」, 『철학연구』 43, 1998, 188-9.

14) 「시민의 힘」, 『중앙일보』, 1999년 1월 1일자, 4면.

개인과 개인 외적 국가 사이의 상호 소원한 근대적 친족관계가 전제되어 있는 한, 개인의 자유와 국가의 자유 사이의 가능한 충돌을 근원적으로 해결할 수는 없는 일이다. 현실에서는 이런 방편이 최선의 선택일지언정 국가철학적으로 최선의 선택은 아니라는 것이다. 이런 맥락에서 우리는 처음으로 돌아가 다시 물을 필요가 있다. 과연 인간은 선천적으로 자유로운 존재이고, 국가의 수립의 원리는 개별적 시민의 근원적 자유의 보호에 있는 것인가? 국가만이 개인들의 자유의 오용을 가장 효율적으로 통제할 수 있는가? 개인이 자신의 의지를 전체 의지에 일치시키고 그로부터 벗어나지 않을 때 사회정의가 실현되고 국가의 행복은 극대화될 수 있는가? 이 문제들은 근대 이전에 이미 플라톤이 『국가』편에서 당시의 아테네의 타락한 인간 및 사회현실을 개혁하려는 가운데 제기하고 철저히 숙고했던 문제들이다. 거대한 조직과 전체 앞에 선 무력한 개별자의 진정한 권리와 국가의 올바른 위상 및 과제가 과연 어디에 놓여 있는 것일까? 본 논문은 근대 철학자들과 달리 플라톤이 어떻게 이 질문에 답하는지를 살펴보려고 한다. 이를 위해 먼저 플라톤이 국가의 체제를 어떻게 구성해내는지를 살펴보고, 이로부터 앞서 제시된 세 가지 문제들에 대한 플라톤의 입장을 차례로 검토하기로 하자.

2. 플라톤의 개인-국가 유비

국가철학이 일차적으로 고찰하는 것은 당연히 국가이다. 그렇다고 국가철학이 오직 국가만을 다루는 것은 아니다. 국가의 일은, 그것이 진정한 국가인 한, 시민들의 행복과 번영을 도모하는 것에 있다(345d6-e1). 국가를 대상으로 삼는 국가철학의 화두는 이 점에서 국가 자체라기보다는 오히려 인간이라고 할 수 있다. 플라톤 역시 인간에 대한 진정한 이해 없이 올바른 국가철학을 수립하고 훌륭한 국가체제를 발견하는 것이 거의 불가능하다는 것을 정확히 인식하였다. 따라서 그의 국가철학은 인간의 소질과 능력에 대한 합리적 반성에서 시작한다.

플라톤의 인간학은 먼저 인간의 보편적 규정성(μανθά)에 관한 형이상학적 주장 속에서 잘 나타나 있는데, 이는 인간은 본성적으로 영혼의 존재라는 명제로 요약될 수 있다. 인간은 물론 영혼과 신체로 이루어져 있지만 인간의 모든 생명적 활동의 근원은 몸이 아니라 영혼이라는 것이다. 플라톤은 지각체계와 면역체계와 같은 체계들이 하나로 통합된 몸의 기능으로서의 생명에 대한 개념을 알지 못했고 또 알았더라도 반대했을 것이다.[15] 그는 인간을 하나로 통합된 자생적(autopoietisch)-자동적 신체체계로 간주하지 않고, 오히려 영혼을 이러한 신체적 체계들을 구성하고 통합하는, 즉 신체에 생기를 불어넣고 신체의 각 체계들로 하여금 고유한 특정 기능을 수행하도록 하게 하는 근원적인 힘으로 보았다.[16] 사람을 때린 이에게 그의 범죄행위의 원인이 단지 그의 손이라고 말할 수 없는 것이 자명한 만큼,[17] 인간이 본성적으로 몸의 존재가 아니라 영혼의 존재라는 것은 플라톤에게 당연한 것이었다.

다른 한편 인간은 현실적으로 자신의 신체적 조건에 의존해 있는 유한한 존재이다. 인간의 영혼은 신체와 결부되면서부터 자기동일적 본성의

---

15) Vgl. A. Schmitt, "Mensch und Tier bei Aristoteles," *Mainzer Universitaetsgespraeche: Tier und Mensch. Unterschiede und Aehnlichkeiten*, hrsg. G. Eifler, O. Saame u. P. Schneider, 1994, 177-213. 슈미트는 여기서 마뚜라나에 의해 대표되는 현대 진화론적 생물학을 비판하면서 플라톤과 아리스토텔레스의 입장을 다음과 같이 간략하게 정리한다: "이러한 체계들은 물론 영혼의 행위 양태들의 원인이지만, 이 체계들이 영혼들 혹은 영혼능력들인 것은 아니다. 그것은 오히려 일종의 인공두뇌와 같은 것으로 계획적인 통제과정들을 통해 조직화되고 구조화된 질료이다."(186)

16) *Pol.*, 403d2-4: "내 생각으로는 육체가 좋은 상태에 있다고 할 때 육체가 자신의 기능을 제대로 실현시킴으로써 영혼을 좋게 하는 것이 아니라 그와 반대로 좋은 영혼이 자신의 능력을 훌륭하게 발휘함으로써 육체에 최선의 상태를 제공하는 것 같네." 아울러 이런 입장에 대해서는 자연철학자를 비판하면서 참된 원인을 찾아 나서는 플라톤의 제2의 항해를 참고(Phd., 95a4 이하).

17) 그것을 손 탓으로 돌리는 사람은 던져진 돌을 향해서는 짖어대면서도 던지는 자는 건드리지 않는 개에 비유될 수 있다(*Pol.*, 469d9-e2).

한계 내에 순수하게 머무를 수 없다. 따라서 인간은 자신의 영혼능력을 신체와 독립하여 절대적으로 사용할 수는 없다. 오히려 인간의 영혼은 신체와 결부됨에 따라 신체와 관련된 다양한 활동영역을 자체 내에 형성할 수밖에 없다. 동일한 본성의 영혼을 가진 인간들 사이에도 차이가 있고 그들의 실제적 행위에도 차이가 생기는 것도 인간의 영혼의 심리적 활동중심이 하나가 아니라 여럿으로 분화되어 있기 때문이다. 영혼과 육체가 결합된 인간의 이러한 제약된 현실적인 존재여건으로부터 플라톤은 상대적으로 자립된 영혼의 세 가지 활동중심을 받아들인다. 이것이 그의 유명한 영혼삼분설(靈魂三分說)이다. 플라톤은 올바른 국가형태를 발견하기 위해 일차적으로 국가의 구성하는, 신체를 걸머지고 사는 개별적 인간의 영혼에 대한 심리학을 제시해야 할 필요성을 느꼈던 것이다.

인간의 영혼의 다양한 활동방식을 확정하기 위해 플라톤은 누구나 자명하게 인정할 수 있는 세 가지 영혼의 활동방식들을 제시하면서 논의를 시작한다(436a8-b3). 즉 사물 혹은 행위를 정확히 그 형상적 근거와 목적의 측면에서 이해하는($\mu\alpha\nu\theta\acute{\alpha}\nu\epsilon\iota\nu$) 능력, 까닭에 대한 합리적 이해 없이 부당한 일에 대해 즉각적으로 분노하는($\theta\upsilon\mu\epsilon\hat{\iota}\sigma\theta\alpha\iota$) 능력, 그리고 음식과 생식에 관련된 쾌락들을 욕망하는($\epsilon\pi\iota\theta\upsilon\mu\epsilon\hat{\iota}\nu$) 능력. 뒤이어 그는 반성적으로 묻는다(436b5-6). 우리가 이러한 각각의 행위를 할 경우 우리 안에 있는 동일한 부분으로 하는 것인가, 아니면 세 가지 부분이 있어서 각각의 다른 부분으로 다른 행위를 하는 것인가? 영혼이 하나의 능력이라서 하나의 부분을 가지는 것인가, 아니면 본성적으로 하나인 영혼이 순수하게 하나로서가 아니라 여럿으로서 활동하는가? 이 물음에 안전하게 대답하기 위해 플라톤은 모든 합리적 논의의 바탕($\upsilon\pi\acute{o}\theta\epsilon\sigma\iota\varsigma$)을 이루는 모순율을 탐구전제로서 도입한다(436b8 이하).[18] 그의 의도

---

18) 모순율이 가설이라는 것은 그것이 경험적 사실을 합리적으로, 즉 어떤 규정된 것($\tau\iota$ $\acute{o}\nu$)으로 판단하는 것을 가능하게 하는, 그러나 그것의 정당성이 낱낱의 경험적 사실을 통해 확인될 수도 또 그럴 필요도 없는 선경험적 판단규준이라는 것을 뜻한다(437a4-9).

는 자명하다. 만약 우리가 동일한 것이 동일한 부분의 측면에서 그리고 동일한 것에 대하여 상반된 것을 동시에 행하거나 겪는 일이 없다면, 당연히 이런 다양한 그리고 경우에 따라 상반되는 활동을 하는 영혼은 동일한 부분의 측면에서 이런 상이한 그리고 상반적 행위들을 하는 것이 아니라 상이한 부분들의 측면에서 그 각각을 수행하는 것이라는 것이다. 플라톤은 이런 전략을 가지고 동일한 영혼의 이 세 부분의 상이성을 세부적으로 논증한다(437b1 이하).

플라톤은 먼저 목마름과 같은 욕망과 관련된 영혼의 상반된 행위를 분석한다. 이를테면 우리는 갈증을 느낄 때 목말라하면서도 동시에 마시려고 하지 않는 것과 같은 두 가지 상반된 영혼의 활동을 경험할 수 있다. 이런 사람의 영혼에는 한편으로 목마른 나머지 마실 것을 마시도록 시키고 끌어당기는 것이 있고, 다른 한편으로 마시는 것을 억제하고 거부하게 하는 것이 있다. 이 둘은 분명 다르지만 동시에 하나의 영혼에서 일어나는 것이다. 그런데 모순율에 따르면 동일한 영혼이 동일한 부분의 측면에서 동시에 이런 일을 겪는 것은 불가능한 것이다. 이로부터 플라톤은 먼저 상대적으로 자립된 두 가지 영혼의 부분을 서로 다른 것으로 받아들인다. 마치 움직이면서 정지한 것처럼 보이는 하나의 팽이가 그 둘레의 측면에서는 운동하고 중심축의 측면에서는 정지해 있는 것처럼(436d4-e6), 목마른 자는 영혼의 한 부분의 측면에서 마실 것을 잡아당기고 다른 측면에서는 밀쳐내기 때문이다.

마실 것을 끌어당기는 부분이 욕망하는 것(τὸ ἐπιθυμετικόν)이다. 이것은 목마름이나 갈증, 성적 충동과 같은 인간의 감각적 욕망을 만족시키는 것으로써 영혼의 다양한 구조에 있어서 고유한 자기 활동의 부류를 형성한다. 인식론적으로 이 부분에 해당하는 것은 감각지각이다. 마치 혀가 다른 모든 것과 달리 맛볼 수 있는 일과 관련해서 맛의 절대적 기준이듯이, 인간에게서 모든 신체적 욕망은 영혼의 이 부분이 독자적으로 관장한다.

그러나 지각의 한계와 위험이 있듯이 욕망의 한계와 위험도 있다. 지각은 물론 특정한 사유형태이지만 오직 감각기관들과 결부된 형태 속에서 활동하도록 제약되어 있다. 그래서 그것은 항상 큰 태양을 마치 축구공만하게 잘못 인식하는 위험에 처해 있기도 하다. 이런 위험은 참된 전제에서 시작하여 합리적으로 추론하고 숙고하는 이성적 인식능력을 통해서만 피할 수 있다. 마찬가지로 욕망적인 것도 물론 영혼의 작용에 속하지만[19] 귀와 눈 같은 신체와 결부된 형태 속에서 욕망들을 추구하도록 제한되어 있는 나머지 욕망되는 것을 아무런 합리적 구별 없이 무제한적으로 추구하는 위험으로부터 벗어나 있지 않다. 이를테면 목마른 자의 영혼은 그것이 목말라하는 한 자기가 많이 아니면 적게 마셔야 되는지 혹은 자기가 마시는 것이 좋은 것인지 나쁜 것인지에 대해서는 무관심한 채 무차별적으로 오직 마시기만을 갈구하여 종종 그의 건강을 해칠 수 있다(439a4-7). 플라톤은 이런 맹목적 추구성향 때문에 그것을 단적으로 숙고에 따른 합리적 구별이 결여된 것, 즉 비이성적인 것(ἀλόγιστον)으로 부른다(439d7). 이 경우 마치 지각의 오류를 수정하는 지성이라는 합리적 구별능력이 있어야 하듯이, 욕망의 과도한 추구에서 기인하는 욕망적 영혼 부분의 탈선을 피하기 위해서는 이런 지성을 사용하는 다른 영혼의 부분이 있어야 한다. 이 부분이 이성적인 것(τὸ λογιστικόν)이다. 이성적 영혼은 자신의 시선을 즉각적인 자극에 고정시키지 않고서 앞뒤로 자세히 살피면서 쾌락적인 것이 영혼의 각 부분 및 전체의 이익을 위해 정말로 좋은 것인지 아닌지, 그래서 추구할 만한 것인지 아닌지를 숙고함으로써 욕망적 영혼의 올바른 행위규칙과 목적을 규정한다. 이성적 영혼은 이처럼 욕망의 적도와 목표를 숙고하여 욕망적 영혼의 무제한적인 충동을 규제할 수 있다는 점에서 욕망적 영혼과는 독립된 독자적인 자기 활동중심을 형성한다. 그리고 만약 욕망적 영혼이 이성이 혜

---

19) R. M. Hare, *Plato*, Oxford, 1982, 54.

아려 제시한 목적과 규칙을 어길 경우 그로 하여금 욕망대상을 자제하도록 계도한다. 우리가 갈증을 느끼면서도 동시에 그것을 마시려고 하지 않는 것도 바로 이성적인 것의 이런 작용 때문이다.

일단 이러한 영혼이분법에서 우리는 플라톤의 스토아적-금욕주의적 면모를 찾아서는 안 된다.[20] 플라톤은 인간의 행복한 삶을 위해 결코 욕망을 배제하지 않는다. 설사 욕망적인 것을 비판할 때도 그는 욕망적인 것 일반이 아닌 욕망의 특정한 성향에 주목한다. 그래서 그는 단순한 욕망의 차원을 넘어 욕망된 것이 좋고 추구할 만한 것인지와 같은 자신이 결코 수행할 수 없는 일에 간섭하는 욕망적 영혼의 월권을 비판하는 것이다. 플라톤은 인간의 삶에 필수불가결한 인간의 최소 필요욕구를 명백히 수긍하고 있다(Phd., 64e1). 또 철학이 죽음의 연습이라고 할 때도 그는 자살로서 신체적인 욕망 없이 살 수 있는 길을 택하라고 충고한 것이 아니다(Phd., 61c8 이하). 그리고 더 중요한 것은 이성적 영혼이 인간의 욕망적 영혼의 활동기준과 목표를 사색하고 또 욕망이 자신의 본분을 망각할 때는 그것을 지배할 권리를 갖더라도, 이것은 이성이 욕망적 인간 영혼의 일까지도 대신한다는 것을 뜻하지는 않는다는 것이다. 포도주가 단지 쓴지를 결정하는 것은 혀이고 혀를 통해 쾌락적인 것을 추구하는 영혼은 오직 욕망적인 것이지 결코 이성적인 것이 아니다. 최소한 맛과 관련해서는 인간의 이성적 영혼도 혀를 사용하는 욕망적 영혼으로부터 배워야 한다. 거기에 이성적인 것과 구별되는 욕망적 영혼활동의 고유한 의미가 있다. 눈이 색깔의 구별의 그리고 혀가 맛의 구별의 판관이듯이 욕망적 영혼도 욕망대상의 쾌와 불쾌의 인식기준이기 때문이다. 욕망적 영혼과 이성적 영혼 모두 인간이라는 작은 국가에 없어서는 안 될 독자적 권리를 가진 시민들이다. 그의 스승 소크라테스가 즐겨 포도주를 마셨다는 것은 이런 맥락에서 철학적으로 결코 사소한 일화가 아니다.[21]

---

20) Vgl. R. Barrow, 『플라톤과 교육』, 박재문, 서영현 옮김, 문음사, 1996, 53.
21) Vgl. R. Hackforth, Plato's Phaedo, Cambridge, 1955, 49.

다음으로 인식론적으로 지각과 이성의 중간인 의견의 영역에 속하는 제3의 부분이 있다. 이것은 이성적인 것과 욕망적인 것에 정확히 대응하지 않으면서 양자 사이에서 갈등하는 것으로 플라톤은 이것을 τὸ θυμοε ιδες, 즉 글자 그대로 튀모스(θυμός)의 형태를 띤 것 혹은 일상적으로 번역하듯 기개적인 것(the spiritual, das Eifrige)이라고 부른다. 튀모스 개념은 오늘날의 심리학에서는 더 이상 발견할 수 없고 그에 적합한 전문 번역어도 없는 상태이다. 그러나 호메로스부터 아리스토텔레스에 이르기까지 이 개념은 심리학뿐만 아니라 윤리학의 핵심 개념들 중의 하나였다. 그것은 일차적으로 명예와 같은 것의 획득과 손실로 인한 강력한 흥분을 나타낸다. 그래서 이 단어는 부당하게 무시를 당할 때 생기는 분노(ὀργη)를 지칭하기도 하고[22] 그런 노여운 흥분 상태의 진원지로서 가슴과 심장이라는 인체기관을 가리키기도 한다. 이런 의미에서 튀모스의 형태를 띤 마음의 영역은 대략 심장의 맥박이 거칠어지는 것과 같은 생리적 반응을 수반하면서 모든 불의에 용감하게 대항하도록 하는 심리적 공간을 가리킨다. 이것은 먼저 욕망하는 것과는 구별된 고유한 자기 영역을 형성한다. 왜냐하면 만약 나쁜 양육으로 인해 타락되지 않고 극단적인 흥분 상태에 있지만 않는다면 그것은 욕망적인 것이 이성적인 것이 제시하는 욕구의 적도와 목적을 거스르도록 부당하게 강요할 때는 언제나 아무리 험한 어려움이 닥치더라도 그에 굴하지 않고 충견과도 같이 소신껏 자신의 명예를 걸고 그 강요하는 욕망적 부분에 대해 이성의 편에 서서 이성이 올바르다고 판단하는 것을 위해 분개하기 때문이다. 또한 그것은 이성적 판단의 영역과도 일치하지 않는다. 그것이 아무리 이성의 말에 귀를 기울이고 이성에 협력하지만 여전히 지각의 즉각적인 자극에 얽매여 항상 격렬하고 성급하게 움직이는 성향을 가지고 있기 때문에 비록 항상 잘못을 범하지는 않더라도 경우에 따라 이성의 판단을 잘

---

22) 튀모스의 이런 의미에 대해서는 Homeros, *Illias*, 1,68ff.; Aristoteles, *Rhetorica*, 1378a30ff. 참조.

못 수행하여 이성적인 것에 거스르고 또 그런 식으로 자신이 하고자 하는 일에 있어서 기만을 당하거나 과실(άμαρτία)을 범할 수 있기 때문이다. 이런 측면에서 아리스토텔레스는 영혼의 이 부분을 대문 두드리는 소리에 친한 사람인지를 알아보지도 않고 짖어대는 성급한 개나 주인의 말을 다 듣기 전에 뛰어가 결국 주인의 뜻을 어기는 종에 비유하기도 한다(EN, 1049a25-29).

이처럼 인간 영혼의 세 활동중심들 각각은 고유한 자기 활동영역을 형성하고 있다. 신체적 쾌와 불쾌를 지각을 통해 구별하는 것에 이성과 기개의 부분이 욕망적 영혼을 간섭하지 못하듯이, 그리고 보편적으로(전체를 위해) 좋은 것과 나쁜 것을 합리적으로 숙고하여 구별하는 데 기개와 욕구가 이성을 권능을 대신할 수 없듯이, 그리고 부당함에 온몸으로 과감하게 들고 일어서는 용기와 관련해서 이성과 욕망은 기개의 방관자일 수밖에 없듯이, 각각은 상대적으로 자립된 고유한 자기 역할과 권리를 가지고 있다. 영혼삼분설은 일차적으로 이러한 영혼의 수평적 활동 분화 체계를 표현한다. 그러나 그것은 진리의 반일 뿐이다. 이성과 기개 혹은 한 짝이 된 이성-기개와 욕망 사이에는, 만약 기개나 욕망이 이성을 거스를 경우, 지배와 종속의 의무도 성립한다. 따라서 그것은 동시에 영혼의 수직적 계통체계도 표현한다. 플라톤은 이 두 측면을 함께 고려하면서 영혼의 각 부분의 덕들을 말한 뒤 이 부분들로 이루어진 전인(全人)의 덕으로서의 정의를 '제 할 일을 하는 것'으로 규정한다. 그 의미는 분명하다. 정의란 각 부류의 무차별적 권리주장과는 무관하다. 그것은 오히려 영혼의 지배-피지배 관계를 각 부류의 본성에 따라 확립하는 것이다(444d8-10). 인간은 이처럼 상대적으로 자립된 각 부류의 기능을 지배-피지배의 수직적 계통 속에서 조화롭게 발휘할 때 정의롭게 된다.

플라톤이 이런 식으로 인간 영혼의 다양한 구조를 분석하고 영혼의 세 활동중심을 찾아낸 바탕에는 사실 국가성립의 정당성이 국가의 조직과 구조가 인간의, 특히 인간 영혼의 특수한 존재여건에 최대한 상응할 때 보장될 수 있다는 그의 확고한 신념이 깔려 있다. 이런 신념에 따라 플라톤은 세 가지 인간 영혼에 대응하여 유비적으로 국가에서 자기 고유의 부류를 형성하는 세 계급을 구별하고 이로부터 정의로운 국가상을 초안한다(369d1 이하).

인간에게 생존을 위해 가장 필요한 것은 최소한의 욕구를 충족시키는 것이다. 이 일을 관장하는 영혼의 부분이 욕망적인 것이다. 마찬가지로 시민들의 공동체적 삶을 위해 가장 필요한 것은 그들의 최소필요를 담당하는 부분이다. 그래서 국가의 구성에서 가장 먼저 편입시켜야 할 집단은 의식주와 같은 욕구를 만족시키는 것에 종사하는 생산자들이고, 이들은 국가에서 가장 먼저 자기 고유의 부류 혹은 계급을 형성한다. 여기에는 먼저 농부, 집 짓는 사람, 직물 짜는 사람, 제화공, 일차적 생산활동을 위해 필요한 쟁기와 같은 도구를 제작하는 장인들이 속한다. 게다가 이런 것들을 자기 나라에서 자족하지 못하는 경우 다른 나라에서 수입을 해야 하고 나라 내부에서 생산된 것들도 교환해야 하기 때문에 무역상인이나 국내 중개업자들이 추가적으로 필요하고 또 교환수단으로서 화폐가 요구됨에 따라 금전관계 업종도 생겨난다. 마지막으로 여기에는 힘든 육체노동을 통해 임금을 받는 임금고용인들도 포함된다. 물론 육체노동자를 포함한 이 계급을 사용자와 구별되는 현대적 의미의 노동자계급으로 이해해서는 안 된다.[23] 플라톤에게는 경영에 참여하고 노동자보다 더 많은 부를 축적하는 재벌 총수 역시 그들의 고유한 관심과 목표가 교환체계 속에서 인간의 다양한 욕구를 충족시키는 데 있는 한 생산자계급에 속한다.

인간의 기초적 필수욕구를 실현시키는 데 종사하는 사람들로 구성된 이런 국가는 "최소필요국가"(369d11), "작은 나라"(370d6) 혹은 글라우콘이 명명하듯 "돼지들의 나라"(372d4)이다. 그런데 시민들이 최소필요욕구에 만족하지 못할 경우 돼지들의 나라는 "사치스런 국가"(372e3)로

---

23) G. C. Field, 『플라톤의 철학』, 양문흠 옮김, 서광사, 1986, 83-4.

이행할 수밖에 없다. 여기서는 보다 풍요로운 삶을 향유하기 위해 집이나 옷, 곡식과 신발처럼 꼭 필요한 것이 아닌 침대나 식탁과 같은 가구, 향료, 기생, 보석, 시와 회화에 종사하는 예술인, 이발사, 유모 등이 필요하다. 그리고 만약 수요만 있다면 그 외의 어떤 것이라도 공급할 사람들이 당연히 생길 것이다. 이렇게 국가의 구성원의 수는 계속 증가할 것이고, 이전의 국가 규모로는 그 많은 사람들의 생존을 위해 요구되는 것들을 제공할 수 없게 된다. 따라서 영토의 확대와 그를 위한 국가 간의 전쟁이 불가피하게 되고 국가 내부에서 국가질서를 해치는 사람이 생기는 것도 필연적이다. 이로부터 자기 나라의 이익을 위해 전쟁을 일으키는 외부의 적과 사적인 욕구를 충족시키기 위해 공동체 전체의 이익을 희생시키는 내부의 적들로부터 그들의 불의에 대항하여 시민들을 보호해야 할 사람들이 필요하게 된다. 이런 인간들이 생산과 무역에 적합한 사람들의 부류와 별도로 국가에서 역시 자기 고유의 부류, 즉 수호자(φύλακες)계급을 형성한다.

플라톤은 수호자 개념을 유연하게 사용한다. 한편 그는 그것을 이기적 욕망충족을 위해 동족이나 타 민족과의 전쟁을 불사하는 내부와 외부의 적들로부터 시민들을 보호하는 부류라는 넓은 의미로 이해한다. 여기에는 나라 전체의 이익을 위해 최선의 것을 숙고하는 지배자(ἄρχοντες)와 지배자의 통치기조에 따라 모든 불의한 적들에 항쟁하면서 지배자를 돕는 협력자(βοηθοί) 혹은 보조자(ἐπικούροι)가 속한다. 이는 이성을 도와 반이성적 무절제에 빠지는 욕구를 통제하는 데 협력하는 기개적인 것과 전체를 위한 최선의 목적과 방향을 숙고하는 이성적인 것 모두 같은 편으로서 무절제한 욕망적 영혼의 지배자로 분류되는 것과 같다. 다른 한편 그는 보조자를 수호자로 분류하면서도 지배자를 보조자와 다른 의미의 수호자, 즉 완전한 수호자(414b2, 428d7) 혹은 진정한 수호자(428e1)로 부르면서 그것을 보다 제한적으로 이해하기도 한다.

용맹하고 격정적이며 불의를 보고는 못 참는 보조자 부류의 사람들이 통치자와 함께 광의의 수호자로 분류되는 것은 그들 역시 지혜를 사랑하는(철학적인) 성향을 가지고 있기 때문이다. 플라톤은 보조자를 혈통 좋은 개에 비유하여 이 점을 설명한다(375d10 이하). 개는 낯선 사람에게는 사납게 굴지만 낯익은 사람에게는 온순하다. 이는 개 역시 어떤 식으로든 적과 친구를 구별하여 사유할 줄 안다는 것을, 즉 배움을 사랑한다는 것을 증명한다. 인간의 경우도 마찬가지다. 낯선 적으로부터 친근한 시민들을 지켜야 하는 보조자도 최소한 적과 친구를 앎에 의해 구별할 수 있다는 점에서 지혜를 사랑하는 본성을 지닌다는 것이다. 네스토르와 폴뤼다마스의 충언을 존중할 줄 아는 아킬레우스와 헥토르와 같은 호메로스의 영웅들은 이런 기사계급의 전형적인 인물들이다. 물론 이들의 용맹과 기상은 성급하고 격정적인 튀모스에서 분출하는 것이기 때문에 그들은 비록 천성적으로 이성적인 지배자의 말에 공감은 갖고 또 욕구를 경시하면서 명예를 존중하더라도, 자신의 튀모스가 지나친 격정에 사로잡힐 때는 지배자의 뜻을 어기는 행동을 하기도 하고, 나중에서야 가슴을 치고 참회의 눈물을 흘리며 자신이 본래 따르고자 한 이성의 말에 귀 기울이면서 용감한 장군으로서의 자신의 본래 의지로 되돌아온다.[24] 이 점에서 그들은 진정한 의미의 지혜를 사랑하는 사람은 아니다. 그들은 오히려 지혜에 참여한다는, 혹은 아리스토텔레스가 정확히 표현하듯이 "이성의 판단(λόγος)에 순종한다는 의미에서"(EN, 1098a14)만 이성적이고 철학적인 사람이다.

---

24) 아킬레우스는 극단적인 분노의 상태에서 장군으로서의 자신의 본래의 과제를 망각하고 오직 아가멤논에 대한 복수만을 노리기 때문에 그 역시 장군으로서의 용맹스러움을 잃고 결국 절친한 친구 파트로클로스와 죄 없는 많은 병사들을 죽음의 불바다에 빠뜨리는 과오를 범하는 것이고 나중에 그의 격렬한 튀모스가 가라앉을 때야 비로소 그는 현자조차도 눈멀게 하는 분노의 독성(毒性)을 깨닫고 아가멤논에 대한 분노를 거두어들인다(Illias, 18, 98-114. Vgl. 22, 99 이하). 아리스토텔레스가 『시학』 13장에서 비극에 적합한 인물로 과실 때문에 불행에 빠진 사람의 전형적인 예로 내세운 소포클레스의 오이디푸스 그리고 플라톤(439e6 이하)이 오뒷세우스에 비유한, 자신의 과실을 뒤늦게 깨닫고 시체를 보고자 하는 욕망에 사로잡힌 자신의 눈을 질책하면서 뉘우치는 레온티오스도 그런 사람이다.

반면 통치자 부류는 이들 기개 있는 자들 가운데서도 특히 지혜의 본성을 자유롭게 계발시킨 사람들로서, 이들만이 진정한 의미의 지혜를 사랑하는 자, 즉 철학자로 불릴 수 있다. 이들은 자신의 사유(구별)능력을 지각이나 검토되지 않고 근거 지워지지 않은 의견과 결부하여 활동시키지 않는다. 철학자는 오히려 지각이나 의견이 주는 오류와 혼란을 교정하기 위해 모든 외적인 강제요인으로부터 벗어나 오직 사유의 내적 원칙에 따라서만 자유롭게 판단한다.[25] 플라톤은 철학자가 모든 다른 사람과 다르게 독자적으로 갖는 능력을 파르메니데스처럼 의외로 단순하게 표현한다. 파르메니데스의 철학자는 진리의 길을 따르는 자이다. 그리고 그의 동행자는 바로 "(어떤 것이든 그것은) (어떤 것)이고 (그것)이지 않은 것은 불가능하다"(D/K 단편2)는 모순율이다. 플라톤의 철학자도 마찬가지로 모순율에 따라 대화적 논의를 펼쳐가는 사람으로, 그의 탁월함은 '인' 것을 '이지 않은' 것이라고 또 '이지 않은' 것을 '이다'라고 판단한다는 데 있다. 이런 철학자는 예컨대 강가에 앉아 있는 어떤 사람을 눈으로 보고 그가 강가에 앉아 있기 때문에 낚시꾼이라고 판단하지 (δοξάζειν) 않는다. 그럴 경우 낚시꾼인 사람이 낚시꾼이 아니라고 생각하는 것이기 때문이다. 왜냐하면 강가에 앉아 있는 사람은 또한 시상에 잠긴 시인이나 자연풍경을 화폭에 옮기려는 화가일 수도 있기 때문이다. 또 이런 철학자는 10센티미터의 손가락의 길이를 보고 그것이 크다고 말하지 않는다. 그럴 경우 그는 10센티미터이기 때문에 큰 손가락이 정확히 10센티미터이기 때문에 작다고 판단하고 있는 것이기 때문이다 (Vgl. 523a10 이하). 그리고 철학자는 원이라는 것을 우리의 눈이 보고 하듯이 선에 의해 둘러싸인 것으로 이해하지 않는다. 왜냐하면 선에 의해 둘러싸인 것은 원이면서 동시에 삼각형과 사각형 등이기 때문이다.

---

25) 이상인, 「플라톤의 현실인식과 형상인식: 현실을 넘어선다는 것은」, 『철학연구』 42, 1998, 16 이하.

이처럼 통치자로서의 철학자의 진정한 권위의 원천은 탈주관적인 무모순의 원리에 준해 각 사태를 그것의 형상적 규정성(그것 '임')으로부터 헤아리는 그의 사유의 합리성과 정확성이다.[26] 그런 사람으로는 대표적으로 아킬레우스와 아가멤논이 서로에 대해 화를 내는 원인을 알고 또 그 때문에 각자의 분노에 일면 공감을 표하면서도 모두에게 그들 자신의 이익뿐만 아니라 공동체의 이익을 위해 화해하도록 (사태를 항상 그 전체적인 전후 연관 속에서 자세히 살피는) 이성(νόος)에 따라 충언하는 네스토르가 있고(Illias, 1,274-84), 승리에 대한 가상적 희망에 현혹되어 성벽 뒤로 물러서지 않은 헥토르에게 아킬레우스의 참전소식을 전하면서 트로이아의 유일한 구원자인 성벽 뒤로 물러서라고 직언하는 폴뤼다마스도 있다(Illias, 18,249-83). 이들은 이 약손가락의 크기에 관한 질문에 특정한 관점에서 (길이를 보고 새끼손가락에 비교하여 혹은 가운뎃손가락에 비교하여) 작다거나 혹은 크다라고 대답하면서 반대 대답을 하는 사람과 부질없는 논쟁에 빠지는 사람이 아니다. 그는 큼의 임, 즉 그것 때문에 혹은 그것을 바라보고 우리가 어떤 것을 언제나 큰 것 '인' 것으로 알 수 있는 큼의 이데아, 즉 양에 측면에서 다른 것을 능가하는 것이라는 개념적 파악으로부터 약손가락을 크다고 판단한다(Phd., 102c11-d2). 그들은 이 길이 올라가는 길인가 내려가는 길인가라는 헤라클레이토스적 질문에 대부분 사람들처럼 자기만의 사사로운 사유를 가진 듯 자기 관점에서 오름길 아니면 내림길로 판단하여 서로 소모적인

---

26) 대중적-일상적 인식방식인 지각적 의견의 개별자에 대한 추상적-보편적 인식으로부터 통치자의 철학적 인식방식인 이성의 개별자에 대한 구체적-보편적 인식으로의 영혼의 전환에 대해서는 이상인, 앞의 논문, 6-26; Aristoteles, phy., 184a16-b14 참고. 특히 phy.에서의 지각의 인식대상, 즉 개별자에 대해 지각이 파악한 인식내용이 보편자라고 할 때의 보편자 개념(anal. post, 99b16-100b1)과 학적 인식(Episteme)의 내용을 이루는 진정한 의미의 보편자 개념(meta., 1003a14f., 1086b33f., anal. post., 73b25 이하)의 구별에 대해서는 Ch. Pietsch, Prinzipienfindung bei Aristoteles: Methoden und erkenntnistheoretische Grundlagen, Stuttgart, 1992, 61ff. 참조.

언쟁에 빠지지 않는다(22D/K2,78,102). 그들은 오히려 사람들이 말하는 오름길과 내림길이라고 말하는 두 다른 길이 동일한 하나의 길이라고 주장한다(60). 그리고 더 나아가 그들은 길을 보는 눈의 방향에 현혹되지 않은 채 공통적 사유 속에서(113,107) 아래와 위가 무엇인지를 우리의 감각으로부터 숨곤 하는(123) 본성에 따라 개념적-사상적으로 파악하여(1) 오로지 이런 아래와 위의 합리적 구별의 바탕 위에서 하나의 동일한 길을 오름길이나 내림길로서 정확히 판단해낼 것이다(7). 철학자는 눈과 귀와 상상과 의견에서 출발하면서도 그것이 제시하는 지연(地緣)과 학연(學緣) 혹은 손가락의 길이와 같은 극히 임의적인 판단기준에 결코 동요하지 않는다(22D/K87,34,72).

그렇다면 이 세 부류로 구성된 국가의 정의란 무엇인가? 플라톤은 인간의 정의처럼 그것은 각 부류가 자기가 가장 잘할 수 있는 능력을 완전히 실현하는 것이라고 말한다. 즉 지배자가 생산자의 일을 대신하지 않고 생산자 역시 지배자나 보조자의 역할을 대신하지 않으면서 오히려 보조자와 통치자 같은 수호자는 지배하고 생산자는 그에게 그런 능력이 결여되어 있는 한 자유로운 동의하에서 통치권을 그들에게 이양하여 서로 간에 의견의 일치(ὁμοδοξία, 433b6)를 볼 때 하나로 통일된 나라의 정의가 이루어진다는 것이다. 물론 이런 정의로운 국가에서 상대적으로 자립된 고유의 일을 가지고 있는 각 계급은 다른 것에 의해 침범되지 않는 고유권리를 갖는다. 그러나 마치 혀가 포도주가 달콤하고 쾌락을 준다는 사실을 넘어 이런 쾌락적인 것이 좋은 것이고 누구나 추구할 만한 것이라고 유혹하는 것이 그 사람 전체의 건강을 해치는 요인이 되듯이, 시민의 욕구충족에 종사하는 생산자가 그럴 자격도 없으면서 용맹을 필요로 하는 전사의 계급으로, 혹은 힘 있는 장수가 오직 자신의 힘을 바탕으로 숙고하여 결정하는 지배자의 부류로 이행하려는 것은 나라 전체의 가능한 파멸의 요인이 되는 것이다. 이 경우에 동등한 권리의 측면 외에 자립된 권리를 가진 세 계급 사이에 지배와 피지배의 수직적-계층적 질서의 측면도 존재한다. 따라서 플라톤이 말하는 나라의 정의는 단순히 무차별적 평등의 추구가 아니라 각 계급의 자립적 정체성 속에서의 계층적 질서의 확립이다.[27]

국가체제는 이처럼 인간의 복합적인 내적 구조로부터 유비적으로 도출되고 그것의 정의로운 상태는 개인의 그것과 내적으로 일치한다. 플라톤의 국가철학에는 개인과 독립된 국가 혹은 국가와 독립된 개인이라는 관념이 들어설 자리는 없다. 개인과 국가는 내적으로 공속된 하나의 삶의 단위를 이룬다. 개인은 작게 나타난 국가이고 국가는 크게 나타난 개인이다. 반면 근대 국가철학은 개인에서 출발하면서도 개인과 국가 사이의 이런 자연적 우정관계를 정초하는 데는 실패하고 만다. 왜냐하면 그것은 개인의 주권적 자유의 수호를 국가수립의 기본원리로 삼고—이 경우 당연히 국가의 주권과의 충돌이 생길 것이다—국가의 목적을 공동생활을 위한 개인의 권리제한에 두고 있기 때문이다. 국가의 목적에 대해서는 4절에서 고찰하기로 하고 먼저 국가의 기원에 대한 플라톤의 설명을 들어보기로 하자.

3. 국가수립의 원리: 인간의 유한성과 의존성

플라톤의 『국가』를 한 번 읽어본 사람은 영혼분석으로부터 국가의 복합적 구조를 이끌어내는 지금까지의 우리의 논의가 텍스트 내에서의 플라톤의 주장과 정확히 일치하지 않는다고 생각할 수도 있을 것이다. 왜냐하면 플라톤은 큰 글자(A)로 쓰인 국가를 먼저 검토하고 작은 글씨(A)로 쓰인 개인을 나중에 검토하자고 제안하고(368d1-7, 434d2-8) 또 실제로 그렇게 논의를 전개시키기 때문이다. 그러나 이러한 논의의 전개의 순서는 국가의 정의로부터 개인의 정의가 비로소 도출된다는 것을,

---

27) Vgl. R. Barrow, 앞의 책, 70-2.

더 큰 공동체의 구성방식으로부터 인간 영혼의 내적 차이가 보다 잘 인식될 수 있다는 것을 나타내는 것은 아니다. 실제로 국가의 정의에서 시작하여 개인의 정의로 논의를 진행시키는 가운데서도 플라톤은 자신의 탐구순서가 어떤 의미에서는 전도된 것임을 두 가지 점에서 분명히 밝히고 있기 때문이다. 첫째 개인의 정의를 말하기 시작하면서 그는 개인에게도 국가에서와 동일한 세 가지 종류의 특성들이 내재한다는 것을 제시한 뒤 그 이유를 다음과 같이 설명한다. "왜냐하면 그러한 것들[국가에서 발견되는 특성들]은 (개개인 이외의) 다른 곳으로부터 거기에[국가에] 도달한 것은 아니기 때문일세."(435e3, 또한 435e3f) 이것이 뜻하는 것은 국가 내의 계층분류는 인간 영혼의 내적 차이의 직접적 결과라는 것이다. 둘째 플라톤은 자신의 논의의 진행의 성공을 일종의 "행운(ἕρμαιον)"으로 묘사하고 있다(368d6-7). 이는 근원과 유래를 헤아리지 않은 채 드러난 결과로부터 출발하는 탐구방식에 내재된 인식론적 위험, 즉 인간의 특수한 성향에 대한 전이해 없는 국가인식의 개연성과 우연성을 지시한다. 이로부터 볼 때 우리가 지금까지 개인의 정의로부터 탐구를 진행시킨 것은 안전한 탐구에 속하고 그런 한 플라톤의 의도와도 부합한다고 볼 수 있다. 그리고 국가의 기원을 다음과 같이 인간의 특수한 존재여건으로부터 해명하는 것도 전혀 이상할 것이 없다(369b5-7).

"그런데 내 생각으로는 국가는 우리 각자가 자족하지(αὐτάρκης) 못하고 우리에게 많은 것이 결핍되어 있기 때문에 생기는 것 같네."

여기서 플라톤은 국가의 기원을 명백히 인간의 유한성과 의존성으로부터 설명하고 있다. 인간은 스스로 자유롭지, 즉 자족적이지 못하고, 따라서 태어나면서부터 누구나 자유의 권리를 가지는 것도 아니라는 것이다. 물론 플라톤은 인간의 의존성을 지적하면서 인간이 어떤 의미에서도 자유롭지 않다는 것을 주장하고 있지는 않다. 그는 인간이 자유롭게 태어나지만, 그러나 오직 자유를 향해 있다는 점에서만 자유롭다는 것을 말할 따름이다. 달리 말하면 인간은 다만 가능성, 능력 그리고 소질의 측면에서만 자유롭고 만약 실제로(τῷ ὄντι) 자유롭지 못한 한 어느 누구도 동등한 자유의 권리도 가질 수 없다는 것이다. 태어나면서부터 모든 인간이 동등한 권리행사의 주체로 인정받아야 한다는 주장은 플라톤의 입장에서 보면 지극히 비현실적인 낙관주의를 전제하고 있다. 자유는 오히려 실현되어야 할 것이고 자유의 권리도 오직 그로부터만 따라 나올 수 있다. 자유란 단적으로 하나의 과제이다.

플라톤의 이러한 자유론은 그의 에르곤(ἔργον, 고유의 일, 기능 혹은 능력)과 아레테(ἀρετή, 덕, 최상의 능력실현태) 이론의 일부이다. 플라톤은 1권에서 인간뿐만 아니라 모든 종류의 사물에 대해서 그것의 정체성(Sachlichkeit)을 그 사물이 할 수 있는 능력과 그것의 실현을 통해서 정의하고 있다(352d8 이하).[28] 그에 따르면 각 사물은 다른 모든 것과 달리 그것만이 가장 잘 이루어낼 수 있는 능력을 가지고 있다. 각 사물에 부여된 이 능력이 바로 에르곤이다. 이를테면 귀의 에르곤은 들을 수 있는 능력이고 눈의 에르곤은 볼 수 있는 능력이며 가위의 에르곤은 자를 수 있는 능력이고 지우개의 에르곤은 지울 수 있는 것이고 문의 그것은 한 공간과 다른 공간을 경계 짓는 것이고 집의 에르곤은 추위와 바람으로부터 보호하는 것이다. 그러나 이런 능력이 현존하는 각 사물의 실제로 그것임(ὄν)을 보증하지는 않는다. 이를테면 잠들었을 때 혹은 볼 수 있는 눈이 어둠에 있을 때 그것은 더 이상 보는 눈이 아니다. 그것은 단지 고깃덩어리에 불과하다. 이처럼 능력을 가진 것에는 그 능력이 제대로 발휘되지 못한 상태가 있다. 플라톤은 기능이 제대로 실현되지 않은 나쁜 상태를 카키아(κακία)라고 부른다. 반면 볼 수 있는 눈이 빛을 통해 실제로 볼 때 오직 그때 보는 눈이다. 이 상태가 바로 눈의 아레테, 즉

---

28) 유사하게 Aristoteles, *EN*, 1097b24 이하; Xenophon, *Memorabilia*, I 6.

눈의 에르곤이 최상의 방식으로 현실화된 상태이다. 따라서 아리스토텔레스적 용어를 가지고 플라톤을 다시 읽는 신플라톤주의자 프로클로스(res. pub., 25, 15-18)도 아레테를 일종의 (본성적 능력의) 완성(τελειότης)으로 풀이하고 있다. 인간 역시 마찬가지다. 누구나 태어나면서 인간에 적합한 에르곤을 가지고 있는바, 염려하고 지배하고 숙고하는 것과 같은 영혼적 생명활동(ζῆν)이 바로 그것이다(353d3-10). 그러나 모든 인간이 태어나면서 이런 종류의 삶의 아레테를 갖는 것은 아니다. 아레테는 오히려 우리가 후천적으로 성취해야 할 것이다. 이것을 이루지 못하면 제아무리 인간이라도 실제로는 짐승이고 혹은 짐승보다 못할 수도 있다. 그래서 플라톤은 유아적 단계에서는 인간과 동물이 구별되지 않는다고 보기도 한다(441a7-b1).[29] 자유의 경우도 마찬가지다. 인간은 능력의 측면에서 자유롭지만, 그러나 오직 이 가능적 자유가 실현될 때 인간은 자유롭고, 그렇지 못할 경우 그는 억압과 굴종 속에서 노예처럼 사는 자에 불과하다. 그런 노예가 자유의 권리를 가진다고 하는 것은 평등한 것과 평등하지 않은 것에 대한 시민들의 구별의지가 거의 소진된 민주주의 국가에서나 발견될 수 있는 것이다. 민주주의 국가는 참된 자유와 가상적 자유를 혼동하는, 무정부적 혼란상태(ἀναρχία)를 자유(ἐλευθερία)로 간주하는(560e5) 사회이기 때문이다. 『메논』의 예를 들면 비싼 교육을 다 받았으면서도 개인적 의견과 세간의 소문에 지성의 눈이 멀어버린 자유인 메논이 실제로는 노예이고, 반면 노예의 신분으로 태어난 가동은 현실적으로 자유인이다.[30]

---

29) A. Schmitt, 앞의 논문, 179.

30) 소크라테스는 메논에게 이전에 수학에 대해 아무것도 배우지 못한 가동이 오직 그리스어를 이해할 수 있는 자신의 지적 능력을 바탕으로 스스로 (자유롭게) 8피트의 정사각형의 변의 크기를 상기하는 과정을 보여줌으로써 이 점을 함축적으로 시사하고 있다(Men., 81b4-85d8). 가지적 사태에 대한 자유로운 인식의 가능성을 현실적 인식으로 전환시키는 자유인 노예 소년과 눈과 귀의 혼란 때문에 사물의 실상을 통찰하지 못하는 노예 메논 간의 이러한 대비는 Nomoi(720a4ff.)에서의 자유인 의사와 노예 의사의 대비와 일치한다.

플라톤의 국가는 바로 이러한 인간의 에르곤의 '올바른 실현(αρετη)'을 위한 조건이다. 인간이라는 구별인격체는 국가라는 구별공동체 속에서만 자신의 능력과 소질을 실현할 수 있고 자신의 근원적 결핍과 부자유와 비자족성을 해소할 수 있으며 오직 그때 비로소 정말 인간일 수 있는 것이다.

그런데 여기서 플라톤이 국가생성의 원인으로 제시하는 인간의 필요는 단순히 경제적-생존적 필요가 아니다. 개인의 완성은 사실적으로 주어진 욕망이나 관심, 이익을 충족시키는 데 있지 않다. 이것은 개인 스스로도 할 수 있고 경우에 따라 소규모의 가족공동체가 할 수 있다. 단순한 생존의 보장 외에도 인간의 자기실현을 위해서 필요한 것은 많다. 이미 보았듯이 플라톤은 이러한 인간의 다양한 필요를 신체와 결부된 영혼의 활동중심을 나누면서 설명하였고 최선의 방식으로 그런 상이한 필요들을 충족시킬 수 있는 구별공동체의 복합적 구조도 제시하였다. 이것이 뜻하는 것은 국가는 각 개인이 생존적 필요뿐만 아니라 다른 고차적 필요를 모두 함께 충족시킬 수 있는 가능성의 조건이라는 것이다.

마지막으로 한 가지 더 지적해둘 것은 인간의 결핍과 필요 때문에 요청된 국가가 단지 우리의 선택적-인위적 합의에 기초하고 있지 않다는 것이다. 플라톤에게 공동체적 삶의 영위는 인간의 인간성의 내적 속성에 속한다. 국가 밖의 인간은 없고, 인간이 일종의 계약을 통해 인위적으로 수립하는 듯이 보이는 국가도 개인의 유한성과 결핍이 개인의 자연에 속하는 만큼 자연적이다. 플라톤은 최소한 국가수립과 관련해서 홉스적 의미의 계약론자가 아니라 일종의 자연주의자였다.[31] 플라톤의 이런 입장은 나중에 그의 가장 뛰어난 제자인 아리스토텔레스에 의해 다음 두

---

31) H. D. Lewis, "Plato and the social contract," *Mind* 48, 1939, 78-81. 홉스와 플라톤의 정치사상의 차이에 대해서는 박영식, 『플라톤 철학의 이해』, 정음사, 1984, 201-16.

명제로 요약된다.[32] (1) 인간은 자연적으로 공동체적 동물이다. (2) 그런한 국가도 자연적인 것에 속한다.

이처럼 플라톤에게 국가수립의 원리는 인간의 선천적 자유의 사실이 아니라 인간의 다양한 필요이고 특히 그 필요를 스스로 다 충족시킬 수 없는 부자유이다. 그리고 국가는 이런 유한성을 극복하여 인간의 가능한 자유를 실현할 수 있는 조건이다. 오직 이 측면에서만 생성의 순서의 관점에서 개인에 후행하는 국가는 개인보다 더 근원적이고 그에 선행한다. 그러나 이러한 근원성과 본성적 선행성은 개인에 대한 국가의 절대적 권위 혹은 국가에 대한 개인의 절대적 종속의 관념[33]과 무관하다. 여기에 대해서는 5절에서 보기로 하자. 먼저 개인의 자기실현의 가능성의 조건으로서의 국가에 부여된 가장 근원적인 과제가 무엇인지를 보자.

4. 국가의 근본과제: 권력국가인가 교육국가인가?

다음으로 인간이 선천적 자유를 향유한다는 근대적 원칙에서 따라 나오는 자연적 귀결은 국가만이 개인의 자유의 오용을 강제적으로 통제할 수 있다는 생각이다. 근대국가에는 처음부터 타인의 자유를 침해하지 못하도록 규제하려는 극히 부정적-소극적인 목적이 부과되어 있다. 그러나 플라톤의 국가는 개인 간의 우정관계에 바탕한 긍정적인 목적과 과제를 가지고 있다. 플라톤에게 인간은 선천적으로 자유로운 존재가 아니다. 국가수립의 원인도 개인의 자유와 주권의 수호가 아닌 개인의 선천적인 결핍의 보충에 놓여 있다. 국가는 인간의 유한하고 의존적인 본

---

32) *EN*, 1097b11, *Politica*, 1253a1-3: "ἐκ τούτων οὖν φανερὸν ὅτι τῶν φύσει ἡ ἡ πόλις ἐστί, καὶ ὅτι ὁ ἄνθρωπος φύσει πολιτικὸν ζῷον." 이에 대해서는 한석환, 「인간의 본질과 폴리스: 아리스토텔레스, 『정치학』 I 2의 한 이해」, 『서양고전학연구』 12, 1998, 229-57 참고.
33) 이를테면 K. Popper, 『열린사회와 적들 I. 플라톤과 유토피아』, 이한구 옮김, 민음사, 1982, 116-8.

성으로부터 자연적으로 유래하는 것이다. 따라서 국가는 개인들의 상호 침해의 통제를 위한 개인 외적 조건이 아니라 개인의 자기실현을 위한 개인 내적 조건이다. 국가는 개인을 위해 개인 밖에서 개인에게 명령하고 개인에게 법에의 복종을 일방적으로 강요하는 그런 이율배반적 제도여서는 안 된다는 것이 플라톤의 기본입장이다. 그에 따르면 국가는 오히려 개인들이 자신의 능력과 소질을 최상으로 개발할 수 있는 조건들을 제시해야 하고 오직 이런 위민(爲民)이라는 '자연적인' 목적과 관련해서만 자신의 존립과 권위의 정당성을 획득할 수 있다.[34] 따라서 국가는 오용된 자유들에 대해 외부에서 처벌하려고 하기보다는 각 개인 스스로 자신을 자신의 자유의 오용으로부터 보호할 수 있도록 어릴 때부터 교육하고 양육하는 데 최우선의 과제를 두어야 하는 것이다. 플라톤의 국가는 수립목적과 관련해서 볼 때 결코 자유를 오용하는 시민들에 대해 그들의 권리를 제한하는 권력기구가 아니다. 그것은 오히려 개인의 자기실현의 도장으로서의 교육국가이다.[35] 실제로 자유의 오용을 막을 수 있는 것은 국가가 아니라 개인 자신이다. 국가는 단지 공동체적 삶을 위해 요구되는 올바른 자질과 시민의식을 도야할 수 있는 교육여건을 제공함으로써 개인으로 하여금 이러한 과제를 스스로 수행할 수 있도록 돕는 일종의 시민들의 '산파'일 뿐이다.

그렇다고 우리는 여기서 플라톤을 법의 적대자라거나 법의 유용성에 무지했던 자라고 비난할 필요는 없다. 플라톤은 법을 중시하고 시인과 의사들의 규제방안을 마련하면서 보여주듯이 자신의 국가 내에 적극적으로 편입시키기도 한다. 그가 법을 비난하면서 법 위에 교육을 위치시

---

34) N. Hoerster, hrsg., *Klassische Texte der Staatsphilosophie*, 9.Aufl., München, 1997, 20.

35) *Menexenos*, 238c1-2: "말하자면 국가란 인간들의 교육을 관장하는 체제인바, 좋은 국가체제는 훌륭한 인간들을 그리고 그 반대 체제는 나쁜 인간들을 양성한다." 플라톤은 어떤 식으로든 교육을 "인간가축을 통솔하고 지배계급을 단합시키는 데 유용한 수단"(K. Popper, 앞의 책, 83)으로 생각한 적이 없다.

키고 국가의 목적을 법을 통한 처벌보다 시민의 교화에서 찾은 것은 다만 법을 통해서 모든 악을 종식시킬 수 있다는 법맹신주의의 허상과 위험을 지적하기 위해서였다. 플라톤은 아무리 좋은 법률을 제정해도 그것은 취지 그대로 유지될 수 없을뿐더러(425b8) 범죄를 실제로 퇴치할 수도 없다고 생각했다. 왜냐하면 범죄의 근본적 원인은 사실 무절제한 마음에 있기 때문이다(405c8f., 425e8-10, 426a6f., vgl. 408e1-5). 따라서 민심(民心)의 도야(陶冶)를 도외시하고서 법률을 제정하여 계약 사기와 같은 범죄를 막고 통제하는 것은 피상적 효과는 거둘지언정 결코 범죄를 나라에서 근절시키는 데는 최선의 방책일 수는 없는 것이다. 게다가 더욱 치명적인 법의 결함은 그것이 내는 역효과이다. 즉 질서유지를 위해 요구되는 법은 범죄를 음성적으로 확대시킨다는 결과를 가져와 본래의 취지에 반하여 새로운 무질서를 창출해가는 계기가 될 수 있다는 것이다. 그가 입법을 "히드라의 머리를 베는 것"(426e8)과 같다고 한 것도 이 때문이다. 플라톤은 법의 이런 역효과를 고려하여 국가의 본연의 목적을 의학의 경우를 들어 보다 분명하게 설명한다. 주지되다시피 플라톤은 병든 환자의 몸에 대한 치료에 비중을 두는 당시의 경험주의적 '노예의사들'에 반대해서 인체의 병의 근원을 마음에서 찾고 — 사람에게 병은 없다. 병든 사람만 있을 뿐이다. — 질병의 치료보다는 섭생을 통한 병의 근원적 방지를 의사의 근본과제로 역설하는 히포크라테스 의학의 노선에 서서[36] 의학의 목적이 병의 예방에 있는 한 이 목적은 약이나 수술을 통한 치료만으로 이루어질 수 없다고 본다. 환자는 약을 처방해주면 이것을 통해 건강해지리라고 기대하지만 실은 이런 치료는 과음이나 과식 혹은 게으름과 같은 무절제하고 부도덕한 영혼 상태 자체를

---

36) *Charm.*, 156e1-2:, *Nomoi.* 720a4 이하, 857c4-e1. 히포크라테스 그리고 로마의 의사 갈레노스의 합리주의적 의학과는 근본적으로 구별되는 당시의 치료의학의 경험주의적 인식론에 대해서는 M. Frede, "An empiricist view of knowledge: memorism," *Epistemology*, ed. S. Everson, Cambridge, 1990, 225-50.

교정하지 않는 한 그의 건강을 회복시키기는커녕 더욱 다양하고 많은 새로운 질병들을 만들 뿐이라는 것이다(426a1-b2). 그렇기 때문에 훌륭한 의사라면 그는 결코 육체를 치료함으로써 육체의 건강을 회복시키지 않고 오히려 마음을 치료함으로써 육체를 치료할 것은 당연하다(408e1-4). 왜냐하면 영혼이 "나쁜 상태에 빠져들었거나 여전히 빠진 상태에 있을 경우 제대로 치료하는 것은 불가능하기"(408e4-5) 때문이다. 마찬가지로 국가도 건강한 시민의식 및 거기서 비롯되는 공동체의 번영을 위해서는 법률을 통한 피상적-외면적 통제보다는 교육을 통한 마음의 근본적-내면적 치유에 힘써야 한다. 그리하여 개인은 자신들 사이에서 발생하는 범죄적 자유침해를 국가권력이라는 타율적 요인에 의존해 수동적이고 임시방편적으로 피하는 대신 나라 차원에서 제시되는 교육조건하에서의 자율적 자기개발을 통해 능동적이고 효율적으로 사회적 질병으로부터 스스로 자유로울 수 있도록 해야 한다는 것이다. 훌륭한 사회에서는 법 없이도 살 수 있는 사람이 최선의 인간이고 그런 인간으로 양육하는 훌륭한 교육은 모든 사소하고도 강제적인 법률을 불필요하게 한다. 플라톤이 볼 때 "방종과 질병이 국가에 넘쳐 많은 법정과 의원이 문을 열고 … 변론술과 의술이 활개 치는 것"(405a1-3)은 오히려 "국가에 있어서 나쁘고 부끄러운 교육의 징표"(405a6-7)이다.

5. 개인의 행복과 국가의 행복

플라톤의 관점에서 보면 개인의지 위에 군림하는 보편의지로서의 근대국가는 부끄러운 교육 때문에 온갖 법률로 치장한 국가이다. 그리고 이런 '화려하게' 조직된 국가에 거주하는 개인에게는 당연히 자신과 공동체의 이익을 위한 자발적-능동적 역할이 상대적으로 제약될 수밖에 없다. 그러나 개인을 국가 전체의 목적에 능동적 그리고/혹은 수동적으로 종속시킴으로써 개인의 개성을 희생시키는 이러한 근대적 국가윤리는 분명 권리주체로서의 인간해방이라는 근대 국가철학의 출발이념 자체와 양립할 수 없다. 플라톤은 누구보다도 이런 역리적 귀결의 이유를 잘 인식하였다. 그 때문에 그는 민주주의적-시민사회적 인권 개념에서 출발하지 않았고 그런 인권을 바탕으로 거대한 괴물 리바이어던을 창조하는 것을 꺼렸다. 그가 구상한 국가는 누구든지 법 앞에서 동등한 평등공동체가 아니라 다양한 능력과 본성 그리고 관심의 편차를 지니고 자기 일에 몰두하는 구별공동체였다.[37] 그리고 개성 있는 개인들이 자기 일과 목소리를 가지고 모여 사는 이런 구별공동체에는 국가에 대한 개인의 일방적 종속과 의무는 없다.[38] 왜냐하면 국가는 애초부터 공동체 생활을 위해 개인의 권리를 제한하기 위해 권력국가로서 요청된 것이 아니라 개인의 자기실현의 기회를 보장하기 위해 교육국가로서 수립된 것이기

---

37) 만약 엘리트를 "어떤 특수한 가치 혹은 일에 탁월성을 보이는 사회집단"(Artikel: "Elite," *Historisches Woerterbuch der Philosophie*, hgg. J. Ritter, Basel/Stuttgart, 1972, Bd.2, 443f.)으로 정의할 경우 구별공동체 내에서의 최선자의 지배는 분명히 엘리트주의의 요소를 간직하고 있다. 그러나 플라톤은 홉스가 비난하는, "어떤 사람들은 혈통, 능력 또는 신의 선택에 의해서 자연적으로 지배할 권리를 부여받는다고 믿는" 자연적 엘리트 이론가는 아니었다(미노그, 앞의 논문, 82). 그가 주장하는 것은 오직 국가의 최선의 상태를 위해서는 전체를 위해 좋은 것과 나쁜 것을 숙고 심의할 수 있는 능력을 개발시킨 정치적 엘리트가 반드시 존재해야 한다는 것, 그리고 이러한 엘리트를 선발하기 위해서는 물론 출생환경이나 유전적 요인을 전혀 등한시해서는 안 되지만 그 경우라도 선발의 궁극적 기준은 국가수호의 일을 잘 수행할 수 있는 업무능력이어야만 한다는 것이다. 그래서 그는 장인이나 농부들의 자식 가운데서 누군가가 통치나 방위 임무를 수행할 능력을 가지고 태어난다면 그를 당연히 지배자나 보조자로 임명해야 한다고 단언한다(*Pol.*, 415c3-5). 플라톤은 홉스처럼 자연 엘리트주의의 문제를 인간의 자연적 평등의 사실을 통해 처리(미노그, 앞의 논문, 82)하지 않는다. 오히려 그는 평등이 아닌 정의를 지향하는 구별공동체를 수립한다. 그리고 구별공동체론의 엘리트주의를 자연 엘리트주의와 근본적으로 구별되는 능력 엘리트주의로 규정한다. 이것이 한편으로 인간의 자연적 불평등의 극단성을 피하고 동시에 다른 한편으로 인간의 선천적 평등이라는 또 다른 극단적인 가설에도 의존하지 않으면서 인간에게 나타나는 불화와 갈등을 최소화하고 사회정의를 최대화하는 그의 방식이었다.

38) Vgl. J. Annas, *An Introduction to Plato's Republic*, Oxford 1981, 172-8.

때문이다. 거기는 포퍼가 말하듯[39] 지배자의 폭정에 신음하는 인간 가축들의 거주지가 아니다. 거기는 지배하는 자의 폭력과 강요도 없고 피지배자의 고통 섞인 외침도 없다. 거기는 누구나 각자의 장점을 살리면서 함께 사는, 지혜와 용기를 갖춘 지배자의 개성과 절제를 지닌 피지배자의 개성이 함께 어우러져 살아 숨 쉬는 곳이다. 최상의 국가행복이 조성되는 지점은 바로 여기이다. 사회정의의 실현과 국가의 번영은 지배자이든 피지배자이든 개인이 자신의 개성을 잃고 국가의 기능과 체계에 통합될 때가 아니라 각 개인이 자신이 가장 잘할 수 있는 일을 수행할 때 이루어지는 것이다. 개인의 이익은 결코 국가의 이익에 종속되지 않는다. 오히려 개인의 행복이 조성될 때 국가의 행복은 자동적으로 따라 나오는 것이다. "어떻게 국가가 최선의 방식으로 운영되는가와 어떻게 각자가 개인적으로 자신의 삶을 최선의 방식으로 영위하는가"(Nomoi, 702a8-b1; vgl. 903d1-3)는 플라톤의 경우 일치한다.[40] 따라서 최선의 시민이 되기 위해 개인이 해야 할 것은 최선의 인간이 되는 것이고, 최선의 국가가 되기 위해서 국가가 해야 할 것은 개인의 최선의 자기실현의 장, 즉 교육여건을 제공하는 것이다. 그래서 최선의 국가에서는 최선의 인간이 곧 최선의 시민이 되는 것이다. 이렇게 상호 내적으로 공속된 개인과 국가에는 ─ 이미 논문의 도입부에서 지적했던 ─ 개인적 이익과 국가적 이익 그리고 더 나아가 개인의 자유와 국가의 자유 사이의 충돌로 인한 가능한 문제들은 나타나지 않는다. 개인은 외부목적으로서의 국가에 자신을 통합시킴으로써 공동체의 행복에 기여하지도 않고 국가는 명령권자로서 법질서를 통해 개인들의 자유를 제한함으로써 개인

---

39) K. Popper, 앞의 책, 79.

40) 이 일치를 근대적인 시각에서 (개인) 자유와 (국가) 강요 간의 일치로 보아서는 안 된다. 이런 혼동을 범한 가장 대표적인 사람이 '철학 없는 열린사회'의 친구 포퍼이고, 포퍼의 극단적 입장을 거부하는 F. Mayr("Freiheit und Bindung in Platons Politeia," *Wiener Studien* 75, 1962, 44-5)도 이 오류에서 완전히 벗어나지 못했다.

의 행복을 도모하지 않기 때문이다. 오히려 개인은 오직 자신의 소질과 능력을 개발함으로써 공동체의 행복에 기여하고 국가는 개인들에게 자신의 소질을 개발할 교육적 조건들을 제공함으로써 개인의 최대의 행복을 도모하는 것이다. 이러한 개인과 국가의 행복의 내적 일치는 제도국가가 아닌 교육국가로서의 국가이념의 최종적 결론이다. 플라톤은 포퍼가 잘못 상상하듯 "국가의 이익이라는 단 한 가지 궁극적인 기준만"[41]을 안 것이 아니었다.[42] 그는 결코 개인의 이익과 국가의 이익을 따로 생각하지 않았다. 그는 개인의 유한한 본성에 기초한 국가의 모습을 보았듯이 개인의 이익 속에 자리 잡은 전체의 이익을 정확히 보았다. 그래서 플라톤의 『국가』에서 하나의 공식처럼 말한다. 각자가 간섭과 월권의 유혹에서 벗어나 자기 일에 충실할 때 그런 사람은 "자기 자신을 위해서뿐만 아니라 국가를 위해서도 가장 이로운 사람이다."(413e5)[43] "국가는 필요악이며 인간의 자유로운 발전과 성장을 저해하는 결과를 낳는다는 이론은 순수 그리스인에게는 완전히 생소할 것이다"라는 코플스톤의 지적은 플라톤의 입장에서 볼 때 지극히 정당하다.[44]

6. 마치면서

이상의 논의로부터 플라톤의 국가철학은 세 명제로 요약될 수 있다. (1) 플라톤에게 타자와 무관한 개인에 대한 관념은 없다. 인간은 자연적으로 공동체 속에서 함께 살 수밖에 없는 존재이다. 따라서 개인은 스스

---

41) K. Popper, 앞의 책, 151.
42) J. Neu, "Plato's Analogy of State and Individual: *Republic* and the Organic Theory of the State," *Philosophy*, 46, 1971, 44f.
43) 또한 *Pol.*, 417a5-6: "καὶ οὕτω μὲν σᾦζοιντό τ' ἂν καὶ σᾦζοιεν τὴν πόλιν."
44) F. C. Copleston, 『그리스 로마 철학사』, 김보현 옮김, 철학과현실사, 1998, 305. 유사하게 G. C. Field, 앞의 책, 99-100.

로(의 의지만으로) 자유를 획득할 수 없다. 자유는 오직 타자와의 공동체적 생활 속에서 성취될 수 있다. 이런 의미에서 개인은 선천적으로 자유로운 존재가 아니라 오직 자유를 향해 있는 존재일 뿐이다. (2) 따라서 국가의 과제도 법을 통한 개인의 자유의 외면적 수호가 아니라 교육과 양육을 통한 자유의 능력의 내면적 완성(Vollendung)에 있다. 플라톤의 국가는 자유와 경쟁의 원리에 기반을 둔 제도국가나 권력국가가 아니라 교육국가이자 합심과 협동의 필요를 가르치는 우정공동체이다. (3) 마찬가지로 국가정의도 만인의 평등의 공정한 실현에 있지 않고 상호 부등한 개인들이 지배-피지배의 관계에 대한 자발적 동의 속에서 자기가 무능한 일들에 대해서는 간섭하지 않으면서 자기의 일을 수행하는 것에 달려 있다. 따라서 이러한 정의 상태는 결코 개인의지의 일반의지에의 통합을 통해 도달되지 않는다. 오히려 개인은 오직 자신의 장점을 최상의 방식으로 추구함으로써 전체를 위해 최상의 기여를 한다. 즉 개인의 정의로부터 국가의 정의가 최상으로 따라 나온다. 이것이 전체 앞에 선 왜소한 개별자들에게 그리고 자유와 평등에 대한 민주주의적 환상 속에서 꿈꾸듯 사는 현대인에게 전하는 플라톤의 충고와 메시지이다. 이 점을 디킨슨은 고대 그리스의 국가관의 일반적 특징을 다음과 같이 기술하면서 어느 누구보다도 정확하게 전달하고 있다.[45]

"그리스인이 생각한 이러한 국가와 시민과의 관계는 때때로 전체를 위한 개인의 희생이라는 의미를 함축하는 것으로 묘사된다. … 그러나 … '전체를 위한 개인의 희생'이라는 말은 … 잘못된 이해이며, 이는 국가의 목표가 개인의 목표와 상충된다고 가정하고 있다. 그리스인에게 이러한 생각은 아주 이상한 것이었다. 그들의 관점에서 본다면 최상의 개인은 최상의 시민이었다. 국가의 이상과 개인의 이상은 결코 서로 모순되지 않으며 거의 구분조차 될

---

45) G. L. Dickinson, 『그리스인의 이상과 현실』, 박만준, 이준호 옮김, 서광사, 1989, 82-4.

수 없었다. … 우리는 개인을 전체를 위해 희생되는 존재로 간주할 것이 아니라 오히려 전체 속에서 스스로를 실현시킨다고 보아야만 한다."

플라톤의 『국가』에서 정의와 강제

강 성 훈

1. 시작하는 말

『프로타고라스』편의 소위 '위대한 연설'에서 등장인물 프로타고라스는 모든 사람에게 덕이 가르쳐지고 있다고 주장한다. 그가 그 증거로 제시하는 것은, 부모들과 선생님들이 아이들에게 정의롭고 아름답고 경건한 것을 하라고 명령하고 말을 듣지 않으면 야단치고 매를 들며, 아이들이 학교를 떠나면 이들이 멋대로 행동하지 않도록 법을 통해서 강제하고 법을 따르지 않는 자는 처벌한다는 것이다(『프로타고라스』, 325c-326e). 이런 식의 물리적 강제를 통해서 정말로 덕이 가르쳐질 수 있는지는 논란의 여지가 매우 크겠으나, 프로타고라스는 적어도 도덕교육의 중요한 측면 하나를 포착하고 있는 것으로 보인다. 도덕교육을 통해서

---

* 이 논문은 한국철학회 편, 『철학』 제128집(2016)에 실린 글이다.

우리는 때로는 내키지 않는 일을 하는 법을 배운다. 혹은 그런 일을 하는 습관이나 성격을 형성하게 된다.

다른 대화편들에서도 그렇지만, 특히 『국가』편에서 플라톤은 사람들이 애초에 내키지 않았던 일을 하도록 만드는 두 가지 방법인 강제와 설득에 대해서 직접 언급하기도 하고 대화 속에서 암시하기도 한다.[1] 강제의 전형적 상황에서 우리는 그 행동을 자발적으로 하는 것이 아니다. 우리는 여전히 그 일이 하기 싫지만 위협이나 여타 등등의 이유에서 억지로 그 일을 하게 된다. 이에 비해서 이상적인 설득의 상황에서는 우리가 애초의 마음을 고쳐먹고 자발적으로 그 일을 하게 된다. 이제 우리는 그 일을 오히려 매우 즐거운 것으로 여기고, 나서서 그 일을 하게 되는 것이다. 그런데 이렇게 보면, 이 두 가지 상황은 스펙트럼의 양극단이고, 다양한 방식으로 강제와 설득의 조합이 만들어질 수 있을 것이다. 그래서 누군가가 어떤 일을 하도록 강제되지만 그 일을 자발적으로 하는 것이 가능하다. 그 일을 해야 한다는 것에 충분히 설득이 되어서 자발적으로 그 일을 하지만, 여전히 그 일은 그다지 내키는 일이 아니어서 마지못해 그 일을 할 수 있는 것이다. 그러한 행동을 '강제-자발적(compulsory-voluntary) 행동'이라고 부를 수 있겠다. 그리고 그렇다면 도덕교육의 한 가지 목표는 사람들이 강제-자발적 행동을 하도록 만드는 것이라고 하겠다.

강제-자발적 행동은 다시 크게 두 부류로 나뉠 수 있을 것으로 보인다. 예를 들어, 누군가가 내키지 않는 일을 하도록 하는 법과 그에 따른 제재가 존재하는 경우를 생각해보자. 이런 상황에서 그는 단순히 형벌이 두려워서가 아니라 시민으로서 법을 존중하고 따라야 한다는 생각에

---

1) 플라톤은 『국가』의 시작 장면에서부터 강제와 설득이 이 대화편의 중요한 주제임을 보여주는 드라마적 장치를 마련해둔다(327c-328a).

서 그 법을 준수할 수 있을 것이다. 이때 법은 외적인 강제요소로 작동하는 것일 테고, 우리는 그의 그러한 행동을 '외적 강제-자발적 행동'이라고 부를 수 있을 것이다. 하지만 강제-자발적 행동에서 강제의 요소가 반드시 외적인 것일 필요는 없다. 다시 예를 들어, 누군가가 어떤 일을 하는 것이 전혀 내키지 않지만 주어진 상황 속에서는 그 일을 하는 것이 가능한 최선의 선택지라는 것을 아는 경우를 생각해보자. 그래서 그는 주어진 상황 속에서는 그 일을 해야 한다고 스스로를 설득했다고 해보자. 이 경우에는 법이나 제재와 같은 외적인 강제요인은 없지만, 그는 그 일을 하도록 이성적으로 강제되었다고 할 수 있을 것이다. 이런 경우의 행동은 '내적 강제-자발적 행동'이라고 부를 수 있겠다.

　본 논문에서 우리는 『국가』에서 플라톤이, 보통 사람들은 말할 것도 없고 최고로 정의로운 사람들에게조차, 정의로운 행동이 내적인 의미와 외적인 의미 모두에서 강제-자발적 행동일 수 있음을 인정한다는 것을 보일 것이다. 2절에서는 『국가』에서 오랜 문젯거리였던 철학자에 대한 강제를 다룰 것이다. 우리는 여기에서 나라를 통치하는 일이 철학자들에게 기본적으로 내적 강제-자발적 행동이며, 우회적인 방식으로는 외적 강제-자발적 행동이기도 하다는 것을 밝힐 것이다. 3절에서는 이러한 사실이 『국가』편 전체의 기획과 관련해서 어떤 함축을 갖는지 살펴볼 것이다. 여기에서 우리는 정의가 글라우콘의 세 종류의 좋음 분류에서 그 자체로도 좋고 결과 때문에도 좋은 두 번째 종류의 좋음이지만, 정의로운 행동 중 일부는 그 자체로 좋은 것이 아니라 결과 때문에 좋은 세 번째 종류의 좋음일 수 있다는 것을 밝힐 것이다. 필자가 옳다면, 『국가』에서 플라톤은 정의로운 행동이 별로 내키지 않는 경우에도 그것이 가장 좋은 영혼의 상태를 만들어내고 유지시켜주는 것이니까 정의로운 행동을 하라고 권유하고 있는 것이다.

2. 철학자에 대한 강제

1) 딜레마

『국가』편 전체의 기획은, 한마디로 말해서, 정의가 항상 자신에게 득이 된다는 것을 보이는 것이다. 1권에서 소크라테스는 정의가 강자 혹은 타인의 이득이라는 트라쉬마코스의 주장을 논박한다. 그리고 2권부터 10권에 이르는 전체 논의는, 정의가 결과 때문에만 좋은 것이며 그 자체로는 피해야 하는 것이라는 글라우콘과 아데이만토스의 도전에 직면해서, 정의는 결과 때문에도 좋고 그 자체로도 좋은 것임을 보이는 소크라테스의 대답이다.[2]

소크라테스가 주장하듯이 정의가 정말로 자신에게 득이 되는 것이라면, 누구나 정의를 추구하고 기꺼이 정의로운 행동을 할 것으로 생각될 수도 있겠다. 하지만 이것은 너무나도 명백하게 사실이 아니다. 많은 사람들이 너무 많은 경우에 부정의한 행동을 하며, 정의로운 행동을 하는 경우에도 대부분의 사람들은 많은 경우에 마지못해 그런 행동을 한다. 그리고 소크라테스의 주장이 옳다고 하더라도, 이것은 특별히 놀랄 만한 일이 아니다. 정의가 정말로 득이 된다고 하더라도, 그렇다는 사실을 사람들이 알지 못하면 그들은 정의로운 행동을 하지 않을 수 있다. 또한 그런 사실을 안다고 하더라도, 그들이 조화로운 영혼을 갖고 있지 않아서 소위 '아크라시아(어떤 것이 좋은지 알면서도 유혹에 빠져 그것을 하지 않는 것)'를 겪을 수도 있다. 하지만 놀라운 것은, 완벽한 앎을 가지고 있고 또 완벽하게 조화로운 영혼을 가지고 있는 철학자들마저 때로는 정

---

[2] 조금 더 세분해서 이야기하자면, 2권 368c에서 10권 612b까지의 긴 논의가 모두 정의가 그 자체로 좋다는 것을 보이는 논의이다. 정의의 결과에 대한 논의는 10권 612b 이후에 비로소 등장한다.

의로운 행동을 하는 데에 열의를 보이지 않을 수 있다는 것을 소크라테스가 인정한다는 것이다. 이것이 바로 철학자에 대한 강제의 문제이며, 이 문제는 소크라테스를 심각한 딜레마에 빠뜨리게 만든다.

소크라테스는 이상국가에서 철학자가 나라를 통치하도록 강제되어야 한다는 주장을 한다(519d 이하). 그리고 그는 철학자들이 철학자가 될 수 있도록 그 나라에서 완벽한 교육과 양육을 받았기 때문에 통치행위가 그들에게는 양육의 빚을 갚으라는 정의의 요구임을 지적한다(520b-c). 그런데 통치행위가 정의의 요구이면서 그와 동시에 철학자의 희생을 함축한다면, 적어도 이 경우에는 정의가 득이 되지 않는다는 것이 따라 나오는 것으로 보인다. 반면에, 통치행위가 어떤 방식으로든 철학자에게 득이 되는 것이라면, 강제는 전혀 필요 없어 보인다. 좋음의 이데아까지 본 철학자로서 그들은 통치행위가 득이 된다는 것을 알고 있을 것이며, 완벽하게 조화로운 영혼을 가지고 있는 사람으로서 그들은 아크라시아를 겪어서 진정으로 득이 되는 일을 하지 않도록 하는 유혹에 빠질 일도 없는 것이다.

소크라테스가 이러한 딜레마를 벗어날 수 있는 손쉬운 해결책은 없어 보인다. 만약에 정의가 득이 되지 않는 상황이 존재한다면, 소크라테스의 전체 기획은 실패로 돌아간다.[3] 또한 정의가 득이 되지 않는 경우는 이러한 지극히 예외적인 상황에 국한된 것이고 다른 모든 경우에는 정의가 득이 된다고 주장하면서, 이 실패를 그렇게 대수롭지 않은 것으로 간

---

[3] 일부 학자들은 이를 근거로 소크라테스의 기획이 실제로 실패했다고 주장한다. 예를 들어, Aronson(1972), Heinaman(2004), Adkins(1960) 등. 스트라우스와 그에게 영향을 받은 일군의 학자들은 소크라테스의 기획이 실패할 수밖에 없다는 것이 오히려 저자인 플라톤의 진의라고 주장하며, 플라톤이 자신의 진의를 드러내지 않는 것이 갖는 함축을 이러저러한 방식으로 추정한다. Strauss(1978), Bloom(1968), Harman(1986) 등. 스트라우스 식의 해석에 대한 일반적인 반론으로는 Burnyeat(1999)를 참조할 수 있다.

주하는 것도 곤란하다.[4] 이상국가의 철학자가 처한 상황은 어렵지 않게 다른 경우들로 일반화할 수 있다. 철학자가 처한 상황이란, 간단히 말해서, 어떤 행동을 하는 것이 자신이 최선의 삶을 사는 데에는 방해거리가 되지만 정의에 의해서 요구되는 경우이다. 철학자에게 가능한 최선의 삶이란 이데아를 관조하는 삶이며, 통치행위는 이러한 삶을 사는 데에 일시적인 방해거리가 되는 것이다.[5] 농부에게 가능한 최선의 삶이 무엇인지는 그다지 분명하지 않지만, 일단 농사짓는 삶이라고 해보자.[6] 이제 그가 훌륭한 농부가 되는 데에 큰 도움을 준 어떤 사람이 심각한 어려움에 처해 있다고 가정해보자. 이 경우 그 농부가 어려움에 처한 은인을 도와주는 것이 아마도 정의의 요구가 될 것이다. 하지만 심각한 어려움에 처한 은인을 도와주는 일은 농사짓는 일에는 일시적인 방해거리가 될 수 있을 것이다. 따라서 만약에 철학자의 상황이 정의가 항상 득이 된다는 것의 예외라고 한다면, 사실은 엄청나게 많은 '예외'가 있을 수 있게 된다. 더구나 이런 경우를 생각하지 않더라도, 정의가 득이 된다는 것의 유일한 예외가 철학자가 된다면 그것은 대단히 이상스러운 일이다. 정

---

4) White(1986)이 이런 입장을 취하는 것으로 보인다. 화이트는 누군가가 철학자가 되면 그는 더 이상 자신에게 좋은 것(what is good for himself)을 추구하는 것이 아니라 단순히 좋은 것(what is good simpliciter)을 추구하게 되기 때문에 이런 예외적인 상황이 발생한다고 주장한다. 철학자가 되는 것이 행위의 동기부여 구조 자체가 변화한다는 것을 함축한다는 화이트의 지적은 옳다. 하지만 이러한 변화가, 화이트를 비롯한 여러 학자들이 주장하듯이, 순수하게 비인칭적 관점에서 좋음을 바라보고 행동하게 되는 것을 의미할 필요는 없다. 플라톤에서 모든 행위의 동기가 되는 것은 궁극적으로 그 행위의 대상이 좋다는 생각이다(이와 관련해서 강성훈[2005]를 참조할 수 있다). 철학자가 되는 것은 무엇이 정말로 좋은 것인지에 대한 생각이 근본적으로 바뀌는 것을 의미하며, 그의 동기부여 구조가 근본적으로 바뀌게 되는 이유는 바로 이 때문이다.

5) 이상국가에서 철학자들은 돌아가면서 다스리는 일을 하며 일생의 대부분은 여전히 관조의 삶을 산다는 것은 기억할 필요가 있다(520d).

6) 만약 농부에게 최선의 삶이 농사짓는 삶이 아니라고 한다면, 농사짓기는 농부에게 단순히 일시적인 것이 아니라 일상적인 방해거리가 될 것이다. 그리고 이상국가에서는 아마도 농사짓기가 그에게 정의의 요구가 될 것이다.

의가 득이 된다는 소크라테스의 논증은 영혼의 조화가 근본적으로 이롭다는 데에 호소하는 것이다. 그리고 철학자야말로 가장 완벽한 영혼의 조화를 갖춘 사람이다. 따라서 소크라테스의 논증은 철학자에게는 예외인 것이 아니라 오히려 그에게 가장 잘 적용되어야 할 것이다.

딜레마의 다른 뿔을 붙잡아서, 통치행위도 어떤 의미에서는 철학자에게 득이 된다고 주장하는 것도 쉽지 않은 일이다. 철학자는 통치행위를 내키지 않아 하지만 그것을 하도록 강제되어야 한다는 이야기는 소크라테스가 그냥 지나가는 말로 한 것이 아니다. 철학자가 통치행위를 내키지 않아 한다는 것은 이상국가가 실현 가능하다는 소크라테스의 증명에서 중요한 역할을 수행한다. 소크라테스는 "통치에 대한 열망이 가장 적은 사람들이 통치하게 되는 나라가 가장 훌륭하고 가장 내분 없이 다스려질 것"(520d2-4)이며, "통치하게 될 사람들에게 통치하는 것보다 더 나은 삶을 찾아준다면, 잘 다스려지는 나라가 실현 가능할 것"(520e4-521a2)이라고 이야기한다. 소크라테스는 여기에서 철학자가 통치행위를 그 자체로 좋은 것으로 여기지 않는다는 것을 분명히 하고 있으며, 또 그렇다는 사실이 좋은 나라의 성립의 필수조건임을 밝히고 있는 것이다. 따라서 통치행위가 그 자체로 좋은 것이라는 식의 해석은[7] 소크라테스가 실제로 하는 이야기와는 상충한다. 물론 철학자의 통치는 이 세상의 좋음을 증진시킬 것이고, 철학자들이 이 세상의 좋음을 증진시키는 데에 아무런 관심이 없다는 생각을 소크라테스가 가지고 있는 것은 아니다. 6권에서 소크라테스는 나쁜 나라에 살면서 공적인 일에 관여하지 않는 철학자에 대해서 "그에게 맞는 정치체제에서는 그 자신도 더 성

---

7) 많은 학자들이 이런 입장을 취한다. 이들은 통치행위가 이 세상의 좋음을 증진시키는 것 (Cooper[1977], Silverman[2007])이라거나, 좋음의 이데아를 모방하는 행위 (Kraut[1999])라거나, 이데아에 대한 사랑의 산물로 덕을 가진 사람들을 만들어내는 것 (Vernezze[1998])이라거나, 철학자가 철학활동을 제대로 하기 위해서는 통치행위가 오히려 필요하다(Beaty[1976])는 등의 이유로 이러한 입장을 취한다.

장하고 사적인 것들과 함께 공적인 것들도 구해냈을 텐데, 맞는 정치체제를 만나지 못해서 그가 최대의 성취를 이루지 못한다"(497a3-5)고 이야기한다. 필자가 하고자 하는 이야기는 다만 이 세상의 좋음을 증진시키는 것이 철학자가 이상국가에서 통치를 하게 되는 주된 동기는 아니라는 점을 지적하는 것이다.[8]

---

8) 자신에게 맞는 정치체제에서는 철학자 자신도 성장할 것이라는 주장은, 통치행위가 양육의 빚을 갚는 정의로운 행위라는 것 이외에도 철학자가 나라를 통치할 동기가 있을 수 있다는 것을 함축한다(이와 관련해서 박성우[2004], [2014]를 참조할 수 있다). 사실 철학자가 통치를 할 만한 이유가 『국가』에서 처음으로 언급된 것은 1권 347a-d이다. 그리고 여기에서는 자신보다 못한 자들에게 통치를 당하지 않는 것이 통치의 동기로 제시되는데, 이때의 동기도 정의의 요구와는 상관이 없는 것이다. 사실, 이상국가가 생기기 위해서는 이상국가가 아닌 상태에서 어떤 철학자가 통치를 맡는 일이 발생해야 할 텐데(473c-e, 499b-d), 이때의 철학자에게는 정의의 요구가 근거하고 있는 양육의 빚이라는 것이 아예 존재하지 않을 것이다. 소크라테스는 이 맥락에서도 어떤 강제(anagkē)가 철학자를 통치하게 만든다고 이야기하기 때문에(473d4-5, 499b5), 우리 논의의 주제가 만약 철학자에 대한 강제 자체였다면, 이 부분에 대해서도 논의를 할 필요가 있었을 것이다. 하지만 우리 논의의 주제는 『국가』에서 정의와 강제의 관계에 대한 것이기 때문에 이 자리에서 이때의 강제의 성격에 대해 충분한 논의를 할 수는 없고, 어쩔 수 없이 다소 독단적인 방식으로 필자의 생각을 간단히 이야기해보겠다. 우선, 필자는 이때의 강제가 나쁜 나라에서 철학자의 자질을 가진 사람들을 타락시키는 최대의 강제(megistē anagkē, 492d2)에 대항하는 신의 섭리(theou moira, 493a1-2)와 같은 성격의 것이라고 생각한다(368a-b에서 정의가 부정의보다 낫다는 것을 알지 못하는 글라우콘과 아데이만토스가 정의로운 삶을 살도록 만들었다고 이야기되는 것도 같은 종류의 섭리라고 할 수 있다). 즉, 499b1에서 우연히(ek tukhēs) 철학자를 에워싼다고 이야기되는 "어떤 강제(tis anagkē)"는, 499b7-c1에서 권좌에 앉아 있거나 왕좌에 앉아 있는 자들의 자식들이나 그들 자신을 진정한 철학에 대한 진정한 사랑(alēthinos erōs)이 사로잡도록 만든다고 이야기되는 "신적인 영감(theia epipnoia)"과 성격이 같은 것이라는 이야기이다. 요컨대, 이상국가가 아닌 곳에서의 철학자도 나라를 통치할 동기를 어느 정도 가질 수는 있지만, 이때의 동기는 그 자체로 그를 통치하게 만들기에 충분한 동기는 아니다(그래서 520b에서 이상국가가 아닌 나라의 철학자가 통치를 맡지 않는 것이 정당화된다고 이야기될 수 있는 것이다). 신적인 섭리나 영감이 우연히 그들을 사로잡는 경우에야 그들이 나라를 다스리기에 충분한 동기가 발생하는 것이다.

2) 통치가 철학자에게 희생인가?

이러한 딜레마는 사실 철학자가 통치행위를 대하는 태도에 대해서 소크라테스가 하는 이야기에도 반영되어 있다. 소크라테스는 우선 철학자들이 수감자들 곁으로 다시 내려가서 그들의 수고를 나누어 갖기를 원하지 않는다(mē ethelein ⋯ metekhein tōn par' ekeinois ponōn, 519d4-6)고 이야기한다. 하지만 스테파누스 쪽수로 한 쪽 뒤에서는 그들이 나라에서 함께 수고하는 일을 원할 것(ethelēsousin sumponein en tēi polei, 520d8)이라고 이야기한다.[9] 이 두 언급 사이의 모순을 피하는 방법은 철학자들이 통치를 원하는 양태를 구분하는 데 있다. 모순처럼 보이는 이 두 언급의 중간 부분에는 소크라테스의 가상연설이 등장한다. 이 연설에서 소크라테스는 철학자들에게 통치행위가 양육의 빚을 갚으라는 정의의 요구임을 상기시킨다. 이 연설의 직후에 소크라테스는 철학자들이 나라에서 함께 수고하기를 원할 것이라는 데에 글라우콘의 동의를 얻어낸다. 한마디로 말해서, 소크라테스는 철학자들이 '통치 자체'는 원하지 않을 것이지만, '정의의 요구로서의 통치'는 원할 것이라고 이야기하는 것이다.

사람들이 자신에게 득이 된다고 생각하는 것은 원하고 그렇지 않은 것은 원하지 않을 것이라고 한다면,[10] 이 이야기는 철학자들이 통치 자

---

9) 지금 이 구절에서 드러나듯이 철학자가 통치행위를 하는 것은 궁극적인 의미에서 자발적인 것이다. 각주 3에서 언급한 스트라우스 계열의 해석들의 가장 큰 약점은 그들이 완전한 철학자에 대한 강제의 경우에도 외적인, 혹은 물리적인 강제의 계기가 있다고 주장한다는 점이다. (여기에서 필자가 '완전한'이라는 제한조건을 붙이고 있는 이유는 다음 절에서 분명해질 것이다. 아직 완전한 상태에 이르지 못한 예비 철학자에 대한 강제에는 외적인 강제의 계기가 있을 수 있다.)

10) 이런 가정이 아무런 문제가 없는 것은 아닐지 몰라도, 이것은 플라톤이 기본적으로 가지고 있는 전제이다. 철학자의 경우에는 이러한 가정이 성립되지 않는다고 주장하는 학자들이 많이 있지만(예컨대, Cooper[1977], White[1986], Silverman[2007] 등), 그들이 그런 주장을 하는 이유는 바로 철학자의 강제 문제와 관련해서이다. 본 논문이 제시하는 방식으로 이 문제가 해결된다면, 플라톤이 이러한 전제를 가지고 있다는 사실을 부정할 필요가 없다.

체는 득이 되지 않지만 정의의 요구로서의 통치는 득이 된다고 생각한다는 이야기가 된다. 철학자들이 정의의 요구로서의 통치를 원하는 이유는, 통치행위가 정의에 의해서 요구되는 상황에서 위에 머무르며 통치를 거부한다고 해서 그들이 더 행복하게 살 수 있으리라고 생각하지 않기 때문이다. 그들은 자신들이 정의의 요구를 거부하고서 행복한 삶을 살 수 있다고 생각하지 않는 것이다.[11] 하지만 중요한 것은, 이것이 그들이 관조의 삶이 통치의 삶보다 낮지 않다고 생각한다는 것을 함축하지는 않는다는 것이다. 예를 들어, 누군가가 벤츠를 한 대 훔쳐서 타고 다닌다고 해서 만원버스를 타고 다니는 것보다 더 행복한 것이 아니라고 주장한다고 해보자. 이 경우 그가 벤츠를 타는 것이 만원버스를 타는 것보다 나을 것이 없다는 주장을 하는 것은 아니다. 다른 조건이 붙어 있지 않다면 그도 당연히 벤츠를 탈 것이다. 하지만 그렇다고 해서 그가 훔쳐서 벤츠를 타고 싶은 마음은 추호도 없을 수 있다. 그리고 그가 훔쳐서 벤츠를 타지 않는다고 해서 그가 도대체 뭔가를 희생한다고 여길 이유는 전혀 없다. 마찬가지로 철학자가 정의의 요구를 받아들여서 나라를 통치한다고 해서 그가 자신의 행복이나 이득을 희생한다고 할 수는 없다.[12]

따라서 철학자의 통치는 정의가 항상 득이 된다는 소크라테스의 주장에 대한 예외라고 할 필요가 없다. 하지만 그러면 철인 통치자들이 그들에게 가능한 최선의 삶을 산다고 이야기할 수도 있을까? 이에 대한 대답은 그렇기도 하고 아니기도 하다는 것이다. 통치행위가 철학자에게 가

---

11) 철학자들은 왜 정의의 요구를 거부하고서는 행복한 삶을 살 수 없다고 생각할까? 정의의 요구를 거부한다는 것은 부정의한 행동을 한다는 것이다. 그리고 소크라테스에 따르면, 부정의한 행동은 영혼의 조화를 깨뜨리는 것이다(443e-444a). 따라서 영혼의 조화가 바로 행복의 원천이라는 것을 아는 철학자들은 부정의한 행동이 행복의 원천을 파괴할 위험이 있다는 것을 알고 있다. (필자와 비슷한 견해를 Brickhouse[1981], pp.5-6에서도 볼 수 있다.) 정의롭거나 부정의한 행동과 영혼의 조화의 관계에 대해서는 3절에서 본격적으로 논의할 것이다.

12) Mahoney(1992), pp.269-270도 비슷한 입장을 취한다.

능한 최선의 삶에 방해거리가 된다고 이야기할 때 우리는 '가능한 최선의 삶'이라는 표현을 아무런 맥락 없이 사용한 것이었다. 맥락이 주어진 상황에서는, 즉 통치가 정의에 의해 요구되는 상황에서는 통치가 가능한 최선의 삶에 방해거리가 된다고 이야기할 수 없다. 주어진 상황 속에서는 그것이 가능한 최선의 삶의 한 부분일 것이기 때문이다. 통치행위와 정의 사이에는 무슨 특별한 내적 연관관계 같은 것이 없다. 그래서 이상국가가 아닌 다른 나라에서는 철학자가 통치를 맡지 않는 것이 정당화되며(520b1-2), 그렇기 때문에 우리가 통치행위가 철학자에게 가능한 최선의 삶에 방해거리가 된다고 이야기할 수 있었던 것이다. 오로지 이상국가에서만 통치가 정의의 요구가 되며, 이상국가에서는 철인 통치자가 주어진 상황에서 최선의 삶을 사는 것이다.

그렇다면 정말 중요한 문제는 주어진 상황에서 최선의 삶을 살도록 철학자가 강제되어야 하는 이유가 무엇인가이다. 다음에서 이 문제를 다루겠지만, 그 전에 한 가지 지적해둘 것은 정의의 삶과 관조의 삶을 비교할 필요는 없다는 것이다.[13] 우리가 비교할 것은 관조의 삶과 통치의 삶뿐이지 관조의 삶과 정의의 삶이 아니다. 우리는 벤츠와 만원버스 비교를 통해서 관조의 삶이 통치의 삶보다 낫다는 것이 관조의 삶이 정의의 삶보다 낫다는 것을 함축하지는 않는다는 것을 이미 지적한 셈이다. 다른 한편으로, 철학자가 정의의 요구를 따르기 위해서 관조의 삶 일부를 포기한다는 것이 그가 정의의 삶이 관조의 삶보다 낫다고 생각한다는 함축을 갖지 않는다는 것도 지적할 필요가 있다. 예를 들어, 누군가가 일주일에 세 번 헬스클럽에 가기 때문에 그 시간에는 독서를 할 수 없는 경우에, 우리는 그가 건강을 위해서 관조의 삶 일부를 포기한다고 이야기할 수 있을 것이다. 하지만 그렇다고 해서 그가 관조의 삶보다 건강의 삶

---

13) 마호니는 철학자가 희생을 하지 않는다고 주장하면서 정의의 삶이 관조의 삶보다 낫다는 것을 그 근거로 제시한다. Mahoney(1992), pp.270-271.

을 더 높이 평가한다는 것은 따라 나오지 않는다. 마찬가지로, 우리는 관조의 삶과 정의의 삶의 상대적 우위를 결정할 필요 없이, 양자가 모두 행복에 기여한다는 것만 기억하면 되는 것이다.

3) 강제의 의미

우리는 결국 딜레마의 두 번째 뿔을 붙잡고 있는 것이니, 어떤 의미에서 철학자가 통치하기를 내키지 않아 하며, 그렇게 하도록 강제되어야 하는지를 밝혀야 한다. 사실 이 문제에 대한 대답의 일부는 이미 주어져 있다고 할 수 있다. 이상국가에서는 통치하는 일이 정의의 요구가 되며, 철학자는 통치를 하지 않고서 행복한 삶을 살 수 없다는 사실이 이미 어떤 의미에서는 강제를 구성하는 것이다. 철학자는 정의의 요구인 통치를 하게 되겠지만, 그는 그것을 그 자체로 훌륭하거나 좋은 일로 여기지 않고 강제적인 것 혹은 불가피한 것(anagkaion, 520e1-4, 540b3-5), 즉 정의의 요구를 충족시키고 행복한 삶을 살기 위해서는 하지 않을 수 없는 것으로 여긴다.[14] 앞의 예에서 만원버스를 타는 사람은 단지 그가 벤츠나 다른 승용차를 소유하고 있지 않기 때문에 만원버스를 타는 것이다. 만원버스를 타는 것은 유쾌한 경험이 아니며, 그는 벤츠를 훔칠 생각은 전혀 없더라도 나도 저런 벤츠가 하나 있었으면 좋겠다 하는 '유감' 같은 것이 있을 수 있을 것이다.

하지만 이것이 대답의 전부는 아니다. 1절에서 우리는 '내적 강제-자발적 행동'과 '외적 강제-자발적 행동'을 구분했다. 여기에서 기억할 것은, 내적 강제-자발적 행동을 할 때 강제의 주체는 바로 나 자신이라는 것이다. 물론 이 경우에도 타인에 의해서 설득이 될 수는 있겠지만, 궁극

---

14) Wagner(2005), p.90을 따라서 이러한 강제를 가정적 강제(hypothetical compulsion) 라고 부를 수도 있겠다.

적인 강제의 요인은 자신의 이성적 판단으로부터 나오는 것이다. 따라서 누군가가 타인에 의해서 무언가를 하도록 강제된다면, 이때의 행동은 기껏해야 외적 강제-자발적 행동이 될 수밖에 없다. 그렇다면 지금까지 우리는 통치행위가 철학자에게 내적 강제-자발적 행동이라는 것을 보인 셈이 된다. 철학자들이 통치행위를 불가피한 것으로 간주할 때 그들은 그것이 정의에 의해 요구된다는 것을 알고 있을 것이다. 따라서 그들은 통치를 하도록 다른 사람에 의해서 강제될 필요는 없다.

하지만 소크라테스는 여러 곳에서 나라의 설립자들과 (그 설립자들에 의해서 만들어졌을) 법이[15] 철학자들을 강제하는 주체인 것처럼 이야기한다(519c8-d7, 520a8-b1, 521b7-10, 539e3-6). 앞에서 했던 질문을 다시 반복해보자. 완벽한 앎을 가지고 있고 완벽하게 조화로운 영혼을 가지고 있는 철학자들이 주어진 상황 속에서는 가능한 최선의 삶을 살도록 나라 설립자나 법에 의해 강제되어야 할 이유가 도대체 무엇인가?

우선 이 문제는 철학자의 완벽성 때문에 발생한다는 것을 분명히 하자. 앞에서 이야기했듯이, 지적으로든 의지적으로든 완벽하지 않은 사람에게 최선의 삶을 살도록 강제하는 데에는 같은 종류의 문제가 발생하지 않는다. 『국가』에서 소크라테스는 통치에 대한 강제만을 이야기하지 않는다. 7권의 앞부분에서 소크라테스는 동굴 속의 수감자에게 몸을 돌려서 위로 올라가 진정으로 있는 것들을 보도록 강제하는 것에 대해서 이야기한다(515c6-7, 515d9, 515e5). 철학자들이 통치를 하도록 강제해야 한다는 이야기를 하는 맥락에서도 그에 앞서 그들을 강제해서 좋음 자체를 보도록 해야 한다고 이야기한다(519c8-d7). 그러니까 사실 철학자에 대한 강제에는 하향적 강제만 있는 것이 아니라 상향적 강제도 있는 것이다. 그럼에도 불구하고 철학자에 대한 강제에 대해 논의하는 학

---

15) Brown(2000)은 철학자에 대한 강제에서 법이 하는 역할에 대해서 흥미로운 논의를 제시한다.

자들이 상향적 강제에 대해서는 크게 주목하지 않는 이유는 아마도 상향적 강제에는 하향적 강제에서 발생하는 것과 같은 종류의 이론적 문제가 없기 때문일 것이다.[16] 상향적 강제의 대상이 되는 철학자들이란 아직 완벽에 이르지 못한 상태에 있는 예비 철학자들일 따름이고, 이들이 완벽에 이르도록 하는 데에는 강제가 개입할 여지가 있는 것이다.

어쩌면 우리 논의의 관심사는 완벽한 철학자뿐이며, 따라서 예비 철학자에 대한 강제는 지금 우리의 논의와 아무런 상관이 없다고 생각할지도 모르겠다. 하지만 여기에서 우리는 조금 조심할 필요가 있다. 물론 통치자가 되는 것은 완벽한 철학자이고, 520a-d에 등장하는 소크라테스의 가상연설은 완벽한 철학자를 대상으로 하는 것이다. 그 가상연설에서 소크라테스는 철학자에게 통치가 정의의 요구라는 것을 상기시켜주며, 이것은 사실 강제라기보다는 설득이라고 하는 것이 더 어울릴 것이다. 철학자에 대한 강제의 계기가 이것이 전부라면, 우리는 오로지 내적 강제에 대해서 이야기할 수 있을 따름이다. 반복해서 이야기하고 있는 것이지만, 완벽한 철학자에게는 외적 강제의 필요가 없다. 하지만 그렇다고 해서 이것이 법에 의한 외적 강제가 전혀 필요 없다는 것을 의미하는 것은 아니다. 소크라테스의 가상연설은 통치에 대한 요구를 정당화하기 위한 것이다. 그런데 이런 요구가 정당화된다면, 그 요구의 실현을 위해서 필요한 선결요건이 있다. 이러한 사실은 소크라테스의 가상연설 중에도 어느 정도 시사된다. 연설의 중간쯤에 소크라테스는 다음과 같이 이야기한다.

---

16) 상향적 강제에 대해서 주제적으로 논의하는 주목할 만한 예외로 Shields(2007)이 있다. 여기에서 필자가 주장하는 것은 상향적 강제에는 하향적 강제와 '같은 종류의 이론적 문제가 없다는 것임은 기억할 필요가 있다. 누군가를 더 훌륭한 상태로 만드는 것이 좋은 일이라는 것은 이론의 여지가 없다고 하더라도, 강제로 그렇게 하는 것도 좋은 일이라는 결론은 따라 나오지 않는다. 따라서 상향적 강제에도 다른 종류의 문제가 있을 수는 있다.

"당신들은 우리가 당신들 자신과 나라의 나머지 사람들을 위해서 벌 떼의 지도자이자 왕들처럼 탄생시켰고, 그들보다 더 훌륭하고 더 완전하게 교육을 받았으며 양쪽 일에 더 잘 참여할 능력이 있습니다."(520b5-c1, 필자의 번역)

소크라테스의 마지막 언급은 대화편의 맥락 속에서는 다소 뜬금없는 것이다. 독자들은 아직 철학자가 '양쪽 일'에 모두 남들보다 더 잘 참여할 능력이 있다는 이야기를 들은 적이 없다. 520b 이전에 독자들은 동굴에서 풀려난 수감자가 "인간사에 관여하기를 원치 않는다"(517c6-8)는 이야기와 그가 "인간적인 못난 것들 옆으로 온 경우, 볼품없고 아주 우스꽝스러워 보인다"(517d4-6)는 이야기를 들었을 따름이다. 이런 사람이 나라를 잘 다스릴 수 없으리라는 것은 명백한 일이다. 따라서 통치 요구의 실현을 위해서는 철학자가 통치하기에 앞서서 인간사에 익숙해져야만 한다. 이것은 좋은 통치자가 되기 위한 필수적인 요건인 것이다.

가상연설에서 시사되고 있는 이러한 조건은 7권의 마지막 부분에 가면 구체적인 모습을 띠게 된다. 소크라테스는 다음과 같이 이야기한다.

"[35살이 된 예비 철학자들이] 다시 저 동굴로 내려가게 해야 할 것이며, 전쟁과 관련한 일들을 관장하고 젊은이들에게 맞는 관직을 맡도록 강제해야 하네. 그들이 경험에서 남들에게 뒤지지 않도록 말이네. … 50살이 되면, 모든 과정을 통과하고 일에서나 앎에서나 모든 점에서 모든 식으로 가장 뛰어난 성취를 보인 이들을 이제 최종 목적지로 인도해야 하네. 그리고 영혼의 눈길을 들어 올려 만물에 빛을 제공하는 것 자체를 보도록 강제해야 하네."(539e3-540a9, 필자의 번역)

여기에서 소크라테스는 하향적 강제와 상향적 강제를 모두 이야기하고 있다는 사실을 기억하자. 또한 그가 상향적 강제 이전에 하향적 강제를 부과하고 있다는 사실도 기억하자. 하향적 강제가 상향적 강제 이전에 주어져야, 철학자가 좋음 자체를 본 시점에 그가 통치를 위한 완벽한 준비를 갖춘 상태, 즉 "양쪽 일에 더 잘 참여할 능력"이 있는 상태가 되는 것이다.

15년 동안 전쟁과 관련한 일들을 관장하고 다른 관직을 맡는 것이 좋은 통치자가 되기 위한 필수조건이라는 점에서, 예비 철학자들이 그렇게 하도록 강제하는 것은 철학자가 통치하도록 강제하는 것의 일부분이라고 할 수 있다. 그리고 하향적 강제의 이 부분은 그가 완벽한 철학자가 되기 이전에 주어지는 것이다. 35살의 예비 철학자는 각각의 주어진 상황 속에서 무엇을 하는 것이 정의로운 일인지를 아직 완벽하게 파악하지 못했을 수도 있고,17) 그중의 일부는 심지어 미래에 통치자가 되는 것을 거절하고 싶은 유혹에 빠질 가능성도 완전히 배제할 수는 없다.18) 이런 경우에 나라의 설립자에 의해 주어지는 법은 순수하게 내적인 강제가 아니라 외적 강제의 역할을 담당할 수 있다. 따라서 예비 철학자가 관직을 맡는 행위는 외적 강제-자발적 행위일 가능성도 있는 것이다.19)

---

17) 통치를 하는 것이 진정으로 정의의 요구인지를 따지는 것의 어려움에 대한 흥미로운 논의로 Brown(2000)을 참조할 수 있다. 브라운은 철학자가 통치자가 되어야 한다는 법이 만들어지기 전에는 통치가 정의의 요구가 되지 않을 수 있다고 주장한다. Brown(2000), p.9.
18) 이와 관련한 흥미로운 논의로 Wagner(2005)를 참조할 수 있다. 와그너는 이 단계에 이른 예비 철학자의 영혼에서 기개 부분이 최종적인 실패와 그에 따르는 불명예를 두려워할 가능성을 언급한다. Wagner(2005), pp.99-100.
19) 간단히 정리하자면, '강제(anagkē)' 관련어가 형용사나 명사로 쓰이는 맥락에서는 완전한 철학자의 내적 강제가 문제되는 것이고, '강제' 관련어가 동사로 쓰이는 맥락에서는 예비 철학자에 대한 외적 강제가 문제되는 것이라고 할 수 있다.

3. 세 번째 종류의 좋음으로서의 정의로운 행동

1) 플라톤적 정의와 정의로운 행동

지금까지 우리는 2절의 앞부분에서 이야기한 딜레마에 대한 해결책을 제시했다. 우리의 해결책은 딜레마의 두 번째 뿔을 붙잡는 것이었다. 철학자들이 아직 완벽한 철학자가 되기 전에는 그들이 외적인 의미에서도 강제될 수 있다. 주어진 상황에서는 통치를 하는 것이 정의의 요구라는 것을 완전히 알고 있고, 그런 요구를 따르지 않으려는 유혹 자체가 전혀 없는 완벽한 철학자도 일종의 유감 같은 것을 가질 수 있다. 그런데 여기에는 뭔가 좀 이상스러운 점이 있다. 정의의 요구 자체가 강제를 구성할 수 있다면, 어떻게 정의가 그 자체로 좋은 것이라고 이야기할 수 있는가?

소크라테스는 철학자들이 통치를 훌륭한 것이 아니라 불가피한 것으로 (oukh hōs kalon ti all' hōs anagkaion) 대할 것이라고 이야기한다 (540b3-4). 이 이야기는 2권에서 글라우콘이 정의를 그 자체로는 좋지 않고 결과 때문에만 좋은 것인 세 번째 종류의 좋음으로 분류하면서 하는 이야기를 연상시킨다. 그는 정의를 행하는 사람들이 그것을 좋은 것이 아니라 불가피한 것으로서(hōs anagkaion all' oukh hōs agathon) 마지못해 행한다고 주장하는 것이다. 이러한 사실의 명백한 함축은, 글라우콘이 사람들이 정의를 세 번째 종류의 좋음으로 여긴다고 생각하듯이, 소크라테스는 철학자들이 통치를 세 번째 종류의 좋음으로 여긴다고 생각한다는 것이다. 그런데 철학자들이 통치를 세 번째 종류의 좋음으로 여긴다면, 그들도 정의를 세 번째 종류의 좋음으로 여기는 것이 아닌가? 그들이 통치를 하는 이유는 그것이 바로 정의의 요구이기 때문이 아닌가?

일단 앞에서 우리가 했던 양태 구분의 방식은 이 문제를 피해 갈 수 없다는 것이 중요하다. 2절 2)에서 우리는 철학자들이 '통치 자체'는 원하지 않지만 '정의의 요구로서의 통치'는 원한다는 점을 지적했다. 하지만 지금은 철학자들이 '통치 자체'는 불가피한 것으로 여기지만 '정의의 요구로서의 통치'는 불가피한 것으로 여기지 않는다고 이야기할 수는 없다. 철학자들을 상대로 하는 가상연설에서 소크라테스는 이상국가가 아닌 나라에서 철학자가 된 사람은 그 나라의 수고스러운 일들에 참여하지 않는 것이 정당화된다고 이야기한다(520a9-b2). 통치를 할 것이 정의에 의해서 요구되지 않는 철학자들, 즉 이상국가가 아닌 나라에서 생긴 철학자들은 통치를 불가피한 것으로 여기지도 않을 것이다. 철학자들이 불가피한 것으로 여기는 것은 통치 자체가 아니라 정의의 요구로서의 통치이다. 다른 말로 하자면, 철학자들은 정의로운 행동으로서의 통치행위를 불가피한 것으로 여기는 것이다. 즉, 철학자들은 적어도 정의로운 행동 하나는 세 번째 종류의 좋음으로 여긴다는 것이다.

하지만 만약 정의로운 행동과 정의가 분명하게 구별될 수 있다면, 철학자들이 정의로운 행동 중 어떤 것을 세 번째 종류의 좋음으로 여긴다는 것으로부터 그들이 정의도 세 번째 종류의 좋음으로 여긴다는 것이 따라 나오지는 않는다. 그러면 소크라테스는 정의로운 행동과 정의를 분명하게 구별하고 있는가?

정의가 두 번째 종류의 좋음, 즉 그 자체로도 좋고 결과 때문에도 좋은 것이라는 것을 보이는 작업에서 소크라테스는 정의를 영혼의 세 부분이 각기 자신의 일을 하는 것으로 규정하며, 이것을 영혼의 조화로 파악한다(443d 이하). 그리고 그는 이러한 영혼의 조화를 "일종의 건강"이라고 이야기한다(444d12-e1). 저자인 플라톤이 글라우콘으로 하여금 세 종류의 좋음을 분류하면서 건강함을 두 번째 종류의 좋음의 예로 제시(357c2-3)하도록 만든 것은 결코 우연이 아니다. 그런데 일상적인 정의 개념은 기본적으로 행동에 적용되는 것인 데 비해[20] 소크라테스의 이러

---

20) 1권에서 케팔로스와 폴레마르코스 등이 논의하는 정의 개념은 바로 행동에 적용되는 일상적인 정의 개념이며, 사실 2권에서 글라우콘과 아데이만토스가 문제를 제기하면서 염두에 두고 있는 것도 일상적인 정의 개념이다.

한 정의 개념은 일차적으로는 행동에 적용되는 것이 아니다.

그러면 영혼의 조화로 규정된 소크라테스의 정의 개념을 행동에 적용하면 어떻게 될까? 이 정의 개념에 따르면 정의로운 사람은 영혼의 조화로서의 정의를 가진 사람이라는 방식으로 직접적으로 규정될 수 있을 것이다. 정의로운 행동에 앞서서 정의로운 사람이 규정되었을 때 정의로운 행동을 규정하는 한 가지 방식은, 이것을 정의로운 사람이 하는 행동으로 규정하는 것이다.[21] 이 경우, 영혼의 조화로서의 정의는 정의로운 행동의 원천이자 원인이 될 것이다. 그리고 소크라테스가 정의로운 영혼을 가진 사람은 사기를 친다든지 도둑질을 한다든지 하는 일상적인 의미의 부정의한 행동은 하지 않고 약속이나 계약을 꼭 지키는 등 일상적인 의미의 정의로운 행동을 한다고 이야기하는 것을 보면(442e-443a), 소크라테스도 정의로운 행동을 그런 식으로 규정하는 것으로 보일 수도 있다.

하지만 사실 소크라테스는 정의로운 행동을 이와는 약간 다른 방식으로 규정한다. 그리고 이 사실은 대단히 중요하다. 4권에서 소크라테스는 정의로운 행동을 정의로운 영혼의 상태를 만들어내고 유지시켜주는 행동이라고 규정한다(443e5-7).[22] 또한 정의를 건강과 유비적인 것으로 이야기하면서 그는 정의로운 행동들은 건강한 것들과 유비적인 것으로 이야기한다. 건강한 것들이 몸에 건강을 만들어내듯이, 정의로운 행동들이 영혼에 정의를 만들어낸다는 것이다(444c9-d1). 정의와 정의로운

---

21) 일반적으로 이야기해서, 공리주의나 의무론에서는 정의로운 행동이 먼저 규정되고 정의로운 사람은 그런 행동을 하는 사람이라고 파생적으로 규정되는 데 비해서, 덕 윤리학에서는 정의로운 사람이 먼저 규정되고 정의로운 행동은 그런 사람이 하는 행동이라고 파생적으로 규정된다.

22) Irwin(1977), p.210은 정의로운 행동이 정의로운 영혼을 만들어낸다는 보장이 없기 때문에 이런 식의 규정보다 정의로운 행동을 정의로운 영혼의 표현으로 규정하는 것이 더 나을 것이라고 주장한다. 이런 반론에 대한 소크라테스의 입장에서의 대답으로 Buckels(2013), pp.71-75를 참고할 수 있다.

행동의 관계를 이런 식으로 규정하는 것이 갖는 한 가지 장점은, 이것이 부정의한 사람이 정의로운 행동을 할 수 있는 가능성을 완벽하게 열어놓고 있다는 것이다. 만약 영혼의 조화로서의 정의가 정의로운 행동의 원천이자 원인이라고 한다면, 부정의한 사람은 결코 정의로운 행동을 할 수 없을 것이다. 하지만 정의로운 행동이 정의로운 영혼을 만들어내는 것이라고 한다면, 부정의한 사람도 정의로운 행동을 할 수 있을 뿐 아니라 그런 사람이야말로 정의로운 행동을 해야 할 필요가 더 클 것이다. 마치 운동과 같은 건강한 행동을 해야 할 필요가 건강하지 않은 사람에게 크듯이 말이다.

소크라테스가 정의로운 행동과 건강한 것들을 이런 식으로 유비하는 것은, 지금 우리의 논의와 관련해서 결정적으로 중요하게도, 소크라테스가 정의로운 행동 중에 어떤 것은 세 번째 종류의 좋음일 수 있다고 생각했을 가능성을 열어준다. 2권에서 글라우콘은 건강함을 두 번째 종류의 좋음의 예로 제시하면서, 신체단련과 치료받는 것과 같은 건강한 행동을 세 번째 종류의 좋음의 예로 제시한다(357c6-7). 이러한 것들은 그 자체로는 고생스러운(epipona) 것이지만 건강을 만들어내기 때문에 좋다는 것이다. 마찬가지로 많은 경우에 정의로운 행동들은 대부분의 사람들에게는 고생스러운 것이다. 하지만 그것들은 영혼의 건강, 즉 정의를 만들어내기 때문에 좋은 것이다.

소크라테스가 이런 식으로 생각하고 있다는 증거는 철학자에 대한 강제의 사례에 국한되는 것도 아니다. 우리는 단지, 강제적이고 불가피한 것으로서의 정의로운 행동에 대해서 소크라테스가 주제적으로 논의하는 것이 철학자의 강제 사례뿐이기 때문에 지금까지 여기에 집중해서 논의를 했을 따름이다. 철학자가 아닌 사람들에게 일반적으로 적용될 수 있는 사례이기 때문에 지금 우리의 논의와 관련해서는 어떤 의미에서 더 중요한 사례를 9권의 말미에서 찾을 수 있다. 여기에서 소크라테스는 부정의한 행동을 하고서 처벌을 받지 않으면 영혼이 더 못된 상태가 되겠지만 처벌을 받으면 영혼이 더 나은 상태가 될 것이기 때문에 부정의한 행동을 하고서는 벌을 받는 것이 더 득이 된다고 이야기한다(591b). 부정의한 행동을 하고 나서 처벌을 받는 것은 그 자체로는 고생스러운 일일 것이 분명하지만, 이것이 정의로운 행동이라는 것도 분명하다. 방금 이야기했듯이 글라우콘은 결과 때문에 좋은 건강한 행동들로 신체단련과 치료를 예로 들었는데, 4권에 나오는 계약을 지키는 행동이나 철학자의 통치행위로서의 정의로운 행동은 신체단련에 유비된다고 한다면, 부정의한 행동을 하고 나서 처벌을 받는 것은 병에 걸리고 나서 치료를 받는 것에 유비된다고 하겠다.

거의 모든 학자들은 소크라테스가 정의로운 행동은 예외 없이 모두 두 번째 종류의 좋음, 즉 그 자체로도 좋고 결과 때문에도 좋은 것이라는 생각을 가지고 있다고 해석한다.[23] 소크라테스가 정의가 그 자체로 좋다는 것을 논증하기 위해 온 힘을 다 바치는 상황에서 이러한 해석을 피하기란 대단히 어려운 일이라는 것은 충분히 이해해줄 만하다. 하지만 이러한 해석이 자연스러운 것일지는 몰라도, 이것은 그동안 큰 혼란의 원천이 되어왔다. 정의로운 행동이 두 번째 종류의 좋음이어야 한다는 생각 때문에, 어떤 학자들은 소크라테스의 논변이 형편없이 실패했다고 주장하고,[24] 다른 많은 학자들은 소크라테스가 정의와 정의로운 행동에 대해서 일종의 칸트적인 생각을 가지고 있다고 주장한다.[25]

하지만 다른 한편으로는 플라톤의 정의관에 대해서 논의하는 거의 모

---

23) 이에 대한 예외로 간주할 수 있는 것이 Irwin(1997), pp.210-211과 Reeve(2007), pp.203-204이다. 하지만 어윈은 소크라테스가 정의로운 행동을 그 자체로 좋은 것으로 생각했어야 하는데 그러지 못한 것처럼 보인다는 지적을 하는 데에 그친다. 리브가 필자가 여기에서 주장하는 것과 가장 비슷한 생각을 가지고 있는 것으로 보이나, 그는 정의로운 행동이 정의를 만들어낸다는 것에 대해서는 크게 주목하지 못하고 정의가 정의로운 행동의 원천이자 원인인 것처럼 이야기한다.

24) 가장 대표적인 예가 Heinaman(2004)이다.

25) 가장 극단적으로 이런 견해를 지지하는 학자가 Weiss(2012)로 보인다.

든 학자가 영혼의 조화로서의 플라톤적 정의와 통속적인 정의(vulgar justice)를 구별한다. 그리고 442e-443e에서 소크라테스가 하는 논의에서 드러나듯이, 소크라테스가 이야기하는 정의로운 행동은 통속적인 정의와 외연적으로 일치한다. 정의가 두 번째 종류의 좋음이라는 소크라테스의 주장이, 통속적인 정의가 두 번째 종류의 좋음이라는 주장이 아니라 영혼의 조화로서의 정의가 두 번째 종류의 좋음이라는 사실을 부정하는 학자는 거의 없을 것이다. 만약 그들이 이러한 사실을 충분히 음미했더라면, 아마 그들도 정의로운 행동, 즉 통속적 정의의 사례 중에는 세 번째 종류의 좋음이 있을 수 있다는 사실을 파악할 수 있었을 것이다. 소크라테스가 정의를 두 번째 종류의 좋음으로 간주하지만 정의로운 행동들 중에서는 세 번째 종류의 좋음도 있을 수 있는 가능성을 인정하고 있다는 사실이 분명해지면, 우리는 소크라테스가 하는 이야기들을 특별히 비틀어서 받아들여야 할 필요가 없다. 그는 행복론적(eudaimonistic) 정의관을 가지고 있으며, 그가 정의로운 행동이 예외 없이 모두 두 번째 종류의 좋음이라는 것을 확립하지 않는다고 해서 그의 논증이 실패하는 것은 아니다.

2) 정의로운 행동과 관련한 글라우콘과 소크라테스의 차이

이제 마지막 관문이 남았다. 『국가』에서 소크라테스가 논증하는 것은 정의로운 영혼을 가져서 정의로운 사람이 되는 것이 득이 된다는 것이다. 이에 비해 2권의 서두에서 글라우콘이 소크라테스에게 요구한 것은 정의로운 행동을 하는 것이 득이 된다는 것을 보여달라는 것처럼 보인다. 글라우콘의 요구와 소크라테스의 대답 사이에는 일종의 긴장관계가 있다.[26] 더구나 글라우콘이 정의가 세 번째 종류의 좋음이라고 주장할

---

26) 글라우콘은 통속적 정의가 득이 된다는 것을 보여달라는 요구를 했는데 소크라테스는 통속적 정의가 아니라 영혼의 조화로서의 정의가 득이 된다는 것만을 보였다고 주장하는 Sachs(1963)은 바로 그런 긴장관계를 지적하고 있는 것이라고 할 수 있다.

때 그가 의미한 것은 사실은 정의로운 행동이 세 번째 종류의 좋음이라는 것이었다. 앞에서 이야기했듯이, 그는 정의를 행하는 사람들이 그것을 불가피한 것으로서 마지못해 행한다고 주장한 것이다(358c2-4). 소크라테스가 정의로운 행동이 세 번째 종류의 좋음일 수 있다는 것을 인정한다면, 그는 사실상 글라우콘에 동의한 셈이 되는 것인가?

우선적으로 지적할 것은 사람들의 행태에 대한 글라우콘의 주장을 부정하기란 거의 불가능하다는 것이다. 정의로운 행동을 하는 사람들 대부분은 실제로 그것을 불가피하고 강제적인 것으로 여기며 그런 행동을 한다. 소크라테스는 이것을 부정할 수도 없으며, 실제로 부정하고 있지도 않다. 소크라테스는 (내적 강제를 유발하는) 설득과 (외적) 강제를 위해서 법이 존재한다는 것을 인정하고 있는 것이다(519e1-4). 비록 소크라테스가 이 이야기를 철학자에 대한 강제의 맥락에서 하고 있기는 하지만, 법의 설득과 강제는 다른 모든 사람들에게 일반적으로 적용되는 것이며, 사실 철학자가 아닌 사람들에게 오히려 더 필요한 것이다. 글라우콘과 소크라테스는 정의로운 행동이 대부분의 사람들에게 강제-자발적 행동이라는 데에 동의할 것이다.

소크라테스와 글라우콘의 차이는 사람들의 행동과 태도에 대한 설명과 정당화에 있다. 글라우콘은 사람들이 정의로운 행동을 하는 이유가 주어진 상황 속에서는 (즉, 귀게스의 반지 같은 것이 없는 상황에서는) 그렇게 하는 것이 부와 명예를 얻기 위해서 불가피하기 때문이라고 생각한다. 그리고 그는 사람들의 그러한 태도가 정당화된다고 주장한다 (358c4-5, 360d8-361d3). 소크라테스도 많은 사람들이 그런 이유에서 정의로운 행동을 한다는 것은 인정한다. 하지만 그는 사람들의 그런 태도가 정당화될 수 없다고 생각한다. 보다 더 중요하게는, 소크라테스는 적어도 어떤 사람들에게는 정의로운 행동을 하는 이유가 그것이 부와 명예를 얻기 위해 불가피하기 때문이 아니라 조화로운 영혼을 만들어내고 유지시키기 위해 불가피하기 때문이라고 생각한다. 그리고 가장 중요하게는, 소크라테스는 그런 사람들의 태도만이 정당화될 수 있다는 것을 보이려고 한다. 다시 말해서, 정의로운 행동 중에 어떤 것이 결과 때문에 좋은 것일 수 있다는 데에 글라우콘과 소크라테스가 동의한다고 하더라도, 이들이 생각하고 있는 결과란 전혀 다른 성격의 것이다.

우리는 소크라테스 앞에 놓여 있는 과제가 많은 학자들이 인정하고 있는 것보다 훨씬 더 어려운 것이라는 점을 이해해야 한다. 글라우콘의 좋음 분류는 각 행위자에 특화되어 있는 것이다. 누군가에게는 좋은 것이 다른 이에게는 좋은 것이 아닐 수도 있고, 누군가에게는 두 번째 종류의 좋은 것이 다른 이에게는 세 번째 종류의 좋은 것일 수 있다. 예를 들어, 필자에게는 조깅을 하는 것이 세 번째 종류의 좋은 것이다. 필자도 조깅을 하는 것이 건강에 좋다는 것은 잘 알고 있다. 하지만 조깅은 그 자체로는 필자에게 아무런 즐거움을 주지 않고 고되기만 한 것이다. 그렇지만 조깅이 다른 누군가에게는 두 번째 종류의 좋음일 수도 있다. 조깅 자체가 누군가에게는 즐거운 활동일 수도 있는 것이다. 그런데 소크라테스는 완벽하게 정의로운 철학자들에게만이 아니라 정의롭지 않은 사람들에게도 정의가 두 번째 종류의 좋음일 수 있다는 이야기를 하고 싶을 것이다. 만약 그렇지 않다면 도대체 완벽하게 정의롭지는 않은 사람들, 『국가』편의 배경이 되고 있는 폴레마르코스의 집에 모여 있는 사람들을 앞에 두고 정의가 두 번째 종류의 좋음이라는 것을 받아들이라는 설득을 할 이유 자체가 없을 것이기 때문이다. 그렇다면 소크라테스는 정의로운 행동이 세 번째 종류의 좋은 것인 사람들, 즉 정의로운 행동을 하는 것이 자신에게 기쁨을 가져다주지 않는 사람들에게조차도 정의는 두 번째 종류의 좋음이라는 것을 보여야 한다.[27]

---

27) 글라우콘의 좋음 분류가 행위자에 특화되어 있다는 사실이 그의 분류가 배타적인 분류가 아니라는 것을 함축하는 것은 아니다. 누군가에게 세 번째 종류의 좋음인 것이 다른 이에게 두 번째 종류의 좋음일 수 있어도, 동일한 것이 동일한 사람에게 두 번째 종류의 좋음이면서 동시에 세 번째 종류의 좋음일 수는 없다. 이 점을 분명하게 밝힐 수 있도록 문제를 제기한 익명의 심사자에게 감사드린다.

정의와 정의로운 행동을 구별하지 않고서는 도대체 이러한 작업을 시도조차 해볼 수 없다. 영혼의 조화가 정의라는 소크라테스의 정의관은 새로운 것이다. 앞에서 이야기했듯이, 통속적인 정의관은 오로지 행동에만 주목하는 정의관이다. 1권에서의 케팔로스나 폴레마르코스와 마찬가지로 2권의 글라우콘도 통속적인 정의관을 가지고 있기 때문에 그는 정의와 정의로운 행동을 특별히 구분하지 않는다. 그래서 그는 정의로운 행동들이 세 번째 종류의 좋음이라면 정의도 세 번째 종류의 좋음이라고 생각한다. 하지만 새로운 정의관을 제시하는 소크라테스는 설사 정의로운 행동 중에, 즉 통속적인 정의의 사례 중에 세 번째 종류의 좋음이 있다고 하더라도 정의는 두 번째 종류의 좋음일 수 있다고 주장하는 것이 가능하다. 이렇게 해서 소크라테스는 많은 정의로운 행동들이 대부분의 사람들에게는 즐겁지 않고 고생스러운 것이라는 경험적 사실을 부정할 필요가 없다. 그는 단지 영혼의 조화로서의 정의를 갖는 것이, 철학자와 같이 특별한 사람들에게 뿐만 아니라 일반 사람들 누구에게나, 가장 즐겁고 좋은 일이라는 것만을 보이면 되는 것이다. 사실 소크라테스에 따르면, 이러한 영혼의 상태를 갖는 것은 영혼이 가장 부조화한 상태에 있는 것보다 729배나 즐거운 일이다(587d-588a). 다만 꾸준히 정의로운 행동을 하는 습관을 형성하지 않고서는 그런 영혼의 상태를 얻을 수 없다는 것이 (대부분의 정의로운 행동이 세 번째 종류의 좋음에 불과한 많은 사람들에게는) 유감스러운 사실일 따름이다! 그리고 이러한 영혼의 상태를 갖는 것은 확실히 득이 되는 일이니, 이러한 상태를 만들어내는 것, 즉 꾸준히 정의로운 행동을 하는 것도 득이 되는 일이다.

4. 나가는 말

지금까지 우리는 철학자의 강제를 화두로 해서 『국가』에서 소크라테스의 기획이 어떤 의미를 갖는 것인지 살펴보았다. 우리의 해석이 옳다면, 소크라테스는 정의로운 행동들이 많은 경우에 내적으로든 외적으로든 강제-자발적 행동이라는 것을 인정하고 있다. 누군가에게 정의로운 행동이 강제-자발적 행동인 경우에는, 이러한 행동이 그에게 그 자체로 좋은 것이라고 하기는 어렵다. 정의가 그 자체로 좋은 것임을 보이려는 소크라테스의 기획은 이러한 경험적 사실을 거부해야만 성취될 수 있는 것이 아니다. 소크라테스는 영혼의 조화로서의 정의와 정의로운 행동 혹은 통속적 정의를 구별하고, 정의로운 행동 혹은 통속적 정의는 설사 그것이 그 자체로 좋은 것이 아닌 경우에라도 영혼의 조화를 만들어낸다는 점에서 추구할 만한 가치가 있다는 것을 보인다.

글을 마치기 전에, 우리가 제시하는 해석의 무시할 수 없는 장점 하나를 지적하기로 하자. 『국가』 10권에서 소크라테스는 영혼불멸의 증명을 제시한다. 소크라테스가 이런 증명을 제시하는 이유에 대한 표준적인 해석은, 소크라테스와 글라우콘이 정의가 그 자체로 좋은 것임을 보이는 논의의 목적을 위해서 정의의 결과를 빼고 논의했는데, 마지막에 와서 이것을 다시 회복시키는 것이라는 것이다. 소크라테스 자신이 612b-d에서 이런 이야기를 하고 있기 때문에, 이러한 표준적 해석은 틀릴 수 없는 것이라고 생각할지도 모르겠다. 하지만 소크라테스가 영혼불멸을 증명하는 것은 608c-612a까지이며, 그가 정의의 결과를 복귀시키겠다고 하는 것은 이 증명이 끝난 다음의 일이다. 소크라테스는 이 증명을 끝내면서 2권부터 이어진 긴 논의를 정리하는 말로, 이제는 "정의 자체가 영혼 자체에 가장 좋은 것임을 발견했다"(612b1-2)고 이야기한다. 그리고 여기에 이어지는 말로 정의의 결과를 회복시키자는 이야기를 하는 것이다. 따라서 소크라테스는 영혼불멸의 증명을 정의가 그 자체로 좋다는 것을 보이는 과정의 일환으로 생각하고 있는 것이 분명하다.[28)]

만약 소크라테스가 정의로운 행동도 언제나 그 자체로 좋은 것이라고 생각한다면, 영혼불멸의 증명은 흔히 그렇게 생각되듯이 꼭 필요하지는 않은 추가 고려사항 정도에 불과할 것이다. 하지만 정의로운 행동을 해야 하는 궁극적인 이유가 영혼의 조화를 만들어내는 데에 있다면, 영혼은 웬만하면 좀 불멸하는 것이 좋을 것이다. 그렇지 않으면 다소 허무한 상황이 벌어질 수 있다. 누군가가 소크라테스의 논증에 설득되어서 정의로운 행동을 꾸준히 함으로써 정의로운 영혼을 계발하고자 한다고 해 보자. 그런데 그가 혹시라도 정의로운 행동을 하다가 죽기라도 한다면, 그리고 그의 영혼도 이와 함께 죽어버린다면, 그가 마지막으로 한 정의로운 행동은 아무런 득이 되지 못했을 수도 있다.[29] 하지만 영혼이 불멸이라면, 그의 마지막 행동도 그의 영혼에 조금이라도 영향을 미쳤을 테고 이것은 분명 그에게 득이 되는 일이 될 것이다.

플라톤은 철학자만을 대상으로 글을 쓴 것이 아니라 보통 사람들을 대상으로 글을 썼다. 또한 그에게는 실천적 관심이 이론적 관심보다 더 중요한 것은 아닐지 몰라도 그에 필적하는 중요성을 갖는다. 『국가』편 전체를 통해서 플라톤은 독자들에게 정의로운 행동을 하면서 정의롭게 살라는 설득을 한다. 이 설득은 엄청난 행복의 근원이 되는 영혼의 좋은 상태라는 유토피아적 희망을 제시하는 것으로 이루어진다. 플라톤은 많은 사람들이 정의로운 행동을 하는 것을 내키지 않아 한다는 것을 잘 알고 있

---

28) 한 익명의 심사자는 필자의 논지에 따르면 정의는 두 번째 종류의 좋음이 아니라 첫 번째 종류의 좋음이 된다고 지적하였다. 어떤 이유에서 그런 지적을 하는지는 그에 대한 설명이 없어서 알 수 없지만, 혹시 그와 같은 오해를 하는 독자가 있을지 몰라서 정의가 결과 때문에도 좋은 이유에 대해 간단히 이야기하겠다. 정의가 결과 때문에도 좋을 수밖에 없다는 소크라테스의 주장은 누가 정의로운 사람인지를 최소한 신들은 모를 수가 없으며 신들은 정의로운 사람을 사랑할 것이라는 데에 근거한다(612e 이하). 그러니까 2권에서는 단순히 논의의 필요를 위해서 신들도 제물을 받고 부정의한 사람에게 잘 대해 줄 수 있다는 글라우콘과 아데이만토스의 주장(362b-366b)을 받아들여주었지만, 사실은 절대로 그럴 수 없다는 것이 소크라테스의 주장인 것이다. 필자의 논의는 정의가 결과 때문에도 좋다는 것을 부정하는 것과는 아무런 상관이 없다.

29) '아무런 득이 되지 않는다'는 것은 사실은 좀 과장이다. 주어진 상황에서 정의로운 행동을 하지 않는 것은, 일반적으로 말해서, 부정의한 일이다. 그리고 소크라테스에 따르면 부정의한 행동을 하는 것은 영혼의 조화를 깨뜨리는 일이다. 따라서 (영혼이 불멸이 아닌 상황에서) 정의로운 행동을 하다가 죽어버리는 경우, 그는 최소한 자신의 영혼이 더 나쁜 상태가 되는 것은 막은 셈이 되는 것이다.

다. 물론 그는 형벌을 무기로 사람들에게 정의로운 행동을 하도록 강제하는 법이나 여타 제도가 존재한다는 것도 알고 있다. 더 나아가 그는 이러한 외적 강제들이란 사람들을 정의로운 행동을 하게 만드는 데 있어 충분히 강력한 결속력을 제공하지는 못한다는 것도 알고 있다. 귀게스의 반지의 예는 바로 이런 사실을 반영한다. 그는 내적 강제가 언제나 외적 강제보다 더 결속력이 있다는 것을 잘 알고 있다. 이러한 상황에서 그는 영혼의 최고 상태에 대한 약속이 사람들을 정의로운 행동을 하도록 만드는 데 있어 충분히 강력한 결속력을 제공해주기를 희망하는 것이다.

참고문헌

강성훈. 2005. 「『국가』 4권에서 영혼의 세 부분」. 『서양고전학연구』 23: 29-69.

박성우. 2004. 「플라톤의 『국가』와 철인왕의 패러독스」. 『정치사상연구』 10집 2호: 161-184.

박성우. 2014. 『영혼 돌봄의 정치: 플라톤 정치철학의 기원과 전개』. 고양시: 인간사랑.

Adkins, Arthur W. H. 1960. *Merit and Responsibility: A Study in Greek Values*. Chicago: University of Chicago Press.

Aronson, Simon H. 1972. "The Happy Philosopher: A Counterexample to Plato's Proof." *Journal of the History of Philosophy* 10: 383-398.

Beatty, Joseph. 1976. "Plato's Happy Philosopher and Politics." *The Review of Politics* 38 (4): 545-575.

Bloom, Allan. 1968. "Interpretive Essay." In his book, *The Republic of Plato: Translated with Notes and an Interpretive*

Essay. New York: Basic Books.

Bobonich, Christopher. 2007. "Why Should Philosophers Rule?: Plato's Republic and Aristotle's Protrepticus." *Social Philosophy and Policy* 24 (2): 153-75.

Buckels, Christopher. 2013. "Compulsion to Rule in Plato's Republic." *Apeiron* 46: 63-84.

Burnyeat, M. F. 1999(1992). "Utopia and Fantasy: The Practicability of Plato's Ideally Just City." In Fine(1999): 197-308. Originally in J. Hopkins and A. Savile(eds.), *Psychoanalysis, Mind and Art*(Oxford: Blackwell, 1992): 175-187.

Brickhouse, Thomas C. 1981. "The Paradox of the Philosophers' Rule." *Apeiron* 15: 1-9.

Brown, Eric. 2000. "Justice and Compulsion for Plato's Philosopher-Rulers." *Ancient Philosophy* 20: 1-17.

Cooper, John. 1977. "The Psychology of Justice in Plato." *American Philosophical Quarterly* 14: 151-157.

Ferrari, G. R. F. 2005. *City and Soul in Plato's Republic*. Chicago: The University of Chicago Press.

Fine, Gail, ed. 1999. *Plato 2: Ethics, Polotics, Religion, and the Soul*. Oxford: Oxford University Press.

Harman, John D. 1986. "The Unhappy Philosopher: Plato's Republic as Tragedy." *Polity* 18 (4): 577-594.

Heinaman, Robert. 2004. "Why Justice Does Not Pay in Plato's Republic." *Classical Quarterly* 54 (2): 379-393.

Irwin, Terence. 1977. *Plato's Moral Theory*. Oxford: Oxford University Press.

Irwin, Terence. 1995. *Plato's Ethics*. Oxford: Oxford University Press.

Kraut, Richard. 1999. "Return to the Cave: Republic 519-521." In Fine(1999), pp. 43-62.

Mahoney, Timothy A. 1992. "Do Plato's Philosopher-Rulers Sacrifice Self-Interest to Justice?" *Phronesis* 37: 265-282.

Reeve, C. D. C. 2007. "Goat-Stags, Philosopher-Kings, and Eudaimonism." *Proceedings of the Boston Area Colloquium in Ancient Philosophy* 22: 185-209.

Rosen, Stanley. 2005. *Plato's Republic: A Study*. New Haven: Yale University Press.

Sachs, Daivd. 1963. "A Fallacy in Plato's Republic." *The Philosophical Review* 72 (2): 141-158.

Shields, Christopher. 2007. "Forcing Goodness in Plato's Republic." *Social Philosophy and Policy* 24 (2): 21-39.

Silverman, Allan. 2007. "Ascent and Descent: The Philosopher's Regret." *Social Philosophy and Policy* 24 (2): 40-69.

Strauss, Leo. 1964. *The City and Man*. Chicago: The University of Chicago Press.

Vernezze, Peter. 1992. "The Philosopher's Interest." *Ancient Philosophy* 12: 331-49.

Wager, Ellen. 2005. "Compulsion Again in the Republic." *Apeiron* 38 (3): 87-101.

Weiss, Roslyn. 2012. *Philosophers in the Republic: Plato's Two Paradigms*. Cornell University Press.

White, Nicholas. 1986. "The Rulers' Choice." *Archiv für Geschichte der Philosophie* 68 (1): 22-46.

2부

롤즈의 정의론

자유주의 정치철학과 복지:
롤즈의 재산소유 민주주의를 중심으로

정 원 섭

1. 복지국가의 연원

"모든 현대 국가는 복지국가이다. 왜냐하면 국민들의 인생 전망이 자연적, 사회적 우연에 의해 좌지우지되도록 방치해두는 국가는 이제 없기 때문이다. 모든 국가는 질병, 장애, 실업, 빈곤으로부터 남녀노소를 보호하고자 하는 다양한 정책들을 채택하고 있다."[1]

오늘날 이렇게 광범위하게 수용되고 있는 복지국가라는 발상은 독일의 'Sozialstaat'에서 비롯된다. '사회적 국가'라고 직역될 수 있는 이 용어는 19세기 후반 보수파 정치인 비스마르크가 개혁의 일환으로 추진한 일련의 정책들을 말한다. 물론 이러한 정책들을 처음 고안한 것은 독

---

* 이 논문은 건국대학교 인문학연구원 편, 『통일인문학』 제56권(2013)에 실린 글이다.

1) Amy Gutmann(ed.), *Democracy and the Welfare State*(Princeton University Press, 1988), p.3.

일의 초기 사회주의자들이었다.[2] 영어권의 경우 복지국가라는 용어를 처음 사용한 것은 영국 성공회 대주교인 템플(William Temple)로 알려져 있다. 그는 당시 영국 정부를 복지국가(welfare state)로 묘사하였는데 이것은 나치 독일을 전쟁 국가(warfare state)로 규정하면서 이 양자를 절묘하게 대비시키기 위한 것이었다.[3] 물론 템플이 이렇게 복지국가라는 표현을 사용할 수 있었던 것은 이미 1845년 보수파인 토리당의 디즈레일리(Benjamin Disraeli)가 "권력의 유일한 의무는 인민의 사회복지"라고 갈파한 것과 그 맥을 같이한다.[4]

역사학자 팩스턴(R. Paxton)에 따르면, 복지국가는 대체로 보수파들을 통해 등장하였으며 사회주의자들과 노동조합원들의 경우 초기에는 이러한 복지정책에 대해 오히려 반대하였다. 1880년대 독일 복지국가를 주도한 비스마르크 그리고 불과 몇 년 후 이와 유사한 형태인 헝가리의 복지국가를 고안한 타프(Eduard von Taaffe) 역시 보수파였다. 1910년대 영국 복지국가를 주도한 자유당의 로이드 조지(David Lloyd-George) 역시 보수파이며 1940년대 프랑스 복지국가 역시 보수파인 비치 체제(the Vichy regime)였던 것이다. 팩스턴은 한 발 더 나아가 다음과 같은 주장까지 편다. "20세기 유럽의 모든 우파 독재 정권은, 심지어 파쇼 정권까지도, 복지국가를 주창하였다. … 이 국가들은 모두 생산성 증진, 국가의 통합, 그리고 사회적 평화를 유지하기 위해 보건의료, 각종 연금, 무상주택, 혹은 대중교통을 제공하면서 스스로 복지국가라고

---

2) S. B. Fay, "Bismarck's Welfare State," *Current History*, Vol. XVIII(January, 1950), pp.1-7.
3) William L. Megginson and Jeffry M. Netter, "From State to Market: A Survey of Empirical Studies on Privatization," *Journal of Economic Literature* 39(2)(June, 2001), pp.321?389.
4) 디즈레일리는 후일 영국의 총리가 된다. Benjamin Disraeli, *Sybil*(1845), p.273. 원본을 확인하지 못하여 다음 글에서 재인용함. Michael Alexander, *Medievalism: The Middle Ages in Modern England*(New Haven: Yale University Press), p.93.

주장하였다."5)

주지하다시피 비스마르크는 노령연금과 의료보험정책을 통해 근대 유럽 복지국가의 기반을 조성하였다. 그러나 그의 정책의 일차적 목표는 그당시 독일에 비해 임금은 높았지만 복지정책이 거의 없던 미국으로 독일노동자들이 이탈하는 것을 방지하기 위한 것이었다. 그의 복지정책은 다양한 계층으로부터 광범위한 지지를 얻을 수 있었지만, 이러한 정책을 실행하는 과정에서 자유주의자들과의 논쟁은 불가피한 것이었다.6) 왜냐하면 복지국가는 그 핵심적 특징인 사회보장정책을 통해 모든 국민들에게 그들의 공과와는 관계없이 일정 수준 이상의 삶을 영위할 수 있도록 사회적 최소치를 보장하여야 하기 때문이다. 그런데 이러한 사회적 최소치를 마련하기 위해 정부가 직접 공권력, 즉 세금을 통해 재원을 확보하고자 할경우, 그 재원을 강제로 부담하고 있다고 생각하는 부유층의 불만은 말할것도 없거니와 실제 제공되는 복지의 수준이 기대치와 다를 경우 복지 수혜자들로부터도 불만을 사게 되는 것이다.

사회주의자들과 보수주의자들이 복지정책을 입안하거나 집행하는 과정에서 적극적이었다고 한다면, 전통적으로 개인의 자유를 강조하는 자유주의자들의 경우 선택의 결과에 대한 책임을 강조하면서 복지정책에대해 소극적이었던 것이다. 그 이유는 대체로 사회주의자들이나 보수주의자들이 공동선과 같은 공동체적 가치를 중요하게 생각해온 반면, 자유주의자들은 개인이 타인의 도움 없이 자신의 노력을 통해 스스로의 삶을 영위할 수 있다는 가정 아래 선택의 자유와 그 결과에 대한 개인의 책임을 강조하였기 때문이다. 이들은 모두를 위한 기본적인 복지보다는개인의 사유재산권이나 응분의 몫(desert) 혹은 절차상의 공정성을 강조

---

5) Robert O. Paxton, "Vichy Lives!: In a Way," *The New York Review of Books*(April 25, 2013).

6) E. P. Hennock, *The Origin of the Welfare State in England and Germany, 1850-1914: Social Policies Compared*(2007).

하였다.

고전적 자유주의자들은 국가가 직접 나서서 세금과 같은 강제적인 방법을 통해 그 공동체의 장애인이나 빈자 등 사회적 약자들을 위한 구휼 정책을 펴는 것에 대해 무관심하거나 거부하였다. 왜냐하면 고전적 자유주의자들은 대체로 개인주의에 기초하여 국가권력 등 외부로부터 간섭받지 않을 권리처럼 소극적인 권리를 중요한 가치로 간주하고 있었기 때문이다. 현재 누군가가 선천적인 장애나 사고로 인해 매우 어려운 상황에 처해 있다고 해서 내가 그 사람을 도와야 할 의무는 없는 것이다. 따라서 자신이 원하지도 않는 상황에서 다른 사람을 돕는다는 명목으로 국가가 강제로 나에게 세금을 거두고자 한다면 이것은 자유의 침해이자 강요된 노동이 되는 것이다. 물론 자유주의자들은 기부와 같이 개인적 차원에서 자발적 방법을 통해 사회적 약자들을 보호하는 것에 대해서는 반대하는 것이 아니라 오히려 적극 권장하기도 한다.

그러나 자본주의 경제가 진전되면서 격화된 빈부격차로 말미암아 사회적 불안정이 심각한 수준에 이르면서 사회 전체의 복지 문제를 개인의 자선이나 기부에만 맡겨둘 수 없다는 것은 명백하다. 한 사회 내에서 최소한의 기본적인 생활을 영위할 수 있는 수준의 사회적 최소치를 보장하는 것은 자유주의자들에게도 결코 외면할 수 없는 과제가 될 수밖에 없었던 것이다. 특히 유럽의 경우 사회주의의 거대한 격랑을 마주한 이래 오늘날에 이르기까지 자유주의는 홉스와 로크 당시 원자적 개인주의에 기반을 둔 고전적 자유주의와는 매우 다른 모습으로 진화를 거듭하고 있다.

이 글에서는 롤즈의 자유주의를 중심으로 복지에 대한 현대 정치철학의 중요한 입장들을 살펴보고자 한다.

2. 자유주의 정치철학의 네 유형: 정의관을 중심으로

자유주의란 정의상 자유의 가치를 신봉하는 입장이다.[7] 더욱 엄밀히 말하자면 평등이나 복지 혹은 안전과 같은 가치와 자유라는 가치가 서로 갈등하는 상황에서 자유의 가치를 우선시하는 입장이다. 따라서 자유주의는 자유, 특히 정치적 자유를 최상의 가치로 간주한다는 점에서 "원래 그리고 기본적으로 정치적 자유주의이다."[8] 그렇기 때문에 이들은 다음과 같은 로크의 주장에 대하여 대체로 동의한다. 즉 "선천적으로 인간은 … 다른 사람의 의지에 의존하지 않으면서 자신이 적절하다고 생각하는 방식으로 행동할 수 있는 완벽하게 자유로운 상태에 있다."[9] 그래서 J. S. 밀은 자유에 대한 증명의 부담은 자유를 옹호하는 사람들이 아니라 자유를 제한하거나 금지하고자 하는 사람들에게 있다고 주장한다.[10] 이 점에 대해서는 현대 자유주의자들 역시 그 궤를 같이한다. 이 때문에 자유주의 정치이론에서는 언제나 정치적 권위의 정당성이 핵심 문제가 될 수밖에 없었고, 그 결과 홉스, 로크, 루소, 칸트 등과 같은 근대 대표적인 고전적 자유주의자들은 사회계약이라는 발상을 통해 이 문제에 접근하고자 하였다.

이런 맥락에서 볼 때 자유주의적 정의관에서 그 핵심 주제는 당연히 자유 혹은 자유의 가치이다. 따라서 만일 복지가 자유와 독립적으로 이해된다면, 복지는 자유의 하위 문제로 간주될 수밖에 없다. 물론 복지가 자유와 본질적으로 맞물려 있는 것으로 이해된다면, 복지는 자유와 동

---

7) Maurice Cranston, "Liberalism," *The Encyclopedia of Philosophy*, Paul Edwards(ed.)(New York: Macmillan and the Free Press, 1967), p.459.

8) 이근식, 「자유주의와 한국사회」, 이근식, 황경식 편, 『자유주의란 무엇인가?』(삼성경제연구소), p.29.

9) J. Locke, *Two Treatises of Civil Government*.

10) J. S. Mill, *Collected Works of John Stuart Mill*, J. M. Robson(ed.)(Toronto: University of Toronto Press, 1963), vol. 21, p.262.

일한 위상에서 다루어져야 할 것이다. 대체로 고전적 자유주의자들의 경우 정치권력 등 외부로부터 방해받지 않을 소극적 권리를 강조한 나머지 자유주의의 원칙적 차원에서 복지 문제를 다루려는 시도를 거의 하지 않았다. 그러나 오늘날 많은 자유주의자들은 정치적 평등뿐만 아니라 경제적 평등 역시 중요한 가치로 간주하면서 복지 문제를 자유주의의 틀 안에서 설명하고자 한다.

이 글에서는 복지 문제에 대한 다양한 입장들을 크게 다음과 같이 네 가지 유형으로 구분하고자 한다. 첫째 유형은 노직처럼 개인의 자유, 특히 소유권을 절대적으로 존중하고자 하는 자유지상주의(libertarianism)이다. 이들은 타인의 복지 문제에 대해 아예 무관심할 뿐만 아니라 복지 재원을 확보하기 위한 일련의 시도들을 온정적 간섭주의라고 규정하면서 강력하게 거부한다. 두 번째 유형은 롤즈의 입장으로 평등주의적 자유주의(egalitarian liberalism)이다. 현대에 들어와 정의의 문제가 학문적으로 본격 부각된 것은 1971년 롤즈의 『정의론』 덕분이라는 점에서 오늘날 자유주의를 대변한다고 할 수 있는 이 입장에서는 자유의 우선성을 유지하는 가운데 경제적 평등과 복지를 자유주의 틀 안으로 적극 포용하고자 한다.

셋째 유형은 마이클 왈쩌와 같은 공동체주의(communitarianism)이다. 많은 경우 찰스 테일러, 알래스데어 매킨타이어, 마이클 샌델과 같은 학자들은 롤즈의 자유주의와 대비되는 의미에서 공동체주의자로 분류되어왔다. 이들은 원자론적 개인주의에 기초하여 개인의 자유를 공동체의 가치와 대립시켜 파악하고자 하는 고전적 자유주의에 대해서 강력히 반대해온 것이 사실이다. 그러나 이들이 자유의 가치를 훼손하면서 공동체의 가치를 강조하는 것은 아닐 뿐만 아니라 이들 역시 개인의 자유에 대한 강력한 옹호자라는 점에서 근본적으로는 자유주의자일 수밖에 없다. 다만 노직의 자유지상주의나 롤즈의 평등주의적 자유주의와는 달리 공동체와 전통의 가치에 대해 특별히 비중을 부여하고자 한다는 점에서 이들을 공동체주의자로 부르고자 한다.

넷째 유형은 공리주의이다. 복지를 철학적으로 가장 강력하게 옹호한 것은 바로 공리주의의 원조인 벤담의 효용의 원칙(the principle of utility)이라 할 수 있다. 효용의 원칙은 한 행위의 옳고 그름을 그 행위가 쾌락을 증진시키고 고통을 감소시키는 경향에 따라 판단하고자 하는 것이다.[11] 이러한 효용의 원칙은 자유를 최상의 가치로 간주하는 전통적인 자유주의의 입장과 상충할 뿐만 아니라 쾌락이나 고통의 질적인 차이를 무시하는 급진성으로 인해 벤담은 그 당시 심각한 사회적 반론을 마주하였다. 그러나 19세기 영국 자유주의를 대변하는 밀을 통해 벤담의 공리주의가 지닌 급진성이 순화되면서 공리주의 역시 개인의 자유에 대해 결코 무관심하지 않다는 점이 분명해지게 되었다. 사실 오늘날 대부분의 공리주의자들이 개인의 자유에 대한 근본적인 신뢰 위에서 그 학문적 논의를 전개하고 있다. 그러나 역사적으로 많은 공리주의자들은 자유의 가치에 도전하는 것으로 간주되면서 자유주의자들과 경쟁하면서 공리주의와 자유주의 모두 이론적으로나 실천적으로 더욱 진일보하게 되었다.

	대표 학자	주요 이론	핵심 주장
자유지상주의	노직(R. Nozick)	소유권적 정의	자유의 극대화
자유주의	롤즈(J. Rawls)	공정으로서 정의	자유와 평등의 조화
공리주의	벤담(J. Bentham)	효용의 원칙	복지의 극대화
공동체주의	왈쩌(M. Walzer)	다원적 평등	가치의 다양성 존중

---

11) Jeremy Bentham, *Introduction to the Principles of Morals and Legislation*, J. H. Burns and H. L. A. Hart(eds.)(London: Athlone Press, 1970[1823]), ch. 1 참고.

3. 자유지상주의 정치철학

노직으로 대표되는 현대 자유지상주의 정치철학은 개인의 자유를 최대한 존중하고자 하는 입장이다. 이 입장에서는 만일 현재 상황이 개인의 자유로운 선택의 결과라고 한다면, 설령 현재의 상황이 심각하게 불평등할지라도, 그것은 정의롭다고 판단한다. 즉 현재 상황 자체의 모습이 아니라 이에 도달한 역사적 과정을 중시하는 입장이다. 주지하다시피 로크는 이러한 최초의 취득을 "다른 사람들을 위한 양질의 것들이 충분히 남아 있을 때(good and enough for others)"라는 유보조항 하에서 정당화하였다.[12] 일반적으로 대표적인 사회계약론자로 알려져 있지만, 로크는 이러한 최초의 취득의 경우 계약을 전혀 요구하지 않는다. 오히려 그는 만일 이러한 상황에서 다른 사람의 동의를 구하려고 할 경우 자연의 풍부함 속에서도 다른 모든 사람의 합의를 구하느라 인류는 굶어 죽고 말 것이라고 단언한다.

이러한 최초 취득에서 로크의 단서 조건에 대해 맥퍼슨은 충분조건과 노동조건 그리고 손상조건으로 세분하였다. 즉 다른 사람을 위해 충분히 남아 있어야 하며, 한 사람이 점유할 수 있는 것은 자신의 노동의 범위를 벗어날 수는 없다는 것이다. 손상조건은 로크의 정치철학이 전제하고 있는 신학적 특성에서 비롯한다. 즉 자연은 신이 인간에게 유용하게 사용하도록 준 것인데 이를 썩혀버려서는 안 된다는 것이다.[13]

그런데 노직은 로크가 제시한 단서 조항을 "오로지 최초의 취득에서 다른 사람에게 피해를 주지 않는 것"으로 제한적으로 해석한 후, 최초의 취득이나 그 이후 양도 과정에서 자유로운 선택을 하였다면 그 결과를

---

12) John Locke, *Two Treatises of Civil Government*, §28.
13) C. B. MacPherson, *The Political Theory of Possessive Individualism: From Hobbes to Locke*(1962), pp.87-88.

받아들이는 것 역시 당연한 것으로 해석한다. 노직은 이러한 자신의 정의관을 소유권적 정의론(an entitlement theory of justice)이라 규정한 후 그 핵심을 다음과 같은 세 가지 원칙으로 제시한다.

제1원칙 : 정당한 최초 취득 원칙
제2원칙 : 정당한 양도의 원칙
제3원칙 : 시정의 원칙[14]

만일 현재의 소유 상태가 이 세 가지 원칙을 어기지 않았다면 그 소유 상태는 정당하다는 것이다. 각각의 원칙에 대해 부연하면 다음과 같다. 정당한 최초 취득 원칙이란 가령 로크가 묘사한 것처럼, 인류의 역사가 시작할 무렵 모든 것이 무주공산이었던 자연상태에서 공유물 중 일부를 누군가가 사유재산으로 차지할 때 다른 사람들에게 피해를 주지 않았다면 그 소유권은 정당하다는 것이다. 정당한 양도의 원칙이란 교환이나 증여 혹은 상속의 과정에서 속임수나 사기와 같은 비윤리적 상황이 없었다면 그 결과로 도달한 소유 상태 역시 정당하다는 것이다. 그런데 역사의 과정에는, 논리적 추론 과정과는 달리, 의도하였건 의도하지 않았건 부정의가 발생할 수 있으며, 역사적으로 무수한 부정의가 있었다. 따라서 최초의 취득 과정이나 양도의 과정에서 부정의가 발생하였다면 이를 바로잡는 것이 세 번째 시정의 원칙이다. 이러한 세 가지의 원칙을 충족한 결과 나타난 분배 상태는, 설령 일부의 사람이 모든 것을 갖고 나머지는 아무것도 없는 심각하게 불평등한 상황이라 할지라도, 이것은 자유를 행사하여 나타난 정당한 결과이며, 따라서 국가는 합리적인 개인들이 자유를 행사하는 과정 및 그 결과에 개입해서는 안 된다.

---

14) R. Nozick, *Anarchy, State and Utopia*(New York: Basic Books, 1974), pp.148-151.

이러한 자유지상주의는 로크 이래 고전적 자유주의를 계승하면서 일체의 재분배 정책에 대해 강력히 저항한다. 만일 정부가 나서서 가난한 자들을 돕거나 사회적 불평등을 해소할 목적으로 인위적인 재분배를 시도할 경우 그것은 개인의 자유를 유린하는 것일 뿐이라는 것이다. 이들이 말하는 자유란 소극적 자유, 즉 외부의 간섭이 없는 상황을 말한다. 왜냐하면 이들은 사회 내에 존재하는 개인들이 스스로 판단하고 합리적으로 행동할 수 있는 제반 여건을 갖추고 있는 것으로 가정하기 때문이다. 따라서 사회적 약자들을 위한 여하한의 복지제도에 대해 강력히 반대하는 자유지상주의 정치철학은 복지를 권리의 문제가 아니라 개인의 자선의 문제로 이해하게 된다.

4. 평등주의적 자유주의

롤즈로 대변되는 현대 평등주의적 자유주의(egalitarian liberalism) 역시 모든 개인의 자유를 소중히 여기지만, 먼저 자유의 가치를 모든 시민이 평등하게 향유할 수 있도록 사회의 기본 구조가 갖추어야 할 배경적 조건에 주목한다. 이 점에서 '공정으로서 정의'라는 롤즈의 정의관 전체를 아우르는 핵심 발상은 사회를 자유롭고 평등한 시민들 간의 협력의 틀(society as a cooperative venture)로 이해한다는 점이다. 이러한 사회가 운영되기 위해서는 우선 협력의 공정한 조건에 대한 합의가 이루어져야 한다. 따라서 정의의 일차적 주제는 사회의 기본 구조, 즉 사회의 주요 제도가 권리와 의무를 배분하고 사회 협동체로부터 발생하는 이익을 분배하는 방식이 된다.[15]

여기서 사회의 주요 제도란 정치의 기본법이나 기본적인 경제적, 사

---

15) John Rawls, *A Theory of Justice*(Cambridge, Mass.: The Belknap Press of Harvard University Press, 1971), p.40. 이하 TJ로 표시.

회적 체제를 말한다. 구체적으로 말하자면 사상의 자유, 양심의 자유, 경쟁 시장, 생산수단의 사유에 대한 법적 보호와 일부일처제 등이다. 따라서 최초의 합의, 즉 원초적 합의의 대상은 특정 형태의 사회구조나 정부 형태가 아니라 사회의 기본 구조에 대한 정의의 원칙들이다. 따라서 이러한 정의의 원칙에 대한 최초의 계약은 공정한 조건하에서 진행되어야 한다.

롤즈는 최초의 상황 자체를 공정하도록 구현하기 위해 근대 사회계약론에서 흔히 볼 수 있는 '자연상태' 개념을 원용한다. 우리 모두가 최초의 계약 상황에 있다고 상상하면서 롤즈는 '무지의 베일(veil of ignorance)'이라는 일종의 사고 실험을 제안한다. 계약을 할 때 각자가 처한 특수한 사정에 따라 유리할 수도 있고 불리할 수도 있다. 아주 절박한 상황이라면 불리한 조건을 어쩔 수 없이 받아들이게 되고 여유 있는 상황이라면 유리한 조건을 고집하게 될 것이다. 그래서 계약에 영향을 줄 수 있는 특수한 사정을 아예 모른다고 가정하자는 것이다. 이것이 바로 무지의 베일이라는 가정을 도입하는 이유이다. 즉 계약 당사자들에게 일반적인 지식은 허용하지만 그들의 특수한 여건에 대한 정보를 차단하는 제약 조건을 둠으로써 그들이 처음부터 개별적인 특수한 이익을 증진할 수 없는 공정한 상황에서 정의의 원칙들에 합의하도록 유도하는 것이다.[16)

이렇게 볼 때 홉스처럼 최초의 계약 상황에서 모든 사람이 사소한 차이는 있지만 근본적으로는 평등하다고 가정하고 출발하는 것이 아니다. 롤즈는 자신이 근대 계약론을 원용한다고 할 때 로크, 루소, 칸트를 언급하지만 홉스에 대해서는 일체 언급하지 않다. 홉스와는 달리 롤즈는 최초의 계약 상황에서 계약 당사자들이 가능한 한 평등한 입장에 서 있을 수 있도록 배경적 상황을 조정하고자 한다는 점에서 칸트주의적 계약론

---

16) TJ, pp.12, 19, 136-142.

전통에 충실하다고 할 수 있다.[17]

이러한 가설적 상황인 원초적 입장(original position)에서 당사자들은 차등의 원칙이나 평균 공리의 원칙 등 다양한 여러 대안적 정의관에 대한 비교 및 심의 과정을 거쳐 다음과 같은 정의의 두 원칙에 합의하게 된다.

제1원칙 평등한 자유의 원칙

각자는 평등한 기본권과 자유의 충분히 적절한 체계에 대해 동등한 권리 주장을 갖는바, 이 체계는 모두를 위한 동일한 체계와 양립 가능하며, 또한 이 체계에서는 평등한 정치적 자유들, 그리고 오로지 바로 그 자유들만이 그 가치를 보장받는다.

제2원칙 차등의 원칙

사회경제적 불평등들은 다음 두 가지 조건을 만족시켜야 한다.

첫째 기회 균등의 원칙. 이러한 제반 불평등은 기회의 공정한 평등의 조건하에서 모두에게 개방되어 있는 직위와 직책에 결부되어 있어야 한다.

둘째 최소 수혜자 우선성의 원칙. 이러한 불평등들은 사회의 최소 수혜 성원들의 최대 이익이 되어야만 한다.[18]

당연히 제1원칙이 제2원칙에 우선한다. 즉 평등한 자유의 원칙이 차등의 원칙에 우선한다. 이를 두고 자유 우선성의 원칙이라고 한다. 제2원칙 내부에서도 첫 번째 기회 균등의 원칙이 두 번째 최소 수혜자 우선

---

17) W. Kymlicka, "Social Contract," *Companion to Ethics*, p.192.

18) John Rawls, *Political Liberalism*(New York: Columbia University Press, 1993), pp.5-6. 이하 PL로 표시.

성 원칙에 우선한다.

롤즈가 제시하고 있는 정의의 두 원칙은 어떤 경제체제와 잘 부합할 수 있을까? 이 문제는 철학자들뿐만 아니라 정치학자들, 사회학자들, 나아가 경제학자들까지 이 논쟁에 가세하면서 현재까지도 격렬한 논쟁의 대상이 되고 있다. 많은 학자들은 롤즈의 정의론을 "평등주의라는 상표를 단 복지국가 자본주의에 대한 철학적 옹호론(a philosophical apologia for an egalitarian brand of welfare state capitalism)"으로 이해했다. 그러나 다른 일군의 학자들은 롤즈의 정의론과 부합할 수 있는 정치경제체제는 고전적인 마르크스주의에서 말하는 자본주의와는 전혀 다른 체제라는 주장을 펴고 있다. 그러나 롤즈는 자신의 정의론과 부합할 수 있는 체제들의 목록에서 복지국가 자본주의를 분명히 배척한 후, 양립 가능한 체제로 재산소유 민주주의와 자유주의적 (민주주의적) 사회주의를 제시하고, 전자를 구체적으로 예시하였다.[19]

그렇다면 롤즈가 자본주의에 대한 대안으로 제시하고 있는 재산소유 민주주의는 어떤 체제일까? 이 문제를 다루면서 왜 복지국가 자본주의가 롤즈의 정의론과 양립할 수 없는지에 대하여서도 자연스럽게 논의하게 될 것이다.

1) 재산소유 민주주의

재산소유 민주주의라는 개념은 원래 경제학자 미드(J. E. Meade)로부터 롤즈가 빌려온 개념이다. 미드는 자본주의에 대한 대안이 될 수 있는 체제를 다음 네 가지로 제시한다.[20]

---

19) John Rawls, *Justice as Fairness Restatement*, ed. by Erin Kelly(The Belknap Press of Harvard University Press, 2001), pp.135-178. 이하 JFR로 표시.

20) J. E. Meade, "Efficiency, Equality and the Ownership of Property," *Liberty, Equality and Efficiency*(The Macmillan Press Ltd., 1993), pp.21-81.

i) 노동조합 국가(A Trade Union State)

ii) 복지국가(A Welfare State)

iii) 재산소유 국가(A Property-Owning Democracy)

iv) 사회주의 국가(A Socialist State)

그런데 미드는 iii)과 iv)만이 자본주의에 대한 대안이 될 수 있다고 주장하였다. 롤즈의 '재산소유 민주주의'는 미드의 것과 대동소이하다. 다만 한 가지 주목할 만한 차이점이라면, 미드가 사회적 평등을 이루기 위해 유전공학적인 사회정책까지 옹호하는 데 비하여 롤즈는 이런 정책에 대해 개인의 기본적 자유를 침해할 수 있다는 점을 들어 명백히 거부한다는 점이다.

롤즈는 자본주의의 대안으로 재산소유 민주주의를 제시하면서 그 기본적인 사회적 제도들에 대해 다음과 같이 윤곽을 제시한다.

i) 정치적 자유들의 공정한 가치를 보장하는 장치들

ii) 교육 및 훈련에서 기회의 공정한 평등을 실현하기 위한 장치들

iii) 모든 이들을 위한 기본적 수준의 보건의료[21]

나아가 롤즈는 다음 두 가지 조건을 더 추가한다. 즉 (1) 경쟁적 시장체제, (2) 시장의 불완전성을 시정하고 나아가 분배적 정의의 관건이 되는 배경적 제도들을 보존하기 위한 적정 수준의 국가 개입.[22] 요컨대 재산소유 민주주의의 기본적 제도들은 위에서 지적한 i), ii), iii), 그리고 경쟁적인 시장체제 및 적정 수준의 국가 개입으로 이루어져 있다고 할 수 있을 것이다.

---

21) JFR, pp.135-138.

22) TJ, pp.270-274.

롤즈는 재산소유를 평등하게 하는 핵심적인 제도적인 방안으로 (1) 증여 및 상속에 대한 누진과세, (2) 다양한 종류의 교육 및 훈련 기회의 평등을 진작시키는 공공정책을 제시한다.[23] 일반적으로 교육기회의 평등을 실현하고자 하는 공공정책은 시민들이 소득 획득 능력을 갖추도록 하는 적극적인 정책이라 할 수 있다. 그러나 가정의 자율성이 존중되는 한, 그리고 개인의 소득 획득 능력에 결정적인 영향을 미치는 고등교육의 경우 그 비용이 엄청나다는 점을 고려한다면, 교육기회의 실질적 평등을 실현하는 것은 항상 불완전할 수밖에 없다. 이에 비해 증여 및 상속의 경우, 누가 어느 정도를 받게 되는가는 대부분 우연에 의해 결정되며 도덕적 관점에서 볼 때 임의적이다(arbitrary). 그렇기 때문에 배경적 정의를 훼손할 정도의 불평등을 야기할 수 있는 증여 및 상속에 대해서는 누진과세를 할 필요가 있다. 바로 이 누진과세와 관련하여 롤즈의 정의론은 복지국가 자본주의와 완전히 결별한다.

2) 복지국가 자본주의

사실 현대의 어떤 산업국가도 자연적 우연들이나 사회적 우연들이 그 사회 성원들의 인생 전망들을 전적으로 결정하도록 허용하지는 않는다는 점에서 모두 복지국가라고 할 수 있다. 복지국가를 이처럼 넓게 해석한다면, 롤즈의 재산소유 민주주의 역시 복지국가라고 할 수 있을 것이다. 그러나 복지국가는 복지국가 자본주의와는 매우 다르다. 복지국가 자본주의는 공리주의를 근거로 한 경제체제를 말한다. 물론 롤즈의 재산소유 민주주의 체제 역시 복지국가 자본주의와 마찬가지로 생산수단에 대한 사적인 소유를 허용하고 있다는 점에서 상당히 비슷한 점도 있다.

---

23) JFR, p.132.

그러나 복지국가 자본주의는 소수가 생산수단을 거의 독점하는 것을 처음부터 배제하지 않는다. 복지국가 자본주의는 최종 상태에 이르러 각자의 총 소득(불로소득과 근로소득 모두)을 산정하고, 이 소득에 대한 누진과세를 통해 빈자들을 지원하는 복지기금을 마련하고자 하는 재분배 정책을 사후에(ex post) 선택한다. 그러나 재산소유 민주주의에서 취하는 누진세제는 빈자들을 위한 보조금을 마련하기 위한 것이 아니다. 이것은 제반 정치적 자유의 공정한 가치와 기회의 공정한 평등에 역행할 수도 있는 부의 과도한 축적을 막고자 하는 것이다. 따라서 재산소유 민주주의 국가에서 누진세는, 그 성원들 간의 협동의 초기 조건을 공정하도록 하고자 하는 것이기 때문에, 증여 및 상속 등 협동의 공정한 조건을 위협할 수 있는 불로소득으로 엄격히 한정된다.

결국 재산소유 민주주의에서는 협동의 최초의 상황을 공정히 하고자 상속, 증여 등의 불로소득에 대한 사전(ex ante) 누진과세가 있을 뿐, 근로소득에 대해 사후에(ex post) 과세를 하는 것은 전혀 없다. 즉 재산소유 민주주의는 그 배경적 제도들을 통해 처음부터 재산과 자본의 소유를 분산시키는 방향으로, 다시 말해 사회의 소수 집단이 경제 및 정치를 장악하는 것을 처음부터 막는 방식으로 작동하는 것이다. 나아가 이렇게 함으로써 재산소유 민주주의 체제에서는 복지국가 자본주의에서와는 달리 누진세제가 노동유인(incentive)에 미치는 부정적 영향을 최소화하고자 한다. 그 결과 롤즈가 생각하고 있는 재산소유 민주주의 사회에서 최소 수혜자들은 복지국가 자본주의에서처럼 시혜나 연민의 대상이 아니라, 호혜성(reciprocity)의 원칙에 따라 다른 시민들과 상호 이익을 공유하는 자유롭고 평등한 시민으로 간주되면서 사회적 자존을 훼손당하지 않을 수 있게 되는 것이다.

3) 민주적 사회주의

　롤즈의 재산소유 민주주의와 민주적 사회주의 간의 가장 큰 공통점은 양자 모두 경쟁 시장체제를 수용한다는 점이다. 즉 두 체제에서 기업들은 시장 가격을 두고 서로 경쟁한다. 그러나 민주적 사회주의에서는 자본주의적 기업이 금지되며, 오직 노동자가 통제하는 '협동조합들(cooperatives)'만이 서로 경쟁하게 된다. 이러한 협동조합들에 속해 있는 노동자들은 생산수단과 관련해, 이용권과 수익권을 갖지만, 생산수단에 대한 완전한 소유권(full ownership)을 갖지는 못한다. 즉 노동자들은 생산수단에 대해 이용권이나 수익권을 가질 수는 있지만 이러한 권리들을 외부인들에게 팔 수는 없다. 만일 노동자들이 이러한 권리들을 외부인들에게 팔 수 있게 된다면, 자본주의적 기업들이 출현할 것이며, 이러한 기업들이 출현할 경우, 정치적 자유들의 공정한 가치를 보장하기 위해 그 배경적 제도들에서 불평등을 제거하고자 한 사회주의적 노력들이 수포로 돌아갈 수밖에 없기 때문이다.

　롤즈의 정의론이 재산소유 민주주의보다 오히려 민주적 사회주의를 더욱 지지한다는 논변 역시 적지 않았다. 이러한 주장들은 주로 다음과 같은 두 가지 사실에 근거하고 있다. 첫째, 롤즈가 기회 있을 때마다 '자존(self-respect)'이라는 가치를 매우 강조하였다는 점이다.[24] 둘째, 롤즈가 강조하는 자존이라는 가치는 자본주의 사회에서 제대로 실현되기 어렵다는 점이다. 왜냐하면 대부분의 자본주의 체제에서 허용되고 있는 심각한 수준의 경제적 불평등은 자존의 사회적 기초를 훼손할 수밖에 없을 것이라는 점이다.

　그렇다. 롤즈는 자유롭고 평등한 인격으로서 시민들이 그들의 도덕적 능력들을 계발하고 발휘하는 데 있어서 자존이 무엇보다도 가장 중요한

---

24) PL, pp.82, 106, 108, 318, TJ, pp.178-183, 543-546.

사회적 기본가치라는 점을 기회 있을 때마다 강조하였다. 롤즈가 중요하게 생각한 사회적 기본가치들은, 자유롭고 평등한 시민들이 도덕적 능력들을 계발하고 발휘하기 위해 필요한 제도적 조건들로서 다음과 같은 다섯 가지이다. (a) 기본권, (b) 거주 이전의 자유와 직업 선택의 자유, (c) 공직 선출권 및 피선거권, (d) 소득과 부, (e) 자존의 사회적 기초.

누구나 목격하고 있듯이 자본주의적 경제체제에서 노동자와 자본가 간의 현저한 불평등은 결국 자존의 사회적 기초를 붕괴시키는 결과를 초래할 수밖에 없다는 것이다. 따라서 자존의 사회적 기초들을 평등하도록 하는 해결책은, 자본가와 노동자 간의 본질적인 불평등을 없애는 것, 즉 생산수단에 대한 사유재산권을 권리의 목록에서 배제하는 민주적 사회주의를 지지할 수밖에 없다는 것이다.

그러나 롤즈의 정의론이 생산수단에 대한 사적인 소유권을 부정할 수밖에 없다는 주장은 무엇보다도 롤즈 자신의 입장을 과도하게 해석한 것이라 할 수 있다. 롤즈는 다음과 같이 조심스럽게 말한다.

"(재산권에 대해) 더 이상으로 진전된 어떤 입장도 두 가지 도덕적 능력들의 계발과 실현에 필요한 기본적 가치로 간주될 수 없다."[25]

이 점은 마르크스주의적 정의론과 비교해 롤즈 정의론이 갖는 한 가지 주요한 특징이다. 롤즈는 개인적 재산에 대한 권리(the right to personal property)와 생산수단에 대한 사유재산권(private ownership over means of production)을 구분한 후, 전자를 인격의 자유와 통합성(integrity)에 속하는 기본권으로 상정하지만 후자의 권리를 정의의 원칙에 의해 요구되는 기본권으로 간주하지는 않는다.

롤즈는 정의의 두 원칙들의 내용을 예시하기 위해, 재산소유 민주주의와 민주적 사회주의 사이에서 결정을 해야 할 필요는 없다. 어느 체제에서건 정의의 두 원칙들이 실현될 수 있다고 주장하고 있는 것이다. 즉

---

25) PL, p.298.

롤즈는 두 체제 간의 선택의 문제를 정의론 자체의 귀결에 의해서가 아니라 해당 사회의 역사적, 정치적 전통, 곧 정치사회학에 의해서 결정될 문제로 간주한다. 이 점은 경제체제의 선택 문제가 기본권들에 의해 결정되지 않는다는 주장으로, 체제 중립성을 표방하는 현대 철학적 자유주의의 핵심적인 주장이라고 할 수 있다.

둘째, 자존의 사회적 기초를 평등하게 하는 일과 생산수단에 대한 사적인 소유를 금지하는 것은 상호 필요조건도 충분조건도 아니라는 점이다. 물론 생산수단에 대한 사유재산권은 이를 소유하지 못한 자들을 생산수단으로부터 배제하며 따라서 경제적인 불평등으로 나타난다. 그러나 생산수단에 대한 사유재산권을 부정한다고 해서 곧장 자존의 사회적 기초들에서 평등이 보장되는 것은 아니다. 또한 어떤 형태의 재산이건 그것이 생산수단이건 아니건 과도한 재산의 집중은 자존의 사회적 평등을 훼손하고 말 것이다. 따라서 롤즈의 정의론이 재산소유 민주주의보다 민주적 사회주의를 더욱 지지해야만 한다는 논변은 생산수단에 대한 모든 시민들의 평등한 접근권(access rights)이 자존의 사회적 기초를 실질적으로 평등하게 하는 결과를 낳을 수 있다는 점을 보여주어야만 하는 입증의 부담을 안고 있다. 이것은 체제를 선택하는 과정은 정치철학적인 논의뿐만 아니라 해당 사회의 역사적 전통이나 경험과학적 자료들에도 상당한 정도로 의존할 수밖에 없다는 점을 보여주는 것이라 할 수 있다.

5. 공동체주의

지금까지 논의한 자유지상주의, 자유주의, 복지주의에서는 대체로 사회 전반에 통용될 수 있는 정의에 대한 단일한 기준을 제시하고자 한다. 자유지상주의자들의 경우는 자유를, 자유주의자들의 경우는 자유의 평등한 가치를 보장하기 위한 제반 사회적 기본가치들을, 복지주의자들의 경우는 최소한의 인간다운 삶을 제공하는 것을 통해 사회적 정의와 공정성의 배경적 조건을 구축하고자 한다. 이에 비해 공동체주의자들은 해당 공동체마다 그 공동체가 소중한 것으로 간주하는 여러 가치들이 존재하며 또한 그 상이한 가치들에 대한 이해 방식 역시 서로 다를 수 있다는 점에서 출발한다.

가령 공동체주의 정의관을 가장 설득력 있게 대변하고 있는 왈쩌의 경우 분배적 정의에 대한 논의의 출발점을 "무엇을 분배할 것인가"가 아니라 "누구와 더불어 분배하고자 하는가", 즉 분배의 대상이 아니라 분배의 주체에 관한 문제가 선행되어야 한다고 주장한다. 즉 분배원칙에 대한 합의에 선행하여 누구와 함께 분배할 것인가의 문제, 즉 성원권(membership)에 대한 논의가 선행되어야 한다고 주장한다.26) 이런 시각에서 한국 사회에서 분배적 정의를 논의하고자 한다면 일차적 과제는 "무엇이 정의인가"에 대한 답이 될 수 있는 정의의 원칙을 찾는 것이 아니라 "누가 한국 사람인가"에 대해 먼저 다루어야 한다. 이 점은 과거와는 비교할 수 없을 정도로 증대하고 있는 이민과 귀화, 다문화 가정, 외국인 노동자, 새터민, 그리고 세계 도처에 흩어져 있는 해외 교포와 코리안 디아스포라들을 생각해볼 때, 우리 사회의 건강한 사회적 통합을 위해서라도 깊이 생각해볼 문제가 아닐 수 없다.

뿐만 아니라 왈쩌는 각 사회마다 추구하고자 하는 사회적 가치들이 다양하며 그 사회적 가치들에 대한 분배의 기준 역시 다양할 수 있다고 주장한다. 가령 정치적 의사 결정 과정에서는 평등한 참여를 보장해야 하며, 의료나 교육의 경우 수요자의 경제적 능력이 아니라 필요에 따라 이를 제공해야 하며, 학문이나 예술 분야의 경우 전문가의 권위가 존중

---

26) M. Walzer, *Spheres of Justice: A Defense of Pluralism and Equality*(Basic Books, Inc., 1983), 정원섭 외 옮김, 『정의와 다원적 평등』(철학과현실사, 1999), 1장 참고.

되어야 한다는 것이다. 나아가 각 영역마다 서로 다른 분배의 원칙이 존재할 수 있으며, 각각의 영역마다 그 고유한 자율성이 존중되어야 한다. 따라서 경제 활동에서 성공한 사람이 이를 바탕으로 정치적 권력까지 장악하고자 해서는 안 된다는 것이다. 이렇게 하는 것은, 임금이라고 해서 그 나라 백성의 가정을 함부로 침범할 경우 전제 폭군이 되듯이, 전제가 되고 마는 것이다.

특히 왈쩌는 롤즈처럼 하나의 기준에 따라 그 기준을 정하고자 하는 평등을 '단순 평등(simple equality)'으로 규정한 후 이러한 평등은 달성되는 순간 바로 무너질 수밖에 없다는 점에서 "배반을 위해 숙성된 이념"으로 규정한다. 그는 "평등은 그 근원적 의미에서 소극적"이라고 규정하면서 이런 의미에서 '다원적 평등(complex equality)' 개념을 제시한다. "사회마다 서로 다른 다양한 사회적 가치들이 존재하며 그 가치들마다 분배 방식 역시 사람들이 그 가치들에 대해 어떻게 이해하느냐에 따라 다르다"는 것이 왈쩌의 주장의 핵심이다. 그러나 왈쩌는 가치의 다원성은 강조하였지만 그것이 왜 평등으로 이어지는가에 대해서는 구체적인 설명을 하지 않는다. 이것은 왈쩌가 롤즈나 공리주의자들처럼 모든 인간에게 어떤 최소치를 보장하는 것에 일차적 주안점을 두지 않았기 때문이다.

왈쩌에 있어서 "정치적 평등주의란 지배가 없는 사회, 굽실거릴 필요도, 아첨할 필요도 이제 더 이상 없는 사회, 무시무시한 공포도 이제는 더 이상 없는 사회, 지고한 강자도 이제는 더 이상 없는 사회 그리고 주인도 노예도 더 이상 존재하지 않는 사회", 즉 비지배로서의 자유를 추구하는 공화주의적 발상에 바탕을 두고 있다고 할 것이다.[27]

그러나 왈쩌가 강조하고자 한 것은 사회적 가치들의 영역들이 자율성을 갖도록 해야 한다는 점이다. 왈쩌는 복지, 의료, 공직 등 다양한 사회

---

27) 같은 책, 서문, pp.17-19.

적 가치들은 이에 대한 사회적 이해 방식에 따라 각각의 고유한 영역들 (spheres)을 형성하고 있는데, 문제는 하나의 사회적 가치가 그 고유한 영역을 넘어서 다른 사회적 가치의 영역을 잠식하면서 다른 사회적 가치들의 자율성을 훼손하는 것을 격렬히 비판한다. 예를 들면 자본주의 사회의 경우, 사업을 통해 돈을 많이 번 사람이 이를 바탕으로 정치권력까지 차지하려고 할 수도 있다. 물론 이와 반대도 가능하다. 즉 정치권력을 가진 자가 그 권력을 이용하여 재산을 늘리려고 할 경우 이것은 하나의 가치가 그 고유한 영역을 넘어 다른 영역에 침투하는 것이며 이를 왈쩌는 전제(tyranny)라고 규정한다.

그래서 왈쩌가 생각할 때 건강한 다원주의, 즉 다원적 평등이 잘 이루어지는 사회는 각각의 영역의 가치들이 존중되는 사회인 것이다. 각 영역 안에서는 그 가치의 특성에 따라서 평등이 아니라 독점이 바람직할 수 있다고 주장한다. 가령 예술의 영역에서는 예술 작품에 대한 평가를 하면서 모든 시민이 동등하게 참여하는 다수결로 평가하는 것이 아니라 해당 분야에서 공인받은 전문가의 독점적인 권위가 존중되어야 한다는 것이다. 예술 영역의 진정한 자율성을 위해서라면 예술 작품 평가 과정에서 정치권력이나 경제력을 가진 사람들의 영향을 차단하는 것이 시급할 것이다. 바로 이를 위해서 왈쩌는 상이한 가치들의 각기 고유한 영역을 넘어서 교환이 이루어지는 것을 막는 영역 간 가치 교환의 봉쇄라고 한다.

6. 공정성의 구성 요소와 실천 전략

지금까지 네 가지 유형의 자유주의 정치철학을 중심으로 복지에 대한 이해 방식을 살펴보았다. 자유지상주의자들은 국가에서 누진세제 등을 통해 구조적인 방식으로 복지를 제공하는 것에 대해 개인의 자유를 침해할 수 있다는 이유에서 적극적으로 반대한다. 반면 공리주의자들은 효용의 원칙으로 일컬어지는 복지주의에 기초하여 적극적인 복지를 옹호하지만 개인의 자유가 침해될 소지를 안고 있다. 이에 비해 왈쩌와 같은 공동체주의자는 사회적 가치의 다원성을 강조하면서 획일적인 분배원칙이 아니라 그 사회에서 어떤 가치들을 어떻게 이해하고 있는지, 즉 다양한 사회적 가치들에 대한 사회적 이해 방식들을 존중할 것을 요구한다.

그러나 현재까지 논의가 허구적이거나 비현실적인 이상론으로 전락하지 않기 위해서는 먼저 주목할 바가 있다. 그것은 바로 현재 우리 사회에 부정의가 존재한다면, 즉 불공정한 관행이 존재한다면 그것을 먼저 바로잡는 것이 일차적이라는 점이다. 어떤 정의관이건 현 상황에 문제가 있다면 그 문제를 바로잡아야 한다는 점에 대해서는 이론의 여지가 없다는 것이다. 이것은 정의에 대한 논의의 출발점이 부정의한 현실에 대한 억울함을 토로하는 것이라는 점을 다시 한 번 잘 보여준다.

또한 우리 사회에서 복지에 대한 담론을 전개할 때 그 진정성을 의심받지 않기 위해서는 먼저 누구나 공감하는 부정의를 적극 시정하고자 하는 노력이 선행되어야 한다는 것을 여실히 보여준다. 지금까지 존재하였던 부정의에 대하여서는 침묵한 채, 언제가 될지도 모르는 미래의 복지를 약속하는 것은 그 약속에 대한 근본적인 신뢰를 얻을 수 없기 때문이다. 어떤 정의관이건 그 정의관이 실천되었을 때 등장하는 결과를 수용하지 않는 경우는 없다. 이를 바꾸어 말하면, 어떤 결과가 수용되기 위해서는 그 결과에 도달하는 과정이 일관성을 결여해서는 안 된다는 것을 뜻한다.

그러나 '공정한 출발', '기회의 평등', 그리고 '선택의 자유'와 관련해 각각의 정의관은 서로 다른 입장을 취한다. 자유지상주의를 선호하는 사람들은 현 상황에서 나타나고 있는 선천적인 능력의 차이는 말할 것도 없거니와 사회적 빈부 격차마저 있는 그대로 인정하고 시작하자고 주장한다. 그러나 평등주의적 자유주의자들이 볼 때 선천적 능력이나 부모의 재력은 우연일 뿐이다. 그 때문에 그 사람의 장래가 좌지우지된다면 어떤 사람은 과분한 행운을 누리게 되고 어떤 사람은 억울하게 되는 참으로 불공정한 상황이다. 그러니 최초의 출발점은 그 자체로 존중되는 것이 아니라 그 차이를 완화할 수 있도록 조정되어야 한다. 현재 우리 사회에서 진행되고 있는 상속이나 증여 등의 불로소득에 대한 누진세는 최초의 출발점에서 불평등이 악화되는 것을 막는 기능을 하고 있는 것이 분명하다. 뿐만 아니라 우리 사회의 공정성을 강화하기 위해서는 출발선상의 평등을 더욱 내실화할 수 있는 교육 등 다양한 분야에서 더욱 적극적인 노력이 경주되어야 할 것이다.

결국 정의에 대한 담론들은 정의를 집행할 주체인 정부의 기능에 주목하지 않을 수 없다. 근대 이후 대부분의 정치사상은 민족국가를 그 출발점으로 삼았다. 이때 한 국가의 국민들은 태어나서 죽을 때까지 그 국가의 구성원으로 살 것이라는 점을 전제하였다. 이러한 전제는 여전히 유효한 측면이 없지 않다. 그러나 제2차 세계대전 이후 국제질서에서 나타나고 있는 가장 큰 특징 중 하나는 근대 이후 민족국가 이론에서 전제하던 '주권' 개념이 여러 모로 도전받고 있다는 점이다. 이것은 국경을 초월한 자본주의적 경제 활동의 팽창과 인권과 같은 보편적인 규범의 확산이 맞물리면서 나타나는 불가피한 결과이다.

그러나 시장경제의 자율성이 증진되면서 정부의 기능은 상대적으로 약화된다. 특히 자본주의가 고도화될수록 국제화된 시장은 단위 국가의 통제력을 약화시킨다. 특히 신중세적 질서라고 일컬어질 만큼 세계가 하나의 지구촌으로 유기적으로 결합되면서 단위 정부의 역할은 과거와 비교해 더욱 약화된다. 수많은 사람들이 신자유주의를 비난하지만 신자유주의의 기세가 결코 약화되지 않는 것은 국제경제질서 속에서 시장의 기능이 날로 강화되고 있는 현실과 분리시켜 생각할 수 없기 때문이다. 물론 세계 그 어느 곳에도 완전경쟁 시장은 존재하지 않으며 따라서 정부는 시장의 실패에 적극 대처할 필요가 있다. 그리고 시장의 실패에 효과적으로 대처하기 위해서는 국제화된 시장경제체제 속에서 정부 스스로 할 수 있는 일이 무엇인지를 명료하게 하는 작업을 할 필요가 있다.

참고문헌

이근식, 「자유주의와 한국사회」, 이근식, 황경식 편, 『자유주의란 무엇인가?』(삼성경제연구소)

Michael Alexander, *Medievalism: The Middle Ages in Modern England*(New Haven: Yale University Press).

Jeremy Bentham, *Introduction to the Principles of Morals and Legislation*, J. H. Burns and H. L. A. Hart(eds.)(London: Athlone Press, 1970[1823]).

Maurice Cranston, "Liberalism," *The Encyclopedia of Philosophy*, Paul Edwards(ed.)(New York: Macmillan and the Free Press, 1967).

S. B. Fay, "Bismarck's Welfare State," *Current History*, Vol. XVIII(January 1950).

Amy Gutmann(ed.), *Democracy and the Welfare State*(Princeton University Press, 1988).

E. P. Hennock, *The Origin of the Welfare State in England and Germany, 1850-1914: Social Policies Compared*(2007).

W. Kymlicka, "Social Contract," *Companion to Ethics*.

C. B. MacPherson, *The Political Theory of Possessive Individualism: From Hobbes to Locke*(1962).

J. E. Meade, "Efficiency, Equality and the Ownership of Property," *Liberty, Equality and Efficiency*(The Macmillan

Press Ltd., 1993).

William L. Megginson, Jeffry M. Netter, "From State to Market: A Survey of Empirical Studies on Privatization," *Journal of Economic Literature* 39 (2)(June 2001).

J. S. Mill, *Collected Works of John Stuart Mill*, J. M. Robson (ed.)(Toronto: University of Toronto Press, 1963).

R. Nozick, *Anarchy, State and Utopia*(New York: Basic Books, 1974).

John Locke, *Two Treatises of Civil Government*.

John Rawls, *A Theory of Justice*(Cambridge, Mass.: The Belknap Press of Harvard University Press, 1971).

_____, *Political Liberalism*(New York: Columbia University Press, 1993).

_____, *The Law of Peoples*(Cambridge, Mass.: Harvard University Press, 1999).

_____, *Justice as Fairness Restatement*, ed. by Erin Kelly (Cambridge, Mass.: The Belknap Press of Harvard University Press, 2001).

Robert O. Paxton, "Vichy Lives!: In a Way," *The New York Review of Books*.

M. Walzer, *Spheres of Justice: A Defense of Pluralism and Equality*(Basic Books, Inc., 1983), 정원섭 외 옮김, 『정의와 다원적 평등』(철학과현실사, 1999).

자존감의 사회적 토대에 대한 비판적 고찰: 롤즈『정의론』의 분배 대상과 원칙 논의를 중심으로

목 광 수

1. 들어가는 글

앤더슨(Elizabeth Anderson)이 적절하게 지적하고 있는 것처럼, 분배 정의론은 분배 대상(metric)과 분배원칙 또는 규칙을 명시해야 한다.[1] 이런 관점에서 볼 때, 롤즈(John Rawls) 정의론에서의 분배 대상은 사회적 기본 재화(social primary goods)인 근본적인 권리와 자유, 기회, 권력과 특권, 소득과 부, 자존감의 사회적 토대(social bases of self-respect)이며, 정의론의 분배원칙은 제1원칙인 평등한 자유의 원칙과 제2원칙인 차등원칙(difference principle)과 공정한 기회 균등의

---

* 이 논문은 한국철학회 편,『철학』제130집(2017)에 실린 글이다.

[1] Anderson(2010), p.81. 이러한 앤더슨의 논의는 할당적 정의(allocative justice)뿐만 아니라, 롤즈가 선호하는 순수 절차적 배경적 정의(pure background procedural justice)에도 적용된다. 왜냐하면 순수 절차적 배경적 정의 또한 분배원칙과 관련되기 때문이다 (Rawls(2001), p.50. (번역본 pp.100-101)).

원칙이다.[2] 롤즈는 자신의 저서인 『정의론(*A Theory of Justice*)』 (1971; 1999a)의 1부에서 이러한 분배 대상과 원칙들이 어떻게 관계 맺는지를 설명하지만, 자존감의 사회적 토대에 대해서는 매우 중요한 기본 재화라고 강조하면서도 설명의 단순함을 위해 1부에서는 다루지 않고 3부에서 검토하겠다고 미룬다.[3] 그런데 3부에서의 자존감 논의는 사회적 기본 재화로서의 자존감의 사회적 토대보다는 태도로서의 자존감이라는 가치 논의에 집중하고 있어서, 3부에서도 기본 재화인 자존감의 사회적 토대의 내용과 분배원칙이 무엇인지에 대해 설명되고 있지 않다.[4]

『정의론』에 자존감의 사회적 토대에 대한 체계적 설명이 없으므로, 그동안 자존감의 사회적 토대의 내용이 무엇인지, 특히 소득과 부와 같은 물질적 재화가 포함되는지 등의 논쟁이 야기되었다. 그리고 자존감의 사회적 토대를 어떻게 분배해야 하는지, 특히 롤즈의 두 원칙만으로 자존감의 사회적 토대 분배를 설명할 수 있는지 등의 논쟁이 전개되었다. 이러한 논란은 롤즈 스스로도 추후 인정한 것처럼 『정의론』이 태도로서의 자존감 자체와 자존감의 사회적 토대를 구분하지 못하고 기술되었다는 점도 관계될 것이다.[5] 따라서 본 논문은 롤즈 정의론에서 사회적 기본 재화인 자존감의 사회적 토대의 내용이 무엇인지, 그리고 이러한 기본 재화들을 어떻게 분배해야 하는지를 체계적으로 규명하고자 한다.

---

2) 본 논의를 종합적으로 다루기 위해서는 롤즈의 자존감에 대한 논의 또한 중요하겠지만, 지면상 자존감 자체에 대한 논의가 아닌 사회적 기본 재화인 '자존감의 사회적 토대'에만 논의를 집중하고자 한다. 롤즈 논의에서 자존감의 심리학적 의미에 대한 국내 논의는 홍성우 (2011)를 참조하기 바라며, 자존감과 결사체 민주주의의 관계에 대한 국내 논의는 박상혁 (2012)을 참조하기 바란다. 롤즈의 자존감과 자존감의 사회적 토대의 역할과 의미에 대해서는 목광수(2017)를 참조하기 바란다.

3) Rawls(1999a), p.79. (번역본 p.142), p.54. (번역본 p.108)

4) Eyal(2005), p.195.

5) Rawls(2001), p.60, n.27. (번역본 p.115). 본 논문은 태도로서의 자존감이 아닌, 자존감의 사회적 토대만이 사회적 기본 재화라는 롤즈의 주장을 토대로 논의를 전개한다.

이러한 규명을 통해, 본 논문은 자존감의 사회적 토대와 관련해 롤즈에게 제기된 비판들에 대응하고자 하며, 롤즈 『정의론』을 정합적이고 체계적으로 이해할 수 있게 돕고자 한다. 또한, 자존감의 사회적 토대로 인해 롤즈 정의론이 가졌던 명료함과 단순함의 미덕이 훼손된다는 문제점과 한계도 지적하고자 한다.

2. 분배 대상으로서의 자존감의 사회적 토대

1) 사회적 기본 재화로서의 자존감의 사회적 토대

롤즈 논의에서 사회적 기본 재화는 '좋음'에 대한 이론 가운데 기초 이론(thin theory of the good)과 관련된다.[6] 좋음에 대한 기초 이론은 정의의 원칙을 도출하기 위해 요구되는 전제들의 근거를 제시하는 데 필요한 논의로, 원초적 입장의 당사자들이 갖는 동기와 관련해 사회적 기본 재화를 설명하는 이론이다. 롤즈는 사회적 기본 재화를 다음과 같이 다섯 가지로 분류한다. (1) 근본적인 권리와 자유: 사상의 자유와 양심의 자유 등, (2) 이동의 자유와 다양한 기회의 배경 아래 갖는 직업에 대한 자유로운 선택, (3) 권력과 특권, (4) 소득과 부, (5) 자존감의 사회적 토대.[7] 이러한 사회적 기본 재화는 원초적 입장(original position)의 합의 당사자들이 정의로운 사회를 구현하기 위해 어떠한 분배원칙을 적용할지를 논의할 때 고려하는 분배 대상으로, 이 목록은 고정된 것이 아니라 필요성이 입증되면 새로운 사회적 기본 재화가 추가될 수 있다는 점에서

---

6) Rawls(1999a), pp.348-349. (번역본 pp.512-513). 롤즈는 좋음에 대한 기초 이론이 설명하지 못하는 자선 행위나 의무 이상의 행위, 인간의 도덕적 가치에 대한 규정 등을 좀 더 포괄적으로 설명하기 위해 "좋음에 대한 전체 이론(full theory of the good)"을 제시한다.

7) Rawls(2001), pp.58-59. 롤즈는 논의 과정에서 사회적 기본 재화를 "자유, 기회, 소득, 재산 및 자존감의 기반"(번역본 p.107) 등으로 간략하게 표기하기도 한다.

열려 있다.[8]

롤즈 정의론에서 분배 대상인 사회적 기본 재화는 세 가지 특징이 있다. 첫 번째 특징은, 롤즈의 사회적 기본 재화는 기본적이라는 점이다. 기본적이라는 의미는 다양한 가치가 공존하는 다원주의 사회에서도 모든 합의 당사자들이 전 목적적(all-purpose) 수단과 사회적 조건으로서 더 많이 갖고 싶어 하는 재화라는 점이다. 롤즈에 따르면, 기본 재화는 사회 구성원으로 살아가는 합리적인 사람들이 자신들의 인생계획이 무엇이든지 간에 그들이 원하는 것을 얻기 위한 수단으로서 원하는 재화들이다.[9] 왜냐하면 사회적 기본 재화는 사회 구성원들의 기대치 향상을 위해 필수적이기 때문이다. 특히 롤즈는 자존감의 사회적 토대가 "가장 중요한 기본 재화"라고 강조한다.[10] 롤즈는 "만약 개인들이 도덕적 존재로서 자기 자신의 가치에 대한 생생한 감각을 갖고 살고자 한다면 그리고 열정을 가지고 자신들의 목적과 자기 확신(self-confidence)을 고양하고 자신의 고차원적 이해 관심을 실현하려고 한다면, 자존감의 사회적 토대는 … 일반적으로 볼 때 핵심적이다"라고 주장한다.[11] 롤즈는 "자존감이 없다면 어떤 것도 할 만한 가치(worth)가 없어 보이며, 또한 어떤 것들이 우리에게 가치(value)가 있더라도 그것들을 추구할 의지를 상실하게 된다. 모든 욕망과 활동은 공허하고 헛된 것이 될 것이며, 우리

---

8) Rawls(1993), p.181. (번역본 p.223); Rawls(1999b), p.455; Pogge(2007), p.107.

9) Rawls(1999a), p.54. (번역본 pp.107-108)

10) Rawls(1999a), p.386 and p.79.

11) Rawls(1980), p.526. 롤즈는 『정의론』에서 자존감은 "첫째로 … 인간이 갖는 자기 자신의 가치에 대한 감각(a person's sense of his own worth), 자신의 좋음에 대한 자신의 관점 및 인생계획이 실현할 만한 가치가 있다는 자신의 확고한 신념 등을 포함한다. 그리고 둘째로 자존감은 자신의 의도를 성취하는 것이 자신의 힘에 닿는 것인 한에서 자신의 능력에 대한 자신감을 내포한다"고 기술하고 있다(Rawls(1999a), p.386. (번역본 p.568)). 롤즈는 자존감이 결국 자기 자신의 삶의 계획이 추구할 만한 가치가 있고 그것을 성공적으로 성취할 수 있다는 믿음을 필요로 한다고 보는데, 이러한 자존감은 아리스토텔레스적 원칙(Aristotelian Principle)을 만족시켜야 하며 자신이 속한 결사체의 타인들의 판단에 의해 영향을 받는다고 기술한다.

는 무감각하고 냉소적인 상태에 빠지게 될 것이다. 따라서 원초적 입장의 당사자들은 어떤 희생을 치르더라도 자존감을 침해하는 사회적 조건들을 피하길 바랄 것이다"라는 문학적인 표현을 통해, 사회적 기본 재화로서 자존감의 사회적 토대가 얼마나 사회 구성원들에게 중요한 기본 재화인지를 역설한다.[12]

둘째, 롤즈의 사회적 기본 재화는 사회적이라는 특징을 갖는다. 기본 재화가 사회적이라는 의미는 해당 재화들은 사회의 기본 구조에 직접 영향을 받는 시민이라는 정치적 관점에서 필수적이라는 점이다.[13] 이런 관점에서 건강과 정력, 지력과 상상력 등의 기본 재화들 또한 사회의 기본 구조의 영향을 받기도 하나 직접적이지 않고 시민이라는 관점과 거리가 있다는 점에서 사회적 기본 재화와 구별되는 자연적 가치들이다.[14] 사회적 기본 재화는 자유롭고 평등한 사람들이 시민으로서, 즉 사회의 협력적 구성원으로서 필요로 하는 재화이다. 롤즈는 『정의론』 초판(1971)에서 사회적 기본 재화가 인간 심리의 자연적 사실들에만 의존하는 것인지 아니면 어떤 이상들을 구체화하고 있는 도덕적 인간관에도 의존하는지에 대해 모호한 태도를 보였다는 점을 인정하면서, 『정의론』 개정판(1999a)에서 인간은 시민들의 두 가지 도덕적 능력인 정의감에 대한 능력과 가치관에 대한 능력뿐만 아니라 이러한 능력을 계발하고 발휘하는 것에 대해 더 높은 이해 관심을 가지고 있는 존재라고 명시한다.[15] 이런 의미에서 볼 때, 자존감의 사회적 토대는 시민들의 두 가지 도덕적 능력들을 적절히 계발하고 충분히 행사하기 위해 필수적이다.

셋째, 사회적 기본 재화는 객관적이라는 특징을 갖는다. 왜냐하면, 사회적 기본 재화는 분배 정의론의 분배 대상이기 때문이다. 이런 특징으

---

12) Rawls(1999a), p.386. (번역본 p.568)
13) Rawls(2001), p.58.
14) Rawls(1999a), p.54. (번역본 p.108)
15) Rawls(1999a), p.xiii. (번역본 p.18)

로 인해, 사회적 기본 재화는 사회 구성원들의 행복, 선호, 바람 등의 공리주의적 관점에서의 주관적 대상, 그리고 이상과 같은 추상적 대상과 차별화된다.16) 앞에서도 언급한 것처럼, 롤즈는 『정의론』에서 태도로서의 자존감과 사회적 기본 재화로서의 자존감의 사회적 토대를 구분하지 못한 혼돈을 인정하며, 사회적 기본 재화는 자존감이 아닌 객관적으로 규정할 수 있는 자존감의 사회적 토대라고 명시한다.17) 이러한 해명을 따른다면, 『정의론』 초판(1971)과 개정판(1999a)에서 자존감이 사회적 기본 재화라고 언급하는 것은 잘못된 것이며, 자존감의 사회적 토대가 사회적 기본 재화라고 수정해야 할 것이다.

2) 자존감의 사회적 토대의 내용

롤즈에게 있어서 자존감은 자기 자신의 가치에 대한 감각과 자신의 능력에 대한 자신감을 의미한다. 그런데 롤즈는 『정의론』에서 이러한 자존감의 사회적 토대가 무엇인지 명시하지 않는다. 다시 말해, 어떤 재화들이 자기 자신의 가치에 대한 감각과 자신의 능력에 대한 자신감을 유지하고 고양하는지에 대해 분명하게 밝히지 않는다.18) 2절에서는 사회

---

16) Rawls(2001), p.60.

17) Rawls(2001), p.60 n27. (번역본 p.115). 프레이저(Nancy Fraser)는 이런 롤즈의 혼돈에 대해 "롤즈는 … 때때로 소득이나 직업 같은 기본 재화로 '자존감의 사회적 토대들'을 생각하면서도, 그는 또한 자존감 그 자체를 분배되어야 할 정의의 대상인 가장 중요한 기본 재화로 말한다"고 비판한다(Fraser and Honneth(2003), pp.99-100 n34).

18) 롤즈는 자존감에 대한 해명 이후, 자존감의 사회적 토대는 시민들이 평등한 기본권 권리를 갖는다는 제도적 사실, 그러한 사실에 대한 공적인 인정, 그리고 모든 사람들이 차등원칙을 상호성의 한 형태 그 자체로 인정한다는 제도적 사실과 같은 것이라고 기술한다(Rawls(2001), p.60). 그런데 이러한 기술 또한 자존감의 사회적 기본 재화의 구체적인 내용이 무엇인지를 파악하기에는 모호하다. 왜냐하면 앞에서 언급했던 사회적 기본 재화의 특징과 연결해서 생각해보면, 이러한 언급은 자존감을 위해 분배해야 할 재화에 대한 언급이라기보다는, 오히려 분배의 원칙이 적용된 이후의 결과로 보이기 때문이다. 앞의 모호한 표현에서 이러한 해석에 입각해 자존감의 사회적 토대의 내용을 추론해본다면, 자존감의 사회적 토대의 내용은 권리와 자유, 물질적 재화 등이 될 것이다.

적 기본 재화로서의 자존감의 사회적 토대의 내용이 무엇인지 규명하고 자 한다. 구체적으로는 자존감의 사회적 토대의 내용에 자유와 권리, 기 회 등의 법적이고 형식적인 재화들뿐만 아니라, 소득과 부와 같은 물질 적 재화들 등이 포함되는지, 그리고 이 외의 어떤 재화들이 포함될 수 있 는지를 검토하고자 한다.

(1) 자존감의 사회적 토대의 내용인 자유와 권리

자존감의 사회적 토대의 내용이 자유와 권리라는 주장은 자유와 권리 가 자존감 고양에 기여한다는 적극적 측면과 다른 재화, 특히 물질적 재 화가 자존감의 사회적 토대에 속하지 않는다는 배타적 논의로 구성된 다. 먼저, 롤즈는 평등한 정치적 권리가 자존감(self-esteem)을 고양하 고 강화한다고 주장한다.[19] 왜냐하면 자존감을 고양하기 위해서는 개인 들이 자신들의 좋음에 대한 관점을 이해하고 지지할 수 있도록 돕는 이 해 관심의 결사체를 형성할 수 있어야 하는데, 이러한 결사체가 존재하 기 위해서는 평등한 권리와 자유가 필수적이기 때문이다. 자유를 토대 로 형성된 결사체에서 각 개인은 자신의 합리적 활동이 결사체 구성원들 의 공적 인정을 통해 인정될 때 자존감이 고양된다. 또한 롤즈는 질서정

---

19) Rawls(1999a), p.205. (번역본 p.316). 롤즈가 "우리는 자존감(또는 자중감)을 두 가지 측면을 갖는 것으로 정의할 수 있다"고 언급하는 부분에서 볼 수 있는 것처럼, 롤즈 『정 의론』에서 자존감(self-respect)과 자중감(self-esteem)은 같은 의미여서 바꿔 쓸 수 있다(Rawls(1999a), p.386. (번역본 p.568)). 또한 『정의론』 67절에서 롤즈는, 자존감을 설명하면서 "공정으로서의 정의가 다른 원칙들보다 자중감(self-esteem)을 더 잘 지지 한다는 사실은 사람들이 공정으로서의 정의를 지지할 강력한 이유이다"라고 기술하여 자존감과 자중감을 구별 없이 사용하고 있다. 롤즈가 『정의론』 개정판(1999a)을 포함해 자신의 저작에서 양자를 구별하지 않지만, 예외적으로 1975년 논문 "A Kantian Conception of Equality"에서는 양자가 구분된다고 명시한다(Rawls(1999b), p.260). 그러나 롤즈의 후기 저작들에는 이런 구분이 잘 반영되지 않았다. 일반적으로 대부분의 학자들은 롤즈와 달리 양자를 구분하는 경향이 있다. 예를 들면 마갈리트(Avishai Margalit)는 "존중은 사람들을 평등하게 대우하는 근거인 반면, 존중감은 사람들을 서 열화할 근거를 제시한다"고 주장한다(Margalit(1996), p.44).

연한 사회에서 자존감은 자유와 권리에 토대를 둔 평등한 시민성의 지위에 대한 공적 인정을 통해 보장된다고 주장한다. 자존감 훼손이 자신과 비교의 대상이 되지 않는 집단 사이에서의 사회적, 경제적 불평등에 의해서는 야기될 가능성이 작지만, 그러한 집단에서조차 정치적, 시민적 불평등 그리고 문화적, 인종적 차별은 자존감을 훼손할 수 있기 때문이다.[20] 정치적 자유와 권리가 평등하게 향유될 때, 시민들은 자신의 가치를 확신하고 자신의 인생과 삶에 충실할 수 있다. 따라서 자유와 권리는 자존감의 사회적 토대에 포함된다.

자존감의 사회적 토대의 내용에 자유와 권리가 포함된다는 주장에는 대부분의 학자들 사이에서 이견이 없다. 그런데 일부 학자들은 이러한 입장에서 더 나아가, 롤즈의 『정의론』에서 자존감의 사회적 토대에 물질적 재화가 포함되지 않으며, 기본적 자유와 권리만이 자존감의 사회적 토대라는 배타적 주장을 제기한다. 이들이 사용하는 문헌적 근거는, 롤즈가 "정의로운 사회에서 자존감의 토대는 개인의 소득이 아니라 기본적 권리와 자유의 공적으로 인정되는 분배"라고 언급한 부분이다.[21] 슈(Henry Shue)는 자존감의 사회적 토대의 내용을 자유와 권리로만 국한하고, 물질적 재화를 제외하려는 롤즈의 시도는 롤즈에게 있어서 필수적이라고 주장한다. 슈는 현 사회에서 부는 불평등하므로 만약 부와 자존감이 연결되어 있다면, 즉 자존감의 사회적 토대에 물질적 재화가 포함된다면 자존감 또한 불평등할 것으로 예측한다.[22] 그런데 롤즈는 경제적 불평등이 야기하는 경제적 인센티브의 효율성에 대한 심리적 전제

---

20) Rawls(1999a), p.478. (번역본 p.697)
21) Rawls(1999a), p.477. (번역본 p.696). 다음 절에서 논의될 것처럼, 자존감의 사회적 토대에 물질적 재화가 포함될 수 있다고 한다면 정합성을 위해 이 구절은 자유와 권리를 강조하기 위한 수사적 표현으로 이해해야 할 것이다. 또는 물질적 토대가 어느 정도 충족되어 자존감에 영향을 미치지 못하는 상황에서 자유의 우선성을 강조하는 표현으로 이해할 수 있다(Penny(2013), p.340).
22) Shue(1975), p.201.

를 하고 있으므로, 즉 차등원칙에 근거한 물질적 불평등을 허용하고 있으므로 물질적 재화의 평등 분배를 통한 자존감의 평등을 옹호할 수 없다. 따라서 슈는 롤즈가 자존감의 사회적 토대에서 물질적 재화를 제외함으로써 물질적 재화와 자존감 사이의 심리적 연결고리를 의도적으로 끊으려 한다고 분석한다.[23]

이러한 슈의 분석은 물질적 재화의 불평등이 자존감의 불평등을 초래한다는 심리적 입장을 전제하고 있다. 그런데 이러한 심리적 전제가 수용할 만한지 의심스럽다. 왜냐하면 어느 정도의 물질적 재화가 충족된다면, 그 이상의 수준에서 물질적 재화가 더 적은 사람이 많은 사람보다 자존감이 더 낮을 것인지 의심스럽기 때문이다. 예를 들어, 만약 사회에서 자신의 미래를 설계하고 진행하는데 5억 원이 있으면 충분하다고 할 때, 10억을 가진 사람과 10억 1백만 원을 가진 사람 사이에서 후자가 전자보다 자존감이 낮다고 볼 수 있을지 의심스럽다. 비슷한 입장에서, 마이클먼(Frank I. Michelman)은 최소치의 보험 권리가 보장되면 자존감이 만족된다고 주장한다.[24] 이러한 논의를 토대로 볼 때, 자존감은 더 높고 낮음의 비교의 관점이 아니라, 자존감이 보장되었는지의 최소치 보장(sufficiency) 관점으로 보는 것이 더 타당할 것이다. 따라서 롤즈가 자신의 논의를 위해 자존감의 사회적 토대에서 물질적 재화를 제외해야만 했다는 슈의 주장은 의심스럽다.

(2) 자존감의 사회적 토대의 내용인 물질적 재화

자존감의 사회적 토대의 내용에 물질적 재화가 포함되는지에 대한 논의는 크게 세 가지로 구분될 수 있다. 첫째는 앞에서 논의된 것처럼, 자존

---

23) Shue(1975), p.201.
24) Michelman(1989), pp.340-341. 모리아티(Jeffrey Moriarty) 또한 '충분한 자원(sufficient resources)'이라는 언급을 통해 자존감이 최소치와 관련됨을 피력한다(Moriarty(2009), p.445).

감의 사회적 토대의 내용에 물질적 재화가 포함되지 않는다는 입장이다. 예를 들어, 슈는 이러한 견해를 고수하고 있다. 둘째, 자존감의 사회적 토대의 내용에 물질적 재화가 포함되지만, 롤즈가 이를 포함하지 않았다는 입장이다. 예를 들어, 배리(Brian Barry)는 자존감이 부나 권력의 불평등 때문에 훼손될 수 있다는 것을 롤즈가 인지하지 못한다고 비판한다.[25] 비슷한 맥락에서 밀러(David Miller)는 경제적 불평등이 사회의 더 낮은 지위에 있는 사람들의 자존감을 위협할 수 있다는 점을 롤즈가 보지 못한다고 비판한다.[26] 셋째는 롤즈 또한 자존감의 사회적 토대의 내용에 물질적 재화를 포함한다는 해석이다. 이러한 세 가지 논의 가운데 본 절은 세 번째 논의에 집중하고자 한다. 만약 세 번째 입장이 정당화된다면 첫 번째와 두 번째 입장은 자연스럽게 부정될 수 있기 때문이다.

일부 학자들은 롤즈가 자존감의 사회적 토대에서 자유가 가장 중요하다고 강조하는 맥락에서 소득과 부 등의 물질적 재화의 중요성을 약화하고 있지만, 자존감의 사회적 토대의 내용에는 물질적 재화를 포함한다고 주장한다.[27] 왜냐하면 롤즈가 다른 언급들에서는 자존감의 사회적 토대에 물질적 재화를 포함하고 있기 때문이다. 예를 들어, 롤즈는 "어느 정도까지는 인간들이 갖는 자신들의 가치에 대한 이해는 자신들의 제도적 지위와 소득에 달려 있기도 하다"고 언급하여 자존감과 물질적 재화에 토대를 둔 사회경제적 지위(socio-economic status)와의 관련성을 인정한다.[28] 또한, 롤즈는 "사적 소유권의 근거는 자존감과 독립성을 위한 충분한 물질적 토대를 허용하는 것이며 … 사적 소유권을 보유하고 행사하는 것은 자존감의 사회적 토대 가운데 하나"라고 주장

---

25) Barry(1973), p.32. 자이노(Jeanne S. Zaino) 또한 자존감의 사회적 토대의 내용에서 물질적 재화를 제외한 것이 롤즈의 한계라고 지적한다(Zaino(1998), p.738n, p.743).

26) Miller(1978), p.18.

27) Daniels(1989), pp.275-276; Doppelt(1981), p.274; Cohen(1989), p.737; Mckinnon(2000), pp.491-505.

28) Rawls(1999a), p.478.

한다.[29] 더욱이 롤즈는 자존감의 사회적 토대는 두 원칙에 의해서 가장 효과적으로 조장되고 지지될 수 있다고 주장한다.[30] 만약 롤즈가 자존감의 사회적 토대의 내용에 기본 자유만을 포함시키고 싶었다면, 롤즈는 두 원칙을 언급하는 대신에 제1원칙만 언급하는 것으로 충분했을 것이다.

더욱이 자존감의 토대에 물질적 재화를 포함하는 것은 상식적으로도 타당하다. 왜냐하면 소득이나 부와 같은 물질적 재화들이 사회 구성원들에게 자신들의 인생계획이나 능력에 대한 신념을 확증(affirm)시키기 때문이다. 이얼(Nir Eyal)은 "소득과 부는 자유와 마찬가지로 시민들 자신의 분명한 계획과 능력에 대한 보장된 신념을 발전시킬 가능성을 보장해줄 수 있다"고 주장한다.[31] 포기(Thomas Pogge)는 평등한 기본 자유가 충분히 보장되는 사회 기본 구조에서조차 경제적 불평등이 심각할 때는 사회적 빈자들의 자존감이 훼손될 수 있음을 지적한다.[32] 왜냐하면 그러한 사회 구성원들은 2등 시민이라는 의식을 갖게 되거나 상대적 박탈감으로 인해 "이유 있는 시기심(excusable envy)"에 노출될 수 있기 때문이다.[33] 이런 점에서 물질적 재화가 자존감의 사회적 토대에 중요하며, 비슷한 맥락에서 롤즈도 "자존감이 차등원칙에 의해 더 확고하게 강화되고 지지가 된다"고 말하고 있다.[34] 이러한 이유로 인해, 많은 학자들은 용어의 차이가 있음에도 불구하고 자존감의 사회적 토대가 자유와 물질적 재화로 구성되어 있다는 분석을 제시한다.[35]

---

29) Rawls(2001), p.114.
30) Rawls(1993), p.318.
31) Eyal(2005), p.208.
32) Pogge(1989), p.162.
33) Rawls(1999a), p.468. (번역본 p.683)
34) Rawls(1993), p.318 and p.326.
35) 예를 들어 도펠트(Gerald Doppelt)는 자존감의 사회적 토대는 형식적 내용과 물질적 내용으로 구성된다고 주장한다(Doppelt(1981), p.274). 코헨(Joshua Cohen)은 자존감의 사회적 토대는 자유와 기회 그리고 부 등을 포함하는 재화(resources)와 우리의 가치에 대한 타인의 인정(recognition) 등으로 구성된다고 주장한다(Cohen(1989), p.737).

(3) 자존감의 사회적 토대의 내용에 다양한 재화의 가능성

사회적 기본 재화인 자존감의 사회적 토대의 내용에는 앞에서 언급한 자유와 평등이라는 법적이고 형식적인 재화와 소득과 부와 같은 물질적 재화만이 해당하는지, 아니면 새로운 재화들도 추가로 포함될 수 있는지에 대한 논란이 있다. 포기는 롤즈의 사회적 기본 재화 목록의 마지막인 자존감의 사회적 토대를 "자존감의 잔여적 사회적 토대(residual social bases of self-respect)"라고 수정하는데, 그 이유는 롤즈가 자존감의 사회적 토대에 나머지 네 가지의 사회적 기본 재화를 모두 포함하기 때문에 그 외 자존감 관련 목록을 포함하기 위해서라고 언급하고 있다.[36] 구체적으로, 포기는 자존감의 사회적 토대에 자유와 권리, 소득과 부, 권력과 특권 등의 롤즈의 사회적 기본 재화들뿐만 아니라, 교육, 여가(leisure time) 등의 새로운 재화도 포함된다고 주장한다.[37] 모리아티는 롤즈가 "의미 있는 일(meaningful work)과 직업의 기회를 얻지 못하는 것은 … 시민들의 자존감에 … 파괴적이다"라고 주장했던 부분을 근거로, 의미 있는 일과 직업의 기회가 새롭게 포함될 수 있는 자존감의 사회적 토대의 내용이라고 주장한다.[38] 롤즈의 자존감의 사회적 토대의 내용에 다양한 재화가 포함될 수 있다는 주장은, 앞에서 검토했던 사회적 기본 재화의 조건에 만족하고 필요성이 입증된다면 새로운 기본 재화가 포함될 수 있다는 롤즈의 입장과 상충하지 않는다. 다른 한편, 포기나 모리아티가 사례로 제시하는 재화들이 롤즈의 사회적 기본 재화에 이미 포함된다고 볼 수도 있다. 왜냐하면, 약간의 해석만 가미한다면, 여가, 교육, 직업의 기회 등은 직업 선택의 자유 또는 기회라는 기본적 재화에 포섭될 수 있기 때문이다.

---

36) Pogge(2007), p.73.
37) Pogge(1989), p.163, p.168 n9, and p.198.
38) Moriarty(2009), p.441. 롤즈의 인용구는 다음과 같다. Rawls(1993), p.lix.

자존감의 사회적 토대가 기존의 기본 재화를 모두 포함할 뿐만 아니라 나머지 다른 명시되지 않은 재화들도 포함한다는 해석이나, 자존감의 사회적 토대가 사회적 기본 재화의 기존 네 가지 재화와 동일하다는 해석은 모두 롤즈의 사회적 기본 재화가 중복되었다는 의미를 담고 있다. 자존감의 사회적 토대에는, 사회적 기본 재화의 기존 네 가지 재화가 다시 자존감의 사회적 토대의 내용으로 중복되어 나타나기 때문이다. 이러한 중복은 자존감의 사회적 토대가 갖는 독립적 의미가 무엇인지 그리고 더 나아가 자존감의 사회적 토대의 존립 근거가 무엇인지의 의문을 제기한다. 이러한 중복을 피하기 위해 앞에서 언급한 것처럼 포기는 자존감의 사회적 토대를 자존감의 잔여적 토대로 표현하고 있는데, 이러한 표현은 사회적 기본 재화가 명시되지 않음을 보여준다. 명시되지 않았다는 것은 행위의 근본적인 동기를 유발할 정도로 중요한 가치인 자존감을 충족하는 데 필요한 다양한 재화를 포함할 여지를 마련해준다는 점에서 유연성 있는 논의로 볼 수 있다. 그러나 이러한 기본 재화의 중복과 명시되지 않음은 롤즈 논의가 갖는 명료함과 단순함의 미덕(the merit of simplicity)을 훼손한다.[39] 사회적 기본 재화가 명료하게 구분되는 다섯 가지로 한정되지 않고 자존감의 사회적 토대의 목록은 필요에 따라 제한 없이 추가될 여지가 있을 뿐만 아니라, 자존감의 사회적 토대가 다른 재화와 명확히 구분되지도 않기 때문이다.

---

39) Rawls(1999a), p.129. (번역본 p.210), pp.456-457. (번역본 pp.666-667). 단순함의 미덕은 복잡하지 않다는 구조적 장점뿐만 아니라, 전제를 최대한 약하고 간단하게 구성하여 결론을 도출함으로 얻게 되는 설득적 효과라는 의미 또한 담고 있다. 롤즈에 따르면, 좋은 이론의 조건으로 제시되는 단순성의 요구사항(the requirement of simplicity)은 다른 것들이 동일하다면 사용되는 원칙의 개수에 따라 어떤 설명(explication)이 만족스러운지 여부가 결정된다는 것이다(Rawls(1999b), p.9).

3. 자존감의 사회적 토대의 분배원칙

2절의 논의는 자존감의 사회적 토대에 자유와 권리, 소득과 부, 기회 등등의 롤즈의 사회적 기본 재화뿐만 아니라 다른 재화들도 새롭게 포함될 수 있음을 밝혔다. 롤즈는 자존감의 사회적 토대가 두 원칙에 의해 적절히 분배되어야 한다고 주장한다.[40] 2절의 논의를 정돈해볼 때, 롤즈는 자존감의 사회적 토대로 자유와 권리를 중요한 재화로 간주한 것은 분명해 보인다. 따라서 이러한 기본적 자유와 권리는 정의의 제1원칙에 의해 평등하게 분배되어야 한다. 롤즈는 자유의 우선성을 논증하는 82절에서 자유의 우선성은 "자존감의 사회적 토대에서의 평등"을 함축한다고 말하는데, 여기에서 평등 분배 논의는 맥락상 자존감의 사회적 토대들 가운데 자유에 대한 언급으로 볼 수 있다.[41] 또한, 자존감의 사회적 토대를 구성하는 의미 있는 일을 할 기회나 권력 등은 제2원칙인 공정한 기회 균등의 원칙을 통해 분배될 수 있다. 오킨(Susan Moller Okin)은 성차별적인 사회에서 특정 직업군에서 여성을 배제하는 것, 즉 직업 선택에서 공평한 기회 균등의 원칙을 준수하지 않는 것은 여성의

---

40) Rawls(1993), p.318. 혹자는 자존감의 사회적 토대 분배를 위해 정의의 두 원칙 모두가 사용된다는 『정치적 자유주의』에서의 명시적 입장이, 이를 명시하지 않은 『정의론』과 다르다고 주장할 수도 있다. 이런 맥락에서 Shue(1975), Eyal(2005) 등은 제1원칙인 평등 분배만을 자존감의 사회적 토대에 대한 분배원칙으로 옹호했다. 그러나 롤즈는 『정치적 자유주의』에서는 정의의 두 원칙과 자존감의 사회적 토대의 관계가 부각된 반면에 『정의론』에서는 그러지 못했었다며, 자신의 일관성을 해명한다(Rawls(1993), p.318). 더욱이 롤즈는 『정의론』 개정판에서 제1원칙만이 자존감의 사회적 토대의 유일한 분배원칙이 아님을 더 분명하게 기술하고 있다(Ralws(1999a), pp.478-480).

41) Rawls(1999a), p.478. (번역본 p.698). 여기서 자존감이라는 번역한 문구는 원문에서 respect로 쓰여 있지만 맥락상 self-respect를 언급하는 것으로 해석하는 것이 타당해 자존감으로 번역했다. 도펠트 또한 이러한 이유로 해당 원문 respect를 self-respect로 바꿔서 인용하고 있다(Doppelt(2009), p.128).

자존감을 훼손할 수 있다는 점을 강조한다.[42] 이상에서 살펴본 것처럼, 자존감의 사회적 토대의 일부 재화들은 제1원칙인 평등한 자유의 원칙과 제2원칙인 공정한 기회의 균등 원칙에 의해 분배될 수 있다. 그런데 자존감의 사회적 토대 가운데 물질적 재화와 관련해서는 어떻게 분배해야 하는지에 대한 논란이 야기되고 있다. 본 절은 자존감의 사회적 토대의 물질적 재화와 관련된 분배원칙이 무엇인지를 중심으로 논의하고자 한다.

1) 자존감의 물질적 토대에 대한 분배원칙 논란 검토

롤즈는 자존감의 사회적 토대, 특히 물질적 재화가 차등원칙에 의해 분배된다고 주장한다.[43] 차등원칙은 최소 수혜자에게 이익이 될 경우에만 사회적, 경제적 불평등이 허용될 수 있다는 우선성 입장(the priority view or prioritarianism)의 정신을 담고 있다.[44] 그런데 만약 롤즈가 주장하는 것처럼 자존감의 사회적 토대가 너무도 중요한 재화라면 차등원칙이 아닌 평등원칙으로 분배되어야 한다는 주장이 제기될 수 있다. 롤즈에 따르면, "자존감 없이는 아무것도 할 만한 가치가 없으며 … 원초적 입장의 당사자들은 어떤 희생을 치르더라도 자존감이 훼손되는 사

---

42) Okin(2005), p.242. 오킨이 든 사례는 종교 영역에서 사제 또는 목사 등이 되고 싶어 하는 소녀가 자신의 성별 때문에 그러한 직위의 기회가 없다는 것을 알게 되었을 자존감 상실이다.

43) Rawls(1993), p.318 and p.326.

44) 주동률(2010), p.230 n24. 롤즈의 차등원칙이 상대적 최소 수혜자에게 우선성을 부여한다는 점에서 분배원칙인 우선성 입장과 완전히 동일하다고는 볼 수 없지만, 둘 모두 격차 축소로서의 관계적 평등에 내재적 가치를 부여하지는 않으면서 최소 수혜자에게 우선성을 부여한다는 공통점을 갖고 있다. 따라서 차등원칙에는 우선성 입장의 정신이 담겨 있다고 볼 수 있다. 비슷한 맥락에서 월(Steven Wall)은 차등원칙을 우선성 입장으로 이해해야 한다고 주장한다(Wall(2012), p.202, p.210).

회적 조건들을 피하고 싶어 할 것"이기 때문이다.[45] 자존감이 이렇게 원
초적 입장의 합의 당사자들에게 중요하게 인식된다면, 자존감의 사회적
토대들, 특히 물질적 재화들이 차등원칙을 통해 분배되도록 결정한다는
것은 이해하기 어렵게 보일 수 있다. 물질적 불평등을 인정하는 차등원
칙은 물질적 불평등으로 인한 자존감 상실을 허용할 것이기 때문이다.
오히려 원초적 입장의 당사자들은 자존감의 사회적 토대들인 물질적 재
화를 평등원칙에 따라 분배하는 것을 더 타당하게 볼 수 있다. 이얼은 이
런 입장에서 "자존감의 사회적 토대를 평등하게 분배하라"는 롤즈의
"은밀한(covert)" 원칙이 롤즈 정의론에 포함되어야 하며, 두 원칙보다
우선성을 갖는다고 주장한다.[46] 은밀한 원칙을 통한 물질적 재화들의
평등한 분배가 시민들의 가치관에 대한 가치와 실현 가능성에 대한 공적
신뢰를 마련해주기 때문이다.[47] 은밀한 원칙의 포함으로 인해, 롤즈 정
의론은 물질적 재화에 대해 때로는 최소극대화 규칙(maximin rule)을,
때로는 평등 분배를 적용하는 비일관성을 보인다고 이얼은 비판한다.[48]

---

45) Rawls(1999a), p.386. (번역본 p.568). 자존감이 롤즈가 언급하는 것처럼 중요한 가치인
　　이유는, 자존감이 사회 구성원들 각자의 인생 계획을 추구하기 위한 심리적 전제조건이
　　기 때문이다(Brake(2003), p.59).
46) Eyal(2005), p. 197. 이얼은 롤즈의 '숨겨진(covert)' 원칙이 없으면 자유의 우선성 논의
　　가 성립될 수 없다고 주장한다.
47) Eyal(2005), p.208.
48) Eyal(2005), p.209. 익명의 심사자가 잘 지적해준 것처럼, 롤즈가 비록 『정의론』에서
　　명확히 구분하지는 못했지만(Rawls(2001), p.43 n3. (번역본 p.89)), 이후 1974년 논문
　　에서 최소극대화 규칙(the maximin rule)과 최소극대화 기준 또는 최소극대화 형평 기
　　준(the maximin equity criterion)을 명확히 구분하고 있다(Rawls(1999b), p.172). 최
　　소극대화 규칙은 불확실성 하에서의 합리적 의사결정 이론과 관련된 규칙으로 최소 중
　　의 최대를 추구하는 규칙인 반면에, 최소극대화 형평 기준은 차등원칙을 의미한다. 이
　　얼은 자신의 논문에서 이러한 구분에 대한 고려 없이, 최소의 이익을 극대화한다는 일
　　반적 의미로 최소극대화를 사용하고 있다. 롤즈의 구분법에 따르면, 이러한 이얼의 최
　　소극대화는 최소극대화 규칙으로 볼 수 있다. 따라서 본 논문은 이얼의 최소극대화는
　　최소극대화 규칙으로 규정하며, 최소극대화 형평 기준은 본 논문의 차등원칙 해석에 따
　　라 최소치 보장 아래 최소극대화 규칙을 포함하는 기준으로 규정한다.

이얼의 비판이 정당하다면, 롤즈의 정의론은 두 원칙이 아닌 세 개의 원칙으로 구성되어야 할 뿐만 아니라, 물질적 재화에 대한 분배에서는 비일관성을 초래한다는 심각한 문제에 봉착한다. 왜냐하면 롤즈 논의의 토대가 되는 심리적 동기부여 경향성과 평등 분배가 충돌하기 때문이다.[49] 롤즈는 물질적 분배를 차등 분배할 때 효율성이 증진된다는 심리적 전제를 하고 있으므로, "만약 소득과 부에서의 불평등이 … 존재함으로써 그것이 최초의 평등이라는 기준점과 비교해서 모든 사람의 처지를 향상하도록 작동한다면, 왜 이러한 불평등과 차등을 허용하지 말아야 하는가?"라고 묻는다.[50] 롤즈는 이러한 심리적 전제에서, 『정의론』 개정판(1999a)에는 빠졌지만 "모든 기본 재화의 평등한 분배는 어떤 불평등을 수용함으로써 모든 사람의 처지를 개선할 가능성을 고려해볼 때 비이성적(irrational)이다"라고까지 언급한다.[51]

자존감의 사회적 토대에 대한 평등 분배를 주장하는 이얼의 논의는 의심스러운 두 가지 내용을 전제하고 있다. 첫째, 자존감의 사회적 토대가 정의의 두 원칙 가운데 하나의 원칙에 의해서만 분배되어야 한다는 전제가 의심스럽다. 이얼은 자존감의 사회적 토대와 자유의 관련성에 따라서 볼 때, 자유가 우선성을 갖는 것과 마찬가지로 자존감의 사회적 토대도 우선성을 갖는다고 추론하고 있다. 그런데 이러한 추론은 자존감의 사회적 토대를 구성하는 다양한 재화들이 하나의 원칙에 의해서만 분배된다는 전제에 근거한 것으로 보인다. 『정의론』 1부에서 기술된 사회적 기본 재화와 정의의 원칙들을 고려해볼 때, 이러한 전제는 그럴듯해 보인다. 그러나 사회적 기본 재화가 반드시 하나의 원칙에 의해 분배될 필연적 이유는 없으며, 어떤 기본 재화에 대해 두 가지의 분배원칙이

---

49) Shue(1975), p.200.
50) Rawls(1999a), pp.130-131. (번역본 p.213)
51) Rawls(1971), p.546.

적용된다고 하더라도 논리적 오류라고 볼 수 없다. 더욱이 2절에서 검토한 것처럼, 자존감의 사회적 토대들은 다양한 기본 재화를 포함하고 있다는 점에서, 하나의 원칙에 의해서만 분배될 수는 없어 보인다. 예를 들어, 자존감의 사회적 토대의 내용에 포함된 자유의 경우는 제1원칙인 평등한 자유의 원칙에 의해서 분배될 것이지만, 교육이나 일(work)은 제2원칙인 공정한 기회 균등 방식으로 분배되는 것이 적절할 것이기 때문이다.

둘째, 이얼은 사회경제적(socio-economic) 불평등이 자존감의 불평등을 야기한다는 심리적 토대에 근거를 두고 있는데, 이러한 전제가 타당한지 의심스럽다.[52] 왜냐하면, 앞에서도 언급했던 것처럼, 어느 정도의 물질적 재화가 충족되면 물질적 재화로 인한 자존감의 불평등이 발생하지 않을 것으로 보이기 때문이다. 롤즈 또한 물질적 재화의 차등 분배가 자존감을 훼손하지 않을 수 있다는 입장을 지지하는 것으로 보인다. 롤즈는 "질서정연한 사회에서 … 그 구성원들은 [물질적 재화의 차등 분배로 인한] 그들의 상대적 지위 그 자체에 대해서는 거의 관심을 두지 않는다. 우리가 검토했던 것처럼, 그들은 시기와 질투 때문에 크게 영향을 받지 않으며 대부분의 부분에서 사회적으로 멀리 떨어진 타인들이 누리는 더 큰 즐거움과 향락으로 인해 의기소침함 없이, 그들 자신의 인생 계획과 자신이 속한 결사체의 계획에 따라 판단되는 것을 그들의 최선인 것으로 행동한다"고 주장한다.[53] 여기서 언급되는 질서정연한 사회는 정의의 두 원칙이 잘 적용되는 사회라는 점에서 만약 앞으로 논증할 것처럼 차등원칙이 최소치 보장을 전제로 최소극대화 규칙 추구를 함축하는 최소극대화 형평 기준이라면, 이미 물질적 재화의 최소치 보장이 이루어진 사회로 볼 수 있다. 그리고 이러한 최소치 보장이 이루어진다면 롤즈의 언급처럼 자신의 인생 계획을 추구하는 데 제약이 없을 것이다.

52) Penny(2013), p.342.
53) Rawls(1999a), p.477. (번역본 p.695)

즉 경제적 불평등이 자존감 훼손으로 이어지지 않을 수 있다. 이런 의미에서 롤즈는 차등원칙이 적용된다면 "이유 있는 시기심(excusable envy)"이 경제적 불평등에 적용되지 않는다고 주장한다.[54]

2) 자존감의 물질적 토대와 차등원칙

앞에서 검토한 것처럼, 자존감의 물질적 토대가 차등원칙이 아닌 평등원칙에 따라 분배되어야 한다는 주장은 의심스럽다. 왜냐하면, 이러한 주장은 자존감의 사회적 토대가 다양한 원칙들에 의해 분배될 수 있다는 점을 간과하고 있을 뿐만 아니라, 물질적 불평등이 자존감의 불평등을 초래한다는 의심스러운 심리적 전제에 기반을 두고 있기 때문이다. 앞 절의 논의가 자존감의 물질적 토대와 관련된 분배 논쟁에 대한 소극적 대응이었다면, 본 절은 자존감의 물질적 토대가 차등원칙에 의해 분배된다는 적극적 대응을 제시하고자 한다. 여기서 강조하고 싶은 것은, 차등원칙이 최소치 보장(sufficiency)을 전제로 최소극대화 규칙 추구를 포함하는 최소극대화 형평 기준이며, 자존감의 물질적 토대를 차등원칙을 통해 분배한다는 것은 최소치 보장을 추구한다는 의미라는 점이다.[55] 적정 수준의

---

54) 롤즈는 "합리적인 개인은 적어도 자신과 다른 사람들 사이의 차등이 부정의의 결과라고 생각하지 않고 어느 한도만 넘지 않는다면 시기심에 사로잡히지 않는다"는 심리적 경향성을 전제하고 있다(Rawls(1999a), p.464. (번역본 p.678)). 롤즈는 시기적 성향의 중요한 심리적 근거는 무력감과 관련된 자기 자신의 가치에 대한 자신감 결여라고 생각하는데, 이러한 점에서 시기심은 자존감의 결여와 관련된다(Rawls(1999a), p.469).

55) 최소치 보장주의(sufficitarianism)는 기본적으로 사람들이 충분한 물질적 자원을 갖는 것이 도덕적으로 중요하다는 주장과 일단 모든 사람이 충분한 물질적 자원을 가지면 어떤 사람이 더 많이 갖고 더 적게 갖는 것은 절대적으로 도덕적 의미를 갖지 않는다는 주장으로 정돈될 수 있다(Paula(1997)). 그런데 차등원칙은 앞의 첫 번째 주장과는 양립할 수 있지만, 두 번째 주장과는 양립할 수 없다는 점에서 최소치 보장주의로 볼 수 없다. 왜냐하면 차등원칙은 최소치 보장 이후에는 최소극대화에 따라 최소 수혜자에게 이득이 될 경우에만 경제적 불평등이 허용된다는 도덕적 의미를 부여하고 있기 때문이다. 이런 의미에서 본 논문은 차등원칙을 최소치 보장주의와 우선성 입장이 결합한 분배원칙으로 본다.

물질적 토대가 마련되면 자존감이 충족된다는 전제에서 볼 때, 차등원칙의 이러한 의미가 확인된다면 차등원칙이 자존감의 사회적 토대의 물질적 재화를 분배하는 데 적합한 분배원칙임을 알 수 있을 것이다.

차등원칙이 최소치 보장을 전제로 최소극대화 규칙 추구를 포함하는 분배원칙이라고 해석할 수 있는 근거는 세 가지로 볼 수 있다. 첫째, 롤즈는 차등원칙이 최소치 보장과 관련된 박애의 정신을 담고 있다고 주장하기 때문이다. 롤즈는, 많은 학자들이 차등원칙을 최소극대화 규칙과 동일시하고 있는데, 양자는 뚜렷이 구별되는 서로 다른 논의임을 명시한다.56) 왜냐하면 차등원칙이 다른 분배원칙들보다 우월하다고 주장하기 위해, 불확실성 하에서의 결정을 위한 최소극대화 규칙을 사용하지 않기 때문이다. 롤즈는 차등원칙이 다른 분배원칙들보다 우월하다고 주장하기 위해, 차등원칙은 보상(redress)의 원칙이 추구하는 정신을 담고 있으며, 호혜성(reciprocity)을 추구하며, 박애의 정신을 담고 있다고 주장한다.57) 이러한 특징 가운데 박애의 정신은 차등원칙이 최소치 보장을 전제하고 있음을 보여준다. 롤즈에 의하면 박애는 복종과 굴종의 방식 없이 다양한 공공적 관습(convention)에서 나타나는 사회적 존중감(social esteem)을 어느 정도 동등하게 갖는 것이며, 시민적 우애와 사회적 연대감을 의미한다.58) 이러한 의미로 인해 차등원칙은 정의의 두 원칙의 사회가 불운한 사람들이 경쟁에서 뒤처지도록 내버려두는 식의 평등한 기회에 입각한 업적주의적 사회(meritocratic society)로 가지 않게 한다. 롤즈는 차등원칙이 이렇게 사회의 성격 자체를 바꾸게 되는

---

56) Rawls(2001), p.43 n3. (번역본 p.89). 각주 48에서 언급한 것처럼, 차등원칙은 최소극대화 규칙이 아니라 최소극대화 기준 또는 최소극대화 형평 기준이다. 그러나 롤즈는 양자의 구별 과정에서 생기는 오해를 막기 위해 최소극대화 형평 기준이라는 표현보다는 차등원칙을 선호하는 것으로 보인다.

57) Rawls(1999a), pp.86-92 (번역본 pp.151-160)

58) Rawls(1999a), p.90. (번역본 p.157)

것은, 자존감의 사회적 토대를 고려하고 질서정연한 사회가 사회적 결사체들의 사회적 통합체라는 사실을 주목할 때 더욱 명백해진다고 주장한다.[59] 롤즈의 차등원칙의 박애 설명에서 알 수 있는 것처럼, 차등원칙은 최소 수혜자(the least advantaged)에게 조금의 이익만 있다면 엄청난 경제적 불평등을 허용하는 것이 아니라, 최소 수혜자를 포함한 사회 구성원들의 자존감이 유지될 수 있을 정도의 적정 수준 이상의 경제적 수준을 유지하게 한다.

둘째, 차등원칙이 최소치 보장을 전제한다는 것은 배경적 제도(background institutions) 설명에서도 알 수 있다. 롤즈는 분배적 정의가 실현되는 적절한 체계의 배경적 제도를 설명하면서 "가족 수당 및 질병이나 고용에 대한 특별한 급여에 의해서나 아니면 조직적으로 등급별 보조(소위 네거티브 소득세)와 같은 방도에 의해 사회적 최소치를 보장하게 된다"고 기술한다.[60] 롤즈 논의에서 물질적 재화와 관련된 원칙은 차등원칙인데, 이러한 설명과 일관되도록 차등원칙을 해석하기 위해서는 차등원칙이 적정 수준의 최소치를 토대로 이루어지는 원칙으로 봐야 할 것이다. 롤즈는 차등원칙이 이론상으로는 적게 혜택 받는 사람에게 사소한 이득을 주는 대신에 무한히 큰 불평등을 허용할지는 모르나, 실제로 배경적 제도로 인해 소득과 부의 간격이 그리 크지 않게 된다고 주장한다.[61] 이러한 입장은 롤즈의 차등원칙과 일반적인 정의원칙과의 관련성 속에서도 발견된다. 롤즈는 차등원칙이 포함된 특수한 정의관을 일반적인 정의관으로부터 도출하고 있는데, 일반적인 정의관의 차등원칙 부분은 다음과 같다. "모든 사회적 가치들—자유, 기회, 소득, 재산 및 자존감의 사회적 토대—은 이러한 가치들의 일부 또는 전부의 불평

---

59) Rawls(1999a), p.91. (번역본 p.159)
60) Rawls(1999a), p.243. (번역본 p.369)
61) Rawls(1999a), p.470. (번역본 p.686)

등한 분배가 모든 사람에게 이익이 되지 않는 한 평등하게 분배되어야 한다."[62] 롤즈의 차등원칙은 평등한 분배보다는 사회 구성원 모두에게 이익이 되는 방식일 때에만 정당화된다고 볼 수 있다. 그리고 그러한 평등한 분배는 사회 구성원들에게 사회적 최소치와 유사한 수준에서 설정될 것으로 예측된다. 따라서 이러한 논의들은 차등원칙이 적정 수준의 최소치를 전제하고 있음을 보여준다.

셋째, 차등원칙의 조건인 정의로운 저축의 원칙(just savings principle)에서 차등원칙이 최소치 보장을 전제한다는 것을 알 수 있다. 롤즈의 정의로운 저축의 원칙은 동일 세대(intragenerational) 맥락에서의 분배 정의인 차등원칙의 세대 간(intergenerational) 맥락에서의 형태이다.[63] 이 의미는 차등원칙과 정의로운 저축의 원칙이 긴밀하게 관련되어 있음을 의미하는데, 롤즈는 정의로운 저축의 원칙이 차등원칙을 규제한다(constrain)고 말한다.[64] 롤즈가 자신의 정의의 원칙의 최종적인 정식이라고『정의론』에서 제시하는 제2원칙은 "사회적, 경제적 불평등은 다음 두 가지, 즉 (a) 그것이 정의로운 저축 원칙과 양립하면서 최소 수혜자에게 최대 이득이 되고, (b) 공정한 기회 균등의 조건 아래 모든 사람들에게 개방된 직책과 직위가 결부되게끔 편성되어야 한다"이다.[65] 제2원칙의 (a)가 차등원칙인데, 정의로운 저축 원칙과 양립해야 한다는 조건이『정의론』44절의 세대 간 정의와의 관련성 속에서 현 세대와 미래 세대와의 관계에서만 이해되고 있는데, 정의로운 저축의 원칙을 세대 간 정의의 정신에 맞춰 보면 과거 세대와 현 세대의 최소치 보장 조건으로도 해석할 수 있다. 왜냐하면 정의로운 저축의 원칙은 현 세대가 적정 수준의 문명과 질서정연한 사회를 이룩하는 데 필요한 최소치

---

62) Rawls(1999a), p.54. (번역본 p.107)
63) Mckinnon(2012), p.32.
64) Rawls(1999a), p.257. (번역본 p.387)
65) Rawls(1999a), p.266. (번역본 p.400)

를 미래 세대에게 보장해주려는 방안인 동시에, 현 세대가 이전 세대로부터 부여받은 최소치를 전제하는 방안이기 때문이다. 이러한 맥락에서 롤즈는 충분히 협력적인 사회 구성원이 되기 위해서는 "최소의 핵심 요소들(minimum essentials)"이 요구된다고 주장하고 있다.[66) 롤즈는 원초적 입장의 합의 당사자들이 정의의 여건을 모두 알고 있다고 언급하는데,[67) 그렇다면 세대 간 정의에는 엄밀한 의미는 아니지만 일종의 상호성(a kind of reciprocity)이 담겨 있다고 볼 수 있다. 세대 간 정의가 원초적 입장의 합의 당사자에게 "이전 세대가 너에게 했던 것처럼 너도 미래 세대에게 하라"는 지침이 될 수 있다는 점에서 결과적으로 상호성의 원칙과 닮았기 때문이다.[68)

이상의 논의에서 볼 수 있는 것처럼, 롤즈의 차등원칙은 자존감을 보장할 수 있는 수준의 최소치를 보장한 이후에 최소극대화 규칙 추구를 포함하는 최소극대화 형평성 기준으로 해석될 수 있다. 차등원칙에 담겨 있는, 최소 수혜자의 이익을 극대화하라는 최소극대화 규칙은 각주 44절에서 언급된 것처럼 우선성 가치를 담고 있다. 따라서 차등원칙은 최소치 보장(sufficiency)과 우선성(priority) 가치가 결합한 형태로 볼 수 있다. 이러한 해석은 『정의론』의 다른 논의들과 일관성을 유지할 수 있으면서도 그동안 자존감의 사회적 토대 분배와 관련되어 제기되었던 롤즈에 대한 비판에 적절히 대응할 수 있다는 장점이 있다. 왜냐하면, 차등원칙에 대한 이러한 해석이 타당하다면, 롤즈의 논의는 이얼이 주장하는 것과 같은 비일관성이나 새로운 원칙을 추가해야 한다는 문제에 봉착하지 않으면서도 롤즈의 두 원칙의 적절한 협업을 통해 자존감의 사회적 토대를 효과적으로 분배할 수 있게 하기 때문이다.

---

66) Rawls(2001), p.175.
67) Rawls(1999a), p.111. (번역본 p.184)
68) Freeman(2007), pp.138-139.

4. 나오는 글

본 논문은『정의론』에서 자존감의 사회적 토대의 내용에 롤즈가 제시한 사회적 기본 재화뿐만 아니라, 자존감 확보를 위해 필요한 새로운 사회적 기본 재화도 포함될 수 있다고 주장했다. 또한, 이러한 자존감의 사회적 토대의 내용에 해당하는 재화들은 정의의 두 원칙의 협업을 통해 효과적으로 분배될 수 있음을 규명했다. 이러한 주장과 규명은 자존감의 사회적 토대의 내용에 물질적 재화가 포함되는지에 대한 논란과 추가적인 재화가 있는지에 대한 논란을 해소시켜 준다. 또한, 자존감의 사회적 토대 분배를 위해 새로운 분배원칙이 요구된다는 주장에 대응하여 롤즈 정의론의 일관성과 정합성을 유지하는 데 기여한다. 본 논문은 이러한 논의 과정에서 차등원칙에 담겨 있는 박애의 정신과 의미를 살려 볼 때, 차등원칙이 최소치 보장과 우선성 가치가 결합한 형태로 해석될 수 있음을 보였다.

본 논문은 자존감의 사회적 토대와 관련된 기존의 비판들에 대응하면서, 자존감의 사회적 토대가 롤즈의 정의론과 일관성을 유지하면서 제시될 수 있음을 보였다. 그런데 이 과정에서 알게 된 것은, 자존감의 사회적 토대의 내용이 특정한 사회적 기본 재화들로 한정되지도 않을 뿐만 아니라 명시되지도 않는다는 점이다. 이런 점은 롤즈의 논의가 갖는 명료성을 훼손한다고 볼 수 있다. 또한, 본 논문에서 검토한 것처럼 자존감의 사회적 토대가 기존의 기본 재화들을 모두 포함한다고 해석된다면, 롤즈의 사회적 기본 재화에서 중복이 불가피한데 이러한 중복은 롤즈 논의가 갖는 단순함의 미덕이 훼손된다고 볼 수 있다. 더욱이 롤즈의 분배원칙이 다른 사회적 기본 재화들에서는 적절하게 분업화되었던 반면, 가장 중요한 기본 재화라는 자존감의 사회적 토대에서는 정의의 두 원칙이 협업해야 하는 등의 중복 작업처럼 보이기도 한다. 이런 이유들 때문에 혹자는 자존감의 사회적 토대 자체를 롤즈의 사회적 기본 재화 목록에서 제외하는 방안을 조심스럽게 제안할 수도 있다. 그런데 이러한 제안을 롤즈는 수용하지 않을 것 같다. 롤즈는 『정의론』 초판(1971) 서문에서 평등에 관한 문제, 사회적 통합체로서의 사회에 관한 문제, 자유의 우선성 문제 등의 문제를 해결하기 위해 자존감의 사회적 토대를 기존 재화에 포함했다고 언급하고 있으며, 이러한 입장을 『정의론』 개정판(1999a)에서도 유지하고 있기 때문이다.[69] 자존감의 사회적 토대가 롤즈의 언급처럼 『정의론』에서 중요한 역할과 의미를 실제적으로 갖는다면 단순함과 명료함의 미덕이 훼손될지라도 사회적 기본 재화에 자존감의 사회적 토대를 포함시키는 것이 적절할 것이다. 이와 관련된 논의는 다른 논문에서 다루고자 한다.[70]

참고문헌

목광수. 2017. 「롤즈의 자존감과 자존감의 사회적 토대의 역할과 의미에 대한 비판적 고찰」. 『철학논총』 제87집.

박상혁. 2012. 「롤즈의 정의로에서 시민들의 자존감 보장과 결사체 민주주의적 발전」. 『철학연구』 제97집.

주동률. 2010. 「하향평등 반론과 평등주의의 대응」. 『철학』 제103집.

홍성우. 2011. 「롤즈의 자존감 이론」. 『범학철학』 제61집.

Anderson, Elizabeth. 2010. "Justifying the capabilities approach to justice," In Harry Brighouse and Ingrid Robeyns(eds.). *Measuring Justice: Primary Goods and Capabilities*. Cambridge University Press.

---

69) Rawls(1999a), p.xix. (번역본 p.29)

70) 롤즈의 자존감과 자존감의 사회적 토대의 역할과 의미에 대해서는 목광수(2017)에서 다루고 있다.

Barry, Brian. 1973. "John Rawls and the Priority of Liberty." *Philosophy & Public Affairs* 3.

Brake, Elizabeth. 2013. "Rereading Rawls on Self-Respect," In Ruth Abbey(ed.). *Feminist interpretations of John Rawls*. The Pennsylvania State University of Press.

Casal, Paula. 1997. "Why sufficiency is not enough." *Ethics*, Vol. 117.

Cohen, Joshua. 1989. "Democratic Equality." *Ethics*, Vol. 99 (4).

Daniels, Norman. 1989. "Equal Liberty and Unequal Worth of Liberty," In Norman Daniels (ed.), *Reading Rawls*. Stanford University Press.

Doppelt, Gerald. 1981. "Rawls' System: A Critique from the Left." *NOÛS*.

Doppelt, Gerald. 2009. "The Place of Self-Respect in *A Theory of Justice*." *Inquiry*, Vol. 52 (2).

Eyal, Nir. 2005. "'Perhaps the most important primary good': self-respect and Rawls's principles of justice." *Politics, Philosophy & Economics*, Vol. 4 (2).

Fraser, Nancy and Axel Honneth. 2003. *Redistribution or Recognition?: A Political-Philosophical Exchange*. Verso.

Freeman, Samuel. 2007. *Rawls*. Routledge.

Hill, Thomas. 2014. "Stability, A Sense of Justice and Self-Respect," In Jon Mandle(ed.). *A Companion to Rawls*. Blackwell.

Margalit, Avishai. 1996. *The Decent Society*. Harvard University Press.

Mckinnon, Catriona. 2012. *Climate Change and Future Justice*.

Routledge.

Mckinnon, Catriona. 2003. "Basic Income, Self-Respect and Reciprocity." *Journal of Applied Philosophy*, Vol. 20 (2).

Mckinnon, Catriona. 2000. "Exclusion rules and self-respect." *The Journal of Value Inquiry*, Vol. 34 (4).

Michelman, Frank. 1989. "Constitutional Welfare Rights and *A Theory of Justice*," In Norman Daniels(ed.). *Reading Rawls*. Stanford University Press.

Miller, David. 1978. "Democracy and Social Justice." *British Journal of Political Science*, Vol. 8.

Moriarty, Jeffrey. 2009. "Rawls, Self-Respect, and the Opportunity for Meaningful Work." *Social Theory and Practice*, Vol. 35 (3).

Okin, Susan Moller. 2005. "'Forty acres and a mule' for women: Rawls and feminism." *Politics. Philosophy & Economics*, Vol. 4 (2).

Penny, Richard. 2013. "Incentives, Inequality and Self-Respect." *Res Publica*, Vol. 19.

Pogge, Thomas. 1989. *Realizing Rawls*. Cornell University Press.

Pogge, Thomas. 2007. *Rawls: His Life and Theory of Justice*. Oxford University Press.

Rawls, John. 1971. *A Theory of Justice*. Harvard University Press.

Rawls, John. 1980. "Kantian Constructivism in Moral Theory: The Dewey Lectures." *Journal of Philosophy* 77.

Rawls, John. 1993. *Political Liberalism*. Columbia University Press. (장동진 옮김. 1998. 『정치적 자유주의』. 동명사)

Rawls, John. 1999a. *A Theory of Justice*. Harvard University Press. (황경식 옮김. 2003. 『정의론』. 이학사)

Rawls, John. 1999b. *Collected Papers*. Harvard University Press.

Rawls, John. 2001. *Justice as Fairness: Restatement*. Harvard University Press. (김주휘 옮김. 2016. 『공정으로서의 정의: 재서술』. 이학사)

Shue, Henry. 1975. "Liberty and Self-Respect." *Ethics*, Vol. 8 (3).

Wall, Steven. 2012. "Rescuing Justice from Equality." *Social Philosophy and Policy*, Vol. 29 (1).

Zaino, Jeanne. 1998. "Self-Respect and Rawlsian Justice." *The Journal of Politics*, Vol. 60 (3).

페어플레이의 원칙에 대한 재조명과
리처드 아네슨에 대한 답변

정 훈

1. 들어가며

많은 현대 정치철학자들은 사람들이 국가에 대하여 가지는 정치적 의무를 "합의이론(consent theory)"을 통해 설명하고자 하였다. 그러나 이러한 "합의이론"이 가지는 여러 가지 한계[1]를 깨닫기 시작한 많은 정

---

* 이 논문은 한국철학회 편, 『철학』 제110집(2012)에 실린 글이다.

[1] 가장 대표적인 한계는, 대부분의 사람들은 자신들의 국적을 자발적인 동의에 의해 선택하지 않는다는 점이다. 현재 대한민국 국적을 가진 대부분의 사람들은 스스로의 선택에 의해서 대한민국 국적을 선택한 것이라고 볼 수는 없다. (대부분의 사람들은 자발적인 선택 없이 그저 대한민국에 태어났다는 이유로 대한민국 국적을 갖게 되었다.) 만약 우리가 사람들 간에 자발적인 합의 없이는 어떠한 도덕적 의무도 발생할 수 없다는 합의론을 일관되게 따르게 되면, 이 세상에 있는 대부분의 사람들에겐 자신들의 조국에 대한 정치적 의무가 없다는 결론에 도달하게 된다. 이러한 문제를 해결하기 위해, 합의이론을 옹호하는 많은 정치철학자들은 "명시적 합의(explicit consent)"가 아닌 "묵시적 합의(tacit consent)"를 통해 정치적 의무를 설명하고자 하는데, 이 역시 완전한 해결책이 되기에는 많은 문제점들을 가지고 있다.

치철학자들은 그에 대한 대안으로 "페어플레이의 원칙(Principle of Fair-Play 혹은 Principle of Fairness)"에 관심을 돌리기 시작하였다. 법철학자인 하트(H. L. A. Hart)는 페어플레이의 원칙을 다음과 같이 규정한다.

만약 일정 수의 사람들이 어떤 공동의 사업을 벌이기 위한 목적으로 정해진 규칙에 의거하여 자신들의 자유를 제한하였다면, 이들은 이러한 자신들의 공동 노력으로 인해 발생한 이익을 향유한 다른 모든 사람들에게 협동체계의 규칙을 지키게 만들 수 있는 권리를 갖게 된다. (중략) 그러한 상황에서 규칙을 지켜야 되는 도덕적인 의무는 이미 사회적인 협동체계에 참여하는 다른 사회의 구성원들 때문에 생기는 것이며, 이러한 사회적 협동체계에 참여하는 모든 사람들은 다른 모든 사회 구성원들에게 규칙에 순종할 것을 요구할 수 있는 권리를 갖는다.[2]

현대 정치철학의 대부인 롤즈(John Rawls) 역시 (사회의 기본구조가 아닌) 각 개인들 간에 적용되어야 할 도덕원칙으로서 페어플레이의 원칙을 언급하고 있으며, 그것을 다음과 같이 규정한다.

[페어플레이의 원칙의] 핵심적인 생각은 다음과 같다. 만약 일정 수의 사람들이, 어떤 규칙에 의거하여, 상호이익을 발생시키는 협동체를 구성하여 각자

---

2) (원문) "When a number of persons conduct any joint enterprise according to rules and thus restrict their liberty, those who have submitted to these restrictions when required have a right to a similar submission from those who have benefited by their submission. (⋯) the moral obligation to obey the rules in such circumstances is due to the co-operating members of the society, and they have the correlative moral right to obedience." H. L. A. Hart(1955), "Are There Any Natural Rights?" *The Philosophical Review*, Vol. 64, No. 2, p.185.

의 자유를 제한하게 되었다면, 그러한 목적을 위해 자신의 자유를 제한시킨 사람들은, 그와 같은 자신들의 희생을 통해 발생한 이익을 향유한 다른 사람들에게, 자신이 감수한 것과 비슷한 수준의 기여를 요구할 권리를 갖는다.[3]

한마디로 말해서, 페어플레이의 원칙에 따르면, 내가 만약 다른 사람들의 공동 노력과 희생으로 인해 생기게 된 어떤 이익을 즐기게 되었다면, 나는 다른 사람의 노력과 희생을 단순히 이용해서는 안 되며, 나 역시 그러한 공동 노력에 기여를 해야 할 책임과 의무를 갖게 된다는 것이다.

그동안 페어플레이의 원칙에 대하여 많은 종류의 철학적 문제가 제기되었는데, 이러한 문제들을 제기한 대표적인 정치철학자가 바로 현대 합의이론의 대부라고 할 수 있는 노직(Robert Nozick)이다. 노직에 의하면, 페어플레이의 원칙은 다음과 같은 점들 때문에 잘못되었다.

(1) 페어플레이의 원칙은 협동의 비용이 협동으로 인해 얻게 될 이익보다 큰 경우에도 사람들에게 도덕적 의무를 부과한다.

(2) 페어플레이의 원칙은 협동의 이익이 불평등하게 분배가 되는 경우에도, 모든 사람들에게 동일한 기여를 할 것을 요구한다.

(3) 페어플레이의 원칙은 협동체계에 참여를 하지 않을 양심적인 이유가 있는 사람들에게조차 협동의 의무를 부과한다.

(4) 페어플레이의 원칙은 어떤 사람에게 (그 사람이 원하지도 않았을

---

3) (원문) "The main idea is that when a number of persons engage in a mutually advantageous cooperative venture according to rules, and thus restrict their liberty in ways necessary to yield advantages for all, those who have submitted to these restrictions have a right to a similar acquiescence on the part of those who have benefited from their submission." John Rawls(1971, 1999), *A Theory of Justice*, Revised Edition, Belknap Press of Harvard University Press, p.96.

지 모르는) 이익을 주었다는 명목으로 그 사람을 강제할 수 있는 권리를 다른 사람들에게 부과한다.[4]

　노직은 개인의 자발적 동의란 개념을 어떠한 식으로든지 이론에 포함시키지 않고는 페어플레이의 원칙이 이러한 문제들을 해결하는 것은 불가능하다고 주장하였다. 하지만 그렇게 할 경우, 페어플레이의 원칙은 결국 합의이론으로 환원될 수밖에 없다는 것이 노직의 주장의 핵심이다.

　시몬즈(A. John Simmons) 역시 비슷한 문제제기를 하였다. 시몬즈에 따르면, 어떤 사회적 협동체계가 페어플레이의 원칙에 입각하여 사람들에게 도덕적 의무를 부과하기 위해서는, 설사 명시적 합의(explicit consent)가 필요하지는 않더라도, 적어도 사람들이 협동체계의 이익을 자발적으로 수용(voluntary acceptance)해야 한다는 사실에는 변함이 없다.[5] 아울러, 누군가 어떤 이익을 자발적으로 수용하기 위해서는, 그 사람은 그러한 이익을 기꺼이(willingly) 그리고 충분한 정보를 가지고 (knowingly) 받아들여야 한다. 여기서, 어떤 이익을 충분한 정보를 가지고 받아들였다 함은, 그 사람이 그 이익이 발생하게 된 정확한 근원과 그러한 이익을 즐기기 위해서 자신이 지불해야 될 비용을 충분히 숙지하고 있었다는 것을 의미하며, 그 사람이 그 이익을 기꺼이 받아들였다 함은, 그 사람이 요구되는 비용을 치르고서라도 그러한 이익을 즐기기를 선호했다는 것을 의미한다. 시몬즈에 따르면, 이러한 "자발적 수용" 없이는 페어플레이의 원칙이 사람들에게 어떤 도덕적 의무를 부과를 하는 것은 불가능하다.

---

4) Robert Nozick(1974), *Anarchy, State, and Utopia*, Basic Books, pp.90–108 참조.
5) A. John Simmons(1979), *Moral Principles and Political Obligations*, Princeton University Press, chapter V. pp.124–128.

그러나 아네슨(Richard Arneson)은 페어플레이의 원칙을 다른 방식으로 이해한다. 그의 논문 "The Principle of Fairness and Free-Rider Problems"[6]에서, 아네슨은 이익에 대한 "자발적 수용"이 어떤 협동체계가 도덕적 의무를 부과하기 위한 필요조건도 충분조건도 아님을 보여주고자 하였다. 아네슨은 기본적으로 노직이 제기하고 있는 (1)에서 (3)까지의 비판들이 타당한 비판들이라는 것을 인정한다. 그러나 아네슨은 이러한 비판들이 페어플레이의 원칙을 수정할 것을 요구할 뿐, 그것을 완전히 폐기할 것을 요구하지는 않는다. 아네슨에 따르면, 우리가 만약 협동체계가 "정의로울 것"을 추가적으로 요구한다면, 페어플레이의 원칙은 노직이 제기하고 있는 이 세 가지 비판들을 쉽게 해결할 수 있다. 다시 말해서, 정의로운 협동체계는 노직이 제기하고 있는 (1)에서 (3)까지의 비판들이 적용되지 않는 협동체계를 의미한다.

아네슨에 따르면, 이처럼 어떤 협동체계가 정의롭다면, 사람들은 단순히 그 협동체계로부터 발생한 이익을 (수동적으로) 받아들였다(mere receipt of benefits)는 사실만으로 그 협동체계에 기여를 해야 할 도덕적인 의무를 가지게 된다. 더 나아가서, 아네슨은, 협동체계가 정의롭기만 하다면, 이미 그 협동체계에 기여를 하고 있는 모든 사람들은, 그것에 아직 기여를 하고 있지 않는 다른 모든 사람들에 대하여 자신에게 부과된 응분의 몫을 기여하도록 강제할 수 있는 권한도 갖게 된다고 주장한다. 이것을 통해 아네슨은 노직의 (4)번 비판도 해결하고자 한다.

나는 기본적으로 페어플레이의 원칙을 수정함으로써 노직의 네 가지 비판을 해결하고자 했던 아네슨의 시도가 실패했다고 생각한다. 본 논문의 한 가지 중요한 목적은 아네슨의 시도가 정확하게 어떤 측면에서 실패했는지를 보여주는 것이다.

---

6) Richard J. Arneson(1982), "The Principle of Fairness and Free-Rider Problems," *Ethics*, Vol. 92, No. 4.

그러나 아네슨의 논변들을 비판하기 위해서는 우리는 우선적으로 페어플레이의 원칙 그 자체에 대해 아주 명확하게 이해할 필요가 있다. 불행하게도, 페어플레이의 원칙은, 이론적으로 봤을 때, 서로 다른 많은 개념과 구성요소들이 서로 복잡하고 미묘하게 얽혀 있어서, 그것이 정확하게 어떠한 조건 하에서 사람들에게 도덕적인 의무를 부과하는지에 대해서 혼돈되기가 매우 쉽다. 나는 기본적으로 아네슨이 제기하고 있는 비판들 역시 바로 이러한 혼돈으로부터 야기된 것이라고 생각한다.

이 논문의 또 다른 중요한 목적은 페어플레이의 원칙 그 자체에 대해서 최대한 자세하고 정확한 설명을 제시하는 것이다. 나는 독자들이 페어플레이의 원칙에 대하여 사람들이 흔히 갖게 되는 오해에 빠지는 것을 최대한 막고자 가능한 한 많은 사례를 들어 독자의 이해를 돕고자 노력하였다.

페어플레이의 원칙에 대한 정확한 규정과 설명을 제시한 후에, 나는 그것을 바탕으로 아네슨의 논변들을 비판할 것이다. 구체적으로 말해서, 나는 아네슨이 제시하고 있는 여러 논변들이, 자발적 수용이, 페어플레이의 원칙이 도덕적인 의무를 부과하기 위한 필요조건도 충분조건도 될 수 없다는 주장을 제대로 뒷받침하고 있지 못한다는 것을 보일 것이다. 오히려, 아네슨의 본 의도와는 정반대로, 나는 그의 입장이 실제로는 이익에 대한 자발적 수용이 페어플레이의 원칙이 어떤 도덕적 의무를 부과하기 위한 필요충분조건이라는 사실을 이미 전제하고 있다는 것을 보일 것이다.

2. 상호협동체계(Mutual Cooperative Schemes), 공공재(Public Goods), 무임승차자들(Free-riders), 그리고 페어플레이의 의무(the Obligation of Fair-Play)

우선적으로 페어플레이의 원칙이라는 것이 무엇인지, 페어플레이의 원칙이 정확하게 어떠한 방식으로 도덕적 의무를 부과하는지, 그리고 이때 발생한 도덕적 의무는 정확하게 어떤 종류의 의무인지에 대해서 우리는 명확하게 이해할 필요가 있다. 아주 개략적으로 말하자면, 페어플레이의 원칙은 누군가가 어떤 특정한 조건 하에서 어떤 특정한 종류의 이익을 즐기게 되었다면, 그 사람은 그러한 이익이 발생하는 과정에 기여를 해야 될 도덕적 의무가 있다고 주장을 하는 이론이다. 여기서 주의를 해야 할 점은 페어플레이의 원칙은, 그것이 어떤 종류의 이익이든, 단지 그것을 향유하였다는 이유로, 그것을 즐긴 사람에게 도덕적 의무를 부과하는 것은 아니라는 점이다.

페어플레이의 원칙이 도덕적인 의무를 부과하기 위해서는 다음과 같은 세 가지 사항들이 중요하다. 첫째, 이익의 원천, 둘째, 이익의 종류, 그리고 셋째, 이익을 향유한 자가 그 이익에 대하여 가지는 관계.

1) 이익의 원천: 상호협동체계

먼저 이익의 원천에 대해서 살펴보도록 하자. 아주 간단히 말해서, 페어플레이의 원칙이 도덕적 의무를 부과하기 위해서는, 문제가 되는 그 이익이 반드시 어떤 "상호협동체계(mutual cooperative scheme)"에 의해서 생긴 이익이어야만 한다. 그렇다면, 여기서 말하는 "상호협동체계"라는 것은 무엇을 의미하는가?

〈상호협동체계의 특성〉

"상호협동체계"(혹은 그냥 "협동체계")란 구성원들 간의 공동의 노력을 통해 어떤 공동의 목적을 실현하기 위해서 모인 사람들의 집합을 의미한다. 대개의 경우, 협동체계에서는 그 공동의 목적이 실현되면, 그 집단의 구성원들 모두가 향유할 수 있는 어떤 이익이 발생한다. 사람들이 기본적으로 이러한 협동체계를 구성하게 되는 가장 중요한 이유는,

이 세상에는 매우 가치가 있으나 여러 사람들이 공동의 노력을 기울이지 않을 경우 실현될 수 없는 여러 목표들이 있기 때문이다.[7] 쉽게 말해서, 사람들은 자신들의 독자적인 노력으로 실현이 불가능한 어떤 유의미한 목적을 실현하기 위해 협동체계를 구성하게 된다.

일정 수의 사람들이 협동체계를 구성하게 되면, 협동체계를 구성하는 각각의 구성원들에게는 특정한 역할이 부여된다. 이들 중 "충분한 수"의 사람들이 자신들에게 부여된 역할을 성공적으로 수행하게 되면, 협동체계는 본래 추구했던 목표를 달성하게 된다.

대개의 경우, 각각의 구성원들에게 어떤 역할이 부여되었는지는, 협동체계의 전 구성원들에게 알려진 공개적인 사실이다. 바로 이러한 공개성으로 인해 사람들은 상호 간에 모종의 기대를 형성하게 된다. 즉, 내가 아닌 다른 모든 사람들은 내가 나에게 부여된 역할을 성실히 수행할 것을 기대하게 되며, 나 역시 다른 사람들이 자신에게 부여된 역할을 성실히 수행할 것이라고 기대하게 된다. 내가 나에게 부여된 역할을 기꺼이 수행하려고 하는 이유는, 다른 모든 사람들 역시 자신들에게 부여된 역할을 성실히 수행할 것이라고 내가 믿기 때문이다.

여기서 중요한 점은, 비록 모든 사람들이 자신에게 부여된 역할을 성실히 수행할 것이라고 모든 사람들이 기대를 하는 것은 사실이지만, 협동체계가 추구하는 목표를 성공적으로 달성하기 위해서는 실제로 "전원 참여"가 요청되지는 않는다는 것이다. 대부분의 협동체계는 참여자 전원이 아닌, 단지 "충분한 수" 이상의 사람들이 기여를 하는 것만으로도 목표를 달성할 수 있다. 여기서 어느 정도 수의 사람들을 두고 "충분한 수의 사람들"이라고 할 수 있는지는 협동체계의 종류에 따라 다르다. 중요한 점은 협동체계의 바로 이러한 특성 때문에 일부의 사람들은 무임승차자가 되는 것이 가능해진다. 페어플레이의 원칙이 도덕적 의무를 부

---

7) 대표적인 예가 국방이다.

과함으로써 막고자 하는 행위가 바로 이러한 무임승차 행위라고 할 수 있다. (무임승차 행위에 대해서 조금 후에 다시 논의를 하도록 하겠다.)

요약을 하자면, 어떤 것이 협동체계가 되기 위한 조건들은 다음과 같다:

(가) 참여하는 2인 이상의 사람이 있다.

(나) 모든 참여자들이 추구하는 공동의 목표가 있다.

(다) 그러한 공동의 목표가 달성될 경우, 모든 참여자들이 향유할 수 있는 이익이 발생한다.

(라) 각각의 참여자들에게는 어떤 특정한 역할이 부여되며, 각각의 참여자들에게 어떠한 역할이 부여되어 있는지는 참여자들 모두에게 공개적으로 알려져 있다.

(마) 협동체계가 목표를 성공적으로 달성하는 데는 100%의 참여율이 요청되지 않는다.

이러한 조건들이 충족되면, 각각의 참여자들에게는 무임승차자가 되려는 유발동기(incentive)가 생기게 된다. 페어플레이의 원칙이 부과하는 도덕적인 의무란 결국 협동체계에 참여하는 각각의 참여자들이 무임승차자가 되지 않을 도덕적 의무이다.

〈페어플레이의 원칙과 이익의 원천〉

여기서 강조되어야 할 한 가지 사항은, 페어플레이의 원칙이 도덕적 의무를 제대로 부과하기 위해서는, 사람들이 향유하게 되는 그 이익이 반드시 협동체계에 의해 발생한 이익이어야 한다는 점이다. 다시 말해서, 페어플레이의 원칙이 제대로 작동하기 위해서는 이익의 원천이 무엇이냐가 중요하다.

만약 당신이 당신의 친구로부터 예상치 못한 선물을 받게 되었다면, 당신 역시 당신 친구에게 뭔가 보답을 해야 할 도덕적 의무가 있을 수 있겠지만, 여기서의 도덕적 의무는 페어플레이의 원칙이 부과하는 도덕적 의무와는 관련이 없다. 왜냐하면, 당신이 받은 이익(즉, 선물)은 여러 사람들이 모여 형성한 협동체계에 의해 생겨난 이익이 아니기 때문이다. 이런 점에서 개인적인 관계나 거래로부터 생겨나는 도덕적인 의무들은 페어플레이의 원칙에 의해 제대로 설명될 수 없다고 할 수 있다.

물론, 페어플레이의 원칙이 두 사람 간에 이루어지는 사적인 거래에도 적용되는 것이 전혀 불가능한 것은 아니다.[8] 그러나 그 경우에도 반드시 그러한 사적인 거래 자체가 협동체계로 간주될 수 있는 조건들을 충

---

8) 예를 들어서, 철수와 영희가 서로의 생일에 서로 선물을 사주기로 상호합의를 하였다고 가정해 보자. 아울러, 철수의 생일날, 영희는 철수에게 선물을 주었다고 하자. 이제 몇 달 후가 지나서 영희의 생일이 근접하고 있다고 가정해 보자.

이때, 보통의 사람들은 이러한 상황에서 철수가 영희에게 생일선물을 사줘야 할 의무가 있다고 생각할 텐데, 이때, 철수에게 적용되는 의무는 단순히 상호계약이나 친밀한 인간관계에서 비롯되는 것이 아니라, 페어플레이에 대한 고려에서도 비롯되는 것처럼 느껴진다. 다시 말해서, 만약 철수가 영희에게 선물을 되돌려주지 않기로 결정을 하였다면, 그는 영희의 노력과 희생으로 발생한 이익을 어떠한 기여도 없이 즐겼다는 점에서, 단순히 개인 간에 이루어진 상호합의를 어긴 자일 뿐만 아니라, 페어플레이의 의무를 어기고 있는 무임승차자로 해석될 수도 있을 것이다.

여기서, 우리가 눈여겨보아야 할 점은, 어떠한 행위를 마땅히 수행해야 할 의무가 다양한 방식으로 생길 수가 있다는 것이다. 철수가 조금 전의 상황에서 페어플레이의 의무를 어기고 있는 무임승차자로 해석될 수 있는 가장 큰 이유는, 서로의 생일에 선물을 교환하기로 한 철수와 영희의 약속 자체가 일종의 협동체계로 간주될 수 있다는 데 있다. 즉, 거기에는 2인 이상의 참여자들이 있고, 참여자들에게는 자신들의 개인적인 노력만으로는 실현시키기 힘든 어떤 공동의 목표(서로의 생일에 선물을 교환함으로써 서로의 우정을 돈독히 함)가 존재하며, 각각의 참여자들은 그러한 공동의 목표가 실현될 경우 얻게 되는 이익(각자 자신의 생일에 선물을 받음)이 있고, 각각의 참여자들에게는 공동의 목표를 실현시키기 위해 어떤 구체적인 역할(상대방의 생일에 선물을 준비하기)이 부여가 되며, 각각의 참여자들에게 부여된 역할이 공개적이고, 이러한 공개성은 각각의 참여자들에게 상대가 그러한 역할을 수행할 것이라는 기대감을 형성시키며, 충분한 수의 참여율이 보장되는 한, 한 개인은 협동체계에 대한 어떠한 기여도 없이 다른 사람의 공동 노력으로부터 발생하는 이익을 무임승차를 통해 향유하는 것이 가능하다.

그러나 만약 철수와 영희가 애초부터 상호-생일선물-교환의 협동체계를 설립하지 않았다면, 철수는, 설사 영희의 생일에 선물을 되돌려주지 않았다 하더라도, 페어플레이의 의무를 위배하고 있는 것이라고는 볼 수 없다.

족하고 있어야 한다.[9] 만약 어떤 거래가 협동체계로 제대로 간주될 수가 없다면, 그로부터도 다양한 종류의 도덕적 의무가 발생할 수 있지만, 여기서 발생하는 도덕적 의무들은 페어플레이의 원칙으로부터 발생하는 것이라고는 볼 수 없다. 요약을 하자면, 페어플레이의 원칙이 어떤 의무를 발생시키기 위해서는, 그 이익의 근원이 반드시 협동체계이어야 한다.

2) 이익의 종류: 공공재

우리는 방금 페어플레이의 원칙이 도덕적 의무를 부과하기 위해서는 이익의 원천이 협동체계이어야 한다는 것을 살펴보았다. 그러나 단지 어떤 협동체계로부터 발생한 이익을 누군가가 향유하였다고 해서, 그 사람에게 페어플레이의 의무가 자동적으로 부과되는 것은 아니다. 페어플레이의 원칙이 도덕적인 의무를 제대로 부과하기 위해서는, 그 이익 자체가 어떤 특정한 종류의 이익이어야 한다. 그렇다면, 협동체계로부터 발생하는 이익이 정확히 어떤 특성들을 갖추고 있어야 그것의 수혜를 받는 사람들에게 페어플레이의 의무가 발생할까?

〈비-배타적 공공재와 페어플레이의 원칙〉
이것에 대한 대답은, 문제의 이익이 어떤 공공적인 특성을 갖춰야 된다는 것이다. 아네슨에 따르면, 어떤 재화는 다음과 같은 세 가지의 특성

---

9) 어떤 것이 협동체계의 조건을 갖추고 있다고 해서 그것이 개인 간의 사적인 거래가 될 수 없는 것이 아니다. 각주 8에서 제시된 사례는 이 점을 보여주기 위해서 고안된 사례다. 즉, 두 사람들 간에 이루어지는 선물 교환은 두 사람들 간에 존재하는 개인적인 유대관계 및 그로부터 발생한 상호합의에 의해 이루어졌을 뿐만 아니라, 양 당사자들의 행위의 결과가 타인 혹은 제3자에게 영향을 미치지 않는다는 점에서 "사적"이다. 하지만 조금 전에 각주 8을 통해서 살펴본 것처럼, 두 사람들 간에 이루어지는 선물 교환이 앞에서 제시된 협동체계의 조건들을 갖추게 된다면, 그것은 "사적인 거래"인 동시에 "협동체계"라고 할 수 있을 것이다.

을 갖는 정도에 따라 그 공공성(public)의 정도가 결정된다.[10]

(1) 가용성(Availability) : 한 사람이 그 재화를 소비하더라도, 다른 사람들이 그 재화를 소비할 여력이 남아 있다.

(2) 비-배타성(Non-excludability) : 재화의 소비로부터 다른 사람들을 배제시키는 것이 현실적으로 힘들다.

(3) 평등성(Equality): 집단의 구성원 모두가 동일한 양을 소비한다.

아네슨은 (1), (2)번 조건만을 충족시키는 재화를 "집합적 재화(collective good)"라고 부르며, 세 조건들을 모두 충족시키는 재화를 "순수-공공재(pure-public good)"라고 부른다.[11] 여기서, 우리의 논의를 위해서 중요한 것은 페어플레이의 원칙이 도덕적 의무를 발생시키기 위해서는 오직 (2) 조건("비-배타성")만이 요구된다는 사실이다.

일단, (1)번 가용성의 조건에 대해서 살펴보도록 하자. 어떤 재화가 가용성의 조건을 충족하고 있다는 것은 그 재화의 양이 거의 무한할 정도로 많다는 것을 의미한다. 이 경우에, 한 사람이 그 재화를 소비하는 것은, 다른 사람들이 그 재화를 소비하는 것을 방해하지 않는다. 그러나 곰곰이 따져보게 되면, 이러한 가용성은 페어플레이의 원칙이 도덕적 의무를 부과하기 위한 필요조건이 될 수는 없다는 것을 알 수 있다.

다음과 같은 사례를 살펴보자. 열 명의 사람들이 한 사람의 마당에 사과나무를 가꾸기로 결정하고, 그것을 관리하기 위해 협동-체계를 구성하였다고 가정해 보자. 이때, 각각의 사람들에게 부여된 임무는 한 사람씩 돌아가면서 일주일씩 그 사과나무를 관리하는 것이다.

이때, 준호라는 사람이 요령을 피우게 되었다고 가정해 보자. 준호는

---

10) Arneson(1982), p.618.
11) Arneson(1982), p.619.

사과나무를 관리해야 될 자기 차례가 되었을 때, "나 하나쯤이야…"라는 생각을 가지고 아무것도 하지 않았다. 준호를 제외한 다른 아홉 명의 사람들은 모두 사과나무를 성실하게 관리를 하였다고 가정해 보자. 그 결과 사과나무는 무럭무럭 자라게 되었으며, 결국 계절이 지난 후에 그 사과나무는 사과 열매를 (공교롭게도) 딱 9개만 생산하게 되었다. 결국, 협동체계의 총 구성원 열 명 중에서 한 명은 사과를 받지 못하게 될 처지에 놓이게 된 것이다.

결국 사람들은 제비뽑기를 통해 한 사람이 사과를 받지 않기로 결정하였다. 제비뽑기의 결과, 준호는 사과를 받게 되었고, 평소에 성실하게 사과나무를 관리했던 나영이가 사과를 받지 못하게 되었다고 가정해 보자.

이 경우에, 협동체계를 통해 생산된 재화(사과 9개)는 가용성의 조건을 충족시키지 못한다. 누군가 재화를 소비하게 될 때마다, 다른 사람들을 위해 남아 있는 재화의 양은 그만큼 적어지며, 재화의 소비가 어떤 특정 지점(9)에 도달하게 되면, 다른 사람들은 더 이상 그 재화를 소비할 수가 없게 된다.

이처럼, 협동체계를 통해 생산된 재화가 가용성의 조건을 충족시키지 않음에도 불구하고, 준호는 이 사례에서 분명히 무임승차자이며, 그는 페어플레이의 의무를 위반하고 있다고 볼 수 있다. 페어플레이의 원칙에 따르면, 준호는 도덕적으로 마땅히 자신에게 부여된 의무를 성실하게 수행했어야 되며, 자신의 임무를 수행하지 않고 농땡이를 피움으로써, 준호는 다른 사람들의 노력과 희생을 부당하게 이용하였다.

이것은 페어플레이의 원칙이 적용되기 위해서, 협동체계에 의해 생산되는 재화 혹은 이익이 가용성의 조건을 반드시 충족시킬 필요는 없다는 것을 보여준다.

이제 평등성의 조건에 대해서 살펴보자. 협동체계에 의해 생산된 재화가 평등성의 조건을 충족한다는 것은 협동체계의 모든 구성원들이 자신의 의사와 무관하게 그 재화 혹은 이익의 동일한 양을 소비할 수밖에 없다는 것을 의미한다. 아네슨에 의하면, 이러한 평등성의 조건을 충족시키는 대표적인 사례가 바로 국방이다.[12] 그러나 이것 역시 면밀하게 검토를 해보게 되면, 우리는 페어플레이의 원칙이 도덕적 의무를 부과하기 위해서, 협동체계에 의해 생산된 재화가 반드시 이러한 평등성의 조건을 충족시킬 필요가 없다는 것을 알 수 있다.

다시 사과나무 관리의 사례로 되돌아가 보자. 이 사례에서, 사과나무가 자랄 수 있는 토지를 민철이가 제공하게 되었다고 가정해 보자. 아울러, 사과나무를 관리하기 위해 모인 모든 사람들은, 민철이가 토지를 제공하는 대가로, 이후에 사과가 생산되었을 때, 민철이에게 더 많은 사과를 분배하기로 합의하였다고 가정해 보자. 결과적으로 사과나무에서 12개의 사과 열매가 열리게 되었다고 가정해 보자. 이때, 사람들은 사과를 각각 1개씩 받은 후에, 나머지 2개의 사과를 민철이에게 주었다고 생각해 보자.

여기서 사과나무 관리의 협동체계에 참여했던 모든 사람들은 그 협동체계로부터 산출된 재화 혹은 이익을 평등하게 나눠 갖지 않았다. 그러나 설사 그렇다 하더라도, 사과나무 관리의 협동체계에 참여한 모든 사람들에겐 페어플레이의 원칙에 따라 자신에게 부여된 몫을 성실하게 기여해야 할 도덕적인 의무가 있다는 것에는 변함이 없다. 한마디로 말해서, 사과나무 관리하기의 협동체계로부터 생산된 이익이 불평등하게 분배되었다고 해서, 준호가 자신에게 부여된 임무를 버리고 농땡이를 피우는 것에 대해 페어플레이의 원칙이 침묵을 하는 것이 아니다. 따라서 협동체계에 의해 생산된 재화가 반드시 평등성의 조건을 충족해야만 페어플레이의 원칙이 적용되는 것은 아니라고 할 수 있다.[13]

---

12) Arneson(1982), p.619.
13) 익명의 한 심사자는 내가 이러한 논의를 통해서, "공공재"의 의미를 지나치게 축소시키고 있다고 지적하였다. 여기서 한 가지 주의를 해야 할 점은 이러한 논의를 통해서 나는

그러나 페어플레이의 원칙이 도덕적 의무를 부과하기 위해서는 협동체계에 의해 생산된 재화 혹은 이익이 "비-배타성의 조건"은 반드시 충족시켜야 한다. 다시 말해서, 만약 협동체계를 구성하는 구성원들이 어떤 특정 구성원으로부터 이익을 배제시키는 것이 원천적으로 가능하다면, 페어플레의 원칙은 페어플레이의 의무를 부과할 수 없게 된다.

다시 사과나무 관리의 협동체계로 되돌아가 보자. 이번에는 구성원들이 사과나무 주위에 24시간 작동하는 감시 카메라를 설치하기로 결정했다고 가정해 보자. 이 감시 카메라로 인해, 각각의 구성원들은 서로가 제대로 사과나무를 관리하고 있는지를 감시할 수 있게 되었다. 이러한 조치에도 불구하고, 준호는 여전히 농땡이를 피웠다고 가정해 보자.

이 경우에 준호는 무임승차자가 되는 것이 현실적으로 불가능하다고 볼 수 있다. 왜냐하면, 나머지 구성원들은 감시 카메라를 통해 준호가 사과나무를 제대로 관리하지 않고 농땡이를 피웠다는 것을 인지함으로써 나중에 사과 열매를 분배하는 과정에서 준호를 "배제"시킬 수가 있기 때문이다.

이것은 준호를 제외한 다른 구성원들이 준호가 무임승차를 함으로써 자신들의 노력과 희생을 이용하는 것을 원하기만 한다면 방지할 수 있다는 것을 말해 준다. 이러한 상황에서 만약 나중에 사과 열매를 거두고 나서 준호에게도 사과 열매를 분배하기로 다른 구성원들이 결정하였다면, 그것은 준호가 다른 구성원들의 노력과 희생을 이용했다기보다는, 오히려 다른 구성원들이 자신들의 노력과 희생을 준호로부터 스스로 이용당

어떤 이익이나 재화가 여기서 말하는 가용성의 조건 혹은 평등성의 조건을 충족시키지 않더라도, 그것이 공공재로 간주될 수 있다는 것을 주장하고 있는 것이 아니라는 점이다. 바꾸어 말하면, 어떤 이익 혹은 재화가 "공공재"로 간주될 수 있기 위해서는 어떤 조건을 충족시켜야 되는지를 밝히는 것은 본 논문의 초점이 아니다. 내가 여기서 강조하고 싶은 것은, 단지 어떤 이익 혹은 재화가 페어플레이의 의무를 발생시키기 위해서는 그것이 가용성 혹은 평등성의 조건을 충족시킬 필요가 없다는 것이다.

하기로 자발적으로 선택한 것이라고 할 수 있다. 결국, 이 상황에서 우리는 농땡이를 피우고 있는 준호에게 페어플레이의 의무를 부과할 수 없다는 것을 알 수 있다. 이것은 페어플레이의 원칙이 도덕적 의무를 부과하기 위해서는, 반드시 협동체계로부터 생산된 재화나 이익이 협동체계 내의 구성원들에 대해 비-배타적인 속성을 지니고 있어야 한다는 것을 말해 준다.

여기서, "협동체계 내의 구성원들에 대해"라는 말이 중요하다. 왜냐하면, 협동체계에 의해 생산된 재화나 이익을 협동체계 밖의 사람들이 즐기는 것을 배제시킬 수 있다고 하더라도, 페어플레이의 원칙은 여전히 협동체계 내의 구성원들에게 페어플레이의 의무를 부과할 수가 있기 때문이다.

예를 들어서, 사과나무 관리의 사례에서 협동조합의 구성원들이 사과나무 주위에 철조망을 설치하고, 철조망 안으로 들어가는 문에 자물쇠를 걸어, 그 열쇠를 협동체계의 내부 구성원들한테만 나눠 주었다고 생각해 보자.

이 경우에 협동체계로부터 생산된 재화나 이익은 협동체계의 내부 구성원들 사이에서는 비-배타성을 지니지만, 협동체계 바깥의 외부 사람들에 대해서는 배타성을 지닌다. 그러나 이처럼 외부 사람들을 협동체계의 이익으로부터 배제를 시킬 수 있다고 해서, 협동체계 내부의 사람들에 대하여 페어플레이의 의무가 적용이 안 되는 것은 아니다. (즉, 사과나무 관리의 협동체계 바깥에 있는 다른 사람들을 사과 열매로부터 배제시킬 수 있다고 해서, 사과나무 관리의 협동체계 내부에 있는 구성원들 중 누군가가 자신에게 할당된 임무를 불성실하게 이행하는 것이 페어플레이의 원칙에 의해 정당화될 수 있는 것이 아니다.) 따라서, 페어플레이의 원칙이 도덕적 의무를 부과하기 위해서는, 협동체계로부터 생산되는 재화나 이익이 협동체계 내부의 사람들에겐 비-배타성을 띠어야 하지만, 그것이 협동체계에 참여하고 있는 외부의 사람들에게까지 비-배타성을 띠어야 하는 것은 아니다.

3) 이익에 대한 이익 수혜자들의 관계: 협동체계의 참여자에 관하여

〈페어플레이의 의무의 필요조건으로서의 "참여"〉

페어플레이의 원칙이 도덕적 의무를 부과하기 위한 또 하나의 필요조건은, 협동체계의 이익으로부터 수혜를 받는 사람들이 반드시 그 협동체계의 "참여자"들이어야 한다는 것이다. 다시 말해서, 만약 어떤 사람이 문제의 협동체계의 공식적인 참여자로 간주될 수가 없다면, 설사 그 사람이 그 협동체계로부터 생산된 이익의 상당 양을 즐기게 되었다고 하더라도, 협동체계의 다른 참여자들은 그 사람으로 하여금 협동체계에 기여하도록 도덕적으로 요구할 수 있는 권리가 없다. 그렇다면, 어떤 협동체계의 참여자가 된다는 것은 무엇을 의미하는가?

누군가가 어떤 협동체계의 참여자가 되기 위해서는, 그 사람은 반드시 그 협동체계의 공동목표를 실현하는 데 있어서 직접적 혹은 간접적으로 관여를 해야 한다. 이러한 관여는 협동체계의 이익을 생산하는 과정에 직접적으로 참여함으로써 이루어질 수도 있고, 그러한 이익이 생산되는 과정에 간접적인 도움을 줌으로써 이루어질 수도 있다.

중요한 점은, 그 사람이 협동체계의 정식 참여자로서 공식적으로 인정을 받고, 협동체계로부터 그 사람이 성실하게 수행할 것으로 기대되는 어떤 특정한 역할이 부여되어야 한다는 점이다. 만약 이러한 조건이 충족되지 않는다면, 그 사람은 협동체계의 참여자로 간주될 수 없으며, 따라서 페어플레이의 의무 역시 적용받지 않게 된다.

다음의 사례를 살펴보자. 어떤 작은 시골 마을에 사는 사람들이 마을을 통과하는 시내까지 직선으로 연결되는 도로를 놓기로 만장일치의 주민투표를 통해 결정하였다고 생각해 보자. 이것을 위해서, 그 작은 시골 마을의 사람들은 공사자금을 마을 주민들의 회비를 통해 모은 후에 도로를 놓을 수 있는 인부들을 고용했다고 가정해 보자. 이렇게 해서, 마을을 가로지르는 도로가 성공적으로 놓이게 되었다고 생각해 보자.

　도로가 놓이게 된 후에, 마을 사람들은 편리하게 시내까지 왕래를 할수 있게 되었다. 하지만 생활이 편리해진 것은 그 마을 주민들에 한정된 것이 아니었다. 시내에 직장을 가진 이웃 동네의 상훈이는 도로가 완성된 후에 매일같이 편리하게 그 도로를 이용하여 출퇴근을 하게 되었다.

　여기서, 이웃 동네에 사는 상훈이는, 도로를 설치하는 데 전혀 기여를 하지 않았음에도 불구하고, 직접 자금을 모아서 도로를 설치한 본 마을 사람들 못지않게 도로설치의 혜택을 누리게 되었다고 할 수 있다. 하지만 그렇다 하더라도 상훈이에게는 도로설치를 위해 필요한 자금을 기부해야 할 페어플레이의 의무가 있다고 보기는 좀 힘들다. 여기서, 도로의 혜택을 이용하고 있음에도 불구하고, 상훈이에게 페어플레이의 의무가 없는 가장 큰 이유는, 바로 그가 도로를 설치한 협동체계의 "참여자"가 아니었기 때문이다.

　한마디로 말해서, 우리는 상훈이를 무임승차자라고 도덕적으로 비난할 수가 없다. 그 이유는 상훈이는 도로설치의 협동체계의 비-참여자로서, 협동체계로부터 어떠한 공식적인 역할 혹은 임무도 부여받지 못했기 때문이다. 협동체계로부터 부여받은 어떠한 공식적인 역할이나 임무도 없었기에, 상훈이는 자신의 역할 혹은 임무를 수행하지 않음으로써 다른 사람들의 노고와 기여를 부당하게 이용한 것이라고 볼 수 없다. 이처럼, 누군가에게 페어플레이의 의무가 부여되기 위해서는, 그 사람이 반드시 문제의 협동체계의 공식적인 참여자이어야만 한다. 그렇다면, 누군가가 어떤 협동체계의 공식적인 참여자가 되게 만드는 조건은 무엇인가?

　누군가 어떤 협동체계의 공식 참여자가 되는 하나의 명백한 방법은 바로 그 사람 스스로가 자발적인 동의를 통해 그 협동체계의 참여자가 되는 것이다. 예를 들어서, 만약 방금 살펴본 상훈이가 과거에 그 마을의 명예주민이 되겠다고 스스로 선언을 하고, 그 이후에 그 마을이 공동으로 벌이는 사업에 참여를 하겠다고 밝혔다면, 이것은 상훈이로 하여금 마을의 협동체계의 공식 참여자로 만드는 데 충분하다. 이 경우에는, 페어플레이의 원칙에 따라 상훈이에게 도로설치를 위한 자금모금에 기여를 하라고 도덕적으로 마땅하게 요구할 수 있다.

어떤 협동체계의 공식적인 참여자가 될 수 있는 또 다른 방법은 그 협동체계로부터 발생하는 이익을 "자발적으로 수용(voluntarily accept)"했을 때이다. 여기서, 나는 "어떤 이익을 자발적으로 수용한다는 것"의 의미를, 시몬즈가 제시한 개념에 따라, 그 이익을 "기꺼이(willingly)" 그리고 "충분한 정보를 가지고(knowingly)" 수용하는 것으로 해석을 하고자 한다.[14]

누군가 어떤 이익을 "충분한 정보를 가지고" 수용했다 함은, 그 사람이 그러한 이익이 생겨나게 된 원천과 그러한 이익을 즐기기 위해서는 어떠한 비용을 지불해야 되는지에 대해서 정확하게 이해를 한 상태에서 그 이익을 받아들였다는 것을 의미하고, 누군가 어떤 이익을 "기꺼이" 수용했다 함은, 그 사람이 부과되는 비용을 치르고서라도 그 이익을 즐기는 것을 선호했다는 것을 의미한다. 이렇게 해석했을 때, 누군가 어떤 협동체계로부터 발생하는 이익을 "자발적으로 수용"했다면, 우리는 이 사실만으로도 그 사람을 그 협동체계의 공식적인 참여자로 간주하는 것이 가능해진다.

예를 들어서, 도로가 놓이게 될 경우 그것을 상훈이가 자주 사용하게 될 것이라는 것을 안 마을 사람들이 사전에 상훈이를 찾아가서, 도로를 놓는 계획에 대해서 사전에 설명을 하고, 상훈이로 하여금 도로건설에 필요한 자금모음에 기여를 할 것을 요구했다고 가정해 보자. 만약, 상훈이가 도로를 무한히 이용할 수 있는 조건으로 그러한 요구에 응했다면,

---

14) Simmons(1979), chapter V, pp.124-128.

이것으로 상훈이는 마을 사람들의 도로건설 협동체계의 공식적인 참여자가 된 것이라고 볼 수 있다. 따라서 그 이후에 상훈이가 자기에게 할당된 몫의 자금을 기부하지 않고 그 도로가 완성된 후에 그 도로를 이용하기 시작했다면, 상훈이는 페어플레이의 의무를 어김으로써 마땅히 무임승차자로서 도덕적인 비난을 받아 마땅하다고 할 수 있다.

여기서 우리가 해결하고 넘어가려고 했던 중요한 문제는, 과연 어떤 사람이 어떤 협동체계로부터 생산된 이익을 단순히 (수동적으로) 받아들였다는 그 사실 하나만으로, 그 사람을 그 협동체계의 공식 참여자로 간주할 수가 있느냐 하는 점이었다. 우리는 상훈이의 사례를 통해, 단순히 협동체계로부터 발생한 이익을 수혜받았다는 이유만으로는 어떤 사람을 그 협동체계의 공식적인 참여자로 간주하는 것이 힘들다는 것을 보았다. 누군가 어떤 협동체계의 공식적인 참여자가 되기 위해서는, 반드시 그 사람은 자발적인 합의를 통해 협동체계의 구성원이 직접 되거나, 아니면 그 협동체계로부터 발생한 이익을 자발적으로 수용해야 한다.

〈다수참여와 페어플레이의 의무〉

여기서, 한 가지 우리가 눈여겨보아야 할 것은, 사람들은 동시에 여러 개의 협동체계의 참여자가 되는 것이 가능하다는 점이다. 이럴 경우, 그 사람에게는 여러 협동체계로부터 부여 받은 다수의 역할과 의무들이 있을 수가 있다.

예를 들어서, 기범이라는 사람은 마을을 관통하는 도로를 놓기로 결정한 마을의 주민인 동시에, 정작 도로공사가 진행될 때, 도로공사에 동원된 인부들 중 한 사람이라고 가정해 보자. 도로공사에 동원된 인부들은 정해진 기일 이내에 공사를 완료할 경우 공사비를 지불받게 되며, 이렇게 지불된 돈은 인부들끼리 똑같이 나눠 갖기로 합의했다고 가정해 보자.

여기서, 기범이는 도로를 놓으려고 하는 마을의 협동체계의 참여자인 동시에, 도로건설을 위해 동원된 인부들의 협동체계의 참여자이기도 하다. 마을의 협동체계의 공동목표는 마을을 관통하는 도로를 놓는 것이다. 이때, 마을 사람들은 이러한 공동목표를 실현하기 위한 수단으로써 인부들의 노동력을 이용하려고 한다. 도로건설을 위해 모인 인부들의 협동체계의 공동목표는 공사사업을 따내서 돈을 버는 것이다. 이들 인부들의 이러한 공동목표를 실현하기 위한 수단은 정해진 기일 안에 도로공사를 완수함으로써 그 마을 사람들로부터 공사비를 받는 것이다.

이 두 개의 협동체계들의 동시 참여자인 기범이에게 페어플레이의 원칙은 서로 다른 역할을 부여한다. 마을의 협동체계의 구성원으로서의 기범이에게 페어플레이의 원칙은 마을의 공사자금 모금에 기여할 것을 도덕적으로 요구한다. 도로공사를 담당하는 인부들의 협동체계의 구성원으로서의 기범이에게 페어플레이의 원칙은 공사가 진행되는 동안 농땡이를 피우지 않고 성실하게 도로공사에 임할 것을 도덕적으로 요구한다.

자, 이제 기범이는 마을의 자금모금에는 돈을 제대로 기부를 하였지만, 정작 도로공사가 진행되는 동안에는 "나 하나 농땡이를 피워도 도로가 기일 안에 완성이 되는 데는 문제가 없겠지…"라는 생각으로 공사 일에 불성실하게 참여하였다고 가정해 보자.

마을의 협동체계라는 관점에서 봤을 때, 기범이는 자신에게 부여된 페어플레이의 의무를 성실히 수행하였으며, 따라서 우리는 기범이를 무임승차자라고 도덕적으로 비난할 수 없다. 그러나 도로공사를 담당하는 인부들의 협동체계의 관점에서 봤을 때, 기범이는 다른 사람들의 수고와 노력을 이용함으로써 명백히 페어플레이의 의무를 저버리게 되었다. 따라서 다른 인부들로부터 기범이는 마땅히 무임승차자로 비난받아 마땅하다고 할 수 있다.

우리는 이 사례를 통해서 한 사람이 한쪽 협동체계에서는 성실히 페어플레이의 의무를 수행하면서도, 다른 쪽 협동체계에서는 무임승차자로 편승할 수 있다는 것을 알 수 있다. 중요한 점은, 이 경우에, 마을 사람들이 기범이가 도로공사에서 농땡이를 피웠다는 이유로, 마을의 협동 체계로부터 발생한 페어플레이의 의무를 위배했다고 말할 수는 없다는 것이다. 페어플레이의 의무는 그 자신이 참여를 하고 있는 협동체계의 다른 구성원들에 대하여 가지는 도덕적인 의무이다. 마을의 협동체계라 는 관점에서 봤을 때, 기범이는 이미 돈을 기부함으로써 자신에게 부여 된 페어플레이의 의무를 성실히 이행하였다.

따라서 페어플레이의 원칙이, (아네슨이 생각하는 것처럼) 협동체계 의 협조자들에게, 다른 비-협조자들로 하여금 협조를 하도록 강제를 할 수 있는 권한을 부여할 수 있다고 하더라도, 이 경우에 마을 사람들에겐 기범이로 하여금 도로공사에 성실히 임하도록 강제할 수 있는 도덕적 권 한은 없다. 기범이로 하여금 도로공사에 성실히 임하도록 강제할 수 있 는 도덕적 권한을 가진 사람들은 오직 같은 도로공사에 참여하고 있는 다른 인부들뿐이다. 이것은 단순히 누군가 페어플레이의 의무를 갖기 위해서뿐만 아니라, 다른 참여들에게 페어플레이의 의무를 강제하기 위 해서도 반드시 그 사람이 협동체계의 공식 참여자이어야 한다는 것을 보 여준다.

4) 무임승차자와 페어플레이의 의무

지금까지 나는 누군가 어떤 재화 혹은 이익을 향유하게 되었을 때, 그 사람에게 페어플레이의 의무가 발생하기 위해 충족되어야 할 세 가지의 필요조건들에 대해서 설명하였다. 그 세 가지의 필요조건들을 정리하면 다음과 같다.

(1) 이익의 원천 : 문제의 이익이 반드시 "협동체계"로부터 생겨난 것 이어야 한다.

(2) 이익의 특성 : 문제의 이익이 협동체계 내부의 구성원들 사이에서 "비-배타성"을 지녀야 한다.

(3) 이익에 대한 수혜자의 관계 : 문제의 이익을 향유하는 사람이 그러한 이익을 생산한 협동체계의 "공식적인 참가자"이어야 한다.

이들 세 가지 조건들 중에서 어느 하나라도 결여를 할 경우, 페어플레이의 의무는 발생하지 않는다. 그러나 이 세 가지의 조건들은 집합적으로는 페어플레이의 의무를 발생시키기 위한 충분조건이라고 할 수 있다.

즉, 누군가 자기 스스로 참여를 하고 있는 협동체계로부터 발생했으며 내부 구성원들 사이에서는 비-배타성을 띠는 어떤 이익을 즐기게 되었다면, 그 사람에게는 자신에게 부여된 임무와 역할을 성실히 수행함으로써 협동체계의 다른 참여자들의 노력과 수고를 부당하게 이용하지 말아야 할 페어플레이의 의무가 적용이 된다. 만약 이러한 상황에서 누군가 자신에게 부여된 응분의 몫을 제대로 기여하지 않는다면, 그 사람은 마땅히 무임승차자로서 도덕적으로 비난받아 마땅하다.

이것은 페어플레이의 의무와 무임승차 행위 사이의 긴밀한 개념적 연결 관계를 보여준다. 한마디로 말해서, 페어플레이의 의무는 다름 아닌 무임승차자가 되지 않을 의무라고 할 수 있다. 페어플레이의 의무와 무임승차 행위 사이에 이토록 긴밀한 개념적 연결 관계가 있다는 것을 기억하는 것은 다음과 같은 여러 측면에서 매우 중요하다.

일단, 많은 사람들은 페어플레이의 원칙에 대해서 논의를 할 때, 페어플레이의 원칙이 구체적으로 무임승차 행위를 도덕적으로 비난하기 위해 생긴 이론이라는 것을 잊는 경우가 많다. 나는 이것이 지금까지 페어플레이의 원칙에 대해 있어 왔던 여러 혼돈의 주요 원인이라고 생각한다. 두 번째로, 페어플레이의 의무와 무임승차 행위에 대한 이와 같은 긴밀한 연결 관계는 결국 누군가 무임승차를 하게 되는 조건과 누군가 페어플레이의 의무에 위배되게 행동하는 조건이 일치한다는 것을 말해 준다. 다시 말해서, 무임승차 행위와 페어플레이의 의무를 저버리는 행위는 그 외연(extension)이 정확히 일치한다고 할 수 있다. 이것을 통해 우리는 "누군가 무임승차 행위를 한다", "누군가 페어플레이의 의무에 어긋나게 행동한다", 그리고 "누군가 위에서 살펴본 세 가지의 조건들이 충족된 상황에서 자신에게 할당된 몫을 기여하지 않는다"라는 세 문장들이 결국은 모두 논리적인 동치(logical equivalence)라는 것을 알 수가 있다.

따라서 우리는 어떤 행위를 수행하지 않는 것이 과연 페어플레이의 원칙을 위배하는 것인지 혹은 위배하지 않는 것인지를 밝히기 위해 다음과 같은 직관적인 시험을 하는 것이 가능하다. —그와 같은 상황에서 그러한 행위를 수행하지 않는 것이 그 사람을 무임승차자로 만들게 되는지 생각해 보라.

만약 그러한 행위를 수행하지 않을 경우, 그 사람이 무임승차자가 되는 것이 사실이라면, 그 사람에겐 그러한 행위를 수행해야 할 페어플레이의 의무가 있다고 할 수 있다. 만약 그러한 행위를 수행하지 않더라도 그 사람이 무임승차자가 되는 것이 아니라면, 그 사람에겐 적어도 그러한 행위를 수행해야 할 페어플레이의 의무는 없다고 할 수 있다. 이와 같은 직관적인 시험은 페어플레이의 원칙에 관해서 그동안 논의되었던 상당수의 애매하고 모호한 사례들에 대해 정확하게 판단을 내리는 것에 도움을 준다고 나는 생각한다.

아네슨의 논변과 사례들을 면밀히 분석하기에 앞서, 우리는 무임승차 행위와 페어플레이의 의무에 대해서 좀 더 명확하게 이해할 필요가 있다.

첫째, 단지 자기가 그러한 이익을 얻기 위해 들여야 했던 비용이 협동 체계로부터 얻게 된 이익보다 컸다고 해서, 어떤 사람의 행위가 무임승차 행위로 비난받는 것으로부터 면제될 수 있는 것은 아니다. 들여야 되는 비용이 산출되는 이익에 비해 크냐 혹은 작냐의 문제는, 누군가를 무임승차자로 인식하거나 어떤 사람에게 페어플레이의 의무가 있는지의 여부를 결정하는 데 무관하다.[15]

만약 문제의 이익이 그 사람이 참여자로 있는 협동체계에 의해 생산이 되었고, 그러한 이익이 협동체계의 내부 구성원들 간에 비-배타성을 지닌다면, 그것만으로도 사람들에겐 (그 이익이 얼마나 보잘것없는 이익이냐, 혹은 그러한 이익을 산출하기 위해 들여야 했던 비용이 얼마나 컸냐와 상관없이) 충분히 자신에게 부여된 응분의 몫을 기여해야 할 페어플레이의 의무가 적용이 된다. 그 이유는 만약 그 경우에 어떤 사람이 자신에게 부여된 응분의 몫을 기여하지 않았을 경우, 그 사람은 (그로부터 얻게 되는 이익이 얼마나 사소한 것이냐와 관계없이) 그러한 이익을 생산하기 위해 들인 다른 사람들의 노고와 기여를 부당하게 이용한 것이라고 볼 수 있기 때문이다.

물론, 만약 들여야 되는 비용에 비해 산출되는 이익이 너무 적다면, 사람들에겐 그러한 협동체계를 처음부터 설립하지 말아야 할 강력한 이유가 있다고 할 수 있다. 그러나 만약 어떤 협동체계가 이미 설립이 되어 시작되었고, 어떤 사람이 그러한 협동체계의 공식적인 참가자라면, 그 사람에겐 산출되는 이익의 양과 무관하게 여전히 자신에게 할당된 응분의 몫을 기여할 의무가 페어플레이의 원칙에 의해 주어진다.

둘째, 앞서 설명을 하였듯이, 사람들에게 페어플레이의 의무가 적용되기 위해서는 반드시 협동체계에 참여하는 모든 사람들에게 동일한 양의 이익이 분배되어야 하는 것은 아니다. 경우에 따라서는 협동체계로부터 발생하는 이익이 참여자들 사이에서 불평등하게 분배될 수가 있다. 하지

---

15) 페어플레이의 의무의 발생에 있어서, 협동체계로부터 발생하는 전체적인 이익과 비용의 규모가 어째서 무관한지에 대한 논의는 다음을 참조. A. John Simmons(2001), "Fair Play and Political Obligation: Twenty Years Later", in *Justification and Legitimacy*, Cambridge University Press, 2001, pp.32-34.

만 그 이익과 관련된 모든 사람들이 그 이익을 발생시킨 협동체계의 공식적인 참가자인 한, 그들 각자는 페어플레이의 원칙에 따라 자신에게 부여된 응분의 몫을 기여할 도덕적 의무를 가지고 있다. 만약 이들 중 누구 하나가 자신에게 부여된 응분의 몫을 기여하지 않는다면, 그 사람은 어떠한 기여도 없이 다른 사람들의 힘든 노력과 봉사를 통해 발생한 이익을 향유하였다는 점에서 무임승차자로 비난받아 마땅할 것이다.

셋째, 페어플레이의 의무가 제대로 적용되기 위해서는 협동체계에 참여하는 모든 사람들이 "동일한 비용"을 기여할 필요는 없다. 협동체계의 공식적인 참가자들 사이에서는 비용을 상대적으로 많이 지불하는 사람도 있을 수 있고, 비용을 상대적으로 적게 지불하는 사람도 있을 수 있다. 하지만 각각의 참여자들이 자신들에게 부여된 응분의 몫[16]을 제대로 기여하는 이상, 어느 누구도 무임승차자로 간주될 수 없다. 반면에, 어떤 참가자가 다른 참가자들과는 달리 자신에게 과도한 비용이 부담되었다는 것을 근거로 자신의 몫을 기여하기를 거부하였다면, 그 참가자는 그 협동체계의 무임승차자로 간주될 수밖에 없다.

요약을 하자면, 어떤 상황에서 페어플레이의 의무가 성립하는지 마는지를 결정하는 것은, 어떤 상황이 오직 앞서 살펴본 (집합적으로는 충분조건을 형성하는) 세 가지의 필요조건들을 제대로 충족시키고 있는지의 여부에 따라 결정이 된다. 만약 어떤 상황이 이 세 가지의 조건들을 모두 충족을 시킨다면, 협동체계와 관련된 비용과 이익의 분배방식과 무관하게, 자신에게 부여된 응분의 몫을 기여해야 할 페어플레이의 의무가 발생한다고 볼 수 있다. 이러한 상황에서 자신에게 부여된 응분의 몫을 기여하지 않는다면, 그 사람은 필연적으로 무임승차자가 되는 것이다.

---

16) 여기서, 어떤 협동체계에서 사람들에게 부여하는 "응분의 몫"은 사람에 따라 다를 수가 있다.

3. 아네슨에 대한 답변

자, 이제 지금까지 내가 정식화한 페어플레이의 원칙을 바탕으로 아네슨의 논변들을 하나하나 구체적으로 분석해 보도록 하자. 아네슨의 논변의 요점은 다음과 같이 정리될 수가 있다.

(a) "자발적인 수용"은 페어플레이의 의무를 발생시키는 필요조건도 충분조건도 아니다.

(b) 만약 협동체계가 정의롭다면, 단지 그것으로부터 발생하는 이익을 단순히 (수동적으로) 받았다는 이유만으로 페어플레이의 의무의 적용을 받을 수 있다.

(c) 만약 협동체계가 정의롭다면, 협동체계의 협조자들은 다른 비-협조자들의 협조를 강제할 수 있는 권리를 갖게 된다.

1) 자발적인 수용이 불충분하다고?

아네슨은 어떤 이익에 대한 자발적인 수용이 페어플레이의 의무를 발생시키는 충분조건이 될 수 없다는 것을 보이기 위해서 다음과 같은 두 개의 사례를 제시한다. 첫 번째 사례는 협동체계 외부에 있는 사람들로부터 협동체계의 이익을 배제시킬 수 있는 경우이고, 두 번째 사례는 협동체계를 유지시키는 데 필요한 전체적인 비용이 그것으로부터 발생하는 전체적인 이익을 초과하는 경우이다.

〈우리 동네 선물 주고받기 모임〉
당신의 동네에서 몇몇 사람들이 다음과 같은 협동체계를 구성하였다고 가정해 보자. — 매달 어떤 특정한 날에 각 가족당 소정의 선물을 준비하여 미리 정해져 있는 다른 가족에게 그 선물을 전달한다. 이때, 매달

마다 각 가족들이 선물을 주어야 할 가족과 선물을 받아야 할 가족이 달라진다. 당신은 아직 이 선물 주고받기 모임에 참여를 하고 있지 않다.

이때, 동네 주민 중 한 사람이 당신에게 다가와서, 조그만 선물을 건네면서, 이와 같은 선물 주고받기 모임에 혹시 참여할 의향이 있느냐고 물었다고 가정해 보자. 그 동네 주민이 선물 주고받기 모임과 관련된 모든 세부 규칙들을 설명하고 난 후에, 자기가 제시하고 있는 조그만 선물을 당신이 받는다면, 자기는 당신이 동네의 선물 주고받기 모임에 참가하기로 결정한 것으로 이해하겠다고 말했다고 해보자.

이러한 상황에서 당신은 선물을 받고 모임의 참가자가 되는 것, 혹은 선물을 거절하고 모임의 비-참가자가 되는 것을 선택할 수가 있다. 하지만 아네슨은 이 경우에 설사 당신이 동네 주민이 가져온 조그만 선물을 자발적으로 수용한다고 하더라도, 당신에게는 선물 주고받기 모임에 기여를 해야 할 페어플레이의 의무가 없다고 주장을 한다. 아네슨이 이처럼 당신이 설사 선물을 자발적으로 수용을 하더라도 동네 사람들의 선물 주고받기 모임에 기여를 할 페어플레이의 의무가 없다고 생각을 하는 이유는, 그러한 선물이, 아네슨에 따르면, "배타성(excludability)"을 지니기 때문이다.

선물이 제시된 상황에서, 당신은 선물을 받아들일지 거부할지를 선택할 수 있다. 그러나 설사 모임의 규칙에 대한 설명을 전해 듣고 나서, 당신이 그 선물을 자발적으로 수용하였다고 하더라도, 여기서 페어플레이의 의무는 발생하지 않는다. 그 이유는, 설사 그 모임의 규칙이 누구나 알고 있는 공공연한 사실이고, 그 규칙에, 선물을 받는 당신의 행위는 이후에 당신이 다른 이들을 위해 선물을 제공할 것을 암묵적으로 선언하는 것으로 이해될 것이라는 것이 명시되어 있다고 하더라도, 당신은 언제든지, 당신이 선물을 받는 행위는 그 모임에 기여할 의무를 암묵적으로 받아들이겠다는 것을 의미하는 것이 아니라고 사전에 밝힘으로써, 그러한 암묵적인 선언을 언제든지 무효화시킬 수가 있기 때문이다. 여기에서의 핵심 사항은 바로 배타성이다. 이러한 상황에서 선물 주고받기 모임의 회원들은 자기들 모임에 기여를 하지 않겠다는 사람을 자기들 모임에서 얼마든지 배제시키는 것이 가능하다. 그럼에도 불구하고, 그 모임의 참가자들이 당신에게 선물을 주기로 결정하였다면, 그들은 어떤 의무도 부과하지 않은 채, 그저 선물을 준 것에 불과하다.[17]

이 부분에서 아네슨의 주장에는 많은 문제가 있다. 그중에서도 가장 중요하고 핵심적인 문제는 아네슨이 교묘하게 논의가 되는 주제를 바꾸고 있다는 사실이다.

즉, 애초에 아네슨이 대답을 얻고자 한 질문은 "과연 어떤 협동체계로부터 생산된 이익을 자발적으로 수용했다는 사실만으로 그 사람에게 그 협동체계에 기여를 해야 할 페어플레이의 의무가 있는가?"였는데, 아네슨은 이 질문을 "협동체계의 참가자들이 자기들이 생산한 이익을 누군가에게 아무런 조건 없이 제공하는 것을 자발적으로 수용했다면, 그들에게는 페어플레이의 의무를 요구할 권한이 있는가?"라는 질문으로 교묘하게 재-진술을 하고 있다. 아네슨은 이 두 개의 질문이 동일한 질문이라고 가정을 한 채, 후자의 경우에 페어플레이의 의무가 없다는 것을 근거

---

17) (원문) "Presented with a gift from the associated neighbors, one has the option to accept or reject. But voluntary receipt of such gifts from the association, even as mediated by its rules, does not generate obligations in the recipient. Even if the rules are common knowledge, and they state unequivocally that acceptance of a gift is tantamount to pledging that one will contribute to future gifts for others, one can always cancel the implied pledge by announcing beforehand that one's acceptance of a gift in this case is not understood as tacit acceptance of an obligation. Once again the key feature seems to be excludability. In these circumstances the members of the gift-giving association are still free to exclude this open noncontributory from the benefits. If they do choose to give him a gift anyway, they are doing just that: bestowing a gift and not imposing and obligation." Arneson(1982), p.620.

로 전자의 경우에도 페어플레이의 의무가 없다고 주장을 하고 있다.

하지만 위의 두 개의 질문에서 묘사하고 있는 상황들이 전혀 다른 상황이라는 것은 너무도 명백하다. 어떤 선물을 아무런 조건도 없이 제공하는 것에 스스로 동의를 한 사람들로부터 어떤 선물을 받았다고 해서, 선물을 받은 사람이 선물을 준 사람들에 대하여 페어플레이의 의무가 없다는 것은 조금의 논란의 여지도 없다. 만약 누군가, 자신이 선물을 받는 행위는, 선물 주고받기 모임에 자신이 기여를 하겠다는 의미를 전혀 함축하고 있지 않다고 선언을 했음에도 불구하고, 그 모임의 참가자들이 그 사람에게 선물을 주었다면, 이것은 결국 모임의 참가자들이 아무 조건 없이 그 사람에게 선물을 제공하는 것에 자발적으로 동의했다는 것을 의미한다. 여기서 선물을 받은 사람이 모임에 기여를 해야 할 페어플레이의 의무가 없다는 것은 당연하다.

하지만 우리가 애초에 대답하고자 했던 질문은 이것이 아니었다. 우리가 궁금해 했던 것은, 만약 누군가가 선물을 받는 행위가 정확하게 무엇을 의미하는지에 대한 설명을 들은 후에, 그와 같은 선언 없이, 모임의 참가자들이 주는 선물을 자발적으로 수용하였다면, 이것만으로도 그 사람에게 페어플레이의 의무를 부과하는 것이 충분한가 하는 문제였다. 아울러, 만약 누군가가 선물 주고받기 모임의 참가자들로부터 이와 같은 방식으로 선물을 받았다면, 그 사람에게 그 모임에 자신에게 할당된 응분의 몫을 기여해야 할 페어플레이의 도덕적 의무가 부과되는 것은 명백하다.

자, 이제 "배타성"에 관해서 살펴보도록 하자. 아네슨에 따르면, 위의 사례에서 어떤 선물을 자발적으로 수용하는 것이 페어플레이의 의무를 발생시킬 수 없는 가장 큰 이유는 문제의 선물이 배타성을 띠기 때문이다. 나 역시 앞서 어떤 재화나 이익이 배타성을 띤다면, 페어플레이의 원칙은 도덕적 의무를 부과할 수 없다고 설명하였다. 다시 말해서, 페어플레이의 원칙이 도덕적인 의무를 부과하기 위해서는, 문제의 재화 혹은 이익이 비-배타적이어야 한다는 것이 하나의 필요조건이다.

하지만 나는 그러한 비-배타적인 속성이 정확하게는 협동체계 내의 공식적 참가자들 사이에서만 적용이 되기만 하면 된다는 것을 보였다. 바꾸어 말해서, 문제의 재화나 이익이 협동체계 밖에 존재하는 사람들에게 배타성을 띤다고 해서, 페어플레이의 원칙이 도덕적 의무를 발생시키지 못하는 것은 아니다.

우리는 아네슨이 제시하고 있는 선물 주고받기 모임의 사례에서, 비록 그 모임의 외부 사람들에 대하여는 선물이 배타성을 띠지만, 그 모임에 참가하는 내부 사람들에 대해서는, 선물이 배타성을 띠지 않는다는 것을 알 수가 있다. 즉, 일단 선물 주고받기 모임의 공식 회원이 되면, 한 달에 한 번씩 자동적으로 누구로부터 선물을 받게 되어 있다. 따라서 아네슨이 제시하고 있는 선물 주고받기 모임의 사례는, 아네슨의 주장과는 다르게, 내가 앞서 제시한 비-배타성의 조건을 제대로 충족하고 있다.

따라서 이 경우에는 모임의 참가자가 주는 선물을 자발적으로 수용했다는 것은 페어플레이의 원칙이 도덕적 의무를 부과하기 위해서 충족시켜야 할 모든 필요조건을 전부 충족시키고 있다는 것을 의미한다. 즉, (a) 문제의 선물은 어떤 협동체계로부터 생산이 되었으며, (b) 그러한 선물은 협동체계의 내부 사람들에 대하여 비-배타적인 속성을 가지고 있고, (c) 그러한 선물을 자발적으로 수용한다는 것은 스스로 선물 주고받기 모임의 공식적인 참가자가 되겠다는 것을 의미한다.

이처럼 아네슨이 제시하고 있는 사례는 (집합적으로는 충분조건인) 세 가지의 필요조건을 모두 충족시키고 있으며, 여기서 (a) 조건과 (b) 조건은 애초의 사례 설정으로부터 충족이 되어 있었기 때문에, 아네슨이 설정한 사례에서 이웃 참가자의 선물을 자발적으로 수용하는 것은, 페어플레이의 의무를 발생시키기 위한 충분조건을 충족시켰다는 것을 의미한다.

이와 같은 우리의 평가가 직관적으로 옳은지는, 만약 누군가가 그러한 상황에서 이웃 참가자가 주는 선물을 자발적으로 수용한 이후에, 그 동네의 선물 주고받기 모임에 자신에게 할당된 몫을 제대로 기여하지 않는다면, 그 사람을 무임승차자로 간주하는 것이 정당한가라고 물어봄으로써 해결될 수 있다. 이 질문에 대한 대답은 "그렇다"이다. 왜냐하면, 만약 선물을 자발적으로 수용을 한 후에 동네의 선물 주고받기 모임에 제대로 기여하기를 거부하였다면, 그 사람은 어떠한 기여도 없이 다른 사람의 선의와 노력을 부당하게 이용한 것이기 때문이다.

따라서 아네슨이 제시하고 있는 이 사례는 협동체계로부터 생산된 재화나 이익을 자발적으로 수용하는 것만으로는 페어플레이의 의무를 발생시키는 데 불충분하다는 것을 보여주지 못한다. 오히려, 아네슨의 사례는 어떤 도덕적인 의무는 사람들의 자발적인 수용에 근거해야 한다는 생각을 보다 강화시키고 있다.[18]

아네슨은 만약 누군가, 동네 사람들의 선물을 받기 이전에, 자기가 선

---

18) 한 익명의 심사자는, 여기서 나는 무임승차 행위가 도덕적으로 부당하다는 것을 전제하고 있는데, 무임승차 행위가 갖는 이러한 부당성이 어떤 근거로부터 연유하는지에 대해서 밝힐 것을 요구하고 있다. 아주 간단하게 말해서, 무임승차 행위가 도덕적으로 부당한 이유는 내가 성실하게 수행할 것이라고 다른 사람들이 합당하게 기대를 하는 역할을 수행하지 않음으로써, 다른 사람들이 (나의 성실한 자기역할 수행을 전제로) 기여한 노력과 희생을 이용하여, 그 결과로 발생한 협력의 이익을 아무런 대가 없이 취한다는 데 있다. 이때, 이러한 무임승차 행위를 도덕적으로 부당하다고 평가하기 위해서는, 심사자가 생각하는 것처럼, 문제의 협력체계의 "정의로움"이 반드시 요청되는 것이 아니다. 예를 들어서, 5명의 사람들이 은행털이 조직을 결성하여 은행을 털었다고 가정해 보자. 이렇게 결성된 은행털이 조직도 일종의 "협력체계"라고 볼 수 있다. 이때, 이 협력체계는, 그 목적을 고려했을 때, 매우 부정의로운 협력체계라고 할 수 있다. 이때, 은행털이가 이루어지는 동안에 애초에 망을 보기로 한 사람이 망을 제대로 보지 않고 농땡이를 피웠다고 가정해 보자. 그럼에도 불구하고, 은행털이가 성공적으로 이루어졌고 이렇게 턴 현금을 각각의 구성원들이 1/5씩 나누어 가졌다고 가정해 보자. 이 상황에서 우리는 망을 보지 않고 농땡이를 피운 사람을 무임승차자라고 부를 수 있다. 아울러, 이 사람은 자기에게 할당된 응분의 몫에 대한 어떠한 기여도 없이, 엄청난 위험부담을 감수한 다른 사람들의 노고와 희생을 이용하여, 이들의 노력과 희생으로 인해 생기게 된 이익을 취했다는 측면에서, 도덕적으로 마땅히 비난받을 수 있으며, 이러한 도덕적인 비난은 이들의 협동체계 자체가 부정의롭다는 이유로 그 강도가 조금도 달라지지 않는다. 무임승차 행위의 도덕

물을 받는 행위는 자기가 어떠한 의무도 받아들이겠다는 것을 의미하지 않는다고 선언한 후에 선물을 받았다면, 그 사람은 어떠한 의무의 구속도 받지 않는다고 주장한다. 아울러, 만약 동네 사람들이 그 사람이 그러한 선언을 하는 것을 듣고도 선물을 주게 되었다면, 이 상황에서 어떤 의무의 구속을 받게 되는 사람들은 오히려 선물을 준 동네 사람들인 것처럼 느껴진다. ? 즉, 선물을 준 동네 사람들은 선물을 받은 사람에게 어떠한 의무도 부과하지 않을 도덕적 의무가 있다.[19]

한마디로 말해서, 이 상황에서 선물을 받은 자가 어떠한 의무의 구속

적 부당성은 앞서 살펴본 것처럼 다른 사람들의 노력과 희생을 이용하여 그것으로부터 발생하는 이익을 부당하게 취득하려는 것으로부터 연유하며, 이처럼 무임승차 행위가 도덕적으로 부당하다는 것은, 협동체계의 정의로움을 명시적으로 요구하는 아네슨 외에도, 페어플레이의 원칙에 관해 논의를 하는 모든 사람들이 전제하는 것이다.

19) 한 익명의 심사자는 내가 여기서 "전건부정의 오류"를 범하고 있다고 주장하고 있다. 즉, 심사자에 따르면, 나는 "선물 수령자가 의무를 지지 않는다는 것이 선물 수여자가 의무의 구속을 받게 된다는 것을 함축한다"고 잘못 추론을 하고 있다. 아마도 심사자는 나의 논변을 다음과 같은 논리적 구조로 이해를 하고 있다고 보인다: (1) 선물을 받은 자가 의무를 갖는다면, 선물을 준 자는 의무를 갖지 않는다. (If P, then Q) (2) 선물을 받은 자에겐 의무가 없다. (not P) (3) 따라서, 선물을 준 자에겐 의무가 있다. (not Q)
결론부터 말하자면, 나는 심사자가 나의 논변의 핵심을 잘못 이해한 측면이 있다고 말하고 싶다. 이곳에서 나는 선물을 받은 자에게 의무가 없기 때문에, 선물을 준 자에게 의무가 있다고 주장을 하고 있는 것이 아니다. 오히려 나는 선물을 받은 자에게 의무가 없는 근본적인 이유는 선물을 준 자에게 선물을 받은 자에게 어떠한 의무도 요구하지 않을 것이 요구되는 의무가 있기 때문이라고 주장하고 있는 것이다. 나의 논변을 다시 차근차근 설명하자면 다음과 같다. 아네슨은, 누군가가, 자기가 선물을 받는 행위는 협동체계에 기여할 의무를 받아들이겠다는 것을 의미하지 않는다고 사전에 선언을 한 후에 선물을 받아들였다면, 그 사람에겐 협동체계에 기여할 의무가 적용되지 않는다고 주장하고 있다. 여기서 우리가 물어봐야 할 것은, 스스로 선물을 받았음에도 불구하고, 이 사람에게 어째서 협동체계에 기여할 의무가 없냐는 것이다. 가장 핵심이 되는 이유는 이 사람이 사전에 자신의 선물 받는 행위는 자기가 어떠한 의무도 받아들이겠다는 것을 의미하지 않는다고 스스로 "선언"을 했다는 점이다. 그렇다면 여기서 우리가 또 물어봐야 할 것은, 어째서 그처럼 사전에 선언을 했다는 사실이 그 사람을 어떤 의무의 구속으로부터 면제시킬 수가 있냐 하는 것이다. 이에 대한 대답은, 이 사람이 사전에 그와 같은 선언을 했음에도 불구하고 사람들이 그에게 선물을 건네주었다면, 선물을 준 사람들은, 결

도 받지 않아야 되는 근본적인 이유는, 선물을 준 사람들 스스로 이 사람에게 어떠한 의무도 부과하지 않을 도덕적인 의무가 있기 때문이다. 그렇다면, 선물을 준 사람들은 어떻게 선물을 받은 사람에게 어떠한 의무도 부과하지 않을 도덕적 의무를 갖게 되었는가?

그것은 선물을 주는 동네 사람들이, 자신의 선물 받는 행위는 자기가 어떠한 의무도 받아들이겠다는 것을 의미하지 않는다고 사전에 선언한 사람에게 선물을 줌으로써, 스스로 선물을 받는 사람에게 어떠한 의무도 부과하지 않을 도덕적 의무를 스스로 받아들였다는 사실로부터 기인한다. 쉽게 말해서, 선물 주고받기 모임의 회원들이 선물을 받은 사람에게 어떠한 의무도 부과하지 않을 도덕적 의무가 있는 이유는, 그들 스스로 어떠한 의무도 부과하지 않겠다는 것을 "자발적으로 수용"했기 때문이다. 이것은 결국 아네슨이 "자발적 수용"은 어떤 의무를 발생시키기 위한 충분조건이 아니라는 것을 설명하기 위해, "자발적 수용"은 어떤 의무를 발생시키기 위한 충분조건이라는 것을 처음부터 가정하는 모순을 범했다는 것을 의미한다.

이제, 아네슨이 제시하는 두 번째 사례를 살펴보도록 하자.

국, 자신들이 선물을 주더라도 자신들은 그것을 통해 선물을 받은 자에게 어떠한 종류의 의무도 부과하지 않을 것이란 것에 대해 스스로 (묵시적 동의란 방식으로) 자발적으로 수용했다는 데 있다. 따라서 그와 같은 선언을 사전에 듣고도 사람들이 선물을 주었다면, 선물을 준 사람들에게는 선물을 받은 사람에게 어떠한 도덕적 의무도 부과하지 말아야 할 도덕적 의무가 적용이 된다고 할 수 있다. 결국 이 상황에서 선물을 받은 자가, 스스로 선물을 받았음에도 불구하고, 협동체계에 기여를 해야 할 페어플레이의 의무가 없는 가장 큰 이유는, 선물을 준 사람들에게 선물을 받은 사람에게 어떠한 도덕적 의무도 부과하지 않을 도덕적 의무가 있기 때문인데, 이처럼 선물을 준 사람들에게 선물을 받은 사람에게 어떠한 도덕적 의무도 부과하지 않아야 할 도덕적 의무가 있는 이유는, 이들 스스로, 그러한 사전 선언을 듣고 나서도 선물을 줌으로써, 어떠한 의무도 부여하지 않겠다는 의무를 자발적으로 수용했기 때문이라고 할 수 있다. 이것은 결국 선물을 받은 자에겐 페어플레이의 의무가 없다는 것을 설명하기 위해 아네슨 스스로 자발적 수용이 어떤 의무가 발생하기 위한 충분조건이라는 것을 인정하고 있다는 것을 보여준다고 할 수 있다.

〈예쁘게 치장을 한 사람의 사례〉

자, 이제 당신이 길을 걷고 있는데, 길 한 켠에서 예쁘게 치장을 한 남자 한 명이 눈에 띄었다고 가정해 보자. 예쁘게 치장을 한 남자는 당신에게 흥미를 제공한다: 당신은 이 남자를 쳐다보며 즐거움을 느낀다. 그런데 이 사람이 갑자기 당신에게 다가와서 자신의 패션을 즐긴 것에 대한 대가로 일정한 비용을 지불할 것을 요구했다고 가정해 보자. 이러한 상황에서 당신은 그 남자에게 그 남자가 요구하는 비용을 지불해야 할 페어플레이의 의무가 있는가? 그 남자의 요구를 거부할 경우, 당신은 무임승차자가 되는가?

아네슨에 따르면, 이것에 대한 대답은 너무도 당연하게 "그렇지 않다"이다. 아네슨에 따르면, 이러한 상황에서 당신에게 협조를 해야 할 페어플레이의 의무가 없는 가장 근본적인 이유는, 전체적인 이익에 비해 전체적인 비용이 훨씬 크기 때문이다. 아울러, 아네슨은, 이처럼 전체적인 이익에 비해 전체적인 비용이 훨씬 큰 이와 같은 상황에서는, 설사 당신이 그러한 이익을 즐기는 것을 자발적으로 수용했다고 하더라도, 당신에게 부과되는 페어플레이의 의무는 없다고 주장을 한다.[20] 그 이유는 전체적인 비용이 전체적인 이익보다 더 크다는 것은 문제의 협동체계가 부정의하다는 것을 보여주며, 정의롭지 않은 협동체계에 대하여 어느 누구도 의무를 갖지 않는다는 것은, 아네슨에 따르면, 명백하기 때문이다.

일단, 나는 이러한 상황에서 당신에게 그 남자가 요구하는 비용을 지불해야 할 페어플레이의 의무가 없다는 아네슨의 주장에는 동의를 한다. 그러나 아네슨은 어째서 사람들에게 페어플레이의 의무가 없는지에 대해서 잘못 설명을 하고 있다.

---

20) Arneson(1982), pp.620-621. 이곳에서 아네슨은 두 사례를 제시한다. —하늘에 아름다운 글귀를 새기는 비행기의 사례와 길거리에 서 있는 예쁘게 치장한 남자의 사례. 아네슨이 내세우고 있는 두 사례의 공통적인 특징은 전체적인 비용이 전체적인 이익을 초과한다는 것이다.

한마디로 말해서, 이 상황에서 사람들에게 페어플레이의 의무가 없는 정확한 이유는 전체적인 이익에 비해 전체적인 비용이 크기 때문이 아니다. 이 상황에서 사람들에게 페어플레이의 의무가 없는 이유는 다음 두 가지 사항들 때문이다: 첫째, 문제의 이익 자체가 어떤 협동체계로부터 발생한 것이 아니고(이것은 페어플레이의 원칙이 작동하기 위한 첫 번째 필요조건을 위배한다), 둘째, 발생하는 이익이 실제로 어떤 협동체계로부터 발생한 것으로 전체적인 상황을 수정을 하더라도, 그러한 상황에서 이익을 수혜 받는 당신은 협동체계의 공식 참가자가 아니기 때문이다(이것은 페어플레이의 원칙이 작동하기 위한 세 번째 필요조건을 위배한다). 아울러, 이익을 수혜 받는 당신이 협동체계의 공식적인 참가자가 될 수 없는 이유는 그러한 이익을 당신이 "자발적으로 수용"한 것이 아니기 때문이다. 이 모든 것에 대해 설명을 하도록 하겠다.

일단, 이익의 원천에 대해서 살펴보도록 하자. 우리는 앞서 페어플레이의 의무가 제대로 부과되기 위해서는 문제의 이익이 어떤 상호협동체계로부터 생산된 것이어야 한다는 것을 보았다. 아울러, 어떤 것이 상호협동체계로 간주되기 위해서는, 거기에는 어떤 공동의 목표를 실현하기 위해 모인 사람들의 집단이 있어야 하며, 각각의 사람들에게는 집단의 공동목표의 실현을 위해 공식적으로 부여된 역할과 임무가 있어야 한다고 배웠다.

위의 사례에서 이익의 원천은 길거리에서 자신의 패션을 뽐내기 위해 예쁘게 치장을 한 그 남자 자신이다. 여기서 우리는 이익의 원천이 어떤 협동체계가 아니라는 것을 알 수가 있다. 어떤 한 개인이 어떤 특정한 방식으로 행동하는 것은 결코 어떤 상호협동체계가 될 수 없다. 왜냐하면 거기에는 어떤 공동목표를 실현하기 위해 다른 참가자들과 "협동"을 해야 될 필요성이 전혀 없기 때문이다.

우리는, 단지 한 개인이 예쁘게 차려 입은 것만으로는 상호협동체계가 성립될 수 없다는 것을 다음과 같은 사실을 통해 보다 명확하게 이해할 수 있다. 그렇게 예쁘게 차려 입지 않기로 결정을 하였다 하더라도, 그 사람은 다른 사람들의 노력과 희생을 부당하게 이용한 무임승차자가 될 수 없다. 여기서, 그 사람이 다른 사람들의 노력과 희생을 부당하게 이용할 수 없는 이유는 그 집단의 구성원이 그 사람 한 명밖에 없기 때문이다. 따라서 당신이 길을 걸어가다가 예쁘게 치장한 남자의 광경을 즐겼다고 하더라도, 당신에게 페어플레이의 의무가 적용되지 않는 이유는, 당신이 즐긴 그러한 이익이 어떤 상호협동체계로부터 발생한 것이 아니기 때문이다.

그렇다면, 원래의 사례를 살짝 수정하여 문제의 이익이 정말로 상호협동체계로부터 발생하도록 만들어보자. 다시 말해서, "공공장소에서 남다르게 차려 입음으로써 지나가는 행인들에게 즐거움을 주는 것" 자체가 여러 사람들이 힘을 모아 실현하려고 했던 공동목표였다면, 이것 역시 협동체계로부터 발생한 이익으로 간주할 수 있을 것이다.

예를 들어서, 어떤 동네에서 그 동네에 사는 어린이들을 위하여 뽀로로에 나오는 캐릭터들로 분장을 한 채 그 동네를 방문하여 어린이들 앞에서 공연을 할 사람들을 고용했다고 가정해 보자. 이 행사를 위해 동네에 사는 모든 사람들이 일정한 금액의 회비를 걷기로 결정하였다고 가정해 보자. 우리는 여기서 동네 주민들 사이에서 하나의 협동체계가 형성되었다는 것을 알 수 있다. 이때, 뽀로로에 나오는 캐릭터들로 분장을 한 사람들을 보면서 얻게 되는 즐거움은, 이러한 협동체계로부터 발생하는 이익이라고 할 수 있으며, 이러한 협동체계가 부과하는 페어플레이의 의무는 바로 동네 주민들로 하여금 자기에게 할당된 회비를 납부함으로써 동네 전체가 뽀로로 연기자들을 성공적으로 초대할 수 있을 만한 금액을 모아 그들을 실제로 초대하는 것이다. 여기서, 동네 주민들 중 한 사람이 회비를 납부하지 않은 채 뽀로로 공연을 보려고 하였다면, 그는 페어플레이의 의무를 저버리는 무임승차자로 비난받아 마땅할 것이다.

하지만 이때, 전혀 다른 동네에 거주하는 당신이 우연찮게 그 동네를 지나가면서 그 동네에서 하는 뽀로로 공연을 보게 되었다고 가정해 보자. 뽀로로 공연을 관람하던 도중, 갑자기 그 동네 대표가 다가와서 공연을 관람한 대가로 만 원을 기부하라고 했다고 가정해 보자. 이러한 상황에서 당신에게는 그 동네 대표에게 일금 만 원을 기부해야 될 페어플레이의 의무가 있는가?

이것에 대한 정답은 아네슨이 생각하는 것처럼 "아니요"이다. 그러나 여기서 대답이 "아니요"인 이유는 결코 전체적인 비용이 전체적인 이익을 압도하였기 때문이 아니다. 설사 당신이 그러한 공연을 관람하는 것에 대해 부여하는 주관적인 가치가 만 원을 훨씬 넘는다 하더라도 (즉, 전체적인 이익이 그것을 위해 지불해야 될 비용을 훨씬 초과한다고 하더라도) 당신에게 만 원을 기부해야 될 페어플레이의 의무가 없다는 사실은 변하지 않는다.

물론, 당신이 진정으로 뽀로로 공연의 가치를 주관적으로 만 원보다 훨씬 높게 책정하고 있다면, 당신은 그 동네의 대표에게 만 원을 자발적인 의지로 기꺼이 기부하고자 할 수 있다. 그러나 설사 당신이 자발적인 의지로 만 원을 기부했다고 하더라도, 그것은 이 상황에서 당신에게 만 원을 기부해야 될 페어플레이의 의무가 있었다는 것을 말해 주는 것은 아니다. 한 사람에게 부여되는 페어플레이의 의무는, 결국 그 사람이 몸담고 있는 협동체계 "내부의 참여자들에 대하여" 가진 도덕적 의무라고 할 수 있다. 당신이 동네 대표에게 만 원을 기부해야 할 페어플레이의 의무가 없는 이유는, 당신이 그 동네의 협동체계의 공식적인 내부 참여자가 아니기 때문이다.

그러나 만약 당신이 협동체계의 공식적인 내부 참여자라면, 당신에겐 기부금을 내야 할 페어플레이의 의무가 부과되며, 이때 당신에게 페어플레이의 의무과 부과되어야 하는지의 여부는 당신이 치러야 되는 비용의 규모와 무관하다.

예를 들어서, 당신이 그 동네의 주민이라고 가정해 보자. 당신은 뽀로로 연기자들을 불러서 아이들을 기쁘게 해주는 것이 가치 있는 일이긴 하지만, 그것이 그 정도의 비용을 지불하면서까지 할 정도로 가치가 있지는 않다고 생각한다고 가정해 보자. 다시 말해서, 당신은 뽀로로 공연에 관해서 전체 비용이 전체 이익을 초과한다고 생각한다. 그러나 당신은 뽀로로 공연에 관해서 열정을 가지고 있는 다른 동네 주민들의 의견을 존중해 주는 것이 동네의 화합을 위해 좋을 것이라고 판단하여, 동네에서 뽀로로 연기자들을 부르는 것에 동의를 하였다고 해보자. 여기서 질문을 하나 해보자. 당신은 이러한 상황에서 동네의 협동체계에서 요구하는 만큼의 돈을 기부할 페어플레이의 의무가 있는가?

정답은 "그렇다"이다. 아울러, 여기서 정답이 "그렇다"인 가장 근본적인 이유는, 동네의 협동체계로부터 발생할 이익을 "자발적으로 수용"함으로써 당신은 동네의 협동체계의 공식적인 참여자가 되었기 때문이다.

중요한 점은 동네의 협동체계에 참여를 하면서도, 당신은 당신이 협동체계의 공식 참여자로서 마땅히 치러야 할 비용이, 협동체계로부터 발생할 이익에 비해 훨씬 크다고 느끼고 있다는 점이다. 하지만 이처럼 전체적인 비용이 전체적인 이익에 비해 크다는 사실은, 당신이 동네의 협동체계에 당신이 기부해야 할 금액을 기부하지 않을 경우, 당신이 페어플레이의 의무를 어기게 된다는 사실을 조금도 달라지게 만들지 않는다. 그 이유는 당신이 만약 기부를 하지 않는다면, 당신은 뽀로로 연기자들을 동네로 부르기 위해 이미 기부를 한 다른 동네 주민들의 노력과 희생을 이용하는 무임승차자가 된다는 사실에는 변함이 없기 때문이다. 이 사례가 말해 주는 것은, 설사 전체적인 비용이 전체적인 이익을 초과하더라도, 만약 누군가가 협동체계로부터 발생하는 이익을 "자발적으로 수용"했다면, 그것만으로도 그 사람에게 페어플레이의 의무가 부과되기는 충분하다는 것이다.

이상으로 볼 때, 〈예쁘게 치장을 한 사람 사례〉에 대한 아네슨의 분석은 잘못되었다고 할 수 있다. 그 사례에서 당신에게 페어플레이의 의무가 부과되지 않는 가장 핵심적인 이유들은, 결코 전체적인 비용이 전체적인 이익을 초과하기 때문이 아니라, 첫째, 문제의 이익이 협동체계로부터 발생한 것이 아니고, 둘째, 설사 그러한 이익이 협동체계로부터 발생한 것이라고 가정을 하더라도, 당신은 그 협동체계의 공식 참여자가 아니기 때문이다. 그러나 방금 설명하였듯이, 만약 당신이 협동체계로부터 발생하는 이익을 자발적으로 수용하였다면, 당신은 그것으로 그 협동체계의 공식적인 참여자가 되는 것이며, 그에 따라 당신에게는 그 협동체계에 기여해야 할 페어플레이의 의무가 부과된다.

결국, 어떤 협동체계가 그 내부 참여자들에게 비-배타적인 이익을 제공하게 되는 경우라면 언제든지, 그러한 이익을 자발적으로 수용했다는 사실은 페어플레이의 의무를 발생시키기 위한 충분조건이라고 할 수 있다. 전체적인 비용이 전체적인 이익을 초과할 경우, 페어플레이의 의무가 발생하지 않는다고 말하는 것은, 결국 전체 비용에 비해 얻게 되는 이익이 적을 경우 사람들은 무임승차자가 되는 것이 불가능하다고 말하는 것과 같다. 누군가 무임승차 행위를 했는지의 여부가 그 사람이 얻게 되는 이익과 치르는 비용의 관계에 의해 결정이 된다는 것은 명백히 거짓이다.[21]

---

21) 앞서 각주 13에서 언급한 같은 익명의 심사자는 내가 "공공재"의 의미를 지나치게 축소하고 있다는 지적과 더불어, 우리가 만약 아네슨을 호의적으로 해석하여, 아네슨이 페어플레이의 의무가 발생한다고 생각하는 경우는, 오직 문제의 이익 혹은 재화가 "순수 공공재"에 해당할 경우로만 국한시키고 있다고 해석을 한다면, 자발적 수용이 페어플레이의 의무의 발생과 아무런 관련이 없다는 아네슨의 주장이 좀 더 설득력이 있지 않겠느냐고 지적하였다. 나는 이러한 지적에 대해 다음과 같이 대답을 하고 싶다. 첫째, 앞서 살펴본 〈예쁘게 치장을 한 사람의 사례〉에서 문제가 되는 이익은 아네슨의 기준으로 볼 때 "순수 공공재"에 해당한다. — 즉, 문제의 이익은 가용성, 비-배타성, 평등성의 조건을 모두 충족한다. 하지만 앞서 살펴보았듯이, 이 사례로부터 발생하는 페어플레이의 의무는 없으며, 아네슨 역시 여기에는 동의를 하고 있다. 이것은 어떤 이익 혹은 재화가 "순수 공공재"라는 사실이 그러한 이익 혹은 재화에 대한 자발적 수용 없이도 페어플레이의

2) 자발적 수용이 불필요하다고?

전체적인 비용이 전체적인 이익을 압도하면 페어플레이의 의무가 발생하지 않는다는 아네슨의 주장은, 협동체계가 부정의롭다면 페어플레이의 의무가 발생하지 않는다는 그의 보다 큰 주장의 일부에 해당한다고 볼 수 있다. 아네슨에 따르면, 협동체계가 정의롭다는 것은 페어플레이의 원칙이 의무를 부과하기 위한 필요충분조건이다.

아네슨의 논문의 근본적인 목적은 페어플레이의 원칙에 대해 노직이 제기했던 네 가지의 비판으로부터 페어플레이의 원칙을 살리는 것이었다. 앞서 살펴본 것처럼, 페어플레이의 원칙에 대해 노직이 제기했던 네 가지의 비판은 다음과 같다.

노직에 따르면, 페어플레이의 원칙은 다음과 같은 이유로 잘못되었다:

(1) 페어플레이의 원칙은 협동의 비용이 협동으로 인해 얻게 될 이익보다 큰 경우에도 사람들에게 도덕적 의무를 부과한다.

(2) 페어플레이의 원칙은 협동의 이익이 불평등하게 분배가 되는 경우에도, 모든 사람들에게 동일한 기여를 할 것을 요구한다.

의무를 발생시킬 수 있다는 생각을 강화하지 못한다는 것을 말해 준다. 둘째, 다음 소절에서 좀 더 자세히 살펴보게 되겠지만, 아네슨은 어떤 양심적인 이유로 문제의 협동체계를 거부하는 사람들에겐 페어플레이의 의무가 지워질 수 없다고 주장을 한다. 여기서 어떤 협동체계의 이익을 자발적으로 수용하지 않은 모든 사람들이 전부 양심적인 이유로 협동체계를 거부한 것이라고 해석할 수 있는지에 대해서는 논란의 여지가 있지만, 적어도 누군가 양심적인 이유로 협동체계를 거부하였다면, 그 사람은 협동체계의 이익을 자발적으로 수용한 것이 아니라는 것에는 그다지 논란의 여지가 없어 보인다. 이것은 결국 아네슨이 페어플레이의 의무가 발생하기 위해서는 일종의 자발적 수용이 요구되며, 이러한 자발적 수용이 요구되는지의 여부는 문제의 이익 혹은 재화가 "순수 공공재"인의 여부와는 상관이 없다는 것을 보여준다.

(3) 페어플레이의 원칙은 협동체계에 참여를 하지 않을 양심적인 이유가 있는 사람들에게조차 협동의 의무를 부과한다.

(4) 페어플레이의 원칙은 어떤 사람에게 (그 사람이 원하지도 않았을지 모르는) 이익을 주었다는 명목으로 그 사람을 강제할 수 있는 권리를 다른 사람들에게 부과한다.

아네슨에 따르면, 협력체계가 정의로울 것을 요구함으로써, 방금 살펴본 (1)에서 (3)까지의 문제를 해결할 수가 있다. 이 말은, 다시 말해서, 아네슨이 생각하는 "정의로운" 협력체계는 결국 다음과 같은 조건들을 충족시키는 협력체계라는 것을 의미한다.

(1*) 전체적인 이익이 협력을 위해 치러야 하는 전체적인 비용을 초과한다.

(2*) 전체적인 이익과 비용이 구성원들 사이에서 평등하게 분배된다.

(3*) 어떤 양심적인 이유를 근거로 협력체계에 반대를 하는 사람들에겐 협력체계에 기여할 것이 요구되지 않는다.

아네슨에 따르면, 어떤 협력체계가 이와 같은 세 가지의 조건들을 충족시키게 되면, 우리는 그 협력체계를 정의로운 협력체계라고 간주할 수 있다. 아울러, 아네슨에 따르면, 어떤 정의로운 협력체계가 어떤 이익을 생산하게 되었다면, 사람들에게 페어플레이의 의무가 적용되기 위해서 그 이익에 대한 사람들의 자발적인 수용은 불필요하다. 다시 말해서, 그런 경우에는 단순히 협력체계로부터 생산된 이익의 혜택을 (수동적으로) 받았다(mere receipt of benefits)는 이유 하나만으로도 페어플레이의 의무가 발생하기에 충분하다.[22]

22) Arneson(1982), pp.620-623.

여기서 우리가 주목해야 할 조건은 (3*)이다. 어떤 협력체계가 정의롭기 위한 필요조건으로 (3*)을 요구함으로써, 아네슨은 협력체계에 기여를 하지 않을 어떤 무관심적(disinterested)이고 양심적인(conscientious) 이유가 있는 사람들에게 페어플레이의 의무를 부과하지 않을 것을, 그 협력체계의 정의로움과 관련된 문제로 만들어버리고 있다.

이것은 다음과 같은 딜레마를 일으키면서 아네슨의 입장을 불안정하게 만든다. 어떤 협동체계는 (3*) 조건을 충족할 수도 충족하지 못할 수도 있다. 만약 어떤 협동체계가 (3*) 조건을 충족시키지 않는다면, 그것으로 인해 그 협동체계는 부정의로운 협동체계가 되며, 따라서 사람들에겐 그 협동체계에 기여해야 할 어떠한 페어플레이의 의무도 없게 된다. 만약 어떤 협동체계가 (3*) 조건을 충족시키면, 어떤 양심적인 이유로 그 협동체계에 협조하는 것을 거부하는 사람들에게 페어플레이의 의무가 부과될 수 없으며, 이것은 결국 단순히 협동체계로부터 생산된 이익을 수동적으로 받기만 하는 것으로는 페어플레이의 의무가 제대로 작동되기에 불충분하다는 것을 보여준다.[23]

---

23) 한 익명의 심사자는 "아네슨의 주장은 정의와 수동적 수용을 연결시키는 것이지 양자를 분리시켜 생각하는 것이 아닌 것 같"다고 주장을 하면서, "정의와 수동적 수용을 분리시켜 생각하는 [나의] 입장 자체가 아네슨의 입장을 왜곡하는 것"이라고 지적하고 있다. 솔직히 나는 심사자가 정확하게 어떤 지적을 하고 있는지 잘 이해가 가지 않는다. 문제의 핵심은 "정의"와 "수동적 수용"과 같은 개념들의 분리 여부가 아니며, 나는 결코 심사자가 주장하는 것처럼 두 개념을 서로 분리시켜서 생각을 하고 있는 것이 아니다. 오히려 나는 아네슨이 "협동체계의 정의로움"을 "수동적 수용"으로부터 페어플레이의 의무가 발생하기 위한 전제조건으로 제시함으로써 자신의 입장을 ad-hoc하게 만들고 있다고 주장을 하는 것이다. 즉, 아네슨이 주장하고자 하는 바의 핵심은 협동체계가 정의롭다면, 그로부터 발생하는 이익을 수동적으로 받아들이는 것만으로도 페어플레이의 의무가 적용되기에 충분하다는 것이다. 나의 비판의 요지는 "정의"의 개념 속에 양심적인 이유로 협동체계를 거부하는 사람들에게 페어플레이의 의무를 부과하지 않는다는 의미를 포함시킴으로써 아네슨의 입장은 매우 불안정해진다는 것이다. 즉, 아네슨은 어떤 이익에 대한 수동적인 수용만으로도 페어플레이의 의무를 발생시키기에 충분하다고 주장을 하는 동시에, 적어도 일부의 사람들(양심적인 이유로 협동체계를 거부하는 사람

어떤 경우이든지 간에, 아네슨은 협동체계가 그저 정의롭기만 하다면, 그것으로부터 생산된 이익을 단순히 수동적으로 받기만 하는 것으로 페어플레이의 의무가 부과될 수 있다는 것을 보여주지 못하고 있다. 어떤 이익을 수동적으로 받기만 하는 것으로도 페어플레이의 의무가 부과될 수 있다는 것을 아네슨이 정말로 주장하고 싶다면, 그는 결국 협동체계가 정의로울 것을 요구하는 것을 포기해야 한다. 반대로, 아네슨이 정말로 협력체계가 정의로울 것을 요구하고 싶다면, 그는 결국 협력체계로부터 생산되는 이익을 단순히 수동적으로 받기만 하는 것으로도 페어플레이의 의무가 부과될 수 있다는 생각을 버려야 한다. 어느 쪽 전략을 택하든지 간에, 페어플레이의 원칙을 재구성하고자 한 아네슨의 시도는 치명적인 타격을 받게 된다.

이보다 더 중요한 문제는 누군가 협력체계에 협조를 하지 않을 양심적인 이유가 있다는 것은, 결국 그 사람이 어떤 특정한 근거에 의해 그 협력체계에 협조를 하는 것을 "자발적으로 수용"하지 않았다는 것을 의미한다. 따라서 어떤 협력체계가 페어플레이의 의무를 부과하기 위해서 (3*) 조건을 충족해야 한다고 주장하는 것은, 결국 어떤 협력체계가 페어플레이의 의무를 부과하기 위해서는 그 구성원들 모두 요구되는 협조에 대한 자발적 수용이 있어야 한다는 것을 의미한다. 다시 말해서, (3*) 조건을 어떤 협력체계가 정의롭기 위한 필요조건으로 내세움으로써, 결국 아네슨은 "자발적 수용"이 페어플레이의 원칙이 도덕적 의무를 제대로 부과하는 데 필요한 하나의 필요조건이라는 것을 스스로 인정한 셈이다.

들)에겐 어떤 이익에 대한 수동적 수용만으로는 페어플레이의 의무를 발생시키기에 불충분하다고 주장을 하고 있다. 이것은 "양심적인 이유로 인한 거부"란 개념이 근본적으로 매우 모호하고 폭넓게 해석될 수 있다는 것을 고려할 때, 아네슨의 주장은, 많은 경우에 있어서, 결국에는 어떤 이익에 대한 수동적인 수용만으로도 페어플레이의 의무가 발생하기 충분한 경우는, 오직 사람들이 협동체계의 이익을 자발적으로 수용했을 때뿐이라고 주장하는 것과 같아진다는 것이다. 이것은 수동적 수용이 페어플레이의 의무를 발생시키기 위한 전제조건으로서 자발적 수용을 가정하고 있는 것이라고 볼 수 있다.

이것에 대해, 혹자는 "협조하는 것을 자발적으로 수용하지 않는 것"과 "어떤 양심적인 이유로 협조를 하지 않는 것"은 그 외연이 일치하지 않는다고 반박할지도 모르겠다. 즉, 혹자는 누군가 무엇을 자발적으로 수용하지 않았다고 해서, 그 사람이 반드시 어떤 양심적인 이유로 그것을 자발적으로 수용한 것은 아니라고 주장할지도 모른다. 왜냐하면, 사람에 따라서는, 양심적인 이유가 아닌 이유들로 어떤 것을 자발적으로 수용하지 않는 것이 가능하기 때문이다.

이러한 반론은 일견 그럴듯하게 들리나 곰곰이 따져보게 될 경우 많은 문제점이 있다는 것을 알 수 있다.

일반적으로 "양심적인 이유"는 자신의 도덕적, 정치적, 종교적 신념에 근거한 이유를 지칭한다고 이해될 수 있을 것이다. 여기서 어떤 자유지상주의자(Libertarian)가 어떤 협동체계가 사전에 자기에게 사전에 "동의"를 구하지 않았다는 이유로 협동체계로부터 생산된 이익을 받았음에도 불구하고 협조를 거부했다고 가정해 보자. 이러한 거부는 이 사람의 정치적 신념으로부터 나온 이유에 근거하고 있으므로, 이 사람의 거부는 양심적인 거부로 해석되어야 할 것이다. 따라서 아네슨에 따르면, 이 사람에겐 페어플레이의 의무가 없다.

다음으로 어떤 공리주의자(Utilitarian)가 협동체계로부터 발생하는 전체적인 이익에 비해, 그러한 이익을 생산하기 위해 각자가 들여야 하는 개인적인 비용이 크다는 이유로 어떤 협동체계에 대한 협조를 거부하였다고 가정해 보자. 이 역시 이 사람의 정치적 신념에 따른 거부라고 할 수 있기 때문에, 이 사람의 거부는 양심적인 거부이며, 따라서 아네슨의 논리대로라면, 이 사람에게 역시 페어플레이의 의무는 적용될 수 없다.

여기서 우리는 "양심적인 이유"라는 것이 매우 모호하고 폭넓은 개념이라는 것을 알 수 있다. 물론 나는 협동체계에 대한 모든 종류의 비-협조를 "양심적인 거부"로 해석해야 된다고 주장하는 것이 아니다. 분명 양심적이지 않은 이유로 협동체계에 기여할 것을 거부하는 사례들은 얼마든지 있을 수 있다. 예를 들어서, 협동체계의 이익은 향유하고 싶지만 그러한 이익을 단순히 공짜로 즐기고 싶다는 이유로 협동체계에 기여할 것을 거부하는 사람들은, 결코 "양심적인 이유"에 의해 협동체계를 거부하는 것이라고 말할 수 없을 것이다.

하지만 우리는 이러한 사람들을 두고 "무임승차자"라고 부르며, 이러한 무임승차자들은 협동체계의 이익을 자발적으로 수용하지 않은 사람들이라기보다는, 협동체계의 이익을 자발적으로 수용해 놓고 단순히 협조하기를 거부하는 사람들이라고 할 수 있다. 이런 점에서 이들에게 페어플레이의 의무가 적용된다는 것은 당연하다.

여기서 우리는, 문제의 사람이 이와 같은 무임승차의 의도를 가지고 있지 않는 한, 어떤 협동체계의 이익을 자발적으로 수용하지 않은 사람은, 넓게 보아서는, 그 협동체계를 양심적인 이유로 거부를 한 사람이라고 해석하는 것이 언뜻 생각되는 것처럼 그렇게 억지스러운 주장은 아니라는 것을 알 수 있다. 다시 말해서, 양심적인 이유로 어떤 협동체계를 거부하는 사람들의 외연과 어떤 협동체계의 이익을 자발적으로 수용하지 않는 사람들의 외연은 생각보다 매우 가깝다는 것이다.

더 나아가서 설사 "어떤 협동체계의 이익을 자발적으로 수용하지 않는 것"의 외연이 "어떤 협동체계를 양심적인 이유로 거부하는 것"의 외연보다 크다고 하더라도 (즉, 후자가 전자의 부분집합이라고 하더라도) 문제는 크게 달라지지 않는다. 이 경우에 어떤 협동체계를 양심적인 이유로 거부하는 것은 결국 그 사람이 그 협동체계의 이익을 자발적으로 수용하지 않았다는 것을 논리적으로 함축하는데, 이러한 사람들에게는 페어플레이의 원칙이 적용되지 않는다는 아네슨의 주장은 결국 협동체계의 이익에 대한 자발적 수용이 없이는 페어플레이의 의무가 발생할 수 없다는 것을 의미하는 것이라고 볼 수 있다. 결국, 아네슨은 페어플레이의 의무가 발생하기 위해서는 자발적인 수용이 "불필요"하다는 것을 보여주지 못하고 있다. 결국, "양심적인 이유"라는 것은 지나치게 모호한 개념이기 때문에, 이것을 끌어들이는 순간 아네슨은 자가당착에서 벗어날 수가 없다는 것이 나의 주장이다.

이상의 논의를 요약을 하자면, 페어플레이의 원칙이 어떤 협력체계에 대해 양심적인 이유로 협력을 거부하는 사람들에게 협력의 의무를 부과해서는 안 된다고 주장하는 것은, 결국 어떤 협력체계에 협조할 것을 자발적으로 수용하지 않은 사람들에게는 페어플레이의 의무가 부과되어서는 안 된다고 주장하는 것과 같다고 볼 수 있다. 결국, 페어플레이의 의무가 제대로 작동되기 위해서는, (아네슨의 주장과는 달리) 어떤 협력체계의 이익을 단순히 수동적으로 받기만 하는 것만으로는 불충분할 뿐만 아니라, 그 협력체계의 이익을 자발적으로 (혹은 양심적으로) 수용할 것이 필수적으로 요구된다.

3) 페어플레이의 원칙과 강제력

본 논문을 마무리하기 전에 우리가 짚고 넘어가야 할 것은 아네슨이 노직의 (4)번 비판에 대하여 어떻게 대응하는지를 살펴보는 것이다. 노직이 제기하는 (4)번 비판에 따르면, 페어플레이의 원칙이 잘못된 이유는 그것이 누군가에게 (그 사람의 동의도 없이) 어떤 이익을 던져줌으로써 그 사람에 대해 강제력을 행사할 수 있는 권리를 다른 사람들에게 부여하기 때문이다.

아네슨이 제시하고 있는 우회적인 해결책은, 언제든지 협동체계가 정의롭기만 하다면 (즉, 언제든지 협동체계가 (1*)에서 (3*) 조건들을 충족시키기만 한다면) 이미 협동체계에 협조를 한 참가자들은 아직 협조를 하지 않은 다른 참가자들에게 협조를 강제할 권리를 정당하게 가질 수 있다는 것을 인정하는 것이다. 다시 말해서, 협동체계가 정의롭기만 하다면, 비-협조자들에게 협조를 강제하는 것은 도덕적으로 정당하다는 것이다.

아네슨에 따르면, 협력체계의 비-협조자들은 다음과 같은 세 유형으로 분류될 수 있다. (가) 노심초사한 협조자(the nervous cooperator), (나) 내키지 않는 협조자(the reluctant cooperator), (다) 무임승차자(free-rider).[24]

"노심초사한 협조자"는, 협동체계가 그 공동의 그 목표를 실현하기 위해 필요한 충분한 수의 협조자들을 확보할 수 있다는 보장이 있는 한, 기꺼이 자신에게 할당된 응분의 몫을 기여하고자 하는 사람이다. 하지만 노심초사한 협조자는 협조를 하는 사람들이 충분한 수를 채우지 못해서 협동체계의 목표달성 자체가 수포로 돌아갈 것을 매우 걱정스러워 한다. 결국, 노심초사한 협조자는 자신의 기여가 헛되이 소모되는 것을 방지하기 위해 협조를 하지 않기로 결정을 한다.

"내키지 않는 협조자"는, 자기 이외에 다른 모든 참여자들이 협조를 한다면, 자기 스스로도 협조를 하고자 하는 사람이다. 그러나 이 사람은 그런 일이 실제로 일어날 것이라고 생각하지 않는다. 즉, 내키지 않는 협조자는 설사 참여율이 협동체계의 공동의 목표를 실현하는 데 충분하다고 하더라도, 실제로는 제대로 참여를 하지 않은 사람들이 상당수 존재할 것이라고 생각한다. 결국, 내키지 않는 협조자는, 자신의 노력이 다른 무임승차자들에게 이용당하는 것이 싫어서, 결국 협조를 하지 않기로 결정을 한다.

"무임승차자"는 협동체계로부터 발생하는 이익의 혜택을 누리고는 싶어 하지만, 그러한 이익을 어떠한 비용도 치르지 않고 즐기고 싶어 하는 사람이다. 결국, 무임승차자는 상황이 어떻게 전개되는 지와 관계없이 협조를 하지 않는 것이 최선의 전략이라고 생각하며, 협조를 하지 않기로 결정을 한다. 즉, 무임승차자의 사고에 따르면, 만약 협동체계가가 자체 목표달성을 위해 필요한 충분한 참여율을 달성하게 된다면, 자기

---

24) Arneson(1982), pp.622-623.

는 협조를 하지 않는 것이 유리하다. 왜냐하면, 그럴 경우, 자기는 어떠한 기여 없이 협동체계의 이익을 즐기게 되기 때문이다. 반면에, 만약 협동체계가 자체 목표달성을 위해 필요한 충분한 참여율을 달성하는 데 실패를 한다면, 이때도 역시 자기는 협조를 하지 않는 것이 유리하다. 왜냐하면, 그럴 경우, 자기는 어떤 실패한 목적을 위해 비용을 낭비하지 않았을 것이기 때문이다.

아네슨에 따르면, 비록 이 세 종류의 비-협조자들 모두 협동체계의 안정성을 위협하지만, 이 중에서는 오직 무임승차자만이 도덕적 비난의 대상이 될 수 있다. 이것을 근거로, 아네슨은 어떤 정의로운 협동체계에서 비-협조자들에게 협조를 강제하는 것을 다음과 같은 방식으로 정당화하고자 한다.

(A) 무임승차자들은 도덕적으로 비난받아 마땅하기 때문에, 이들에게 협조를 강제하는 것은 아무 문제가 없다.

(B) 노심초사한 협력자와 내키지 않는 협력자 모두 이와 같은 강제를 환영할 것이다. 왜냐하면, 이들이 비-협조를 선택하는 유일한 이유는 다른 사람들이 협조할 것이라는 보장이 없기 때문이다.

결국 어떤 협동체계가 정의롭기만 하다면, 사람들에게 자신에게 부여된 응분의 몫을 기여하도록 강제하는 것이 도덕적으로 전혀 문제가 되지 않는다는 것이 아네슨이 주장하고자 하는 바이다.

하지만 여기서 아네슨은 다음과 같은 네 번째 유형의 비-협조자가 있을 수도 있다는 것을 충분히 고려하지 못했다. 여기서 말하는 네 번째 유형의 비-협조자는 협동체계의 이익을 자발적으로 수용하지 않고, 그러한 이익을 단순히 수동적으로 받아들이기만 한 사람이다. 이러한 사람들 중에는 협동체계의 목적 자체를 어떤 양심적인 혹은 도덕적인 이유로 거부를 하는 사람들이 포함되어 있다. 여기서, 우리가 궁금해 하는 것은 어떤 협동체계가 이 네 번째 유형의 비-협조자들에게 협조를 강제하는 것이 도덕적으로 정당화될 수 있느냐 하는 것이다.

물론, 아네슨은 나의 이러한 비판이 문제의 협동체계가 "정의롭다"는 사실을 망각하고 있다고 주장할지도 모른다. 즉, 아네슨은 자기가 제시하는 정의로운 협동체계는 그처럼 양심적이고 도덕적인 이유로 협력을 거부하는 사람들에 대해 페어플레이의 의무를 부과하지 않으며, 따라서, 그들의 협조를 강요하지도 않는다고 주장할지도 모른다.

그렇지만, 이것은 페어플레이의 원칙의 현실적인 실효성에 상당한 문제를 일으킨다. 그 이유는 아네슨의 주장대로라면, 어떤 협동체계는 네 번째 유형의 비-협조자(즉, 협동체계의 이익을 비-자발적으로 수용한 사람들)와 다른 유형의 비-협조자들을 구분하여, 오직 후자의 유형들에 해당하는 비-협조자들에 대해서만 협조를 강제하고, 전자의 유형에 해당하는 비-협조자들은 어떠한 의무도 부과하지 않은 채, 협력체계의 이익을 즐기도록 내버려둬야 하기 때문이다.

여기에는 두 가지의 문제가 얽혀 있다. 첫째는 인식론적 문제이다. 즉, 우리는 과연 어떤 비-협조자가 정말로 양심적인 혹은 도덕적인 이유로 협력을 거부하는지 어떻게 알 수가 있느냐 하는 문제이다. 둘째는 형평성의 문제이다. 즉, 여러 비-협조자들 중에서, 어떤 사람들이 양심적이고 도덕적인 이유로 협력을 거부한 것이 아니라는 이유로, 그들에게만 강제력을 동원하여 협력을 강요하는 것이 과연 공평하냐 하는 문제이다.

비-협조자들에게 협력을 강제하는 것과 관련된 이러한 모든 문제들은 결국 어떤 이익을 수동적으로 받았다는 사실만으로는 페어플레이의 의무가 부과될 수 없으며, 협동체계로 하여금 정의로울 것을 요구한다고 해서, 그 문제가 깔끔하게 해결되지는 않는다는 것을 보여준다.

4. 맺으며

나는 본 논문에서 페어플레이의 원칙에 대한 내 나름의 재해석을 바탕으로 "자발적인 수용"이란 개념을 비판한 아네슨의 논변들을 분석하고 그 타당성을 검토하였다. 아네슨은 "자발적인 수용"은 페어플레이의 원칙이 의무를 부과하는 데 무관하다고 주장한다. 하지만 우리는 본 논문을 통해서, 아네슨이 스스로 제시하고 있는 여러 사례들은, "자발적인 수용"이 페어플레이의 의무와는 무관하다는 것을 보여주기보다는, 오히려 아네슨이 의도하는 것과는 정반대로, "자발적인 수용"이 페어플레이의 의무에 필수적으로 요구된다는 것을 보여주고 있다는 것을 알게 되었다. 이것은 매우 역설적이라고 할 수 있다. 하지만 아네슨과 같은 저명한 정치철학자가 "자발적인 수용"이 필요하지 않다는 것을 주장하기 위해, "자발적인 수용"이 필수적으로 요청된다는 것을 암묵적으로 전제하고 있었다는 것 자체가, 어떤 의무를 형성하는 데 있어서 자발적인 수용이 얼마나 중요한 역할을 하는지를 역설적으로 보여준다고 할 수 있다.

참고문헌

Arneson, Richard J.(1982), "The Principle of Fairness and Free-Rider Problems," *Ethics*, Vol. 92, No. 4. (Jul., 1982).

Hart, H. L. A.(1955), "Are There Any Natural Rights?" *The Philosophical Review*, Vol. 64, No. 2.

Klosko, George(1992), *The Principle of Fairness and Political Obligation*, Roman and Littlefield.

Nozick, Robert(1974), *Anarchy, State, and Utopia*, Basic Books.

Rawls, John(1964), "Legal Obligation and the Duty of Fair Play," in *John Rawls: Collected Papers* (edited by Samuel Freeman), Harvard University Press.

Rawls, John(1971, 1999), *A Theory of Justice*, Revised Edition, Belknap Press of Harvard University Press.

Simmons, A. John(1979), *Moral Principles and Political Obligations*, Princeton University Press.

Simmons, A. John(2001), "Fair Play and Political Obligation: Twenty Years Later," in *Justification and Legitimacy*, Cambridge University Press.

롤즈의 공정으로서의 정의가 현대 입헌 민주주의의 위기에 대해 갖는 실천적 함의

정 태 창

1. 서론

현대 입헌 민주주의가 위기에 처해 있다는 우려의 목소리가 도처에서 들려오고 있다.[1] 입헌 민주주의와 양립하기 어려운 성격을 갖는 자립적 체계들이 막강한 권력을 갖게 되면서 입헌 민주주의를 형식적인 것으로 전락시키고 있다는 것이 이러한 우려의 핵심이다. 여기서 문제가 되는 '반민주주의적인' 체계들의 중심에는 경제적 효용성의 증대를 모토로 하

---

* 이 논문은 서울대학교 철학사상연구소 편, 『철학사상』 제42권(2011. 2)에 실린 글이다.

1) 현대 입헌 민주주의의 위기에 대한 최근의 논의에 대해서는 다음의 저작들을 참조. C. Crouch, *Post-Democracy*, Cambridge: Polity Press, 2004; C. Tilly, *Democracy*, Cambridge/New York: Cambridge University Press, 2007; T. Skocpol, *Diminished Democracy*, Norman: University of Oklahoma Press, 2003; G. Agamben et al., *Démocratie, dans quel état?*, Paris: La fabrique, 2009.

는 시장이 있는 것으로 생각된다.[2] 사회학자인 크라우치(Colin Crouch)는 현대사회가 민주주의의 형식은 유지하면서도 정치와 정부가 민주주의 이전 시대에 특징적이었던 방식으로 특권층의 통제에 종속되어가는 포스트-민주주의(post-democracy)의 시대로 진입했다고 지적하면서, 이러한 입헌 민주주의 쇠락의 근본 원인은 시장과 다른 모든 영역 사이에 나타난 힘의 커다란 불균형에 있다고 진단한다.[3] 근대사회를 태동시키고 이끌어온 두 개의 중심축인 자본주의와 민주주의 사이의 모순은 점점 더 전자에 후자를 종속시키는 방식으로 해소되고 있으며, 그 결과 현대사회에서 입헌 민주주의는 유명무실한 것으로 전락할 위험에 처해 있다는 것이다. 따라서 현대의 입헌 민주주의에 대한 논의는 이러한 위기 상황을 명료하게 파악하고 적실한 해법을 제시해야 할 시대적 책무를 갖는 것으로 생각된다.

롤즈는 현대 입헌 민주주의의 이러한 위기를 그 누구보다도 심각하게 고민하고 이에 대한 해법을 근본적인 차원에서 제시한 철학자라고 할 수 있다. 그의 공정으로서의 정의는 현대 입헌 민주주의 사회의 기본 구조에 적용되기 위해 고안된 정치적 정의관으로서 현대의 입헌 민주주의의 위기를 타파하고 민주주의를 온전히 실현하려는 실천적인 목적을 갖는 것이다.[4] "나는 공정으로서의 정의의 핵심적인 관념 및 목적을 입헌 민

---

2) 본 논문에서는 '자본주의'를 사상 혹은 사회구성의 원리를 표현하는 용어로 사용하고, 이에 대응하는 사회체계를 표현할 때는 '시장'이라는 용어를 사용하였다.

3) C. Crouch, *Post-Democracy*, 2004, 104쪽.

4) 롤즈가 말하는 입헌 민주주의(constitutional democracy)는 절차적 민주주의 (procedural democracy)와 대비되는 개념이다. 롤즈는 절차적 민주주의를 "입법에 있어 어떠한 입헌적인 제한도 없어서 적절한 절차—법을 확정하는 일련의 규칙들—를 따른다면 다수(혹은 과반수)가 법령화하는 것은 무엇이든 법이 되는 민주주의"로 규정한다 (J. Rawls, *Justice as Fairness: A Restatement*, Erin Kelly(ed.), Cambridge /London: The Belknap Press of Harvard University Press, 2001, 145쪽). 절차적 민주주의에서는 입법의 내용에 대한 제한이 없기 때문에 평등한 기본권을 부정하는 법안이 통과될 수도 있다. 이에 비해 입헌 민주주의는 정의의 제1원칙에서 규정하는 바와 같

주주의를 위한 철학적 입장의 관념 및 목적으로 간주한다."[5] 그런데 롤즈에 대한 기존의 대부분의 연구들은 공정으로서의 정의를 도덕철학의 맥락에서 다루거나 혹은 공정으로서의 정의와 민주주의의 관계를 주로 간접적인 것으로 파악함으로써 공정으로서의 정의가 실천적인 목적을 갖는 정치적 정의관으로서 현대 입헌 민주주의에 대해 갖는 강력한 실천적 함의를 명료하게 파악하지 못하고 있는 것으로 보인다.[6] 그러나 롤즈의 문제의식이 "항상 시대적인 것이었고, 시대적 과제에 직면하여 그 해결방안을 모색하는 것"[7]이었다면, 롤즈의 공정으로서의 정의는 그것이 해결하고자 하는 시대적 과제와의 밀접한 연관 하에서 이해되어야 할 것이다.

이 논문의 목적은 롤즈의 공정으로서의 정의가 현대사회에서 입헌 민주주의를 실질적으로 실현하기 위해 어떠한 해법들을 제시하고 있는지를 살펴보는 데 있다. 이를 위해 먼저 롤즈의 공정으로서의 정의가 입헌 민주주의를 사회 구성의 최종적인 준거점으로 놓고 이를 중심으로 사회

은 평등한 기본적 자유를 실질적으로 보장하게끔 법률을 제정해야 하는 체제이며, 여기서는 평등한 기본적 자유의 원칙이 법안 제정 과정에 '입헌적인 제한(constitutional limits)'으로 작용한다. 이처럼 롤즈는 입헌 민주주의를 평등한 기본적 자유의 개념—롤즈는 여기에 '평등한 정치적 자유'라는 이름 하에 국민주권의 개념을 포함시킨다—을 중심으로 파악한다.

5) J. Rawls, *A Theory of Justice*, Revised Edition, Cambridge/Massachusetts/London: Harvard University Press, 2003, xvii-xviii쪽. 이하 TJR로 약칭하여 본문에 쪽수를 표기한다.

6) 정원섭에 따르면 롤즈 정의론에 대한 기존의 논의는 다음의 세 가지 구도에 초점을 맞추고 있다(정원섭, 『공적 이성과 민주적 의지 형성: 존 롤즈의 정치적 자유주의』, 서울대학교 출판부, 2004, 3-9쪽 참조). (1) 의무론자인 롤즈와 결과론자인 공리주의자들 사이의 규범 윤리학적 논쟁. (2) 평등주의적 자유주의자로서의 롤즈와 자유지상주의인 노직(R. Nozick)의 논쟁. (3) 자유주의자로서의 롤즈와 매킨타이어(A. MacIntyre), 왈쩌(M. Walzer) 등 공동체주의자들 간의 논쟁. 특히 한국에서는 롤즈를 자유주의자로 규정하고 자유주의 담론의 스펙트럼 안에서 롤즈의 상대적인 위치를 가늠해보는 논의가 주류를 이루었던 것으로 보인다. 그런데 이러한 논의들의 근본 지평은 공정으로서의 정의와 현존하는 사회의 직접적인 연관을 문제 삼지 않는다는 점에서 한계를 갖는 것으로 생각된다.

7) 김명식, 「롤즈의 공적 이성과 심의민주주의」, 『철학연구』 제65집, 2004, 264쪽.

전반을 변혁하려는 함의를 갖는 정치적 입장이라는 점을 알아볼 것이다. 그리고 롤즈가 이를 현실화하기 위해 사회정의관과 사회의 기본 구조의 두 측면에서 '입헌 민주주의적 전환'을 요구하고 있다는 점을 살펴보고자 한다.

2. 공정으로서의 정의의 근본이념: 사회 구성의 최종적인 준거점으로서의 입헌 민주주의

우리는 앞서 현대사회에서 입헌 민주주의가 시장의 막강한 권력에 종속되어 형식적인 것으로 전락할 위기에 처해 있다는 점을 살펴본 바 있다. 이러한 진단의 배경에는 근·현대사회를 이끌어온 두 개의 중심축인 자본주의와 민주주의가 상보적이 아니라 대립적이라는 전제가 놓여 있다.[8] 이러한 전제가 타당성을 갖는다고 한다면 자본주의와 민주주의의 갈등은 양자가 충돌할 경우 어느 한쪽을 택하게 해주는 우선성의 규칙을 마련하지 않는 한 해소되지 않을 것으로 생각된다. 우리는 자본주의와 민주주의 중 하나를 우선적으로 택해야 하며, 그에 따라 자본주의/민주주의에 각각 속하는 대립적 가치들, 즉 소유권/시민권, 효용성/정당성,

---

8) 예를 들어 하버마스는 자본주의와 민주주의 사이의 대립관계를 체계/생활세계의 도식에 따라 이해한다. "자본주의와 민주주의 사이에는 해결 불가능한 긴장관계가 있다. 즉 이 양자 사이에서는 사회 통합의 두 가지 대립되는 원리들이 우위를 차지하려고 경쟁하고 있는 것이다. … 민주주의의 규범적 의미는 사회이론적으로 다음과 같이 정식화된다: 체계적으로 통합된 행위 영역의 기능적인 필요성들의 충족은 생활세계의 보전, 즉 사회적 통합에 의존하고 있는 행위 영역의 요구들에 의해 한계 지워져야 한다. … [반면에] 자본주의의 체계적인 고유 의미는 사회이론적으로 다음과 같이 정식화된다: 체계적으로 통합된 행위 영역의 기능적 요구들은 필요한 경우 생활세계의 기계화(Technisierung)를 대가로 해서라도 충족되어야만 한다."(J. Habermas, *Theorie des kommunikativen Handelns*. Band II: *Zur Kritik der funktionalistischen Vernunft*, Frankfurt am Main: Suhrkamp, 1995, 507-508쪽)

시장 분배/민주주의적 분배 등에 있어 어느 한쪽의 우위를 확정하지 않으면 안 되는 것이다.[9] 현대사회의 주요한 흐름은 후자를 점차적으로 전자에 종속시켜가는 것이었으며 그 결과 입헌 민주주의가 위기를 맞게 되었다. 그렇다면 이러한 종속관계를 역전시켜서 민주주의에 자본주의를 종속시키는 한에서만, 즉 두 원리가 충돌할 때 민주주의에 우선성을 부여하는 한에서만 입헌 민주주의의 실질적인 실현이 가능할 것이다.

롤즈의 공정으로서의 정의는 이러한 기본적인 생각을 가장 근본적이고 철저하게 전개해나가는 정의관이라고 할 수 있다. 일반적으로 입헌 민주주의는 전체 사회의 여러 하부체계들 중 하나인 정치 체계에만 적용되는 것으로 해석되어왔으나, 공정으로서의 정의에서는 '사회의 기본 구조' 자체가 입헌 민주주의로 규정되면서 입헌 민주주의가 사회 전체에 대한 구성적 원리로 기능한다. "공정으로서의 정의는 내가 사회의 '기본 구조'라고 부르는 것에 적용된다. 사회의 기본 구조는 우리의 현재의 목적에서 현대의 입헌 민주주의로 간주되고 있다. 나는 '기본 구조'라는 용어로 사회의 주요 정치, 경제, 사회 제도와 이들이 서로 연결되어 세대 간에 걸친 하나의 통일된 사회 협동체로 구성되어 있는 양태를 가리킨다."[10] 이처럼 공정으로서의 정의에서는 입헌 민주주의가 사회 구성의 최종적인 준거점으로 설정되며, 시장을 포함한 사회 제도 전반은 그에

---

9) 보울스(S. Bowles)와 진티스(H. Gintis)는 생산의 세계화가 국민국가의 주권을 위협함으로써 이러한 양자택일을 점점 더 강요하고 있다고 지적한다. "투자에 대한 사회적 통제가 부재한 속에서 생산의 세계화는 국민국가의 주권에 도전한다. 왜냐하면 생산의 세계화로 인해 사실상 민주주의자들은 투자의 사적 통제─무력한 경제정책을 수반하는─와 무력한 민주주의를 선택하든지, 아니면 투자의 사회적 책임을 위한 민주제도의 발전을 선택해야 하기 때문이다."(S. Bowles and H. Gintis, *Democracy and Capitalism*, New York: Basic Books, Inc., 1987, xiv-xv쪽)

10) J. Rawls, *Political Liberalism*, New York: Columbia University Press, 1993, 11쪽. 이하 PL로 약칭하여 본문에 쪽수를 표기한다.

따르면 입헌 민주주의를 실질적으로 실현시키는 방식으로 재구성된다.[11]

여기에는 입헌 민주주의와 양립하기 어려운 원리를 갖는 자립적 체계들—대표적으로 시장—을 입헌 민주주의에 적합하게 변혁하지 않는 한 입헌 민주주의가 온전히 실현될 수 없다는 롤즈의 생각이 반영되어 있다. "지난 2세기 동안의 민주주의 사상의 경로를 살펴보면 시민의 기본권과 자유를 명시하고 보증하기 위해, 그리고 민주주의적 평등의 요구를 만족시켜주기 위해 입헌 민주주의의 기본 제도들이 어떻게 구성되어야 하는지에 관해서 아무런 합의도 존재하지 않았다는 사실이 분명하게 드러난다."[12] 이러한 합의의 부재를 문제 삼는 배경에는 현대의 입헌 민주주의가 사회의 기본 제도들을 입헌 민주주의에 적합하게 구성하지 못했기 때문에 민주주의의 핵심 가치들을 실질적으로 구현하는 데 실패했다는 롤즈의 문제의식이 있다. 이는 바꾸어 말하면 입헌 민주주의의 기본가치들을 실질적으로 보장하기 위해서는 입헌 민주주의의 기본 제도, 즉 사회의 주요 정치, 경제, 사회 제도를 그러한 보장이 가능하게끔 구성해야 한다는 것이 된다. 입헌 민주주의의 전통 속에 뿌리박혀 있는

---

11) 김비환은 자유주의를 시장과 민주주의의 관계 설정을 기준으로 삼아 다음의 세 가지로 분류한다. (1) 노직, 하이에크(F. Hayek) 등을 중심으로 하는 시장 우선적 자유주의. (2) 민주주의 제도의 중요성을 시장과 대등하게 인정하고 있는 '균형적' 자유주의. (3) 달(R. Dahl), 왈쩌 등을 중심으로 하는 민주주의(우선적 자유주의). 김비환은 롤즈를 '균형적 자유주의'에 속하는 것으로 분류하면서 다음과 같이 주장한다. "롤즈에게는 민주주의가 상대적으로 독립적인 하나의 원리로서 시장경제의 (도덕적) 결함과 한계를 제약하거나 보완하는 역할을 한다."(김비환, 『자유지상주의자들, 자유주의자들, 그리고 민주주의자들: 기본권을 통해본 시장과 민주주의』, 성균관대학교 출판부, 2005, 66쪽) 이러한 주장에 따르면 롤즈는 시장경제를 기본적인 원리로 놓고 이를 민주주의로 보완하려는 자유주의자가 되지만 필자는 이에 동의할 수 없다. 롤즈는 균형적 자유주의자가 아니라 민주주의 우선적 자유주의자로 분류되어야 한다.

12) J. Rawls, "Justice as Fairness: Political not Metaphysical," reprinted in Samuel Freeman(ed.), *John Rawls. Collected Papers*, Cambridge/London: Harvard University Press, 1999, 391쪽.

직관적 신념들만을 추출하여 만들어진 공정으로서의 정의가 사회의 기본 구조에 적용되어야 하는 이유가 여기에 있다.[13]

　민주주의보다는 자본주의에 우선성을 부여함으로써 양자 간의 갈등을 해소하는 것이 현대사회의 주요한 흐름이라는 점을 고려해볼 때, 그와 정반대로 입헌 민주주의를 사회 구성의 최종적인 준거점으로 삼고 시장을 비롯한 사회 제도 전반을 변혁하려는 롤즈의 공정으로서의 정의는 매우 급진적인 정치적 함의를 갖는 것으로 보인다. 말하자면 롤즈는 점점 더 시장 중심적으로 되어가고 있는 현대사회에 일종의 '입헌 민주주의적인 전환'이 필요하다고 역설하고 있는 것이다. 롤즈는 이를 위해서는 사회정의관과 이를 만족시키는 사회의 기본 구조의 두 측면에서 전환이 요구된다고 본다. 전자는 공리주의적 정의관에서 공정으로서의 정의로의 전환과, 그리고 후자는 복지국가 자본주의에서 재산소유 민주주의(property-owning democracy)로의 전환과 각각 연관된다.

3. 사회정의관의 전환: '(경제적) 효율성 = 정의'인 사회에서 공정한 협동체계로서의 사회로

　1971년에 출간된 『정의론』에서 공정으로서의 정의의 핵심 목표는 계약론적 전통 속에 함축된 정의관을 체계적으로 이론화함으로써 공리주

---

13) 1978년에 발표된 「주제로서의 기본 구조」에서 롤즈는 기본 구조에 속하는 제도들이 정의의 배경적 조건들을 만족시킬 수 있게 구성되지 않는 한 여러 가지 사회적 요인에 의해서—롤즈는 주로 시장을 예로 들고 있다—공정한 협동체계로서의 사회는 소멸할 수밖에 없기 때문에 정의의 일차적 주제가 사회의 기본 구조가 되어야 한다고 주장한다(J. Rawls, "The Basic Structure as Subject", in Alvin I. Goldman and Jaegwon Kim(eds.), *Values and Morals*, Dordrecht/Boston: D. Reidel, 1978, 47~71쪽 참조). 여기서 롤즈는 주로 도덕철학의 관점에서 말하고 있지만, 공정으로서의 정의가 실현하고자 하는 정의가 일차적으로 입헌 민주주의적인 정의임을 고려해본다면 동일한 주장이 입헌 민주주의의 실현과 관련해서 제기될 수 있을 것이다.

의적 정의관에 대한 대안을 제시하고 민주주의 사회를 위한 가장 적합한 도덕적 기초를 마련하는 것으로 규정된다(TJR, xvii-xviii쪽). 여기에는 공리주의적 정의관을 공정으로서의 정의로 대체하는 것과 입헌 민주주의의 실현 사이에 긴밀한 내적 연관관계가 있다는 생각이 함축되어 있다. 따라서 본 연구는 이러한 연관관계를 분석함으로써 공리주의적 정의관에서 공정으로서의 정의로의 전회가 입헌 민주주의의 실현에 대해 갖는 실천적 함의를 알아보고자 한다.

롤즈는 공정으로서의 정의가 대체하고자 하는 것은 공리주의 이론의 어떤 특정한 형태가 아니라 공리주의 사상 일반임을 밝히고 시즈위크 (Henry Sidgwick)에 의해 정식화된 고전적 공리주의 — 한 사회의 중요 제도가 그에 속하는 모든 개인이 만족의 최대 순수 잔여량을 달성하도록 편성될 경우 그 사회는 정의롭다 — 를 공리주의의 대표적인 모델로 채택하여 계약론과 비교한다(TJR, 19-20쪽). 롤즈는 이러한 비교를 통해 도덕철학으로서의 공리주의의 취약성을 드러내고 계약론적 정의관인 공정으로서의 정의가 우위에 있음을 주장한다.

그런데 도덕철학으로서의 공리주의는 다음의 두 가지 문제점을 공통적으로 갖는 것으로 생각된다.[14] 첫째, 공리주의의 핵심 개념인 '선(善)'을 규정하려는 시도는 다음과 같은 딜레마에 빠지게 된다. 공리주의는 규범적 문제가 발생하는 모든 맥락을 다룰 수 있는 한에서만 포괄적인 도덕적 교설로서의 지위를 주장할 수 있으며, 그를 위해서는 선 개념이 최대한 넓은 외연을 갖게 규정될 필요가 있다. 그러나 그 경우 '최대선'의 개념은 무엇이든 포섭할 수 있는 공허한 것이 되며, 결과적으로 공리주의는 논박 불가능하지만 공허한 입장이 되고 만다. 둘째, 선은 질(質)적이며 양화될 수 없기 때문에 계산 가능성의 조건을 만족시키지 못한

---

14) 공리주의가 갖는 원리적 난점들에 대해서는 황경식, 『사회정의의 철학적 기초』, 문학과 지성사, 1985 참조.

다. 예를 들어 쾌락 공리주의에서 말하는 '쾌락'은 심리상태이기 때문에 양화 혹은 단위화가 불가능하다. 쾌락 공리주의를 거부하고 질적 공리주의 혹은 다원 공리주의를 채택하는 경우 선의 측정과 계산은 더욱더 가망 없는 것이 된다.

도덕철학으로서의 공리주의가 갖는 이러한 두 가지 문제점 — 선(善) 개념의 공허함, 선의 계산 불가능성 — 은 관점에 따라서는 공리주의를 거부할 결정적인 이유로 간주될 수 있을 것이다. 그럼에도 공리주의를 현대의 주요한 도덕철학으로 만드는 요소가 있다면 그것은 공리주의가 이론으로서 갖는 정합성과는 다른 맥락, 즉 공리주의가 현대사회에서 지배적인 실천적인 원리로서 작동하는 맥락에 놓여 있을 것으로 생각된다.

실질적인 실천적 원리로서의 공리주의는 현대사회에서 실제로 작동하고 있는 것이므로 도덕철학으로서의 공리주의가 갖는 두 가지 난점, 즉 선(善) 개념의 공허함과 선의 계산 불가능성을 실천적으로 해결할 수 있어야 한다. 이러한 두 가지 난점은 선을 현대사회의 핵심적인 가치 척도인 화폐, 그리고 그를 통해 표현되는 경제적 효용성으로 규정하면 사라진다.[15] 볼 수도 만질 수도 없는 추상적인 개념인 선과는 달리 화폐는

---

15) 베이커(R. W. Baker)는 벤담 공리주의의 효용 개념이 화폐에 의해 측정되는 경제적 효용의 개념으로 전환되는 역사적 과정을 다음과 같이 기술한다. 먼저 벤담 공리주의의 효용 개념은 제본스(W. S. Jevons)에 의해 경제학에 도입되어 정치경제학에서 수학을 주요한 분석도구로 삼는 순수 경제학으로의 전환을 이끌게 된다. 이제 경제학의 중심 개념이 된 효용은 다시 저명한 경제학자인 마셜(A. Marshall)에 의해 '화폐' 혹은 '일반구매력'에 의해 측정되는 것으로 규정됨으로써 철학적 효용 개념의 불확실성을 떨쳐버리며, 이에 따라 공리주의의 '최대선'은 마셜의 계승자였던 피구(A. C. Pigu)에 의해 국민총생산(GNP)의 개념으로 발전하게 된다. 베이커에 따르면 공리주의의 효용 개념의 이러한 전환 과정은 공리주의가 '자본주의의 철학적 토대'로서 깊이 뿌리내리는 과정을 보여주는 것이기도 하다. "공리주의는 우리가 잠시도 생각해본 적이 없다 해도, 오늘날 서구 자본주의 안에 엄연히 존재하고 있다. 또한 공리주의라는 자본주의의 철학적인 토대는 초기에 형성된 이래 근본적으로 변화하지 않았다."(R. W. Baker, *Capitalism's Achilles Hill*, Hoboken: John Wiley & Sons, Inc., 2005, 319쪽)

실물로서 현실 속에서 실제로 작동하고 있는 사회적인 실체이다. 또한 화폐는 마르크스에 따르면 "모든 것을 구매하는 속성을 가짐으로써, 모든 대상을 자기 것으로 만드는 속성을 가짐으로써 우월한 의미를 갖는 대상"[16]이다. 따라서 선이 구체적이면서도 보편적으로 규정되어야 한다는 공리주의의 첫 번째 난점이 해결된다. 선의 계산 가능성이라는 두 번째 난점은 화폐가 가치 척도로서 현대사회의 거의 모든 가치들을 단위로 환산시킬 수 있기 때문에 대체로 해결된다. 이로서 공리주의(utilitarianism)의 공리(utility)는 현실 속에서 주로 경제적 공리(economic utility)로 현현하며 이러한 현현을 통해서 현대사회 내에서 실질적인 지배력을 갖게 된다. 이를 시장의 이해관계를 대변한다는 의미에서 '시장 공리주의'로 칭하도록 하자.

선(善)을 화폐로 매개되는 경제적 효용성으로 규정하는 시장 공리주의의 정의관은 '경제적 효율성 = 사회정의'라는 등식으로 표현될 수 있다. '(경제적) 효율성 = 사회정의'의 원칙은 사회정의를 실질적으로 경제적 효율성으로 환원하지는 못하지만 사회정의에 대한 요구를 최대한 억제한다. 이에 따라 도덕철학으로서의 공리주의의 핵심인 옳음에 대한 좋음의 우선성은 시장 공리주의가 지배적인 현대사회에서는 지배의 합리화에 대한 경제성장의 우선성이라는 정당화의 이데올로기로 나타난다. 현존하는 지배는 (비록 정의롭지는 않지만) 사회의 경제적 효율성을 위해서, 그리고 그를 통해 보장될 것으로 생각되는 생활수준의 향상을 위해서 감내해야 하는 것이 된다. "현대사회는 원심적인(centrifugal) 사회 세력들을 테러보다는 기술을 통해, 압도적인 효율성과 생활수준의 증대라는 이중적 기초를 통해 정복한다는 점에서 특징적이다."[17] 현대

---

16) Karl Marx, *Ökonomisch-philosophische Manuskripte aus dem Jahre 1844*, Marx Engels Werke. Ergänzungsband, Schriften, Manuskripte, Briefe bis 1844, Berlin: Dietz Verlag, 1981, 563쪽.

17) Herbert Marcuse, *One-Dimensional Man*, Boston: Beacon Press, 1964, x쪽.

사회에서 강력하게 작동하고 있는 이러한 이데올로기가 '공리주의'라는 개념 하에 명료하게 규정되고 있는 것은 아니며 이러한 이데올로기를 체화하고 있는 당사자들이 이에 대해 명료한 의식을 갖고 있는 것도 아니다. 그러나 이는 시장 공리주의가 대부분의 경우 공론화되지도 않고 의식되지도 않을 만큼—이는 지배적 이데올로기의 필수적인 요건이다—현대사회에 강력하게 뿌리박고 있음을 보여주는 것으로 이해되어야 한다.

현대사회에서 시장 공리주의는 현대사회의 핵심적인 체계로 기능하고 있는 시장의 정당화 이데올로기로 작동한다. '경제적 효율성 = 사회정의'라는 시장 공리주의의 원칙은 말하자면 자본주의의 아프리오리를 정식화한 것이다. 일찍이 마르크스가 통찰한 바 있듯이 자본주의는 생산력을 끊임없이 증대해가는 한에서만 존속할 수 있다.[18] 시장 공리주의는 현대사회 내에서 자본주의의 이러한 아프리오리한 조건을 그 자체로 정당화할 뿐만 아니라 자본주의의 전개과정에서 생겨나는 모든 병리현상과 부조리에 대한 시정의 요구를 생활수준의 향상에 대한 약속을 통해 끊임없이 약화시키는 이데올로기로 작동한다.[19]

이러한 시장 공리주의와 입헌 민주주의가 충돌하게 되는 이유는 쉽게 파악할 수 있다. 시장 공리주의를 따를 경우 경제적 효율성이 정당성의 최종적인 준거점이 된다. 이 경우 결국 정당성의 최종적인 준거점이 되는 사회체계는 시장이며, 다른 체계들은 시장을 중심으로 시장의 경제

---

18) Karl Marx and Friedrich Engels, *Manifest der Kommunistischen Partei, Karl Marx Friedrich Engels Werke.* Band 4, Berlin: Dietz Verlag, 1990, 465쪽 참조.
19) 현대 공리주의가 '놀라울 정도로 체제 순응적'이며 어떠한 상황이라도 현상유지를 지키려는 경향을 갖는다는 킴리카(Will Kymlicka)의 지적은 이와 일맥상통하는 것으로 보인다. W. Kymlicka, *Contemporary Political Philosophy*, Oxford: Oxford University Press, 2002, 45-46쪽 참조.

적 효율성에 보탬이 되는 한에서만 정당성을 부여받을 수 있다.[20] 그런데 이러한 기본 구도는 입헌 민주주의와 양립하기 어려운 것이다. 입헌 민주주의는 원리상 시장에서 창출되는 경제적 효율성에 의해서 정당성을 확보하는 것이 아니라, 사회 구성의 근본 원리로서 그 자체로 정당성의 최종적인 준거점으로 기능하는 것이기 때문이다.

결국 현대사회에서 시장 공리주의는 입헌 민주주의의 핵심을 훼손하는 방식으로 작동하게 된다. 예를 들어 롤즈가 지적하고 있듯이 입헌 민주주의에서 자유롭게 평등한 인격체로서의 시민들의 기본적 권리와 자유는 칸트적인 의미에서 정언 명령과 유사한 것으로 간주되어야 한다 (TJR, 222쪽). 즉 입헌 민주주의 내에서 시민들의 기본적 권리와 자유는 거의 무조건적으로 보장되어야 하며 어떤 다른 목적을 위한 수단으로 간주되어서는 안 된다. 하지만 시장 공리주의는 원리적으로 시민의 기본적 권리와 자유를 경제적 효율성이라는 목적을 위한 수단 외에 다른 것으로 파악할 수 없다.[21] 입헌 민주주의의 기본적인 가치인 시민들의 기본적 권리와 자유는 시장 공리주의에 의해 일반적으로 경제적 효율성이라는 이질적인 척도에 종속되어 경제적 효율성을 달성하기 위해 적절한 수단임을 끊임없이 검증받아야 하며 검증 결과에 따라서는 경제적 효율성을 위해 충분히 희생될 수 있는 '가언적인' 것이 된다. 그 경우 입헌

---

20) 이러한 점에서 시장 공리주의는 하버마스가 말하는 '새로운 이데올로기'와 같은 맥락에 있다. "새로운 이데올로기는 정당화의 기준을 공동생활의 조직과 상호 행위의 규범적 규정으로부터 떼어내고 이러한 의미에서 탈정치화하며 그 대신에 그것을 목적 합리적 행위라는 종속된 체계의 기능에서 확정한다."(Jürgen Habermas, "Technik und Wissenschaft als 〉Ideologie〈," *Technik und Wissenschaft als 〉Ideologie〈*, Frankfurt am Main: Suhrkamp, 1974, 90쪽)

21) "공리의 원칙이 설명할 수 없는 사실은 정의로운 사회에서 시민의 자유가 확정된 것으로 인정되며, 정의에 의해 보장된 권리들은 정치적 흥정이나 사회적 이득의 계산에 희생되지 않는다는 점이다."(John Rawls, "Distributive Justice," in Samuel Freeman(ed.), *John Rawls Collected Papers*, Cambridge/Massachusetts/London: Harvard University Press, 1999, 131쪽)

민주주의는 실질적으로 훼손되었다고 보아야 할 것이다.[22)]

따라서 현대사회에서 입헌 민주주의가 온전하게 실현되기 위해서는 경제적 효율성을 정당성의 최종적인 준거점으로 놓음으로써 입헌 민주주의를 훼손하는 시장 공리주의적 정의관이 입헌 민주주의 자체를 정당성의 최종적인 준거점으로 놓는 새로운 정의관으로 대체될 필요가 있다. 롤즈의 공정으로서의 정의는 입헌 민주주의 사회에 내재되어 있는 것으로 생각되는 기본적인 합의를 계약론적 접근을 통해 재구성함으로써 이러한 요구를 만족시키고자 한다.

공정으로서의 정의의 기본적인 생각은 사회정의를 공정한 협동체계로서의 사회라는 개념에 의해 설명할 수 있다는 데 있다. 즉 사회가 공정한 협동체계인 경우 그 사회는 정의롭다는 것이다. 따라서 공정으로서의 정의에서는 공정한 협동체계로서의 사회의 개념이 모든 다른 직감적 개념들을 체계적으로 조직하는 근본적인 구성 개념이 된다. 공정으로서의 정의의 핵심 물음은 이에 따라 다음과 같이 정식화될 수 있다. '사회가 공정한 협동체계로 구성되려면 어떠한 조건들을 만족시켜야 하는가?' 롤즈는 사회 협동체에 참여한 사람들이 하나의 공동 결의를 통해서 기본적인 권리와 의무를 할당하고 사회적 이득의 분배를 정해줄 원칙들을 함께 채택하는 가상적 상황을 설정함으로써, 즉 정의의 원칙이 원초적 입장에서 채택되는 상황을 설정함으로써 이러한 물음에 답하고자 한다(TJR, 10쪽). 원초적 입장을 규정하는 두 가지 조건인 무지의 베일과 상호 무관심한 합리성은 각각 시민적 덕목의 차원에서는 합당성과 합리성을, 그리고 사회적 가치의 차원에서는 공정성과 효율성을 반영한다.

---

22) 이는 마르쿠제의 다음과 같은 우려와 맥을 같이한다. "선진 산업문명에서 기술적인 진보의 징후로서 편안하고, 부드럽고, 합당하며 민주적인 부자유가 나타난다. … 산업사회의 근원적이고 앞선 단계들에서 매우 중요한 요소였던 권리들과 자유들이 산업사회의 더 높은 단계들에 굴복하여 전통적인 근거들과 내용을 상실하고 있다."(H. Marcuse, *One-Dimensional Man*, 1쪽)

원초적 입장의 당사자들은 합리적 개인으로서 효율성을 추구하면서 또한 합당한 개인으로서 기꺼이 무지의 베일을 씀으로써 공정성을 만족시키는 정의의 원칙들을 채택하게 될 것으로 기대된다. 이렇게 하여 공정으로서의 정의의 내용적인 핵심을 이루는 정의의 두 원칙이 원초적 입장으로부터 도출되는 것이다. 공정으로서의 정의에서는 사회의 기본 구조가 정의의 두 원칙을 만족시키는 방식으로 구성된 경우 그 사회는 공정한 협동체계이며, 정의롭다고 말할 수 있다.

시장 공리주의가 '경제적 효율성 = 사회정의'라는 원칙을 내세우는 데 비해 공정으로서의 정의에서는 '협동체계의 공정성 = 사회정의'가 원칙이 되며, 이에 따라 (경제적) 효율성이라는 사회적 가치는 공정성에 종속된다. 롤즈는 이를 정의의 우선성이라는 말로 표현한다. "정의의 우선성이란 어떤 면에서 정의의 위반을 요구하는 욕구는 무가치하다는 주장에 의해 설명된다. 일차적으로 합당한 가치를 갖고 있지 못한 이상 그것들이 정의의 요구를 침해할 수는 없는 것이다."(TJR, 28쪽) 그런데 도덕철학적 지평에서 이루어지는 정의(공정성)와 효율성 사이의 우선성, 혹은 옳음과 좋음 사이의 우선성 논쟁은 입헌 민주주의와의 직접적인 연관 하에서 볼 때 입헌 민주주의의 제반 가치들과 경제적 효율성이라는 시장의 가치 사이의 갈등이 반영된 것으로 볼 수 있다. 이는 차등의 원칙의 해석과 관련된 롤즈의 다음과 같은 언급에서 잘 드러난다. "효율성의 원칙이 모든 사람의 전망을 향상시키는 변화들만이 허용된다는 것을 의미한다고 해석되는 경우 민주주의적 입장은 효율성의 원칙과 상충하게 된다. 정의는 효율성에 우선하며 이러한 의미에 있어서는 비효율적인 어떤 변화를 요구하게 된다."(TJR, 69쪽) 이는 공정으로서의 정의가 시장의 경제적 효율성이 입헌 민주주의를 훼손시키는 수준까지 추구되는 것을 용납하지 않는다는 것을 의미한다. 공정으로서의 정의 하에서 경제적 효율성은 어디까지나 협동체계의 공정성을 훼손하지 않는 한에서 추구되어야 하는 것이다.

공리주의가 노예제를 배제하는 근거가 부당하다는 롤즈의 비판은 이러한 관점에서 새롭게 이해될 필요가 있다. 고전적인 형태의 노예제에서는 노예주가 얻는 이득이 비참한 생활수준에 처해 있는 노예가 받는 불편을 상쇄시킬 수 없다는 사실이 명백했기 때문에 공리주의적인 논증을 통해 배제시키는 것이 가능했다. 그런데 현대사회에서 문제가 되는 것은 더 이상 고전적인 형태의 노예가 아니라 더 나은 생활수준을 획득하기 위해, 혹은 현재의 만족스러운 생활수준을 상실하지 않기 위해 입헌 민주주의의 가치들이 훼손되는 것을 묵인하고 시장의 지배를 수용하는 시민들인 것이다. 시장을 민주화해야 한다는 요구는 생활수준의 하락에 대한 우려에 묻혀서 묵살되지만, 경제적 효율성을 곧 사회정의로 보는 시장 공리주의의 입장에서는 이러한 상황은 아무런 문제가 없을 뿐만 아니라 오히려 바람직할 수도 있다. 반면에 공정으로서의 정의에서는 시민들이 생활수준의 향상을 위해 자유를 포기하는 상황을 언제나 정의롭지 못한 것으로 간주할 것이다. 왜냐하면 "정의로운 사회에서는 평등한 시민적 자유란 이미 보장된 것으로 간주되며, 따라서 정의에 의해 보장된 권리들은 어떠한 거래나 사회적 이득의 계산에도 좌우되지 않는 것"(TJR, 3-4쪽)이기 때문이다.

요약하자면 롤즈는 경제적 효율성이라는 사회적 가치를 내세워서 입헌 민주주의를 훼손하고 있는 시장 중심의 공리주의적 정의관에서 협동 체계의 공정성이라는 사회적 가치에 기초하고 있는 입헌 민주주의 중심의 공정으로서의 정의로의 전환을 촉구하고 있다고 할 수 있다. 이러한 전환은 자본주의적 효율성에 대한 민주주의적 정당성의 우위를 관철하는 것으로서 현대사회에서 입헌 민주주의를 온전히 실현하기 위한 기초 작업이 된다. 경제적 효율성이 곧 사회정의라는 시장 공리주의의 논리를 거부하지 않는 한 입헌 민주주의는 시장에 종속될 수밖에 없기 때문이다.

4. 사회의 기본 구조의 전환: 복지국가 자본주의에서 재산소유 민주주의로

이 절에서는 정의의 두 원칙을 만족시키는 사회의 기본 구조가 복지 국가 자본주의가 아니라 재산소유 민주주의(혹은 민주적 사회주의)라는 롤즈의 주장이 현대 입헌 민주주의의 위기에 대해 갖는 실천적 함의를 드러낼 것이다. 이를 위해서는 먼저 공정으로서의 정의의 내용적 핵심 인 정의의 두 원칙을 입헌 민주주의와의 연관 하에서 분석할 필요가 있 을 것으로 생각된다. 롤즈는 정의의 두 원칙을 다음과 같이 정식화한다 (TJR, 53쪽).

제1원칙
각자는 모든 사람의 유사한 자유 체계와 양립할 수 있는 평등한 기본적 자유 의 가장 광범위한 전체 체계에 대해 평등한 권리를 가져야 한다.

제2원칙
사회적, 경제적 불평등은 다음 두 가지, 즉
(a) 최소 수혜자에게 최대 이득이 되고,
(b) 공정한 기회 균등의 조건 아래에서 모든 사람들에게 개방된 직책과 직위 가 결부되게끔 편성되어야 한다.

정의의 제1원칙은 평등한 기본적 자유의 원칙으로서 여기서 기본적 자유는 정치적 자유(선거권과 피선거권), 언론과 결사의 자유, 양심의 자 유와 사상의 자유, 심리적 억압과 신체적 폭행 및 절단을 포함하는 인신 의 자유, 사유재산을 소유할 권리와 법의 지배라는 개념이 규정하는 이 유 없는 체포와 구금으로부터의 자유 등등의 목록에 의해 규정된다. 정 의의 제2원칙은 사회적, 경제적 불평등을 규정하는 것으로서 (a)에 해당하는 차등의 원칙과 (b)에 해당하는 공정한 기회 균등의 원칙으로 나뉜다. 롤즈에 따르면 이러한 원칙들은 "모든 사회적 가치들―자유, 기회, 소득, 재산 및 자존감의 기반―은 이들 가치의 전부 또는 일부의 불평등한 분배가 모든 사람에게 이익이 되지 않는 한 평등하게 분배되어야 한다."(TJR, 54쪽)라는 보다 일반적인 정의관의 하나의 특수한 경우이다. 이러한 정의관에 따르면 모든 사람들에게 이익을 주지 않는 단순한 불평등은 정의롭지 못한 것이 된다.

평등한 기본적 자유의 원칙과 공정한 기회 균등의 원칙은 현대사회에 이미 반영되어 있는 입헌 민주주의의 이념들을 정의의 원칙이라는 형식을 통해 정식화한 것으로 생각된다. 예를 들어 입헌 민주주의를 채택하고 있는 대한민국은 헌법 전문에서 공정한 기회 균등의 원칙을 명시하고 있으며, '제2장 국민의 권리와 의무'에서는 평등한 기본적 자유의 원칙 아래 다루어지는 자유들의 목록을 제시하고 있다.[23]

그렇다면 문제는 입헌 민주주의 사회가 차등의 원칙을 받아들여야 할 근거가 있는가 하는 점이다. 입헌 민주주의의 이념을 충실히 반영하고 있는 평등한 기본적 자유의 원칙과 공정한 기회 균등의 원칙 외에 차등의 원칙을 별도로 받아들여야 할 이유가 있는가? 이에 대한 롤즈의 대답은 시민들 사이의 불평등이 차등의 원칙에 의해 합당하게 조정되지 않는 한 평등한 기본적 자유의 원칙과 공정한 기회 균등의 원칙 또한 실질적인 효력을 가질 수 없다는 것이다. 시민들 사이의 과도한 불평등은 시민의 평등한 기본적 자유와 공정한 기회 균등을 형식적인 것으로 전락시키며, 이와 함께 입헌 민주주의 자체를 형식적인 것으로 전락시킨다. 이렇게 볼 때 차등의 원칙은 시민들 사이의 불평등이 민주주의의 기본가치들

---

[23] http://likms.assembly.go.kr/law/jsp/Law.jsp?WORK_TYPE=LAW_BON&LAW_ID=A0001&PROM_NO=000 10&PROM_DT=19871029&HanChk=Y(국회법률정보시스템) 참조.

을 훼손하지 않게 조정함으로써 입헌 민주주의를 온전하게 실현하기 위해 도입되는 것이라 할 수 있다. 평등한 정치적 자유의 보장과 관련된 롤즈의 다음과 같은 언급은 이 점을 잘 보여준다.

> 평등한 정치적 자유의 공정한 가치가 모든 사람에게 보장되기 위해 어떤 보완 조치가 취해져야 한다. … 역사적으로 볼 때 입헌적인 정부가 갖는 주요 결점은 정치적 자유의 공정한 가치를 보장하는 데 실패해왔다는 점이다. 필요한 보완적인 조치가 취해지지도 않았고 사실상 그러한 것을 심각히 다룬 적도 없는 것으로 보인다. 정치적 평등과는 양립할 수 없을 정도로 벌어진 재산과 부의 분배상의 격차가 일반적으로 법적 체계에 의해 허용되어왔다. … 경제적, 사회적 체제에 있어서의 불평등은 유리한 역사적 조건 아래 존재해온 어떠한 정치적 평등도 곧 해치게 된다(TJR, 198-199쪽)

롤즈가 여기서 말하는 '평등한 정치적 자유'는 입헌 민주주의의 핵심인 국민주권주의와 긴밀하게 연관되어 있다. 국민주권주의는 경제적, 사회적 불평등이 입헌 민주주의와 양립할 수 있는 한도 내에서 규제될 것을 요구한다. 국민들 사이에 일정 수준 이상의 평등이 확보되지 않으면 주권은 강력한 경제적, 사회적 권력을 소유한 일부의 구성원에게 있게 되므로 국민주권은 하나의 허울로 전락하며, 이 경우 '입헌 민주주의'라는 이름 하에서 실제로 작동하고 있는 사회의 기본 구조는 금권정, 과두정 혹은 참주정이 되기 때문이다.[24] 밀즈(C. Wright Mills)는 이미

---

[24] 이는 정원섭의 다음과 같은 우려와 맥을 같이한다. "시민들의 정치 참여가 현재와 같은 수준 이하로 떨어질 경우 민의를 대변하고자 하는 대의 민주주의 체제는 허울만 남은 채 일부 과잉 정치화된 집단들과 돈의 마력이 결탁해 새로운 유형의 금권정치로 전락하고 말 것이라는 비관적인 전망 역시 없지 아니하다. 더욱이 효율성을 강조하는 자본주의 시장경제에서 경제의 규모가 성장할수록 빈부의 양극화 현상은 심화되면서 대의적 정치 과정에서 부자의 이해관심은 과잉 반영되는 반면 빈자의 그것은 과소 반영되고 말 것이라는 우려는 언제든 현실이 될 수 있다."(정원섭, 『롤즈의 공적 이성과 입헌민주주의』, 철학과현실사, 2008, 9쪽)

1957년에 『파워 엘리트』에서 미국 사회의 권력이 민주적 절차와 상관없이 형성된 정치, 경제, 군사 엘리트에 의해 독점되고 있음을 지적한 바 있다.[25] 크라우치에 의하면 이러한 반민주적인 권력 독점이 21세기 초의 민주주의 위기의 직접적 원인이다. "오늘날 정부가 지식과 전문성을 점점 더 기업 경영진과 지도층에 의존하게 되고, 정당이 그들로부터 자금의 많은 부분을 충당하게 되면서, 새로운 지배계급, 정치와 경제 모두 장악한 계급이 구축된 사회로 우리는 꾸준히 나아가고 있다. 새 지배계급은 사회가 점점 더 불평등해짐에 따라 사회경제적 권력과 부를 더 많이 가지게 됐을 뿐만 아니라 특권적인 정치적 역할마저 획득했다. 이것이 21세기 초 민주주의 위기의 핵심이다."[26]

그렇다면 입헌 민주주의 사회 내에서 경제적, 사회적 불평등은 어떤 방식으로 조정되어야 하는가? 롤즈의 차등의 원칙은 이러한 물음들에 대한 하나의 유력한 대답이라고 할 수 있다. 차등의 원칙의 핵심인 '모든 사람에게 이익이 되지 않는 불평등은 부정의'는 사회정의에 대한 우리의 직감에 잘 부합하는 것으로 보인다. 예를 들어 우리가 기업, 군대, 학교 등 다양한 사회 협동체 내에서 일부의 구성원들에게 보다 유리한 지위를 허락하는 이유는 그러한 불평등이 모두에게 이익이 되기 때문에 정당화될 수 있다는 암묵적인 합의가 있기 때문이다. 만약 사회 협동체 내의 불평등이 그러한 암묵적인 합의가 이루어질 수 없는 방식으로 특정 구성원들에게만 이익이 된다면 정의롭지 못한 것이 된다. 롤즈의 차등의 원칙은 정의에 대한 이러한 직감적 신념을 보다 구체화한 것으로서 '최소 수혜자의 최대 이익'을 기준으로 내세운다. 경제적, 사회적 불평등을 합당하게 조정함으로써 평등한 기본적 자유의 원칙과 공정한 기회

---

25) C. Wright Mills, *The Power Elite*, New York: Oxford University Press, 1957, 361 쪽 참조.
26) C. Crouch, *Post-Democracy*, 51-52쪽.

균등의 원칙을 실질적으로 보장하고자 하는 것이 차등의 원칙의 핵심적인 목표라는 점을 고려하면 최소 수혜자의 이익이 불평등 조정의 기준점이 되어야 한다는 롤즈의 주장은 충분히 정당화될 수 있을 것으로 보인다. 최소 수혜자의 이익의 극대화는 사회 협동체 내에서 가장 불리한 처지에 놓여 있는 사람들에게 평등한 기본적 자유와 공정한 기회 균등이 실질적으로 보장되는 상황에 최대한 근접해 가는 것이며, 만약 차등의 원칙을 통해 최소 수혜자에게 위의 두 가지가 실질적인 의미를 갖게 된다면 이들보다 더 나은 위치에 있는 모든 사람들에게도 평등한 기본적 자유와 공정한 기회 균등이 보장될 것임이 명백하기 때문이다. 다른 한편으로 사회 협동체 내의 경제적, 사회적 불평등은 차등의 원칙에 따라 최소 수혜자를 포함하여 모든 사람에게 이득이 된다는 조건 하에 정당성을 확보하게 된다.

차등의 원칙이 조정하고자 하는 것이 경제적, 사회적 불평등인 만큼 사회의 기본 구조, 즉 사회의 주요 정치, 경제, 사회 제도가 차등의 원칙을 만족시키는 방식으로 편성되어야 차등의 원칙이 실질적인 효력을 발휘할 수 있을 것이다. 이렇게 해서 공정으로서의 정의에서는 정의의 두 원칙에 대한 논의는 이 원칙들을 만족시키는 사회의 기본 구조에 대한 논의로 이행하게 된다. 공정으로서의 정의의 핵심 목표가 입헌 민주주의를 실질적으로 실현시키는 것인 만큼, 정의의 두 원칙을 만족시키는 기본 구조는 곧 입헌 민주주의에 적합한 기본 구조이기도 하다. 그런데 여기서 중요한 사실은 롤즈가 복지국가 자본주의를 분명히 거부하고 재산소유 민주주의 혹은 자유주의적 사회주의를 기본 구조로서 채택하고 있다는 점이다.[27] "재산소유 민주주의는 정의의 두 원칙에 의해 표현되는 모든 주요한 정치적 가치들을 실현시키는 반면, 자본주의 복지국가는 그렇지 못하다. 나는 그러한 민주주의[재산소유 민주주의]를 자본주의에 대한 대안으로 생각한다."[28]

지금까지 많은 학자들은 롤즈의 정의론을 "평등주의라는 상표를 단

복지국가 자본주의에 대한 철학적 옹호론"[29])으로 이해했다. 이러한 해석에 따르면 차등의 원칙의 목표는 민주주의 사회 내에서 일정한 생활수준 이하에 처해 있는 구성원들을 구제하는 것이며, 이에 따라 정의의 두 원칙을 만족시키는 사회의 기본 구조는 복지국가 자본주의가 된다. 그러나 이는 차등의 원칙의 취지를 잘못 이해한 것이라고 할 수 있다. 입헌 민주주의 사회 내에서 평등한 기본적 자유와 공정한 기회 균등을 실질적으로 보장하는 데 차등의 원칙의 목표가 있다고 할 때 단순히 최소 수혜

---

27) 에스핑-안데르센(G. Esping-Andersen)은 복지국가를 '탈상품화'—사회복지가 개인을 시장 의존적 소비에서 자유롭게 하는 정도—에 따라 다음의 세 가지 유형으로 분류한다 (G. Esping-Andersen, *The Three Worlds of Welfare Capitalism*, Princeton: Princeton University Press, 1990 참조). 첫째 유형은 자유주의적 복지국가로서 탈상품화 정도가 가장 낮고, 소득 조사에 의한 공공 부조 프로그램을 상대적으로 중시함으로써 복지 급여 대상을 빈곤층과 저소득층에 맞추는 경향이 있다. 자유주의적 복지국가에서 복지 급여는 노동 의욕을 떨어뜨리지 않는 수준에서 제공되어야 하므로 대상자의 자격 기준을 엄격하게 하여 수급자가 복지 급여를 받는 과정에서 치욕을 느끼게 한다. 영미권의 국가들이 이러한 복지국가 유형으로 분류된다. 둘째 유형은 조합주의적 복지국가로서 탈상품화 정도가 중간 수준이며 사회보험 중심의 복지 체제이다. 탈상품화의 정도가 자유주의 모형에 비해 높지만 시장경제에서의 성과와 지위를 그대로 반영하기 때문에 재분배 효과가 떨어진다. 독일, 프랑스, 이탈리아 등 유럽 대륙 국가들이 여기에 속한다. 마지막 유형은 사회민주적 복지국가 유형으로서 탈상품화 정도가 가장 높고 사회보장제도에 대한 계층간 분화 현상이 낮은 계층 통합적 복지 체제를 구축한 것으로 평가된다. 여기서는 국가와 시장, 노동계급과 중간 계급 사이에 존재하는 대립과 갈등의 문제를 해결하고, 최소한의 생활수준의 보장을 넘어 가능한 한 최대 수준에서 불평등을 완화하고자 한다. 스칸디나비아 지역의 스웨덴, 노르웨이, 핀란드 등이 사회민주적 복지국가로 분류된다. 복지국가의 이러한 세 가지 유형들 중에 롤즈의 직접적인 비판의 대상이 되는 것은 영미권의 자유주의적 복지국가 모델이라 할 수 있다. 반면에 사회민주적 복지국가 모델은 롤즈가 말하는 '재산소유 민주주의'와 대체로 유사한 것으로 생각될 수 있으며, 따라서 복지국가가 이러한 모델로 이해되는 경우에 한해서 롤즈의 정의론은 복지국가의 옹호론으로 간주될 수 있다.

28) J. Rawls, *Justice as Fairness: A Restatement*, 135-136쪽. 롤즈가 민주주의를 자본주의의 대안으로 제시하는 점에 주목할 필요가 있다.

29) Robert Paul Wolff, *Understanding Rawls: A Reconstruction and Critique of "A Theory of Justice,"* Princeton, N.J.: Princeton University Press, 1977, 195쪽 참조.

자에게 일정 수준 이상의 생활수준을 보장하는 데서 그치는 복지국가 자본주의는 이를 구현하는 사회의 기본 구조가 될 수 없다.

롤즈는 복지국가 자본주의가 크게 다음의 두 가지 점에서 정의의 두 원칙을 만족시키지 못한다고 지적한다.[30] 첫째, 자유방임 자본주의와 마찬가지로 복지국가 자본주의는 재산소유의 광범위한 불평등을 허용함으로써 경제적 통제력 그리고 그와 함께 정치권력이 소수에게 집중되는 것을 막지 못한다. 따라서 복지국가 자본주의는 평등한 정치적 자유들의 공정한 가치를 실현하지 못하며, 공정한 기회 균등 또한 실질적으로 보장하지 못한다. 둘째, 복지국가 자본주의는 비록 기본적 필요들을 충족시키는 사회적 최소치를 매우 관대하게 책정하고 보장할 수도 있지만, 그럼에도 차등의 원칙의 핵심인 최소 수혜자의 최대 이익을 경제적, 사회적 불평등을 규제하기 위한 원리로 인식하고 있지 않다. 그러나 일찍이 헤겔이 지적한 바 있듯이[31] 사회 협동체 내에서 일부의 구성원들이 자립하지 못하고 다른 구성원들에 의존하여 생계를 유지한다는 상황은 자유롭고 평등한 시민들 사이의 공정한 협력 체계로서의 사회라는 관념과 양립할 수 없는 것이다. 결과적으로 복지국가 자본주의 하에서 최소 수혜자 계층은 평등한 정치적 지위를 확보하지 못하여 공적인 정치 문화로부터 소외당하게 된다.

결국 복지국가 자본주의의 핵심적인 문제점은 그것이 분배를 일차적으로 시장에 온전히 맡겨둔다는 데 있다. 롤즈가 보기에 시장의 분배는 일반적으로 불공정한 것이다. "자발적인 시장 거래로부터 귀결되는 분배는 (비록 경쟁적 효율성의 모든 이상적 조건이 구비되어 있다고 할지라도) 시장체제의 구조뿐만 아니라 수입과 부의 선행된 분배가 공정하지

---

30) 같은 책, 137–138쪽.

31) G. W. F. Hegel, *Grundlinien der Philosophie des Rechts, G. W. F. Hegel Werke* in Zwanzig Banden. Band 7, Frankfurt am Main: Suhrkamp, 1986, 389–391쪽 참조.

않는 한 일반적으로 불공정하다."32) 입헌 민주주의와 관련하여 볼 때 시장의 분배는 시민의 평등한 정치적 자유와 양립할 수 없는 재산소유의 불평등을 거의 필연적으로 야기하게 된다.33) 그러나 복지국가 자본주의는 시장 분배의 이러한 근본적인 문제점을 전혀 건드리지 않는다. 복지국가 자본주의 하에서 국가는 시장 분배가 낳는 부작용들을 최소한의 수준에서 교정하는 보완적인 역할을 하게 될 뿐이며, 그러한 한에서 시장의 지배를 보완하고 강화한다.34) 또한 시장의 분배에서 소외된 최소 수혜자들은 복지정책에 의해 사회적 최소치를 보장받기는 하지만 동정과 자선의 대상이 된다는 점에서 정치적 자유를 포함한 시민의 평등한 기본적 자유를 실질적으로 향유하기 어렵게 된다. 말하자면 복지국가 자본주의는 분배를 시장에 맡겨둠으로써 불공정한 분배가 일어나는 것을 용인하고 차후에 국가라는 제도를 통해 분배의 불공정함을 필요한 최소한의 수준에서 재조정하고 있는 것인데, 이러한 식의 기본 구조는 정의롭지도 않고 효율적이지도 않다.

롤즈가 대안으로 제시하는 재산소유 민주주의는 차등의 원칙에 기초하여 시장의 분배를 직접적으로 조정한다는 점에서 복지국가 자본주의와 본질적으로 구분된다. 롤즈는 재산소유 민주주의의 특징을 크게 다

---

32) J. Rawls, "The Basic Structure as Subject," 60쪽.

33) 이 점과 관련하여 쉐보르스키(Adam Przeworski)는 시민으로서 선호하는 자원배분과 시장을 통해 도달하는 자원배분 사이의 모순을 지적한다. "자본주의가 비합리적이라고 주장할 수 있는 근거는 개인들이 시장적 행위자이면서 동시에 시민이라는 사실에서 연유한다. 시민으로서 선호하는 자원배분은 시장을 통해 도달하는 배분과 일반적으로 일치하지 않는다. … 실제로 민주주의는 부존자원에 대한 최초의 분배의 결과로 인해 가난해지고 억압받으며, 또는 비참해진 사람들에게 국가를 통해 시정할 수 있는 기회를 부여하기 때문에 시장에 의해 유인되는 소비의 분배와 시민들이 집단적으로 선호하는 분배는 다르다는 것이 틀림없다."(A. Przeworski, *Democracy and the Market*, Cambridge: Cambridge University Press, 1991, 111-112쪽)

34) 이를 하버마스는 '보상계획주의'라고 부른다. Jürgen Habermas, "Technik und Wissenschaft als 〉Ideologie〈," 76-78쪽 참조.

음의 두 가지로 요약하고 있다(TJR, xiv-xvi쪽).

첫째, 재산소유 민주주의는 효율적인 경쟁 시장 체계를 갖추고 있으면서 부 및 자본 소유의 지속적인 분산을 시도함으로써 사회의 소수가 경제 및 정치적 삶 그 자체를 통제하는 것을 방지한다. 복지국가 자본주의가 각 기간의 마지막 순간에 적게 가진 사람들에게 소득을 재분배하는 반면, 재산소유 민주주의는 각 기간이 시작하는 순간 생산적 자산과 인간 자본(교육된 능력과 훈련된 기술)의 광범위한 소유를 보장함으로써 부의 집중을 피하며, 상속 및 증여에 관한 법률을 통해 자본과 자원의 소유를 상당 기간 지속적으로 분산시킨다. 이를 위해 롤즈는 상속 및 증여에 정의의 원칙을 적용시키는 누진세제(progressive tax system)를 도입한다.[35] 복지국가 자본주의에서는 각자의 총소득(불로소득과 근로소득)을 산정하고 이 소득에 대한 누진과세를 통해 복지기금을 마련하는 반면, 재산소유 민주주의에서 누진세는 협동의 공정한 조건을 위협할 수 있는 불로소득(상속, 증여 등)으로 엄격히 한정되어서 평등한 자유의 가치가 유지될 수 있기 위한 필수조건으로 생각되는 재산의 광범위한 분산을 유도한다. 이러한 누진세제에서는 상속과 증여에 정의의 두 원칙이 적용된다. "상속은 결과적으로 생겨나는 불평등이 가장 불운한 사람에게 이득이 되고 자유 및 기회 균등과 양립할 수 있는 경우에 허용될 수 있다."(TJR, 245쪽) 이를 통해 롤즈는 누진세제가 노동유인(incentive)에 미치는 부정적 영향을 최소화함으로써 시장의 효율성을 확보하는 한편, 재산소유 민주주의를 "토지와 자본이 평등하지 않을 수 있더라도 널리 소유되는 민주 체제"(TJR, 247쪽)로 구성함으로써 자본주의적 효율성과 민주주의적 정당성을 조화시키고자 한다.

둘째, 재산소유 민주주의의 목적은 자유롭고 평등한 시민 간의 장기

---

35) 재산소유 민주주의에서의 누진세제에 대해서는 정원섭, 『롤즈의 공적 이성과 입헌민주주의』, 42-44쪽 참조.

간에 걸친 공정한 협동체계로서의 사회라는 관념을 실현시키는 데 있다. 따라서 생산수단의 소유와 부의 분배를 시장에 맡겨두고 그러한 분배의 결과 일정한 생활수준 이하에 처하게 되는 구성원들을 구제하는 것에 그치는 복지국가 자본주의와는 달리, 재산소유 민주주의는 모든 시민들이 자립적으로 생계를 유지할 수 있는 위치에 서게 하고 평등한 조건 하에서 상호 존중에 기초하여 사회적 협동에 참여하도록 하는 것을 목표로 한다. 이는 시민의 평등한 기본적 자유와 공정한 기회 균등을 실질적으로 실현하기 위한 필수조건으로서 앞서 언급한 바 있는 부 및 자본 소유의 지속적인 분산은 이러한 목표를 달성하기 위한 것이다.

재산소유 민주주의의 핵심은 결국 시장의 분배를 '민주화'함으로써, 즉 입헌 민주주의의 제반 가치들을 훼손하는 과도한 불평등을 입헌 민주주의의 원리에 따라 지속적으로 재조정함으로써 현대사회에서 입헌 민주주의를 실질적으로 실현하는 데 있는 것으로 생각된다. 이렇게 볼 때 롤즈의 공정으로서의 정의는 정치적 민주주의의 실질적인 보장을 위해서 시장이 민주화되어야 한다는 '경제적 민주주의'의 일종으로 분류될 수 있다.[36] 대표적인 경제적 민주주의자라 할 수 있는 보울스와 진티스는 "우리를 현재의 우리가 되게 하는 과정, 그리고 우리의 삶을 규제하는 규칙이 지속적으로 갱신되고 변형되도록 하는 과정을 결정하는 근본 원리는 재산권의 상호작용에 의해서가 아니라 민주주의에 의해서 제공되어야 한다."[37]고 천명하고, 이를 위해서는 자본주의 경제의 중심적 제도들을 민주적 사회질서에 맞게 변환시켜야 한다고 주장한다. 이는 입

---

36) 경제적 민주주의의 구체적인 내용에 대해서는 다음의 책들을 참조. S. Bowles and H. Gintis, *Democracy and Capitalism*, New York: Basic Books, Inc., 1987; R. A. Dahl, *A Preface to Economic Democracy*, Berkeley/Los Angeles: University of California Press, 1985; R. M. Christenson et al., *Ideologies and Modern Politics*, Cambridge: Harper & Row, 1981.

37) S. Bowles and H. Gintis, *Democracy and Capitalism*, 3–4쪽.

헌 민주주의를 사회 구성의 최종적인 준거점으로 놓고 시장을 포함한 사회 제도 전반을 입헌 민주주의를 실질적으로 실현시키는 방식으로 재구성하려는 공정으로서의 정의와 기본적으로 같은 맥락에 있다.

요약하면 롤즈의 공정으로서의 정의는 분배를 원칙적으로 시장에 맡겨둠으로써 민주주의적 기본권과 양립할 수 없는 경제적, 사회적 불평등을 허용하는 복지국가 자본주의를 입헌 민주주의의 원칙에 따라 시장의 분배에 강력한 규제를 가하는 재산소유 민주주의로 대체함으로써 입헌 민주주의를 실질적으로 실현시키고자 한다고 할 수 있다. 롤즈는 점점 더 시장 중심적으로 되어가고 있는 현대사회에 일종의 입헌 민주주의적인 구조 전환이 필요하다고 역설하고 있는 것이다.

5. 결론

지금까지 롤즈의 공정으로서의 정의가 현대 입헌 민주주의의 위기에 대해 갖는 실천적 함의를 살펴보았다. 우리는 현대사회에서 입헌 민주주의는 점차 시장의 권력에 종속됨으로써 형식적인 것으로 전락할 위기에 처해 있으며, 롤즈의 공정으로서의 정의가 입헌 민주주의를 사회 구성의 최종적인 준거점으로 놓고 시장을 포함한 사회 제도 전반을 입헌 민주주의를 실질적으로 실현시키는 방식으로 재구성함으로써 이러한 위기를 극복하고자 함을 보았다. 이를 실현하기 위해서 롤즈는 크게 사회정의관과 이를 만족시키는 사회의 기본 구조의 두 가지 측면에서 입헌 민주주의적인 전환을 요구한다.

먼저 롤즈는 현대사회에서 시장의 논리를 관철시키는 이데올로기의 역할을 하고 있는 공리주의를 입헌 민주주의에 적합한 정의관인 공정으로서의 정의로 대체함으로써 자본주의적 효율성에 대한 민주주의적 정당성의 우위를 관철하고자 한다. 우리는 공리주의가 현대사회에서 주로 '경제적 효율성 = 사회정의'라는 원칙을 내세우는 시장 공리주의로 현현

함을 살펴보았다. 시장 공리주의는 경제적 효율성을 정당성의 최종적인 준거점으로 놓음으로써 사회 구성의 근본 원리로서 그 자체로 정당성의 최종적인 준거점으로 기능하려는 입헌 민주주의와 직접적으로 충돌하며, 결국 평등한 기본적 자유, 공정한 기회 균등 등 입헌 민주주의의 제반 가치들은 시장 공리주의에 의해 정언적인 성격을 잃고 가언적인 것으로 전락하기에 이른다. 롤즈는 이에 맞서서 사회정의를 공정한 협동체계로서의 사회라는 개념에 의해 설명하는 공정으로서의 정의를 내세운다. 시장 공리주의가 '경제적 효율성 = 사회정의'라는 원칙을 내세우는 데 비해 공정으로서의 정의에서는 '협동체계의 공정성 = 사회정의'가 원칙이 되며, 이에 따라 효율성은 공정성에 종속된다. 사회정의관에서의 이러한 전환은 자본주의적 효율성에 대한 민주주의적 정당성의 우위를 관철하는 것으로서 현대사회에서 입헌 민주주의를 온전히 실현하기 위한 기초 작업이 된다.

계속해서 롤즈는 사회의 기본 구조를 복지국가 자본주의에서 재산소유 민주주의로 변혁함으로써 민주주의와 시장 사이의 권력관계를 역전시키고 입헌 민주주의를 실질적으로 실현시키고자 한다. 이는 정의의 두 원칙의 논리적 귀결로서 평등한 기본적 자유와 공정한 기회 균등을 실질적으로 보장하기 위해 경제적, 사회적 불평등을 합당하게 조정하려는 차등의 원칙의 취지에 부합하는 것이다. 롤즈는 분배를 원칙적으로 시장에 맡겨둠으로써 입헌 민주주의와 양립할 수 없는 경제적, 사회적 불평등을 방조하는 복지국가 자본주의를 정의의 두 원칙을 실현할 수 없는 사회의 기본 구조로 보아 거부한다. 롤즈가 대안으로 제시하는 재산소유 민주주의는 입헌 민주주의의 원칙에 따라 시장의 분배에 강력한 규제를 가하는 체제로서 누진세제 등을 포함한 상속 및 증여에 관한 법률을 통해 자본과 자원의 소유를 상당 기간 지속적으로 분산시킨다. 사회의 기본 구조에서의 이러한 전환은 시장을 민주주의에 맞게 재구성함으로써 현대사회에서 입헌 민주주의를 온전히 실현하기 위한 시도라 할 수 있다.

위의 분석 결과들을 종합해볼 때 롤즈의 공정으로서의 정의는 현대 입헌 민주주의의 위기를 원칙적인 대응을 통해 돌파해나가려는 시도로 평가된다. 즉 입헌 민주주의를 온전하게 실현하는 것이 곧 사회정의를 실현하는 것이라는 데 동의할 수 있다면, 입헌 민주주의의 제반 가치들이 실질적인 의미를 갖는 사회를 만들어나가야 한다는 것이 현재 하나의 실천적 당위로서 우리에게 주어져 있는 것이다.

참고문헌

김명식, 「롤즈의 공적 이성과 심의민주주의」, 『철학연구』 제65집, 2004.

김비환, 『자유지상주의자들, 자유주의자들, 그리고 민주주의자들: 기본권을 통해본 시장과 민주주의』, 성균관대학교 출판부, 2005.

정원섭, 「공적 이성과 민주적 의지 형성: 존 롤즈의 정치적 자유주의」, 서울대학교 출판부, 2004.

_____, 『롤즈의 공적 이성과 입헌민주주의』, 철학과현실사, 2008.

황경식, 『사회정의의 철학적 기초』, 문학과지성사, 1985.

Agamben, G., *Démocratie, dans quel état?*, Paris: La fabrique, 2009.

Bowles, S. and H. Gintis, *Democracy and Capitalism*, New York: Basic Books, Inc., 1987.

Crouch, C., *Post-Democracy*, Cambridge: Polity Press, 2004.

Hegel, G. W. F., *Grundlinien der Philosophie des Rechts, G. W. F. Hegel Werke* in Zwanzig Banden. Band 7, Frankfurt am Main: Suhrkamp, 1986.

Kymlicka, W., *Contemporary Political Philosophy*, Oxford: Oxford University Press, 2002.

Marx, K., *Ökonomisch-philosophische Manuskripte aus dem Jahre 1844*, Marx Engels Werke. Ergänzungsband, Schriften, Manuskripte, Briefe bis 1844, Berlin: Dietz Verlag, 1981.

Marx, K., and Engels, F., *Manifest der Kommunistischen Partei, Karl Marx Friedrich Engels Werke*. Band 4, Berlin: Dietz Verlag, 1990.

Mills, C. W., *The Power Elite*, New York: Oxford University Press, 1957.

Przeworski, A., *Democracy and the Market*, Cambridge: Cambridge University Press, 1991.

Rawls, J., *A Theory of Justice. Revised Edition*, Cambridge/Massachusetts/London: Harvard University Press, 2003.

_____, "Distributive Justice," in Samuel Freeman(ed.), *John Rawls Collected Papers*, Cambridge/Massachusetts/London: Harvard University Press, 1999.

_____, *Justice as Fairness: A Restatement*, Erin Kelly(ed.), Cambridge/London: The Belknap Press of Harvard University Press, 2001.

_____, "Justice as Fairness: Political not Metaphysical," in Samuel Freeman(ed.), *John Rawls Collected Papers*, Cambridge/Massachusetts/London: Harvard University Press, 1999.

_____, "Justice as Reciprocity," in Samuel Freeman(ed.), *John Rawls Collected Papers*, Cambridge/Massachusetts/London: Harvard University Press, 1999.

_____, *Political Liberalism*, New York: Columbia University Press,

1993.

____, "The Basic Structure as Subject," in Alvin I. Goldman and Jaegwon Kim (eds.), *Values and Morals*, Dordrecht/Boston: D. Reidel, 1978.

Skocpol, T., *Diminished Democracy*, Norman: University of Oklahoma Press, 2003.

Tilly, C., *Democracy*, Cambridge/New York: Cambridge University Press, 2007.

Wolff, R., *Understanding Rawls: A Reconstruction and Critique of "A Theory of Justice,"* Princeton, N.J.: Princeton University Press, 1977.

http://likms.assembly.go.kr/law/jsp/Law.jsp?WORK_TYPE=LAW _BON&LAW_ID=A0001&PROM_NO=00010&PROM_DT=198710 29&HanChk=Y (국회법률지식정보시스템)

3부

신자유주의, 자유주의, 그리고 그 너머

윤리학에서 감정의 위치와 역할: 공동체주의, 여성주의, 자유주의

박 정 순

1. 서론: 감정의 윤리학적 공헌 가능성

윤리학에서 감정의 위치와 역할에 대한 논의는 서양윤리학사에서 왜 감정이 윤리학의 영역에서 배제되고 오직 이성만이 윤리학의 기초가 된다는 신념이 팽배하게 되었는가에 대한 이해로부터 출발해야 할 것이다. 이성과 감정의 이분법은 인간의 정신에 대한 가장 고전적인 이해 방식이라고 할 수 있다.[1] 윤리학을 포함한 서양철학사에서 그러한 이분법은 단적으로 감정에 대한 이성의 우위를 위한 위계적 이분법이다. 감정

---

* 이 논문은 한국철학회 편, 『철학』 제55집(1998)에 실린 글이다.

1) 이성과 감정의 이분법이 인간 정신 내부에서의 구분이 아니고 오히려 정신과 육체라는 보다 근본적인 이분법에 근거하고 있다는 주장도 제기된다. 이성에 대한 감정의 열등한 위치는 정신에 대한 육체의 열등한 위치와 동일선상에 있다는 것이다. Michael Lewis and Jeannette M. Haviland, eds., *Handbook of Emotions*(New York: The Guilford Press, 1993), "Preface," p.ix.

에 대한 이성의 우위는 그 양자의 관계에 대한 가장 고전적이고 지속적인 비유가 주인과 노예의 메타포였음을 통해서 잘 입증된다. 따라서 감정은 미천한 것일 뿐만 아니라 이성에 의해서 통제되고 순화되어야 할 내부의 적이거나 영혼의 혼란으로, 혹은 육체적 충동으로 간주되었다.[2] 물론 이러한 메타포가 의미하는 것은 이성 중시의 경향이 지배적이었다는 것이지, 감정을 중시한 철학자들이 전혀 없었다는 것을 의미하는 것은 아니다. 그러나 감정을 중시한 철학자들도, 흄(D. Hume)처럼 "이성은 정념의 노예"라고 선언하면서 여전히 전통적인 이분법과 메타포를 고수했다. 또한 감정을 중시한 철학자들도 이성을 중시한 철학자들과 마찬가지로 이성과 감정이 서로 섞이거나 상호 연관성을 가질 가능성에 대해서는 거의 생각하지 못했다. 그들 모두에게 감정은 육체적 반응을 수반하는 감각적 느낌(sensational feeling)에 불과했던 것이다. 서양윤리학자들은 감정을 말살하거나, 육성하거나, 혹은 그 양자를 적절히 결합하거나 간에 보다 나은 개인적, 사회적 삶을 위해서 감정을 알고 통제하기를 원했다. 따라서 서양윤리학에서 감정의 위치와 역할은 감정이 말살의 대상인가, 육성의 대상인가, 아니면 선별적 취급의 대상인가에 대한 견해에 따라서 상응하게 변화해왔다.[3]

최근에 감정의 인지주의의 등장으로 사람들의 동기를 유발시키고 구체적인 행동 및 삶의 양식을 꾸려나가는 주요 원천이 합리적 이성에만

---

2) Paul Lauritzen, "Errors of an Ill-Reasoning Reason: The Disparagement of Emotions in the Moral Life," *The Journal of Value Inquiry*, vol. 25(1991), pp.5~21; Aaron Ben-Ze'ev, "Emotions and Morality," *The Journal of Value Inquiry*, vol. 31(1997), pp.195~212.

3) Ronald de Sousa, "Emotions," *Encyclopedia of Ethics*, ed., Lawrence C. Becker(New York: Garland Publishing, Inc., 1992), pp.302~304. 그러나 서양윤리학에서 감정은 일차적으로 그 변덕성, 불합리성, 공정한 상황 파악의 방해, 수동성과 도덕적 책임 추궁의 불가능성, 윤리적 보편화가 불가능한 특수성으로 말미암아 윤리학의 영역에서 배제되어온 것이 사실이다. 감정의 윤리학적 위치와 역할에 관한 논의는 결국 감정에 대한 이러한 뿌리 깊은 부정적 신념을 어떻게 변화시킬 수 있느냐에 달려 있다.

있지 않다는 사실이 밝혀지면서, 인간의 감정은 이제 중심적인 연구 대상이 되었다.[4] 감정의 인지주의는 감정이 인간 정신의 사소한 파생물이 아니고 기억과 판단, 평가와 학습, 관심과 구성 등 고도의 이성적 사고와도 관련되어 있다는 것을 주장한다. 이러한 감정의 인지주의의 대두에 힘입어 본격적으로 감정의 윤리학을 정립하려는 여러 가지 시도들이 전개되었다.[5] 이러한 감정의 윤리학의 대두는 아직 일천한 것이기 때문에 앞으로 이론적, 실천적 관점에서 많은 보강이 이루어질 것으로 기대되고, 또한 많은 새로운 이론들이 등장할 것으로 예상된다. 그렇다면, 과연 서양윤리학의 오랜 숙원이며 당면과제인 이성과 감정의 도덕적 조화는 이루어질 것인가?

본 논문의 목적은, 이상과 같은 배경적 상황을 염두에 두고, 이성과 감정의 윤리학적 조화의 문제를 현재 서양윤리학의 전통에서 주류를 형성하고 있는 자유주의 윤리학에 대한 논의를 통해서 살펴보려고 하는 것이다. 이성과 감정의 윤리학적 조화 가능성은 여러 각도에서 타진될 수 있지만, 우선 기존의 규범윤리학을 배경으로 점검될 수 있을 것이다. 우리가 자유주의 윤리학, 특히 롤즈(J. Rawls)의 사회계약론적 정의론을 통해서 이성과 감정의 문제를 살펴보려고 하는 것은 자유주의 윤리학이 이성과 감정에 관련해서 상반된 평가와 비판을 받고 있다는 점 때문이다.[6] 자유주의 윤리학에 대한 두 주요 비판자는 공동체주의 윤리학과 여성주의 윤리학을 들 수 있을 것이다. 공동체주의의 선두주자인 매킨타이어

---

4) Andrew Ortony, Gerald L. Clore, and Allan Collins, *The Cognitive Structure of Emotions*(New York: Cambridge University Press, 1988).

5) 서양윤리학에서 감정의 위치와 역할, 감정의 윤리학의 최근 면모, 그리고 감정이 무엇인가에 대한 논의는 필자의 졸고 참조. 「감정의 윤리학적 사활」, 정대현 외, 『감성의 철학』(서울: 민음사, 1996), pp.69-124.

6) John Rawls, *A Theory of Justice*(Cambridge, Mass.: Harvard University Press, 1971). 존 롤즈, 황경식 옮김, 『사회정의론』(서울: 서광사, 1977). 이하 TJ로 약하고 원본 인용함.

(A. MacIntyre)는 자유주의적인 개인주의 문화가 도덕의 합리적 정당화를 표방하고 있지만 종국적으로는 주요한 도덕적 문제들에 대한 어떠한 합리적 합의도 불가능한 정의주의(情意主義, emotivism), 즉 개인의 자의적인 선호와 감정을 표현하는 문화적 상황으로 귀착되고 만다고 주장한다.[7] 이와 반면에 길리간(C. Gilligan)을 위시한 여성주의 윤리학자들은 자유주의 윤리학, 특히 콜버그(L. Kohlberg)의 도덕발달론과 롤즈의 정의론(正義論)은 여성들의 고유한 도덕적 감정인 배려(보살핌, care)와 가족적 연고를 무시하고 추상적인 권리와 정의 또는 법칙과 의무만을 강조하는 메마른 이성주의라고 신랄하게 비판한다.[8] 그렇다면 우리는 여기서 이성과 감정의 윤리학적 위치와 역할에 관한 자유주의 윤리학의 실상은 도대체 무엇인가라는 질문을 심각하게 던져보아야 할 것이다.

본 논문의 목적은 자유주의, 공동체주의, 그리고 여성주의 윤리학을 본격적으로 탐구하거나, 상호 비교하거나, 어떤 한 입장의 우월성을 입증하려는 시도는 아니다.[9] 우리는 다만 자유주의 윤리학이 이성과 감정

---

7) Alasdair MacIntyre, *After Virtue*(Notre Dame, Indiana: University of Notre Dame Press, 1981; 2nd ed., 1984). 알래스데어 매킨타이어, 이진우 옮김, 『덕의 상실』(서울; 문예출판사, 1997). 이하 본문에서 AV로 약하고 원본 인용함. 정의주의(情意主義)는 정의(正義), 정의론(正義論)과의 혼동을 피하기 위해서 항상 '정의주의', '정의주의적'으로 표기함.

8) Carol Gilligan, *In a Different Voice: Psychological Theory and Women's Development*(Cambridge, Mass.: Harvard University Press, 1982). 캐롤 길리간, 허란주 옮김, 『심리이론과 여성의 발달』(서울: 철학과현실사, 1994). 이하 본문에서 DV로 약하고 번역본 인용함.

9) 물론 공동체주의와 여성주의가 이성과 감정에 관련해서 자유주의를 비판하는 점에서는 상반되지만, 자유주의의 개인주의적인 합리적 자아와 그러한 자아의 무연고성, 그리고 추상적인 권리, 의무, 계약, 정의의 개념을 비판하는 점에서는 서로 동조한다. Susan Hekman, "The Embodiment of the Subject: Feminism and the Communitarian Critique of Liberalism," *The Journal of Politics*, vol. 54(1992), pp.1098-1119 참조. 그러나 여성주의는 공동체주의가 주장하는 가족적, 공동체적 연고성은 가부장적인 보수적 질서를 옹호하는 것에 불과하다고 비판하고 있다. 자유주의, 공동체주의, 여성주의 3자에 대한 구체적인 상호 비교는 본 논문의 범위를 벗어난다. 구체적 상호 비교는 Elizabeth Frazer and Nicola Lacey, *The Politics of Community: A Feminist Critique of the Liberal Communitarian Debate*(Toronto: University of Toronto Press, 1993) 참조.

의 윤리학적 위치와 역할에 관련해서 공동체주의와 여성주의로부터 상반된 비판을 받고 있는 현상에 주목해보려고 한다. 그리고 이러한 외부적 비판의 불일치가 사실은 이성과 감정에 관한 자유주의 윤리학의 내부적 불일치에 기인한다는 주장을 다루게 될 것이다. 나아가서 자유주의 윤리학에서 이성과 감정의 불일치를 해소할 수 있는 새로운 해석 방식을 탐구하려고 한다. 따라서 본 논문은 이성과 감정의 윤리학적 통합에 관한 논의의 한 사례를 정립함으로써 그러한 통합 가능성을 평가할 수 있는 시금석을 제공하려고 한다.

2. 공동체주의의 자유주의 윤리학 비판: 합리성이 결여된 정의주의

매킨타이어가 자유주의 윤리학을 정의주의(emotivism)라고 비판한 것은 자유주의 윤리학이 그 본질에 있어서 감정의 윤리학이라는 것을 밝혀주는 우호적인 해석이 아니다(AV, 제2장, 제3장). 오히려 그것은 자유주의 윤리학에 대한 최악의 이중적 낙인이다. 이것은 우선 자유주의 윤리학이 공언하고 있는 도덕의 합리적 정당화가 실패했다는 것을 주장하는 것이다. 그리고 이러한 실패의 결과, 자유주의 윤리학은 자의적이고도 비합리적인 감정의 표현과 유발로 전락하게 된다는 것을 아울러 주장하는 것이다. 정의주의는 매킨타이어가 규정한 것과 같이 "모든 가치평가적 판단 또는 더 정확하게 말하면 모든 도덕적 판단은, 이들이 본질상 도덕적 또는 가치평가적인 한에서, 선호의 표현, 즉 태도 및 감정의 표현에 불과하다는 학설이다."(AV, p.12)

그러나 태도 및 감정의 표현으로서의 도덕적 판단들은 참도 아니고 거짓도 아니다. 도덕적 판단에서의 일치는 합리적 방법에 의해서 보장되지 않는다. 왜냐하면 그와 같은 합리적 방법이 이 영역에는 보장되지 않기 때문이다. 만약 일치라는 것이 도대체 가능하다면, 그것은 서로 다른 의견을 갖고 있는 사람들의 감정 및 태도에 특정한 비합리적 영향을 행사함으로써만 보장될 수 있을 뿐이다. 우리는 자신의 감정과 태도를 표현하기 위해서뿐만 아니라 다른 사람에게서도 그와 같은 효과를 산출하기 위해서 도덕판단을 사용하는 것이다.

정의주의에서는 도덕적 판단의 사용이 각자의 태도와 감정의 표현, 그리고 타인에 대한 동일한 태도와 감정의 유발이라는 두 가지 목적을 가진 것으로 해석된다. 그런데 이러한 정의주의가 최악의 낙인이 되는 것은, 윤리적 언명은 화자의 감정과 태도를 표현하고 청자의 감정과 태도를 변화시키려는 수사학적 설득에 불과하므로 참도 아니고 거짓도 아닌 무의미한 언명이라고 하는 도덕적 용어의 정의주의적 의미론(the emotive meaning of ethical terms) 때문이다.[10] 그렇다면 왜 매킨타이어는 자유주의 윤리학이 정의주의에 불과하다고 주장한 것일까? 이러한 주장은 타당한 것일까?

매킨타이어는 우선 현대사회의 도덕적 상황이 통약 불가능한 전제들과 상이한 대안적 신념체계들로 말미암아 도덕적 불일치에 대한 어떠한 합리적 종결도 가능하지 않은 심각한 상대주의적 무질서 속에 있는 것으로 규정한다(AV, pp.6–10). 따라서 비록 롤즈를 비롯한 현대 자유주의 윤리학자들이 도덕성에 대한 "객관적이고 몰개인적인(objective and impersonal)" 근거를 제공하는 것을 목표로 삼고 있기는 하지만, 자유주의 윤리학 내에서 그러한 객관적인 근거들 사이의 논쟁을 판정할 합리적 방법이 없기 때문에 자유주의 윤리학은 결국 개인들의 주관적 선호에 의거하는 정의주의로 귀착한다는 것이다(AV, p.19, p.21). 이렇게 해서

---

10) 정의주의에 대한 자세한 논의는 황경식, 「정의적(情意的) 의미의 기원: C. L. Stevenson의 의미론 시비」, 『철학』, 제11집(1977), pp.39–66 참조.

현대 자유주의적 개인주의 사회와 문화 속에서는 공동체적 선의 개념으로부터 유리된 정의주의적 자아(the emotivist self)가 횡행하게 되고, 자기 자신의 감정과 태도에 대한 표현과 타인의 감정과 태도에 대한 조작이라는 이중성을 그 특징으로 갖게 된다. 따라서 개인적 만족에 몰두하는 "탐미주의자들," 효율적인 관료적 통제를 추구하는 전문 "경영인들," 그리고 타인의 삶에 대한 감정과 태도를 조작하는 심리적 "치료사들"이 대표적 인물들로 등장하게 된다(AV, p.30, p.73). 현대사회와 문화는 이러한 개인적 선호의 자의성과 공공적 조작성의 교묘한 은폐로 말미암아 개인과 사회의 도덕적 통합이 해체되고 조작성과 비조작성에 대한 윤리적 구분이 상실되는 도덕적 위기를 맞게 된다는 것이다(AV, p.23).

매킨타이어의 도덕 계보학에 의하면 이러한 정의주의적 자아가 야기하는 도덕적 위기의 역사적, 사회적 원천은 서구의 근대성 자체에서 기인한다(AV, 제4, 5, 6장). 근대 자유주의적 개인주의는 "계몽주의적 기획(the Enlightenment Project)"을 통해서 자율적인 개인의 합리적 이성이 도덕성에 대한 보편적인 합리적 정당화를 제공해줄 것으로 기대했다. 그러나 이러한 합리적 이성은 도구적 이성에 불과한 것으로 그것은 도덕적 추론에서 인간의 본성에 대한 자연적 목적(telos)을 배제함으로써 윤리학적 논증은 역사적 사회 공동체에서 유리된 허구적인 자유, 권리, 또는 계약의 개념이나, 칸트에서 보는 것처럼 이성을 논리적 정합성으로만 간주하는 추상적인 도덕 규칙의 의무론으로 전락한다는 것이다(AV, p.70, p.66). 칸트의 의무론적 윤리설은 디드로(D. Diderot)와 흄의 욕망과 감정의 윤리학에 대한 반동으로 등장했으나, 그 형식적 공허성으로 말미암아 윤리적 삶은 개인의 자의적 선택에 불과하다는 키에르케고르의 실존적 윤리학의 심각한 도전을 받게 된다는 것이다(AV, p.47). 매킨타이어는 비록 공리주의가 목적론의 입장을 취하기는 했지만 그것은 쾌락과 자기이익의 추구라는 극히 편협한 목적을 택함으로써 공리주의의 역사는 밀(J. S. Mill)의 질적 쾌락과 시지윅(H. Sidgwick)의 직관의 도입이 보여주고 있는 것처럼 자기부정의 역사라고 갈파한다(AV, pp.62-66). 이상과 같은 역사적 고찰이 보여주는 것은 계몽주의적 기획이 노리는 합리적 정당화에 대한 어떠한 시도도 결국 실패할 수밖에 없다는 것이다. 이러한 실패는 자유주의 사회가 막스 베버(Max Weber)적인 가치 중립성을 표면적으로 내세우지만 내면적으로는 가치 조작적인 전문 관리인만을 양산하게 되는 결과를 낳는다는 것이다. 사실만을 엄밀하게 다룬다는 그들의 전문지식(expertise)이라는 것도 정확한 사회적 예측을 결코 보장하지 못한다는 것이다(AV, p.85). 서양의 현대사회와 문화는 이러한 경로를 거쳐 결국 정의주의에 도달하게 되었다는 것이 매킨타이어의 해석이다.

매킨타이어에 의하면, 니체는 계몽주의적 합리성의 실패를 철저히 갈파하고 현대 서구문화가 개인의 자의적 의지의 표현인 정의주의로 나아가게 될 것을 예언한 위대한 허무주의자로 해석된다. 따라서 우리는 "니체인가, 아니면 아리스토텔레스인가?"라는 중차대한 선택의 기로에 서게 된다는 것이다(AV, p.118). 부연하면, 우리의 선택은 계몽주의적 기획을 시도하여 결국 니체적 허무주의로 빠지고 말든가, 아니면 계몽주의적 기획은 그릇되었을 뿐만 아니라 애초에 시작조차 되어서는 안 될 것으로서 아리스토텔레스적 덕의 윤리의 도덕적 전통으로 복귀하든가이며, 제3의 대안은 없다는 것이다.

그렇다면 우리는 매킨타이어가 자유주의적 개인주의에 대하여 정의주의라는 낙인찍기를 시도한 것을 어떻게 해석하고 평가해야 할 것인가?[11] 물론 매킨타이어는 정의주의가 윤리학적으로 참이라고 주장하는

---

11) 매킨타이어는 『덕의 상실』 후속작에서도 여전히 자유주의적 개인주의 문화가 정의주의적 양상을 극명하게 드러낸다고 주장한다. 자유주의적 개인주의 문화에서는 "비합리적 설득이 합리적 논증을 대체한다"는 것이다. Alasdair MacIntyre, *Whose Justice? Which Rationality?*(Notre Dame: University of Notre Dame Press, 1988), XVIII. "Liberalism Transformed into a Tradition," p.343.

것이 아니다. 그가 아리스토텔레스적인 덕의 윤리를 부활시키려고 하는 것도 자유주의 윤리학이 실패한 도덕의 합리적 정당화를 공동체주의적인 객관적 선의 개념을 통해서 제공할 수 있다고 강변하고 있기 때문이다. 정의주의에 관한 매킨타이어의 주장은 보다 정확하게 말하면, 정의주의는 철학적 이론으로서는 틀린 것이지만 자유주의적 개인주의 문화에서 도덕적 용어가 사용되고 있는 방식을 정확히 묘사하고 있으므로 사회학적으로 참이라는 것이다(AV, pp.19-22).[12] 여기서 우리의 관심은 매킨타이어가 자유주의 윤리학에 정의주의라는 낙인찍기를 시도한 것을 이성과 감정의 관점에서 각각 해석하는 일이다.

이성의 관점에서 보면, 기본적인 논쟁점은 합리성의 개념 차이이다. 매킨타이어의 합리성 개념은 가치 합리성, 즉 "규범적 합리성"으로서 이성을 통해 최고의 가치와 목적 그리고 최선의 삶의 방식을 규정할 수 있다는 완전주의적 입장이다. 이와 반면에 자유주의의 합리성은 "도구적 합리성"으로서 주어진 목적에 대한 최선의 효과적인 수단을 강구하는 방책으로 간주된다(AV, p.26).[13] 물론 도구적 합리성이 최선의 삶의 방식과 객관적 선을 규정해주지는 못하지만, 이러한 점은 중세적 공동체

---

12) 매킨타이어는 세 가지 이유를 들면서 정의주의가 도덕적 용어의 의미론(the theory of meaning)으로서는 오류라고 생각하지만, 자유주의적 개인주의 문화에서의 도덕적 용어의 사용론(the theory of use)으로서는 참이라고 생각한다(AV, pp.12-13, pp.18-19). 어떤 문맥에서는 이러한 구분 없이 자유주의적 개인주의 문화에서는 "사람들이 … 정의주의가 마치 참인 것처럼 생각하고, 말하고 행위한다. … 정의주의는 우리 문화에 구현되어 있다"고 지적한다(AV, p.22). MacIntyre, *Whose Justice? Which Rationality?*에서도 이 점이 다시 주장된다(p.343).

13) Frazer and Lacey, *The Politics of Community: A Feminist Critique of the Liberal Communitarian Debate*, p.62. 물론 도구적 합리성에 대한 이러한 비판은 매킨타이어도 자세히 천착하고 있는 막스 베버적인 도구적 합리성에 대한 비판으로서 호르크하이머와 아도르노의 『계몽의 변증법』(1947) 이후 서양철학에서 연속적인 주제가 된 것이 사실이다. 그러나 오늘날 사회과학과 윤리학, 진화론적 생물학의 분야에서 도구적 합리성에 기반한 합리적 선택이론이 지배적인 방법론으로 사용되고 있는 것은 무시할 수 없는 엄연한 사실이다.

사회와 가치 절대주의의 질곡과 억압적 규범에서 해방된 근대 자유주의적 개인주의 사회의 긍정적 측면이기도 한 것이다. 따라서 도구적 합리성의 해방적이고도 긍정적인 측면은 완전히 무시하고, 그것의 자의적이고 조작적인 측면만을 강조하여 정의주의적이라고 매도하는 매킨타이어의 입장은 지나친 것이다.[14] 물론 도구적 합리성의 자의적이고 조작적인 측면을 제외한다면, 자유주의 문화에 대한 매킨타이어의 정의주의적 해석은 수용될 여지도 있다. 즉, 도구적 합리성은 목적 자체를 합리적으로 설정해줄 수 없으므로 목적은 그러한 목적을 지향하는 욕구의 원천인 감정에 의해서 결정된다는 제한적 의미에서 자유주의 문화는 정의주의적이라고 할 수 있겠다. 그러나 감정이 욕망을 통해서 목적을 선택하는 것이 반드시 불합리하거나 자의적인 것만은 아니고 합리적이고 적절한 것이 될 수 있다.

감정의 관점에서 보면, 매킨타이어는 자유주의 윤리학을 정의주의로 낙인찍음으로써 윤리학에서 감정의 위치와 역할에 대한 심각한 손상을 가한 것이다. 매킨타이어의 정의주의에 관한 주장은 다음과 같은 두 가지 환원주의로 요약될 수 있을 것이다: (1) 정의주의는 도덕성을 개인적 선호인 감정과 태도의 표현으로 환원시킨다. (2) 정의주의는 윤리학에서 감정의 위치와 역할을 한 개인이 자신의 비합리적인 개인적 선호를 증진시키기 위해서 타인의 감정과 태도에 영향을 미치는 수단으로 환원시킨다. 매킨타이어는 아리스토텔레스의 덕의 윤리에 호소함으로써 정의주의가 도덕성을 개인적 선호의 표현으로 환원하는 점에서 오류라는 점을

---

14) 자유주의는 개인들의 자유롭게 표현된 선호와 의도를 기본적인 도덕적 고려사항으로 간주한다. 그러한 개인들의 선호와 의도를 하나의 공통된 공공적 합리성에 의해서 판정하는 것은 거부된다. 그리고 개인들의 다원적이고도 주관적인 선호로부터 한 사회가 작동하고 유지될 수 있는 정의의 조건에 대한 최소한의 중첩적 합의를 민주적인 방식으로 이끌어낼 수 있다는 것이 롤즈가 주장하는 자유주의 윤리학의 요체인 것이다. John Rawls, "The Domain of the Political and Overlapping Consensus," *New York University Law Review*, vol. 64(1989), pp.233-255.

입증하려고 노력하지만, 그는 어디에서도 하나의 체계적인 논증으로서 정의주의가 감정을 개인들 상호간의 비합리적인 조작적 수단에 불과한 것으로 서술한 것도 역시 오류라는 것을 입증하려고 노력하지 않는다.[15] 오히려 그러한 조작적 수단이 "정서와 감정(sentiment and feeling)에 주어진 주관적 지침들"이라는 것을 천명했을 뿐이다(AV, p.26). 이렇게 매킨타이어가 감정을 무시한 것은 아리스토텔레스의 덕의 윤리 전통에서 감정의 위치와 역할이 무시되어왔기 때문이라고 생각될 수도 있겠지만, 결코 그렇지 않다. 물론 공동체주의를 감정의 윤리학으로 해석하는 것은 타당한 일이다.[16] 매킨타이어도 애국심과 공동체적 소속감과 같은 지속적이고 사회적인 감정을 중시하는 것이 사실이다. 그는 "덕들은 특정한 방식으로 행위하는 성향일 뿐만 아니라 특정한 방식으로 느끼는 성향이다"라는 점을 분명히 하고, "도덕교육은 정서교육"이라는 것도 단언한다(AV, p.149). 따라서 감정을 단지 원리와 규칙을 준수하는 부차적인 성향으로 보는 롤즈를 비판하고 있는 것도 사실이다(AV, p.119). 그러나 매킨타이어의 감정의 윤리학적 위치와 역할에 대한 논의는 매우 피상적이라고밖에 말할 수 없다. 매킨타이어가 자유주의 윤리학을 정의주의로 비판함으로써 감정의 윤리학적 위치와 역할에 심각한 손상을 가했다는 것은 중대한 사실로서 인식되어야만 한다. 이제 그러한 손상을 치유하는 것은 현대 윤리학의 시급한 과제가 되었다.[17]

---

15) Arne Johan Vetlesen, *Perception, Empathy, and Judgement*(Pennsylvania: The Pennsylvania State University Press, 1994), p.77.

16) 아리스토텔레스 철학과 감정에 관한 논의는 W. W. Fortenbaugh, *Aristotle on Emotions*(London: Duckworth, 1975)가 압권이다. 공동체주의를 감정의 윤리학으로 해석하는 논문은 Martha C. Nussbaum, "Compassion: The Basic Social Emotion," *Social Philosophy and Policy*, vol. 13(1996), pp.27-58 참조.

17) Vetlesen, *Perception, Empathy, and Judgement*, 1.7. "After MacIntyre: The Philosophical Urgency of Overcoming Emotivism," p.83. 물론 매킨타이어의 관점에서 보면 그러한 손상은 자신의 아리스토텔레스적 덕의 윤리를 수용하면 간단히 치유되겠지만, 덕의 윤리를 통해서 정의주의를 해소하는 방식에 대한 논의는 본 논문의 범위를 벗어나는 일이다.

3. 여성주의의 자유주의 윤리학 비판: 감정이 결여된 이성주의

여성주의 윤리학은 윤리학사를 포함한 철학사는 남성의 관점에서 구성되어왔으며, 결코 성 중립적이라고 할 수 없는 가정과 개념들을 통해서 구축되어왔다는 인식을 기본으로 한다. 그래서 여성주의 윤리학은 다른 모든 이론과 함께 윤리학 이론도 여성의 경험을 적절하게 고려하기 위해서 근본적으로 변형되어야 한다고 주장한다. 이러한 변형 중 가장 절실한 것은 (1) 이성과 감정의 분리와 그에 따른 감정의 폄하, (2) 공적 영역과 사적 영역의 구분, (3) 추상적이고 자율적인 개인주의적 자아 개념이다.[18] 이러한 세 가지 항목은 개념적으로 구분되지만 실제적으로 모두 동일선상에 있다. 남성과 이성, 여성과 감정; 남성과 공적 영역, 여성과 사적 영역; 남성과 개인적 자율성, 여성과 관계적 의존성을 대립적으로 결부시킨 것은 모두 상호 연결된다.[19] 로이드(G. Lloyd)의『이성의 남자(The Man of Reason)』는 이러한 대립을 가장 극명하게 축약하고 있으며, 이성과 감정의 이분법과 남성과 여성의 이분법이 서구에서 유구한 역사를 통해서 서로 맞물려왔다는 점을 여실히 보여주고 있다.[20] 보다 자세히 표현하면, "분석적 개념과 일상적 개념 모두를 통틀어서 서구에서 감정은 여성과 마찬가지로 전형적으로 문화적인 것이 아니라 자연적인 것으로, 합리적인 것이 아니라 비합리적인 것으로, 질서적인 것이 아니라 혼돈적인 것으로, 보편적인 것이 아니라 주관적인 것으로, 정신적

---

18) Virginia Held, "Feminist Transformation of Moral Theory," *Philosophy and Phenomenological Research*, vol. 50(1990), pp.321-344

19) Jean Bethke Elshtain, *Public Man, Private Woman*(Princeton: Princeton University Press, 1981). 그리고 Martha C. Nussbaum, "Emotions and Women's Capabilities," in Martha C. Nussbaum and Jonathan Glover, eds., *Women, Culture, and Development*(Oxford: Clarendon Press, 1995), pp.360-395.

20) Genevieve Lloyd, *The Man of Reason: Male and Female in Western Philosophy*(Minneapolis: University of Minnesota Press, 1984).

이거나 지성적인 것이 아니라 육체적인 것으로, 그리고 비의도적이고 통제할 수 없는 것으로, 따라서 흔히 위험한 것으로 간주되어왔다."[21] 감정의 범주에서 가장 중요한 측면은 그것이 여성과 결부된다는 것이며, 감정을 규정하는 속성들은 바로 여성을 규정하는 속성이기도 한 것이다. "이러한 이유 때문에 감정에 관한 어떠한 담론도 적어도 암묵적으로는 성에 관한 담론이기도 하다."[22]

우리는 이미 길리간을 위시한 여성주의 윤리학자들이 자유주의 윤리학, 특히 콜버그의 도덕발달론과 롤즈의 정의론은 여성들의 고유한 도덕적 감정인 보살핌과 가족적 연고를 무시하고 추상적인 권리와 정의 또는 법칙과 의무만을 강조하는 메마른 이성주의라고 비판한다는 점을 지적한 바 있다. 콜버그의 도덕발달론과 롤즈의 정의론은 자유주의의 전통 중 공리주의적 목적론보다는 사회계약론적인 권리의 전통과 칸트적 의무론을 우월한 도덕체계로 인정한다. 따라서 여성주의 윤리학자들의 비판은, 통상적으로 감정을 윤리학의 영역에서 배제한 것으로 알려진 칸트의 윤리학에 콜버그와 롤즈의 자유주의 윤리학이 근거하고 있다는 점에서 표적을 빗나간 것은 아니다.[23] 콜버그의 도덕발달론은 롤즈의 정의론과 밀접하게 연결되어 있다. 롤즈는 콜버그의 6단계론과 비슷한 3단계의 도덕발달론을 전개하고 있으며, 이것은 콜버그의 단계론에서 영향을 받은 것이다(TJ, p.460, p.462).

그러나 콜버그도 동시에 롤즈의 영향을 받고 있다. 콜버그의 최종 단계인 6단계는 정의와 권리에 대한 보편적 원칙의 단계로 규정되며, 이러

---

21) Catherine A. Lutz, "Engendered Emotion: Gender, Power, and the Rhetoric of Emotional Control in American Discourse," in Lutz and Lila Abu-Lughod, eds., *Language and the Politics of Emotion*(Cambridge: Cambridge University Press, 1990), p.69.

22) Ibid.

23) Sally Sedgwick, "Can Kant's Ethics Survive the Feminist Critique?" *Pacific Philosophical Quarterly*, vol. 71(1990), pp.60-79 참조.

한 정의와 권리의 보편적 원칙은 롤즈의 정의론에서 구현되는 것과 같은 것이다.[24] 롤즈의 정의론은 콜버그의 도덕발달론보다는 더욱 체계적이고 정교한 입장이며, 콜버그의 도덕발달론이 전제하고 있는 자유주의적 사회에 대한 철학적 배경을 제공한다. 또한 콜버그는 개인들이 당면한 갈등 상황이 해결되는 것은 보편적 원칙과 특수적 도덕판단 사이의 롤즈적인 "반성적 평형상태"라고 생각한다. 롤즈의 반성적 평형상태는 모든 도덕판단의 본질적 요소인 상호성, 평등성, 그리고 공정성이라는 기본적 관념들을 반영하고 있다는 것이다. 그리고 롤즈의 "무지의 장막"은 보편성의 형식적 관념을 예증하는 것일 뿐만 아니라 합리적 선택자의 완전한 상호 전환성(reversibility)의 관념도 동시에 예증하고 있다는 것이다.[25] 그런데 길리간은 롤즈의 대해서 직접적인 비판을 전개하고 있지 않지만, 롤즈의 정의론의 배경이 되는 사회계약론을 비판한다(DV, p.297).

길리간은 콜버그의 도덕발달론에 대해서 정면으로 도전함으로써 많은 주목을 받은 바 있다. 길리간이 주장하는 것은 도덕적 문제를 남성들처럼 추상적인 정의의 원칙을 특수한 사례에 적용함으로써 해결되는 것으로 보아서는 안 된다는 것이다. 오히려 도덕적 문제는 여성들처럼 실제적인 인간관계를 보전하고, 그들이 책임이 있다고 느끼는 사람들에 대한 보살핌의 관점에서 보아야 한다는 것이다. 따라서 콜버그의 도덕발달론에 따르면 도덕적으로 미성숙한 것으로 나타나는 많은 여성들을 구제할 수 있는 길이 열린다. 지금까지는 많은 여성들이 콜버그의 최종적인 도덕발달 단계인 "보편적인 도덕원칙"의 6단계에는 이르지 못하고 "행위자의 상호간의 일치나 착한 소년 소녀의 단계"인 3단계에 머물렀

---

24) Lawrence Kohlberg, *Essays on Moral Development*, vol. 1. *The Philosophy of Moral Development*(New York: Harper & Row, 1981).

25) Lawrence Kohlberg, "Justice as Reversibility: The Claim to Moral Adequacy of a Highest Stage of Moral Development," in *The Philosophy of Moral Development*, p.199.

기 때문에 도덕적으로 미성숙한 것으로 나타났지만, 이제는 보살핌과 동감과 책임의 원리에 의해서 도덕적 성숙도를 잰다면 여성들도 도덕적으로 성숙한 것으로 나타난다는 것이다(DV, pp.39-42). 콜버그와 길리간 사이에 전개된 이상과 같은 논쟁은 "콜버그 대 길리간 논쟁(the Kohlberg-Gilligan debate)"으로서, 내용적으로 볼 때는 "정의(와 권리)의 입장 대 보살핌(과 책임의) 입장" 사이의 논쟁이다.[26]

우리의 관점에서 가장 중요한 문제는 콜버그 대 길리간 논쟁을 통해서 이성과 감정의 윤리학적 통합에 관한 어떠한 함축적 시사점을 도출할 수 있느냐 하는 것이다. 콜버그 대 길리간의 논쟁에 주목한 사람들은 모두 정의와 보살핌 사이의 위계 문제에 사로잡혀 있었다고 해도 과언이 아니다. 콜버그 자신과 그를 옹호하는 사람들은 정의의 공적 영역과 보살핌의 사적 영역 사이의 "영역 상대주의(domain relativism)"를 들면서 정의의 입장이 보살핌의 입장보다 우월하다고 주장한다. 그리고 공적 영역에 들어오는 여성들도 정의의 입장을 기꺼이 수용한다는 점을 통해 정의의 입장이 보살핌의 입장을 포섭할 수 있다고 주장한다.[27] 길리간에 대한 여성주의적 비판자들은 정의의 입장과 보살핌의 입장의 차이에 대한 강조는 서구 자유주의 사회에서 만연된 이성과 감정의 이분법을 영속화하는 데 공헌할 뿐이라고 지적한다.[28] 한편으로 길리간의 여성주

---

26) Owen Flanagan and Kathryn Jackson, "Justice, Care and Gender: The Kohlberg-Gilligan Debate Revisited," *Ethics*, vol. 97(1987), pp.622-637; 조성민, 「도덕적 추론과 도덕성 함양」, 한국철학회 편, 『현대의 윤리적 상황과 철학적 대응』(1992), pp.220-235; 허란주, 「정의의 입장에 대한 페미니즘의 도전: 도덕적 성숙에 관한 논쟁」, 차인석 외, 『사회철학대계』 제3권(서울: 민음사, 1993), pp.328-351; 「정의론과 페미니즘적 대안: 정의와 보살핌」, 그리스도교 철학연구소 편, 『현대사회와 정의』(서울: 철학과현실사, 1995), pp.314-340.

27) Lawrence Kohlberg, *Essays on Moral Development*, vol. 2. *The Psychology of Moral Development*(New York: Harper & Row, 1984), p.348

28) 최근의 비판 중 돋보이는 것은 Joan C. Toronto, *Moral Boundaries: A Political Argument for an Ethic of Care*(New York: Routledge, 1993), p.63.

의적 옹호자들은 길리간을 보살핌의 윤리의 우월성만을 주장하는 입장에 귀속시키려고 노력한다. 그러나 만일 이러한 입장이 윤리학에서 이성을 무시하는 결과가 된다면, 그것도 바람직한 것은 아니다.[29] 그렇다고 여성이 남성과 동일한 사회적 입지와 권력을 가지기 위해서는 감정을 모두 박멸하고 이성적으로 되어야 한다는 주장도 이성과 감정에 관한 남성적 편견을 여전히 수용하는 것이 될 것이다.

감정과 관련된 여성주의의 주장이 이상과 같은 다루기 힘든 딜레마와 문제들로 점철되어 있다는 것은 이상한 일은 아니다. 이것은 감정의 우월성을 주장하거나 아니면 이성의 우월성을 그대로 답습하는 것만으로는 이성과 감정의 윤리학적 조화를 달성하기에 아직도 불충분하다는 점을 웅변하고 있다. 그러나 그동안 감정이 윤리학의 영역에서 무시되어 온 사실과 이러한 무시는 여성의 무시와 동일선상에 있다는 점을 감안할 때, 감정의 역할과 도덕성의 여성적 영역을 강조하는 여성주의 윤리학은 그 자체로서 충분한 공헌을 했다는 것은 절대로 부정할 수 없다.[30]

여성주의 윤리학자들이 도덕성에 있어서 감정의 위치와 역할을 재평가하는 방식은 다음 두 가지 관점에서 정리될 수 있다.[31] 첫째, 여성주의 윤리학자들은 이성의 우월성을 강조하는 도덕이론에 반대하고 도덕

---

29) Karen Green, *The Woman of Reason*(Cambridge: The Polity Press, 1995), p.154.
30) 물론 길리간은 정의의 입장과 보살핌이 입장이 상보적이라는 것을 자주 강조하고 있다 (DV, p.177, p.285, p.290). 그러나 나중에 길리간은 두 입장을 토끼/오리 형상처럼 이것으로도 보이고 저것으로도 보이지만 둘 모두로 보일 수는 없는 "관심(초점) 집중 현상 (focus phenomenon)"이라고, 혹은 마치 두 개의 음악적 주제가 서로 관련이 있지만 독립된 멜로디로서 재빠르게 화답하여 전체적 화음을 이루는 "이중 푸가(doble fugue)"라고 주장하기도 하였다. 혹자들은 상이한 입장을 조화시키려고 해서는 안 되고, "많은 소리가 들리도록 하라(Let many voices be heard)"는 다원주의적 입장을 주장하기도 한다. 자세한 논의는 Susan J. Hekman, *Moral Voices, Moral Selves: Carol Gilligan and Feminist Moral Theory*(Cambridge: Polity Press, 1995), pp.1-33 참조.
31) Held, "Feminist Transformation of Moral Theory," p.331.

성은 도덕적 감정의 계발을 필요로 한다고 주장한다. 이러한 주장은 자녀를 보살피고 양육하는 어머니(caring mother 혹은 mothering)상을 모델로 하고 있는데, 우리에게는 전통적인 윤리학설에서 강조되어온 이성에 의한 감정의 통제가 필요한 전부가 아니라 오히려 바람직한 형태의 감정을 계발하는 것이 더 필요하다는 것이다. 둘째, 여성주의 윤리학자들은 구체적인 역사, 공동체, 연대, 그리고 인간 번영의 전망을 가진 성적 주체의 체현된 감정과 사유 모두를 포괄하는 도덕이론을 구축하려고 시도한다. 즉, 여성주의 윤리학은 감정의 고양을 통해서 "관계 윤리"와 아울러 몰개인적인 것이 아니라 개인들의 특수적 상황을 고려하는 "특수성의 윤리"를 구성하려고 한다. 물론 여성주의자들은 특수성의 윤리에만 머무는 것의 상대주의적 위험성을 자각하고, 보편적인 특수성의 윤리를 구축해야만 한다는 과제를 인식하고 있는 것도 사실이다. 여성주의 윤리학은 감정을 단순히 인정하는 것이 아니라, 감정이 적어도 도덕성 자체와 도덕적 이해의 부분적 기초를 제공해준다는 점에서 그것을 적극적으로 수용하려고 한다. 보살핌, 감정이입, 공감, 그리고 타인의 감정에 대한 감응은 실제 상황에서 이성의 추상적 규칙이나 합리적 계산보다 더 나은 도덕적 지침이 되거나, 아니면 적어도 적절하고 합당한 행동에 대한 필수적 구성요소가 된다는 것이다.

여성주의 윤리학자들은 더 나아가서 자유주의 윤리학이 주장하는 정의에 관한 최소한의 조건에 합의하기 위해서도 추상적 원칙에 관한 "합리적 인식"의 하나로서 관계적 감정(relational feeling)이 요구된다고 주장한다. 오늘날 전 지구적인 도덕적 안건을 생각해볼 때, 우리 인간들에게는 먼 지역의 기아선상에 있는 아동들의 고통과 미래세대의 전망과 지구 전체의 복지를 위해서 보살핌의 윤리가 절실하게 요청된다는 것이다. 자유주의 전통에서 유전되어온 상호 무관심한 합리적 개인들은, 가족과 친구들 사이의 보살핌의 관계를 대변할 수 없는 것처럼, 전 지구적 수준에서의 도덕적 고려와 환경 보전을 위해 필요한 적극적 행동을 취할

만큼 충분한 보살핌의 감정이 결여되어 있다는 것이다.[32]

이상과 같은 논의를 통해서 우리는 여성주의 윤리학자들이 자유주의적 합리성을 어떻게 규정하고 있는가를 추론할 수 있을 것이다.[33] 우선 여성주의 윤리학자들은 자유주의적 합리성을 상호 무관심한 도구적 합리성으로 보는 점에서 매킨타이어에 동의한다. 이러한 도구적 합리성은 합리적 선택이론으로 정식화되며, 합리적 행동이란 주어진 목적에 대한 가장 효과적인 수단을 찾는 것이 된다. 여성주의 윤리학자들은 합리적 선택이론의 합리성을 편협하다고 비판한다. 우리는 무엇이 합리적인가를 결정할 때 주어진 목적뿐만 아니라 우리 자신의 정체성과 인격, 정서적 경향과 애착, 그리고 배경적 상황을 고려한다는 것이다. 그러나 합리적 선택이론은 이러한 요소들을 이론적으로 포섭하지 못하고 있다고 주장한다. 여성주의 윤리학자들은 또한 자유주의적 합리성을 공평무사성(impartiality)으로 해석한다.[34] 이러한 공평무사성은 보편성과 상황독립성을 추구하는 것으로서 도덕 행위자에게 정적 유대와 개인적인 특수한 역사와 상황으로부터 절연할 것을 요구한다. 이러한 공평무사성으로서의 합리성도 결국 이성과 감정 사이의 대립을 가중시키고 있다는 것이다.

4. 자유주의 윤리학에서 이성과 감정의 조화: 롤즈의 정의론

우리는 지금까지 자유주의 윤리학에 대한 공동체주의 윤리학과 여성주의 윤리학의 비판이 이성과 감정의 관점에서 상반된다는 사실에 주목

---

32) Ibid., p.333.

33) Frazer and Lacey, *The Politics of Community: A Feminist Critique of the Liberal Communitarian Debate*, p.48, p.62.

34) 합리성을 공평무사성으로 간주하는 전통적 입장은 Stephen L. Darwall, *Impartial Reason*(Ithaca: Cornell University Press, 1983) 참조.

하고 논의를 전개하였다. 그렇다면 자유주의 윤리학이 이러한 상반된 비판을 받게 된 것은 자유주의 철학사에서 그 연원을 찾아볼 수도 있지 않을까? 자유주의 윤리학에서 흄과 칸트는 이성과 감정에 대해서 상반된 견해를 가지고 있었다는 것은 잘 알려진 자유주의의 스캔들이다. 아직 아무도 흄과 칸트를 자유주의 윤리학의 구도 속에서 조화롭게 통합시키는 데 성공하지 못했다.[35] 합리성을 기반으로 하는 계몽주의적 전통에서 흄과 아담 스미스를 위시한 영국의 도덕감 학파(the moral sense school)가 나왔다는 사실로 미루어 이성과 감정의 윤리학적 조화가 이미 달성되었다고 생각할 수도 있다. 그러나 이것은 흄의 경우에서 명백히 지적할 수 있는 것처럼, 윤리학에서 이성의 위치를 약화시킴으로써 달성했을 뿐이다. 아마도 이성과 감정의 자유주의적 대립은 자유주의의 초석을 놓은 홉스에게서 유전되었는지도 모른다. 홉스는 통상적으로 고·중세적인 규범적 합리성을 혁파하고 근대적인 도구적 합리성을 천명한 것으로 해석된다.[36] 그러나 홉스는 "자연상태를 벗어날 가능성은 부분적으로는 정념으로부터, 부분적으로는 이성으로부터 온다"는 것을 명백히 밝힌다. 그러나 햄프턴(J. Hampton)이 지적한 것처럼, 이러한 정념과 이성의 두 요소는 홉스의 『리바이어던』에서 조화되지 않은 채로 남아 있다.[37]

우리의 과제는 이제 자유주의 윤리학이 이성과 감정에 관련해서 공동체주의와 여성주의 윤리학으로부터 상반된 비판을 받아왔다는 사실을 현대 자유주의 윤리학의 주류를 형성하고 있는 롤즈의 사회정의론을 통

---

35) 흄과 칸트의 간격을 좁혀보려고 시도하는 논문은 A. T. Nuyen, "Sense, Passions and Morals in Hume and Kant," *Kantstudien*(1991), pp.29-41 참조.

36) Milton L. Myers, *The Soul of Modern Economic Man: Ideas of Self-Interest; Thomas Hobbes to Adam Smith*(Chicago: University of Chicago Press, 1983).

37) Thomas Hobbes, *Leviathan*, ed. with Introduction, C. B. Macpherson(Harmondsworth: Penguin Books. 1986), Chap. 13, p.188; Jean Hampton, *Hobbes and Social Contract Tradition*(Cambridge: Cambridge University Press, 1986), pp.58-79.

해서 해명하는 일이다 우리는 여기서 매킨타이어의 자유주의 윤리학에 대한 정의주의적 낙인찍기를 롤즈의 자유주의 윤리학이 우회적으로 감정의 윤리학이라는 점을 시사해준 것으로 재해석하려고 한다.[38] 또한 우리는 여성주의의 자유주의 윤리학에 대한 비판을 롤즈의 자유주의 윤리학이 도구적 합리성과 공평무사성을 기반으로 하는 합리적 선택이론에 의거하고 있다는 주장으로 해석하려고 한다.

롤즈는 그의 초기 논문 「윤리학을 위한 의사결정 절차의 개요」에서부터 대립하는 이해관계를 해결할 합리적인 의사결정 절차의 문제를 다루어왔다. 따라서 그는 도덕성의 요소를 갖는다는 것은 순전히 개인적인 선택이나 결단의 문제도 아니고, 도덕적 성질을 직각하는 문제도 아니고, 감정이나 태도를 표현하는 문제도 아니라고 단언한다.[39] 롤즈의 정의론은 합의의 공정성을 보장하기 위해서 자기 이익을 추구하는 합리적 계약 당사자들이 자신의 구체적인 사회적 위치와 가치관을 모르는 "무지의 장막"을 배경으로 하는 "원초적 입장"에서 분배적 정의의 원칙을 선택한다는 기본적인 구도를 설정한다(TJ, p.136). 따라서 롤즈의 정의론은 합리적 선택이론의 한 부분이 된다(TJ, p.17, p.47). 무지의 장막이 내려진 원초적 입장에서는 각 개인들의 구체적인 상황이 전부 가려져 있으므로, 롤즈의 계약 당사자들은 "상호 무관심"을 기본적 동기로 하는 냉철한 합리적 선택자로 나타난다. 그래서 롤즈는 그의 정의론이 "자연적 애정의 광범위한 유대관계"와 같은 "강한 가정"을 전제해서는 안 된다는 것을 분명히 한다(TJ, p.129). 또한 롤즈는 원초적 입장에 대한 칸

---

38) 우리는 개인들의 자유롭게 표출된 선호와 감정이 결코 자의적이 아니라는 비판적 논의를 통해서 매킨타이어의 정의주의적 낙인찍기에서 최악의 요소는 사라졌다고 본다(2절 주 14 참조). 그렇다면 최악의 요소가 사라진 매킨타이어의 정의주의는 자유주의가 감정의 윤리학이라는 주장으로 우호적으로 해석될 수 있을 것이다.

39) John Rawls, "Outline of a Decision Procedure for Ethics," *The Philosophical Review*, vol. 60(1951), pp.171-197.

트적 해석을 중시하므로(TJ, p.251), 그의 정의론은 흔히 의무론적 자유주의(deontological liberalism)로 명명되기도 한다. 개인의 모든 구체적이고 경험적인 요소를 배제하는 원초적 입장에 대한 칸트적 해석은 결국 윤리학에서 감정의 위치와 역할을 전혀 인정하지 않는 것처럼 보인다.[40]

그러나 롤즈의 정의론은 그 이면에 감정에 관한 중대한 가정을 내포하고 있다. 롤즈는 우선 계약 당사자들이 "정의감"과 자신의 가치관을 가진 "도덕적 인간"이라고 가정한다. 이러한 가정은 "질서정연한 사회"와 "원초적 입장"과 함께 롤즈의 정의론을 이루는 세 가지 기초적 개념이다.[41] 롤즈는 이와 관련해서 다음과 같이 말한다: "내가 강조하고자 하는 바는 정확히 말해서 정의론은 이른바 하나의 이론이라는 것이다. 그것은 우리의 도덕적 능력, 혹은 더 특수하게 말하자면, 우리의 정의감을 규제해줄 원칙을 제시할 (18세기적인 병칭으로 말해서) 도덕감(moral sentiment)에 관한 이론이다."(TJ, p.51) 또한 롤즈는 이러한 정의감이 질서정연한 사회의 안정성을 확보하기 위한 정의 원칙들의 준수에서 필수적으로 요구된다는 것을 분명히 한다(TJ, p.499).

이성과 감정에 관련해서, 롤즈의 정의론에는 또 하나의 내부적 불일치가 있다는 점이 지적되어왔다. 그것은 세대 간 분배적 정의의 문제이다. 원초적 입장에서는 상호 무관심이 가정되지만, 롤즈는 세대 간 분배적 정의의 문제에서 "계약 당사자들이 전후 세대들 간에 정적 유대로 연속되어 있는 가족 계열을 대표"하는 것으로 간주한다. 따라서 "한 세대는 어버이가 그들의 자식을 사랑하듯이 바로 그 다음 세대들에 대해 관

---

40) 칸트도 초기에는 영국의 도덕감 학파의 영향을 받았다는 사실이 밝혀지고 있다. 칸트의 윤리학에서 감정의 문제는 김상봉, 「칸트 윤리학과 동정심 문제」, 한국칸트학회 편, 『칸트와 윤리학』(서울: 민음사, 1996), pp.125-155 참조.

41) 황경식, 「도덕적 구성주의: 롤즈의 정의론을 중심으로」, 『철학』 제16호(1981년 가을), pp.49-69 중 특히 p.57 참조.

심을 갖는 까닭에 정의로운 저축 원칙 … 에 대한 어떤 제한이 받아들여지게 된다"는 것이다(TJ, p.288, p.292).[42]

그렇다면 롤즈에게서 발견할 수 있는 이성과 감정의 이러한 내부적 불일치는 과연 어떻게 해결될 수 있는가? 이러한 불일치를 해소할 수 있다고 주장하는 사람은 자유주의적 여성주의자로 알려져 있는 오킨(S. M. Okin)이다. 그녀는 「정의에 관한 사유에서 이성과 감정」이라는 논문을 통해서 롤즈의 정의론에 대한 새로운 해석을 제시하여, 롤즈의 정의론을 여성주의적 비판으로부터 해방시키려고 한다.[43] 우선 오킨은 롤즈가 최근에 "정의론을 합리적 선택이론의 일부로 보았던 것은 『사회정의론』의 (매우 큰) 오류였다"고 시인한 점에 고무된다.[44] 즉, 롤즈가 이러한 점을 시인한 것은 합리성이 정의론의 충분조건이 아니라는 것을 나타낸다는 것이다(RF, p.235). 따라서 이제 원초적 입장은 추상적인 합리적 선택이론에 의해서만 해석될 필요가 없다는 것이다. 오칸은 계약 당사자들의 상호 무관심의 가정은 무지의 장막 속에서는 각자의 이익이 결코 "구별되고 분화된(distinct and differentiated)" 것으로 나타날 수 없으므로, 그 가정은 오히려 자신뿐만 아니라 타인에 대한 공정하고도

---

42) 세대 간 정의에 대한 구체적 논의는 김형철, 「환경위기와 세대 간 분배정의」, 한국사회 · 윤리학회 편, 『사회계약론 연구』(서울: 철학과현실사, 1993), pp.361-396 참조.

43) Susan Moller Okin, "Reason and Feeling in Thinking about Justice," *Ethics*, vol. 99(1989), pp.229-249. 이하 본문에서 RF로 약함. 물론 오킨은 롤즈의 정의론에서 이성과 감정의 조화 가능성에 대한 이러한 해석도 롤즈가 가족 내에서의 정의 문제를 다루지 않고 있기 때문에 여성주의적 관점에서는 아직도 불충분한 것이라고 생각한다(RF, p.231).

44) John Rawls, "Justice as Fairness: Political not Metaphysical," *Philosophy and Public Affairs*, vol. 14(1985), p.224. n.2. 물론 롤즈는 합리적 선택이론을 전부 버린 것은 아니고, 다만 그것이 합당성(the reasonable)의 조건 아래에서만 전개될 수 있다고 입장을 수정한다. 합당성은 우리의 직관적 신념에 의거한 것으로서 원초적 입장의 당사자들을 자유롭고 평등하게 대우하는 배경적 조건에 의해 표현된다. 이제 합리적 선택이론의 합리성(the rational)은 합당성의 제약 아래에서만 가동하게 되는 것이다. 황경식, 「도덕적 구성주의」, p.59 참조.

동일한 고려와 감정이입 그리고 보살핌을 요구하는 도덕적 관점으로 보아야 한다는 것이다(RF, p.242). 또한 원초적 입장의 당사자들을 "현실에서 유리된 아무도 아닌 사람들(disembodied nobodies)"로 볼 것이 아니라 오히려 "모든 사람 각자를 차례로(each in turn) 고려한다는 의미에서 누구든지 모두(everybody)의 입장"으로 보아야 한다는 것이다(RF, p.244). 이러한 입장에서 본다는 것은 결국 원초적 입장에서는 민족, 성별, 종교, 정치적 신념이 영향을 끼쳐서는 안 되고 자신과 타인에 대한 동일한 공감적 고려가 기본이 되어야 한다는 것을 의미한다. 이러한 동일한 공감적 고려와 보살핌을 통해서만 최소수혜자의 관점에서 선택하는 것이 바람직하게 되는 롤즈의 정의 원칙들이 도출될 수 있다는 것이다. 따라서 최소수혜자의 최대이익을 도모하라는 "차등의 원칙(the Difference Principle)"은 결코 합리적 선택이론에서 직접 도출될 수 없다는 합리적 선택이론가들의 비판은 옳았다는 것이다. 특히 차등 원칙은 공감적 고려와 보살핌, 그리고 우리와 타인의 능력 사이의 연대감이 없으면 결코 도출될 수 없었다는 것이다(RF, p.246).[45]

오킨은 원초적 입장에 대한 이러한 대안적 해석은 정의의 윤리 대 보살핌의 윤리, 그리고 보편성과 불편부당성 대 차이성과 특수적 타자성 사이에 전개되는 배타적인 이분법을 해소한다고 주장한다(RF, p.248). 물론 이러한 주장이 여성주의 윤리학자들에 의해서 수용될 것인지는 앞으로 더 논의되어야 할 것이다. 그러나 오킨이 롤즈의 정의론에서 보살핌과 감정이입적 공감이 중심적이라는 것을 밝혀냄으로써 롤즈의 정의론에 대한 보다 풍부한 해석 방식을 제시하고 있다는 점은 큰 공헌이다. 물론 이러한 오킨의 해석은 롤즈의 정의론을 감정의 관점에서만 본 측면

---

45) 롤즈는 『사회정의론』에서 이미 차등의 원칙에 대해서 각자의 천부적 재능을 "공동자산(common assets)"으로 간주한다는 점과 차등의 원칙이 "박애(fraternity)"의 이상을 실현한다는 점을 언급함으로써 이러한 해석의 가능성을 열어놓은 것이 사실이다(TJ, p.101, p.150).

도 있다. 그러나 이러한 감정적 관점으로부터의 선택이 가진 합리성 —
즉, 합리적 계약자가 자기의 이익을 증진하는 방식으로서의 감정의 발
현 — 을 밝힌 점에서 이성과 감정의 조화를 시도한 것으로 해석될 수 있
을 것이다.

5. 결론: 이성과 감정의 윤리학적 조화와 현대 윤리학의 과제

우리는 서양윤리학에서 감정의 위치와 역할이라는 주제를 다루면서
하나의 배경적 신념을 전제로 했다. 그것은 지금까지 감정을 배제한 이
성이 윤리학을 주도해왔으므로 이제부터는 반대로 이성을 배제한 감정
이 윤리학을 주도해야 한다는 배타적 이분법을 피하고, 이성과 감정의
윤리학적 조화의 관점을 통해서 감정의 윤리학적 위치와 역할이 제대로
정립될 수 있다는 신념이다.[46] 감정이 무엇인가, 그리고 감정의 윤리학
적 위치와 역할에 대한 철학사적 배경에 관한 논의와 감정의 윤리학의
최근 변모에 관한 논의는 이미 기본적으로 제시되었으므로,[47] 현 단계
에서 중요한 것은 윤리학에서 감정의 위치와 역할을 이성과 감정의 윤리
학적 조화의 관점에서 조망해야 한다는 것이다. 최근 여러 가지 형태의
감정의 윤리학이 대두되고 있기는 하지만, 이러한 윤리학의 가장 중대
한 문제는 전통적 윤리학과의 입장을 제대로 정립하지 못하고 있다는 점
이다. 물론 감정의 윤리학은 전통적 윤리학이 전혀 쓸모가 없다고 주장

---

46) 이러한 입장에서 가장 주목할 만한 것은 Sidney Callahan, "The Role of Emotion in
Ethical Decision Making," *Hastings Center Report*(June/July, 1988), pp.9-14. 그
리고 Vetlesen, *Perception, Empathy, and Judgment*. 여성주의의 관점에서 돋보이는
책은 Karen Green, *The Woman of Reason*.
47) 우리 철학계에서도 감정의 중요성이 인식되어 현상학회는 "감정의 현상학"이라는 제하로
5개의 논문을 싣고 있다. 『현대 한국에서의 철학의 제문제』, 한민족철학자대회 대회보
2(1991) 참조. 졸고, 「감정의 윤리학적 사활」이 실린 『감성의 철학』(1996)은 철학연구회
1994년 추계 발표회에서 발표된 10편의 논문이 출간된 것이다.

할 수도 있겠지만, 만일 현재 서구에서 주류를 형성하고 있는 자유주의 윤리학이 감정에 대해서 강력한 관심을 보이지 않는다면, 감정의 윤리학의 일반적 수용은 상당히 요원하다고 생각된다. 우리의 논의는 바로 이러한 관점에서 출발하였다. 이제 우리는 이성과 감정의 윤리학적 조화의 관점에서 현대 윤리학의 과제를 전반적으로 점검해볼 시점에 와 있다.

2절에서 우리는 공동체주의 윤리학의 주창자인 매킨타이어가 자유주의적 개인주의 사회를 정의주의적 문화라고 비판한 것은 감정의 윤리학적 위치와 역할에 대한 심각한 손상을 가한 것으로 평가하였다. 매킨타이어는 『덕의 상실』에서 "도덕교육은 정서교육"이라는 사실을 인정했지만, 감정의 윤리학적 위치와 역할에 관한 논의는 거의 하지 않고 있다 (AV, p.149). 아마도 덕의 윤리에서 가장 중요한 문제가 있다면, 그것은 덕은 가르쳐질 수 있는가의 문제일 것이다. 만일 매킨타이어가 도덕교육은 정서교육이라고 주장한다면, 그는 덕의 윤리교육으로서의 정서교육에 심혈을 기울여야 할 것이다. 이미 아리스토텔레스는 덕들은 특정한 방식으로 행위하는 성향일 뿐만 아니라 특정한 방식으로 느끼는 성향이라는 점을 분명히 함으로써 덕과 정서의 관계에 대한 모범적인 전형을 보여준 바 있으므로, 매킨타이어는 이 점에 보다 관심을 집중해야 할 것이다.[48] 요약해서 말하면, 매킨타이어는 자유주의를 정의주의적 문화로 낙인찍음으로써 감정의 윤리학적 위치와 역할을 훼손할 것이 아니라, 감정의 윤리학적 위치와 역할에 대한 보다 적극적이고 우호적인 측면의 관점에서 덕의 윤리를 재구성해야만 할 것이다.

3절에서 우리는 여성주의 윤리학이 자유주의 윤리학을 감정이 배제된 메마른 이성주의라고 비판한 점을 길리간과 콜버그의 논쟁을 배경으

---

48) Robert C. Roberts, "Aristotle on Virtue and Emotions," *Philosophical Studies*, vol. 56(1989), pp.293-306 참조.

로 해서 다루었다. 여성주의 윤리학자들이 보살핌과 책임과 동정심의 윤리를 통해서 감정의 윤리학적 위치와 역할을 격상시키고 도덕성의 여성적 영역을 강조한 것은 큰 공헌으로 평가될 수 있을 것이다. 그러나 여성주의 윤리학자들의 과제는 보살핌의 윤리와 정의의 윤리의 관계를 어떻게 정립할 수 있느냐의 문제이다. 만일 여성주의 윤리학이 보살핌의 윤리라는 여성 고유의 도덕적 영역만을 고수한다면, 그것은 여성주의가 비판하는 남성 중심적인 서구에서 전개된 이성과 감정의 이분법을 그대로 답습하는 것이 될 것이다. 그래서 여성주의 윤리학자들은 여성주의적 정의론을 아울러 추구해야 할 것이다.[49] 감정의 윤리학적 위치와 역할과 관련해서 여성주의 윤리학은 감정이 단지 여성의 전유물이 아니고 인간 모두에게 중요한 것임을 입증하는 방식으로 발전해야 할 것이다.[50] 물론 여성주의 윤리학이 여성의 억압과 감정의 억압을 동일시하면서도, 여성이 남성보다 더 감정적이라는 사실을 (그것은 결코 자연적인 것이 아니고 이데올로기적 사회화의 결과라고) 거부하는 것은 일견 모순으로 보일 수도 있다.[51] 그러나 우리는 그 일견적 모순이 여성주의 윤리학이 성 중립적인 이성과 감정의 윤리학적 조화에 공헌하는 것을 방해할 만큼 커다란 것은 아니라고 생각한다.

우리는 4절에서 자유주의 윤리학이 한편으로는 공동체주의로부터 이성이 배제된 정의주의라고 비판을 당하고, 다른 한편으로는 여성주의로부터 감정이 배제된 이성주의라고 비판을 당하는 상반된 상황을 주목하고 그것을 해명하기 위해서 노력했다. 따라서 우리는 이성과 감정의 윤리학적 위치와 역할에 관한 자유주의 윤리학, 특히 롤즈의 정의론의 실상은 도대체 무엇인가라는 질문을 심각하게 던져보았다. 롤즈의 정의론

49) Ruth Anna Putnam, "Why Not a Feminist Theory of Justice," in Nussbaum and Glover, eds., Women, Culture, and Development, pp.298-331, n.19 참조.
50) Nussbaum, "Emotions and Women's Capabilities," p.389, n.19 참조,
51) Vetlesen, Perception, Empathy, and Judgment, p.372, n.20.

은 합리적 선택이론으로도 도덕 감정론으로도 해석될 수 있는 내부적 불일치에 직면하고 있는 듯이 보였다. 그러나 롤즈의 정의론은 원초적 입장에서의 무지의 장막을 통해서 합리적인 계약 당사자가 자신과 타인에 대한 동등한 공감적 고려를 하도록 구성된 도덕적 체계라는 점이 밝혀졌고, 따라서 그러한 불일치를 해소할 수 있게 된 점이 지적되었다.

롤즈의 정의론에서 볼 때, 감정의 윤리학적 위치와 역할은 다음과 같이 정리될 수 있을 것이다. 우선 감정은 인간의 도덕적 능력 중 하나인 정의감을 통해서 도덕성의 가장 기본적인 위치를 점한다. 감정의 역할은 원초적 입장에서 (합리성과 함께) 정의 원칙들, 특히 차등 원칙의 선택을 위한 공감적 고려를 제공하는 것이다. 이것은 감정이 최소수혜자의 필요에 대해서 가장 민감하게 반응한다는 것을 의미한다. 그리고 감정의 역할은 더 나아가서 질서정연한 사회에서의 안정성을 유지하기 위한 지속적 헌신으로서 정의감을 제공해주는 것이다. 롤즈가 자신의 정의론에서 합리적 선택이론의 독점적 지위를 격하시킨 점과 관련해서, 우리는 최근에 합리적 선택이론가들이 감정을 합리적 선택이론과 조화시키기 위한 노력을 경주하고 있다는 사실을 지적해야 할 것이다.[52]

현대 윤리학의 과제는 결국 "도덕적 기획의 통합(the unity of moral enterprise)"을 달성하는 일이 될 것이다. 도덕적 문제를 해결한다는 것은 다음과 같은 세 가지 불가분적인 측면, "(1) 사실에 대한 견해의 변화, (2) 감정의 변화, (3) 어떤 행동이 건전한 것으로 간주되고 어떤 행동이 그렇지 않은지에 대한 견해의 변화에서 오는 행동의 변화"를 통합적으로 고려하는 것이다.[53] 감정은 이러한 통합 속에서 감정이입적 관심을

---

52) Special Issue, "Emotions and Rational Choice," *Rationality and Society*, vol. 5(1993), no. 2에는 (1) 감정이 합리적 행동으로부터 도출될 수 있다, (2) 합리성이 감정으로부터 도출될 수 있다, (3) 합리성과 감정은 더 깊은 근원적 과정과 연결될 수 있다는 세 가지 입장을 반영한 총 6편의 논문이 수록되어 있다.

53) Mary Midgley, "The Flight from Blame," *Philosophy*, vol. 62(1987), pp.271-291.

통한 도덕적 상황의 인식, 관계적 감정을 통한 특수적 도덕판단의 형성, 그리고 형성된 도덕판단의 실행과 준수를 위한 지속적인 동기적 헌신을 제공해줄 수 있을 것이다. 이것은 감정이 인식, 판단, 그리고 행동 모두에 관련된다는 것을 의미한다.[54] 우리는 길리간이 그리고 캘러한이 기대한 것처럼 현대 윤리학과 합리적 선택이론, 그리고 심리철학에서 이성과 감정이 경쾌하게 서로 화답하는 이중 푸가(double fugue)의 주제처럼 상호 보완적으로 급속하게 발전될 것으로 기대해 마지않는다.[55]

참고문헌

김상봉, 「칸트 윤리학과 동정심 문제」, 한국칸트학회 편, 『칸트와 윤리학』, 서울: 민음사, 1996, pp.125-155.

김형철, 「환경위기와 세대 간 분배정의」, 한국사회 · 윤리학회 편, 『사회계약론 연구』, 서울: 철학과현실사, 1993, pp.361-396.

박정순, 「감정의 윤리학적 사활」, 정대현 외, 『감성의 철학』, 서울: 민음사, 1996, pp.69-124.

알래스데어 매킨타이어, 이진우 옮김, 『덕의 상실』, 서울: 문예출판사, 1997.

조성민, 「도덕적 추론과 도덕성 함양」, 한국철학회 편, 『현대의 윤리적 상황과 철학적 대응』, 1992, pp.220-235.

죤 롤즈, 황경식 옮김, 『사회정의론』, 서울: 서광사, 1977.

캐롤 길리간, 허란주 옮김, 『심리이론과 여성의 발달』, 서울: 철학과현실사, 1994.

---

54) Vetlesen, *Perception, Empathy, and Judgment*, p.18.
55) 주 30 참조; Callahan, "The Role of Emotion in Ethical Decision Making," p.10.

허란주, 「정의의 입장에 대한 페미니즘의 도전: 도덕적 성숙에 관한 논쟁」, 차인석 외, 『사회철학대계』 제3권, 서울: 민음사, 1993, pp. 328-351.

____, 「정의론과 페미니즘적 대안: 정의와 보살핌」, 그리스도교 철학연구소 편, 『현대사회와 정의』. 서울: 철학과현실사, 1995, pp.314-340.

황경식, 「정의적(情意的) 의미의 기원: C. L. Stevenson의 의미론 시비」, 『철학』 제11집(1977), pp.39-66.

____, 「도덕적 구성주의: 롤즈의 정의론을 중심으로」, 『철학』 제16호(1981년 가을), pp.49-69.

Ben-Ze'ev, Aaron, "Emotions and Morality," *The Journal of Value Inquiry*, vol. 31(1997), pp.195-212.

Callahan, Sidney, "The Role of Emotion in Ethical Decision Making," *Hastings Center Report*(June/July, 1988), pp.9-14.

de Sousa, Ronald, "Emotions," *Encyclopedia of Ethics*, ed., Lawrence C. Becker, New York: Garland Publishing, Inc., 1992, pp.302-304.

Flanagan, Owen and Kathryn Jackson, "Justice, Care and Gender: The Kohlberg-Gilligan Debate Revisited," *Ethics*, vol. 97(1987), pp.622-637.

Frazer, Elizabeth and Nicola Lacey, *The Politics of Community: A Feminist Critique of the Liberal-Communitarian Debate*, Toronto: University of Toronto Press, 1993.

Gilligan, Carol, *In a Different Voice: Psychological Theory and Women's Development*, Cambridge, Mass.: Harvard University Press, 1982.

Green, Karen, *The Woman of Reason*, Cambridge: The Polity

Press, 1995.

Hekman, Susan, "The Embodiment of the Subject: Feminism and the Communitarian Critique of Liberalism," *The Journal of Politics*, vol. 54(1992), pp.1098–1119.

_____, *Moral Voices, Moral Selves: Carol Gilligan and Feminist Moral Theory*, Cambridge: Polity Press, 1995.

Held, Virginia, "Feminist Transformation of Moral Theory," *Philosophy and Phenomenological Research*, vol. 50(1990), pp.321–344.

Kohlberg, Lawrence, *Essays on Moral Development*, vol. 1. *The Philosophy of Moral Development*, New York: Harper & Row, 1981.

_____, *Essays on Moral Development*, vol. 2. *The Psychology of Moral Development*, New York: Harper & Row, 1984.

Lauritzen, Paul, "Errors of an Ill–Reasoning Reason: The Disparagement of Emotions in the Moral Life," *The Journal of Value Inquiry*, vol. 25(1991), pp.5–21.

Lloyd, Genevieve, *The Man of Reason: Male and Female in Western Philosophy*, Minneapolis: University of Minnesota Press, 1984.

Lutz, Catherine A., "Engendered Emotion: Gender, Power, and the Rhetoric of Emotional Control in American Discourse," in Lutz and Lila Abu–Lughod eds., *Language and the Politics of Emotion*, Cambridge: Cambridge University Press, 1990, pp.69–91.

MacIntyre, Alasdair, *After Virtue*, Notre Dame, Indiana: University of Notre Dame Press, 1981; 2nd ed., 1984.

_____, *Whose Justice? Which Rationality?* Notre Dame: University of Notre Dame Press, 1988.

Nussbaum, Martha, "Compassion: The Basic Social Emotion," *Social Philosophy and Policy*, vol. 13(1996), pp.27–58.

Okin, Susan Moller, "Reason and Feeling in Thinking about Justice," *Ethics*, vol. 99(1989), pp.229–249.

Rawls, John, "Outline of a Decision Procedure for Ethics," *The Philosophical Review*, vol. 60(1951), pp.171–197.

_____, *A Theory of Justice*, Cambridge, Mass.: Harvard University Press, 1971.

_____, "Justice as Fairness: Political not Metaphysical," *Philosophy and Public Affairs*, vol. 14(1985), pp.223–251.

_____, "The Domain of the Political and Overlapping Consensus," *New York University Law Review*, vol. 64(1989), pp.233–255.

Roberts, Robert C., "Aristotle on Virtue and Emotions," *Philosophical Studies*, vol. 56(1989), pp.293–306.

Toronto, Joan C., *Moral Boundaries: A Political Argument for an Ethic of Care*, New York: Routledge, 1993.

Vetlesen, Arne Johan, *Perception, Empathy, and Judgement*, Pennsylvania: The Pennsylvania State University Press, 1994.

정치적 계약주의 비판: 선택에서 역량으로

이 양 수

이 글은 두 가지 목표를 두고 있다. 첫 번째 목표는 정치적 계약주의를 비판적으로 고찰하는 것으로, 현대 정치철학의 지렛대 역할을 하고 있는 정치적 계약 개념, 특히 정치공동체를 성립시키고 정치권력에 정당성을 부여하는 사회계약 개념의 문제점을 지적한다. 두 번째 목표는 제안(suggestion)의 성격이 강하다. 제목의 부제에서 암시되듯이, 현대 정치철학에서 자결(self-determination), 자율(autonomy) 개념은 개인주의 전통이 지배적인 현대 철학의 아르키메데스 점으로 간주돼왔다. 이 글에서는 자율과 함께 역량 개념이 정치공동체 논의에서 거론되어야 하는 이유를 추적해볼 것이다. 역량 개념은 공동체와 민주주의의 연관성에서 주로 토론돼왔다. 민주주의에 대한 성찰에서 구성원의 역량이 왜 주목되어야 하는지 간략하게 고찰해볼 것이다.

물론 필자의 두 목표는 상호보완적이라 해야 할 것이다. 이 글의 첫 번째 목표는 정치적 계약주의의 전제를 살펴보고 도덕적 자율 개념의 불완전함을 제시하는 것이라면, 두 번째 목표는 도덕적 자율 개념에서 집중되고 있는 선택적 자유 개념을 자유의 실현이라는 새로운 문제 틀로 이행시키는 데 있다. 결국 정치공동체의 토대가 자유에 있다고 한다면, 필자가 주목한 것은 자기결정권 못지않게 자유의 실현이 논의되어야 하는 이유이고, 전자의 논의가 후자의 논의로 이행할 수밖에 없는 근거이다. 정치철학은 시대적 가치를 대변한다. 한 시대의 지배적 가치는 그 시대의 물음과 해법에 국한되는 경우가 많다. 이 글은 우리 주변에서 제기되는 새로운 정치적 요구에 적합한 정치적 가치를 생각해볼 기회를 제공하는 데 그 주요 목표가 있다.

정치적 계약주의를 본격적으로 논의하기에 앞서서 가능한 오해를 피하기 위해 한 가지 사실을 먼저 지적해야 할 듯싶다. 이 글은 정치적 계약주의의 한계를 지적하는 것이지, 계약주의를 거부하고자 하는 것은 아니다. 거부와 한계의 뉘앙스 차이는 이 글의 본래 취지를 이해하는 데 도움이 된다. 거부에는 쓸모없다는 뜻이 내포되어 있는 반면, 한계는 역할을 다하지 못한다는 뜻이 강하다. 이 글에서는 후자의 의미에서 사회계약 개념의 문제점을 살펴본다. 역할을 다하지 못한다 함은 이미 다른 모종의 역할을 전제한다. 이 글은 사회계약의 다른 역할에 초점을 맞춘다. 사회계약 개념이 자유의 철학에 뿌리를 두고 있다. 여기서 강조되는 자유는 자기결정의 문제에서 제기된다. 그러나 자유는 자기결정뿐 아니라 자유의 실현조건도 중요하다. 이 글은 자유의 실현조건에 역점을 두면서 정치적 계약주의에 대한 비판을 제기해본다. 바로 여기서 정치의 본성에 대한 새로운 성찰이 필요하다는 점이 강조된다.

1. 정치적 계약주의와 경제적 계약주의

합리적 논의를 위한 선행 작업은 정치적 계약주의를 명확하게 정립하는 일이다. 정치사상사를 펼쳐보면 이미 다양한 형태의 계약주의가 존재해왔고, 다양한 문맥에서 사회계약 개념이 활용되고 있어 개념상 혼동을 피하기 어렵다. 더욱이 정치적 계약주의를 명확하게 규정하기 쉽지 않다. 정의를 내리는 과정에서 자칫 허수아비 논증의 오류를 범할 가능성은 무척 높다. 따라서 일관된 논의를 위해서 정치적 계약주의를 명확하게 정의 내리는 일이 시급하다. 이 글에서는 폴 리쾨르(Paul Ricoeur)의 제안을 받아들여 추가 논의를 전개해볼 것이다. 리쾨르는 정치적 계약주의를 '개인의 도덕 자율성 개념에 의거해 정치공동체의 자율성을 확보하려는 시도'로 포착하고 있는데, 이 글의 문제 설정과 딱 들어맞는 정의라고 할 수 있다.[1] 물론 계약주의라는 명사 앞에 붙는 '정치적'이란 수식어도 허투루 지나칠 수 없다. 이 수식어 또한 정치공동체의 성립과 유지와 관련된 필요한 계약 행위를 강조한다.

서구 근대 정치사상은 그 긍정이든 부정이든 어떤 식으로든 정치적 계약주의에 영향을 주고받고 있다. 홉스, 로크, 루소, 칸트 등 내로라하는 근대 철학자들은 줄곧 사회계약 개념을 언급한다. 그중에서 루소, 칸트의 사회계약 개념은 가장 유력하고 전형적인 정치적 계약주의로 대표된다. 물론 정치적 계약주의는 현대에도 여전히 유력한 정치적 입장이다. 현대 정치철학자 존 롤즈(John Rawls)는 좀 더 진화된 형태로 정치적 계약주의를 계승한다. 사회계약의 가장 큰 매력은 공동체의 형성 과정에서 개인의 선택을 존중하며, 현대 정치사상의 뿌리인 주권재민(主權在民)의 민주주의 기본 요건을 충족한다는 점이다. 물론 사회계약이론을 적극적으로 활용한 사람들은 자유주의자들이며, 그들은 개인의 자율적 선택에 그 어떤 것으로도 대체될 수 없는 우선적 특권을 부여한다. 정치공동체가 사회 성원의 자발적 계약 행위에 의거한다는 생각은 이에 부합한다. 선택의 주체인 개개인이 정치공동체의 주인이고, 사회의 근본원

---

1) Paul Ricoeur, *Critique and Conviction: Conversations with François Azouvi and Marc de Launay*(New York: Columbia University Press, 1998), p.99. 이런 형태의 정치적 계약주의에 대한 비판은 리쾨르의 여러 저작에서 나타나고 있다.

리는 사회 성원의 합의대상으로 간주된다.

사회계약은 법을 매개로 주권과 통치를 통합하려는 시도이다. 루소(J. J. Rousseau)의 '사회계약'은 정확히 이 점을 부각한다. '일반의사'는 확연히 '전체 의사'와 구분된다. 사회계약은 일반의사와 공동체 형성 간 연결 고리에 주목함으로써 주권과 통치를 통합하려고 한다. 여기서 전체 의사는 다수 의지를 단순히 합산하는 것이라면, 일반의사는 공동체 성립과 관련된 성원의 만장일치 가능성을 전제한다. 정치공동체는 만장일치 계약 합의에 의거해야 한다. 미묘한 차이가 있긴 하지만, 이런 의미의 계약은 칸트(I. Kant)의 정치사상에도 반복된다. '프랑스혁명'을 경험하고 쓴 역사와 정치에 관한 말년의 칸트 저술에서 '원천 계약'이란 용어가 발견되는데, 이 원천 계약은 정치공동체의 토대로 간주된다. 인간은 사회계약을 통해 야만과 무법 상태에서 법의 상태로 들어서고, 이른바 법치는 '시민 상태'를 유지하는 근간이다. 법은 정치공동체의 원리, 방향, 비판의 근거로서 시민 상태를 유지, 통제하는 매개이다. 따라서 법은 공정해야 하며, 불평등하고 불공정한 사회를 바로 잡는 기준점이 된다. 사회계약을 통해 성립된 법은 자발적 선택의 합의체이자, 사회 문제의 해결책, 강제력의 근원이다. 법 또는 정의원칙에 대한 동의는 주권의 행사인 동시에 통치의 근간인 법의 강제력을 합법적으로 활용하는 근간이 된다. 정치적 계약주의는 법의 양가적 의미에 기초한다.

정치적 계약주의의 이중적 측면은 늘 거센 논쟁을 일으켰다. 법을 '강자의 이익'으로 본 트라시마코스(Thrasymachus) 논변이 한 축이라면, 법을 약자의 보호하는 장치로 본 소크라테스의 논변은 또 하나의 축이다. 법의 본질에 대한 논변은 여전히 두 축을 중심으로 현실론과 당위론으로 대변된다. 법은 현실론의 입장에서 권력의 상징이다. 지배층은 현행법을 앞세운다. 지배층은 살아 있는 권력에 대한 도전행위를 불법으로 간주한다. 사회적 약자는 법을 억눌린 자의 목소리로 이해한다. 법은 파렴치한 권력에 대항하는 정의와 같다. 사회계약이론은 현대 주권이론과 맞물린다. 현대 맥락에서 정치적 계약주의는 민주주의 주권을 밑바탕으로 정치권력의 정당성 문제를 다룬다. 실정법은 정치제도의 근거이고, 법 자체는 실정법을 넘어서는 상위 토대이다.

사회계약이론에서는 실정법은 정치공동체의 합의에 예속되어야 한다. 근원적이고 정의로운 법은 권력자의 자의적 법보다 상위에 있다. 이를 입증하기 위해 사회계약론은 도덕적 의무과 법의 연관성을 부각한다. 도덕적 의무에 입각한 법은 오류를 범할 수 없고 항상 정의롭다. 이런 의미에서 의무는 법 강제력의 근거이며, 이런 의무의 발견은 사회계약의 성과로 간주된다. 현대 헌정 민주주의 체제에서 의무에 입각한 법의 역할은 매우 중차대하다. 헌정 민주주의 체제에서는 다양한 이해와 가치가 대립·충돌한다. 이 근원적 법이 사회의 한계를 규정하고 법치의 뿌리이다. 여기서 근원적 법과 정의 담론이 만난다. '정의(justice)' 담론은 헌정 민주주의 체제를 정당화하는 시도로서, 롤즈는 그 대표적 사상가이다. 그는 사회계약에 입각해 정의원칙을 도출하기 위해 최초의 평등 상태인 '원초적 입장'을 제한한다. 실증주의와 자유주의 법치 전통이 강한 영미권에서 '정의' 개념은 자유주의 법치 전통을 재조직하고, 누구로부터 침해받을 수 없는 개인 선택의 우선권을 존중하면서도, 다양한 형태로 심화된 불평등을 규제할 적극적인 분배원칙을 제공한다. '정의원칙'은 사회 기본 구조의 바탕이며, 다양한 관점이 충돌할 수밖에 없는 민주주의 사회를 한층 조화롭고 생산적인 사회로 만드는 원칙이다. 이런 맥락에서 롤즈는 자유와 평등을 둘러싼 근대사상의 추상성을 극복하고, 한층 진일보한 제도적 해법을 모색하고 있다.

물론 이런 시도에 대한 반론도 여전히 만만치 않다. 특히 계약의 의미는 정치적 계약주의에 대한 핵심적 비판으로 부각되었다. 반대 입장은 현실의 이해관계를 충족하지 못한 쌍무적 계약은 계약으로 성립될 수 없다는 점을 들어 정치적 계약주의를 비판한다. 자유로운 계약은 평등 상황에서만 가능하고, 서로에게 이득이 되어야 한다는 계약 요건을 충족해야 한다는 것이다. 이를테면 경제활동의 계약관계를 상상해보자. 경제적 계약관계가 성립하려면 자발적이며 동시에 서로에게 이득이 될 수 있어야 한다. 두 가지 조건 중 하나를 충족하지 못하면 계약은 중도 해지된다. 비판자에 따르면 정치적 계약주의는 성립될 수 없다. 일상생활에서 자발성 조건과 상호 이득 조건 모두를 충족하기 어렵기 때문이다. 논리적 계약과 현실적 계약 간 간극은 넘을 수 없는 벽이다. "사회계약은 역사적 계약이 아니다"라는 흄의 주장은 이런 유형의 전형이라 할 수 있다.

하지만 이런 유형의 비판이 정치적 계약주의에 적용될 수 있을지 분명치 않다. 정치적 계약주의도 현실에서 두 조건이 충족될 수 있다고 주장하지 않는다. 정치적 계약주의는 오히려 우리의 도덕적 능력에서 검토될 수 있는 계약의 논리적 가능성에 주목한다. 정치적 계약주의에 따르면 우리의 도덕적 능력은 이 두 조건을 충족할 수 있고 그 가능성만으로 계약의 정치적 함의를 생각해볼 수 있다. 물론 정치적 계약주의를 경제적 계약주의 변형으로 간주할지 여부는 또 다른 논란거리다. 그러나 경제적 계약주의에 입각해 정치적 계약주의를 해석하려는 시도는 정치적 자유주의의 독특한 특성을 무시한 결정적인 오독이다. 정치적 계약주의에서는 상호성에 기초한 쌍무적 관계로만 계약이 한정되지 않는다. 오히려 근본적으로 다른 토대에서 사회계약이 적용된다. 이를 간과한다면 정치적 계약주의의 본질을 놓치고 만다.[2]

정치적 계약주의는 자발적인 이해타산 이상(以上)을 추구한다. 우선 정치적 계약주의는 개인과 개인 간 계약이 아닌, 개인과 공동체 간 계약

---

2) 중세 봉건주의 체제의 계약관계는 어떤 의미에서 경제적 계약관계에 정초하고 있다. 중국에서 천자와 제후의 관계나 서양 장원제도에서 영주와 농노의 관계는 철저히 쌍무적 이해관계를 대변한다. 토지와 권력의 정당화가 상호성에 입각한 쌍무적 관계에서 정립된다. 그러나 이 과정에는 국가조직을 조화롭게 구성하는 계약관계는 나타나지 않았다. 사회계약사상은 국가조직의 구성과 관련된 원칙에 대한 합의이므로 기존 쌍무 계약관계를 넘어선다. 정치적 계약주의는 국가의 존재와 조직을 합리적으로 정당화하려는 시도로 해석될 수 있으며, 그런 점에서 전혀 다른 전통을 수립한다고 할 수 있다.

이다, 정치공동체는 제3의 관점을 대변하는데, 이 관점에서 개인 간 갈등이 조정되고 이해관계가 조화된다. 정치공동체는 그런 점에서 구성원의 평등을 실현시키고, 사회활동에서 발생한 다양한 형태의 불평등을 해소해야 할 책무를 가진다. 따라서 정치적 계약주의에서 적극적으로 해명되어야 할 사항이 있다. 도덕적 관점에서 개인과 정치공동체 간 필연적 연관관계를 해명해야 된다. 양자 간 필연관계는 개인과 정치공동체의 규범적 관계를 성립시키고, 도덕적 관점은 계약상 평등관계에서 수립된다. 계약상 평등은 계약 당사자의 자유로운 행위에서 비롯되기 때문에, 선택의 결과 또한 도덕적 관점을 충족시킬 수 있다.

사회계약의 본래 의미는 말 그대로 공동체의 성립에서 나온다. 사회계약은 정치공동체의 근본 원리에 동의한다는 뜻이 강하다. 그런 면에서 사회계약에서는 정치적 성격이 부각된다. 각자의 선택은 공동체를 형성하는 집단선택이다. 사회계약은 국민 각각의 선택인 동시에 국민 모두의 선택으로 이행하는 과정이다. 여기서 집단선택은 다수의 이해를 대변하는 뜻이 아니다. 오히려 공동체의 관점에서 판단하고 행동하는 하나의 관점을 뜻한다. 따라서 사회계약에서 기묘한 가치 전도가 일어나는 대목도 여기다. 사회계약이론을 향한 뜨거운 논쟁은 이런 이행을 어떻게 해석하느냐에 달려 있다. 자유주의자 윌 킴리카(Will Kymlicka)는 사회계약이론의 특징을 가치 전도 현상으로 포착하면서, 홉스의 계약 이론에서 찾을 수 없는 매우 특이한 상징적 속성을 다음과 같이 서술한다.

계약은 진리를 옹호하지도 산출하지도 않는다. 그러므로 도덕적 평등과 그 기반이라 할 자연적 의무라는 이상에 얼마나 헌신하느냐에 칸트 계약론의 궁극적 평가가 달려 있다. 홉스 계약론에는 이런 이상이 설 땅은 없다. 칸트 계약론은 도덕적 진리를 표현하지만, 홉스 계약론은 표현되어야 할 어떤 도덕적 진리의 존재도 부인한다. 이른바 자연적 [도덕] 의무는 눈으로 확인될 수 없고 점검될 수도 없기 때문에 계약을 거론하는 자체가 '이상한 짓'이다. …
칸트주의자는 우리의 도덕적 요구를 결정하기 위해 나름의 독특한 접근 방식
을 적용한다. 서구 전통에서 거의 모든 도덕철학은 다음 가정을 공유한다. 모
든 사람은 존중해야 할 의무를 가지고 있으며, 의무를 발생시키는 어떤 요구
가 있다는 것이다. 내[킴리카] 견해로는 이런 가정이 정당하다.[3]

여기서 말하는 기묘한 전도 현상은 사회계약이 정치공동체 형성 과정
에서 도덕적 관점을 충족시키는 대목과 관련된다. 사회계약의 도덕적
관점은 상황의 자유와 평등에 의존하고, 이 상황에서 정치체제의 원리
가 합의된다. 적어도 자유주의자는 사회계약의 공정한 상황과 공정한
절차를 정치공동체에 대한 합의 가능성과 연결시킨다. 물론 어떤 합의
인가도 중요하다. 사회 성원이 실질적으로 합의한 것이라면, 사회계약
은 역사적 상황에서 맺어진 합의라고 해야 할 것이다. 이 경우 합의의 현
실성 자체가 논란거리가 된다. 그러나 정치적 계약주의자는 가설적 사
회계약을 상정한다. 가설적 합의는 비록 당사자 상호 간 이익에 기반을
두지 않았지만 도덕적 관점에서 이익에 기반을 둔 계약보다 우월하다.
이 도덕적 기반은 국가 성립의 근거와 관련되며, 바로 이 점이 실제 계약
과 다른 점이다. 따라서 정치적 계약주의에서 언급하는 구속력은 도덕
적 구속력이며, 이 도덕적 구속력은 실정법을 구속하는 근간이다.[4]

---

3) 윌 킴리카, 「사회계약론의 전통」, 한국사회윤리연구회 편, 『사회계약론 연구』(철학과현실
사, 1993), 29-30쪽. 번역은 문맥에 맞게 수정함.
4) 이런 주장은 강한 비판의 근거가 된다. 예를 들어 사회계약이 역사적 계약일 수 없다고
본 데이비드 흄은 가설적 계약은 어떤 구속력을 가질 수 없다고 비판한다. 흄의 논증은
다음을 참조하라. David Hume, "Of the Original Contract," *Selected Essays*
(Oxford: Oxford University Press, 1996), pp.274-292.

2. 정치적 계약주의의 구성 요건

사회계약사상은 고대 정치철학의 오랜 전제를 계승하고 있다. 먼저 사회계약사상은 개인보다 공동체를 우선시해온 고대 정치철학 전통의 연장선상에 있다. 잘 알다시피 플라톤, 아리스토텔레스는 정치공동체가 개인보다 논리적으로 우선한다는 논리를 앞세웠다.[5] 정치적 계약주의도 정치공동체의 우위를 전제한다. 다만, 정치적 계약주의는 정치공동체의 관계를 결정하는 개인의 선택을 중시하고, 법에서 정치공동체의 토대를 찾는 것이 특징이다. 개인의 이기적 욕망을 극복하고, 객관적이고 보편적인 법 요건을 충족해야 하는데, 사회계약은 이 요건을 충족시킨다. 엄격함, 일관성, 최종성과 같은 법의 형식적 요건 못지않게 공정성이라는 법의 내용도 충족해야 하는 이유도 이와 관련된다. 루소, 칸트, 롤즈의 사회계약 전통은 정치공동체의 법적 기반을 모색하는 방향으로 법치 전통을 부활시킨다. 예를 들어, 사회계약에 대한 칸트, 롤즈의 다음 언급을 보면 이런 문제설정이 분명하게 드러나고 있다.

원천 계약은 국민이 국가를 스스로 구성하는 행위다. 더 적절하게 말하면, 원천 계약은 국가 구성을 생각하게 하는, 국가의 정당성을 생각할 수 있는 하나의 이념이다. 원천 계약에 따르면 **국민 모두, 국민 각각은**(omnes et singuli) 국민 성원, 즉 한 국가의 국민으로 인정받고, 다시 즉각 보호받기 위해 각자

---

5) 정치공동체의 우위라는 테제를 개인의 선택와 무관한 권위주의 체제로 해석한다면 명백한 오독에 속한다. 칼 포퍼(Karl Popper)의 해석은 이런 종류의 오해에서 발생하는데, 플라톤 철인왕의 권력을 개인의 선택과 무관한 권력자의 자의적인 횡포로 해석하는 대표적 사례이다. 이런 해석과 달리 플라톤과 아리스토텔레스 철학에서 개인 선택은 정치활동의 기반이 되고 있다. 이 사실은 원전을 읽어보면 쉽게 발견된다. 오히려 고대 논의는 정치공동체가 성립되기 위해서는 자기 이해에 바탕을 두지 않는 도덕적 탁월성이 필요하다는 점에서 정치공동체의 우위를 강조한다. 플라톤과 아리스토텔레스의 논의에 대해서는 『국가』, 『정치학』을 참조하라.

의 외적 자유를 포기한다. 하지만 국민이 어떤 목적을 위해 그들 본래의 외적 자유 일부를 희생하지 않는다. 오히려 법에 의존하는 것 자체가 자기 자신의 입법 의지에서 나왔기 때문에, 국민의 자유가 법의 상태, 즉 법적 상황에서 지속될 수 있도록 야만적이고 무법적 자유를 완전히 포기했다고 할 수 있다.[6]

사회계약이론은 원천 계약을 **공동의 공법체계를 확립**하기 위한 착상이다. 이 계약은 정치적 권위를 정의하면서 규제하고, 모든 사회 성원을 시민으로 인정한다. 정치적 권위와 시민권은 사회 개념 자체에서 이해될 수 있다.[7]

어떤 조건을 갖추어야 모두가 동의할 수 있는지, 어떤 관점이 도덕적 요구를 충족할 수 있는지는 상당히 긴 논구를 요구한다. 정치적 계약주의는 도덕적 관점과 법의 관계에 주목한다. 왜 도덕적 관점이 법의 형식을 취해야 하는가? 도덕적 관점의 충족은 법 형식과 내용의 충족을 뜻한다면, 이 물음에 대한 대답은 정치공동체에 대한 복종 문제와 밀접하게 연관돼 있다. 물론 여기서 말하는 복종은 간접적이다. 도덕적 요건의 충족은 법 형식과 내용에서 보편성을 충족하는 것이고, 보편타당한 법은 결국 국가권력의 권한을 정당화시키는 역할을 하고 이에 대한 복종은 자연스럽게 전제된다. 정치적 계약주의의 장점은 바로 정치권력의 정당화에 있다. 정치공동체의 권력은 궁극적으로 각 개인의 선택에 입각하고, 궁극적으로 시민의 자발적인 합의에 법의 강제력을 정당화하는 민주주의 원리와 부합한다. 노베르토 보비오(Norberto Bobbio)는 이 점을 강조하며 정치적 계약주의의 재등장과 정치권력의 정당화를 연결시킨다.

---

6) Immanuel Kant, *The Metaphysics of Morals*, translated and edited by Mary Gregor(Cambridge: Cambridge University Press, 1996), 6:15-316, 강조는 필자.
7) John Rawls, *Political Liberalism*(New York: Columbia University Press, 2006), p.265, 강조는 필자.

정치철학자 스스로는 최종적으로 폭력을 사용할 배타적 권한에 의거한 생탈권을 항상 의문시해왔다. 그 의문은 권력의 정당성이었고 계약론은 단지 그런 의문에 대한 가능한 답변 중 하나였다. 따라서 계약론이 해결할 수 있는 문제는 정의 자체가 아니라, 권력의 합법화이다.[8]

의무(duty)의 발견은 '복종(obedience)'과 쌍을 이룬다. 의무는 법을 정당화하고, 의무는 도덕적 관점의 충족 여부에 따라 결정된다. 루소, 칸트의 정치적 계약주의는 바로 이런 노선을 따라간다. 예를 들어 칸트의 정언명법을 살펴보자. 칸트 정언명법의 특징은 도덕적 형식 요건을 충족한다는 데 있다. '보편화 원리(Principle of Universalizability)'는 개인의 선택이 사회적 선택으로 이어지는 과정을 해명한다. 칸트에 따르면 개인 선택의 합리성은 인간 모두(정확히 말하면 '모든 이성적 존재자')에게 타당한 법칙의 요건에서 결정된다. 보편화 원리는 정확히 개인의 도덕적 관점과 사회의 도덕적 관점이 일치하는 순간이다. 다시 말하면 합리적 개인선택의 보편성은 도덕법칙의 산출 지점과 같고, 도덕법칙의 산출 지점은 사회규범의 산출 지점과 같다. 사회계약 상황은 정확

---

8) 보비오는 계약론의 관심이 부활하는 이유를 다음과 같이 설명한다. "원천계약 개념은 사회의 토대를 제시한다. 이 사회의 토대는 사회를 구성하는 부분적 사회와 구별되고, 오히려 현존 사회의 심각한 격변기에 새로운 시작이란 요구를 충족시킨다. 마음속에 떠오르는 본보기 사례가 시에예스(Sieyes)의 충고이다. 그는 제3계급(평민)에게 스스로 국민의회를 선언하고 마치 자연상태를 벗어나 사회계약을 형성하려는 요청을 받은 것처럼 행동하려 했다. … 일반적인 조화를 이룩하고 새로운 사회질서, 새로운 동맹을 창출하기 위해 부분이 아닌 모든 것을 포함하는 새로운 계약론을 주창했다. 새로운 사회계약의 요청은 정치 · 경제적 선진국에서 드러나는 국가 권력의 만성적 허약 상태의 인식에서 유래한다. 더 정확한 현대적 표현으로는 한층 증가하고 있는 복잡한 사회의 통치 불가능성의 인식에서 유래한다." Norberto Bobbio *The Future of Democracy*, trans., Roger Griffin(Minneapolis: University of Minnesota Press, 1987), pp.131-136. 번역은 필자. 우리말 번역본은 노베르또 보비오, 『민주주의의 미래』, 윤홍근 옮김(인간사랑, 1989), 185-188쪽을 보라.

히 이런 이행을 뜻한다. 개인의 자발적인 선택이 자연스레 사회규범을 선택하는 것이다. 이런 이행은 개인과 사회 간 간극을 메꾼다. 도덕규범은 개인의 자유로운 행위를 규제하고, 사회규범은 상호성, 다양성이 지배하는 행위자들의 상호관계를 규제한다.[9]

어떻게 해야 계약 상황, 계약 과정, 계약 결과까지 모두 도덕적 요건을 충족할 수 있는가? 이 물음은 정치적 계약주의의 독특성을 이해하는 데 중요한 단서를 제시한다. 이 물음에 제대로 답변하기 위해선 계약 상황의 공정성, 계약 조건의 불편부당성, 나아가 계약의 만장일치 가능성을 보여주어야 한다. 정치적 계약주의는 이 세 가지 요건의 충족을 요구한다. 계약의 자발성 요건, 상호성 요건뿐만 아니라 도덕적 요건도 충족돼야 한다. 도덕적 요건의 충족은 자발성 요건과 상호성 요건의 충족을 전제한다. 하지만 그 역은 성립하지 않는다. 자발성, 상호성 요건을 충족해도 도덕적 요건을 충족하지 않을 수 있다는 뜻이다. 도덕적 요건은 계약의 지속적 이행을 위해 필요하다. 다시 말하면, 자발성 요건과 상호성 요건을 충족해도 그 계약의 지속성은 장담할 수 없는데, 계약이 파기되면 자연스럽게 계약의 효력 또한 정지되기 때문이다. 경제적 계약관계에서 드러나듯이, 이득에 부합하지 않는 계약, 상호성을 훼손한 계약은 원천 무효 처리된다. 계약-파기-계약으로 이어지는 악순환의 고리는 계약의 약점이다. 예를 들어, 잠정 협약(modus vivendi)은 정치 협약의 대표적 사례로, 이해집단 간 협약, 언제든지 깨질 수 있는 협약이다. 상호 이해관계가 맞지 않으면 계약은 언제고 깨질 수 있다. 정치적 계약주의는 이런 약점을 노출해서는 안 된다. 정치공동체를 형성하는 정치적 사회계약이 도덕적 요건을 만족시켜야 하는 이유이다. 도덕적 요건

9) 이때 중요한 매개 고리가 '자율'이다. 정치적 계약주의는 자율의 가능성을 집단선택에 확장하려는 시도로서, 기본적으로 자율이 집단선택의 토대가 된다고 본다. 이에 대해서는 다음 절에서 본격적으로 논할 것이다.

을 충족한 계약은 사회체제를 지속적이고 안정적으로 유지한다. 정치적 계약주의는 국가권력의 확고하고 안정적인 기반을 제공한다.[10]

어떻게 도덕적 요건이 충족되는지는 앞으로 진행과정에서 자연스럽게 해명될 것이다. 그럼에도 여기서 한 가지 사실만은 꼭 짚고 넘어가야 한다. 사회계약의 가설적 특성은 역설적으로 강점으로 작동한다는 점이다. 사회계약은 정치공동체의 정당성을 확보하려는 시도이고, 사회계약의 가설적 성격은 이런 정당성에 대한 은유로 간주될 때 제대로 이해된다는 것이다. 사회계약의 타당성은 전적으로 그 도덕적 관점의 충족 여부에 달려 있다. 말하자면 사회계약은 정치체제, 정치권력의 정당성을 확보하는 단서이고, 사회계약의 도덕적 힘은 사회 성원의 만장일치 확보 가능성에 달려 있다. 계약에 내포된 만장일치의 가능성은 정치체제와 정치권력에 정당성을 부여하는 도덕적 힘이다. 따라서 정치적 계약주의에서 만장일치의 가능성 여부는 결코 간과할 수 없다. 만장일치의 가능성과 그 근거의 타당성 여부는 정치적 계약주의의 성공 여부를 판가름한다.

정치적 계약주의에 따르면 도덕적 요건의 충족은 법적 요건의 충족과 같다. 바로 그런 점에서 사회계약은 단순히 도덕적 요건을 만족하는 것을 넘어 법의 상태로 진입하는 이행과정으로 해석된다. 원천 계약은 무법 상태를 법의 상태로 전환시키는 최초의 상태이다. 시민의 상태는 법치의 상태이다. 사회계약을 통해 시민의 상태가 정당화된다. 자발적이고 도덕적인 개인의 선택이 정치공동체의 법치를 세우고 지속시킨다. 헌정 민주주의 체제에서 정치적 계약주의는 법치의 정당성을 제공하고,

10) 롤즈도 이런 핵심을 간과하지 않는다. 그에 따르면 정치공동체는 '공정한 협력 조건 (fair terms of cooperation)'에 합의하는 것으로, 이 협력 조건은 정치공동체의 안정성에 기여한다. 공정성에 대한 합의가 장기적이고 안정적인 정치를 이룩한다. 이런 맥락에서 사회계약은 공정성을 이해하는 하나의 방식이며, 장기적으로 사회적 차이를 극복하고 구성원 간 가치의 통합 가능성을 보여준다. 그는 이런 형태의 정치적 안정을 '중첩 합의(overlapping consensus)'라 불렀고, 잠정 협약보다 더 근본적인 토대로 간주했다.

주권에 입각한 통치 권력을 합법화한다. 정치적 계약주의의 매력은 바로 이런 가능성에 입각한다. 그럼에도 사회계약은 여전히 논쟁적이다. 논란은 크게 두 가지로 요약된다. 첫째, 개인의 자발적인 힘이 과연 도덕규범 자체를 정당화시킬 수 있는지 여부이고, 둘째, 도덕규범에서 사회규범으로의 이행이 정당화될 수 있는지 여부이다. 정치적 계약주의에 대한 비판을 이해하려면 이 문제들을 차례대로 살펴볼 필요가 있다.

3. 자율과 타율, 자율의 독립

첫 번째 물음부터 시작해보자. 사회계약은 도덕규범에 합의할 수 있는 어떤 가능성으로 묘사된다. 이 가능성은 전적으로 개인의 자발적인 힘과 관련된다. 여기서 근본적 물음이 생긴다. 도덕규범은 어떻게 정당화되는가? 도덕규범 자체는 스스로 정당화될 수 있는가? 직간법적으로 도덕적 자율 개념의 성립 여부를 결정하는 핵심 물음이다. 다르게 표현하면, 도덕적 자율 개념이 정치적 계약주의의 근간이라면, 도덕적 자율 개념의 정당성 여부는 정치적 계약주의의 성패를 가름한다. 예를 들어 루소의 정치적 계약주의는 도덕적 자율성에서 출발한다. 그에 따르면 도덕적 자율성은 참 자유에 의거한다. 참 자유는 스스로 세운 규칙에 따르는 자율성이기 때문에, 자율은 자유의 연장선상에서 이해되어야 한다.[11]

---

11) 루소는 『사회계약』에서 "스스로 세운 법에 복종은 자유"(1권 8장)라 말하면서, 자유를 자율과 동일시하고 있다. Jean-Jacques Rousseau, *On the Social Contract*, trans. and edited, Donald A. Cress(Indianapolis: The Hackett Publishing Company, 1987), p.27. 사회계약 개념을 긍정적으로 받아들인 칸트도 자유와 자율의 연관성에서 사회계약 개념을 확장한다. 칸트 철학의 주석가 화이트 벡(White Beck)은 칸트의 도덕철학을 '코페르니쿠스 혁명'으로 거론하면서 그 혁신적 의의를 강조한다. 벡은 칸트의 주요 업적이 새로운 자유 개념에 있으며 "법은 그저 자유에 대한 제한이 아닌 법 자체가 자유의 산물"로 해석한다. Lewis White Beck, *A Commentary on Kant's Critique of Practical Reason*(Chicago: The University of Chicago Press, 1960), p.179.

물론 자유는 선택적 자유, 자기 마음대로 할 수 있다는 소극적 의미에 국한되지 않는다. 선택의 자유는 자율의 필수조건일 뿐, 충분조건이 아니다. 자율의 충분조건은 정치공동체 성립과 연관된 적극적 자유 안에 있다. 계약은 물론 개인의 자유로운 선택 행위에 기반하고 있지만, 상호 합의를 통해서 계약이 성립된다. 따라서 어떻게 해야 상호 합의가 가능한가라는 물음은 매우 중요하다. 상호 이득의 관점은 만장일치의 상호 합의가 성립될 도덕적 관점을 충족시키지 못한다.[12]

사회계약에 내포된 도덕적 관점은 인간의 도덕적 능력에 호소해 정당화된다. 여기서 강조점은 (특히 현재 시점에서 미래를 향한) '약속이행'

---

12) 상호 이득을 통한 계약의 정당화가 도덕적 관점을 충족하지 못한다는 주장은 계약의 미래적 성격과 관련된다. 상호 이득을 통한 계약의 정당화는 과거 지향적이다. 과거의 혜택 여부가 계약 성립의 중대 기준이 되기 때문이다. 이런 정당화는 두 가지 점에서 비판받아왔다. 첫째, 과거 혜택이 상호 이득의 기준이 된다면, 계약의 도덕적 정당성은 약화될 수밖에 없다고 주장된다. 다음 예를 생각해보면 이해하는 데 도움이 된다. 학연, 지연, 또는 특수 이해관계는 상호 이득의 기반이 될 수 있다. 이런 경우 의리에 따른 계약도 계약의 요건을 충족한다. 하지만 이를 받아들일 경우 부당 명령이나 공정한 계약 조건을 따지기는 힘들다. 명령 거부나 계약 파기 자체를 의리 배반 행위로 간주하고, 계약을 종용할 가능성이 높기 때문이다. 이런 비판은 리처드 플래스먼의 비판에서 암시돼 있다. 그는 나치 체제의 부역자를 예로 들면서 상호 이득에 입각한 계약이 도덕적 관점을 충족하지 못한다고 비판한다. Richard Flathman, *Political Obligation*(New York: Atheneum, 1972), p.262. 두 번째 비판은 상호 이득을 통한 계약이 계약의 미래적 성격을 반영하지 못한다는 점과 관련된다. 사회계약의 본래적 의미는 현재의 약속을 미래에도 준수한다는 기대를 충족시키는 데 있다. 이런 계약은 정치적이다. 현재 사회계약을 거론하는 이유는 미래에도 지금처럼 합의를 이행할 것이라는 약속을 준수한다는 뜻을 강조하기 위해서이다. 이런 형태의 정치적 논변은 『크리톤』에 제시된 소크라테스의 논변이 대표적이다. 소크라테스는 상호 이득이 아닌 신의 원칙에 의거해 법의 정당성을 인정하면서 정치공동체와의 약속 이행을 강조한다. 특히 소크라테스는 정치공동체에 대한 신의가 정치권력, 교육, 가부장의 권한과 연관된다고 주장한다. 소크라테스 논변에 대해서는 49d에서 51b를 보라. 아렌트는 정치공동체에 대한 계약을 '암묵적 동의'로 보면서 수정 가능하다고 해석한다. 여기서 추론되는 흥미로운 사실은 '시민불복종'의 가능성은 미래에 열려 있으며, 따라서 계약의 수정 가능성을 허용해야 한다는 아렌트의 지적이다. 아렌트의 해석에 대해서는 Hannah Arendt, "Civil Disobedience," *Crises of the Republic*(New York: A Harvest/HBJ Books, 1972).

이다. 계약은 약속의 준수와 이행(observance of promises)을 전제한다. 신의(fidelity)는 지속적으로 약속을 이행하는 것이다. 따라서 계약의 구속력은 약속의 이행 여부에 달려 있다. 왜 우리는 미래에도 지금처럼 약속과 신의를 지켜야 하는가? 약속의 이행이 자기 자신에게 이득이 된다고 말한다면 악순환에 빠질 수 있다. 이렇게 말하려면 약속의 이행이 과거 행위에서 얻은 어떤 혜택과 연관 있다고 해야 할 것이고, 이해와 맞지 않는다면 얼마든지 계약을 해지할 수 있어야 한다. 그렇다면 계약의 어떤 구속력도 설명할 수 없다. 하지만 이런 결론은 정치적 계약주의의 취지와 동떨어져 있다. 정치적 계약주의에 따르면 계약의 준수는 자기 이익과 무관하며 오로지 도덕적 이유에서 약속을 이행해야 한다. 말하자면, 옳기 때문에 약속을 지킨다는 것이다.

여기서 약속이행과 신의의 관계가 주목된다. 약속이행은 지금 한 말과 행동을 미래에도 지킬 것임을 전제한다. 이 말은 역으로 온갖 유혹에도 자기 자신의 말과 행동에 따를 것이라는 강한 의미의 신의를 전제한다. 이 때문에 신의는 일종의 '자연적 의무(natural duty)'로 간주된다. 현재 행한 약속을 미래에도 지키는 것은 옳은 일이며, 바로 이 옳음 때문에 미래에도 지금의 자기 자신을 유지하겠다고 서약하는 것이다. 이런 자기 동일성이 사라지면 자기 자신과의 서약은 무의미하기 때문에 약속의 책무도 사라진다. 그런 점에서 신의를 지킨다는 것은 자기 자신에게 충성을 맹세하는 것과 같다. 하지만 여기서도 문제는 생긴다. 신의를 지키는 것은 자기 자신에 대한 약속을 지키는 것이며, 오직 자발적 의사를 뜻할 뿐, 아직 절대적 복종을 전제하지 않는다. 자발성에만 의거할 경우 미래의 이해관계에 따라 계약관계는 깨지고, 따라서 계약의 구속력은 사라질 수 있다. 따라서 정치공동체가 신의에 내포된 복종을 전제한다면, 자발적 계약 이상의 근거, 다시 말하면 지속적인 자기 자신을 유지해야 할 근거를 제시해야 한다. 정치공동체는 지속적 자기 자신을 유지할 때만 안정적으로 유지될 수 있으며, 복종 또한 이런 상태에서만 가능하다. 정치적 계약주의는 지속적 자기 자신의 유지를 주권(sovereignty)과 연결시키고 있으며, 주권자로서 시민의 위치는 자발성 이상의 자기 지속성을 전제한다. 이런 복종의 가능성은 우리의 도덕 능력에 내포돼 있다.

다시 말하면 자기 지속성의 관점에서 책무를 수용, 승낙하는 근거는 정치적 계약주의의 핵심이다. 정치공동체 원리에 대한 만장일치의 합의도 이 관점에서 정당화된다. 계약 행위에 내포된 신의라는 자연적 의무는 내적 모순을 극복하고 자기 자신에 대한 의무를 전제한다. 이 과정에서 자율의 의미가 오롯이 드러난다. 자율은 다음 두 전제를 떼어놓고 생각할 수 없다. 첫째, 자율은 외부 자극에도 굴하지 않고 자기 자신을 일관성 있게 유지할 수 있어야 한다. 자율은 말하자면 '부정적 의미의 자유'를 관통한다. 외부 자극에 흔들리면 자기 자신을 일관되게 지속할 수 없다. 따라서 외부 자극을 거부하는 자유를 행사해야 한다. 자율과 타율의 경계는 이런 부정적 자유에 있다. 외부의 자극을 벗어나느냐 그렇지 못하느냐는 타율적인 것과 타율적이 아닌 것의 구분 근거가 된다. 외부 자극에서 벗어났다는 것은 말 그대로 타율적이지 않음을 뜻할 뿐, 아직 자율적이라 단언할 수 없다. 그런 점에서 타율은 복종의 근거를 설명하기에는 역부족이다. 자율은 긍정적 자유, 스스로 법을 만들고 지키는 자유이다. 자율이 적극적 자유의 계기로 작용하려면, 그 이상의 설명이 필요하다. 특히 지속적이고 일관된 자기 자신을 유지하는 계기를 설명해야 한다.

정치적 계약주의는 법의 매개에서 그 대답을 찾는데, 법은 자기 자신의 정체성과 옳은 것을 연결시킨다. 바로 여기서 자율의 진정한 의미가 드러난다. 각자에게 옳을 뿐 아니라, 모두에게 옳은 관점이 있다면, 그 관점은 복종의 근거로 삼을 수 있고, 따라서 정치공동체의 기반으로 삼을 수 있다고 본다. 루소, 칸트, 롤즈 모두는 의무와 옳은 것의 연관관계를 강조하며, 이 옳은 것을 법과 연결시킴으로써 자발적 복종의 근거로 삼고 있다. 칸트가 『실천이성비판』에서 강조한 자유와 법의 선험적 관계가 중요하다. "자유는 도덕법칙의 존재 근거이고, 도덕법칙은 자유의 인식 근거"인 것이다.[13]

4. 자율의 절차적 해석과 그 한계

칸트의 입장은 자율의 두 측면을 고스란히 보여준다. 자율은 우선 어떤 경향성에도 치우치지 않으면서, 동시에 오로지 이성의 관점에서 옳은 것을 판단하는 능력이다. 잘 알다시피 칸트에 따르면 실천이성의 특성은 준칙의 '보편화 가능성(universalizability)'에 있다. 즉, 보편타당(universally valid)할 수 있는 형식적 조건이 중요하다. 여기서 형식적 조건이란 주관적 실천규칙이 보편타당한 도덕법칙이 될 수 있는 조건을 뜻한다. 이성의 실천적 사용은 이성의 관점에서 모든 이성적 존재자가 받아들일 도덕법칙을 찾아내는 것이다. 도덕법칙은 따라서 의무의 형식을 취하고, 정치적 의무를 산출할 근거가 된다. 이런 입장에서 집중해볼 첫 번째 대상은 정치적 계약주의의 근간인 도덕규범의 정당성이다. 도덕규범의 요건은 자유로운 선택에 입각하면서도 보편적 도덕법칙이 될 수 있어야 한다. 그러려면 개인의 선택이 타율적이지 않고 자율적이어야 한다. 사회계약의 효력은 자율에 내포된 두 계기가 동시에 충족될 때 발생한다. 도덕의 요구는 두 방향에서 충족된다. 첫째 방향은 인간의 반복된 습성에서 벗어나 자기 자신의 입장에서 규칙을 세울 수 있어야 한다. 이른바 합리적이기 위한 요건으로, 칸트는 이를 위해서 모든 '경향

---

13) Immanuel Kant, *Critique of Practical Reason*, trans. Lewis White Beck(New York: The Library of Liberal Art/The Bobbs Merrill Company, Inc. 1985), p.4, n.1. 『실천이성비판』, 백종현 옮김(아카넷, 2005), 37쪽.

성'에서 벗어나는 것으로 설명한다. 예를 들어보자. 갑자기 충동적으로 규칙을 세우거나, 사사로운 욕심을 챙기기 위한 자기만의 규칙을 세운다고 해보자. 아니면 강요에 못 이겨 그 사람의 규칙을 따른다고 해보자. 이 사람들이 세운 실천규칙은 타율적이다. 자기 자신의 동기가 아닌 외부 영향에서 행동의 근거를 찾고 있다. 이런 실천규칙은 도덕적 요구를 만족시키지 못한다. 주변 상황이 바뀌면 자기 자신의 말과 행동을 지속적으로 유지할 수 없을 것이기 때문이다. 타율적 선택은 특정인의 순간적 만족을 충족시킬 수 있어도, 보편적 규칙의 요건을 충족할 수 없다.

자율은 한층 적극적인 무엇이 요구된다. 문제를 벗어난다고 문제가 해결된 것이 아니듯, 배타적 행위로는 도덕의 충분조건을 만족시킬 수 없다. 일차적으로 자율은 자기 자신에게 절대적으로 옳은 것이어야 한다. 절대적으로 옳은 것(칸트는 이를 가리켜 정언명령이라 했다)은 자기 자신에게 모순을 일으키지 않는 보편타당한 법의 형식으로 나타나야 한다. 보편타당한 법의 형식을 취한다는 것은 자기 자신에게 옳은 것이 결국 모든 사람에게도 옳은 것임을 입증하는 것이다. 이 가능성에서 자율이 정당화된다. 따라서 자율은 철저히 개인 사유의 확장 과정으로 설명된다. 법의 형식으로 나타나는 옳음은 자기만이 아닌 모든 이성적 존재자에게 옳은 것이다. 보편타당성 요건의 충족은 도덕의 진정한 의미다. 보편화 가능성의 정점에는 자기에게 옳은 것이 모두에게 옳은 것이 되는 가능성이 자리 잡고 있다. 자율은 인간 능력의 일부로서, 보편타당한 법의 형식을 취한 옳은 것으로 확장하는 실천이성의 신비한 힘이다. '선의지'는 도덕법칙이란 '이성의 사실'로 드러난다. 자율은 인간의 특수한 선을 모든 이성적 존재자가 동의할 수 있는 방식으로 확장하는 능력이다. 인간의 선은 합의 대상이고, 자율적인 사고는 합의를 가능하게 한다. 합의 대상 없는 합의가 없듯이, 모든 이성적 존재자가 받아들일 수 있는 선택의 가능성은 특정 선에 입각한 자유로운 선택에 있다. 칸트의 정언명령은 이런 긍정적 방향을 정식화한 것이고, 롤즈는 정언명법의

절차적 해석을 시도한다.[14)]

정치공동체의 지속성과 안정성은 구성원의 이해관계로 설명될 수 없다. 정치적 계약주의는 정치공동체의 지속성과 안정성이 도덕과 어떤 식으로 연관되어야 한다고 주장한다. 로크, 루소, 칸트, 롤즈로 이어지는 정치적 계약주의가 인간의 도덕 능력에서 정치공동체의 성립 가능성을 찾는 이유도 도덕과 연관된다. 롤즈는 사회계약 상황의 공정성을 특히 강조했다. 정치공동체의 구속력을 정당화시키려는 노력의 일환으로 설명될 수밖에 없는 이유이기도 하다. 물론 현실적 이해관계를 배제한다고 해서 계약 당사자 모두 곧바로 어떤 원칙에 도달한다고 본다면 너무도 순진한 생각이다. 그럼에도 도덕적 능력을 발휘하려면 현실적 이해관계는 배제되어야 하며, 인간의 도덕 능력이 모두 동의할 수 있는 순간까지 나아가야 한다. 이 경우에만 만장일치 가능성이 높아진다. 사회계약은 개인의 사사로운 자유를 포기하지만 개인의 진정한 자유를 인정받을 수 있다. 만장일치의 가능성도 이런 능력의 전제에서 나온다. 말하자면 사회계약은 도덕 능력을 재확인하고 그 내용을 밖으로 드러내는 것이다. 이런 전제가 유효할 때만 원초적 입장에서 정의원칙이 도출될 수 있다. 따라서 사회계약의 핵심은 사사로운 자유와 진정한 자유의 경계를 나누는 개인의 도덕적 능력과 연계되며, 모두가 동의할 상황과 그 내용을 찾아내는 것이다.

---

14) 롤즈는 원초적 입장의 정립을 "칸트의 자율 개념과 정언명령에 대한 절차적 해석"이라고 분명하게 말하고 있다. 『정의론』, 226쪽을 보라(§40). 정언명법에 대한 롤즈의 절차적 해석은 무지의 장막을 씌운 원초적 입장을 설계하는 근간이 되고 있는데, 여기서 기억해둘 한 가지 사실이 있다. 사회계약에 입각한 정의원칙의 도출은 자율 개념의 확장을 통해서 가능하다는 점이다. 실제로 롤즈는 『도덕철학사 강의(Lectures on the History of Moral Philosophy)』, edited by Samuel Freeman(Cambridge, Mass.: The Belknap Press of Harvard University Press, 2008)에서 칸트의 정언명령을 계약주의에 의거하지 않는 구성주의 절차로 해석한다. 계약주의 입장은 합리적 행동에 내포된 규칙의 타당성 문제와 긴밀하게 연관된 것으로 해석한다.

롤즈의 원초적 입장은 이런 성찰의 본보기라 할 수 있다. 그의 성찰은 모든 현실적 이해관계를 단박에 벗어나 도덕적 능력을 사유할 수 있는지 보여준다. 무지의 장막은 말 그대로 하나의 은유이지만, 실천이성의 판단에 따라 심사숙고할 수 있는 가능성이다. 이 비유는 칸트의 정언명법에 대한 절차적 기반을 제공한다. 롤즈는 사회의 일반적 사실, 대안적 정의 담론, 사회의 기본가치에 입각하면 정의원칙에 만장일치로 합일할 수 있다고 주장한다. 원초적 입장은 절차적 합리성인 동시에 만장일치의 동의가 가능한 절차이다. 이런 절차적 해석은 사회계약의 본래적 의미와 연관된다. 타율을 극복하고 자율의 이상을 더욱 적극적으로 추진할 수 있는 것은 사회계약을 통해서이다.

사회계약의 중요한 전제 중 하나는 타율과 자율의 불연속성을 강조한다는 점이다. 달리 말하면 자율 개념은 어떤 개념에 의존하지 않고 독립적으로 정당화될 수 있다고 가정된다. 타율과 자율 사이에는 어떤 불연속점이 있으며, 도덕적 자율의 핵심인 형식적인 자율은 타율과의 불연속성을 분명 강조한다. 사회계약은 타율과 자율의 절차상 불연속점이다. 하지만 도덕의 형식적 요건을 충족하기 위한 절차는 내용 없이 공허하다는 비판이 끊임없이 제기되었다. 헤겔의 유명한 비판은 바로 이 지점에서 작동한다. "너의 소질을 개발하라", "거짓말하지 말라"는 명제가 정언명령의 본보기라고 한다면, 이 명제는 아무런 내용 없이 공허하다는 것이다. 추상적인 금지나 추상적인 긍정이 의무의 본 모습이라면, 현실에 대한 구속력을 찾기란 쉽지 않다. 정언명령의 절차적 해석은 이런 내용 없는 형식적 측면을 극복하고, 한층 구체적인 정의원칙을 도출하려고 시도한다.

이렇게 보면 타율과 자율은 연속적 과정으로 이해되어야 한다. 무를 자르듯 타율과 자율은 구분할 수 없다. 자율을 위한 과정은 타율적 선택을 특정 방식으로 걸러내는 여과지 같은 것이다. 여과지라는 비유는 어쩌면 매우 중요한 함의를 내포한다. 여과지는 불순물을 걸러내고 진짜

원하는 것을 얻기 위한 것이다. 롤즈에게 '무지의 장막'은 현실에서 작동하는 편견과 불합리한 이해관계를 걸러내는 역할을 한다. 타율적인 삶에서 자기 주도적인 적극적 삶, 자율적인 삶으로 이행하는 과정이다. 무지의 장막은 편견과 불합리성을 여과하는 도덕적 관점의 구성 틀이다. 다른 말로 하면 무지의 장막은 절대적이고 객관적인 관점보다 모두가 동의할 수 있는 보편적 절차의 성격이 강하다. "사회계약을 고도로 추상화한다"는 말의 본래적 뜻이라고 해도 무방할 것이다.[15)

사회계약을 고도로 추상화해서 얻는 결과는 도대체 무엇일까? 사회계약을 통해 대체 무엇을 얻을 수 있는가? 이 물음의 대답에는 두 다른 시점이 교차한다. 첫째, 계약 당사자의 관점으로, 사회계약의 절차적 해석을 불편부당의 관점으로 대변한다. 하지만 행위자의 시각에서 보면 다른 대답이 가능하다. 사회계약의 절차적 해석은 결국 모든 사람의 입장에서 받아들일 수 있는 우리의 일상 믿음을 찾아가는 것이다. 이렇게 보면 논의는 딜레마 상황에 빠진 듯 보인다. 먼저 계약 당사자의 시각을 고수할 경우 우리가 찾고 있는 것은 일종의 토대인 듯싶다. 도덕적 관점을 객관적으로 정당화하려는 시도로 보고, 인간의 관점에서 토대론의 요구를 충족시키는 일은 요원하다. 한편, 사회계약은 일상 믿음에 대한 비판과정

---

15) 롤즈의 철학을 일목요연하게 해석하는 과제도 물론 매우 논쟁적이다. 자유주의자들은 타율과 자율을 구분하고, 객관적인 불편부당한 관점과 자율의 상관관계에 주목한다. 롤즈의 원초적 입장에서도 이런 해석이 적용될 수 있다. 그는 원초적 입장의 구성을 일종의 선험적 토대로 제공하는 것으로 말하고 있다. 그런 점에서 주석가들은 롤즈의 정의이론을 토대론의 시각에서 해석해야 한다고 주장한다. '원초적 입장'은 말하자면 객관적 관점, 제3의 관점을 반영하며, '영원의 상'에서 바라보는 토대를 구축하려 했다고 말한다. 하지만 사회계약의 추상화는 일상의 확신과 믿음과 연관되며, 그런 점에서 일상 믿음의 정합적 시각에서 원초적 입장을 구성하고 있다는 주장도 제기된다. 롤즈는 평생을 거쳐 '원초적 입장'의 필요성을 강조한 만큼 롤즈의 입장을 제대로 이해하기 위해서는 양측의 입장을 어느 정도 포괄하면서 롤즈 이론의 진정성을 일관되게 설명하느냐가 관건이다. 이 글은 논의의 진행과정에서 자연스럽게 이에 대한 입장이 제시될 것이다.

이기도 하다. 이 경우 보편적으로 타당한 가치란 존재하지 않는다. 따라서 선결문제의 오류에 빠지지 않으려면 우리 믿음 속에서 상위의 가치와 하위의 가치를 구분하는 것이다. 이를 수립하는 유일한 방법은 정합론의 시각에서 우리의 가치를 일목요연하게 정립하고 조화시켜야 한다.

원초적 입장은 이 시대 중대한 가치인 자유와 평등문제를 고도로 추상화한 것이고, 우리의 숙고된 물음을 철두철미 합리화하려는 시도이다. 사회계약의 단계는 시대적 가치의 합리성을 승화하는 단계이다. 인격의 존엄, 상호성, 평등은 이 시대의 대표적 가치이고, 사회계약이란 은유는 사유 속에서 이 가치들의 확장 가능성을 판단해보는 것이다. 롤즈의 정의이론에서 비교되는 대상은 공리주의 정의관과 롤즈의 정의관이다. 이런 비교가 함의하는 바가 자못 크다. 사회계약의 장치가 없다면 두 정의관의 비교는 현실의 이해를 근간으로 이뤄질 수밖에 없다. 현실에서는 선입견이 작동할 수밖에 없으므로 동등한 상태에서 두 정의관을 비교할 수 없다. 따라서 사회계약이론을 '고도로 추상화'한다는 것은 동등 조건에서 두 조건을 평가하고, 계약 당사자는 마치 제3의 관점에서 세상을 바라보는 상태에 있을 수 있게 한다. 인간 가치를 추상화하는 절차로서 사회계약이 제3의 관점으로 도약할 수 있는 계기가 된다.[16]

5. 도덕규범과 복종의 가능성

자율의 절차적 해석과 무관하게 자율과 복종의 관계는 또 다른 논란거리다. 칸트에 따르면 도덕적 자율은 복종의 근거다. 자율은 참다운 자

---

16) 이런 방식의 도약은 정당화 과정에서 순환적 특성을 띤다. 사회계약을 통해 확보된 정의원칙은 일상생활에서 숙고된 믿음과 연계돼 정당화된다. 예를 들어 롤즈의 정의원칙이 '숙고된 확신(considered convictions)'과의 반성적 평형(reflective equilibrium) 상태로 정당화되는 이유도 이런 맥락이다. 이런 입장은 토대론 시각에서 설명될 수 없고, 우리가 믿고 있는 가치들의 조화를 모색하는 정합론 시각에서 옹호된다.

유에 의거하는데, 이때 참다운 자유는 "스스로 만든 규칙이나 법에 복종하는 것"이다. 앞서 우리는 자율이 단순히 감각적, 습관적 경향성을 벗어나는 것 이상의 뜻을 내포한다고 말한 바 있다. 물론 여기서 일상의 자율과 도덕적 자율의 차이에 주목해야 한다. 일상의 자율은 통상 자발적 행동을 뜻한다. 타인의 의지에 끌리지 않고 자기 스스로 내린 결정에 따를 때 일상적 의미의 자율이라 한다. 도덕적 자율은 일상적 의미의 자율보다 더 강하다. 스스로 세운 규칙이 모든 이성적 존재자에게 적용되는 상황, 이른바 법칙의 보편성까지 포함하기 때문이다. 법칙의 보편성은 누구에게나 수용 가능한, 따라서 누구나 행동으로 옮겨야 한다는 명령의 뜻도 내포된다.

칸트 자율 논의의 특징은 법칙의 보편성이 의무, 명령으로 전이되는 과정에 대한 설명에서 나타난다. 이 전회에서 자율이 복종으로 바뀌는 전이가 일어난다. 규칙을 세울 수 있는 자율적 인간은 동시에 모든 사람이 받아들일 법칙에 복종할 수 있고, 복종해야 한다. 참다운 자유가 스스로 법을 세우고 그 법에 복종해야 하는 것도 이런 맥락이다. 우리는 여기서 앞 절에서 간략하게 다루었던 자연적 의무로서 신의(fidelity) 원칙과 비교해볼 만하다. 신의 규칙은 자기 동일성에 의거해 미래 시점에서 타인에 대한 약속 행위이다. 자기 동일성이 깨지면 더 이상 자연적 의무는 작동하지 않는다. 자율에서 언급된 법칙의 보편성에 의거한 도덕적 의무까지 내포하지 않기 때문이다. 칸트의 자율은 자기 자신에 대한 복종은 보편적인 도덕법칙에 대한 복종과 같으며, 도덕법칙에 대한 복종은 자율성을 가진 타인에게도 확장 적용된다. 도덕적 의무로서 자율은 이런 놀라운 전회를 전제한다.

칸트 자율 논의에 내포된 복종에 대한 설명을 제대로 이해하려면 일상생활에서 복종의 문제가 제기하는 논점을 비판적으로 검토할 필요가 있다. 복종은 대등관계에서 제기될 수 없다. 복종은 대등관계의 소멸, 두 사람 간 관계의 불균형을 뜻하기 때문이다. 복종의 근간은 '의존, 종속'의 관계이며, 이 관계는 이미 불평등의 관계를 뜻한다. 우리 사회에서 사회문제로 부각된 '갑질' 현상은 비자발적인 복종을 형상화하고 있다. 갑질은 뚜렷하고 일방적인 종속관계를 뜻하며, 받아들이고 싶지 않지만 어쩔 수 없는 현실의 불평등 관계를 드러낸다. 따라서 타인에 대한 복종은 일종의 굴복, 자존심의 붕괴, 인권의 침해로 간주된다. 그러나 우리가 찾고 있는 것은 '자발적 복종'이다. 지배와 피지배의 불평등 관계를 전제로 하고 있지만, 자발적인 불평등의 용인이 되어야 한다. 언뜻 역설적이고 모순적인 '자발적 복종'의 문제는 정치공동체의 기반인 법의 성립과 밀접하게 연관된다.

자발적인 복종은 강요에 의한 타인에 대한 복종이 아니어야 한다. 그러려면 타인에 대한 복종의 근거를 자기 자신의 도덕적 이유에서 찾아야 한다. 다시 말하지만 복종의 이유를 자기 이익의 극대화로 볼 경우 또 다른 보이지 않는 강요의 문제도 다뤄야 한다. 도덕법칙의 형식에서 도덕적 이유를 찾으려는 칸트의 시도가 독특한 것도 이 점을 부각한 데 있다. 도덕적 자율은 역설적인 복종의 문제를 해결한다. 도덕적 자율은 타인에 대한 복종 가능성을 자기 자신에 대한 복종의 연장선상으로 본다. 이런 전회는 복종 문제에서 제기된 '의존, 종속'의 문제를 해결한다. 타인에 대한 복종이 자기 자신에 대한 복종과 같기 때문에 타인의 강압에서 제기되는 종속, 무력감과 같은 의존관계는 사라진다. 자기 자신 안에 근거한 완전히 자발적인 법에 대한 복종은 타인에 대한 복종을 포함한다.

도덕법칙에 대한 존중감은 자발적 복종의 근거이며, 자유와 규칙의 보편화 가능성의 상관관계에서 해명된다. 이 상관관계는 개인의 합리성인 동시에 사회 합리성의 근간이다. 이런 합리성은 서구 정치철학 전통의 핵심 축으로, 진정성 있는 개인의 합리성은 사회적 합리성의 기반이라는 생각이 깔려 있다. 합리적인 인간이란 무슨 뜻이고, 도덕적 행위란 무슨 뜻인가? 각 개인은 합리적이고 진정성을 가진다. 각 개인의 행위와 그 규칙 또한 합리적이고, 진정성을 가져야 한다. 그렇지 않으면, 정상적인 일상 행동은 어떤 의미도 가질 수 없다. 개인주의 전통에서 이런 합리성을 전제로 하지 않는다면 어떤 공통적인 도덕도 취할 방도가 없으며, 어떤 신뢰도 쌓을 수 없다. 가령 불합리하고, 진정성 없으며, 일상생활의 규범과 동떨어진 행동을 한다면, 인간 간 소통은 벽에 막히고, 신뢰는 물거품이 되고 만다. 칸트의 역발상은 모든 사람이 받아들일 수 있는 행동을 한다면 인간 간 신뢰가 쌓이고, 하나의 의무로서 상호 규제의 역할을 할 수 있다고 본 것이다. 행위규칙의 보편화 가능성은 우리 일상에 내포된 실천규칙을 사회생활의 토대로 삼으려는 시도의 형식적 조건이다. 개인주의 전통에서 도덕적 자율이 중요한 이유가 여기에 있다. 이성적으로 사유할 수 있는 모든 사람들이 받아들일 수 있는 법칙에 따른다면 모두가 자기 자신에게 복종하면서도 타인에게 복종하는 결과를 만들어낼 수 있다고 보았기 때문이다.

절차의 맥락에서 보면 도덕적 자율은 보편화 가능성 절차의 마지막 단계에서 달성된다. 보편화 가능성 절차는 다음 단계로 이루어져 있다. (1) 경향성의 거부 단계. 경향성은 자기 자신의 힘에 의거하지 않기 때문에 타율적일 수밖에 없다. 따라서 자율을 이룩하기 위해선 무엇보다 경향성을 거부하고 자기 자신의 힘에 의거해야 한다. (2) 주관적 실천규칙을 세우는 단계. 이 단계에서 자율을 위한 첫 걸음을 내딛게 된다. 이 단계에서 각자의 자유의지가 행사되고 자기 자신의 실천적 목표를 세우게 된다. 앞서 말한 여기서 개인주의 전제가 작동하며, 각자의 합리성과 진정성을 전제한다. (3) 주관적 원칙을 객관적 원칙으로 확장하는 단계. 이 단계에서 보편화 가능성의 원칙이 적용된다. 이 단계는 경험적 제약을 넘어 자유로운 윤리적 상상이 허용된다. 윤리적 상상은 실천규칙의 시험장이다. 보편화 원칙은 주관적 준칙의 확립 단계에서 개입했던 여러 경험적 근간을 떨쳐버리게 한다. 보편화원칙의 적용 단계는 도덕적 형식주의에 준용하는 단계이지만, 더 주목해야 할 부분은 경향성의 반항에도 불구하고, 주관적인 준칙에 실천이성의 보편성을 적용한다는 점이다. "네 의지의 준칙이 보편적 입법이 될 수 있도록 의지하라"는 칸트의 준칙은 도덕적 자율이 법의 존중, 따라서 의무, 복종의 근거로 작동하기 위한 힘찬 발걸음을 내딛고 있다. 보편화 가능성을 보편적 입법의 형태로 승격시키는 것은 결국 자기 복종의 근거를 마련하는 것이며, 도덕적 자율을 완결하는 순간이다.[17)]

이렇게 해석하면 보편화 과정은 개인의 실천규칙을 '배제 또는 정화'하는 과정으로 해석될 수 있다. 보편화 가능성은 지역적이고 문화적 요소를 떨쳐버릴 수 없는 우연적인 목적을 모두가 수용할 수 있는 수준으로 확장될 수 있는 가능성을 뜻한다. 더욱이 보편화 가능성은 지극히 개인주의적이다. 일종의 도덕적 반성 과정으로 '상대적' 선에서 '보편적' 선으로 확장되는 과정이다. 칸트는 '선의지'를 '무조건적인 선'이라 규정한 바 있는데, 바로 이 점을 부각시키기 위해서이다.[18)] 물론 여기서 강조돼야 할 점은 칸트 자율 논의의 절차적 특성이다. 공허한 형식의 논리보다는 상황의 논리에 영향을 받는 인간의 유한성과 인간의지의 나약성을 극복하려는 시도라는 점을 강조해야 한다. 이런 입장에서는 개인의 실천준칙은 정언명법의 요건을 충족할 때 인간 본연의 도덕적 모습으로 드러나며 이 가운데 정치공동체의 근간도 찾을 수 있다.

지금까지 논의를 정리해보면 사회계약을 둘러싼 논란은 정언명령에 대한 절차적 해석이 유효한가라는 문제에 집중된다. 경향성을 거부하고, 선의지를 적극적으로 구축하는 단계가 연속적인지 불연속적인지에 따라 다른 대답이 가능하다. 이 질문에 대한 대답은 또한 칸트의 정언명령 간 연속성 여부를 결정한다. 물론 이 논쟁은 사회계약의 긍정적 함의를 파악하는 데도 중요하다. 사회계약의 목적은 타율 상태를 벗어나는데 그치지 않는다. 사회계약의 정치적 함의는 선의지를 발휘해 한층 내

---

17) 이마누엘 칸트, 『도덕 형이상학을 위한 기초 놓기』, 이원봉 옮김(책세상, 2006), 4:421를 보라.
18) 『실천이성비판』에서는 칸트는 이 무조건적인 선을 "이성의 사실"이라 부르면서 선험적으로 타당한 것이라 말한다. 더 이상 입증 불가능한 확실한 토대라고 말한다.

용상 유의미한 결과를 산출하는 데 있다. 정치공동체는 이해관계만으로 이루어진 총체일 수 없다. 이해관계로만 구축된 정치공동체는 정치공동체의 지속성과 안정성을 설명하지 못한다. 이해관계의 붕괴는 곧 정치공동체의 붕괴로 이어질 것이고, 따라서 정치공동체에서 구속력은 행사될 수 없다. 그렇다면 이해관계가 아닌 다양한 가치가 공존하는 정치공동체에서 이런 구속력을 해명할 수 있는가? 이 문제에 집중해보자.

6. 자율과 가치의 다원성 문제

자율에 입각해 사회계약을 정당화하는 데 나타나는 비판 중 가장 강력한 비판은 사회계약을 통해 획득한 보편적 도덕법칙이 사회통합을 이룩하는 데 충분하지 못하다는 점이다. 사회안정을 이룩하기 위해 법은 단일적이고 통일적이길 기대한다. 사회계약이 개인의 이해관계를 떠나 정치공동체의 기반을 세우는 데 기여하고 정치적 안정을 이룩할 수 있다면, 모두에게 동등하고 공정한 법의 기반이 사회통제과정에 활용될 수 있다는 기대감이 작동한다. 고도로 추상화해 얻어낸 보편적 도덕법칙은 법의 형식을 충족하면서 사회규범의 기틀을 마련한다. 정치적 안정, 더 나아가 복종의 권위는 도덕규범과 사회규범의 일치에서 정당화된다. 도덕적 관점을 충족한 윤리적 태도는 모든 사람의 동의를 전제로 법의 요건, 즉 명령의 형태를 취한다. 법은 구체적인 현실에서 해야만 하는 이유, 하지 말아야 하는 궁극적 이유가 된다. 말하자면 법은 현실 행위의 기준점으로 적용된다. 정치적 계약주의의 특징은 개인규범이 보편화되면 만인의 동의 상태로 간주돼 사회규범의 틀로 간주된다는 점이다. 그 매개 틀은 법으로, 보편화된 도덕규범이 의무 형태로 주어지며, 따라서 사회를 규제하는 근간이 된다.

이런 법의 특성은 여러 문제를 낳는다. 법의 형식적 요건을 충족하는 것만으로도 통치의 조건을 충족했다고 볼 수 있기 때문이다. 예를 들어

법을 앞세운 통치(rule through the laws)가 대표적이다. 법을 앞세운 통치는 법적 요건에 부합하는 특정 행위를 강요한다. 법의 요건을 갖추었다는 사실만으로 정치권력은 정당화되고, 그 집행의 당위성도 인정된다고 간주한다. 하지만 법을 앞세운 통치는 정치적 계약주의의 입장과 거리가 멀다. 더 정확히 말하면 정치적 계약주의는 법을 앞세운 통치와 상극이라 해야 할 것이다. 정치적 계약주의의 요체는 '법의 통치(rule of law)'이다. 말 그대로 공정하고 정의로운 법을 전제로 하기 때문에 정치권력은 공정한 법에 부합할 때만 정당화된다. 정치적 계약주의에서 모든 당사자들의 만장일치된 동의를 요구하는 이유도 여기에 있다. 따라서 정치적 계약주의의 법은 내용상으로 공정한 법이어야 한다는 등식이 성립한다. 다시 말하면 정치공동체의 근간이 되는 법은 실정법의 공정성을 판가름할 공정한 법이어야 한다.

정치적 계약주의를 지지하는 사람들은 공정한 법은 철저히 모든 개인이 동의할 수 있는 법이어야 한다고 강조한다. 예를 들어 롤즈의 입장을 생각해보자. 그에 따르면 무지의 장막을 씌운 원초적 입장의 합의는 공정하다. 무엇보다 공정한 상황에서 공정한 절차를 통해 합의했기 때문에 공정한 원칙이 도출될 수 있다고 본 것이다. 따라서 실정법에서 법 제정과정은 오히려 이 공정한 법의 요건에 따라 평가되어야 한다, 실제로 롤즈는 입법 차원에서 원초적 입장에서 도출된 정의원칙을 적용하면 현실에 존재하는 다양한 편견을 제거할 수 있다고 보았다. 다음 구절은 그의 입장을 잘 보여주고 있다.

그들[원초적 입장의 계약 당사자]은 사회이론의 제일 원리들을 알고 있지만, 역사의 과정은 알 길이 없다. 그들은 얼마나 종종 이런저런 사회 형태를 취하고 있는지, 또 어떤 종류의 사회들이 현존하는지 알지 못한다. 다음 단계에서 그들 사회에 관한 일반 지식이 이용 가능해진다. 그러나 [그들은 여전히] 구체적인 그들 자신의 조건을 이용할 수 없다. 정의원칙들이 이미 선택되었기 때문에 지식에 대한 제한은 풀릴 수 있다. 정보의 흐름은 각 단계에서 요구되는 바에 따라 결정되는데, 총명하게 당면 정의 문제와 같은 종류에 이런 원리를 적용하기 위한 것이다. 동시에 편견과 왜곡을 야기하고 인간을 서로 대립할 가능성이 있는 것은 배제된다. 합리적이고 불편부당한 원리의 적용이라는 개념은 허용될 지식의 종류를 정의한다. 마지막 단계에서 분명히 어떤 형태든 무지의 장막을 요구할 이유는 없으며, 모든 제약은 제거된다.[19]

롤즈의 입장은 정치적 계약주의의 입장을 가장 단적으로 보여준다. 원초적 입장의 정의원칙이 사회의 무수한 편견과 왜곡을 바로잡을 수 있다고 보고 있다. 어쩌면 이런 편견과 왜곡의 교정은 롤즈 정의이론의 가장 큰 매력인지도 모른다. 하지만 롤즈의 이런 입장은 또 다른 철학적 문제를 낳는다. 롤즈의 전제가 타당하려면 이른바 사회 기본 구조에 적용될 단일한 정의원칙이 필요하다. 만일 단일한 정의원칙이 없다면 다양한 사회 이해관계를 조정하는 기준점을 삼기에는 역부족이다. 가령 롤즈의 차등원칙이 사회 불평등 해소에 기여하려면 장기적으로 제도에 적용될 수 있는 단일구도가 형성되어야 한다. 아무리 공정한 정의원칙이라도 이중잣대를 들이대거나, 역사의 우연적 상황에 따라 제도가 운용된다면, 기대 효과를 얻기란 힘들다. 따라서 정치적 계약주의의 작동 조건은 사회계약을 통해 정당화된 원칙의 단일성 여부라고 할 수 있다.[20]

---

19) John Rawls, *A Theory of Justice*, Revised edition(Oxford: Oxford University Press, 1999) pp.175-176.
20) 이 주장은 정치적 계약주의에 암시돼 있지만 충분히 검토하지 않는 문제이다. 그러나 원칙의 단일성은 루소의 '일반의사'론에서도 충분히 전제되고 있다. 이해관계를 벗어나 정치공동체의 의지를 반영하려면 이미 공통의지 형태로 나타나야 한다고 전제하고 있는데, 바로 이 의지가 일반의사이기 때문이다. 롤즈 정의이론에 쏟아지는 비판 중의 하나는 원초적 입장의 정의원칙이 단일할 수 있는지 여부라고 할 수 있다. 물론 이에 대한 롤즈의 대답은 더 많은 논의를 요구한다. 공리주의 정의관과 자기 자신의 정의관의 비교에서 상대적 우위를 점령하긴 했지만, 여전히 현대 입헌 민주주의 체제의 기반으로 간주한다는 점에서 단일한 정의원칙을 전제하고 있다는 비판이 가능하다.

자율에 입각한 정치공동체의 정당화는 칸트 논의 틀에서 생각해보면 심각한 내적 문제를 포함한다. 칸트에 따르면 개인의 자유는 자기 자신에게 보편적인 도덕법칙을 제공한다. 도덕적 자율은 그에게 "이성의 사실"이다. 문제는 이런 이성의 사실이 정치공동체에는 존재하지 않는다는 점이다. 칸트의 방식은 각자에게 해당되는 보편적 도덕법칙에 의거하여 정치공동체의 법을 수립하고, 그 법에 의해 사회를 통제하는 방식을 취하고 있는 것이다. 이 과정에서 주목해야 할 부분은 도덕적 인격체와 정치적 인격체의 근본적인 차이이다. 그 간극은 인격체에 대한 정의에서 발생한다. 칸트는 『도덕 형이상학』에서 인격을 다음과 같이 정의한다. "인격은 행위를 귀속시킬 수 있는 주체이다. 도덕적 인격은 그러므로 도덕법칙 하에 있는 합리적 존재의 자유일 뿐이다."21) 여기서 핵심은 귀속이라는 말로 현대에서는 책임으로 번역되고 있다. 칸트는 책임을 다음과 같이 정의한다. "도덕적 의미에서 책임은 누군가를 행위의 주인으로 간주하게 하는 판단인데, 행위는 실제 행위로 일어난 사실이며 법 아래에 있다."22)

칸트에 따르면 도덕적 인격은 정치적 인격으로 대입되면 정치공동체의 주권자가 된다. 결국 정치적 주권자는 도덕적 인격체이며, 자기 책임을 다하는 사람으로 간주된다. 하지만 문제는 이런 이행이 정언명령에 적용될 때 발생한다. 제1정언명령과 제2정언명령의 연속성 여부는 칸트 자율 논의에서 매우 중요한 문제이다. 정통 해석에 따르면 제2정언명령은 제1정언명령의 연장선상에서 이해된다. 제1정언명령에서 강조된 법칙에 대한 존중은 인간성(Menschheit/humanity)의 관점으로 이행된다.23) 인간성에 의거한 인격성 개념은 법 앞에 동등한 자로서 정치적 인

---

21) Immanuel Kant, *The Metaphysics of Morals*, translated and edited by Mary Gregor(Cambridge: Cambridge University Press, 1996), 6:223.

22) 위의 책, 6:227.

23) 인간성을 강조한 제2정언명령은 다음과 같이 표현된다. "네 인격 안의 인간성뿐만 아니라 모든 사람의 인격 안의 인간성까지 결코 단지 수단으로만 사용하지 말고 언제나 [수단과] 동시에 목적으로도 사용하도록 그렇게 행위하라." 이마누엘 칸트, 『도덕 형이상학을 위한 기초 놓기』, 이원봉 옮김(책세상, 2006), 4:21.

격성으로 인정된다. 동일한 법 아래서 포섭될 행위의 주인으로 인정받는 것이다. 정치적 인격성은 분명 도덕적 인격성을 전제한다. 인간성의 동일함은 도덕적 인격과 정치적 인격의 동일함을 강조하는 근거인 셈이다. 그러나 우리는 여기서 정치의 또 다른 특성에 주목해야 한다. 정치는 도덕적 인격의 다원성을 전제할 때 성립한다. 제2정언명령은 단순히 형식뿐인 준칙이 아니다. 그것은 실질적 내용을 담보할 수 있어야 하는데, 이 경우 인격의 다원성은 피할 수 없다. 따라서 인간성의 동일성뿐만 아니라 인격의 차이에도 주목해야 한다. 다시 말하면 정치의 다원성을 제대로 해명하려면 인격의 개념은 인간성의 개념과 다르다는 사실을 설명해야 한다. 이를 위해서 인격의 타자성과 정치의 다원성을 해명해야 한다. 제2정언명령에 대한 유의미한 논법은 불평등한 상호관계에서 시작한다. 타인을 목적으로 대우하라는 말은 불평등 상황에서 평등한 대우가 필요하다는 것이고, 이런 요구는 실제로 불평등한 상황에서 요구되는 규범인 것이다. 그렇지 않다면 제2정언명령은 빈껍데기에 불과하다.

이런 식으로 해석하면 제2정언명령에는 내적 긴장관계가 작동한다. 첫째, 자기 자신과 타자의 존재 속에서 동일한 인간성을 가진 존재임을 확인하는 것이고, 둘째, 동시에 타인의 존재 안에서 진정성을 훼손하지 않아야 한다는 요구를 충족시키는 것이다. 이런 긴장관계는 타인의 존재를 "목적적 존재"으로 받아들일 때 발생한다. 타인은 나와 다른 존재이다. 여기서 타인의 진정성은 이중적이다. 우선 목적적 존재로서 사람의 인격은 말 그대로 타자다. 이 타자성은 자기 자신에게 보편법칙을 제공하는 자율로 설명될 수 없다. 인격이 다원적이라 할 때 바로 이 점이 강조된다. 다음으로 이런 차이에도 불구하고, 인간의 합리성 본성에 의거할 경우 인간성의 동일성이 확보될 수 있다. 문제는 정치적 노선이다. 정치적 노선은 전자의 입장에서 후자의 입장으로 진행한다. 따라서 도덕적 자율에서 정치적 자율로 이행할 때 타자성에 대한 이해가 요구된다. 하지만 정치적 계약주의는 도덕적 자율에서 정치적 자율로의 이행과정에서 인간성의 관점에서 보편성, 공통성, 즉 합리적 요건만을 강조한다. 우리는 다시 원점에 서 있다. 정치적 계약주의에서 상호 합의의 문제가 제기되는 지점은 정확히 다수의 사람을 전제할 때 제기된다. 정치적 계약주의는 다수의 인격, 지배자와 피지배자의 구분 근거를 설명하지 못한다. 정치공동체의 성립은 국가제도의 기반인 공법체계의 구축을 전제로 한다. 동시에 정치공동체는 명령하는 자와 복종하는 자의 관계를 수립하고, 복종의 권위를 정당화한다. 후자에 대한 설명은 타자성에 대한 적절한 위치를 확보해야 하는데, 정치적 계약주의에는 이에 대한 자리가 없다.

다수의 인격을 전제한 상태에서 어떻게 복종의 권위를 정당화할 수 있는가? 정치적 계약주의는 이 물음에 대한 설명이 충분하지 않다. 정치적 복종의 문제는 도덕적 자율의 정당성으로는 해결될 수 없다. 도덕적 자율은 '이성의 사실'에 기반하고 있지만, 정치적 자율은 무엇보다 이성적 선택의 '가상'으로만 입증될 수 있다. 사실이 아닌 허구의 특징에 주목해야 한다. 앞서 우리는 사회계약의 가설적 성격이 실제적 계약보다 장점이 많다고 보았다. 하지만 정치적 복종의 권위에 대한 자기 정당화는 근거가 미약하다. 다시 말하면 개인의 자율과 정치공동체의 자율은 유비 추론에 근거하고 있을 뿐이다. 여기서 도덕적 자율에서 입증되는 방식으로 정치공동체의 자율을 입증할 수는 없다.

7. 분배와 자율을 위한 투쟁

지금까지 우리는 도덕적 자율과 정치적 자율의 긴장관계를 논해왔다. 사실 이런 긴장관계는 칸트의 철학에서도 발견된다. 『실천이성비판』에서 칸트는 자율을 법칙의 보편화 가능성에서 찾고, 도덕적 자율의 기반으로 삼고 있다. 자율의 근원은 실천적 자유이다. 실천적 자유는 '이성의 사실'에 근거하고 있으며, 도덕적 자율은 선의지를 발휘하는 것이다.

하지만 「계몽이란 무엇인가」라는 소논문에서는 다른 설명이 제시된다. 여기서 논의대상은 정치적 자율이며, 정치적 자율은 달성 목표 내지 과업이다. 정치적 자율은 '계몽'의 상태를 지향하고, 역사 투쟁의 목표이자 정치적 이상으로 상정된다. "이성을 공적으로 사용하라", "용기 있게 과감히 따져 물어라(sapere aude)"는 일종의 실천 좌표이며, 미성숙의 상태를 극복하기 위해 요구된다. 여기서 미성숙 상태는 타율의 상태를 뜻한다.[24] 도덕적 자율과 정치적 자율의 긴장관계는 추상적으로 인정된 인격과 구체적 역사 상황에 놓인 인격의 차이에서 생긴다.

정치적 계약주의는 도덕적 자율과 정치적 자율의 등식관계에서 출발한다. 도덕적 자율은 정치적 자율의 한계 틀을 형성하는 근간으로 간주되고, 도덕적 자율은 정치적 자율의 기반인 것이다. 그러나 비판자들은 이런 등식관계를 거부해왔다. 도덕적 자율과 정치적 자율 간 차이를 강조하고, 정치적 자율의 특수한 측면을 부각시킨다. 도덕적 자율로 충분히 해명될 수 없는 정치적 자율의 문제를 거론한다. 이 문제는 법의 한계와 밀접하게 연관돼 있다. 다시 한 번 정치적 계약주의에서 법이 어떻게 도덕적 자율과 정치적 자율을 매개하는지 생각해보라. 정치적 계약주의의 시도는 정치공동체의 모든 권위를 법, 더 나아가 추상적 인격의 관계에서 축출하려고 한다. 도덕적 자율의 절차적 해석도 이런 시도의 일환이다. 하지만 비판자들은 여전히 법의 근본성에 비추어볼 때 정치적 자율에는 설명될 수 없는 독특한 측면이 있다고 강조한다. 따라서 정치적 자율의 특수한 측면을 이해하는 것은 정치적 계약주의 기획을 평가하는 데 결정적이다.

---

24) 도덕적 자율과 정치적 자율의 긴장관계는 우선순위를 결정할 때 더욱 결정적이다. 편견의 해방 없이 도덕적 자율이 가능한가? 아니면 도덕적 자율의 설정이 정치적 자율의 한계를 설정할 수 있는가? 이에 대한 칸트의 대답은 엄밀한 텍스트 해석을 요구한다. 하지만 자율이 타율의 극복을 전제한다는 점에 유의해야 한다. 필자의 논변은 이 전제에서 출발한다.

법의 추상적 특성이 특히 비판을 받는데, 정치공동체의 구체적인 갈등을 모두 포섭할 수 없기 때문이다. 법은 추상적 인격의 관계를 다루고, 정치공동체는 구체적 인격의 관계를 다룬다. 물론 법의 추상적 관계는 구체적 관계의 전형으로 판단의 근거가 된다. 하지만 정치공동체는 역사적 측면, 특히 법의 일반성에 포섭되지 않는 새로운 측면도 포함한다.[25] 정치공동체의 역사적 특성은 분배 문제에서도 오롯이 드러난다. 정치적 계약주의에서는 분배 또한 개인 선택에 의한 합의 대상으로 간주한다. 예를 들어 롤즈의 차등원칙은 그 대표적 사례이다. 계약의 평등 상황은 공정한 정의원칙의 도출 조건이다. 정의원칙의 도출은 정치공동체의 복잡한 불평등을 시정하기 위한 선결조건이다. 더욱이 정의원칙은 분배과정에서 현실의 사회/경제적 불평등을 장기적이고 일관된 방향으로 이끄는 지렛대 구실을 한다. 말하자면 정의원칙은 '임시적 고정점'이다. 이런 고정점이 없다면 어떤 결과를 낳는다. 계약주의에 따르면 사회의 지향 목표가 사라지기 때문에 역사의 우연성에 따른 시행착오를 반복할 뿐이다. 따라서 분배의 기본 방향을 정하고 집행하기 위해 정의원칙의 구성이 우선되어야 한다. 정치적 계약주의에 따르면 정의원칙은 목표를 설정하고, 그 목표 내 합목적적 효율을 지향하기 때문에, 분배과정은 합목적적 효율을 달성하는 수단이 된다. 다른 식으로 말하면 정치적 계약주의는 인간의 가치보다 옳음을 우선시하며, 옳음에 입각한 의무론적 관점은 삶의 목표의 한계, 가능한 것과 불가능한 것의 경계를 정한다.

원천계약 상태의 비역사적이고 가상적인 특성은 충분히 거론된 바 있다. 하지만 의무론적 관점과 분배의 관계는 새롭게 조명돼야 한다. 의무론적 관점은 법적 인격, 권리의 주체를 상정한다. 다른 말로 하면 법적

---

25) 법의 일반성에 대한 한계는 이미 아리스토텔레스도 지적하고 있다. 그의 '근원적 공정성(epieikeia)'은 법의 일반성이 포착하지 못하는 한계를 극복하기 위한 개념으로 제시된다. 근원적 공정성에 대해서는 아리스토텔레스, 『니코스마코스 윤리학』, 제5권 10장을 보라.

인격은 목적적 존재로 대우받아야 한다는 도덕적 인격을 객관화한 것이다. 목적적 인격은 말하자면 구체적 인격의 본보기다. 그러나 목적적 존재인 도덕적 인격은 칸트의 논의에서처럼 특정 역사적 상황에 놓인 구체적 인격이 달성해야 할 목표이기도 하다. 그런 점에서 구체적 인격은 현실의 행위 주체이며, 권리의 주체와 달리 현실의 행위 주체에는 회피될 수 없는 현실 투쟁의 맥락이 개입된다. 법적 주체는 구체적인 갈등, 결정하는 사람의 정체성, 그 역사적 결정 등을 배제한다. 법적 주체와 현실 주체 간 간극은 자유의 가능성과 그 실현, 가능성과 실제 역량 간 간극으로 설명된다. 순수 가능성은 능력의 잠재력만 입증하면 그만이지만, 역량의 발휘는 다양한 형태의 난관 극복을 언급해야 한다. 순수 가능성에서 현실적 난관은 크게 문제되지 않는다. 계약 상황을 예로 들어보자. 계약 당사자는 어떻게 규정되는가? 계약 당사자는 주권자로서 누려야 할 추상적 사실, 자유롭고 평등한 주체로 인정된다.[26] 정치적 주체는 여기서 더 나아간다. 그들은 구체적인 상황과 편견 속에 갇혀 있는 주체, 특정 역사적 상황에 놓여 있다. 그들은 그런 예속의 상태에서 해방을 꿈꾸고, 상황이 부여하는 현실 이해관계를 갖는다. 개인과 집단의 정치적 선택은 특정 상황에서의 선택, 지금 살고 있는 역사적 상황에서의 자유, 평등을 향한 투쟁적 성격이 강하다. 이렇게 정리하면 정치적 자율은 역사적 선택을 기반으로 도덕적 자율을 추구한다. 정치는 역사성의 벽을 넘지 않고는 한 걸음도 내딛을 수 없다. 반면 도덕은 현실에서 유리된 초역사적 상황도 포함한다. 도덕적 관점은 현실 비판의 가늠자이지만 구체적 현실에는 여전히 눈감고 있다.

도덕과 정치의 간극은 법과 정의의 간극으로도 설명될 수 있다. 법은

---

26) 롤즈는 인간의 필요를 자연적인 것과 사회적인 것으로 나누고 '사회적 기본가치(primary social goods)'를 분배의 대상으로 삼고 있다. 사회적 기본가치는 일종의 '사회적 필요(social needs)'라고 할 수 있는데, 기본 역량을 발휘할 수 있는 최소 조건이 여기서 결정된다.

'내 것,' '네 것'의 구분에 입각한다. '정의'는 '내 것', '네 것' 이상이다. 정의는 '우리'의 가능성을 모색한다. 정의는 내 것과 네 것의 인정 상태에서 협동의 가능성을 포괄한다. 정의의 포괄적 특성은 정치의 통합적 특성과도 무관하지 않다. 이런 사실에 비추어 보면 정치공동체는 공법체계 이상일 수밖에 없다. 정치공동체가 공법체계 이상이라면, 그 특성은 무엇인지 밝히는 일은 중요하지만, 정치공동체 고유의 특성을 찾기란 쉬운 일이 아니다. 대체로 인간의 '상호협력' 가능성이 그 대답으로 제시된다. 정치공동체는 상호협력을 모색한다. 정치공동체는 자기 이해를 충족하고 협력을 통해 자기 정체성을 인정받는 공간이다. 따라서 상호협력 가능성에 대한 해명은 매우 중요하다. 여기서 다시 한 번 고대 정치철학의 핵심 논제로 돌아갈 이유가 있다. 이때 중요한 사실은 상호협력의 가능성이 분배보다 우선한다는 점이다. 상호협력 없이 생산성을 논할 수 없다. 생산적이지 못한 사회에서 분배는 무의미하다. 따라서 정치공동체의 상호협력과 생산성은 분배보다 우선하며, 정치공동체의 성립과정에서 우선된다. 분배는 생산적 정치공동체의 부산물이다. 분배문제는 정치공동체 안에서 발생하는 협력의 부산물인 것이다.[27]

여기서 협력적 정치공동체의 가능성은 해명해야 할 가장 중요한 문제이다. 사실 정의 문제도 이미 사회협력의 문제와 긴밀하게 연관된다. 예를 들어 롤즈의 차등원칙을 생각해보라. 차등원칙은 사회협동과정에서 발생하는 갈등을 해소하는 정치적 원리이다. 차등원칙의 존재 이유는 불평등 상황의 심화를 막는 데 있다. 그러나 정의 논의에서 언급되는 사

---

27) 분배의 중요성은 고대 정치철학에서도 강조된다. 하지만 분배는 협력의 결과를 공평하게 나누는 문제이지 정치공동체의 성립과는 무관하다. 예를 들어 아리스토텔레스는 가장 대표적인 사례이다. 그에 따르면 모든 정치공동체는 공적에 따른 분배를 목표로 한다. 여기서 공적은 바로 협력의 결과를 기여 정도에 따라 평가한다. 유사한 맥락에서 롤즈의 차등원칙도 분배과정에서 발생하는 불평등 문제를 해소하기 위한 재분배원칙임을 명심할 필요가 있다.

회협동은 여전히 추상적이다. 기껏해야 직능 간 협동을 전제로 할 뿐이다. 직능 간 협동은 직능의 탁월성, 탁월한 행위자를 전제로 한다. 직능의 생산성은 직능의 효율성과 일치하고, 직능의 탁월성 향상은 사회 생산성을 높이는 데 기여한다. 따라서 정의 담론에서는 직능의 유기적 구성에 논의를 집중한다. 하지만 직무의 유기적 구성은 현실 사회의 생산성을 보장하지 못한다. 상황의 한계, 탁월하지 못한 사람이 있다면 원활한 직무 수행이 불가능하기 때문이다. 또 직능 내 구성원의 구체적 판단이나 상황이 고려되지 않기 때문에, 직능상 협동은 여전히 추상적 논의에 머물고 만다. 추상적 인격의 구성은 협동체의 이상을 상상하는 데 유효할 뿐, 그런 협동이 실제 공동체에서 일어났다고 보장하지 못한다. 여기서 법적 주체와 다른 정치공동체의 주체를 생각해보자. 정치적 주체는 구체적인 역사적 상황에서 자기 것을 찾아가는 개인들이다. 그들이 모색하는 유기적 관계는 이익의 증진, 정체성 확보 차원에서만 유지된다.

정치적 인격체는 그런 점에서 법적 권리 이상의 개인들이다. 여기서 다시 법의 주체, 현실 개인 간 엄청난 간극이 문제가 된다. 동시에 이 지점에서 정치적 계약주의의 한계가 노출된다. 어떻게 다양한 생각과 환경에 지배받는 구체적인 개인들이 사회협동을 통해 생산적인 사회를 만들 수 있는가? 그들은 어떻게 동일한 정체성을 확보하고 유지할 수 있는가? 이 물음에 대한 대답은 리쾨르의 근본 물음에 대한 대답을 포함해야 한다.[28] 만일 정치공동체가 분배체계 이상이라면, 분배를 통해 협력을 달성할 수 있는 근거는 무엇인가? 다양한 생각과 확신을 가진 우리들이 정치공동체 안에서 더불어 살 수 있는 이유는 무엇인가?

정치적 계약주의는 이 물음 자체를 회피한다. 사회계약이론은 정치공

---

28) Paul Ricoeur, *The Just*, trans., David Pellauer(Chicago: The University of Chicago Press, 2000) p.132.

동체의 주요 기능 중 하나인 통합 기능을 과소평가한다. 물론 루소의 '일반의사'는 법의 공통성을 지칭하고, 그 통합적 성격을 부각한다. 하지만 일반의사도 정치공동체의 주요 특성은 정치적 갈등의 다양성, 그 화해 가능성을 가볍게 다룬다. 더욱이 정치적 갈등은 도덕적 이견의 갈등이다. 이미 여러 차례 지적했듯이, 정치공동체는 인격의 다원성, 인간 가치의 다원성을 전제한다. 여기서 근본 물음이 파생한다. 서로 생각과 의견이 다른 사람들이 어떻게 동일한 정치공동체 안에서 살아갈 수 있는가? 통합 가능성은 개인의 삶을 인정하면서도 서로에게 강한 의무감을 줄 수 있어야 하는 요건을 충족해야 한다. 모든 계약이론은 후자를 적극적으로 해명할 수 없다. 리쾨르는 이런 비판을 다음과 같이 정리한다.

계약, 그와 관련된 정의관, 추상적 권리에는 근본적으로 결핍된 것이 있다. 유기적으로 남녀를 함께 묶어내는 능력이 없다. 칸트가 승인하듯 법은 내 것과 네 것을 구분한다. 정의관은 본질적으로 법적 원자론의 형태를 취한다. 이런 뜻에서 사회 전체를 분배체제로 간주할 때 생기는 간극은 뛰어넘을 수 없는 약점이다. 롤즈의 원초적 입장도 이 점을 가정한다. 법체계에서 말하는 인간은 법의 정의처럼 추상적이다.[29]

순수 절차적 정의보다 더 실질적인 요건이 설명돼야 할 시점이 있다. 그것은 공동의 가치를 구성하는 공동선 같은 것이 설명되어야 할 시점이다. 우리는 사회구조의 순수 절차적 차원에 깔려 있는 공동체주의 차원을 다룬다. 아마도 우리는 공유라는 은유에서 서로를 조직화한 두 가지 특징을 발견할 수 있을 것이다. 공유하는 데 각자의 몫이 존재한다. 이 몫은 우리들을 구분하는 것이다. 나의 몫은 너의 몫이 아니다. 그러나 공유하는 것은 또한 우리에게

---

29) Paul Ricoeur *Oneself as Another*, trans., Kathleen Blamey(Chicago: The University of Chicago Press, 1992), p.254.

몫을 부여하는 것이다.[30]

정치공동체의 특성은 우리의 가능성을 모색한다. 그러기 위해서 정치
공동체는 현실 불평등의 해소에 더욱 적극적이다. 현실 불평등은 사회
분열의 요인이자 통합의 걸림돌이다. 법은 옳고 그름의 잣대이며, 인간
행위의 한계를 정한다. 그러나 법은 사회변동과 함께 유동적이다. 특정
시기의 문제점을 부각한다. 정치공동체는 그런 변화의 탈-개인적 주체
이다. 사회계약은 이런 긍정적 기능을 상징화하는 인간 상상력의 산물
이다. 인간 상상력의 제약을 받는 정치공동체의 기능이 결코 완결될 수
없다. 더욱이 상상력은 사회협력의 기반이 되기에는 역부족이다. 협력
과 갈등은 현실 주체의 활동이며, 갈등의 통합은 현실 정치에서 완결되
고, 오직 시기적절한 역사적 결정이 요구된다. 현실 정치는 그런 점에서
결코 과소평가될 수 없고, 끊임없이 최선의 통치, 권력의 정당성 문제가
제기된다.

여기서 정치 고유의 문제가 발생한다. 정치는 재차 말하지만 가치의
다원성, 인격의 복수성에 뿌리를 내리고 있다. 정치에서 절대적 기준이
존재할 수 없다. 더욱이 모두는 저마다 선입견에 사로잡혀 있다. 경험에
대한 해석이 다르고, 도덕적 이견도 심각하다. 이런 맥락에서 통치행위
의 정당성을 얻기란 쉬운 일이 아니다. 롤즈의 표현으로 말하면 다양하
고 이질적인 포괄적 교리 안에서 '중첩합의'를 이룩해야 하기 때문이다.
민주주의는 이런 전제에서 출발한다. 민주주의는 가치와 의견의 다양성
속에서 권력의 정당성을 인정받고, 새로운 가능성을 모색해야 한다. 민
주주의 체제에서 갈등은 본원적이다. 이해관계와 의견의 갈등이기도 하
지만, 세계관의 차이에서 생기는 갈등이다. 더욱 근본적인 통합이 필요

---

30) Paul Ricoeur, *The Just*, trans., David Pellauer(Chicago: The University of
Chicago Press, 2000), p.132.

한 이유이다. 민주주의 이념의 우수성은 이런 갈등을 긍정적으로 화해시키는 데 있다. 화합의 진정한 모습은 갈등의 봉합과정에서 나타난다. 민주주의에는 선-결론은 없다. 현재의 갈등을 변증법적으로 통합할 때 결론이 나온다. 그것은 기존 선입견에 입각해 현안을 '정치적으로 결정' 하는 시도이다.

가치의 다원성은 인간이 누리는 정치적 삶의 현주소이다. 너와 나의 생각 차이는 세계의 차이를 전제한다. 현대 민주주의 체제는 '합리적 다원주의라는 사실'에 입각하고 있다. 그러나 정치적 삶의 근본적 갈등이 화해를 위한 단계이다. 분배과정은 이런 맥락에서 정치적 우선적 가치이다. 가치를 어떻게 인정하고 분배하느냐는 정치의 중요한 논란거리다.31) 이 과정에서 정치공동체 안에서 더불어 사는 방식이 모색된다. 이 문제는 사실 정치적 계약주의에서 적극적으로 다루지 못했다. 오히려 정치에 관한 한 그람시의 통찰은 진실이다. 정치는 궁극적으로 '헤게모니의 싸움'이다. 정치적 과정은 인정을 위한 투쟁과정이다. 나의 생각, 나의 목적, 나의 의견을 인정받는 긴 싸움인 것이다. 칸트가 계몽으로 마무리한 정치적 자율의 이상은 이 긴 정치적 투쟁을 전제하지 않고는 한 걸음도 나가지 못한다. 불행히도 정치적 계약주의는 이에 대한 적극적인 해명을 제공하지 못한다. 이 문제를 적절히 다루려면 선택의 존엄성 못지않게 또 다른 정치적 개념에 호소해야 한다.

---

31) 민주주의와 분배의 관계는 정치이론가의 주요 관심사라는 점을 상기할 필요가 있다. 민주주의와 시장의 역할에 주목하면서 분배 문제를 다룬 아담 쉐보르스키는 아주 흥미로운 점을 부각한다. "나의 주장은 이렇다. 주요 정치세력으로부터 자기 이해에 기초한 자발적 복종을 불러일으킬 수 있을 때에만 민주주의는 지속될 수 있다는 것이다. 자발적 복종을 이끌기 위해서는 민주주의는 제도 틀 내에서 경쟁과 실질적 결과를 산출할 수 있도록 모든 사람에게 공정한 기회를 제공해야 한다. 이것이 내가 보여주려고 하는 바이다. 민주주의는 공정하고 효율적이어야 한다. 그러나 어떤 역사적 조건하에서는 이런 필수요건이 충족될 수 없다. 민주적 제도에서도 마찬가지다." 아담 쉐보르스키, 『민주주의와 시장』, 임혁백, 윤성화 옮김(한울아카데미, 1997), 12쪽, 번역은 수정.

8. 선택에서 역량으로

이제 글을 마무리해보자. 근대 정치철학의 좌우명은 자유, 개인 선택의 결정권이었다. 개인의 선택을 무시한 어떤 정치적 행위도 인정받지 못했다. 개인의 선택은 정치권력의 정당화 과정에서 가장 우선된 정치적 가치였다. 정치적 계약주의는 개인의 선택을 앞세운 정치공동체의 성립을 강조한다. 민주주의 사상과 공화주의 사상은 근본적으로 개인 선택을 충족한다는 선에서 현대에도 여전히 매력적인 정치형태로 수용되고 있고, 개인 선택은 일종의 신성불가침의 권리였다. 정치적 계약주의는 이런 전제에서 출발한 매우 근대적 정치철학이라 할 수 있다.

이 글에서 보여주려고 했듯이, 정치적 계약주의는 정치공동체의 현상을 설명하는 데 결정적인 한계에 직면한다. 구체적 개인들의 역사적 결정 행위가 갖는 역할을 제대로 해명하지 못했다. 이 약점은 정치적 계약주의의 결정적인 한계이다. 도덕적 자율을 통한 복종은 정치적 자율의 복종으로 이행되기에는 풀어야 할 숙제가 너무도 많다. 도덕적 자율을 통한 법치의 성립은 결국 공법 체계의 일부를 형성한다. 우리는 이런 공법 체계를 부정할 수는 없다. 최소한도 법치가 작동하는 근거임에는 틀림없다. 이런 공법의 틀이 인간 공동체의 한계를 결정하는 근거가 된다는 점도 부정하기 어렵다. 그러나 도덕적 자율을 통해 형성된 법은 통치의 필수조건이지 충분조건일 수 없다. 정치적 자율은 이 틀 안에서 무수히 많은 정체성 투쟁과 관련된다. 법의 일반성을 극복하고 역사적 상황에 처한 개인들의 무수한 이야기를 담아낼 수 있어야 한다. 정치적 계약주의에서 결핍한 것은 정치적 주체들의 역사적 결정이 정치공동체에 미치는 영향력이다.

자발적 선택은 분명 모든 정치행위의 필수조건이다. 강요나 무지로 인한 행위에 대해 책임을 묻지 않는 것도 자발적 선택의 중요성을 다시 한 번 각인시켜주고 있다. 그렇다고 자발적 선택을 무조건 용인할 수 없다. 타인에게 피해를 주는 선택도 용인해야 하는 어려움에 봉착하기 때문이다. 그래서 자유주의자들은 '해악 원리'를 내세워 자발적 선택의 문제를 다루고 있다. 하지만 '상황의 다양성'이 하나의 공통 문화로 발전하려면 그저 해악 원리를 적용할 수는 없다.[32] 핵심은 한층 근본적 차원에서 상황의 다양성이 협력을 위한 자양분이 될 수 있도록 하는 것이다. 다양성이 상대주의로 빠지지 않는다고 어떻게 보장할 수 있으며, 어떻게 다양성이 서로에게 유익한 협력으로 가동될 수 있을까? 이에 대한 선험적 대답은 불가능하다. 다양성은 특정 역사적 조건 하에서만 나타난다. 이 다양한 상황과 생각을 정치공동체의 생산적 힘으로 바꾸어내는 것 또한 구체적인 역사적 선택이다. 공동체주의자들은 구체적인 역사적 선택은 항상 공동체의 가치를 떠나서 생각될 수 없다고 주장한 바 있다. 해석학도 유사한 주장을 내놓고 있다. 인간의 선택은 미래의 투영 안에서 과거를 새롭게 수용할 때만 진정성을 발휘한다는 것이다. 이 모든 철학의 결론은 정치적 선택이 구체적이고 역사적인 현실공동체의 가치를 떠나서 생각될 수 없다.

정치공동체는 자기결정 이상을 요구한다. 자기 선택의 존중만으로 우리의 바람대로 정의로운 사회를 만들어낼 수 없다. 자기 선택은 사회협력의 필요조건일 뿐이다. 그 이상의 충분조건을 찾아내야만 한다. 나의 선택이 어떻게 사회협력의 일부가 될 수 있을까? 이 어려운 물음에 대한 대답은 정치 패러다임의 변화를 요구한다. 맥락 없이 선택 자체가 유의미할 수 없다. 내 손을 드는 선택은 동의와 반대를 뜻하는 맥락에서 그 의미가 결정된다. 따라서 나의 선택이 의미를 가지려면 구체적 상황에서 내 능력과 결부된 자유의 가능성이 연계되어야 한다. 발휘되지 않는 능력, 선택은 정치공동체 내에서 어떤 의미도 가질 수 없다. 플라톤은 그

---

32) 상황의 다양성이 해악 원리로 다룰 수 없는 문제에 대해서 밀의 『자유론』을 참고하였다.
John Stuart Mill, *On Liberty*(London: Oxford University Press, 1969).

의 이상 사회에서 1인 1직능의 필요성을 역설했다. 그의 주장에 대한 다양한 해명이 가능하지만 우리의 논의를 위해 한 가지 사실만은 강조해보자. 사회 직능으로 발휘되지 않은 개인의 능력을 진짜 능력이라고 할 수 있는가? 한 개인의 능력으로 발휘되지 않는 능력이 과연 그 개인 정체성의 일부가 될 수 있을까?[33]

어떤 패러다임의 변화인가? 정치적 계약주의는 개인의 선택을 중시했다. 정치공동체의 집단선택은 개인의 선택을 벗어나지 않는다. 정치권력의 정당성은 개인의 자발적인 선택을 떠나 생각될 수 없다. 그러나 정치권력이 선험적으로 정당화될 수는 없다. 정치권력은 늘 현실에서 제기되는 권력의 문제이기 때문이다. 따라서 정치권력의 정당성은 항상 특정 정치적 행위에 국한된다. 나의 자발적 선택과는 무관하지만 나와 우리 삶의 근간을 흔들 때 정치권력의 정당성은 더욱 부각된다. 우리의 분노는 왜 생기고 대체 무엇을 향해 있는가? 왜 권력의 부당함이 문제이고, 왜 보이지 않는 권력을 희구하는가? 이 중대한 물음에 대한 답변은 개인의 선택으로는 제시될 수 없다.

이 물음은 결국 나, 너, 우리의 역량(capability)의 물음으로 이어진다. 나의 역량이 인정받지 못했을 때, 타인의 역량이 이유 없이 무시당할 때 나와 너를 지배하는 권력에 의문을 제시한다. 나를 지배하는 힘에 대

---

33) 미국의 사회학자 앨빈 굴드너는 플라톤 주장에 대한 기능주의적 해석을 경계한다. 그 이유는 분명하다. 기능주의 사회 체제 안에서 특정 역할을 수행하지 못할 경우 체제 불균형의 원인이자 사회 파탄의 책임으로 바라보는 시각이 강하기 때문이다. 그런 점에서 그의 결론은 자못 흥미롭다. "여기에는 가장 중요하게 고려할 사항이 있다. 도덕적 가치체계에 매몰될 경우 우리는 예외 없이 그 가치체계가 요구하는 인물이 되고자 하고, 그 가치체계에 따라 행동하려고 한다. 따라서 가장 이상주의적 헌신이 우리 자신을 속이고, 나아가 남을 기만하도록 유도하는 꼴이 되고 만다. 나쁜 신앙의 뿌리는 이기주의적 사리사욕만이 아니라 도덕까지도 뻗쳐 있다. 인간의 자기 진정성은 신념 없이 순응(동조)하는 때만 사라지지 않는다. 바로 인간의 신념 때문에 자기기만에 빠질 때에도 인간의 진정성은 사라진다." 앨빈 굴드너, 『현대 사회학의 위기』, 김쾌상 옮김(한길사, 1981), 518쪽, 번역은 수정.

한 회의적 시선은 정치권력의 정당성을 의심하는 힘이다. 여기서 정치공동체의 숨겨진 전제가 드러난다. 정치공동체의 사회협력은 철저히 사회구성원의 역량에 대한 신뢰에서 생기기 때문이다. 정치공동체의 숨겨진 전제는 사회구성원의 다양한 역양이 서로 조화될 수 있다는 데 있다. 다양한 역량은 서로 조화될 때 집단의 생산력은 강화되고, 다양한 역량이 인정되지 못하고 소수의 지배 역량만이 부각되면 사회협력은 깨지고 만다. 역량의 감소 내지 감소 가능성은 특정 집단의 정체성, 개인의 정체성을 평가하는 근거가 된다. 역량의 감소는 그 집단이 획일화되고 있다는 방증이다.

현대 민주주의 체제의 가능성은 전적으로 이런 역량을 어떻게 정치공동체로 묶어내느냐에 달려 있다. 아렌트(Hannah Arendt)는 더불어 살려고 하는 순간 권력이 작동한다고 보았다.[34] 이때 권력은 역량과 다름없다. 생각하고 행동하는 것 자체는 이미 인간 고유의 역량이기 때문이다. 사람들이 한데 모인다는 것은 이미 체제가 제대로 작동하지 않는다는 반증이다. 그런 사회에서는 특정 개인, 또는 집단의 역량이 배제된다. 역으로 말하면 배제된 자의 역량이 어떤 식으로든 체제 안으로 복원되어야 하는 이유가 설명된다. 정치 안에서 배제 논리가 작동하면 소수의 역량만이 인정받는 특권의 정치가 된다. 타자를 포용하지 않는 기득권의 정치가 되고 만다. 이런 경우 다수는 수적 우위의 정치 세력화된다. 현재 세계 곳곳에서 나타나는 포퓰리즘 민주주의는 이런 현상의 일부이다.

---

34) 권력과 폭력의 구분은 아렌트 논의에서 정치공동체의 특성을 설명하는 데 핵심적이다. 아렌트는 다음과 같이 말한다. "권력은 결코 정당화를 필요로 하지 않으며 정치공동체의 존재 자체에 내재한다. 권력이 필요로 하는 것은 정당성(legitimacy)이다. … 권력은 언제든지 사람들이 모여 하나로 행동할 때 생겨난다. 하지만 그 정당성은 그 다음 뒤따라올 어떤 행동보다 최초로 한데 모이게 한 데서 유래한다. 정당성이 도전받으면 과거에 호소하지만, 정당화는 미래의 어떤 목적과 관련된다. 폭력은 정당화될 수 있지만, 결코 정당성을 획득할 수 없다." Hannah Arendt, "On Violence," *Crises of the Republic*(New York: A Harvest/HBJ Books, 1972), p.151.

이런 상황에서 어떻게 새로운 민주주의를 꿈꿀 수 있는가? 다수가 아닌, 모든 사람의 역량이 조화될 수 있는 민주주의는 어떻게 가능한가? 사실 그 대답은 요원하다. 오로지 이론적 가능성만으로 말할 수밖에 없다. 예를 들어 스피노자(Spinoza) 철학을 생각해보자. 그는 개인의 선택을 넘어 역량에 입각한 민주주의를 꿈꿨다. 『정치신학논고』의 다음 구절은 아직 완숙하지 못한 민주주의 이상, 역량에 입각한 민주주의의 가능성을 보여준다. 아이러니하게도 이 지점에서 스피노자는 사회계약이 아닌 인간의 능력을 그 출발점으로 삼고 있다. 언뜻 보면 스피노자의 문제설정은 사회계약의 그것과 유사해 보인다. 다음 인용을 생각해보자.

> 정부의 권리와 권한의 범위를 제대로 이해하기 위해 관찰되어야 할 것은 정부 권력이 두려움을 유발해 강제력에 제한되지 않고 인간을 정부 명령에 복종하게끔 유도하는 모든 가능한 수단에 의존한다는 것이다. … 복종은 외적 행위의 문제가 아니라 정신의 내적 행위에 관련된다.[35]

하지만 복종의 근거는 사회계약에서 찾을 수 없다. 복종이 정신의 내적 행위에서만 정당화된다면 합리적 개인의 시각에 고정되어선 안 된다. 오히려 현존하는 다양한 형태의 인간, 집단의 정신에서도 작동해야 한다. 정치행위는 합리적인 개인 정신세계에 호소될 수 없다. 불합리하고 비합리적인 개인과 집단의 정신에서도 작동해야 한다. 합리적인 개인의 정신 속에서 작동하는 불합리, 비합리와도 대면해야 한다. 스피노자 철학의 주석가인 에티엔 발리발르의 지적은 이 점에서 옳다. "모든 인간 개체성은 … 자기 속에서 합성되지만 용해되지 않는 개체성의 열등한 형태와 자기가 진입할 수 있는 개체성의 우월한 형태 사이에 붙잡혀

---

35) Spinoza *Theological-Political* Treatise, trans., Samuel Shirley(Indianapolis: The Hackett Publishing Company, 1998), chapter 17.

있다."36) 이런 다양하고 변화무쌍한 관계를 한눈에 정립할 수 있는 절대적이고 선험적인 방법은 존재하지 않는다. 우리의 경험에 비추어 찾아낸 상상적인 것의 매개를 통한 통합을 모색해야 한다. 한층 안정적이고 편안한 개인과 집단의 정체성 안에서 정당화될 뿐이다. 발리발르는 스피노자의 정치철학을 하나의 가능성으로 언급한다. 그는 이렇게 적고 있다.

> 상상적인 것 속에서 개체성과 다중의 구성은 하나의 동일한 문제이며 동일한 과정이다. 스피노자는 이를 정서의 모방(affectuum imitatio)이라 부른다. 이 때문에 스피노자의 분석 대상은 사실 상상이라고 일컬어지는 사회적 관계 또는 대중 관계의 체계라고 해도 과언이 아니다. 스피노자에게 언제나 종교(와 도덕)는 이런 체계의 구체적인 사례 또는 그것의 독특한 역사적 형태를 구성해왔다.37)

민주주의는 가능성이다. 다양한 개체성을 스스로 구성하는 역량을 전제하는 정치적 이상(ideal)이다. 정치적 주체로 인정받는 것은 개체성의 역량을 인정받는 것이고, 제도에 반영하려는 시도이다. 여기서 말하는 개체성은 역량 없이 드러날 수 없다. 어떻게 스스로 역량을 구성할 수 있는가? 분명한 것은 역량은 미리 결정된 것이 아닌 역사적 선택을 통해 만들어진다는 사실이다. 따라서 민주주의는 분명 이상이다. 아직 도래하지 않는 현실을 만들어내는 이상이다. 민주주의의 이상은 현실의 가능성 속에서 그 관념의 색깔을 벗어던질 때에만 현실이 된다. 이상은 이상일 뿐 현실일 수 없다. 그러나 현실에 작동하는 이상을 꿈꾸기 위해선 우리의 편견이 보지 못하게 하는 벽을 스스로 깨부수는 일이 선행해야

---

36) 에티엔 발리발르, 『대중들의 공포』, 최원, 서관모 옮김(도서출판 b, 2007), 112쪽.
37) 위의 책, 114-115쪽.

한다. 자기결정이 모든 것을 해결하는 만능키로 생각하는 한, 우리의 갈등과 고민은 간과되고 만다. 이제 역량에 눈을 돌려야 한다. 나의 역량을 발휘하지 못하게 하는 것들, 타인의 역량과 함께할 수 있는 것들, 아직 갖지 못했지만 꿈꿀 수 있는 것들은 모두 역량과 관련된 가능성으로 나타난다.

역량은 자유의 문제이다. 역량은 선택의 자유로만 설명될 수 없는, 자유의 실현 문제와 관련된다. 누구나 역량을 가지고 있다. 하지만 현실에서 누구의 자유는 실현되고 보상받고, 누구의 자유는 실현될 기회조차 갖지 못한 채 사라져버린다. 물론 사람의 역량은 획일적일 수 없다. 저마다 다른 역량을 가지고 있으므로 특정 잣대로 역량을 획일화시킬 수 없다. 저마다 다른 역량이 발휘되기 위해선 평등한 기회가 요구된다. 그저 형식적 기회균등이 아닌, 실질적인 기회가 제공되어야 한다. 저마다 다른 처지를 극복하고 역량이 발휘될 수 있어야 한다. 여기서 강조점은 평등보다 자유, 특히 특정 역량이 발휘될 수 있는 조건으로서 자유이다. 자유가 구체화되려면 자유가 실현될 공동체를 필요로 한다. 실제로 그리스인들은 자유를 위해 정치공동체를 요구했다. 정치적 계약주의는 도덕적 자율에 지나치게 경도돼 있다. 역량의 중요성은 과소평가되었다. 모두의 역량이 발휘될 수 있는 정치공동체의 구축이 중요하다. 특히 우리 사고를 지배하는 전 지구적 자본주의를 넘어서기 위해서라도 집중해야 할 핵심 문제이다. 여전히 역량에 대한 논의 앞에는 높은 벽이 놓여 있다. 평등에 대한 과도한 집착이 우리의 선입견으로 작동하는 한 역량에 대한 논의는 답보될 수밖에 없다. 분명 누구의 역량도 과소평가하지 않을 정의공동체의 가능성은 남아 있다. 우리도 그런 사회를 여전히 꿈꾸고 있다. 그렇다면 이제 역량에 대한 심도 높은 철학적 논의가 필요해 보인다.

자유주의와 공화주의를 넘어서:
헤겔 국가철학에 내재한 '사회적 국가'의 이념

정 대 성

1. 문제의식

우리는 오늘날 국가에 대해 새롭게 생각하게 하는 수많은 국내외의 사건들을 마주하고 있다. 세계화, 전 지구화라는 표어는 근대로 대표되는 국민국가를 낡은 것으로, 역사적 사명을 다한 것으로 전제한다. 이때 신자유주의는 국민국가의 해체를 정당화시키는 강력한 무기로 기능했다. 하지만 신자유주의가 극명한 한계를 드러내면서 국가는 새로운 숙고의 대상이 되고 있다. 신자유주의의 상징적 장소였던 미국 월가에서 시위의 참여자들이 외친 "월가를 점령하라", "우리는 99%다"라는 저항의 목소리는 지난 30년 이상을 단일 이념으로 군림해온 신자유주의가 받아든 영수증이다. 국내에서도 신자유주의는 자신의 부끄러운 민낯을

---

* 이 논문은 철학연구회 편, 『철학연구』 제108집(2015)에 실린 글이다.
1) Caiden et al.(2001), p.6.

여과 없이 드러내고 있다. 고착화된 비정규직 문제와 '세월호' 등은 우리에게 국가를 정면으로 응시하게 한다.

이러한 일련의 국내외 사건들은 국가를 다시 철학함의 대상으로 삼도록 강제한다. 그리고 많은 사람들이 헤겔의 정치철학에 주목하는 이유이기도 하다. 사실 오늘날 헤겔의 르네상스라고 할 만큼 서양의 철학자들에게 헤겔은 새로운 영감을 주는 철학자다. 가장 최근에 발표된 주목할 만한 저서인 피벡의 『자유의 사상: 헤겔 법철학 연구(*Das Denken der Freiheit. Hegels Grundlinien der Philosophie des Recht*)』(2012)는 헤겔의 정치철학이 어떤 점에서 신자유주의의 강력한 대항 테제가 될 수 있는지, 경제와 정치의 올바른 관계는 어떠해야 하는지를 보여준다. 우리 사회에서도 대안적 상을 제시하기 위해 헤겔을 호명하고 있다. 지금까지 헤겔의 정치철학이 특정한 관점에서 비판과 극복의 대상으로만 간주되었다면, 작금의 일련의 연구는 헤겔의 정신에서 생산적인 측면을 이끌어내려 한다는 점에서 그 이전과 구별된다. 물론 여전히 헤겔의 정신을 온전히 드러내고 있는지는 의심의 여지가 있기는 하지만.

이 글의 목적은 헤겔 정치철학의 핵심 개념에 속하는 국가가 '사회적 국가(Sozialstaat)'로 해석되어야 하는 이유를 보이는 것이다. 그의 국가 개념이 지금까지 계속 연구되어왔다는 점에서 새로운 주제가 아니지만, 심지어 서양에서는 그의 국가 개념을 사회적 국가로 해석하려는 시도가 없지 않지만,[1] 어쩌면 헤겔은 이 개념과 관련하여 국내 연구에서 한 번도 정당한 대우를 받지 못했다는 생각이 필자로 하여금 이 낡은 주제를 꺼내들게 했다. 무엇보다 고전적 자유주의가 한계를 드러내던 시기에 그의 국가론이 나왔다는 것은 신자유주의의 한계가 극명하게 드러난 우리 시대와 극적으로 대조된다.

---

1) 예컨대 마이호퍼의 글(2008)은 이런 시도를 잘 보여준다.

이 목적을 위해 우선 헤겔 정치철학의 전사로서 자유주의와 이와 대비되는 공화주의의 이념을 헤겔의 국가론을 재구성하는 데 필요한 만큼만 간단하게 살필 것이다(2절). 이어서 헤겔 법철학의 핵심주제가 되는 시민사회와 국가의 관계를 살피고, 그의 국가가 어떤 점에서 '사회적 국가'의 모델이 되는지를 살필 것이다(3절). 그런 다음 국가의 존립근거를 절대정신과의 관계에서 살펴본 후(4절), 하나의 단상으로 마무리하고자 한다(5절).

2. 헤겔 정치철학의 전사로서의 자유주의와 공화주의

헤겔의 국가 개념을 이해하기 위한 하나의 방편은 근대의 정치철학의 전통에서 헤겔이 어떤 위치를 차지하고 있는지를 살피는 것이다. 사실 헤겔의 사상이 형성되어가는 데 있어서 프랑스혁명과 그 이론적 토대가 되었던 루소의 공화주의 사상은 아주 중요한 역할을 하였다. 루소 사상에의 이른 접촉은 자연스럽게 자유주의 전통에 대한 거부로 나타났다. 그는 일생 동안 한 번도 자유주의 전통에 열광하지는 않았지만, 자유주의의 역사적 중요성과 필연성을 알고 있었으며, 『법철학』의 체계에서 특정한 지위가 부여되었다. 이런 점에서 그의 정치철학의 형성을 이 두 사조와의 관계에서 살피는 것은 의미 있는 일로 생각된다.

1) 자유주의

고전적 자유주의는 어쩌면 자유와 평등을 보편적 가치로 격상시키고자 한 근대의 자연스런 성과물일 수 있다. '자기소유(Selbsteigentum)' 개념에서 출발하는 자유주의는 나를 공동체나 신분 혹은 전통으로부터 떼어내는, 따라서 근대로의 이행을 추동하는 가장 강력한 철학적 개념이었다. 왜냐하면 나를 공동체의 구성원이기 이전의 '단독자', '한 인간으로서의 나'로 이해한다는 것은 자신이 속한 공동체나 신분질서를 이차적인 것으로 여긴다는 것을 의미하기 때문이다. G. A. 코헨은 이 개념을 다음과 같이 정의한다. "각각의 사람이 자기 자신과 자신의 힘과 관련하여 온전하고 배타적인 통제와 사용의 권리를 향유하며, 따라서 자신이 제공하기로 계약하지 않은 어떤 사람에게도 봉사하거나 생산물을 줄 이유가 없다."[2]

이 개념은 미국의 무정부주의자 워런(Josiah Warren, 1798-1874)에 의해 주조되었지만, 그 사상적 기원은 고전적 자유주의의 대표자인 로크에게 거슬러 올라간다. 그는 『통치론』에서 "모든 사람은 자기 자신의 인격을 소유하며" 각각의 개인은 "자신이 무엇이 될 것인지, 자기가 무엇을 하고자 하는지 결정할 권리를 가지며, 자신이 한 것의 이익을 수확할 권리를 가진다"[3]고 말한다. 고전적 자유주의와 신자유주의의 도덕적 정수로 간주되는 자기소유 개념으로부터 사적 소유 개념이 추론된다. 로크에 따르면 국가가 필요한 이유는 생존권과 소유권을 좀 더 효과적으로, 안전하게 보호하는 데 있다.[4] 따라서 국가의 주된 임무는 구성원의 생존과 자유와 권리를 보호하고 침해하지 않는 것이다.

이러한 입장에서 볼 때 국가가 예컨대 구성원의 특정 집단에 상대적으로 많은 세금을 부과하여 복지 시스템을 구축하는 것은 한편으로는 특정 집단의 자유를 과도하게 억압하는 것이고, 다른 한편 그 구성원들을 독립적 개인으로보다는 보호를 필요로 하는 미성년자로 취급하는 것으로 간주되어 경계된다. 말하자면 국가는 추상적인 국민을 위한다는 미명하에 개인의 권리를 침해해서는 안 된다. 이런 점에서 자유주의는 국가의 정치행위를 엄격한 관리와 감시의 대상으로 삼으며, 정치가 가능

---

2) Gerald A. Cohen(1995), p.12
3) 로크(2007), p.34 이하(번역 고침).
4) 로크(2007), p.84 참조.

하면 개인의 삶에 개입해서는 안 된다는 '정치과소'로 나아간다.

자유주의의 이러한 정치관은 국가 구성원의 삶을 구성원 각자의 책임으로 돌리기 때문에 자유주의에서는 사회적 약자에 대한 배려를 기대하기 어렵다. 현실적으로 사회와 국가 자체를 위태롭게 할 수 있는 사회적 약자들이 양산됨으로써 자유주의는 심각한 도전에 직면했고, 오늘날도 여전히 그런 문제 앞에서 해답을 제시하지 못하고 있다.

2) 공화주의

이에 반해 근대적 이념을 실현하기 위한 또 다른 정치사조인 공화주의는 국가로부터 간섭받지 않을, 자유주의자들의 소극적 자유 대신, 국가의 일에 참여할 적극적 자유 개념을 지지한다. 이러한 생각의 배후에는 인간 각자가 공공의 이익에 관심을 갖는 합리적 이성의 소유자라는 것이 전제된다. 말하자면 각자는 개인의 자유를 공공의 이익을 위해 힘쓰는 일반의지의 담지자라는 것, 그리고 그것이 각자에게도 이롭다는 것이다. 공화주의는 국가가 무엇보다 '공동의 것(res publica)', 즉 공화국(republic)이어야 함을 강조한다. 왕에 대항한 귀족들의 권리투쟁의 결과 생겨난 과두정치체가 고대의 공화국이었다면, 근대에 이르러 공화주의는 '공동의 것'을 인민의 것으로 해석하는 방향을 취한다. 오늘날 공화주의는 일반의지, 말하자면 국민의 의지에 기초한 인민주권을 그 핵심으로 한다.

공화주의는 특수의지나 전체의지가 아니라 일반의지를 정치적 결정의 가장 중요한 시금석으로 삼는다. 특수의지란 여기서 특정한 개인이나 집단의 의지를 말하며, 전체의지란 그런 특수한 개인들의 의지의 총합을 의미한다. 이에 반해 일반의지는 국가 자체의 가장 건강한 모습을 지향하는 집합적 단수로서의 국민(nation)의 의지이다. 즉 국민이 스스로 원하는 의지이다. 문제는 현실적으로 일반의지를 지향하는 집합적 단수로서의 국민은 어디에 있는가 하는 점이다. 그런 추상적 국민이 뭔가를 의지할 수 있는가? 모두 구체적 개인들로 이뤄진 국가에서 그들을 모두 단일체로 묶는 단수로서의 '국민'은 어디에 있는가? 현실적으로 국민의 의지라고 하는 것은 구체적 개별자들의 의지의 총합이 아닌가? 우리의 일상생활에서 '국민'의 이름으로 진행되는 수많은 파롤들을 마주하지만, 그 수많은 파롤들이 너무나 서로 다른 방향을 취하고 있지는 않은가?

바로 이러한 문제로 인해 역사에 등장하는 공화주의자들은 일반의지의 담지자를 구체적으로 지정하고자 했다. 가장 일반적인 대답은 두 가지로 나뉜다. 특정한 계급이나 이들의 대리정당이 그 의지를 담지하는 것으로 간주되거나, 전체 구성원의 평등한 참여로 이뤄지는 국민의회가 일반의지의 담지자로 간주되었다. 전자는 일반적으로 사회주의 국가체제를, 후자는 직접민주주의 국가체제를 상상해볼 수 있다.

공화주의가 구성원의 평등한 정치적 참여에서 자유를 본다는 점에서, 말하자면 구성원의 공적 삶의 원칙을 제시한다는 점에서 근대적 가치를 실현하려는 의지를 보여주기는 하지만, 근대의 위대한 발견인 개인의 사적인 삶을 과소평가하는 경향이 있다. 공화주의는 삶의 가능한 한 많은 영역을 (민주적인) 정치적 과정을 통해 결정하려고 함으로써 소수자나 비참여자들에 대한 독재로 현상할 수 있다는 비판이 제기된다. 근대의 위대한 업적인 개인의 발견이 공동의 정치적 결정이라는 이름으로 무화될 수도 있다는 것, 즉 공화주의는 '정치과잉'을 조장한다는 것이 공화주의에 대한 자유주의자들의 경계이다.

3. 헤겔 체계에서 국가

헤겔의 법철학은 바로 이런 정치사적 배경을 가지며, 그의 국가 개념에 대한 여러 오해의 경로들 중 대표적인 것은 바로 이런 배경을 전혀 고려하지 않은 데서 생겨난 것이라 생각한다. 특히 헤겔은 서양철학자 중 가장 이른 시기에 국내에 소개된 철학자에 속하며, 동시에 가장 꾸준하게 연구의 대상이 되어온 철학자인데,[5] 그의 국가철학은 대부분 마르크스의 전사 내지 국가주의적으로 해석된다. 심지어 그런 국가주의적 해석이 긍정적으로 이해되기도 한다.

헤겔의 법철학은 국가주의와는 아무런 상관이 없으며, 오늘의 관점에서 보자면 마르크스주의의 국가관을 훨씬 뛰어넘는 사상을 전개한다고 평가할 수 있다. 헤겔은 자신의 체계에서 자유주의와 공화주의를 종합한다. 좀 더 정확히 말하자면 그는 인간의 인륜성의 제도를 가족과 시민사회와 국가로 나누는데, 시민사회의 작동원리를 자유주의로, 국가의 작동원리를 공화주의로 봄으로써, 서로 다른 자유의 개념을 통합하고자 한다. 이제 그의 체계에서 국가가 어떤 위치를 차지하는지를 살펴보면서 논의를 이어가고자 한다.

1) 헤겔 체계에서 법/권리 개념과 국가

국가가 헤겔의 체계에서 어떠한 위치에 있는지를 아는 것, 말하자면 국가를 객관정신의 마지막, 그리고 절대정신 직전에 둔 이유를 살피는 것은 국가의 임무를 이해하게 하는 데 도움을 준다. 자신의 체계를 서술하고 있는 『엔치클로페디』에 따르면 체계는 크게 논리학, 자연철학, 정신철학으로 구별되고, 정신철학은 다시 주관정신, 객관정신, 절대정신

---

5) 헤겔 철학의 수용사는 이미 여러 편의 논문과 최근에는 박사학위논문도 출간되었다. 헤겔은 이미 1920년대부터 국내에 소개되기 시작해서 칸트와 더불어 가장 많은 연구자들을 배출하였다. 대표적인 논문으로는 한동휘, 「한국의 헤겔연구사」(새한철학논문집 『철학논총』)와 김윤구의 「한국에서의 헤겔연구사」(『대동철학』 제7집, 2003)이 있다. 학위논문으로는 박민철, 「헤겔철학의 '한국적 수용'에 대한 연구」(건국대학교, 2014)가 있다. 박민철은 헤겔의 수용사를 (1) 일제강점기, (2) 1950-60년대, (3) 1970-80년대 세 시기로 구분하여 그 특징들을 분석하고 있다.

으로 구성되어 있다. 법철학이 속해 있는 객관정신은 인간이 다른 사람들과의 관계에서 나타나는 현상 혹은 제도 등을 다룬다. 여기서는 법, 도덕 그리고 인륜적 제도를 다루는데, 인륜적 제도는 다시 가족, 사회, 국가로 구성되어 있다. 국가는 객관정신의 마지막을 이루고 있다. 그리고 이를 이어 예술과 종교와 철학을 다루는 절대정신이 등장한다.

법철학의 주제는 법/권리(Recht)이다. 여기서 법/권리로 번역된 Recht는 가장 넓은 의미에서 옳음을 의미한다. 이론철학이 진리의 문제에 의해 인도된다면, 실천철학은 옳음의 문제에 의해 인도된다. 예컨대 "그 행위는 옳아(recht)"라고 말해야지, "그 행위는 참(wahr)이야"라고 말할 경우 어딘지 어색하다. 이것은 옳음의 문제가 진리문제, 즉 대상과의 일치문제가 아니라 사회적 규범과의 일치문제임을 시사한다. 이론철학이 존재의 이성적 필연성, 즉 진리를 추구한다면, 실천철학은 당위의 이성적 필연성, 즉 옳음을 추구한다. 헤겔이 자연의 법칙과 법/권리의 법칙을 구별하면서 자연에 대해서는 이성적 필연성을 추구하면서 인륜적 세계, 법/권리의 세계에 대해서는 그렇지 않은 것을 한탄한 이유는 여기에 있다.

> "자연에 관해 말하자면 철학은 있는 그대로의 것을 인식하는 것이다. … 자연에 대한 앎은 자연 속에 현전하는 현실적 이성, 말하자면 표면적으로 드러난 어떤 형태나 우연적인 것이 아닌 자연의 영원한 조화를 … 개념적으로 파악한 것이다. 이에 반해 인륜적 세계에 대해서는 … 실제로 이 지반 위에서 힘과 위력을 지니고 자기를 고수하며 거기에 내재하는 것이 이성이라는 사실을 인정받고 있지 못하다."[6]

---

6) Hegel(1986), S.15.

헤겔은 법/권리의 개념으로 자연과 구분되는 정신의 세계, 즉 좁은 의미의 법과 도덕과 인륜의 세계 전체를 아우른다. "자유야말로 법의 실체와 사명을 이루며, 또한 법의 체계(System des Rechtes)는 실현된 자유의 왕국이다."[7] 말하자면 법철학은 정신의 영역, 그것도 이론이성이 아닌 실천이성, 즉 의지(Wille)의 전체 영역, "자유에 관한 모든 규정들의 현존재"[8]를 다룬다. 우리는 여기서 법의 체계가 좁은 의미의 법의 영역, 즉 법률의 체계(System des Gesetzes)가 아님을 알 수 있다. 그것은 객관정신, 말하자면 실천이성의 세계 전체에서 일어나는 현상을 지칭한다. 그가 법철학의 이름으로 좁은 의미의 법(추상법)뿐 아니라 도덕과 인륜적 제도 전체를 다루는 이유는 여기에 있다.

그런데 헤겔은 실천이성, 즉 의지의 내적 본성을 자유라고 말한다. 의지에 따른 행동이란 외적, 내적인 강제 없이 스스로 하는 행위임을 상기해본다면 그 의미를 이해할 수 있다. "의지는 어떤 다른 것, 외적인 것, 낯선 것에 의지하지 않고 … 오직 자기 자신에 의지할 경우에만 자유롭다."(GW 921)

그런데 의지가 자유를 본질로 갖는다는 것은 의지가 자의(Willkuer)가 아님을 의미한다. 자의로 행위한다는 것은 '행위 주체가 원하는 것을 마음대로 선택한다'는 것으로, 사실 고전적 자유주의자들의 자유 개념과 연결되어 있다. 하지만 우리가 하고자 하는 대부분의 것은 내적, 외적 강제가 섞여 있음을 확인할 수 있다. 예컨대 특정한 음식을 선택하는 행위는 내가 선택하지 않은 배고픔이라는 내적 강제에 어느 정도는 순응하는

---

7) Hegel(1986), §4.
8) Hegel(1970), §486.
  정미라는 "헤겔의 법은 … 자유의 객관적 현실인 모든 사회적, 정치적 제도를 의미한다"고 말하는데, 이는 헤겔이 법의 이름으로 사회와 국가뿐 아니라 인간적 공동체 전체(가족, 사회, 국가)와 더 나아가 추상법과 도덕의 영역까지 포함한다는 사실을 무시할 수 있다. 헤겔의 법철학은 넓은 의미에서 옳음과 관련된 세계 전체를 포함한다. 정미라(2005), p.160 참조.

행위이다. 그런 점에서 자의는 엄격한 의미에서 자기규정의 능력을 가질 수 없으며, 적어도 어느 정도는 내적, 외적 강제에 순응하는 것이다. 그것은 의지의 입장에서 보면 자유의 그림자일 뿐이다. 자유의지에 따른 행동이란 전통이나 자연에 의하지 않고 순수하게 이성에 의해, 사유에 의해 행동할 때 나타난다. 그가 『철학사강의』에서 자유와 사유를 등치시킨 이유가 바로 그것이다.

> "자유는 엄밀히 말해서 사유 그 자체이다. 사유를 부정하면서 자유를 말하는 사람은 누구나 자신이 말하고 있는 것을 알지 못한다. 사유의 자기 자신과의 통일은 자유, 자유의지이다. 의지는 사유하는 의지일 때만 자유롭다"[9]

헤겔의 이러한 표현들은 헤겔이 자기소유로서의 자유를 말하는 자유주의자들이 아니라 자율성으로서의 자유를 말하는 루소와 칸트의 전통에 서 있음을 보여준다. 의지와 사유, 혹은 이성의 이러한 일치는 "법/권리의 토대(Boden des Rechtes)"[10]가 되는 의지가 이성적임을, 법철학의 대상이 되는 모든 인륜적 체계와 제도가 그 본질을 합리적 의지, 즉 자유에 두고 있음을 드러내기 위한 예비 작업이다.

헤겔은 『법철학』 초반부를 추상법과 도덕성의 분석에 할애한다. 그 이후 인륜적 제도, 즉 가족, 시민사회 그리고 국가를 분석하는 데로 나아간다. 여기서 인륜적 제도로 번역한 헤겔의 인륜성(Sittlichkeit) 개념에 대해 설명할 필요가 있다. 이 개념은 습속, 관습, 윤리 등을 의미하는 지테(Sitte)에서 온 말로 자연적 삶이 아니라 인간의 공동체가 유지될 수 있게 하는 인간적 삶의 원리들을 지칭하기 위해 사용된다. 따라서 그것은 반드시 인간의 공동체를 전제한다. 헤겔이 인륜성의 이름으로 가족, 시

---

9) Hegel(1950), S.528f.
10) Hegel(1986), §4.

민사회 그리고 국가라는 공동체를 다루는 이유는 여기에 있다. 여기서 가족은 일차집단을, 시민사회는 이차집단을 대표하며, 국가는 양자의 종합을 지시한다. 이는 확실히 인륜성과 도덕성을 정확히 구별하지 않았던 칸트와는 대비된다. 칸트에게서 도덕성은 공동체와 상관없이 개인이 자기 자신과 맺는 관계를 지칭하기 위해 준비된 개념이다. 헤겔은 도덕성을 인륜성 이전의 단계에 배치함으로써 개별자의 자기관계와 공동체에서의 개인의 삶의 양식을 분명히 구별한다.

인륜적 제도가 인간의 이런 공동체들로 객체화되어 있다는 점에서, 그리고 동물들의 군집과는 달리 이 공동체들이 자연적으로 주어진 것이 아니라 (인간의) 정신의 산물이라는 점에서 객관정신의 영역에 위치한다. 그리고 헤겔은 그 공동체에 위계를 부여한다. 즉 가족보다는 시민사회가, 시민사회보다는 국가가 더 고차적인 정신의 구현체라는 것이다. 그 위계는 그 공동체가 얼마나 정신적인가에 의해 결정된다. 사실 자연에서는 우리가 가족이라 할 수 있는 것과 유사한 무리를 발견할 수 있고,[11] 또한 경우에 따라서는 내부규율을 가진 사회라 할 만한 것(군집)도 발견할 수 있는 데 반해, 국가라는 것을 발견할 수 없다는 사실은 국가가 자연에서 가장 먼 공동체, 가장 정신적인 공동체임을 시사한다. 이 말은 국가는 현실에서 자유를 가장 구체화시키고 있는 제도임을 의미한다.

---

[11] 헤겔이 동물의 가족을 '자연'에, 인간의 가족을 '정신'에 위치시키는 이유는 전자가 혈연 중심인 데 반해, 후자는 남성과 여성이라는 개별적 인격체의 합의(일종의 계약관계)에서 생겨난다고 보기 때문이다. "결혼의 객관적 출발점은 두 인격의 자유로운 합의이다."(Hegel(1986), §162) 이에 대한 간략하지만 명확한 해설은, 곤자 다케시(2014), p.108 이하 참조.
사실 부자 중심의 혈연관계를 중시한 전근대의 가족관과 달리 근대에는 시민사회의 발전과 더불어 가부장적 전통이 점차 사라지면서 부부 중심의 가족관계가 형성되었다. 헤겔이 가족을 정신의 영역에 배치했다는 것은 그가 남녀의 계약에 의한 부부관계의 형성을 가족의 기본으로 보는 근대적 가족관을 받아들이고 있음을 의미한다.

2) 시민사회와 국가

그런데 헤겔 정치철학의 탁월함은 그가 근대에 속한 사상가들 중 최초로 국가와 시민사회를 유의미하게 구별했다는 데서 찾을 수 있다.[12] 이 말은 국가와 시민사회 각자가 고유한 운동원리가 있다는 것을, 그리고 우리는 그 두 세계에 동시에 산다는 것을 의미하며, 다른 한편 근대의 정치철학자들, 예컨대 고전적 자유주의자와 공화주의자들은 이 양자의 고유성을 확인하지 못했다는 것을 의미한다. 예컨대 고전적 자유주의자들은 국가의 목적과 시민사회의 목적을 분간하지 못했으며, 공화주의자들은 국가의 공적 기능의 목적을 올바로 해명하지 못했다는 것이다. 『법철학』 §258 주해는 헤겔의 정치철학이 근대의 다른 정치철학 전통과 어떻게 구별되는지를 명료하게 보여준다. 그는 자유주의자들을 비판하면서 다음과 같이 말한다.

"만약 국가가 시민사회와 혼동되어 국가의 사명이 재산과 개별적 인격체의 자유의 보호에 있는 것으로 정립된다면, 각 개별자들의 이익이 그들을 서로 연합시킨 궁극적 목적이 될 것이다. 이로부터 국가의 구성원이 되는 것은 임의적인 것이라는 사실이 따라 나온다. ─하지만 국가는 개인과 전혀 다른 관계를 갖는다."[13]

이 구절은 국가의 사명을 시민사회의 구성원들의 사적 삶의 보호에 국한시킨 근대 자유주의가 국가와 시민사회를 혼동하고 있다는 것, 더 정확히 말하자면 자유주의적 국가는 국가라기보다는 하나의 시민사회에 머물러 있다는 것을 의미한다.

---

12) 국순옥(2014), p.178 이하 참조.
13) Hegel(1986), §258 주해.

헤겔이 말하는 시민사회는 경제적 관계로 서로 결합해 있는 개별자들의 연합이다. 헤겔이 시민사회의 모델을 경제사회에서 찾은 것은 오늘날 비판의 대상이 된다. 예컨대 하버마스는 전략적/도구적 행위에 의해 인도되는 국가와 경제 영역과 달리 시민사회는 의사소통적 행위에 의해 인도된다(인도되어야 한다)고 함으로써 시민사회의 긍정성과 해방적 기능을 말해주고 있으며, 그를 이어받은 진 L. 코헨과 A. 아라토 역시 시민사회가 단순히 경제적 이익에 의해 이끌리는 부정적 집단이 아니라 평등한 자들 사이의 자유로운 유대와 의사소통을 장려하는 공간이라고 주장한다.14) 하지만 헤겔의 시민사회이론이 어떤 점에서 낡은 것이 되긴 했지만, 시민사회이론의 역사에서 근대적 의미의 시민사회의 자율성과 운동성을 처음으로 발견했다는 점, 그리고 어떤 측면, 예컨대 국가와 경제/시민사회의 분리라는 테제가 그 어느 때보다 중요한 논의의 현실이 되고 있다는 점 등은 그의 업적으로 평가되어야 한다.

어쨌거나 헤겔에 따르면 시민사회는 개인의 이익을 위해 상대와 경쟁하는 인륜체이다. 영국 고전경제학자인 제임스 스튜어트와 아담 스미스의 이론이 그의 시민사회의 모델이 되었다.15) 그것이 인륜체, 객관정신의 구현체라는 점에서 그 본질을 자유에 두고 있지만, 최고의 인륜체인 국가 이전에 위치하고 있다는 점에서 불완전한 자유의 구현체이다. 말하자면 시장에서의 자유, 경제적 자유는 국가에서의 자유, 즉 정치적 자유에 비해 불완전하고 열등하다.

가족이나 국가의 구성원들이 소속감에 의해 행동한다면 시민사회의 구성원들은 독립적 개체로 행동한다. 만약 가족의 구성원이 독립적 개체로, 말하자면 권리의 담지자로 행동한다면, 그리고 국가의 구성요소인 국가의 기관들이 유기적 일부로 기능하지 않는다면 그런 인륜체는 유

---

14) 코헨, 아라토(2013), p.114 이하.
15) 테일러(2014), p.803.

지될 수 없을 것이라는 것이다. 이에 반해 시민사회에서 사람들은 개별적 인격으로, 헤겔식으로 말하자면 추상적 권리의 담지자로 서로 관련을 맺는다. "인간은 자신이 유대인이나 가톨릭교도, 프로테스탄트교도, 독일인 혹은 이탈리아인이기 때문이 아니라 자신이 인간이라는 이유로 인간으로 간주된다."16)

사람들이 시민사회를 구성하는 이유는 자신들의 욕구를 충족하기 위함이다. 그런데 시민사회의 구성원들은 모두 자신의 욕구를 충족하기 위해 행동하지만, 자신의 욕구를 충족하기 위해서라도 타자와 관계를 맺지 않을 수 없다. 자신의 욕구를 충족하기 위한 지극히 사적인 행위도 동시에 타자의 욕구를 충족시키는 행위와 분리될 수 없다는 말이다. 바로 이런 점에서 헤겔은 시민사회를 "욕구의 체계"17)이자 "전면적 의존의 체계"18)라고 말한다.

문제는 욕구의 체계로서의 시민사회가 유지되기 위해서는 경제적 관계를 보호하는 장치가 필요하다. 그런 장치로 헤겔은 사법제도와 경찰행정 및 직능단체를 든다. 그가 사법제도와 경찰행정을 국가에 두는 것이 아니라 시민사회에 두는 것이 이채롭기는 하지만, 이러한 제도들은 시민사회의 역기능을 방지하기 위한 시민사회 내부의 조직체로 간주된다. 사법제도는 개개인의 권리보호에 목적이 있으며, 경찰행정과 직능단체는 질서유지와 길드 내의 빈곤한 자들을 도움으로써 시민사회가 붕괴되는 것을 막기 위한 장치이다.

헤겔은 시민사회의 이러한 장치들에도 불구하고 시민사회의 역동성은 자신을 부정하는 방향으로 흐를 수밖에 없다고 진단한다.19) 시민사회에서 이익집단들의 자기유지를 위한 장치인 협동과 부조의 형태가 등

---

16) Hegel(1986), §209 주해.
17) Hegel(1986), §§188, 189.
18) Hegel(1986), §183.
19) Hegel(1986), §243.

장하기는 하지만, 그런 장치로는 시민사회의 역동성, 말하자면 인구와 생산의 무한한 증식에서 오는 부와 빈곤의 양극화를 피할 수 없다. 시민 사회의 역동성은 천민(Poebel)의 양산을 통해 결국 시민사회를 천민사회로 만들게 될 것이며, 이로 인해 붕괴할 것이다.[20] 이때 천민은 단순히 경제적 약자만을 의미하지 않는다는 점이 강조되어야 한다. 천민은 부의 문제보다는 법/권리의 문제와 연관이 있다는 점에서[21] 마르크스의 프롤레타리아트 개념과 대비된다. 어떤 점에서 그런가? 헤겔의 논리를 좀 더 따라가보자.

시민사회는 권리의 담지자들의 연합체로 출발했다. 권리의 담지자란 개별자가 노동할 권리의 담지자라는 것, 즉 자신의 노동을 통해 실존해야 하는 자임을 전제한다.[22] 시민사회의 구성원들이 자신들의 그런 권리를 요구할 수 없는 상황을 헤겔은 무권리(Rechtlosigkeit)의 상태, 무법(Unrecht)의 상태라고 한다. 즉 이 상태에서 구성원들은 권리/법의 상실을 경험한다. 그런데 법의식과 도덕의식의 상실을 의미하는 이런 무법의 상태는 과도한 빈곤의 상황에서만 나오는 것이 아니다. 그것은 동일하게 과도한 부의 측면에서도 나타난다.[23] 빈곤한 자의 측면에서는 노동의 기피와 권리/법 감정의 소실이 생겨나며, 부유한 자의 측면에서는 법/권리를 훼손해도 된다는 생각이 생겨난다. 말하자면 부 그 자체가 권력이라 믿기 때문에 부유한 자들은 법률을 지킬 필요가 없다고 생각한다. 부에서도 역시 권리/법 없음의 상태가 생겨나는 것이다. 헤겔이 "빈곤 그 자체가 사람을 천민화하지는 않는다"[24]고 한 이유는 여기에 있다. 그리고 L. 지프는 이를 다음과 같이 해석한다. "더 이상 잃을 것이 없는

20) Hegel(1986), §244.
21) 이에 대한 명료한 설명은 Vieweg(2013), S.331f 참조
22) Hegel(1986), §244 추가.
23) Hegel(2005), p.222.
24) Hegel(1986), §244 추가.

사람들에게서는 법에의 순종 대신 '분노/폭동(Empoerung)'이 발생하고, 모든 것을 살 수 있는 사람들에게서는 오만함이 나타난다."[25] 이는 시민사회가 권리의 담지자에서 출발하지만 권리 상실자를 양산하는 것으로 끝난다는 것을 의미한다. 이렇듯 헤겔은 시민사회에서 부의 양극화의 진정한 위험을 경제적 불평등 그 자체에서가 아니라 무법/무권리 상태에 빠진 사회 자체의 천민성에서 본다. 그런데 이러한 사실은 많은 학자들에게서 주목되지 않았다.[26]

헤겔은 시민사회의 진정한 문제는 직능단체의 사회적 부조와 같은 자구 노력에도 불구하고 결국 천민사회로, 무법의 상태로 전이될 것이라는 데서 본다. 시민사회는 기본적으로 추상적 권리 담지자인 개인들, 내지는 이들 집단의 특수한 이익추구에 그 목적이 있기 때문에 결국 그 자체로서는 몰락할 수밖에 없다. 따라서 시민사회가 자신의 원래 목적대로 유지될 수 있기 위해서는 자신의 한계를 넘어서 국가의 통제로 들어가야 한다. 헤겔은 그 이행의 필연성을 다음과 같이 말한다.

"직능단체의 목적은 제한적이고 유한한 것으로서, 그 진리는 절대적인 공동의 목적과 이 목적의 실현 속에 존재한다. … 이렇게 해서 시민사회의 영역은 국가로 이행한다."[27]

3) 구체적 자유의 실현으로서의 국가

우리는 시민사회 스스로 자신의 한계를 인식하고 붕괴를 피하고자 하

---

25) Siep(1992), S.301.
26) 예컨대 슈네델바하는 부유한 천민의 존재를 간과하고 있다. Schnaedelbach(2000), p.292f. 최근에 발표된 글에서 박배형 역시 천민의 문제를 빈민의 문제와만 연결시키고 있음을 볼 수 있다. 박배형(2014), p.80 이하.
27) Hegel(1986), §256.

는 부조와 구제와 같은 자구책을 마련했음을 보았다. 이런 자구책의 마련으로 인해 시민사회 역시 '국가'라는 칭호를 받는데, 시민사회의 그런 자구 노력이 '보편적으로 제도화된 것'이 아니라 어떤 우연의 요소에 의해 지속된다는 점에서 그것은 "오성적 국가", 혹은 "부정적 국가"라고 불린다. 말하자면 진정한 국가는 이성적 국가, 긍정적 국가여야 하는데, 그런 사회적 부조와 구제, 협조를 보편적 제도로 갖추고 있는 인륜적 제도이다. 즉 헤겔은 국가에 의해 제정된 보편적 복지를 통해서만, 말하자면 시민사회에서 이미 그 흔적이 나타난 자구 노력을 정치적-법률적으로 보편화시킴으로써만 시민사회의 천민화와 해체의 동력을 억제시킬 수 있다는 것이다.[28] 그리고 이러한 보편적 복지를 통해서만 시민사회에서의 추상적 자유보다 더 위대한 구체적 자유가 실현될 수 있다고 한다.

"국가는 구체적 자유의 현실태이다. 구체적 자유는 개인의 개별성과 특수이익이 온전하게 전개되고 또한 그 권리가 명시적으로 인정된다는 데 그 본질이 있다. 그뿐 아니라 한편으로 이 개별성과 특수이익은 보편자의 이익과 조응하는 데로 이행하고, 다른 한편으로는 이 보편자를 알고 의지한다. 즉 그것은 보편자를 자신의 고유한 실체적 정신으로 인정하며, 자신의 최종목적으로 삼아 활동한다."[29]

이 인용문에서 구체적 자유가 무엇인지 분명하게 드러난다. 특수한 의지가 온전하게 확보되면서도, 그것이 보편자의 이익과 조응할 때 비로소 구체적 자유에 이른다. 여기서 헤겔은 자신의 국가이론을 루소의 공화주의적 국가이론과 구별하고자 한다.

---

28) 이러한 생각은 확실히 국가란 경제를 통제할 수 있는 인륜체가 아니라 경제에서 생겨난 긴장을 반영하는 것이라 하여 국가를 통해서는 시민사회의 모순을 해결할 수 없다고 한 마르크스와 구별된다. 테일러(2014), p.812 이하.

29) Hegel(1986), §260.

헤겔은 일반의지를 말하는, 말하자면 자유주의의 자의로서의 자유가 아니라 진정한 의미의 이성적 의지, 즉 자율로서의 자유를 말하는 루소의 "공적"을 치하한다.[30] 하지만 루소는 일반의지를 단수로서의 국민의 의지라고 말하지만, 그 현실적 형태는, 헤겔에 의하면, 절대적인 이성의 의지가 아니라 "개별적 의지에서 발현된 공동의 것"[31]으로 파악된다. 그런 점에서 그 의지는 이성의 필연성에 이끌리기보다 "개개인의 자의나 사견이나 임의적인 동의"[32]에 기초해 있다고 할 수 있다. 헤겔은 루소가 일반의지를 개별자의 의지의 한 측면에서 이끌어냄으로써 이성적인 것을 특수한 것, 임의적인 것으로 만들어버렸다고 비판한다. 이것의 결과는 특수한 개인의 이념을 보편자로 참칭함으로써 "첫 번째 끔찍한 광경",[33] 말하자면 프랑스혁명 이후의 공포정치를 가져왔다고 평가한다. 헤겔은 근대의 공화주의가 국가의 이름으로, 정치의 이름으로 특수자의 이익을 이처럼 철저하게 무화하는 결과를 가져올 수 있다는 사실을 경고하고 있다.[34]

---

30) Hegel(1986), §258 주해 참조.
31) Hegel(1986), §258 주해. 루소에 대한 헤겔의 이러한 평가가 공정한 것인지는 논외로 하겠다. 이에 대해서는 이재성(2002), p.302 이하.
오늘날 공화주의자들은 일반의지를 실천이성의 보편적 원칙 내지 보편적 명령과 연결시켜 이 문제를 해결하고자 한다. 그렇다면 그 명령은 어떻게 산출되는가? 정치적 문제를 합리적으로 해결하기 위한 '숙의(deliberation)'의 과정이 중요하게 여겨지는 이유는 이 문제와 연관이 있다. 숙의 민주주의(deliberative democracy)는 자유주의가 우려하는 다수결의 폭력을 방지하기 위한 공화주의적 대응이라 할 수 있다. 즉 다수성과 합리성 사이의 긴장을 해소하고 조화하려는 노력이 숙의를 강조하는 방향으로 나타났다. 숙의가 실천이성의 보편적 명령, 말하자면 일반의지를 찾아 나서는 가장 현실적인 장치라고도 생각했기 때문이다. 여기에는 이성의 공적 사용에 대한 낙관성이 내재한다.
32) Hegel(1986), §258 주해.
33) Hegel(1986), §258 주해.
34) 코헨과 아라토는 루소의 이러한 생각은 시민사회와 정치사회를 전혀 구별하지 못한 데서 연유한다고 말한다. 코헨, 아라토(2013), p.216. 그리고 마이호퍼는 공화주의가 절대적 민주주의와 결합하면서 결국 이러한 위험에 빠진다는 사실을 헤겔이 알고 있었음을 지적한다. 마이호퍼(2008), p.81 이하 참조

헤겔이 국가와 사회의 영역, 정치의 영역과 경제의 영역을 나누는 이유는 여기에 있다. 그는 국가가 사적 삶의 보호에만 그 목적이 있다고 하는, 즉 정치의 고유영역을 폄하하는 자유주의를 비판하는 이유를 살펴보았다. 그는 "독일은 더 이상 국가가 아니다"(『독일헌법론』, 1802)라고 말한 바 있는데, 그는 이 말로 국가를 단순히 도구로 보는 개인주의적-자유주의적 국가관을 비판한다. 자유주의는 국가의 목적을 개인의 자유의 보호에 둠으로써 국가 자체의 일, 소위 공공성에 대한 의식에 둔감함을 드러낸다.

하지만 그가 동시에 공화주의 역시 공격하는 것을 보았다. 공화주의는 일반의지의 이름으로 국가공동체에서 일어나는 거의 모든 일을 처리하고자 한다는 점에서 정치과잉의 정치체를 추구한다. 사적으로 추구할 수 있는 너무나 고귀한 것들을 정치를 통해 희생할 수 있다는 것이다. 그가 가는 길은 시민사회의 영역 구획, 말하자면 사적 삶의 상대적 자율성을 부여하면서 동시에 공적 삶을 추구할 수 있는 체제를 지향하고 있다. 헤겔의 다음의 진술은 그의 국가론의 이러한 위상을 잘 요약해준다.

"현대 국가의 본질은 보편자가 특수자의 완전한 자유 및 개별자들의 복지와 결합되어 있다는 것, 따라서 가족과 시민사회의 이해관계가 국가로 결합되어야 한다는 것, 하지만 자신의 권리를 유지해야 하는 특수자 스스로가 목적의 보편성을 인지하고 의지하지 않을 경우 이 목적이 지속될 수 없다는 것이다." 35)

바로 이것이 유럽의 현대인들이 추구하던 '사회적 국가(Sozialstaat)'의 이상이다. 마이호퍼는 헤겔이 사회적 국가 모델을 최초로 제시했다는 점에서 그를 단순히 시대의 아들이 아니라 시대를 뛰어넘는 사상가로

---

35) Hegel(1986), §260 추가.

올려놓았다고 평가한다.[36]

헤겔은 국가의 이런 이상을 실현하기 위해 국가가 특수한 조직을 가져야 한다고 한다. 이 말은 국가의 모든 조직은 이러한 이상을 위해 서로 협력해야 한다는 것을 의미한다. 입법부와 행정부와 군주권이 그것이다. 입법부는 보편적 의지를 천명하는 기관으로서, 행정부는 특수한 행위를 보편적 의지에 따라 수행하는 기관으로서, 그리고 군주권은 이 둘을 개별적으로 통합하는 형식적 힘으로서 기능한다.[37] 이 세 국가조직은 일반의지가 구현된 것으로서 통제와 균형이라는 자유주의자들의 원리에 따른 권력분할이 아니라 국가의 궁극목표, 즉 구체적인 자유의 실현을 위한 유기적 협력체들로 이해되어야 한다고 한다.[38]

여기서 국가의 구성원은 특수한 개별자들이 아니라 바로 이런 조직임을 인지할 필요가 있다. 이런 이유 때문에 이미 오래전부터 헤겔의 국가에서는 인간과 "절대적 인권"이 사라지고 공동체와 제도만 남았다는 비판도 있었다.[39] 하지만 헤겔이 그렇게 한 이유는 개인이 직접 정치적 결정에 참여할 경우 일반의지가 아니라 특수의지만이 표현될 것이라고 우려했기 때문이다.

이제 문제는 시민사회의 추상적 권리의 담지자들이 자신의 특수한 이익을 넘어서서 보편적 이익과 자신의 이익을 어떻게 조화하느냐에 달렸다. 그 답은 그런 추상적 개인들이 국가의 구성원으로서의 개인으로 고양될 수 있는가에 달렸다. 헤겔은 그런 도야가 입법과정에서 실현된다(실현되어야 한다)고 한다.

입법부는 왕과 행정부의 대표 및 신분의회로 구성된다. 이때 시민의 대표들(하원)과 지주들(상원)로 이뤄진 신분의회는 사적 의지를 공동의 의

---

36) 마이호퍼(2008), p.88 참조.
37) Hegel(1986), §273.
38) Hegel(1986), §272 주해.
39) Verdross(1958) p.153.

지로 고양하는 장소이다. 공적 의식이 발현되지 않을 경우 시민의 대표들 사이에서도 어떤 일치점에 이를 수 없을 것이며, 왕과 행정부의 대표들과의 입법과정에서 어떤 합의점에도 이를 수 없다는 사실을 이들은 알게 된다. 말하자면 자신들의 "주관적, 형식적 자유를 경험적 보편자"[40]로 고양하는 작업이 이 신분의회에서 일어난다. 따라서 시민의 대표들은 시민사회 각 단체들의 대표로 파견되었다고 하더라도 각 단체의 이익을 대변하는 이익집단으로만 행동해서는 안 되고 공동선의 담지자로 활동해야 한다. 이런 점에서 헤겔의 신분의회는 조합주의와 구별되며, 국가와 시민사회를 매개하는 기능을 할 수 있게 된다.[41]

행정부와 군주권은 입법부의 표현인 법률의 보편성을 각각 사적 이해관계에 얽매이지 않고 수행하고 최종적으로 인증하는 기구들이다. 사실 이 두 기구에 대한 헤겔의 설명은 자주 헤겔이 관료주의에 매몰되어 있다거나 프로이센의 군주에 대한 충성맹세라는 비판을 불러일으켰다. 하지만 그는 국가를 이념으로부터 설명하고자 하며, 그 목표를 구체적 자유의 실현에 두고서 저 기구들을 설명한다는 사실에 비출 때 그런 비난은 문제가 있어 보인다. 이 문제는 다른 논의를 필요로 하기에 이 정도로 마무리하려 한다. 여기서는 그가 제시한 사회적 국가가 무엇인지 좀 더 살펴보자.

4) 사회적 국가란?

사실 헤겔의 국가를 사회적 국가의 원형으로 간주하는 오랜 전통이 있었다.[42] 하지만 한편으로 그 전통은 맑스주의의 강력한 힘 앞에서 맑

---

40) Hegel(1986), §301.
41) 테일러(2014) p.830, p.832.
42) 헤겔의 사회국가적 이념이 전개되어간 간략한 역사에 대해서는 나종석(2007), p.410 이하 참조.

스주의의 결핍된 전사(前史)로 간주되었고, 다른 한편 자유주의자들에 의해 국가주의의 원형으로 배척되었다. 그런데 헤겔의 국가 개념에서 '사회적 국가'의 상을 읽어낸 사람은 헤겔의 법철학을 알고 있었고, 또 마르크스와 동시대인인 로렌츠 폰 슈타인(Lorenz von Stein, 1815-1890)이다. 그는 노동의 문제 등 사회문제에 직면하여 "질병과 늙음의 문제는 국가가 보장해야 한다"는 생각을 피력함으로써 당대의 사회적 긴장을 해소하고자 했는데, 이러한 생각은 비스마르크에게 영향을 주어 법제화되었고, 이 영역들은 오늘날까지도 사회적 국가의 중요한 공공 영역으로 남아 있다.

몇 년 전 독일 사민당 수상이었던 헬무트 슈미트는 한 인터뷰에서 "2차 대전 이후 비록 부작용도 있었지만 유럽인들의 최고의 문화적 업적은 사회적 국가의 성립이다"[43]라는 말을 한 적이 있다. 이 말은 진보든 보수든, 좌든 우든 상관없이 자신들의 정책을 사회적 국가에 의지하여 정당화해왔다는 것을 의미한다. 물론 그의 이 진술은 여전히 그 유효성을 가지고 있는 유럽의 "최고의 문화적 업적"이 신자유주의와 더불어 심각하게 훼손되는 것에 대한 분노를 드러낸 것이다.

사회적 국가란 헌법에 따라 기본권과 개인적 자유와 경제적 자유를 보장할 뿐 아니라(법치국가, Rechtsstaat), 사회적 적대와 긴장을 완화하기 위해 법적, 재정적, 물질적 조치를 취하는 민주주의 국가로 정의된다.[44] 다른 말로 하면 사회적 국가는 민주적 체계 내에서의 삶의 위기와 자본주의적 시장경제의 사회적 파급효과를 정치적으로 제어할 수 있는 체계를 구축하고 있는 국가이다. 독일헌법은 독일연방공화국을 "사회적

---

43) http://www.spiegel.de/kultur/tv/helmut-schmidt-bei-beckmann-ausnuechterung-mit-mentholrauch-a-679648.html

44) Andersen, Woyke(Hg.), *Handwörterbuch des politischen Systems der Bundesrepublik Deutschland.* 5., aktual. Aufl. Opladen: Leske+Budrich 2003. Lizenzausgabe Bonn: Bundeszentrale für politische Bildung.

연방국가(sozialer Bundesstaat)"(Art. 20, 1)로, 혹은 "사회적 법치국가(sozialer Rechtsstaat)"(Art. 28, 1)로 표기함으로써 사회적 국가 개념을 그 체제로서 받아들이고 있다. 사회적 국가의 이념에 따르면 시장의 과정은 상품의 공급 외에 시장 자체에 의해서는 제어될 수 없는 사회적 위기와 문제들에 대해서도 신경을 써야 한다. 그런데 시장경제의 그런 사회적 영향에 대한 정치적-국가적 극복은 사회국가적 정치체계에서 시장경제를 훼손하지 않고서 수행되어야 한다고 한다.

사회적 국가의 이런 이념은 자유와 권리보호라는 자유주의적 이상과 사회적 불평등을 제거함으로써 공동의 이익을 극대화하고자 하는 공화주의적 이상을 조화하려는 오랜 노력의 결과로 읽힐 수 있다. 다른 방식으로 표현하자면 국가를 사회에 종속시키는 자유주의, 사회를 국가에 포섭시키는 전체주의, 그리고 국가를 사회로 지양하려는 공산사회나 무정부주의 등을 동시에 피하고자 하는 노력의 결과가 국가와 사회를 조화하는 사회적 국가 형태로 등장했다고 할 수 있다. 이때 '사회적'으로 번역되는 형용사 sozial은 일반적으로 동일하게 '사회적'으로 번역되는 gesellschaftlich와는 전혀 다른 의미를 가진다. 예컨대 독일어 soziales Problem(사회문제)은 사회적 약자에게 주로 발생하는 문제를 말한다. 빈곤문제와 이에서 파생하는 문제들은 그 대표적인 예이다. 이에 반해 gesellscaftliches Problem(사회문제)은 폭력, 테러, 왕따, 자살문제 등을 지시하기 위해 사용된다. 이 문제들은 굳이 사회적 약자에게서만 나타나는 것이 아니다. 따라서 사회적 국가에서 '사회적(sozial)'은 '사회적 약자를 배려하는'의 의미를 담고 있다. 사회적 약자에 대한 고려가 없을 경우 국가는 위기에 처할 수 있다는 오랜 정치적 경험과 철학적 숙고의 결과이다.

사회적 국가는 일단 정치와 경제, 시민적-공적 삶과 사적 삶을 철저하게 구분하며, 여기서 더 나아가 정치의 우위를 강조한다. 물론 이때 경제가 정치에 종속된다는 말은 아니다. 정치와 경제가 구분된다는 것은 자본주의적 시장경제를 정치가 간섭하지 않는다는 것을 의미한다. 사회적 국가가 기본적으로 경제의 자율, 즉 시장을 강조한다는 점에서, 경제의 영역을 한계 짓기는 하지만, 경제 자체에 직접 개입하지는 않는다는 점에서 그것은 사회주의적 시도와 다르다. 말하자면 시장에서 수행되는 경제의 영역을 정치적으로 규정하여, 경제가 그 영역을 벗어나지 못하게 한다는 것이다. 삶의 특정한 영역, 말하자면 공공 영역으로 구별할 수 있는 영역, 예컨대 교육과 의료의 영역을 경제 영역에서 정치적으로 제외함으로써 그 영역을 국가의 영역에 둘 수 있을 것이다. 이러한 생각은 정치(공적 영역)에 대한 경제(사적 영역)의 우위를 강조하는 전통적 자유주의(시장경제)뿐 아니라, 삶의 모든 영역을 경제원리로 운용해야 한다는 신자유주의(시장사회)와도 구분된다. 그리고 그것은 또한 경제 영역을 일반의지의 이름으로 전적으로, 혹은 압도적으로 정치에 포섭하려는 공화주의와도 구별된다.

4. 국가와 절대정신

그런데 헤겔은 왜 사회적 국가를 국가의 모델로 제시했을까? 경제적 자유와 정치적 자유를 통합하기 위해서? 물론 그렇다. 구체적 자유란 이 양자의 통합이니까. 하지만 이보다 더 큰 이유가 있다. 이에 대한 답을 얻기 위해서는 절대정신과의 관계를 살펴야 한다. 많은 경우 헤겔의 국가 개념은 객관정신의 영역 내에서, 즉 실천철학 내에서만 해명되고 만다. 하지만 그 진정한 의미는 절대정신과의 관계에서 드러난다고 생각한다.

그가 객관정신인 국가와 절대정신의 영역을 구분하는 근거는 다음과 같다. 한편으로 절대정신에 속하는 예술과 종교와 철학은 국가의 지리적, 문화적 국경을 넘어 세계성과 보편성을 띤다는 점에서 그런 것에 제약을 받는 국가보다 위에 있다. 말하자면 세계로 외화된 정신은 자신의 외화된 사물을 매개로 해서만 자신을 인지하지 결코 자신을 직접 인지할 수 없다. 정신의 순수한 자기 인식은 절대정신에서만 가능하다.

다른 한편 헤겔이 절대정신의 영역에 위치시킨 것들, 즉 예술과 종교와 철학은 일반적으로 정신의 영역이라 불러도 낯설지 않지만, 그가 국가나 사회를 '정신의 구현체'라고 부르는 것은 어딘지 낯설다. 왜냐하면 이 영역들은 정신의 영역이라기보다 물질적, 실천적 재생산의 영역에 위치하는 것이 일반적이기 때문이다. 하지만 헤겔이 그런 인륜적 공동체도 정신의 영역에 위치시킨 것은 중요하다. 왜냐하면 정신의 본질인 이성이 인간의 공동체의 원리여야 하고, 자유가 그 공동체의 본질이어야 한다는 것을 주장하기 때문이다. 말하자면 경제적 행위와 정치적 행위는 상대적으로 낮은 단계의 정신의 영역, 우리의 일상적 용어로 말하자면 (정신과 구별되는 의미의) 물질적 혹은 질료적, 실천적 재생산의 영역인 데 반해, 절대정신의 세 영역은 진정한 의미의 정신의 영역으로서 인간이 정신적 존재이고, 그런 점에서 자유로운 존재임을 알려주는 가장 직접적 현상들이라 할 수 있다.[45]

사정이 이러하다면 "국가라고 하는 것, 그것은 세계 안에 있는 신의 통로다(Es ist der Gang Gottes in der Welt, dass der Staat ist)"[46]라는 헤겔의 유명한 구절의 의미를 이해할 수 있을 것이다. 사실 이 문장만큼이나 헤겔을 국가주의자로 해석하게 하는 것은 없었다. 이 문장은 영어로 "국가는 세계를 관통해 가는 신의 행진이다"로 번역되면서 국가를 신성한 것으로 이해하게 하는 빌미를 제공했다.[47] 하지만 헤겔은 이

---

45) 사실 이러한 구분은 헤겔이 아리스토텔레스의 영향에 있다는 것을 보여준다. 아리스토텔레스에 따르면 노예들의 행위인 물질적 재생산을 위한 경제적 행위(노동, poiesis)는 가장 낮은 단계의 인간의 행위 영역이고, 시민들의 정치적 행위(실천, praxis)는 상대적으로 높은 인간의 행위 영역이며, 가장 고귀한 인간의 행위는 이론적 활동(theoria)이다.

46) Hegel(1986), §258 추가.

47) 이러한 이해와 번역은 오랫동안 헤겔이 국가를 그 자체로 신성한 것으로 간주했다는 국가주의적 해석을 위한 직접적 전거로 인용되었다. 이러한 해석의 잘못된 영향에 대해서는 이미 오래전에 카우프만이 잘 설명해주고 있다. Kaufmann(1970), p.197f.

구절로 국가가 절대정신으로 나아가게 하는 "질료적 토대"가 된다는 것을 말하고자 했다.[48] 국가는 통로이지 그 자체 목적이 아니다. 말하자면 국가는 신, 즉 절대적 정신이 자신을 드러내기 위해 통로로 사용하는 인륜적 실체, 절대정신으로 향하는 통로라는 것이다. 테일러가 "국가는 헤겔이 '절대정신'이라고 부른 의식의 양태에서 다른 존재와 맺는 본질적 관계를 회복할 수 있게 하는 불가피한 도정들 중 하나이다"[49]라고 헤겔의 국가 개념을 해석한 이유는 바로 이런 점 때문이다.

그렇다면 국가의 존립근거는 보다 분명해진 것 같다. 그가 국가를 객관정신의 최고의 형태로 간주하는 이유는 정치적 결정을 통해 물질적, 현실적 안정을 도모함으로써 그 구성원들로 하여금 정신적 활동을 할 수 있도록 토대를 제공하는 임무를 갖는다는 것을 설명하고자 한 데 있다. 국가가 자유주의자들이 주장하듯이 생존권과 자유권, 그리고 사유재산권을 보장하는 이유는, 그리고 공화주의자들이 주장하듯이 평등한 정치의 참여를 보장하는 이유는 바로 거기에 있다. 말하자면 우리에게 경제적 자유와 정치적 자유가 필요한 이유는 정신적 자유를 향유하기 위해서다. 이는 역으로 정신적 자유가 가능하려면 경제적, 정치적 안정이 필수조건임을 보여준다. 더 높은 질의 삶을 영위하게 하기 위한 토대의 마련, 그것이 곧 오늘날 국가의 임무이다. 서양은 헤겔의 이러한 생각을 사회적 국가라는 이념으로 구체화시켰다.

5. 맺음말

근대적 이념, 즉 자유와 평등을 실현하려는 근대의 노력이 헤겔 철학에서, 그리고 유럽의 현대국가에서 사회적 국가로 나타났음을 살펴보았

---

48) 테일러(2014), p.677 참조.
49) 테일러(2014), p.715.

다. 사회적 국가는 인간다운 삶의 관계를 산출하기 위해 궁핍과의 투쟁, 기회균등의 창출, 노년의 위기와 질병과 실업으로 인한 위기 등을 해결하려는 목표를 가진다. 자신들의 신체적, 물질적 재생산을 위해 자기의 모든 것을 투신한다면 우리는 높은 질의 삶을 추구할 수 없을 것이다. 사회적 국가라는 이념의 배후에는 물질적, 신체적 문제들로 인해 정신적 삶이 방해받아서는 안 된다는 생각이 놓여 있다. 자유, 평등, 연대라는 가치를 체현하고자 한 사회적 국가는 그 자체로 목적이 아니라 어찌 보면 보다 인간다운 삶이 가능하기 위한 물적 토대로 기능한다.

'세월호'는 우리에게 국가에 대해 새롭게 생각하도록, 국가를 정면으로 응시하도록 한다. 이전의 대형 사건들이 국가의 무능을 드러내는 것으로 국가가 비판의 대상이었다고 한다면, 세월호는 우리에게 국가가 있기는 한 것인지에 대해 근본적으로 의심하게 한다. 헤겔이 자신의 생존을 위해 경쟁하는 시민사회를 국가라고 하지 않았듯이. 세월호는 우리 모두가 스스로 생존을 염려해야 하는 생존투쟁에 내몰려 있다는 것을 적나라하게 보여줬다. 홉스가 국가의 이름으로 벗어나고자 했던 자연상태의 그 생존투쟁에 우리 모두 내몰려 있다. 생존투쟁에 내몰린 우리가 어떻게 주위를 보고, 더 높은 것을 볼 수 있겠는가? 생존투쟁을 넘어선 존엄한 삶, 인간다운 삶, 정신적 가치 등을 추구하며 살아가기에는 우리의 물적 기반이 너무 약하다. 그런 것을 추구하는 것은 우리에게 사치일 뿐이다. 세월호는 우리나라가 더 이상 국가가 아님을 보여준 사건이다. 이것이 세월호의 특별함이다.

참고문헌

국순옥(2014), 「헤겔과 슈타인에 있어서 독일 관념론 국가사상」, 김도균
옮김, 『민주법학』 제55호.

나종석(2007), 『차이와 연대』, 서울: 도서출판 길.

박민철(2014), 『헤겔철학의 '한국적 수용'에 대한 연구』, 건국대학교 박
사학위논문.

박배형(2014), 「헤겔의 실천철학에서 국가의 목적에 대하여」, 『헤겔연
구』 제36호.

이재성(2002), 「루소의 정치철학에 대한 헤겔의 비판」, 『대동철학』 제18
집.

정미라(2005), 「법의 이념과 법철학」, 『범한철학』 제38집.

곤자 다케시(2014), 『헤겔과 그의 시대』, 이신철 옮김, 서울: 도서출판b.

J. 로크(2007), 『통치론』, 강정인, 문지영 옮김, 서울: 까치.

W. 마이호퍼(2008), 「헤겔에게서 국가 개념과 원리」, 서윤호 옮김, 『입
법정책』 제2권 제1호.

J. 코헨, A. 아라토(2013), 『시민사회와 정치이론』, 박형신, 이혜경 옮
김, 서울: 한길사.

Ch. 테일러(2014), 『헤겔』, 정대성 옮김, 서울: 그린비.

Cohen, G. A.(1995), *Self-Ownership, Freedom and Equality*,
Cambridge University Press.

Hegel, G. W. F.(1970), *Enzyklodaedie der philosophischen
Wissenschaften III, in Werke in zwanzig Baenden*, Bd.10,
Frankfurt/M.

_____(1986), *Grundlinien der Philosophie des Rechts, Theorie
Werkausgabe*, Bd.7, Suhrkamp Verlag.

_____(2005), *Nachschrift Kiel*, hg. v. Karlheinz Hoppe,

Frankfurt/M.

_____(1950), *Vorlesungen ueber die Geschichte der Philosophie*, in *Saemtliche Werke*, hg. v. H. Glockner, Bd. XIX.

Kaufmann, W.(1970), *Hegel's Political Philosophy*, New York: Atherton Press.

Schnaedelbach, H.(2000), "Hegels praktische Philosophie, Ein Kommentar der Texte in der Reihenfolge ihrer Entstehung," in *Hegels Philosophie*, hg. v. ders., Bd. 2, Frankfurt/M.

Siep, L.(1992), *Praktische Philosophie im Deutschen Idealismus*, Frankfurt/M.

Verdross, A.(1958), *Abendlaendlische Rechtsphilosophie, Ihre Grundlage und Hauptprobleme in geschichtlicher Schau*, Wien.

Vieweg, K.(2012), *Das Denken der Freiheit. Hegels Grundlinien der Philosophie des Rechts*, München.

http://www.spiegel.de/kultur/tv/helmut-schmidt-bei-beckmann-ausnuechterung-mit-mentholrauch-a-679648.html

왈저의 반이상주의 정치철학: 상대주의와 보수주의 반론에 답하기

김 은 희

1. 서론

왈저는 자유주의-공동체주의 논쟁에서 공동체주의 진영을 대표하는 철학자 중 하나로 간주된다. 그는 자유주의 진영에서 흔히 사용하는 추상적 방법론에 맞서 사회문화적 맥락을 추상하지 않는 사유방식을 내세우면서 '공동체주의자'로 불리게 되었다. 대부분의 공동체주의자들은 상대주의와 보수주의에 빠진다는 공격을 받는다. 상대주의 반론은 도덕의 토대를 공동체로부터 끌어올 경우 공동체마다 다른 도덕을 인정해야 하고 이런 도덕들 중 어느 것이 맞는 것인지 판단할 기준을 찾을 수 없게 된다는 것이다. 이런 반론은 도덕이론이 지녀야 할 이론적 지위를 크게 손상시킨다. 보수주의 반론은 도덕성의 토대를 공동체로부터 끌어올 경우 우리는 그 도덕 공동체가 자신의 틀을 근본적으로 깨는 개혁을 하리

---

* 이 논문은 한국철학회 편, 『철학』 제110집(2012)에 실린 글이다.

라고 기대할 수 없다는 것이다. 이런 반론은 도덕이론이 지녀야 할 사회 비판적 성격을 크게 손상시킨다.

이 논문은 왈저의 정치철학에 가해졌던 주요한 두 반론에 대해 그가 대답할 수 있는 방식을 재구성하고 이런 재구성을 통해 그의 기획의 성격은 '공동체주의'라기보다 '반이상주의(anti-idealism) 정치철학'이라는 점을 제안하고자 한다. 이 논문은 두 가지 과제를 다룬다. 하나는 왈저가 상대주의, 보수주의 반론을 피할 수 있을 만한 대응을 재구성하는 것이고, 다른 하나는 이런 대응을 구성하기 위해 왈저의 정치철학이 지닌 반이상주의적 성격을 부각시키는 것이다. 두 쟁점은 연결되어 있어 같이 다룰 수밖에 없다. 전자의 쟁점을 다루기 위해서는 후자의 쟁점이 확인되어야 하기 때문이다.[1]

이를 논하기 위해 이 논문은 2절에서 왈저의 정의론과 해석적 방법론을 개괄하고 3절에서는 그것을 둘러싼 상대주의 논쟁을 다룬다. 나는 왈저의 정의론과 해석적 방법론이 상대주의적이라기보다 맥락주의적이라는 점을 강조할 것이며, 맥락주의는 인간들의 사회적 경험이라는 구체적 사실을 토대로 정당성을 논하고 있기 때문에 자연주의적 도덕론의 성격과 맞닿아 있으며 따라서 상대주의에 빠지지 않는다는 점을 보일 것이다. 4절에서는 왈저의 정의론과 해석적 방법론을 둘러싼 보수주의 논쟁을 다룬다. 여기서 나는 왈저가 내세운 내재적 비판이론이 보수주의적 함축을 피할 수 있을 가능성을 제시할 것이며, 보수주의 혐의를 받는 그의 '공유 이해' 입론은 민주주의에 대한 그의 강조와 연결하여 해석해야 한다고 주장할 것이다.

---

1) 박정순 교수는 왈저의 정의론에 대한 비판들을 크게 네 가지로 분류하여 논의한다. 왈저의 정의론이 함축하고 있는 것으로 보이는 상대주의, 보수주의, 도덕적 불일치, 불평등의 문제가 그것이다. 박정순, 「공동체주의적 사회비판의 가능성: 마이클 왈쩌의 논의를 중심으로」, 『범한철학』 제30집(2003년 가을), 211-247쪽. 나는 그중 상대주의와 보수주의 문제를 집중적으로 논의하며, 도덕적 불일치의 문제는 보수주의에 관한 논의에 포함시켜 다룰 것이며 불평등의 문제는 논의하지 않을 것이다.

2. 왈저의 정의론과 해석적 방법론

그의 정의론의 핵심은 우리의 사회적 가치들이 다원적이며 따라서 분배도 그 가치의 다원성에 맞게 다원적으로 이뤄져야 한다는 것이다.[2] 그에 따르면 서로 다른 의미를 지닌 가치들을 각기 다른 고유의 기준으로 분배하는 근거는 사람들이 그 가치들의 의미에 대한 사회적인 이해를 공유해왔다는 데에 있다.[3] 여기서 나는 그의 이 주장을 '공유 이해' 입론이라고 부르겠다. 그에 따르면 이런 공유된 이해방식을 무시하는 분배는 그 사람들을 부당하게 대우하는 것이다. 사회적 가치들은 고유한 분배 영역을 형성하고 이 분배 영역들은 고유한 분배원칙을 가지며, 한 영역의 분배원칙이 다른 영역의 분배원칙을 침범할 경우 '지배(dominance)'가 발생한다. 이렇듯 왈저가 생각하는 부정의란 바로 이런 '지배'가 발생한 경우이다.[4] 고유한 영역은 고유의 분배원칙을 가져야 한다는 그의 주장[5]을 나는 '영역 분리' 입론이라고 하겠다. 이것은 가령 돈과 같은 하나의 지배적 가치가 다른 영역들, 가령 공직, 시민성 영역에 분배원칙이 되지 않아야 한다는 주장을 담고 있다.

그는 이런 '영역 분리' 입론을 통해 우리가 추구해야 할 평등이 어떤 것인지를 해명한다. 그는 어떤 특정한 사회적 가치를 각기 다른 영역의 고유 가치 개념에 상관없이 똑같이 분배해야 한다는 단순 평등은 불평등

---

2) 왈저는 다음과 같이 말한다. "정의원칙들은 그 자체로 다원주의적 형태를 지닌다. 상이한 사회적 가치들은 상이한 이유에서 상이한 절차에 따라 상이한 주체에 의해 분배되어야 한다. 이런 모든 차이들은 사회적 가치들 자체에 대해 서로 다른 주체들이 서로 다른 방식으로 이해하기 때문에 나타난다. 그리고 이러한 서로 다른 이해들은 역사적이고 문화적인 특수성의 불가피한 결과물이다." Michael Walzer, *Spheres of Justice: A Defense of Pluralism and Equality*(Oxford: Basil Blackwell, 1983), p.6. 이하 SJ.

3) SJ, pp.7-8.

4) SJ, pp.10-13.

5) SJ, p.10.

을 종결하지 못한다고 생각한다. 평등하게 분배된 그 가치 외에 다른 가치들이 불평등을 조장하는 새로운 기제로 등장할 것이기 때문이다.[6] 따라서 그가 보기에 평등은 각 영역의 고유한 분배 논리에 따르는 격차들은 인정하되 하나의 가치 분배원칙이 다른 영역들을 침범하지 않는 상태에서 달성될 수 있다. 가령, 시장에서의 승자가 교육에서의 승자, 공직에서의 승자가 되지 않도록 하는 것이 영역 분리 입론인데, 이에 따르는 세상은 모든 시민들이 어느 정도 평등한 지위를 누릴 것이다.[7]

그러고 나서 그는 각 가치의 영역에서 그 가치의 사회적 의미들에 대해 왈저가 처한 미국 사회의 성원들이 어떤 이해를 하고 있는지에 대해 구체적으로 기술한다. 그는 어떤 특정한 가치에 대해 사회 성원들이 공유한 이해방식에서 그 가치의 분배원칙이 나온다는 '공유 이해' 입론을 여러 구체적인 예들을 통해 제시한다. '영역 분리' 입론과 달리 그의 '공유 이해' 입론은 보수주의 혐의를 받게 된다. 정의의 토대를 사람들이 가지고 있는 이해방식에 곧바로 근거시킨다는 것은 현 상황(status quo)을 정당성의 토대로서 간주한다는 점을 함축하기 때문이다. 이에 대응하기 위해 왈저는 그의 방법론을 좀 더 집중적으로 해명하고 그의 방법론이 지닌 사회비판 능력을 보이려 한다.

왈저가 사회 규범을 위한 방법론으로 내세운 것은 해석의 방법이다.

6) SJ, p.14. 이 점은 특정한 정의 규칙에 맞추어 재화를 사람들에게 재분배하는 일이 얼마나 인위적이며 끊임없이 자유를 훼손하는가를 농구선수 체임벌린의 예를 들어 논증하는 노직의 주장을 연상시킨다. Robert Nozick, *Anarchy, State and Utopia*(New York: Basic, 1974) pp.160-164. 배리 역시 왈저의 복합평등론은 각 영역의 자율성을 정의의 기준으로 삼다 보니 자유시장의 도덕성을 주장하는 하이에크의 입장과 다를 바가 없게 되었다고 지적하고 있다. Brian Barry, "Spherical Justice and Global Injustice," *Pluralism, Justice, and Equality*, edited by David Miller and Michael Walzer(Oxford University Press, 1995), p.71.

7) 왈저는 다음과 같이 말한다. "어떠한 사회적 가치 X도, X의 의미와 상관없이 단지 누군가가 다른 가치 Y를 가지고 있다는 이유만으로 Y를 소유한 사람들에게 분배되어서는 안 된다." SJ, p.20.

그는 도덕의 방법에는 발견, 창안, 해석이 있다고 제시한다.[8] 발견의 방법을 따르는 이들에게 있어 도덕은 인간이 자신의 삶과 역사 속에서 생각해낸 것으로부터 나온 것이라기보다 절대적 진리를 알아보는 능력에 의해 발견되는 것이다. 그러나 현대 철학자들은 도덕에 있어 초월적 진리에 대한 확신을 상실했다. 그래서 그들은 창안의 방법을 시도하게 되는데 왈저에 따르면 창안은 추상화된 합리적 인간들이 추상적인 구성절차와 합의를 통해 정당성과 도덕을 만들어내는 데 쓰는 방법이고, 하버마스와 롤즈가 그런 방식을 사용하여 정의를 논의한 대표적인 사람이다. 이 방법은 여러 문화권의 사람들이 일시적으로 공존할 긴급한 필요성이 있을 때 기초적인 얇은 도덕을 만들기 위해 적합할지 모르지만 전통적인 자신의 문화를 가지고 있는 대부분 사회 성원들에게 필요한 도덕 방법론은 아니라고 왈저는 비판한다. 그런 사회 성원들에게는 그 사회만의 두꺼운 도덕이 이미 존재하며, 그것은 그들에게 더 적합한 도덕이 되기 때문이다.

왈저는 해석의 방법을 지지한다. 그에 따르면 도덕이란 그 공동체가 이미 가지고 있는 도덕과 관행, 가치들의 의미들을 다양하게 해석한 결과물이라는 것이다. 새롭게 발견되는 것도 아니고 추상적으로 구성된 창안물도 아니며, 도덕은 어떤 관행과 가치와 행동에 대해 그 공동체의 성원들이 공유한 이해방식이다. 이런 해석의 방법은 왈저의 정의론에서 '공유 이해' 입론과 연결된다. 많은 자유주의 철학자들은 공동체 성원들이 기존에 가진 구체적인 생각들을 추상해야 정의원칙을 산출할 수 있다고 보았지만, 왈저는 공동체 성원들이 공유하는 이해방식에 대한 우세한 해석을 토대로 정의원칙을 생각할 수 있다고 한다. 이런 그의 '공유 이해' 입론과 해석의 방법은 기존의 사회도덕을 토대로 삼기 때문에 이

---

8) Michael Walzer, *Interpretation and Social Criticism*(Harvard University Press, 1987), ch. 1. 이하 IS.

방법으로는 사회도덕의 근본적 개혁, 혹은 근본적 사회비판이 발생하기
어렵다는 비판을 받게 된다. 하지만 왈저는 어떤 특정한 공동체의 도덕
을 떠나지 않고서도 사회비판이 가능하다고 주장한다. 그가 제시하는
'내재적 비판(immanent criticism)' 이론에 따르면 지배계급이 헤게모
니를 장악하기 위해 보편적 가치와 도덕을 유포하게 되며, 이런 가치와
도덕에 대한 새로운 해석이 등장하면서 그들이 유포한 도덕과 그들의 실
상 사이의 간극이 나타난다. 그 가치와 도덕에 충실하지 못한 지배계급
은 자신들이 유포한 사회도덕들이 다시 자신들에 대한 비판의 근거로 돌
아오게 되는 전복을 겪는다.[9] 이것이 바로 기존의 사회도덕의 토대 위
에서 가능한 사회비판의 메커니즘이다.

3. 왈저는 상대주의에 빠지는가?

왈저의 정의론과 해석의 방법론에 대한 주된 비판은 다음과 같다. 첫
째, 그의 정의론과 방법론은 상대주의를 함축하기 때문에 우리들의 도
덕적 판단을 설명하기 어렵다. 둘째, 그의 이론에서 보이는 상대주의적
요소들은 그의 다른 보편주의적인 주장들과 충돌을 일으키기 때문에 그
의 사상 전체의 정합성을 해친다.

1) 왈저의 이론은 상대주의적이며 우리의 도덕적 판단에 맞지 않는다

왈저의 '공유 이해' 입론은 어떤 가치가 지닌 사회적 의미에 따라 그
가치에 대한 분배의 정의 여부를 판가름해야 한다는 주장과 연결되어 있
다. 즉, 왈저에 따르면 분배 정의는 어떤 가치가 지닌 사회적 의미에 상
대적(relative to)이라는 것이다. 다니엘스는 왈저의 정의론이 특유의

---

9) IS, pp.40-44.

'정당화 입론'을 제시한다고 분석한다.[10] 다니엘스가 분석한 왈저의 '정당화 입론'에 따르면, 분배원칙은 그 영역의 사람들이 그 가치에 귀속시키는 사회적 의미에 따라 수용되지 않으면 그 영역에 부여할 수 없다는 것이다. 다니엘스는 왈저가 다음을 받아들이는 것으로 생각한다.

(1) 어떤 이에게 도덕원칙을 정당화한다는 것은 그에게 원칙을 받아들일 이유를 제공하는 것이다.

(2) 행위 수행의 이유는 곧 행위 수행의 동기이다.

(3) 한 행위(규칙)에 대한 하나의 사실에 대한 고려는 행위 수행의 동기를 부여한다. 즉, 그 사실은, 그것이 그 사람이 이미 갖고 있는 욕구, 가치, 공유된 의미에 적절히 연결된 경우에만, 하나의 이유가 된다.

(4) X는, X가 우리로 하여금 그 가치분배를 할 동기를 주는 가치, 공유된 의미들과 적절히 연결된 경우에만, 우리가 어떤 분배원칙을 받아들이는 이유가 된다.

(5) 가설적 계약에 근거한 것과 같은 철학적 논변들은 우리에게 분배원칙을 채택할 이유를 주지 않을 것이다. 그 이유들이 우리가 이미 공유하고 있는 가치들이나 의미들에 적절하게 연결되어 있지 않다면 말이다.

그렇다면 (6) 우리는 한 사람이 그가 이미 가지고 있는 공유된 의미들과 무관하게 분배원칙을 받아들이도록 동기부여할 이유들을 제공하는 철학적 방법론을 가지고 있지 않다.[11]

왈저의 방법론 내지 정당화 이론에 대한 다니엘스의 이러한 정식화에 따르면 왈저의 상대주의는 (2)와 (3)에서 시작된다. 다니엘스는 왈저가 '강한 내재주의'를 깔고 있기 때문에 상대주의로 빠진다고 주장한다.[12]

---

10) Norman Daniels, *Justice and Justification: Reflective Equilibrium in Theory and Practice*(Cambridge University Press, 1996), p.112.
11) Ibid.

여기서 말하는 '강한 내재주의'란, 어떤 행위자가 이미 가지고 있는 욕구들(혹은 '가치들' 혹은 '공유된 의미들')에 대한 연관성 때문에 그것을 할 동기부여가 되는 경우에만 그 행위자는 그 행위를 할 이유를 가진다는 입장이다. 다니엘스가 보기에 이런 입장은 우리의 도덕적 경험에 맞지 않다. 우리는 공정한 입장을 취하기 위해 끊임없이 우리가 실제로 가지는 욕구나 선호들을 우리 자신으로부터 떼어 놓으려 하기 때문이다. 하지만 강한 내재주의는 우리가 이런 우리 자신의 욕구나 선호에 대해 거리를 두거나 수정하기도 하는 도덕적 활동을 설명해낼 수 없다. 우리의 행동의 정당화 이유는 모두 우리의 욕구로부터 나온 동기에 해당되기 때문이다. 다니엘스가 보기에 강한 내재주의는 우리의 가치관의 변화나 수정이라는 현상을 기껏해야 설명 불가능한 개종과 같은 것이라고 취급할 수밖에 없다.[13]

다니엘스에 따르면 이런 강한 내재주의는 경합하는 여러 사회적 가치관들 간에 서열을 매길 수가 없다. 왜냐하면 강한 내재주의는 A 가치관이 B 가치관보다 선호되어야 하는 이유를 알기 위해서 공유된 의미를 파악하는 일에만 의존하기 때문이다. 즉, 사람들의 욕구와 선호를 바탕으로 이뤄진 공유된 의미 이해는 그들의 사회의 가치관을 초월할 수가 없기 때문이다. 따라서 왈저가 깔고 있는 강한 내재주의는 왈저를 사회적 가치관들의 서열을 정할 수 없는 상대주의에 빠뜨린다는 것이 다니엘스의 비판이다.[14]

라즈는 왈저의 해석 방법론이 우리의 일상적 도덕관을 고려해볼 때 받아들이기 힘든 결론에 빠진다고 비판한다. 이는 왈저의 해석 방법론이 지닌 상대주의적 함축의 문제와 연결된다. 라즈는 왈저의 주장대로

---

12) Ibid., p.113.
13) Ibid.
14) Ibid., p.115.

각자가 속한 사회의 도덕을 도덕으로 여긴다면, 가령 A가 B의 행동에 대해 C와 대화할 때 누구의 사회도덕이 건전한 도덕적 결론을 낳는 것으로 해석될 것인가 묻는다.[15] 라즈가 보기에 B의 사회도덕을 택하는 것은 우리가 받아들이기 힘든 두 결론 중 하나로 귀착한다. 그렇게 되면 첫째, 이는 우리가 실제로 행하는 도덕적 판단을 제대로 설명하지 못한다. 중국인이 아닌 국민(A 혹은 C)이 가령 중국(B)의 천안문 대학살을 비난할 때 우리는 중국의 관점을 벗어나서 하기 때문이다.[16] 둘째, B의 사회도덕을 채택할 경우 B가 자행한 대학살이 정의로운 것으로 해석될 가능성이 있다. 이는 받아들이기 힘들다. 따라서 B의 관점에서의 해석을 택하는 길은 막혔다. A나 C의 사회도덕을 택하는 것을 생각할 수도 있지만, 그것은 도덕적 진리는 관점적이라는 점을 귀결할 뿐이다. 이런 관점주의는 인종학살도 허용 가능한 것으로 만들 수 있기 때문에 받아들이기 힘들다. 따라서 라즈는 이 대안도 채택할 수 없다고 결론 내린다.[17]

2) 왈저의 사상 내에 상대주의와 보편주의가 충돌하여 정합적이지 않다

둘째 비판은 왈저의 상대주의적 방법론은 왈저의 규범적 주장들이 지닌 보편주의적 함축과 충돌한다는 것이다.[18] 왈저는 영역은 분리되어야 하며 그 독특한 분배 기제의 자율성이 존중되어야 하는데, 하나의 가치가 영역들을 넘나들며 지배적인 것이 되었을 때 평등이 깨지고 부정의하

---

15) Joseph Raz, "Morality as Interpretation," *Ethics* 101(January, 1991), p.400.

16) Ibid., pp.401-402.

17) Ibid., pp.402-403.

18) Susan Moller Okin, *Justice, Gender, and the Family*(Basic Books, 1989), p.62; Richard Bellamy, "Justice in the community: Walzer on pluralism, equality and democracy," *Social Justice from Hume to Walzer*, edited by David Boucher and Paul Kelly(Routledge, 1998), p.158; Charles Jones, *Global Justice: Defending Cosmopolitanism*(Oxford University of Press, 1999), pp.190-191.

게 된다는 규범적 주장을 한다. 이것이 그의 영역 분리 입론이다. 오킨이 지적하였듯이, 상대주의를 함축하는 왈저의 '공유 이해' 입론과 보편주의적 규범을 담고 있는 왈저의 '영역 분리' 입론은 부조화를 드러낸다.[19] 가령, 배리에 따르면 왈저는 미국의 좌파적 가치인 사회민주주의를 지지하지만 사회민주주의에 대한 그의 헌신은 그의 방법론 때문에 무색해진다.[20] 즉, 왈저는 사회민주주의를 바람직한 사회상으로 생각하지만, 상대주의적인 정의관을 따를 경우 사회민주주의에 역행하는 사회의 정의관도 받아들여야 한다는 것이다. 왈저는 그의 규범적 입장을 포기하든가, 방법론을 포기해야 하는데, 많은 비판가들은 방법론을 포기할 것을 제안한다. 왈저의 방법론에 대한 이러한 비판들은 모두 왈저에 대한 정확한 공격일까? 과연 비판가들의 지적대로 왈저의 정의론과 해석의 방법은 상대주의로 요약될 수 있을까?

3) 상대주의라기보다 맥락주의와 자연주의

분배 정의는 어떤 가치가 지닌 사회적 의미에 상대적(relative to)이라는 그의 주장 때문에 왈저는 상대주의 정의론을 제시한 것으로 간주되고 공격을 받는다. 그가 말하는 '~에 상대적(relative to)'이라는 말은 어떤 뜻일까? 이것은 어떤 사회적 가치를 해석하는 맥락에 의해 정의원칙들이 결정되어야 한다는 것이다. 즉, 분배 정의론은 어떤 가치가 시공간을 초월하여 가지고 있다고 추정되는 본질적 속성에 의거해서도 안 되고, 또 시공간을 초월하여 그 가치를 평가하는 사람들의 생각에 의거해서도 안 된다. 그것은 그 가치에 대해, 특정 시공간에 놓인 사람들의 마음속에 널리 자리 잡은 생각들에 의거하여 결정되어야 한다는 것이다. 왈저는

---

19) Susan Moller Okin, *Justice, Gender, and the Family*(Basic Books, 1989).
20) Barry, "Spherical Justice and Global Injustice," p.74.

그 사람들의 생각이 무제한적으로 시공간을 초월한 보편적인 것이 아니라는 점에서 자신의 입장을 '특수주의'라고 부른다.[21] 그가 말하는 특수주의란 플라톤이 우리 인식의 한계상황으로 비유한 '동굴'을 떠나지 않고 사고하는 방식을 의미한다. 이때 왈저는 우리가 특수한 상황 속에서 사고할 수밖에 없기 때문에 보편적 도덕을 찾을 수 없다고 말하는 것인가? 그렇지 않다. 왈저는 자신의 특수주의를 통해 보편적 도덕에 이를 수 있다고 밝힌다.[22] 그는 보편적 진리로부터 특수 사례에의 적용으로 진행하는 사고의 한계를 비판한 것이지, 보편적 도덕 자체를 비판한 것이 아니다. 그는 우리가 얻는 도덕적 결론은 늘 우리가 처한 특수성으로부터 나온다는 것을 강조할 따름이다.[23] 즉, 우리가 처한 특수성에 대한 충분한 검토가 있어야 그에 가장 적실한 도덕적 결론이 나온다는 것이다. 그 도덕적 결론이 얼마나 넓은 범위에 적용될지, 즉 얼마나 큰 보편성을 가질지는 그 해당 사안의 성격에 따라 달라진다. A사회와 B사회 간에 a문제를 가지고 어떤 도덕적 결론 c를 내려야 한다고 해보자. a문제의 성격이 A사회와 B사회에만 영향을 미치는 것이라면, a문제에 대한 도덕적 결론 c는 A사회 성원들의 생각과 B사회 성원들의 생각을 고려함으로써만 나와도 충분할 것이다. 하지만 a문제의 성격과 관련하여 A사회와 B사회와 유사한 상황과 관계를 갖고 있는 A'사회와 B'사회가 있다고 해보자. 그런 유사관계의 사회들이 존재하기만 한다면, a문제에 대한 도덕적 결론 c는 A'사회와 B'사회의 관계에도 어느 정도 적용될 것

---

21) SJ, p. xiv, 그리고 Michael Walzer, "A Particularism of My Own," *Religious Studies Review*, vol. 16, no. 3(July, 1990), pp. 193-197. 이하 PMO.

22) 왈저가 특유의 관점으로 보편주의를 인정하고 있는 논문은 다음과 같다. Michael Walzer, "Nation and Universe," *The Tanner Lectures on Human Values*(May, 1989), pp. 509-556. 이하 NU.

23) 왈저의 방법론은 특수에서 보편으로 나아가는 방식을 취한다는 의미에서 롤즈의 방법론과의 차별화된다는 국내 논문은 다음과 같다. 문성원, 「자유주의와 정의의 문제: 세계화 시대의 자유주의 정의관」, 『시대와 철학』 제12집, pp. 277-301.

이다. 하지만 그 적용이 의미하는 바는, a문제에 대한 A사회와 B사회의 도덕적 결론 c가 곧바로 A'사회와 B'사회의 도덕적 결론으로 인정되어야 한다는 것이 아니라, A'사회와 B'사회의 도덕적 결론 c'가 도덕적 결론 c와 유사하게 반복되어 등장했다는 것을 의미한다. a문제가 여러 사회에서 매우 많이 반복되는 중요 문제라고 해보자(가령, 살인이나 전쟁, 잔악행위, 사기, 기만의 문제). 그렇다면, 이에 대한 도덕적 결론 c는 매우 많은 사회에서 반복되어 나타날 것이다. 하지만 a문제가 특정 사회의 특유한 문제라고 할 경우 그것에 대한 도덕적 결론은 그 사회에 한정해서 의미를 가질 것이다.

정리하자면, 왈저의 정의론은 우리가 도덕적 결론이나 원칙을 얻으려 할 때, 먼저 그 문제가 처한 맥락을 고려하여 그것으로부터 원칙을 얻어내야 한다는 것을 강조한다. 그래서 밀러는 왈저의 정의론을 '상대주의'라 하지 않고 '맥락주의'라고 일컫는다.[24] 밀러는 '맥락주의' 정의론과 '보편주의' 정의론을 대조한다. 밀러에 따르면 보편주의 정의론의 목적은 "모든 여건 하에서의 우리의 판단과 행동을 지도할 수 있고, 지도해야 할 정의원칙을 발견하는 것"이다.[25] 보편주의에 따르면 여건에 따라 다른 원칙을 적용하는 듯 보이는 것은 단지 외양일 뿐이고 그 저변에 흐르는 원칙은 항구적인 것이다. 반면 밀러가 말하는 '맥락주의'에 따르면 정의원칙들은 항구적인 기본원칙들의 단순한 파생물이나 적용 결과가 아니며 맥락에서 발생하기 때문에 정의원칙은 맥락과의 연관성에서 찾아야 하는 것들이라는 것이다. 밀러는 맥락주의 정의원칙의 형태를 다음과 같은 공식으로 나타낸다. "C1에서는 P1, C2에서는 P2, ⋯ Cn에서는 Pn(Ps: 이론, Cs: 분배 맥락)"[26] 밀러에 따르면 이런 맥락주의는 보

---

24) David Miller, "Two Ways to Think about Justice," in *Politics, Philosophy & Economics*, vol. 1(Sage Publications Ltd., 2002), pp.5-28.

25) Ibid., p.7.

26) Ibid., p.7.

편적인 내용을 배제하지 않으며 오히려 "성격상 객관적이고 보편적인 주장을 한다."[27] 왜냐하면 맥락주의의 공식에 따르면 항상 어떤 특정 맥락에서는 그것에 적절한 특정 원칙이 연결되기 때문이다. 따라서 맥락주의 정의원칙들은 전혀 자의적이지 않으며 객관성을 지닌다. 다만 맥락주의 정의론은 그 객관적 근거를 특수한 맥락에서 얻어내고 있을 뿐이다. 그 객관적 근거란 무엇일까? 밀러는 맥락주의가 관습주의로 빠져서 정의를 상대화시킨다는 비판을 예상한다. 가령, 어떤 사회에서 피부색깔을 가지고 명예수여를 하는 관행이 있다고 할 때 이 관행의 부정의에 대해 맥락주의 정의관은 대답할 수 없다는 것이다. 이에 대해 밀러는 그런 사회의 관행은 '사실상' 밀접히 연결되어 있지 않은 것을 연결되어 있다고 보기 때문에 부정의하다고 대답한다.[28] 밀러는 근본적으로 우리가 부정의하다고 판단하는 관행을 가진 사회는 대부분 단순히 우리와 다른 식으로 정의를 이해하기 때문이라기보다, "잘못된 **경험적 믿음을 견지**" 하고 있기 때문에 부정의한 것이라는 것이다.[29] 밀러의 대답에서 볼 때 맥락주의 정의론에서 객관적 토대는 분명히 존재하며, 그것은 다름 아닌 '사실'과 '경험'이라는 것을 알 수 있다.

밀러의 맥락주의 공식은 왈저의 '반복적 보편주의'를 표현하고 있다. 왈저는 "포괄법칙적 보편주의(covering-law universalism)"과 "반복적 보편주의(reiterative universalism)"를 대조하면서 자신의 입장은 후자라고 밝힌다. 왈저가 밝힌 반복적 보편주의가 포괄법칙적 보편주의와 다른 점은 다음과 같다. 첫째, 그 법칙들은 타자성과 역사적으로 연루되면서 '경험'으로부터 학습된다. 둘째, 이런 식으로 학습되기 때문에 그 법칙들은 특수성에 대한 존중을 우리에게 부과한다. 셋째, 그 법칙들은 차이성에 의해 조건화되기 때문에 그 법칙들을 아는 사람들 안에 확신을

---

27) Ibid., p.8.
28) Ibid., p.22. 인용자의 강조.
29) Ibid., p.23. 인용자의 강조.

불러일으킬 가능성이 적다.[30] 요컨대, 포괄법칙적 보편주의는 인류의 삶의 차이성에 주목하지 않고 보편성에 주목하지만 반복적 보편주의는 인류 사회의 다양한 삶들이 지닌 차이성에 주목한다. 반복적 보편주의는 정의원칙의 도출이 귀납적으로 맥락적으로 이뤄지기를 원하기 때문이다.

여기서 왈저의 '반복적 보편주의'와 밀러의 '맥락주의'가 동시에 강조하는 객관적 토대는 무엇인가? 그것은 바로 경험에의 합치이다. 맥락주의 공식에서 Cn과 Pn의 연결의 적합성을 결정하는 것은 바로 사실과 경험이다. 왈저의 반복적 보편주의가 보편성을 얻는 방법은 '경험'을 통해서이다. 이에 따르면 어떤 주장이 정당화되는 것은 그 주장이 사실과 경험에 합치하는지 여부에 달려 있다. 어떤 주장의 정당 근거가 사실과 경험에 합치한다면, 우리는 그 주장이 상대적이라고 할 수 없다. 왈저의 특수주의, 혹은 반복적 보편주의와 이에 동의하는 밀러의 맥락주의는 다름 아닌 자연주의 혹은 경험주의의 정치철학적 변용이라고 할 수 있다.[31] 왈저는 현실적 맥락과 사람들의 경험에서 오는 견해를 부차적으

---

30) NU, p.515. 인용자의 강조.
31) 김태길 교수의 규정에 따르면, 도덕철학에 있어 "자연주의"는 "자연적 사실, 즉 경험할 수 있는 사실을 근거로 삼고 보편적인 인생의 목적 또는 절대적인 행위의 법칙을 추론해낼 수 있다고 믿는 견지를 두고 말한다. 그에 따르면 '있는' 현재가 '있어야 할' 장래를 밝힘에 있어 유일하고 충분한 근거가 된다고" 보는 입장을 "자연주의적 도덕론"이라 보아도 무방할 듯하다. "자연주의적 윤리설의 옹호자들의 대부분은 가치의 근거를 특히 인간에 관한 심리학적, 사회학적 사실에 구한다." 김태길, 『윤리학』(박영사, 1992), 30쪽. 이렇게 규정된 자연주의는 인간의 정념을 '자연'으로 놓고 도덕을 끌어내는 흄적인 자연주의 외에 자연법칙적 사실, 생물학적 사실이라는 외부적 사실로부터 도덕을 끌어내는 자연주의도 포함하는 넓은 규정이다. 하지만 나는 이 논의 부분에서 왈저의 도덕철학 내지 정치철학은 자연법칙적 사실, 생물학적 사실로부터 도덕을 이끌어내는 자연주의 유형이라기보다 인간의 정념으로 이뤄진 경험과 견해들(opinion)부터 도덕을 끌어내는 흄적인 자연주의에 가깝다고 본다. 닐젠(Kai Nielsen)은 정치철학에 자연주의적 관점을 도입한다. 그가 말하는 자연주의적 정치철학은 토대주의적 정치철학에 대한 대안으로 제시된다. Kai Nielsen, *Naturalism without Foundations*(Prometheus Books, 1996).

로 생각하면서 정의론을 구성하는 이상주의적(idealistic) 정치철학에 대한 대안으로서 자신의 정의론을 제시한 것이다. 그는 보편적 도덕이나 정의를 부정한 것이 아니라 그것을 탐색하는 다른 접근을 취한 것이다.[32]

4) 대답 구성하기

왈저의 기획을 반이상주의적이고 자연주의적인 기획으로서 해석할 수 있다면, 우리는 상대주의 반론들에 대해 좀 더 적합한 대답을 구성할 수 있다.

첫째, 다니엘스의 비판을 처리해보자. 다니엘스는 왈저가 강한 내재주의를 가지고 있고, 이는 어떤 특정 사회 구성원들이 가지는 특수한 선호들로 이뤄진 공유 이해를 넘어설 수 없기 때문에 어떤 가치관이 더 우월한지 판단할 수 없다고 비판한다. 하지만 반이상주의, 자연주의로 해석된 왈저의 기획에 따르면 사회 성원들이 가진 특수한 선호라고 해도 그것이 어떤 경험과 사실에 부합하지 않는다는 것이 밝혀질 경우, 가령, 흰 피부가 공직에 더 적합하다는 주장이 사실과 경험에 합치하지 않는다는 것이 밝혀질 경우 그것은 공유 이해로 인정받지 못한다. 물론, 우리는 피부색에 대한 미신적 사고가 팽배하여 피부색이 공직에 관련적인 속성

---

32) 나는 왈저의 정치철학이 가지는 이러한 성격을 갤스턴이 잘 파악하고 있다고 본다. 갤스턴은 왈저의 정의론을 어떤 특정한 곳으로부터 온 관점(the view from somewhere)이나 어떤 곳으로부터도 나오지 않는 관점(the view from nowhere)이 아닌 모든 곳으로부터 나온 관점(the view form anywhere)으로 보아야 한다고 제안한다. 갤스턴이 보기에 이런 류의 보편주의, 즉 왈저가 택하는 보편주의는 초월적 형이상학이 아니라 어떤 경험적 공통성에 근거한다고 지적한다. 갤스턴은 최소적 규범에 대해 왈저가 흡적인 설명을 제시한다고 본다. William A. Galston, "Community, Democracy, Philosophy: The Political Thought of Michael Walzer," *Political Theory*, Vol. 17, No. 1(Feb. 1989), p.126.

이라고 사람들이 공공연히 믿는 사회를 상상해볼 수 있다. 하지만 그 미신적 사고는 그 주장에 합치하지 않는 많은 경험적 사례들을 무시해야 성립하는 것이며, 왈저의 특수주의적, 밀러의 맥락주의적, 자연주의적 기획은 이런 사고를 정당화된 사고로 인정하지 않을 것이다. 따라서 다니엘스가 강한 내재주의를 탈피하기 위해 반드시 갖추어야 한다고 말하는 비판적 거리는 굳이 보편주의적 이념으로부터 확보할 필요가 없다.

둘째, 라즈의 비판을 처리해보자. 라즈는 왈저의 해석 방법 입론을 받아들일 경우 A가 B의 행실에 대해 C와 대화하고 있을 때 누구의 사회도덕에서 판단해야 할지 알 수 없게 된다고 비판하였다. 이 비판은 A, B, C 중 어느 누구의 특수한 관점이 아닌 모두가 인정하는 보편적 관점이 필요하다는 것을 함축한다. 하지만 반이상주의, 자연주의로 해석된 왈저의 기획에 따르면, A는 B가 처한 맥락적 사실들을 충분히 고려하여 그에 합치하는 판단을 해야 가장 옳은 판단을 할 수 있다. 그러한 A의 판단은 반드시 B의 관점에서 나온 판단을 지지하는 것을 의미하지 않는다. B는 자신이 처한 맥락과의 합치를 무시하면서 자의적인 판단을 주장할 수도 있기 때문이다. 그런 경우라면 왈저의 특수주의와 밀러의 맥락주의는 그런 B의 주장을 옹호하지 않는다. B가 나아가야 할 바를 오히려 A가 더 잘 알 수도 있다. 단, 오랜 시간을 통해 B가 경험해온 맥락적 사실들과 B가 누릴 수 있는 진정한 이익(interest)에 대해 A가 B보다 훨씬 더 잘 알 경우에 그렇다. 하지만 왈저가 보기에 그것은 매우 드문 경우라 할 수 있다.

마지막으로, 왈저의 규범적 주장들(사회민주주의와 평등의 강조)은 자신의 상대주의적 방법론에 의해 손상된다는 비판을 보자. 위에서 밝혔듯이 왈저의 기획은 상대주의적 성격을 지닌다기보다 자신이 지지하는 가치들을 반이상주의적 방법을 통해 정당화하려는 시도이다. 이상주의적 방법의 대안으로서 그가 채택한 것은 경험과 사실이라는 자연주의적 요소이다. 그는 미국 사회의 공유 이해를 검토하면서 그것들이 제대로 해석될 경우 드러낼 수 있는 급진적 내용들을 밝힌다. 그렇다면 왈저는 미국이 아닌 다른 사회는 사회민주주의적이지 않아도 된다고 주장할 것인가? 왈저는 분명 각 국가마다 다른 방식의 민주주의가 있어야 한다고 말하지만, 어떤 국가가 전제적 정치 하에 있다면 그 국가 나름의 민주주의를 시행한다고 인정할 것 같지 않다. 왜냐하면 전제적 정치란, 어떤 사회적 가치에 대한 공유 이해에 상관없이 획일적인 의미 부여를 하는 것인데, 이것은 사람들의 보편적인 경험 방식에 맞지 않기 때문이다. 가령, 피부색을 공직 적합성에 연결하는 영역 침범적 주장은 사람들의 보편적인 경험에 맞지 않는다. 사람들의 보편적 경험은 인류 사회 곳곳에서 반복되는 경험이다. 이를 기초적인 토대로 두고 어떤 주장의 정당성을 따지는 것이 바로 왈저의 특수주의, 밀러의 맥락주의가 공통적으로 지니는 반이상주의 기획의 특징이다. 그리고 반이상주의 기획이 대안으로 삼는 것은 바로 자연주의적 사고이다.

이렇게 객관적인 토대를 갖추었다면 왈저의 기획은 모든 비판에 대답할 수 있는가? 그렇지 않다. 그의 기획이 토대로 삼는 사람들의 견해와 경험은 편협한 이익에 기반한 이데올로기에 의해 심각하게 왜곡될 수 있다는 비판이 제기되기 때문이다.

4. 왈저는 보수주의에 빠지는가?

왈저의 기획에 대한 보수주의 비판은 크게 세 가지이다. 첫째, '공유 이해' 입론의 성립 가능성에 대한 비판이다. 이 비판에 따르면, 한 사회에서 어떤 가치의 사회적 의미에 대한 이해는 불일치하기 마련이기 때문에 그 사회 성원들이 이런 이해를 공유하고 있다는 것은 현실적으로 성립하기 어려운 가정이다. 하지만 왈저는 자신의 사회가 어떤 특정한 이해를 공유한다고 무리하게 가정한다. 둘째, '공유 이해' 입론은 사회비판적 기능을 할 수 없다는 것이다. 즉, 어떤 공동체에서 공유된 가치는 그 공동체에 대한 근본적인 차원의 사회비판을 하기 힘들다는 것이다. 마지막으로, '단순 공동체주의자의 딜레마'라는 비판이 있다.

1) 공유 이해 입론의 성립 불가능성

드워킨에 따르면, 왈저의 정의론은 불일치가 많은 사회에 적절하지 않다. 가령 드워킨이 보기에 의료분배에 관해 미국 사회가 의견이 분분한데도 의료 재화들에 대한 미국 사회 성원들의 이해가 공유되어 있다고 보는 왈저의 생각은 문제가 일어나는 지점을 회피하면서 문제 해결을 도모하는 안일한 해법이다.[33] 드워킨은 우리의 정의 문제는 사회 성원들 간에 가치 해석이 불일치한다는 것을 전제하면서 풀어야 할 문제이며 정의 문제는 그런 불일치의 해법을 다루는 문제라고 간주한다. 드워킨이 보기에 왈저가 제시한 불일치 해결법은 "불일치에 '충실'하라"는 것뿐이며 이것은 어떤 내용도 담지 않은 무의미한 해결이다.[34] 그리고 왈저는 정의의 영역들이 이미 확립되어 있다는 숨은 전제를 깔고서 어떠한 입증도 없이 자신의 의견을 제시한다고 드워킨은 비판한다. 즉, 왈저는 자신이 제시한 영역별 정의원칙이 자의적이라는 비판을 받는다.

2) 사회비판 불가능성, 보수성

두 번째 비판은 다음 두 가지 내용으로 세분화된다. (1) 왈저의 공유 이해 입론 혹은 해석적 방법론은 비판의 기능을 할 가능성이 없다. (2) 우리가 경험해온 대부분 사회의 공유 이해는 지배적 이데올로기에 의해

---

33) Ronald Dworkin, *A Matter of Principle*(Harvard University Press, 1985), pp.216-217.
34) Ibid., pp.216-217.

형성된 것들이며, 이런 식으로 형성될 가능성이 현실적으로 매우 많다.

(1)의 비판을 제기한 라즈의 지적에 따르면, 왈저의 사회비판은 사회 제도들이 현존 사회도덕에 따르지 못함을 비판하는 것을 넘어 현존 사회도덕 자체에 대한 사회비판이 가능함을 보여야 보수성 문제를 해결할 수 있다.[35] 그런데 라즈가 보기에 현존 사회도덕에 대한 비판의 여지를 가지는 도덕은 현존 도덕과 동일한 것일 리 없다. 이런 비동일성 결과를 피하려면 도덕의 변화를 가정하면 되지만, 동시에 어떤 도덕적 변화도 변화 없는 도덕적 배경을 전제한다고 라즈는 지적한다. 우리가 기대할 만한 근본적인 사회비판은 현존 사회도덕이 아주 근본적으로 변해서 그 선조의 형태와 전혀 닮지 않거나 매우 추상적인 원칙에 관련하여 변화하는 경우인데 라즈는 현존 사회도덕이 그런 변화를 겪으려면 도덕은 현존 사회도덕과 동일시될 수 없다고 주장한다.

뿐만 아니라 라즈에 따르면, 도덕이 현존 사회도덕이라면, 근본적인 사회비판을 위해서는 현존 사회도덕 안에 현존 사회도덕의 어떤 명제들을 거부하는 근거가 포함되어야 한다. 도덕은 오직 참인 명제들을 포함하는 것인데 이 경우 도덕은 참인 명제들을 거짓이라고 믿게 할 근거들을 포함해야 한다. 그리고 현존 사회도덕에 대한 그런 도덕적 비판이 성공하려면 어떤 도덕적 명제들이 거짓이라는 점이 인식될 수 있어야 하는데, 그것은 현존 사회도덕과 도덕을 동일시하는 사람이 현존 사회도덕의 어떤 명제들은 거짓이라는 점을 인식할 수 있어야 가능한 일이다. 이것은 불가능하다. 따라서 라즈는 왈저가 근본적 사회비판의 가능성을 거부하거나 도덕이 현존 사회도덕과 동일하다는 가정을 거부해야 한다고 지적한다. 라즈의 결론에 따르면, 왈저는 근본적 사회비판의 가능성을 주장할 것이므로 도덕이 현존 사회도덕과 동일하다는 가정을 포기해야 한다. 왈저가 근본적 사회비판의 가능성 주장을 포기하면 어떨까? 그

---

35) Raz, "Morality as Interpretation," p.397.

것은 그의 해석 입론을 보수주의적으로 만든다.[36]

(2)의 비판은 여성주의 진영에서 제기되는데 비단 여성뿐 아니라 소수 집단들의 목소리가 공유 이해에 거의 반영되지 않던 역사적 사실들을 근거로 한다. 여성주의적 정의론자인 오킨에 따르면, 왈저의 '영역 분리' 기준은 불평등과 지배를 반대한다는 면에서 여성주의적 사회비판을 위한 도구로 쓰일 수 있지만 그의 '공유 이해' 기준이 이를 손상시킨다.[37] 오킨은 젠더화된 사회를 위계 사회인 카스트제 사회에 유비하면서 왈저의 '공유 이해'는 사회비판의 목소리를 막을 수도 있다고 논증한다. 첫째, 사회변화는 그 사회의 체제비판가들(dissents)에 달려 있다는 왈저의 대답에 대해, 오킨은 사회가 카스트 체제(혹은 젠더 체제)에 가까울수록 체제비판적(dissent) 생각은 발생하거나 발전하기 어렵다고 비판한다. 둘째, '공유 이해'는 본성상 보편적 도덕을 지향한다는 왈저의 대답에 재반론하며 오킨은 우리 문화의 여론 주도층은 거의 남성이며, 보편적 가치라 함은 남성들의 관점만을 반영한 것이며 소수 집단의 관점을 배제하고 얻은 보편성이라고 비판한다.[38] 또한, 사회비판이 효력 있으려면 표현 수단을 얻어야 하는데 위계질서에 의해 배제된 이들은 이를 얻지 못하기 마련이며 발언 기회가 있다 해도 그 발언은 조롱받기 쉽다는 것이다. 여성 집단 외에도 종교적, 인종적 소수 집단들은 자유주의 국가의 '중립성' 명분하에 지배적 집단의 관점을 부여받아왔다는 지적도 있다.[39]

배리도 왈저가 왜 커뮤니케이션에 관한 정의 영역을 마련하지 않았는지 물으면서, 의견 형성이 지배계급의 이익에 따라 심각하게 왜곡되는

---

36) Ibid., pp.398-400.
37) Okin, *Justice, Gender, and the Family*, p.62.
38) Ibid., pp.64-67.
39) Elizabeth M. Bounds, "Conflicting Harmonies: Michael Walzer's Vision of Community," *Journal of Religious Ethics*, pp.355-374.

경우를 왈저는 진지하게 다루지 않았다고 비판한다.[40] 돈의 권력이 신문 발행, TV 프로그램 편성에 개입하여 형성된 공감대는 우리의 바른 여론 형성의 토대가 될 수 없을 것이기 때문이다.

3) 단순 공동체주의자의 딜레마

코헨에 따르면 왈저는 공동체의 가치에 근거하여 도덕적 판단을 해야 한다고 주장할 경우 다음 딜레마에 빠진다.[41] ① 한 공동체의 가치들이 현 분배관행을 통해 확인된다면, 그 가치들로부터 나온 분배규범은 현 분배관행에 대한 비판으로 기능할 수 없다. ② 가치들을 관행들로부터 떨어뜨려놓고 확인한다면, 우리가 그 가치들을 지니고 있다는 것이 맞는다는 증거를 못 찾게 된다. 즉 가치 해석이 자의적이 된다. ①은 관행 중심적 도덕관을 가지면 사회비판이 성립하지 않는다는 결론으로 간다는 것을 말해주며, ②는 관행으로부터 벗어나 도덕적 판단을 시도해볼 경우 그 판단은 자의적이 되어버리는 길로 나아간다는 것을 말해준다. 코헨은 왈저가 ①이 지닌 보수적 귀결을 택하느니 ②의 길을 갈 것이라고 예상한다. 왈저는 현 관행을 비판하는 것을 자신의 과제로 삼기 때문이다. 하지만 왈저가 자신의 공동체주의에 일관적이려면 현 관행을 비판하는 그의 근거는 공동체적 가치를 떠나서는 안 된다. 하지만 그는 실제로는 자신이 처한 공동체의 가치를 자의적으로 해석한다는 것이다. 코헨이 예상한 왈저의 대응은 다음과 같다. 즉, 사회관행은 다양한 가치들을 내세우는 개인, 집단들 간 충돌의 결과이며, 사회관행의 상이한 측면들은 충돌하는 상이한 해석들을 지지할 것이며 어떤 것은 다른 측면들

---

40) Barry, "Spherical Justice and Global Injustice," pp.77-78.

41) Joshua Cohen, "Review: Spheres of Justice," *The Journal of Philosophy*, Vol. 83, No. 8(Aug. 1986), pp.463-466.

을 향하여 비판적인 해석들을 지지할 것이라는 것이다. 코헨이 보기에 이런 답변은 공허하거나 보수적이다. 가치의 충돌이 있다는 것은 정치 공동체가 없다는 것을 말해주고, 그런 공유 가치들이 없다면 복합평등 론은 자신의 토대를 잃게 되므로 공허하다. 그리고 가치들이 상충하지 만 그 가치들 중 몇몇만이 정확하기 때문에 그것들만이 우리가 지켜야 할 것이라는 대답도 왈저에게 가능하지 않다. 왈저에 따르면 그 가치들 이 우리의 것이기 때문에 우리가 지켜야 하는 것이지, 그 가치가 정확한 것이기 때문에 지켜야 하는 것이라고 말할 수 없기 때문이다. 여러 상이 한 해석들이 우리의 관행들에 적합할 수 있지만 오직 한 해석만 정확하 다는 답변도 왈저에게 가능하지 않다. 왈저에 따르면, 우리 공동체 삶의 방식에 적합한 것이라는 기준을 넘어 충족될 더 나아간 제약들이 없기 때문이다. 따라서 왈저의 대답은 보수적이라는 것이 코헨의 지적이다.

4) 사회비판에 대한 왈저의 자연주의적 설명, 그리고 민주주의

(1) 왈저의 '내재적 비판'의 자연주의적 성격

왈저의 '내재적 비판' 개념은 흔히 철학자들이 사용하는 맥락초월적 방법을 쓰지 않은 채 현실을 비판할 수 있음을 보이는 왈저의 독특한 시 도이며 이것은 '반이상주의적', '자연주의적' 성격을 지닌다. 이 점을 보 이기 위해 우선 왈저의 사회비판의 메커니즘을 분석하겠다. 왈저에 따 르면 '사회비판'에서 '사회'는 비판의 대상이면서 주체이다.[42] 왈저는 『해석과 사회비판』에서, 우리가 역사적으로 의미 있게 생각하는 주요한 사회비판들이 '내재적 비판'의 형태를 가지고 있다고 서술한다. 하지만 어떤 사회를 비판하기 위하여 바로 그 사회의 기존 가치에 호소하는 것 이 과연 그 사회에 대한 근본적 비판이라 할 수 있을까? 한 사회의 지배

---

42) IS, p.35.

적 가치들은 그 사회의 지배세력이 자신들의 지배를 정당화하기 위해 유포한 이데올로기에 불과할 수도 있는데, 그런 가치들을 통해 어떻게 그 사회에 대해 피상적이지 않은 근본적인 비판을 할 수 있을까?

왈저는 다음과 같이 사회비판의 성립을 설명한다.[43] 어떤 사회에서 지배권을 노리는 집단은 헤게모니를 창출하거나 유지하기 위해 자신들의 특수이익을 가려줄 보편적 가치를 많은 이들 앞에 내세우게 된다. 자기 계급만 이롭게 하는 특수이익을 내세우면 사람들은 그들에게 동조하지 않을 테고 그들의 헤게모니는 오래 가지 못하기 때문이다. 처음에 폭력적 방법으로 집권하였어도 그 패권을 유지하기 위해서 지배계급은 보편적 가치를 위선적으로라도 내세워야 한다. 그것이 그들의 헤게모니를 유지하는 가장 좋은 전략이다. 세력을 크게 만들려 할수록 그들은 어쩔 수 없이 그들이 내세우는 가치를 좀 더 확장하여 보편적인 것으로 만들어야 한다. 하지만 결국 그들은 자신들만의 이익을 누리고 싶기 때문에 자신들이 내세운 보편적 가치와 어긋나는 편협한 이기적 실행을 하게 된다. 이때 그들이 실제로 저지르는 일들과 그들이 내세운 도덕 사이의 괴리가 발생한다. 지배집단이 유포한 가식적인 보편적 도덕을 교육받은 사회 성원들은 그 도덕과 그 지배집단이 저지른 현실 사이의 괴리를 알아차리게 된다. 지배계급은 거짓말을 한 것이다. 거짓말을 알아차리는 일은 초월적인 사고를 하지 않고서도 사실에 대한 검증과 자신의 경험에 대한 인정만으로 할 수 있다. 이제 대중들은 현실에 교육되고 유포된 가치들에 호소하여 비판과 전복의 계기를 만들 수 있다. 지배집단은 자신이 헤게모니를 잡기 위해 유포한 도덕들에 의해 도리어 역습을 당한다. 여기서 지배집단이 사용한 보편적 도덕들은 단지 필요에 의해 위선적으로 만든 것이지만, 그것이 지배집단의 의도를 공격하는 비판의 단서를 제공한다. 이 설명에 사용된 것은 어떤 초월적인 철학적 정당 근거나 이

43) Ibid., pp.40-44.

념이 아니다. 헤게모니를 잡고 유지하기 위한 어떤 집단의 최선의 전략, 그 전략이 궁극적으로 발생시킨 역설적 효과, 말과 행동의 일치를 알아보는 대중들의 간단한 인식능력, 그리고 지배집단에게 속고 싶지 않다는 사회 성원들의 의지, 이런 것들이 비판의 메커니즘을 설명한다. 이런 요소들은 자연주의적 요소들이며 따라서 왈저의 사회비판론은 반이상주의적, 자연주의적 성격을 가진다.

왈저는 사회비판의 논거가 보편적 도덕에 있음을 부정하지 않는다. 그는 분명히 보편적 도덕의 힘을 인정한다. 하지만 이상주의적 사회비판론자들과 다른 점은, 왈저는 그 도덕이 왜 그런 보편성을 가지게 되는지에 대한 이념적인 정당근거를 제시할 필요성을 느끼지 않는다는 것이다. 기본적이고 보편적인 인권의 개념을 분석하여 그 개념으로부터 상세 목록들을 연역적으로 도출하고 그 과정을 논리적으로 입증하는 것은 그에게 무익한 일이다. 지배권을 노리는 집단이 더 많은 대중들을 자기편으로 만들기 위해 호소하는 가치들은 시대마다, 지역마다, 문화권마다 다를 수 있기 때문이다. 어떤 집단이 유포한 가치의 혜택을 공유하고자 일단의 사람들이 그 집단의 지배권 하에 있기를 수락했다면 그 가치는 그들에게 소중한 보편적 도덕이 되며, 궁극적으로 지배집단이 이 가치를 떠날 경우 그 배신에 대한 비판의 단서가 된다. 우리는 그 도덕 자체가 왜 보편적 가치를 지니는지에 대해 논증할 필요가 없다. 지배계급에 속고 살고 싶지 않다는 대중들의 의지가 사회비판을 가능케 할 뿐이다. 지배계급의 편협한 이익과 대중들의 광범한 이익의 충돌만이 왈저에게 비판의 성립 가능성을 말해준다. 어떤 지배계급이 몰락하는 이유는 대중들이 수락한 적 없는 이득을 거짓말로써 취하였기 때문이다. 요컨대 왈저가 기대는 비판의 토대는 공동체적 가치라기보다, 지배집단의 편협한 이익이나 해석에 맞서는 대중들의 가치와 해석이다.

(2) 왈저의 공유 이해 입론과 민주주의의 연결

위의 내재적 비판 설명에 따르면 사회 성원들 간의 공유 이해는 사회 성원 모두를 고려하는 일반적이고 공통적인 이익을 나타낼 수밖에 없다.[44] 왈저는 공유 이해 입론을 통해 공동체적 가치를 강조한다기보다 그 사회 성원들의 마음속에 자리 잡게 된 공유 이익에 대한 견해(opinion), 공감대(consensus)를 강조한다고 보아야 한다.[45] 그의 이론에는 공동체주의라는 이름보다 민주주의라는 이름이 더 알맞다. 물론, 민주주의는 "인민을 위해서"라는 원칙을 충족하는 데에 그쳐서는 안 되고 "인민에 의한"이라는 원칙도 충족시켜야 한다. 왈저의 공유 이해 입론이 과연 "인민에 의한" 민주주의라는 의미를 함축하고 있는가?

이때 우리는 왈저가 평등의 근거로 내세우는 인간관을 중요하게 고려해야 한다. 그는 우리가 "문화 산출적인 존재"이기 때문에 존중받아야 한다고 강조한다.[46] 이것은 우리가 한 사회나 문화를 존중하는 것은 그 사회 성원들의 문화 산출 능력을 존중하기 때문에 가능한 일이라는 점을 의미한다. 다양한 문화에 대한 왈저의 존중은 어떤 사회의 특정한 도덕이나 문화가 아름답고 칭송할 만한 높은 수준의 것이라는 점에 근거한다기보다 그 도덕이나 문화가 사회 성원들이 오랜 역사를 통해 일구어낸

---

44) 이에 대해 오킨은 여성에 대한 남성의 지배의 역사를 보면 지배권력을 잡은 집단이 내세운 가치가 항상 보편적이지는 않았다는 점을 들어 왈저의 공유 이해 입론과 내재적 비판론을 공격한다. 하지만 우리는 여성에 대한 남성의 지배 이데올로기 역시 여성을 위한다는 보편적 형식을 취하기 마련이라는 점을 생각해야 한다. 남성 지배 이데올로기는 명분상으로 여성의 행복 역시 위한다고 주장한다. 하지만 남성 지배 이데올로기는 남성이 여성의 행복과 역행하는 권력을 휘두르는 순간 그 이념과 실천의 괴리를 드러낸다. 또 한편, 남성 지배 이데올로기는 여성이 남성과 지적 능력에서 동등할 경우 남성과 동등한 지위를 부여한다는 전제를 부정하지 않을 것이다. 남성 지배 이데올로기가 왜곡하는 것은 남성의 지적 능력과 여성의 지적 능력에 대한 정보일 것이다. 그러나 이때 대부분 남성 중심적 이데올로기가 왜곡한 정보들은 합리적이고 과학적인 검토를 거치면 금방 드러나는 거짓 정보이다.

45) SJ, p.320.

46) SJ, p.314.

산물이라는 점에 근거한다고 보아야 한다. 즉, 그의 존중은 해석과 의견을 서로 나누고 공감대를 형성해온 사회 성원들의 의지 형성에 대한 존중을 포함한다고 보아야 한다. 어떤 사회 성원들이 강제되거나 기만당하여 문화에 속해 있다면 그들은 더 이상 문화 산출적 존재가 아니다. 그렇다면 각 사회, 문화, 영역들에 대한 왈저의 존중에는 사회 성원들 스스로의 의지 형성이라는 민주주의에 대한 존중이 전제된다고 보아야 한다. 그렇기 때문에 우리는 어떤 형태로든 인민들의 의지 형성의 장치, 즉 민주주의적 장치가 마련되어 있지 않은 문화권에서 나온 지배적 도덕에 대해서 왈저가 긍정적인 존중을 보낼 리 없다고 추론할 수 있다. 물론, 왈저가 스스로를 민주주의자라고 주장한다는 것만으로 그의 이론이 민주주의를 귀결한다는 것이 입증되는 것은 아니다. 왈저는 그의 이론 내에서 민주주의가 도출되는 근거를 갖고 있어야 한다. 배리가 보기에 왈저는 여론 형성에 있어 지배 이데올로기가 미칠 수 있는 영향력을 상쇄할 방편을 구체적으로 논하지 않기 때문에 그가 어떤 근거에서 민주적인 의지 형성을 중시하는지 의심스러울 수 있다. 하지만 왈저는 영역 분리의 입론을 통해 여론 형성에 지배 이데올로기가 미치는 영향력을 비판할 여지를 갖게 된다. 경제적 권력집단이 경제력을 앞세워 여론 형성을 왜곡하는 것은 각 영역들의 공유 이해를 침범하는 행위이다. 또다시 배리는 영역 분리를 가능케 하는, 영역에 대한 공유 이해가 이미 왜곡되어 있다면 어떻게 할 것인지 물을 수 있다. 하지만 우리가 왈저의 공유 이해를 민주적 의지 형성으로 해석한다면 배리의 질문은 과연 우리의 민주적 의사결정은 정당성을 지니느냐는 질문이 된다.[47)]

5) 대답 구성하기

첫째, 왈저의 공유 이해를 인민들의 공통 이익에 대한 공감대로 이해할 경우 드워킨의 비판은 그런 공감대 형성이 불가능하다는 주장을 하는

셈이 된다. 왈저의 내재적 비판의 메커니즘을 고려해볼 때, 지배세력이

47) 배리는 인민들의 민주적 결정이 항상 정당한 것은 아니라는 점을 전제하고 있는 것이 아닐까. 배리를 비롯한 자유주의 이론가들은 인민들의 견해를 제한할 형식적, 절차적 원칙으로서 자유주의적 원칙을 맥락초월적인 보편적 기준으로 제시하기를 원하며, 철학자들의 정제된 추론방식이 정당한 형식적, 절차적 기준을 제시할 수 있다고 믿는다. 이에 대해 왈저는 철학이 정치에 개입하려는 시도는 비민주적이라고 비판한다. Michael Walzer, "Philosophy and Democracy," *Political Theory* 9.3(Sage Publications Inc., 1981), *Debates in Contemporary Political Philosophy: An Anthology*, edited by Derek Matravers and Jon Pike(Routledge in association with the Open University, 2003), 이하 PD. 왈저는 철학자가 사법적 절차를 통해, 그리고 판사들에게 영향력을 행사하여 정치적 공간인 입법 영역에 개입하고 입법 활동을 제한하고 싶어 한다는 점을 지적한다. 처음에는 시민들의 권리를 보호하기 위해 절차적인 것에 머물렀던 사법적 제약들이 점차 구체적인 내용을 다루는 것으로 변모한다는 것이다. 왈저는 그 권리들 자체에 불만을 표하는 것이 아니라 그 권리들을 사법적 의사결정, 즉 심의적 의사결정이 도맡아 하는 것을 비민주적이라고 본 것이다. 여기서 심의(deliberation)란 이성적 추론을 통해 정치적 판단에 이르는 과정을 말한다. 왈저는 심의의 중요성을 인정하지만 심의가 결코 정치의 성격을 다 말해준다고 생각하지 않는다. 왈저는 정치는 이성 외에도, 종종 이성과는 긴장을 일으키는 정열, 헌신, 연대, 용기 그리고 경쟁과 같은 가치들을 가진다고 본다. Michael Walzer, *Politics and Passion: Toward a More Egalitarian Liberalism*(Yale University Press, 2004), p.92. 이하 PP. 정치활동을 위해 심의가 필요한 것은 분명하지만, 심의는 심의를 가능케 하는 다른 배경을 필요로 하는 활동이며 정치활동에 있어 극히 부분적인 모습이다. 왈저가 보기에 심의 민주주의자들은 정치의 핵심을 이성적인 것(심의)에 놓지만 왈저에게 더 중요한 것은 "보다 많은 사람들을 교육하고 조직하고 동원하는 것"이다(PP, p.103). 왈저의 말대로 이성적 추론만이 더 많은 사람들을 설득할 수 있는 것은 아니다. 정념적인 요소들이 사람들에게 더 많은 설득력을 가질 수 있다. 정치에서 중요한 것은 더 많은 사람들의 마음을 움직여서 모으는 것이다. 왜냐하면 더 많은 사람들의 마음을 얻은 집단이 헤게모니를 잡을 수 있기 때문이다. 정치적 활동은 사회 성원들에 대한 강제력을 바탕으로 한 권력 행사를 귀결하기 때문에 정치적 활동이나 정책의 정당성은 궁극적으로 그 강제력을 수락하겠다는 인민들의 공감대(consensus)로부터 와야 한다. 인민들의 공감대는 굳이 이성적 추론에 국한하지 않은 방식으로 형성되어도 정치적 활동이나 정책의 정당한 토대가 된다. 자유주의 정치철학자들은 인민들이 그릇된 판단을 할 수도 있다는 우려에서 인민들의 판단을 제어하고 평가할 보편적인 민주 절차적 원칙을 제공하려 한다. 하지만 사실상 절차와 내용은 분리 가능한 것이 아니라는 점을 고려해 본다면 그들이 말하는 절차에 의한 내용의 규제는 결국 어떤 특정 내용(철학자들의 판단)에 의한 또 다른 내용(인민들의 판단)의 규제에 불과하다고 할 수 있다. 왈저는 민주주의 하에서의 인민들의 결정은 인민들이 일반적 의지를 가지는 한에서, 그리고 민주적 의사결정을 포기하겠다는 결정을 하지 않는 한에서, 그 자체로 정당하다고 본다. PD, pp.365-366.

실제로는 자신들의 이익을 위해 그런 가치를 유포했어도 그 가치에 대한 공유 이해는 인민의 폭넓은 이익에 호소하는 가치의 형태를 띠게 되어 있다. 인민들의 공통 이익에 대해 인민들이 가질 수 있는 어떤 공감대도 없다는 주장은 현대 정치철학자로서는 매우 부담스러운 주장이라는 점을 드워킨과 배리가 인식할 필요가 있다. 드워킨, 배리를 위시한 많은 보편주의적 자유주의자들은 한 사회가 모든 수준에 있어 도덕적 불일치에 노출되어 있다고 말할 수 없다. 왜냐하면 그들 역시 인류 사회가 공통적으로 받아들인 기본적인 도덕 사항들을 토대에 놓고 그 이후 수준의 도덕적 결론들을 도출하기 때문이다.[48] 그들이 왈저에게 물었던 질문은 그들에게도 가해진다. 도덕적 불일치가 많은 사회에서 그런 토대가 성립한다는 것을 어떻게 입증할 것인가? 드워킨과 왈저의 차이는, 전자는 그에 대한 질문에 답을 할 수 있는 반면 후자는 할 수 없다는 데에 있지 않다. 전자는 맥락을 제거한 추상적 사고의 틀에서 그것을 입증하는 방법론을 택하였고 후자는 사회의 역사적, 현실적 맥락 속에 그 토대가 성립해왔던 과정을 보여주는 방법론을 택하였다는 점이 양자의 진정한 차이점이다. 반이상주의적 기획을 하는 왈저에게 있어 공유 이해가 가지는 도덕적 위상은 그 공유 이해가 해당 사회의 구체적인 맥락 속에서 인민들에게 수용되어왔다는 점에서 비롯한다. 드워킨은 그런 공유 이해에 대한 인민들의 수용은 그 자체로 그 공유 이해의 도덕성, 정당성을 확보하지 못한다고 생각한다. 하지만 이것은 왈저의 공유 이해가 단지 현재 사회 성원들에게 실시한 여론조사 결과의 내용이라고 이해할 경우 생기는 오해이다. 왈저는 "심층적이고 포괄적인 이해"와 "얕고 당파적인 이해"를 구분하여 이런 오해를 풀고자 한다.[49] 그리고 그의 내재적 비판의

---

48) Michael Walzer, "'Spheres of Justice': An Exchange," *New York Review of Books*, Vol. 30, No, 12(July 21, 1983), pp.43~44.
49) Ibid.

메커니즘과 연결하여 우리는 그것에 대한 더 강력한 답변을 구성할 수 있다. 왈저가 말하는 공유 이해는 지배계급이 헤게모니를 잡기 위해 유포한 도덕에 대한 인민들의 해석이다. 그러한 해석은 편협할 수 없는데, 왜냐하면 편협한 해석은 많은 청중들에게 설득력을 주지 않기 때문이다. 어떤 도덕에 대한 해석이 설득력을 가지려면, 그 도덕은 광범한 이익을 추구한다는 주장을 담아야 하기 때문에 해석은 특정 집단의 이익을 대변하기보다 인민 전체의 일반의지를 대변하는 형태가 되어야 한다. 물론 인민들은 선동에 휩쓸리거나 왜곡된 대중매체의 영향을 받아 편협한 이익을 대변하기도 한다. 하지만 그것은 인민들 스스로가 근본적으로 지지하는 포괄적이고 심층적인 해석에 정합적이지 못한 경우라고 할 수 있다. 인민은 자신들이 어느 한 시점에서 편협한 관점에서 주장했던 바가, 깊은 차원에서 받아들이고 있는 일반적인 도덕에 정합적이지 않다는 것을 깨닫는 순간 좀 더 깊은 수준에서 받아들인 일반적인 도덕에 정합적인 주장에 설득될 것이다. 이때 인민들이 자신들의 잘못된 관점을 수정하게 되는 기준은 초월적 도덕이 아니라 그 사회의 좀 더 깊은 수준의 일반적인 도덕과 그 도덕에 정합적인 해석이라 할 수 있다.[50]

둘째, 라즈의 비판에 대한 대답을 구성해보자. 라즈는 왈저가 말하는 사회도덕이 여러 층위를 가질 수 있음을 고려하지 않은 것 같다. 왈저에 대한 나의 재구성에 따르면, 상당한 규모의 사회에서는 사회 성원들의 일반의지를 대변하는 가장 깊은 수준의 포괄적인 도덕이 존재할 수밖에 없다. 지배계급이 패권을 잡기 위해 보편적 가치를 전략적으로 내세울 수밖에 없기 때문이다. 하지만 그 사회의 모든 개별적 도덕규칙들이 그런 가장 깊은 차원의 일반적인 도덕에 정합적이지는 않을 것이다. 지배계급의 특수이익이 드러난 관점 혹은 인민들 중 특정한 집단의 편협한

---

50) David Miller, "Introduction," *Pluralism, Justice, and Equality*, edited by David Miller and Michael Walzer(Oxford University Press, 1995), pp.8-9.

관점을 담고 일정 정도의 시간을 거쳐 온 규칙들도 있을 것이다. 왈저는 이런 가장 깊은 수준에서의 일반적 도덕과, 특정 집단의 이익을 위해 무리하게 마련된 개별적 규칙들을 같은 수준으로 보지 않을 것이다. 전자를 후자와 같은 수준으로 볼 경우 라즈의 비판은 심각한 것이 되겠지만, 우리가 현존 사회도덕 중 좀 더 깊은 차원의 일반적인 도덕과 좀 더 얕은 차원의 부차적이고 개별적인 도덕을 구분하는 인식능력을 가진다면 우리는 사회도덕의 전체적인 정합성을 위해 기준으로 삼는 부분은 어떤 것이고 수정을 가해야 하는 부분은 어떤 것인지에 대해 충분히 인식할 수 있다. 왈저가 존중하고자 하는 현존 사회도덕은 현존하는 모든 도덕규칙들을 말하는 것이 아니다. 물론, 어떤 것이 그 사회의 심층적인 일반적 도덕이고 어떤 것이 부분적인 도덕이냐에 대해서 의견이 분분할 수 있다. 하지만 의견이 분분하다는 것은 곧 양자를 가려내는 인식이 불가능하다는 것을 의미하지는 않는다. 누군가 그런 인식 자체가 불가능하다고 말한다면 그는 실제로 사람들이 사회도덕에 의거하여 어떤 다른 부분의 도덕을 비판하는 활동을 한다는 점을 설명할 수 없다.

셋째, 카스트 체제에 가까운 사회일수록 체제비판적 생각은 발생하거나 발전하기 어렵다는 오킨의 지적에 대답을 구성해보자. 일단 카스트 체제에 가까운 사회는 한 가지 가치기준이 여러 영역을 넘나들기 때문에 지배라는 부정의를 안고 있는 사회라 할 수 있다. 가령 가부장 사회는 남녀 역할 분담의 강조라는 가치관이 법, 정치, 경제, 교육 영역 등에 넘나드는 사회라 할 수 있고 이것은 왈저의 '영역 분리' 입론에 비추어볼 때 부정의한 일이다. 문제는 이런 부정의한 지배가 횡행하는 사회에서 과연 체제비판적 사고가 발생, 발전할 수 있는 가능성을 볼 수 있겠느냐는 것이다. 그 가능성을 타진하기 위해서 두 가지 경우로 나누어 고려해야 한다. 첫째는 사회의 그런 지배적 관점이 부정의한 내용을 가지고 있다는 것을 상당수가 알지만 지배집단에 의해 억압받기 때문에 표출하지 못하는 경우이다. 이 경우는 그 집단이 그 사회의 좀 더 포괄적인 심층적 가치에 호소하면 얼마간의 시간을 거쳐 일반적 지지를 얻어낼 가능성이 크다. 그 집단이 호소한 가치는 그 사회 성원들이 소중히 여기는 가장 심층적이고 포괄적인 가치와 좀 더 정합적일 것이기 때문이다. 둘째 경우는 그런 지배적 관점이 부정의하다고 생각하는 사람들이 거의 없는 암울한 경우이다. 이때에는 해당 사회 밖의 다른 삶들에 관한 정보를 그 사회 성원들에게 노출시킬 필요가 있다. 이 방법은 왈저가 우려하는 제국주의적 도덕의 전달, 이식이 아니다. 한 사회의 어떤 강한 지배력이 그 사회의 가장 심층적이고 포괄적인 도덕을 왜곡하여 특정한 도덕관만이 전부인 것처럼 인민들에게 제시하고 있을 때 그 사회의 가장 심층적이고 포괄적인 도덕에 더 잘 부합할 수 있는 대안적 도덕을 생각하게 할 사실 정보를 외부에서 제공받는 것은 그 인민들의 자율적 판단을 해치지 않는다. 이것은 초월적 관점의 제시를 의미하지도 않는다. 그것은 그 사회 성원들이 보다 많은 정보에 근거한 선택지를 놓고 자신들의 도덕을 결정하도록 도울 뿐이다. 외부로부터 온 정보에 의해 그 사회 성원들이 기존의 해석과 다른 도덕적 해석이나 결정을 했다고 해보자. 그것은 외부로부터 도덕을 수입한 것이라기보다, 자신들의 가장 심층적인 도덕에 더 잘 부합하는 선택을 하는 데 필요한 정보를 가지고 스스로 결정한 것이라 할 수 있다. 그들은 여전히 기존의 가장 심층적 도덕과 그 도덕에 대한 정합성이라는 기준에 의거하고 있다. 체제비판적인 생각들이 단시간에 세력을 얻지는 않겠지만 그 사회에서 한 번 형성된 균열과 그 균열로부터 발전해가며 점차 더 세력을 얻게 될 것이다.[51]

---

51) 하지만 끝까지 그 사회의 가장 심층적이고 포괄적인 인민들의 일반적 지지를 얻지 못하는 소수적 관점이 있을 수 있다. 왈저는 이에 대해 사회는 모든 관점들과 전통들에 평등할 수 없음을 인정한다. 많은 집단들이 헤게모니 다툼을 벌이고 장기간의 시간을 거쳐 역사 속에 사라져간 소수 관점이나 전통들이 있다면 그것은 어쩔 수 없다는 것이다. Michael Walzer, "Shared Meaning in a Poly-Ethic Democratic Setting: A Response," *Journal of Religious Ethics*, pp. 401-405.

마지막으로 단순 공동체주의자의 딜레마에 대한 대답을 구성해보겠다. 코헨이 제시한 딜레마의 두 길 중 첫 번째 것은 잘못 설정되어 있다. 즉, 한 공동체의 가치들이 현 분배관행을 통해 확인된다면 그 가치들로부터 나온 분배규범은 현 분배관행에 대한 비판으로 기능할 수 없다는 것은 왈저에 대한 오해에서 비롯한 정리이다. 왈저는 현 분배관행이 곧 정의의 기준이 된다고 하지 않는다. 왈저에게 중요한 것은 관행이나 제도가 아니라 그것을 바라보는 사람들의 견해이다.[52] 사회 성원들은 어떤 재화에 대해 사회적 의미를 부여하고 그 의미들에 맞게 관행과 제도를 마련할 것이다. 사회 성원들의 일반적인 의미 부여에 일관된 관행과 제도는 정의로울 것이고 따라서 일부 사회 성원들의 편협한 관점을 바로잡는 기준이 될 수 있다. 하지만 현존 관행과 제도 자체가 정의의 기준이라서 그런 것은 아니다. 현존 관행과 제도는 늘 해당 가치에 관한 사람들의 일반적인 생각들에 의거하여 정당성을 부여받는다.[53] 사람들의 생각 중에 기준이 되는 것은 보다 심층적이고 포괄적인 도덕과 가치를 반영하는 것이다. 드워킨의 우려처럼, 여러 생각들 중에 어떤 것이 심층적이고 포괄적인 도덕이냐에 관해 사회 성원들마다 의견이 달라 논쟁하는 경우도 있을 것이다. 하지만 그들이 논쟁할 수 있다는 것은 오히려 그 사회 성원들이 공유하고 있는 가치가 존재한다는 것을 입증한다. 왈저에게 공유 이해를 입증 없이 전제하며 논의한다고 비판한 드워킨 역시 논쟁의 소지가 많은 도덕적 사안들을 논쟁의 소지가 덜한 도덕적 기준에 비추어

---

52) SJ, p.320.
53) 대표적인 현대 공동체주의자인 매킨타이어가 규범성의 원천을 관행, 실천양식(practice)의 목적성으로부터 얻고자 하는 반면, 왈저는 그 실천양식에 참여하는 사회 성원들의 견해들(opinion)에서 정의원칙의 정당성을 얻고자 한다. 밀러는 왈저에게 중요한 해석의 방법은 사회적 관행들과 그 관행들에 대한 사람들의 생각이라는 두 요소를 재료로 가지는데, 후자가 전자를 견제하는 역할을 한다고 보고 있다. Miller, "Introduction," pp.7-8; Alasdair MacIntyre, *After Virtue: A Study in Moral Theory*, 2nd ed.(University of Notre Dame Press, 1984).

판단할 것이다. 그 사회 성원들이 가장 폭넓게 공유하고 가장 논쟁의 소지가 덜한 도덕은 곧 그 사회의 가장 심층적이고 포괄적인 도덕이라 할 수 있다.[54] 코헨이나 드워킨은, 그럴 경우 왈저 스스로 반대하는 추상적 도덕에 호소하게 된다고 비판할 것이다. 하지만 왈저가 추상이라는 방식을 완전히 부정한다는 생각은 오해이다. 왈저 방법론의 핵심은 불필요한 추상을 하지 말라는 것이라고 이해해야 한다. 어느 사회의 매우 심층적인 수준에서 큰 분열이 상당 기간 지속할 경우 그 사회 성원들은 모두가 합의할 만한 더 심층적인 수준의 도덕을 탐색해야 한다.[55] 이 과정에서 논쟁 중에 있는 입장들이 모두 승인할 만한 추상적 수준의 도덕에 호소하는 일이 필요하다. 하지만 도덕을 그 정도의 추상 수준으로 올리는 일은 현실적 필요에 의한 것이다. 그것은 도덕 자체가 가진 참을 찾는 과정이라기보다 그 사회 성원들이 모두 승인할 만한 점을 찾는 과정이다. 전 지구적 쟁점에 관한 정의는 가장 추상적인 도덕적 판단을 요구할 수도 있다. 각 국가사회들이 어떤 이해를 공유하기 쉽지 않기 때문이다. 하지만 한 국가사회 내 분배 문제는 그 사회의 특수한 이해방식에 근거하여 숙고되는 것이 더 알맞다.[56] 그 사회 성원들이 공유하는 나름의 가

---

54) 나는 롤즈 후기 저작들에서 사용한 방법도 이와 다를 바 없다고 생각한다. 롤즈는 자신이 몸담고 있는 현대 서구 민주주의 사회 성원들이 공적 정치문화에서 소중히 여겨왔던 직관들, 즉 "자유롭고 평등한 인간관"이나 "질서정연한 사회관"이라는 견해들을 토대로 작업을 한다는 점을 인정한다. John Rawls, *Political Liberalism*(Columbia University Press, 1993), pp.13-14.

55) 롤즈는 정치철학에 있어 추상적 작업이 필요한 이유가 바로 사회 내 불일치의 골이 깊기 때문이라고 보고 있다. Ibid., pp.43-46. 나는 왈저가 불일치의 골이 깊은 경우 정치철학을 모색함에 있어 더 높은 수준의 추상이 필요하다는 것을 부정하리라고 보지 않는다.

56) 왈저는 전 지구적 혹은 국제적인 정의 문제에 관해서는 보편적인 도덕원칙을 제시하지만, 분배 정의 문제에 관해서는 지역적인 도덕원칙을 제시한다. 한편으로는 보편주의적 도덕을 제시하고 다른 한편으로는 특수주의적 도덕을 제시하는 것은 왈저의 사상 안에서 충분히 일관적일 수 있다. 그가 부정한 것은 보편적인 얇은 도덕 자체가 아니라, 도덕은 본래 얇은 것이고 그 토대로부터 두꺼운 도덕이 파생하여 나온다고 보는 생각일 뿐이다. Michael Walzer, *Thick and Thin: A Moral Argument at Home and Abroad*(University of Notre Dame Press, 1994), ch. 1.

치체계나 그 가치가 작용한 역사적 배경이 마련되어 있기 때문이다. 그 사회가 거대한 분열을 겪게 될 경우에는 준거적 도덕이 더 추상적인 수준으로 올라갈 수도 있지만 말이다.

5. 결론

지금까지 왈저에게 가해진 상대주의 비판과 보수주의 비판에 대해 답변들을 구성하였다. 이 답변들 중 어느 것은 왈저의 저작에서 두드러져 있지 않지만 그의 사상에 정합적으로 구성되었다고 할 수 있다. 지금까지 논의한 것처럼 왈저의 정치철학을 개인의 자유라는 가치와 공동체적 가치의 대립구도가 아니라 이상주의와 반이상주의의 대립구도로 보고 그의 기획의 핵심을 반이상주의에서 찾게 되면 우리는 상대주의와 보수주의의 문제를 어느 정도 새로운 방식으로 해결할 수 있다. 왈저는 사람들이 구체적 맥락의 사회생활에서 경험하는 것들을 정의와 도덕의 토대로 생각한다. 그의 정의론은 어떠한 판단기준도 없는 상대주의에 빠지지 않는다. 상대주의가 아닌 맥락주의에 따라 우리는 그 맥락적 경험들과 사실들에 가장 적절한 판단을 가장 합당한 판단이라고 간주할 수 있기 때문이다. 그리고 왈저에게 있어 공유 이해는 지배집단의 이데올로기를 넘어선다. 사회비판의 메커니즘에 관한 왈저의 자연주의적 설명을 보면 왈저의 '공유 이해'는 민주적 성원들의 일반적 의지를 반영할 수밖에 없다. 한 사회의 가장 심층적인 수준에서는 이러한 일반적 의지가 있기 마련이며 이것은 그 일반적 의지에 부정합적인 편협한 관행과 가치해석들에 대한 사회비판의 토대가 된다.[57]

---

57) 본 논문에 대해 유익한 조언과 격려를 해주신 심사위원들께 깊이 감사드린다. 심사서에는 매우 근본적이고 통렬한 두 가지 지적이 있었다. 첫 번째는 왈저의 정치철학이 과연 이상주의(idealism)를 거부하였는가라는 비판이었고, 두 번째는 왈저에 대한 자연주의

참고문헌

김태길, 『윤리학』(박영사, 1992).

문성원, 「자유주의와 정의의 문제: 세계화 시대의 자유주의 정의관」, 『시대와 철학』 제12집, 277-301쪽.

박정순, 「공동체주의적 사회비판의 가능성: 마이클 왈쩌의 논의를 중심으로」, 『범한철학』 제30집, 범한철학회(2003년 가을), 211-247쪽.

Barry, Brian, "Spherical Justice and Global Injustice," *Pluralism, Justice, and Equality*, edited by David Miller and Michael Walzer(Oxford University Press, 1995).

적 해석은 왈저가 발견의 방법을 거부하고 있다는 사실에 배치되는 해석이라는 지적이었다. 첫째 지적에 대한 필자의 대답은 다음과 같다. 왈저가 사회비판과 사회개혁을 위한 실현 가능한 이상적 사회상을 우리에게 제시하는 사회비판가라는 점은 매우 분명하고 정확하다. 왈저는 사회현상을 단순히 기술하는 과학자가 아니며 분명 당위와 규범을 논하는 도덕론자이기 때문이다. 왈저 역시 '이상(ideal)'을 제시하고 있다는 말은 필자가 해석하기에는 왈저가 규범적 주장을 하고 있다는 것에 해당한다. 즉, 모든 규범적 주장들은 넓은 의미의 '이상'을 제시한다고 볼 수 있다. 필자가 이 논문에서 밝히고 싶었던 것은 왈저가 종국적으로 도덕규범(이상)을 제시하기 위해 거쳐온 과정이 어떤 성격을 지니는가 하는 점이다. 필자는 도덕(이상)을 논하는 방식 중에 이상주의적인 방식과 반이상주의적인 방식이 있는데 왈저의 방식은 후자에 해당된다고 본 것이다. 가령, 흄도 도덕적 주장을 제시하기 위해 반이상주의적 방식을 택한다고 볼 수 있다. 둘째 지적에 대한 필자의 대답은 다음과 같다. 주지하다시피, 왈저는 발견의 방법을 거부하고 해석의 방법을 채택한다. 발견(discovery)의 방법은 외부세계에 있는 것으로 추정되는 법칙을 알아보는 인간의 인식능력을 바탕으로 도덕을 제시하는 방법을 일컫는다. 필자는 발견의 방법이 곧 자연주의를 귀결하지는 않는다고 본다. 왈저가 말하는 발견의 방법은 초자연적 실재를 인식하는 데에 쓰일 수도 있고, 자연적 실재를 인식하는 데에 쓰일 수도 있는 방법이기 때문이다. 그리고 역으로 자연주의적 주장이 항상 발견의 방법만을 활용하는 것도 아니다. 자연주의적 규범론이란, 당위를 규명하기 위해 우선적으로 사실들에 주목하는 입장이라고 거칠게 규정한다면, 사실들에 주목하는 방식으로 발견 외에 해석의 방법도 가능하기 때문이다. 자연적 사실들에 주목하는 방식에 발견의 방법이 주로 쓰이겠지만, 사회적, 역사적, 문화적 사실들에 주목하는 방식에는 해석의 방법이 충분히 도입될 수 있다.

Bellamy, Richard, "Justice in the community: Walzer on pluralism, equality and democracy," *Social Justice from Hume to Walzer*, edited by David Boucher and Paul Kelly(Routledge, 1998).

Bounds, Elizabeth M., "Conflicting Harmonies: Michael Walzer's Vision of Community," *Journal of Religious Ethics*, pp.355–374.

Cohen, Joshua, "Review: Spheres of Justice," *The Journal of Philosophy*, Vol. 83, No. 8(Aug., 1986), pp.457–468.

Daniels, Norman, *Justice and Justification: Reflective Equilibrium in Theory and Practice*(Cambridge University Press, 1996).

Dworkin, Ronald, *A Matter of Principle*(Harvard University Press, 1985).

Galston, William A., "Community, Democracy, Philosophy: The Political Thought of Michael Walzer," *Political Theory*, Vol. 17, No. 1(Feb., 1989), pp.119–130.

Jones, Charles, *Global Justice: Defending Cosmopolitanism*(Oxford University of Press, 1999), pp.190–191.

MacIntyre, Alasdair, *After Virtue: A Study in Moral Theory*, 2nd ed.(University of Notre Dame Press, 1984).

Miller, David, "Introduction," *Pluralism, Justice, and Equality*, edited by David Miller and Michael Walzer(Oxford University Press, 1995).

____, "Two Ways to Think about Justice," in *Politics, Philosophy & Economics*, Vol. 1(Sage Publications Ltd., 2002), pp.5–28.

Nielsen, Kai, *Naturalism without Foundations*(Prometheus

Books, 1996).

Nozick, Robert, *Anarchy, State and Utopia*(New York: Basic, 1974).

Okin, Susan M., *Justice, Gender, and the Family*(Basic Books, 1989), p.62.

Rawls, John, *Political Liberalism*(Columbia University Press, 1993).

Raz, Joseph, "Morality as Interpretation," *Ethics* 101(January 1991).

Walzer, Michael, "Philosophy and Democracy," *Political Theory* 9. 3(Sage Publications Inc., 1981); *Debates in Contemporary Political Philosophy: An Anthology*, edited by Derek Matravers and Jon Pike(Routledge in Association with the Open University, 2003).

____, *Spheres of Justice: A Defense of Pluralism and Equality* (Oxford: Basil Blackwell, 1983).

____, "'Spheres of Justice': An Exchange," *New York Review of Books*, Vol. 30, No, 12(July 21, 1983), pp.43-44.

____, *Interpretation and Social Criticism*(Harvard Uiversity Press, 1987).

____, "Nation and Universe," *The Tanner Lectures on Human Values*(May, 1989), pp.509-556.

____, "A Particularism of My Own," *Religious Studies Review*, Vol. 16, No. 3(July, 1990), pp.193-197.

____, *Thick and Thin: A Moral Argument at Home and Abroad*(University of Notre Dame Press, 1994).

____, *Politics and Passion: Toward a More Egalitarian Liberalism*

(Yale University Press, 2004).

____, "Shared Meaning in a Poly-Ethic Democratic Setting: A Response," *Journal of Religious Ethics*, pp.404-405.

하버마스의 담론윤리학(Diskursethik)의 타당성에 관한 일 고찰

정 현 철

1.

하버마스는 담론윤리학을 근거 설정함에 있어서 이 도덕이론의 궁극적 토대를 그가 다양한 이론 흐름을 언어적 전환을 통해 비판적으로 재구성해 개척한 의사소통이라는 주체들의 실천 유형 속에 마련한다. 그는 이를 통해 그의 담론윤리학을 왜곡되지 않은 주체들 간의 상호주관성의 영역에 안착시키는 데 성공한 것처럼 보인다. 이는 담론윤리학이 탈형이상학적인 내지는 탈관습적인 시대상황에 적합한 도덕이론으로서 그것의 타당성을 주장할 수 있게 됨을 의미하기도 하는데 그 이유는 담론윤리학이 어떤 형이상학적 전제나 선험적 가정을 필요로 하지 않고 ─ 오히려 이를 적극적으로 배제하며 ─ 오로지 일상적 주체들 간의 억압에서 자유로운 의사소통 행위로부터 그것의 타당성을 길어 올리기

* 이 논문은 사회와 철학 연구회 편, 『사회와 철학』 제16호(2008)에 실린 글이다.

때문이다.[1] 이로 인해 주체들은 자신의 윤리적 이상과 가치지향을 견지한 채로 의사소통에 참여해 도덕이론과 관련한 타당성 주장들을 논의할 수 있으며 바로 이러한 타당성 주장의 상호주관적 논의를 통해 그들은 이제 그들 자신의 도덕이론을 스스로 구성해낼 수 있게 된다.

담론윤리학은 그 결과 의사소통 주체들 모두가 의사소통이라는 실천에 참여하면서 견지하는 도덕적 직관으로부터 이와 합치하는 도덕적 관점을 구성해내어 이를 이론적으로 정당화하는 것을 자신의 과제로 삼는다.[2] 이는 담론윤리학이 자신의 근본적 방법으로서 선험적인 내지 형이상학적인 방법 대신 의사소통적 실천으로부터의 논의적 구성이라는 방법을 채택함을 의미한다. 담론윤리학은 이로 인해 도덕이론을 형이상학적으로 정당화하는 경우에서처럼 의사소통 참여자들이 그들의 윤리적 이상 내지 가치지향을 특정한 관점에 고정하도록 하는 강제에서 자유로울 수 있으며 또한 이를 선험적으로 정당화하는 경우처럼 주체의 이성적 능력을 선규정하고 이로써 도덕적 규범과 관련한 논변의 내용에 선행적인 제한을 가하지 않아도 된다. 이는 담론윤리학이 그것의 근본 원칙 역시 의사소통이라는 범주적 실천 속에 그것도 그 의사소통의 내용과 참여자의 범위에 있어서의 제약성을 탈피해 말 그대로 자유로운 의사소통적 실천을 통해 마련한다는 것을 의미한다.

따라서 하버마스에게서는 타당한 도덕이론을 정당화하는 유일한 방법은 의사소통이라는 범주적 실천을 제한하거나 왜곡함이 없이, 즉 이를 온전히 유지하면서 이 실천으로부터 제약 없는 곧 모두가 동의할 수 있는 도덕적 관점을 구성해내고 또 이를 이론화하는 것이다. 이렇게 되면 도덕이론은 그것이 이론화하고자 하는 규범적 내용을 의사소통에 참

---

1) 참조, J. Habermas, *Nachmetaphysisches Denken*(이하 ND), Frankfurt a. M.: Suhrkamp, 1988, 35쪽 이하.

2) 참조, J. Habermas, *Erläuterungen zur Diskursethik*(이하 EzD), Frankfurt a. M.: Suhrkamp, 1991, 54쪽 이하.

여하는 모든 참여자들이 자발적으로 이 실천에 관여시키고자 하는 도덕적 직관으로부터 길어 올릴 수밖에 없고 또 이를 이론화하는 방식은 그 도덕적 직관을 참여자들의 제약 없는 의사소통이라는 범주적 실천에 내재하는 규범적 관점에 따라 구성해내는 것일 수밖에 없다. 이렇게 구성된 도덕적 이론은 우리가 예상할 수 있듯이 항상 의사소통 참여자들의 자유로운 비판에 열려 있고 필요한 경우 이 비판에 대해 타당한 근거를 제시하는 방식으로 그것의 실현 가능성을 입증할 수가 있다.

도덕이론은 따라서 이제 어떤 절대적인 타당성을 실천과 무관한 상태로 스스로에게 주장할 수가 없다. 모든 도덕이론은 오로지 의사소통이라는 실천 영역에서 그것이 가질 수 있는 실현 가능성을 다른 이론적 시도들과 경쟁함으로써 입증해야만 한다. 하버마스는 바로 이와 같은 상황에서 자신의 담론윤리학이 다른 도덕이론들과 대비되는 특별한 설득력을 가질 것으로 확신한다. 물론 여기서 그가 말하는 설득력이란 위에서 시사한 바처럼 담론윤리학이 그것의 구성과 적용에 있어서 자유롭게 의사소통하는 주체들로부터 자발적인 동의를 담보해낼 수 있다는 것을 의미한다. 따라서 이제 도덕이론의 과제는 도덕이론의 영향권 하에 있는 주체들이 실제로 그들의 행동을 규제하는 그들의 도덕적 직관으로부터 이탈하지 않은 상태에서 그 도덕이론의 원칙과 규범에 자발적으로 동의할 것이라는 사실을 입증하는 것이 된다.

이에 따라 담론윤리학은 이제 그것의 도덕원칙 역시 실천에 있어서 자율적인 구속력을 행사할 수가 있는 규범적 내용과 연계해서 마련한다.3) 여기서 다음과 같은 물음이 제기된다. 담론윤리학에서 도덕원칙으로 제시되는 보편화원칙은 어떤 내용을 가질 수 있으며 또 가져야만 하는가? 이를 도덕이론과 관련해 일반화해 표현하면 자유로운 의사소통

---

3) 참조, J. Habermas, *Moralbewuβtsein und kommunikatives Handeln*(이하 MkH), Frankfurt a. M.: Suhrkamp, 1984, 68쪽 이하.

행위자들은 실제로 어떠한 원칙에 입각해 그들의 행위를 자발적으로 규제하게 허락하는가? 이 물음은 의사소통 행위자들이 궁극적으로 상호주관적인 구속력을 갖는 어떠한 규범적 지향에 자발적으로 동의할 것인가 하는 물음을 지시한다. 도덕원칙의 규범적 구속력은 이 지향의 내용에 따라 의사소통 참여자들의 실천에 개입해 들어가는 범위와 정도를 달리한다. 이 물음은 따라서 위에서 제기된 담론윤리학에서의 물음을 다음과 같이 구체화할 수가 있다. 담론윤리학의 보편화원칙은 그 내용적 규정에 있어서 의사소통 주체들이 그들의 윤리적 이상 내지 가치지향의 내용을 그들이 타당한 것으로 합의한 규범에 맞춰 새로이 형성하도록 요구하는 데까지 관여해 들어가야 하는가, 아니면 그 요구를 이들이 의사소통 행위를 통해 타당성 주장을 제기하고 검증할 수 있는 단지 형식적인 차원의 자율에만 한정해야 하는가?

필자는 이러한 관점에서 담론윤리학의 타당성을 검증하기 위해서는 세 가지 차원의 단계적 고찰이 필요하다고 생각한다. 우선 첫 번째 차원은 담론윤리학이 그것의 궁극적 원천으로 삼고 있는 바가 무엇인지를 고찰하는 단계이다. 하버마스는 이 단계와 관련해 — 위에서 시사한 것처럼 — 우선 인지적 도덕이론에 대한 회의주의자들의 비판에 맞서 의사소통이라는 행위 유형이 담론윤리학의 궁극적 원천이 된다는 것을 증명해 보인다. 그런데 그는 담론윤리학의 보편화원칙의 정당화와 관련해서는 의사소통 행위를 좀 더 심화시켜 이 행위로부터 도출되는 논증 이론적 전제들을 이 정당화의 원천으로서 주장한다. 그런데 이와 관련해서는 비판이 제기된다. 대표적으로 벨머는 이와 같이 논증 이론적 전제로부터 보편화원칙이 성공적으로 도출될 수 있다는 것에 이의를 제기한다. 그는 실제로 아예 담론윤리학의 보편화원칙의 내용 자체를 바꾸지 않을 수 없다고 주장한다. 우리는 하버마스가 이러한 비판에 직면해서 그의 보편화원칙을 고수하기 위해 적어도 소극적인 정도라도 주체들의 도덕적 직관을 도덕이론의 원천으로 수용하는 행위 이론적 정당화 방식에 경도된다는 것을 확인할 수가 있다. 그런데 하버마스는 이론적 일관성을 유지하기 위해 이러한 그의 실질적 경향성과는 달리 외견상으로는 논증 이론적 정당화 방식을 포기하지 않는다. 이러한 상황은 무엇보다 담론 윤리학의 보편화원칙에 포함된 강한 의미의 합의 개념 때문에 빚어질 수밖에 없는데 이로 인해 담론윤리학에는 또 다른 차원의 비판 곧 실현 가능성과 관련한 비판이 제기된다. 하버마스는 이러한 비판에 맞서 담론 윤리학의 타당성을—그리고 그것의 보편화원칙과 또 이것에 포함된 강한 합의 개념의 타당성을—입증하기 위해 협상이라는 새로운 행위 유형에 주목한다. 그는 이 행위 유형을 통해 담론윤리학의—그리고 보편화원칙의—이론적 타당성과 실천적 적용 가능성 두 가지를 동시에 담보해내고자 한다. 그러나 하버마스의 이러한 시도는 담론윤리학이 의사소통 주체들이 지향할 수 있는 내용적으로 풍부한 사회적 타당성 영역을 구성해내는 데 있어서 어떤 적극적 역할을 할 수 있을지를 의심스럽게 만든다. 그런데 하버마스에게서는 다른 한편으로 담론윤리학에 행위 이론적 정당화 방식이 필요하다는 것이 인정되는 것처럼 보이기도 한다. 이는 그가 연대를 정의와 동근원적인 것으로 설정한다는 사실에서 확인할 수가 있다. 곧 그는 연대에, 정의가 그것의 형식성 때문에 충분한 정도로 보호하지 못하는 의사소통 행위와 그리고 그것의 특수한 유형인 논증적 행위를 손상되지 않게 보전하는 역할을 부여한다. 그러나 연대적 행위의 역할은 담론윤리학에서는 정작 이 윤리학의 형식주의에 막혀 결국 의사소통 행위의 핵심 구조를 보호하는 것으로 한정되고 만다. 이로 인해 주체들의 성공적인 자기실현에 필요한 의미와 가치지향에 있어서 타당성을 갖는 규범적 내용들은 사회적인 영역에서 형식화되는 것을 피할 수가 없다. 이는 사회 구성원들이 그들의 가치지향이 경우에 따라 주변화되는 것을 경험하는 것으로 이어질 수가 있다. 그렇다면 담론윤리학은 어떻게 이러한 상황에서 발생할 수도 있는 사회적인 병리 현상을 예방하는 데 충분한 규범적 지향을 제공할 수 있는가?

2.

우리는 위에서 언급한 바와 같이 하버마스가 탈관습적 도덕이론의 궁극적 원천으로서 지목한 의사소통의 논증 이론적 전제들을 구체적으로 살펴보기에 앞서 왜 그가 이런 결론에 이르게 되었는지를 살펴볼 필요가 있다. 이를 위해 그의 담론윤리학의 이론 발전 과정을 추적해보는 것은 도움이 된다. 실제로 그는 담론윤리학에 대한 내재적 비판을 극복하는 과정에서 이 같은 결론을 더욱 분명하게 확신한다. 그런데 그는 자신의 담론윤리학에 대한 비판에 대응하는 과정에서 다소간 자신의 입장의 변화를 보이기도 한다. 물론 이는 그가 이보다 앞서 감행한 언어적 전환에서처럼 결정적으로 이론의 방향 자체를 돌리는 급진성을 동반하지는 않는다. 그러나 그는 그럼에도 이 같은 미세하지만 중요한 입장의 변화를 모색할 수밖에 없었는데 ― 이러한 미세한 입장의 변화의 내용은 그가 담론윤리학을 논증 이론적 방식으로 정당화하는 것에서 탈피해 이를 좀 더 행위 이론적 접근 방식을 원용해 곧 의사소통 행위자들의 도덕적 직관에 의존해 정당화하려는 것을 의미하는데 ― 우리는 따라서 왜 그가 이러한 입장의 변화를 고려할 수밖에 없었는가를 살펴볼 필요가 있다. 이를 통해 우리는 담론윤리학의 앞으로의 이론 구성상의 변화 가능성을 모색해 볼 수 있다.

하버마스는 이미 잘 알려진 바대로 『인식과 관심(*Erkenntnis und Interesse*)』[4]으로부터 『의사소통 행위이론(*Theorie des kommunikativen*

---

4) J. Habermas, *Erkenntnis und Interesse*, Frankfurt a. M.: Suhrkamp, 1968. 하버마스는 이 저작에 관한 논문집이 이 저작이 출간된 후 30여 년이 지난 최근에 출판된 것을 계기로 이 저작에 대한 자신의 변화된 입장을 밝혔다. 참조. J. Habermas, "Nach dreißig Jahren: Bemerkungen zu Erkenntnis und Interesse." in S. Müller-Doohm(hrsg.), *Das Interesse der Vernunft*, Frankfurt a. M.: Suhrkamp, 2000.

Handelns』[5]에 이르기까지 사회가 왜곡되지 않고 억압에서 자유로운 상태로 재생산되기 위해 필요한 규범적 토대를 마련하기 위해 여러 방향에서 이론적 시도를 감행해왔다. 그리고 그는 언어적 전환을 정립한 의사소통 행위이론에 와서 비로소 그가 앞으로도 포기하지 않고 견지하게 될 사회적 재생산의 규범적 토대 곧 모든 주체들이 참여하게 되는 의사소통 행위에 의한 연계망이라는 사회적 영역을 범주적 실천 공간으로서 정초한다. 적어도 이제 의사소통 행위 이론에 따르면 사회는 주체들 간의 억압에서 자유로운 의사소통을 통해 규범적으로 재생산될 수 있는 가능성을 가질 수 있게 된다.[6] 그러나 물론 이 범주적 실천 공간으로서의 의사소통적 행위 연결망은 체계의 위협 내지 주체들의 전략적 행위에 의해 왜곡될 가능성에 항상 노출되어 있다. 그러나 그럼에도 주체들은 다른 한편으로 의사소통적 행위를 통해 이 사회적 공간을 그 왜곡으로부터 지켜낼 수 있는 가능성 또한 가지고 있다.

하버마스는 자신의 담론윤리학의 토대를 바로 이 의사소통적 행위, 곧 모든 의미와 타당성을 재생산하는 생활세계를 체계로부터의 위협에 맞서 지켜내고 또 이를 통해 사회가 규범적으로 재생산되는 것을 가능케 하는, 주체들 간의 타당성을 매개로한 자유로운 상호작용적 행위를 통해 마련한다. 그는 이러한 의사소통적 행위가 담론윤리학의 토대가 될 수 있다는 주장을, 인지적 도덕이론의 가능성을 부인하는 회의주의자들에 맞서 도덕이론을 정당화하는 논변에서 다음과 같은 방식으로 즉 의사소통적 행위가 회의주의자들이 회의할 수 없는 궁극적(unhintergehbar)

---

5) J. Habermas, *Theorie des kommunikativen Handelns*(이하 TkH) I & II, Frankfurt a. M.: Suhrkamp, 1981.

6) 참조, TkH I, 406쪽. 하버마스가 의사소통을 이같이 해방적 힘을 갖는 것으로 묘사하는 이유는 의사소통 행위자들이 자신들의 언술 행위를 통해 제기된 타당성 주장을 필요한 경우에 입증하겠다고 제시하는 보장(Gewähr)이 의사소통에서 갖는 조정 효과(Koordinationseffekt)에서 찾아진다. 이렇게 보장이 끌어들이는 합리적으로 동기부여된 힘은 의사소통을 억압적인 권력관계로부터 벗어나게 한다.

토대가 된다는 것을 보임으로써 입증한다.[7] 다시 말해 그는 회의론자들의 비판에 맞서 이를 반박하기 위해 우선 선험화용론의 수행적 모순을 내세우지만 다른 한편으로 이것이 더 심도 깊은 회의주의자의 반박에 효과적으로 작용할 수 없게 될 때를 상정해서 의사소통 행위만이 회의적 반박을 극복할 유일한 토대가 된다는 것을 보인다. 그는 이를 통해 의사소통 행위를 담론윤리학의 궁극적 토대로 제시한다.

곧 어떤 도덕이론이 ─ 예를 들어, 선험적 화용론이 ─ 논증 행위에 있어서의 수행적 모순을 통해 그것의 원칙으로 정식화한 도덕원칙을 정당화하는 데 성공한다 해도 회의주의자들이 이 같은 논증 행위 자체를 거부할 경우 더 이상 선험적인 궁극적 원칙으로서의 수행적 모순이 작동할 수 없는 상황이 발생할 수도 있는데 의사소통 행위만은 이 경우에도 회의주의자들이 사회적 공간 안에 있는 한 부정할 수 없는 도덕이론의 출발점이 될 수가 있다.[8] 따라서 의사소통 행위는 사회 구성원 모두가 이미 언제나(immer schon) 참여할 수밖에 없는 범주적 행위 양식이 되고 이로 인해 만일 어떤 도덕이론이 이 행위로부터 모든 행위 주체들이 자발적으로 동의할 수 있는 방식으로 구성되어 나올 수 있다면 이러한 도덕이론에는 누구도 반박할 수 없는 타당성이 부여될 수가 있다.

하버마스는 이와 같은 방식으로 의사소통 행위를 담론윤리학의 궁극적 토대로 끌어들인다. 그러나 이러한 논증은 한편으로 그가 담론윤리학 자체를 그리고 이것의 원칙으로 확립하는 보편화원칙 자체를 회의주의자들의 논박으로부터 지켜내는 데 있어서는 설득력을 가질 수 있는 반

---

7) 참조, MkH, 108쪽 이하.

8) 물론 선험적 화용론을 주장하는 아펠 역시 이 같은 회의주의자들의 주장을 논박할 수 있다. 그는 담론뿐 아니라 모든 유형의 언어놀이에 수행적 모순이 작동함을 입증함으로써 회의주의자들의 비판을 비켜갈 수 있다. 따라서 아펠과 하버마스가 입장을 달리하는 부분은 다른 점들, 예를 들면 하버마스가 아펠이 선험적 유산을 계승하고 있는 것이라든가 하는 것에서 찾아져야 한다. 참조, EzD, 185쪽 이하. 그리고 MkH, 112쪽.

면 다른 한편으로 보편화원칙이 실제로 어떤 내용을 가져야 하는지 그 구체적인 정식화의 단계에 들어가서는 아직 아무런 기여를 할 수가 없다. 곧 하버마스는 회의주의자에 대한 논박을 통해서는 의사소통 행위의 보편성에 입각해 선험적 논의의 원칙이 무력화되는 경우 의사소통적 행위 자체로부터 담론윤리학을 근거지을 수 있는 가능성 곧 담론윤리학의 보편화원칙을 정당화할 수 있는 가능성이 있음만을 논증해낼 수가 있다.[9]

실제로 이러한 논증이 성립한 이후에 담론윤리학의 보편화원칙이 어떤 내용을 가질 수 있는지에 관해서는 새로운 논증이 요구된다. 따라서 담론윤리학의 보편화원칙이 어떤 내용적 함의를 가질 수 있는지 그것이 도덕원칙으로 삼는 바의 내용의 타당성을 입증하는 데 있어서는 논란이 발생할 수 있다. 실제로 이 같은 논란이 발생하는데 벨머는 자신의 책 『윤리와 대화(Ethik und Dialog)』에서 하버마스의 담론윤리학의 도덕원칙인 보편화원칙이 그 내용면에서 갖는 문제점을 상세하게 지적한다.[10] 그는 이 책에서 하버마스가 논증 이론적 방식으로 담론윤리학의 보편화원칙의 내용을 정당화하는 것에 대해 여러 단계의 비판을 제기한다. 이러한 비판으로 인해 하버마스는 담론윤리학의 보편화원칙을 정당화하기 위해 논증 이론적 접근보다는 앞에서 시사한 의사소통 행위자의 도덕적 직관에 의존하게끔 미세하게나마 강조점을 이동하지 않을 수 없

---

9) 물론 이러한 논증을 성공적으로 보지 않는 시각도 존재한다. 우리는 이러한 시각을 대표하는 철학자로 하버마스의 동료인 아펠을 들 수가 있다. 그는 하버마스와 마찬가지로 인지적 윤리학에 대한 회의주의를 논박하면서도 다른 한편으로 이를 논박하기 위해 하버마스가 끌어들이는 의사소통적 행위와 그것으로 이루어진 생활 세계 개념을 우려스러운 시각에서 바라본다. 참조, K. O. Apel, "Regarding the Relationship of Morality, Law and Democracy," in M. Aboulafia et al.(ed.), *Habermas and Pragmatism*, London and New York: Routledge, 2002.

10) A. Wellmer, *Ethik und Dialog*(이하 EuD), Frankfurt a. M.: Suhrkamp, 1986, 51쪽 이하.

어 보인다.

우선 벨머의 비판을 개략적으로 살펴보면 그의 비판의 첫 번째 단계
는 다음과 같은 문제점을 지적하는 것으로 요약될 수 있다. 곧 논증 이론
적으로 보편화원칙을 정당화하려는 하버마스의 기획은 보편화원칙의
내용에 있어서 일종의 선결 논리 가정의 오류(petitio principii) — 벨머
자신의 표현을 빌리면 유사-순환성(quasizirkulär)의 오류 — 를 범할
수 있다.[11] 그 이유는 하버마스의 보편화원칙의 내용 — "모든 타당한 규
범은 다음과 같은 조건, 곧 개별자의 이익의 충족을 위한 그것의 보편적
인 준수로부터 예견되어 나오는 모든 결과와 부수 작용이 모든 관련자들
에 의해 억압 없이 수용될 수 있다는 조건을 만족시켜야 한다."[12] — 이
다음과 같은 정식, 곧 "어떤 규범은 그것이 모든 관련자들에 의해 모든
관련자의 이익에 동등하게 부합하는 것으로 억압 없이 수용될 수 있는
경우에만 그것에 관련된 모든 이들의 이익에 동등하게 부합하는 것이 된
다."[13]로 구성될 수 있기 때문이다. 여기서 어떤 규범이 모든 관련된 이들
의 이익에 동등하게 부합한다는 것의 확정이 다시금 모든 관련된 이들이
이 규범을 그러한 것으로 받아들인다는 전제에 의존하게 된다는 점에서
유사-순환성의 오류가 발생한다. 그런데 하버마스는 이 비판에 대응하기
위해 — 그리고 본래적인 자신의 의도에 있어서도 — 담론윤리학에서 보

---

11) EuD, 56쪽.
12) MukH, 131쪽. 독일어 원문의 내용은 다음과 같다. "Jede gültige Norm muß der
Bedingung genügen, daß die Folgen und Nebenwirkungen, die sich aus ihrer
allgemeinen Befolgung für die Befriedigung der Interessen jedes Einzelnen
voraussichtlich ergeben, von allen Betroffenen zwanglos akzeptiert werden
können."
13) EuD, 56쪽. 독일어 원문의 내용은 다음과 같다. "Eine Norm liegt genau dann im
gleichmäßigen Interesse aller von ihr Betroffenen, wenn sie von allen
Betroffenen als gleichmäig im Interesse aller Betroffenen zwanglos akzeptiert
werden kann."

편화원칙의 정당화가 제도와 규범의 차원이 아니라 도덕원칙의 차원에서 실행되고 있다고 해명한다. 곧 그는 벨머의 비판의 첫 번째 단계에 대해 대화 상황(Gesprächssituation)과 제도적 장치들(die institutionellen Arrangements)을 구별하는 방식으로 대응한다. 보편화원칙의 정당화는 후자가 아니라 전자에서 실행되고 그로 인해 사실적인 논증 행위 자체가 아니라 그 행위에 부과되는 직관적 전제들이 관여하게 된다는 것이다.[14]

그러나 벨머에 따르면 그래도 문제가 발생한다. 그의 비판의 두 번째 단계는 다음과 같이 구성된다. 만일 하버마스가 이러한 오류를 피하기 위해 보편화원칙을 도덕원칙으로서 정당화하려 한다면 그는 강한 의미의 합의 이론(Konsenstheorie)에 의존할 수밖에 없다. 바로 이때 담론윤리학에서는 벨머에 따르면 현실적 담론에 있어서 이루어진 합의의 잠정성이 간과될 수 있다는 문제점이 발생한다. 곧 하버마스에게서처럼 유사 순환 논증의 오류에 빠지지 않으면서 현실적인 합의에 기초해 보편화원칙의 내용을 정당화하려는 시도는 합의 자체가 곧바로 타당성을 보장한다는 담론의 이상화를 시도할 수밖에 없는데 이렇게 되면 실제로 잠정성을 특성으로 하는 현실적 담론에서의 합의는 그 같은 특성을 상실하게 되고 그 결과 합의로부터 새로운 지식의 창출에 필수적인 오류 가능성은 배제되어버린다. 그런데 하버마스는 이러한 비판에 맞서 다음과 같이 대응한다. 곧 만일 우리가 벨머가 그의 도덕이론에서 주장하는 대로 그의 비판을 수용하게 되면 칸트적인 의미의 강한 동기부여하는 힘을 전제하게 될 수밖에 없는데 이는 개인들에 대해 실현 가능성이 낮은 과도한 부담을 지우는 꼴이 된다.[15]

그러나 벨머의 비판의 이 두 번째 단계는 하버마스의 반박에도 불구

---

14) 참조, EzD, 132쪽.
15) 참조, EzD, 135쪽.

하고 여전히 그와의 논쟁점을 이루고 있다.16) 그리고 여기서 중요한 한 가지 시사점이 발견되는데 이는 벨머의 이러한 비판이 하버마스가 담론 윤리학의 보편화원칙의 정당화에 있어서 전적으로 논증 이론적 정당화만을 추구할 수 없도록 만들고 있다는 것이다. 곧 하버마스는 보편화원칙을 정당화하기 위해 이제 비록 논증 이론적 정당화 방식을 포기할 필요는 없지만 그래도 좀 더 의사소통적 참여자들의 도덕적 직관에 호소하는 쪽으로 강조점을 이동해야 하는 필요에 직면한 것처럼 보인다.17) 이로 인해 그가 보편화원칙의 내용을 정당화하는 데 있어서 인지적 합리성을 강조해야 하는 이유는 이제 논증 그 자체와 관련한 논증 이론적 필연성에서 비롯되기보다는 오히려 의사소통적 행위의 특수한 형식인 논증적 행위에 참여하는 주체들의 직관적 고려 사항들로부터 제공되어야 하는 것처럼 보인다. 그는 실제로 이를 다음과 같은 것들로 표현한다. 곧, 논증에 참여하는 이들은 그들 간의 규범을 둘러싼 의견 불일치가 무엇을 의미하는지 알고 있으며 이를 그들 간의 논증적 행위를 통해 해결할 수 있다는 것 또한 알고 있는데 그 이유는 논증 참여자들이 언어 놀이를 직관적으로 자유로이 곧 규범을 승인하거나 혹은 거부하면서 구사할 수 있다는 것을 서로가 알기 때문이다. 그 밖에도 논증 행위에 참여하는 이들은 다른 규범적 전제들도 직관적으로 알고 있으며 이들은 서로가 이를 논증 행위를 통해 확인할 수가 있다.18) 만일 보편화원칙의 정당화에 있

---

16) 하버마스로부터 벨머의 비판에 대한 반박은 다음을 참조. EzD, 131쪽 이하. 이에 대한 벨머의 해명에 해당하는 내용에 관해서는 다음을 참조. A. Wellmer, "Gibt es eine Wahrheit jenseits der Aussagenwahrheit?" in L. Wingert und K. Günther(hrsg.), *Die Öffentlichkeit der Vernunft und die Vernunft der Öffentlichkeit*, Frankfurt a. M.: Suhrkamp, 2001.

17) 이와 관련한 더 자세한 고찰은 다음을 참조. W. Rehg, "Discouse and the Moral Point of View: Deriving a Dialogical Principle of Universalization," in D. M. Rasmussen(ed.), *J. Haberams* III, Sage Publications, 2002.

어서의 강조점이 이렇게 의사소통 행위의 특수한 형식인 논증 행위 자체에 내재하는 논리적 규칙들로부터 이 행위에 참여하는 이들의 직관적 고려 사항들로 이동한다면 하버마스의 이론은 언어 이론적으로보다는 좀 더 행위 이론적으로 해석될 여지가 생기게 된다.

이 경우 보편화원칙의 내용은 이제 하버마스가 부여한 정식화를 탈피해 좀 더 행위 이론적인 지향에 맞춰져야 할 필요가 있다. 그리고 만일 이러한 행위 이론적인 지향이 더 근원적인 것으로 간주된다면 보편화원칙은 담론윤리학에서 가졌던 그것의 절대적 위상을 상실할 수도 있게 된다. 하버마스는 지금까지 보편화원칙이 담론 참여자들이 담론원리로 나아갈 수 있게 하는 징검다리 역할을 하는 것으로 상정하고 이를 증명하고자 했다. 그러나 보편화원칙의 타당성 증명 방식에 있어서 강조점이 이렇듯 논증 이론적 정당화에서 행위 이론적 정당화로 이동하게 되면 보편화원칙은 하버마스가 상정하듯이 마치 귀납원리가 경험-이론적 담론에서 담당하는 역할과 같은 역할을 수행할 수 없게 된다. 왜냐하면 담론 참여자들은 논증 이론적으로 정당화된 담론윤리학에서처럼 보편화원칙에 합의한 후 그것의 핵심 내용만을 담은 담론원리[19]에로 나아가게 되는 것이 아니라 오히려 곧바로 실제로 규범을 검증하는 궁극적 척도가 되는 담론원리 자체의 타당성에 관한 논의로 나아가게 될 것이기 때문이다.[20] 이는 담론 참여자들이 그들 자신들을 그들 서로 간의 의사소통 행

---

18) 참조, EzD, 133쪽 이하.
19) EzD, 12쪽. 담론원리의 내용은 다음과 같다. "실천적 담론의 참여자로서 모든 관련자들의 동의를 구할 수 있는 규범만이 타당성을 주장할 수 있다(nur diejenigen Normen dürfen Geltung beanspruchen, die die Zustimmung aller Betroffenen als Teilnehmer eines praktischen Diskurses finden können)."
20) 하버마스의 담론윤리학을 체계적으로 분석한 전문가들 가운데 한 사람인 벤하비브는 이러한 입장을 견지한다. 참조, S. Benhabib, *Kritik, Norm und Utopie, Die normativen Grundlagen der Kritischen Theorie*(이하 KNuU), Frankfurt a. M.: Fischer Taschenbuch Verlag, 1992, 172쪽 이하.

위에서 매개하는 것이 논증규칙이기보다 그들이 공유하는 가치와 규범에 관한 확신이라는 것을 암시한다.

따라서 이제 우리는 하버마스가 실제로 담론윤리학 속에 이러한 가능성을 열어두고 있는지 그리고 만일 열어두고 있다면 어떻게 열어두고 있는지 살펴볼 필요가 있다.

3.

하버마스는 이처럼 언어소통 행위 이론으로부터 담론윤리학에 이르기까지 사회의 재생산을 위한 궁극적인 규범적 토대를 마련하는 데 있어 — 좀 더 정확히 표현하면 이 토대의 원천을 확정함에 있어서 — 언어 그 자체의 이상화하는 힘 곧 논증 행위에 내재하는 힘과 사회 구성원들의 직관적인 도덕적 잠재력 이 양자 사이에서 흔들리고 있는 것처럼 보인다.[21] 곧 앞서 언급한 것처럼 보편화원칙의 정당화에 필수적인 논증 이론적 전제들은 언어적 놀이 그 자체로부터 마련되어 곧 논증 참여자들이 논증에 참여하는 순간 자동적으로 수용하게 되어 이렇게 수용된 전제들로부터 보편화원칙이 논증 행위에 내재하는 규칙에 따라 거의 자동적으로 정당화되는 것인지,[22] 아니면 애초부터 그러한 도덕적 직관을 가진 행위자들이 논증적 행위 과정에서 그러한 도덕적 직관을 상호주관적으로 확인하고 그것에 의거해 그들 스스로가 보편화원칙을 정당화하는

---

21) 하버마스 사상의 발전 과정을 그의 의사소통 행위 이론까지 추적한 결과 이러한 애매성이 1980년대 초반까지의 하버마스 사상 자체에 남아 있다는 것을 입증한 연구에 관해서는 호네트의 다음 저작을 참조. A. Honneth, *Kritik der Macht*, Frankfurt a. M.: Suhrkamp, 1986, 307쪽 이하.

22) 참조, EzD, 61쪽. 하버마스는 여기서 논증 이론적 전제들로부터 담론이 구성되는 데 필요한 이상화하는 힘을 끌어낸다. "담론은 논증 행위에 진지하게 참여하는 모든 이들이 사실적으로 받아들여야만 하는 이상화하는 구상에 힘입어 도덕적 관점을 해명하는 절차의 역할을 수행할 수 있다."

것인지[23] 다소 불분명하다.

하버마스의 이 같은 입장의 애매성은 앞서도 지적한 바와 같이 보편화원칙 자체 내지는 인지적 도덕이론으로서의 담론윤리학을 회의주의자들의 논박으로부터 변호하는 데 있어서는 어려움을 야기하지 않는 반면 그 원칙의 내용의 정당화와 관련해서는 몇 가지 중대한 문제점을 노정한다. 곧 하버마스 자신의 기대와 달리 보편화원칙의 내용 속에 담긴 논증 이론적인 강한 의미의 합의는 여전히 정당화에 있어서 어려움을 야기한다. 왜냐하면 모든 관련자들로부터 동등하게 이익이 된다는 보편화원칙에 있어서의 합의의 기준은 일반적으로 형식적인 논증 이론적인 규칙으로는 담아내기 어려운 규범적 내용들을 포함하기 때문이다. 이 점이 가장 명확히 드러나는 상황은 관련자들 사이에서 규제되어야 할 이익의 해석에 있어서 그들이 견지하는 규범적 전제들이 논란이 되는 경우이다. 만일 관련자들 간에 그들의 이익에 대한 해석이 엇갈려 논쟁이 촉발되고 이로 인해 이 논란이 되는 이익에 대한 합의가 그 당사자들의 해석에 내재된 가치지향과 규범적 전제의 다양성 때문에 불가능해진다면 이와 관련한 규범들은 끝없는 논란 속에 휘말려 타당성을 확정받지 못하게 된다. 이런 논증 행위 상황이 일반화되면 하버마스가 정식화한 대로의 보편화원칙은 적용 범위가 지극히 축소될 수밖에 없다. 그리고 이렇게 보편화원칙의 적용 범위가 축소되고 나면 그 정식화 내용의 비현실성으로 인해 그 정식화 자체가 포기되어야 한다는 비판이 제기될 수도 있다.

물론 이러한 사태를 야기하는 핵심적인 문제는 보편화원칙의 적용 범위의 크기에 있지 않다. 경우에 따라서는 보편화원칙이 적용되는 것을 바랄 수 없는 특수한 상황이 예외적으로 발생할 수도 있다. 문제의 핵심은 이보다는 보편화원칙에 포함된 강한 의미의 합의 개념이 의사소통 행위자들이 그들의 일상 속에서 분절시키는 다양한 도덕적 직관들을 — 이

---

23) 참조, EzD, 133쪽 이하.

직관들은 논란이 되는 이익의 해석에로 빨려들어가는데 ─ 상호주관적인 자발적 동의에 기초해 타당한 규범으로 형상화해내는 것을 막는다는데 있다. 다시 말해 보편화원칙의 내용이 논증 행위 참여자들의 현실적인 도덕적 잠재력과 유리된 채 이들이 논증 행위에 참여하는 순간 자동적으로 수용해야만 하는 직관에만 의거해 확정되어야 하는 경우 보편화원칙은 이처럼 하버마스가 정식화한 대로는 의사소통 행위에 있어서 심각한 규범적 간극을 만들어낼 수밖에 없다.

이와 같이 강한 의미의 합의를 도덕적 규범의 타당성의 토대로 삼는 보편화원칙은 그 정당화를 주로 언어 자체에 내재하는 논증적 전제들에 의존하는 한 의사소통 참여자들에 의해 문제시되고 있는 규범들 가운데 상당 부분의 타당성 ─ 곧 정당성 ─ 을 검증할 수 없는 상황에 처하게 된다. 이는 이 원칙이 사회의 규범적 재생산과 관련해 스스로 그것의 한계성을 드러내는 것에 해당한다. 따라서 보편화원칙은 그것의 타당성을 확보하려 하는 한 어떤 형태로든 행위자들의 일상적인 도덕적 직관을 수용할 수 있어야 한다. 그러나 보편화원칙은 모든 이의 이익에 동등하게 부합해야 한다는 규정에 의해 부과되는 강한 의미의 합의를 포기할 수 없는 한 주로 논증 이론적인 전제들에 의존하지 않을 수가 없고 이는 의사소통 행위자들의 일상적인 도덕적 직관을 사회적 규범으로 연결시켜내지 못하는 결과를 초래하고 만다. 이처럼 보편화원칙이 그 정당화에 있어서 의사소통 행위자들의 내용적으로 풍부한 도덕적 직관에 의해 보완되지 못하고 오히려 이를 주변화시키는 경우 보편화원칙에 내포된 합의라는 엄격한 기준은 보편화원칙의 정당화를 담당하는 언어 논증적 전제들의 형식성이 갖는 한계에 봉착해 이내 이 한계를 수용할 수밖에 없다.

이러한 사태는 현실적인 담론에 참여한 이들이 보편화원칙의 내용을 스스로 수정하도록 요구하는 결과로 이어질 수 있다.[24] 이는 논증 행위

---

24) 참조, KNuU, 203쪽 이하.

참여자들의 두 가지 구별되는 직관들 곧 논증 이론적 전제와 관련한 직관과 이들이 현실적으로 분절시키고 있는 직관이 서로 분리되어 파악되는 경우 양자가 충돌할 수 있다는 것과 이 경우 후자가 오히려 전자를 포함하게 된다는 의미에서 전자보다 우위를 점해야 한다는 것을 지시한다.[25] 그러나 이렇게 되면 담론윤리학은 그 구성을 달리해야 할지 모르고 따라서 하버마스가 이런 가능성을 쉽게 인정할 수 없을 것이라는 점은 충분히 어렵지 않게 예상할 수가 있다. 실제로 그는 보편화원칙의 내용을 수정하는 대신 새로운 이론적 해법을 모색해 보편화원칙의 강한 합의적 성격으로부터 야기되는 어려움을 피하고자 한다. 그가 제시하는 해법은 바로 공정한 타협을 추구하는 협상(Verhandlungen)이라는 의사소통의 새로운 유형을 통해 마련된다. 곧 그는 이 협상에서 추구되는 타협이 공정하게 형성되도록 의사소통이 진행되는 과정에 보편화원칙이 관철될 가능성이 있음을 보임으로써 보편화원칙의 타당성을 입증하고자 한다.[26] 다시 말해 그는 어떤 규범에 관한 합의가 보편화원칙이 제시하는 기준 곧 그 규범이 모든 이의 이익에 동등하게 부합하는 것으로 모든 관련자들에 의해 억압되지 않은 상태로 수용될 수 있어야 한다는

---

25) 후자와 같은 도덕적 잠재력을 행위 이론적으로 식별해낼 수 있다는 주장에 관해서는 다음을 참조. A. Honneth, *Die zerissene Welt des Sozialen*(이하 zWdS), Frankfurt a. M.: Suhrkamp, 1990, 182쪽 이하. 그리고 필자는 이러한 충돌 가능성에 관해서도 호네트의 분석에 의존한다. 그가 이러한 충돌 가능성을 암시한 논문은 다음과 같다 이 논문의 제목은 하버마스의 논문과 대구를 이루며 묘한 대조를 이룬다. A. Honneth, "Moralbewuß tsein und soziale Klassenherrschaft. Einige Schwierigkeiten in der Analyse normativer Handlungspotentiale," in A. Honneth, zWdS. 출판된 것은 1990년이지만 1981년 쓰인 이 글은 하버마스가 1983년에 쓴 글 "Moralbewuß - tsein und kommunikatives Handeln"과 대구를 이룬다. 호네트는 이미 여기서 하버마스가 형식적인 담론윤리학을 위해 집단적인 저항이 문화적으로 형식을 갖춰 드러나는 행위들 혹은 단지 암묵적인 상태로 존재하는 인륜적 거부 속에 체화되어 있는 도덕적 행위 잠재력을 애써 무시해야 했다는 비판을 제기한다.

26) 참조, J. Habermas, *Faktizität und Geltung*(이하 FG), 204쪽.

기준에 따라 형성되기 어려울 경우 그 규범에 관한 합의를 추구하는 대신 그 규범의 내용 가운데 의사소통 행위자들이 합의에 도달할 수 없는 부분에 대한 타협을 시도하는 절차에 이 보편화원칙을 적용함으로써 결과적으로 모든 규범의 정당화에 이 보편화원칙이 관철될 수 있게 한다.

따라서 그는 이제 보편화원칙을 정당화되어야 하는 규범에 직접적으로 관철되도록 요구하는 대신 이 규범에 관한 타협 형성의 절차에 있어서의 공정성을 확립하는 것에 간접적인 방식으로 관철되도록 적용상의 외연을 확대함으로써 규범의 내용에 있어 강한 의미의 합의를 지향하는 보편화원칙을 규범의 논의 규칙으로서 포기하지 않으려 한다. "직접적인 방식으로, 곧 협상 자체 내부에서는 담론원리가 가능하지 않다. … 억압 없는 합의를 보장해야 할 담론원리는 따라서 단지 간접적으로만, 즉 협상을 공정성-관점에서 규제하는 절차를 통해서만 관철될 수가 있다."27) 이처럼 보편화원칙 ― 그리고 그것의 핵심 내용만을 포함하는 담론원리 ― 은 협상이 모든 참여자들에 의해 공정하다고 인정받을 수 있게 하기 위해 이 협상 과정을 규제하는 원칙으로서 작동할 수 있게 되면 그 결과 간접적인 방식이지만 이 협상 절차를 경유해 규범에 관철될 수가 있다.28) 실제로 이러한 경우 보편화원칙의 역할과 필요성은 다음과 같은 부정적 방식으로 쉽게 확인될 수 있다. 곧 협상 과정에 보편화원칙이 관철되지 않는다면 협상은 사회적 권력이 중화되지 않은 채 진행되는 현실적 권력 투쟁이 되고 그 결과로 주어진 타협은 권력관계로부터 결코 자유로울 수 없으며 공정성을 담보하지 못하며 결국 관련자들의 자발적인 동의를 얻을 수도 없게 된다.

---

27) FG, 205쪽.

28) 보편화원칙이 이 협상 과정에 관철됨으로써 발생하게 되는 결과들은 모든 당파들이 협상에 참여할 평등한 기회를 부여받고, 또 서로에게 영향을 미칠 평등한 기회를 보장받고, 그 결과 자신의 이익을 관철할 평등한 기회를 가지게 되는 것 등이다. 참조, FG, 205-206쪽.

그런데 이렇게 보편화원칙이 관철되는 경우 보편화원칙은 규범 자체의 정당화원칙이 아니라 타협 형성 과정의 공정성을 담보하는 메타 차원의 원칙이 된다. 보편화원칙은 실제로 많은 경우 이와 같이 타협 형성을 위한 절차에 있어서의 공정성에 관한 합의라는 메타 차원의 합의로 후퇴하게 된다. 물론 그 대신 하버마스는 여전히 강한 의미의 합의적 성격을 갖는 그의 보편화원칙을 고수할 수가 있다. 이렇게 되면 적어도 메타 차원에서는 곧 규범에 관한 타협 형성에 관한 공정성의 확립이라는 차원에서는 도덕원칙으로서의 보편화원칙이 타당성을 가질 수 있다.

그런데 이 경우 보편화원칙의 정당화에 있어서 결정적인 역할을 수행하는 논증 이론적 전제들은 논증 행위 참여자들이 자율적으로 분절시키는 도덕적 가치지향들을 다소간 무력화시킬 수가 있다. 그리고 이렇게 되면 다시금 보편화원칙의 위상 자체에 관한 의문이 그것의 메타 차원에서의 역할과 별개로 제기될 수가 있다. 곧 보편화원칙이 타협 형성의 공정성을 규제하는 메타 차원으로 후퇴하고 나면 보편화원칙이 도덕원칙으로서 사회의 규범적 재생산에 있어 토대가 되는 타당성의 영역을 마련하는 데 있어 어떤 실제적인 기여를 할 수 있는지가 모호해진다. 다시 말해 보편화원칙이 단순히 사회의 갈등을 해소하는 데 기여하는 것을 넘어서 하버마스가 애초에 구상하는 것처럼 사회가 상호주관적으로 합의된 타당성에 기초해 재생산되고 구조화되는 데 어떤 구성적인 기여를 할 수 있을지가 모호해진다.

이는 다음과 같은 중요한 문제를 야기한다. 곧 담론 윤리학은 이 경우 모든 사회 구성원들이 자신들의 삶을 타자들과의 관계 속에서 의미 있게 이끌어가기 위해 반드시 필요로 하는 타당성의 영역을 사회 구성원들의 도덕적 가치지향으로부터 상호주관적인 방식으로 객관화하는 데 있어 어떤 이론적인 전망도 제시해주지 못한다. 의사소통 행위자들은 하버마스에 따르면 이미 언제나 사회적으로 승인된 규범을 준거로 행위하며 따라서 의사소통적 행위에는 반드시 이러한 규범이 재생산되는 기제가 포함되어 있어야 한다.[29] 그런데 담론윤리학이 메타 차원의 원칙으로 후퇴하고 이로 인해 의사소통적 행위를 통해서 상호주관적인 타당성 토대가 마련될 수 없는 경우 사회의 재생산은 병리적으로 왜곡될 수도 있다. 실제로 의사소통 행위자들은 이러한 경우를 그들이 의사소통 행위에 있어서 지향해야 할 사회적으로 타당한 가치지향이 형식화되고 또 이 가치지향이 그들 자신의 도덕적 직관으로부터 유리되는 경우 경험한다.

4.

하버마스는 지금까지도 이 같은 위험을 심각하게 고려하지 않는 것처럼 보인다. 그는 이론적으로 일관되게 의사소통 행위자들이 그들의 일상적인 의사소통 행위로부터 특별한 동기부여 없이도 자연스럽게 — 내지는 거의 자동적으로 — 논증적 행위로 이행해가는 것을 상정한다. 이로 인해 그는 좀 더 세밀한 관점에서 병리적 현상으로 파악될 수 있는, 의사소통 행위자들의 도덕적 가치지향이 주변화되는 사태를 심각하게 고려하지 않는다.[30] 곧 그는 담론윤리학의 도덕원칙으로서의 보편화원칙을 정당화하는 논의에 있어서 의사소통 행위자들이 자유로이 분절시키는 도덕적 가치지향들이 수용될 수 있는 여지를 적극적으로 마련하지 않는다. 이로 인해 그의 담론윤리학은 이론적으로는 모든 관련된 이들이 어떤 규범의 준수로 인해 발생하는 모든 결과와 부수작용을 그들 모두가 다 수용하는 것이 가능하다는 이익의 보편화 가능성을 실현 가능한

---

29) 참조, ThH II, 182쪽 이하.

30) 그가 담론윤리학의 구상과 해명 이후에 진리 문제에 관해 출간한 저작에서도 그는 여전히 규범의 논증 이론적인 정당화를 일관되게 견지한다. 참조, J. Habermas, *Wahrheit und Rechtfertigung*(이하 WR), Frankfurt a. M.: Suhrkamp, 1999, 122쪽 이하. 이보다 앞서서 그가 병리적인 현상을 의사소통 구조 자체와만 관계시켜 좁게 파악하는 것에 관해서는 다음을 참조. EzD, 46쪽 이하.

것으로 항상 전제한다. 따라서 현실에서 만일 이러한 합의가 불가능한 상황이 발생한다 해도 이는 그에게서는 보편화원칙 자체가 문제가 되는 상황이 아니라 단지 이 원칙의 현실적인 담론에로의 적용 과정에서 발생하는 문제 상황일 뿐이다.

그러나 의사소통 행위로부터 논증 행위로의 이행은 하버마스가 이론적인 관점에서 상정하는 것과 달리 실제로 의사소통 행위자들 편에서는 사회에 대한 관심과 이 이행에 대한 충분히 강력한 동기를 필요로 한다.[31] 필자의 판단으로 하버마스는 이러한 사실적인 동기에 실제로 주목하기도 한다. 이 같은 면이 가장 잘 엿보이는 부분은 바로 그의 연대(Solidarität)에 대한 관심과 강조이다.[32] 하버마스는 위에서 지적했던 이행의 결과 산출되는 도덕적 규범을 지탱하기 위해 도덕적 규범의 내용 내지 이 내용이 요구하는 자율 곧 이 규범이 규제하는 이익에 대해 찬성과 반대를 제기할 수 있는 자율과 관계하는 정의 이외에 이와 별도로 연대를 필수적인 도덕 행위로 설정한다.[33] 필자의 판단으로 연대적인 관심은 담론윤리학에서 바로 의사소통적 행위와 논증적 행위를 — 전자에서 후자로의 방향에서든 또는 그 반대의 방향에서든 — 단절되지 않게 이어 주는 고리 역할을 담당한다. 이런 의미에서 연대적 관심은 담론윤리학에 있어 이론 외적인 조건이기보다는 오히려 이론 구성적인 조건으로 보인다. 물론 하버마스는 이 관심이 사회에 따라 다른 정도로 실현될 수 있다고 보고 그리고 그 정도는 각 사회의 주체들의 도덕적 감성, 예를 들면 분노, 수치심 등의 활성화에 비례한다고 파악한다.[34] 이 결과 그는

---

31) 참조, KNuU, 210쪽 이하. 하버마스는 위에서도 지적했듯이 칸트 식의 강한 의미의 도덕적 동기부여를 실현 가능성이 낮은 것으로 지적하면서 벨머를 비판한다. 그는 도덕이론에 대한 논증 이론적인 접근을 통해 일관되게 이와 같은 칸트 식의 강한 의미의 도덕적 동기부여를 불필요한 것으로 만든다. 참조, EzD, 135쪽.

32) 참조, EzD, 70쪽.

33) 참조, FG, 187쪽.

34) 참조, FG, 514쪽.

연대적 행위가 언어 논증적으로 합의되는 보편화원칙의 정당화에 대해서는 외부적으로 머무른다는 입장을 견지한다.

그러나 우리는 하버마스의 연대에 대한 지대한 관심에서 연대적 행위가 담론윤리학에서 이론 외적으로 머무르지 않을 수도 있다고 추정해볼 수도 있다. 왜냐하면 그는 연대를 그 중요성에 있어서 정의와 동근원적으로 묶여 있는 것으로까지 파악하기 때문이다. 그가 정의와 연대를 이처럼 강한 합의 개념에 입각한 보편화원칙을 핵심으로 하는 담론윤리학을 위해 동근원적인 것으로까지 설정하는 것은 다소 의외라고도 볼 수 있다. 왜냐하면 연대는 적어도 행위자들이 갖는 내용적으로 풍부한 도덕적 가치지향들과 결합될 때 그것의 형태와 존립을 가질 수 있기 때문이다.[35] 물론 그는 의사소통 행위자들의 연대적 관심을 그의 보편화원칙의 정당화에서 보이는 것처럼 의사소통 행위자들의 내용적으로 풍부한 도덕적 직관에로 확대하기보다 단지 이들이 논증 행위에 참여하면서 갖는 다소 형식화된 직관에로 한정하려 한다. 따라서 그가 연대를 이러한 내용적으로 풍부한 가치지향과 그에 따른 도덕적 직관 대신 논증 이론적 전제들 곧 의사소통 행위자들이 논증 행위에 돌입하는 순간 의무적으로 수용하게 되어 있는 직관들과의 연관 속에서 구상하는 것은 크게 놀랍지 않다. 그의 연대에 관한 개념은 일반적인 의미에서의 연대와는 거리가 있다. 그러나 어쨌든 그가 연대를 정의와 동근원적으로 설정한다는 사실로부터 우리는 그가 의사소통 행위와 논증 행위가 실제로는 반드시 묶여 있는 것으로 보지 않는다는 것을 엿볼 수 있다. 만약 이러한 고찰이 타당하다면 우리가 연대에 대한 그의 강조된 관심에서 가지게 되는 의아함은 다소간 해소될 수가 있다. 왜냐하면 하버마스의 연대에 대

---

35) 헤겔에 의해 개념화된 연대를 해명한 다음의 논문은 필자의 판단에 따르면 매우 탁월하다. A. Wildt, "Hegels Kritik des Jakobinismus," in O. Negt(hrsg.), *Aktualität und Folgen der Philosophie Hegels*, Frankfurt a. M., 1970, 256쪽 이하.

한 강조는 이론적 담론에서와는 달리36) 실천적 담론에서는 의사소통 행위가 곧바로 자동적으로 논증적 실천으로 이어지지 않을 수 있다는 그의 고찰에서 비롯하는 것이기 때문이다.

물론 이는 담론윤리학에서는 연대가 위에서 지적한 것처럼 의사소통의 특수한 유형으로서의 논증 행위와의 관련에만 집중됨을 전제한다. 곧 연대적 행위는 어떤 규범이 논증적 행위를 통해 타당성을 검증받도록 의사소통 행위자들 사이에 요구가 일어날 때 그 요구를 강화하거나 혹은 검증 절차를 통해 정당화된 규범이 실제로 의사소통적 행위 속에 착근되는 것을 지원하게 된다. 하버마스에게 있어서 연대는 이와 같이 논증적 실천과 관련해서만 정의와 동근원적으로 묶이게 된다.37) 이로 인해 담론윤리학은 연대 행위에, 규범의 타당성이 검증되는 과정에서 이 검증의 척도가 되는 이익과 관련해 벌어지는 해석상의 논란의 조정에 있어서 별다른 역할을 부여하지 않는다. 곧 연대적 행위는 그에게서는 이 해석상의 논란이 사회 구성원들에 의해 분절되는 다양한 가치지향과 관련해서 규범적으로 합의되거나 혹은 조정되는 데 있어서는 적극적인 역할을 수행하지 않는다.

하버마스는 그러나 어쨌든 연대적 행위를 통해 이제 다음과 같은 상황에 대한 보완책을 마련한다. 곧 그는 이제 연대적 행위를 통해 의사소통 행위자들의 논증 행위가 그들 사이에서 동기화되지 못하는 사태를 예방할 수 있다. 달리 표현하면, 그는 연대적 행위를 통해 의사소통 행위가 논증 행위로 이행해가는 데 있어 필요한 동력을 공급할 수가 있다. "정

---

36) 이론적 담론과 실천적 담론 간의 차이에 관한 하버마스의 설명에 관해서는 다음을 참조. WR, 271쪽 이하.

37) 정의와 연대가 동근원적으로 묶여 있다는 것에 관해서 하버마스는 다음과 같이 표현한다. "Die deontologisch begriffene Gerechtigkeit fordert als ihr Anderes Solidarität. Dabei handelt es sich nicht so sehr um zwei Momente, die sich ergänzen, als vielmehr um zwei Aspekte derselben Sache." EzD, 70쪽.

의는 대리할 수 없고 스스로 자기를 규정하는 개별자들의 동등한 자유에 관계하고, 반면 연대는 상호주관적으로 공유된 삶의 형식 속에서 형제, 자매가 된 동지의 행복—따라서 또한 이 삶의 형식의 상처 입지 않은 통합성(Integrität)의 경험—에 관계한다. 도덕적 규범들은 다른 하나 없이 나머지 하나만을 보호할 수가 없다."[38] 이와 같은 연대적 관심으로 인해 이제 의사소통 행위의 논증 행위로의 이행은 이론적으로 뿐 아니라 현실적으로도 가능해지며 그것에 대한 충분한 동력을 확보한다. 이로 인해 사회적으로는 도덕적인 직관과 가치지향이 상호주관적인 인정에 기초해 객관화되지 못하는 상황 속에서도, 곧 사회 구성원들이 의미 있는 삶을 수행하기 위해 필요로 하는 타당한 가치지향이 구성원들 간에 확립되지 못하는 상황 속에서도 이러한 타당성 영역의 부재가 직접적으로 병리적인 결과로 이어지지 않을 수 있다.

따라서 하버마스가 염두에 두고 있는 연대는 위에서 드러나듯이 사회 구성원들의 규범적 가치지향과 그 궁극적 지향점인 성공적인 자기실현에 대한 것이 아니며 그보다는 의사소통 행위 자체가 이루어질 수 있게 하는 이 행위의 구조에 관한 것이다. 곧 그에게 있어서 연대의 대상은 의사소통 행위자들이 성공적인 자기실현과 관련해서 분절시키고자 하는 가치 내지 가치지향이 아니라 "모든 이들을 다른 모든 이들과 선행적으로 묶고 있는 사회적 유대"[39] 내지 "상호주관적으로 공유한 삶의 형식들 자체",[40] 즉 "언제나 이미 상호주관적으로 공유된 생활세계의 가장 일반화된 구조들"[41]이다. 따라서 하버마스의 담론윤리학에 있어서 의사소통 행위자들에 의한 연대적 행위는 단지 모든 행위자들이 어떤 규범의 타당성에 관해 합의하기 위해 "다른 모든 이들의 입장에 스스로를 처하

---

38) EzD, 70쪽.
39) EzD, 72쪽.
40) EzD, 73쪽
41) EzD, 72쪽.

게 해보는 것"[42]이다. 이 결과 이러한 연대적인 행위로 보호되는 것은 의사소통 행위자들이 그들의 삶의 지향을 분절시켜가는 데 필수적인 토대가 되는 의사소통 구조 자체이지 이 토대 위에서 그들이 그들 자신의 삶을 지향시키고자 하는 사회적 의미와 가치지향들이 아니다.

5.

담론윤리학은 이처럼 연대적 행위를 제한된 상황에 한정한다. 이는 앞에서도 살펴보았듯이 담론윤리학이 강한 의미의 합의를 토대로 모든 관련된 자들의 이익을 동등하게 고려하도록 규정하는 보편화원칙을 기본원칙으로 삼고 있기 때문으로 이는 이미 모두가 동의할 수 있는 이익이 실재함을 전제하고 또 동시에 이론적으로는 언제나 이 같은 이익을 파악할 수가 있다고 보게 한다. 이로 인해 담론윤리학에서는 연대적 행위가 이러한 전제를 벗어나 설정될 필요가 없다. 담론윤리학은 연대를 도덕적 차원에서 정의를 보완하도록 설정하지만 이 연대는 도덕적 가치지향과 관련한 생활세계의 다양한 인정 관계를 내용적으로 더 풍부하게 하기보다는 단순히 정의가 지시하는 규범의 형식성으로 인해 의사소통 구조 내지 사회적 유대의 상처 입지 않은 통합성을 보호하지 못하는 상황에서 이때 발생할 수 있는 병리 현상을 막는 보조 장치로서만 역할을 수행한다.

그러나 사회의 왜곡되지 않은 규범적 재생산은 모든 구성원들이 그들의 삶을 지향시킬 수 있는 객관화된 타당성 영역을 필요로 한다. 이 영역은 물론 다양한 층위로 구성되며 또 자유로이 교차하면서 분절한다. 곧 각각의 사회 계층과 각각의 문화적 집단들은 자신의 삶을 자율적으로 사회적인 억압 없이 분절시켜나가는 와중에서 그 사회 속에서 인정되는 다

---

42) EzD, 73쪽.

양한 층위로 구성된 가치지향을 필요로 한다. 그들은 그들이 이미 언제나 속해 있는 사회적 인정 연관의 형성과 분절을 통해 이러한 의미 있는 사회적 지향을 획득할 수 있다. 그런데 담론윤리학에서는 연대적 행위를 통해서도 이 같은 사회적 타당성의 의미 연관과 가치지향이 충분한 정도로 형성되고 분절되는 것을 지원하지 못한다.

물론 이처럼 사회 구성원들이 자신들의 삶을 지향시키고자 하는 의미와 가치에 있어서의 타당성 영역은 그것이 형성되기 위해서는 의사소통 구조의 온전한 존립을 필수적으로 요청한다. 이 구조의 온전함이 훼손되어 의사소통 자체가 왜곡되는 한 이를 토대로 형성되는 사회적 인정 연관은 애초부터 심각한 제약에 부딪혀 올바로 형성될 수가 없다. 그러나 담론윤리학에서처럼 단순히 의사소통 구조를 온전히 유지하는 것만으로는 사회적 인정 연관이 형식화되는 것을 막을 수가 없다. 이는 의사소통 행위자들의 내용적인 도덕적 직관이 주변화되는 결과로 이어진다. 그리고 이러한 주변화는 결국 의사소통 행위자들이 그들이 참여하는 논증 행위로부터 소외되어 있다고 느끼게 만든다. 따라서 어느 순간 갑작스레 그들은 도덕적 감정을 폭발시킬 수도 있다. 이 같은 사태는 형식화된 의사소통 구조로 포용될 수 없었던 의사소통 행위자들의 도덕적 직관이 사회적 인정을 촉구하는 결과로 이어지게 된다.

도덕이론은 따라서 연대적 행위를 이 같은 형식성에서 탈피해 곧 의사소통 행위자들에 의해 이미 언제나 공유되고 있어야 하는 온전한 의사소통 구조에 대한 연대를 넘어서 그들의 도덕적 선이해(moralische Vorverständnisse)의 억압 없는 분절까지 보호하는 것으로 나아가야 한다. 그렇지 않을 경우 의사소통 행위자들은 담론에 참여해 논란이 되는 이익에 관한 해석에 있어서 그들의 억압 없는 자유로운 자기실현에 적합한 분절된 논증을 자유로이 제시하지 못하고 위축될 수밖에 없다. 이는 결과적으로 의사소통 행위자들이 점차 자신들의 삶의 지향들을 사회적으로 억압 없이 자유로이 분절시키는 데 있어서도 위축될 수밖에 없음을 의미한다. 이는 그리고 그들이 제도화된 공적인 의사 결정 과정에 참여하는 동기를 약화시키고 사회적 문제들을 오히려 자신들의 도덕적 직관에 의거해 처리하거나 아니면 이에 관해 아예 침묵해버리는 사회적 결과를 야기한다.

담론윤리학은 실천적인 차원에서 발생하는 바로 이러한 규범상의 간극을 진지하게 고려하지 않는다. 좀 더 정확히 표현해 담론윤리학은 외견상 이를 심각히 고려할 필요가 없는 것으로 간주한다. 왜냐하면 담론윤리학은 이 간극을 애초부터 의사소통 행위로부터 논증 행위가 자연스럽게 작동하도록 만들어주는 사회적 유대를 통해 메울 수 있다고 보기 때문이다.[43] 하버마스는 이러한 낙관적 기대의 근거로 의사소통 행위자들이 이미 언제나 이 사회적 유대 속에 속해 있고 바로 이 유대 속에서 사회화된다는 사실을 제시한다.[44] 다시 말해 그들은 상호주관적으로 공유한 삶의 형식들을 그들의 사회화의 필수적인 토대로서 필요로 하며 이로 인해 그들은 이 토대를 소중한 것으로 여기지 않을 수 없다. 이러한 한에 있어서 그들은 사회적 타당성의 영역이 형식화됨으로써 발생할 수도 있는 이 같은 규범에 있어서의 간극을 뛰어넘고자 충분한 의지력을 발휘할 수 있고 또 실제로도 그렇게 욕구한다.

그러나 의사소통 주체들은 이 유대 속에서의 사회화 과정에서도 현실적으로 자신의 삶을 위한 타당성을 담보한 의미와 가치지향을 필요로 한다. 그들은 담론윤리학에서처럼 이 지향의 분절을 단지 방임된 상태로 허락받는 것을 넘어서 그들의 도덕적 가치지향이 적극적으로 연대의 대상으로까지 받아들여질 것을 요구한다. 만약 이 요구가 무시된다면 사회의 규범적 재생산에 있어서는 메워지지 않는 규범상의 간극이 초래될

---

43) 이로 인해 담론윤리학에서는 선의 문제가 주변화될 가능성이 높아진다. 이에 대한 하버마스의 답변은 다음을 참조. EzD, 62쪽 이하. 따라서 하버마스의 인정투쟁은 선의 지향의 문제를 정의의 문제로 환원해서만 다룰 수 있다. 참조, FG, 374쪽 이하.
44) 참조, ND, 100쪽과 187쪽 이하.

수밖에 없다. 이는 사회의 규범적 재생산을 현저히 제약한다.

따라서 담론윤리학은 의사소통적 행위를 토대로 그것을 정당화하는 데 있어서 논증 이론적 정당화 방식보다는 오히려 의사소통 행위자들의 도덕적 직관을 더 중시하는 행위 이론적 정당화 방식을 적극적으로 고려해야 할 것으로 보인다. 이는 담론윤리학이 논증 이론적으로 정당화되는 보편화원칙을 출발점으로 삼아 담론원리를 도출하기보다는 아예 애초부터 담론원리 자체를 행위 이론적으로 정당화하도록 시도하는 것이 더 타당함을 제안한다. 그 이유는 앞서도 언급했듯이 담론원리가 보편화 가능한 이익을 규범의 타당성 척도로 삼는 보편화원칙과 달리 단지 실천적 담론에 참여한 모든 관련자들의 자발적인 동의만을 정당화 조건으로 규정하기 때문이다. 담론원리에 따를 경우 이제 사회적으로 타당성을 갖는 의사소통 행위자들의 규범적 지향은 이들 간의 다소 엄격한 대칭성 대신 인격으로서의 상호 존중으로 대체될 수가 있다.

하버마스가 지적한 대로 의사소통이 이루어지는 생활세계는 다양한 가치지향들이 삶의 형식들과 문화 속에 체화된 채로 한편으로는 분화되고 또 다른 한편으로는 통합을 이루면서 재생산된다. 이는 따라서 생활세계 속에 의사소통 행위자 개인의 차원으로 해소될 수 없는 다양한 층위의 가치지향과 인정 연관이 있음을 함의한다. 그런데 담론윤리학에서는 이 같은 가치지향과 인정 연관이 의사소통 행위자들의 규범적 시야에서 사라지고 — 다시 말해 주변화되고 — 단지 의사소통 구조만이 연대의 대상으로 남겨지게 될 가능성이 매우 높다. 그런데 이렇게 되면 이 구조에 포섭되지 않는 가치지향과 다양한 타당성 주장들은 개인적인 선택의 문제로 전환되고 공적 영역의 논의로부터는 사라지고 만다. 물론 이것들은 언제든지 논의의 주제가 되어 공적 영역에 상정될 가능성을 가진다.[45] 그러나 이 가능성이 현실화되기 위해서는 이것들의 의사소통 구

---

45) 참조, FG, 382쪽.

조 내지 사회적 유대와의 관련성이 입증되어야 한다. 그러나 이렇게 되면 사회의 타당성 영역에 관한 상호 이해는 지극히 형식화되고 사회 구성원들의 도덕적 가치지향 역시 이렇게 형식화된 관점에서 그것의 공적 중요성을 입증하는 한에서만 연대의 대상이 될 수가 있다. 이는 의사소통에서 통용되는 규범적 통화의 종류를 현저히 제한하고 그 결과 생활세계는 그것의 규범적 재생산에 있어서 생동성을 상당 부분 상실할 수 있게 된다.

참고문헌

K. O. Apel, "Regarding the Relationship of Morality, Law and Democracy," in M. Aboulafia et al.(ed.), *Habermas and Pragmatism*, London and New York: Routledge, 2002.

S. Benhabib, *Kritik, Norm und Utopie, Die normativen Grundlagen der Kritischen Theorie*, Frankfurt a. M.: Fischer Taschenbuch Verlag, 1992.

J. Habermas, *Erkenntnis und Interesse*, Frankfurt a. M.: Suhrkamp, 1968.

_____, *Theorie des kommunkativen Handelns* I, II, Frankfurt a. M.: Suhrkamp, 1988.

_____, *Nachmetaphysisches Denken*, Frankfurt a. M.: Suhrkamp, 1988.

_____, *Erläuterungen zur Diskursethik*, Frankfurt a. M.: Suhrkamp, 1991.

_____, *Moralbewuß tsein und kommunikatives Handeln*, Frankfurt a. M.: Suhrkamp, 1991.

_____, *Faktizität und Geltung*, Frankfurt a. M.: Suhrkamp, 1992.

_____, *Wahrheit und Rechtfertigung*, Frankfurt a. M.: Suhrkamp, 1999.

_____, *Die Einbeziehung des Anderen*, Frankfurt a. M.: Suhrkamp, 1999.

_____, "Nach drei ß ig Jahren: Bemerkungen zu Erkenntnis und Interesse," in S. Müller–Doohm(hrsg.), *Das Interesse der Vernunft*, Frankfurt a. M.: Suhrkamp, 2000.

A. Honneth, *Die zerissene Welt des Sozialen*, Frankfurt a. M.: Suhrkamp, 1990.

W. Rehg, "Discouse and the Moral Point of View: Deriving a Dialogical Principle of Universalization," in D. M. Rasmussen (ed.), *J. Haberams* III, Sage Publications, 2002.

A. Wellmer, *Ethik und Dialog*, Frankfurt a. M.: Suhrkamp, 1986.

_____, "Gibt es eine Wahrheit jenseits der Aussagenwahrheit?" in L. Wingert und K. Günther(hrsg.), *Die Öffentlichkeit der Vernunft und die Vernunft der Öffentlichkeit*, Frankfurt a. M.: Suhrkamp, 2001.

A. Wildt, "Hegels Kritik des Jakobinismus," in O. Negt(hrsg.), *Aktualität und Folgen der Philosophie Hegels*, Frankfurt a. M., 1970.

4부

평등의 여러 문제

불평등에 대한 철학적 성찰

신 중 섭

1. 서론

240여 년 전에 아담 스미스는 "오늘날 근면하고 절약하는 농부들은 옛날 유럽의 왕보다 더 많은 편의를 누린다. 농부들이 누리는 편의는 벌거벗은 야만인 수만 명의 목숨과 자유를 좌지우지하는 아프리카의 절대적인 왕보다 낫다."[1]고 했지만, 사람들은 여기에 만족하지 않는다. 아담 스미스가 상찬한 시장경제가 꽃핀 곳에서는 빈곤의 문제가 해결되었지만, 부와 소득의 불평등에 대한 사람들의 불만은 높아지고 있다. 부와 소득의 평등 곧 '결과의 평등'에 대한 요구가 커지고 있는 것이다.

---

* 이 논문은 새한철학회 편, 『철학논총』 제80집(2015)에 실린 논문 「도덕적 자격과 정의」를 수정 보완한 글이다..

1) Adam Smith, *An Inquiry into the Nature and Causes of the Wealth of Nations*, Volume I, eds., R. H. Campbell and A. S. Skinner, Oxford: Liberty Fund, 1981, p.24.

자본주의 시장경제의 심장으로 여겨졌던 미국의 월스트리트에서 금융위기가 발생하면서 자본주의에 대한 믿음은 불신으로 바뀌기 시작했다. 자본주의에 대한 확신은 힘을 잃고 자본주의를 바꾸어야 한다는 주장이 힘을 얻게 된 것이다. 특히 불경기로 사람들의 삶이 어려워지면서 양극화로 인한 불평등에 사람들은 분노하게 되었다. 부와 소득이 점점 불평등하게 분배되고 있다는 인식이 확산되면서 부와 소득의 재분배 필요성이 확산되고 있는 것이다.

이런 상황에서 젊은 프랑스의 경제학자 피케티는『21세기 자본』을 통해 과거 300년 동안의 부와 소득의 분배에 대한 구체적인 자료를 분석하여 세계적으로 불평등이 심화되고 있다는 사실을 입증하였다. 장기간의 자료 분석을 통해 부와 소득이 불평등하게 분배되고, 강력한 정부 정책을 통해 어느 때에는 불평등이 완화되었다는 것을 객관적으로 보여주었다. 그는 "1970년대 이후 선진국에서 소득 불평등은 크게 증가했다. 특히 미국에서는 2000년대 들어 소득 집중도가 1910년대 수준으로, 사실은 그보다 더 높은 수준으로 되돌아갔다"[2]고 주장하였다.

상위 10% 계층은 1910년대와 1920년대에 국민소득의 45-50%를 차지하고 있었다. 그러나 1940년대 말까지 이들의 몫은 30-35%로 줄어들었고, 1950-1970년 사이에도 1940년대 말 수준으로 안정을 찾았다. 그 후 1980년대에는 불평등이 크게 증가해 2010년까지 상위 10%의 몫은 국민소득의 45-50% 수준으로 되돌아갔다.[3]

미국만 그런 것은 아니다. 실증적인 연구에 따르면 우리나라는 해방 전에는 소득 불평등이 매우 높았던 사회였고, 해방 후 고도 성장기에는 소득 집중도가 낮은 수준에서 안정적이었으며, 외환위기 이후 저성장기

2) Thomas Piketty, *Capital in the Twenty-First Century*, translated by Arthur Goldhammer, The Belknap Press of Harvard University Press, 2014, p.15.
3) Piketty(2014), p.24.

에는 다시 불평등이 확대되었다.[4] 우리나라 성인 인구 가운데 자산의 상위 1%(또는 10%)가 전체 자산에서 차지하는 비중은 2000-2007년에 평균 24%(또는 63.3%)에서 2010-2013년에는 25.1%(또는 65.5%)로 나타나 상위계층의 자산 비율이 높아지는 추세이다. 소득의 경우 같은 기간 동안 상위 1%(또는 10%)의 비중은 9.6%(또는 38.7%)에서 12.1%(또는 44.1%)로 상승하였다. 부의 불평등이 소득의 불평등보다 훨씬 높고, 최상위로 올라갈수록 양자의 격차가 더 벌어진다.[5] 장하성[6]은 한국 자본주의의 문제점으로 소득과 부의 불평등을 부각시키면서 '분노하라'고 했다. 우리 사회에서도 불평등이 사회적 갈등과 분열의 기폭제가 되고 있는 것이다.

피케티는 심화되는 불평등을 해결할 수 있는 방법으로 소득, 자본, 상속 자산에 대한 높은 누진세율의 과세를 제시하였다. 그런데 피케티의 이러한 주장을 철학적으로 어떻게 해석해야 할까? 부와 소득의 불평등에 대한 피케티의 분석과 해결책을 정의론의 관점에서는 어떻게 해석해야 할까?

피케티의 『21세기 자본』은 롤스의 정의론과 유사한 문제의식에서 출발하여, 궁극적으로 자유시장경제의 토대를 이루고 있는 사유재산권에 대해 근본적인 의문을 제기하면서 새로운 형태의 재산권을 제안하였다. 피케티는 '공유적 소유권(shared ownership)'을, 롤스는 '재산소유 민주주의(a property-owning democracy)'를 제시하였다.

이들은 자신들이 제시한 새로운 형태의 소유제도는 자유시장경제의 높은 생산성과 활력은 그대로 유지하면서 재분배의 재원을 마련하기 위

---

4) 김낙연, 「우리나라 소득 불평등의 추이와 국제비교」, 『사회과학연구』 제25권 제2호, 2018, pp.191-192.

5) 김낙연, 「한국의 부의 불평등, 2000-2013: 상속세 자료에 의한 접근」, 『경제사학』 제40권 제13호, 2016, pp. 420-421.

6) 장하성, 『한국 자본주의』, 헤이북스, 2014. 장하성, 『왜 분노해야 하는가』, 헤이북스, 2015.

해 개인의 소득과 재산에 대해 고율의 세금을 부과하는 것이므로 도덕적으로 정당화될 수 있다고 믿는다. 이들의 입장은 과세가 사유재산권에 대한 침해이거나 '강제노동'이라는 로크와 노직의 자기소유권(self-ownership)에 정면으로 대립하는 것이다. 이러한 관점에서 본다면 1980년대 이후 자유시장론자들과 복지국가론자들 사이의 이념적 대립이 주로 사유재산권을 중심으로 형성된 것은 당연한 일이다. 자유시장론자들은 사유재산권을 자유사회의 기초로 생각하여 이것을 침해하는 것을 '자유'의 침해로 규정하고 비판하였다.

그들은 사유재산권을 자유시장의 기초로 생각하여 금과옥조로 여긴다. 자유시장의 정당성을 입증하기 위해서는 사유재산권의 정당성이 입증되어야 하는데, 사유재산권을 정당화하는 두 가지 핵심적인 논의가 바로 '응분(desert)'과 '소유권리(entitlement)'이다.[7] 철학적으로 이 두 개념은 구분되지만, 개인의 재산은 그의 '응분'에 의해 도덕적으로 정당화된다고 믿는다는 측면에서 본다면, '응분'과 '소유권리'는 밀접히 연관되어 있다.

이 글의 목적은 '응분'과 '소유권리'의 철학적 토대를 붕괴시킴으로써 사유재산권을 우회적으로 공격하여 복지국가의 재원 확보를 위한 과세가 도덕적으로 정당하다는 논의를 전개한 롤스와 피케티의 중심 논의를 검토하는 것이다. 롤스는 '응분'의 철학적 정당성을 논파하였고, 피케티는 '소유권리'의 철학적 정당성을 공격하였다. '응분'을 부정하는 것은 곧 '소유권리'를 부정하는 것이며, '소유권리'를 부정하는 것은 곧 소유권리에 대한 응분의 자격을 인정하지 않는 것이다. 따라서 롤스와 피케티는 서로 다른 이론적 작업을 통해 동일한 목적을 추구하고 있다고 볼 수 있다.

---

7) 올사레티(Serena Olsaretti)는 자유시장에 대한 정당화를 '응분에 기초한 정당화'와 '소유권리에 기초한 정당화'로 구분하고 그것을 비판함으로써, 자유시장의 기초를 비판하였다. Serena Olsaretti, *Liberty, Desert and the Market: A Philosophical Study*, Cambridge University Press, 2004, pp.2-3.

롤스는 분배 기준으로서 '도덕적 응분'을 거부하였고, 피케티는 새로운 정치경제학을 제안함으로써 소득과 부의 도덕적 정당성을 인정하지 않았다. 이들은 고전적 자유주의자가 주창한 사유재산권의 정당성을 부정하였다는 공통점을 지니고 있다. 피케티도 스스로 자신의 작업과 롤스의 '차등의 원칙'이 정의론의 관점에서 유사성이 있다고 말하였다.

이 글은 롤스와 피케티의 입장에 대한 대안을 제시하는 것이 아니라, 그들이 누진적 과세를 통해 재분배 정책을 실시하는 것은 단지 로크나 노직이 주장하는 사유재산권에 대한 침해가 아니라 전통적인 자유주의적 사유재산권을 아예 부정하는 입장임을 밝히는 것이 목적이다.

2. 도덕적 응분에 대한 상식적 입장

분배 정의는 '도덕적 응분'에 기초해야 한다는 생각은 상식에 속한다. 자격이 없는 사람이 무엇인가를 얻을 때 많은 사람들은 분노한다. 사람들이 자연재해와 같이 타인이 당한 고통을 이용하여 폭리를 취하는 사람들을 보고 분노를 느끼는 것은 그들이 '도덕적 응분'을 받을 자격이 없다고 생각하기 때문이다. 샌델이 지적하였듯이 "사회는 탐욕스러운 행동을 포상하지 않고 벌을 내림으로써, 공동선을 위해 희생을 나누어 갖는 시민의 덕을 지지한다."[8]

분배 정의는 '도덕적 응분'에 기초해야 한다는 상식적인 생각은 "정의란 사람들에게 마땅히 받아야 할 것을 주는 것"이라는 아리스토텔레스의 정의론까지 거슬러 올라간다. 누가 무엇을 받을 자격이 있는가를 결정하기 위해, 어떤 덕에 영광과 포상을 주어야 할 것인가를 위해 아리스토텔레스의 덕의 윤리를 고찰해야 한다고 주장하는 공동체주의자 샌델

---

[8] Michael Sandel, *Justice: What's the right thing to do?*, Farrar, Straus and Giroux, 2009, p.8. 이 글은 분배의 원칙으로 '도덕적 응분'을 거부한 롤스의 입장에 대한 샌델의 해석을 참조하였다. Sandel(2009), pp.153-164.

도 분배적 정의를 '도덕적 응분'과 분리하지 않는다. 어떤 덕이 영광과 포상을 누릴 자격이 있는지, 좋은 사회가 장려해야 할 생활방식이 무엇 인지를 분배 정의가 고려해야 한다는 주장은 '도덕적 응분'과 '분배 정의'가 분리될 수 없음을 전제하고 있다.

2008-2009년 미국에서 금융위기가 발생했을 때 구제금융을 받은 일부 기업들이 임원들에게 과도한 상여금을 지급했는데, 이에 많은 시민들은 분노했다. 시민들은 상여금을 받은 임원들이 그럴 자격이 없다고 생각했기 때문이다. 여기에는 '도덕적 자격'과 관련된 믿음이 깔려 있다. 임원들에게 상여금을 지급한 것은 그들의 실패에 포상을 한 것이라고 생각했기 때문이다. 그들은 실패했기 때문에 상여금을 받을 만한 '도덕적 응분'이 없다는 것이다.[9]

샌델[10]은 '정의에 대한 세 가지 접근 방식'을 설명하면서 "한 사회가 정의로운지 정의롭지 않은지를 묻는 것은 우리가 소중하게 여기는 것들, 곧 소득과 부, 의무와 권리, 권력과 기회, 공직과 영광을 어떻게 분배해야 하는지를 묻는 것이다. 정의로운 사회는 이러한 것들을 올바른 방식으로 분배한다. 정의로운 사회는 각자에게 합당한 몫을 준다. 샌델은 "우리가 누가 합당한 자격이 있고 왜 있는가를 물을 때 어려운 문제가 시작된다."[11]라고 하였다. 그는 분배 정의는 '도덕적 응분'에 따라 이루어져야 한다는 입장을 취하고 있는 것이다.

그러나 롤스는 높은 소득과 부와 같은 성공이 덕에 대한 보상이라는 상식적인 생각을 터무니없다고 생각한다. 이런 생각은 오해이며 신화라는 것이다. 롤스의 핵심적인 주장은 행운은 도덕적으로 자의적이기 때문에 그것이 분배 정의의 기준이 될 수 없다는 것이다. 열심히 일하고 규

---

9) Sandel(2009), pp.12-18 참고.
10) 샌델의 정의론과 그것의 문제점에 대해서는 박정순, 『마이클 샌델의 정의론, 무엇이 문제 인가』, 철학과현실사, 2016 참고.
11) Sandel(2009), p.19.

칙을 따른 사람들이 높은 소득과 부를 누릴 자격이 있다는 생각을 롤스는 부정한다. 그는 도덕적 응분을 분배 정의의 기초로 삼지 않는다. 그는 경제적 성공은 덕에 대한 보상이며, 부자는 가난한 사람과 비교하여 부자가 될 그럴 만한 자격이 있다는 성과주의 사회를 부정한다.

주권 개념과 함께 재산권 개념은 서양 근대의 개념이며, 서양 근대는 이 재산권 개념에 기초하여 성장하였다. 근대 정치제도를 비롯한 모든 제도들은 생존과 편익의 추구라는 인간의 욕망을 충족시키기 위한 장치로 규정되었다. 곧 국가의 기능은 인간의 이러한 욕망 추구와 욕망 추구를 위해 꼭 필요한 개인의 재산권을 보호하는 것이었다. 재산권 개념은 어떤 경우에 재산권 소유가 정당하게 권리로 확립할 수 있는가라는 소유권의 정당화 문제라는 철학적 과제를 수반하였다.[12]

공적 권력으로서 주권과 개인의 권리로서 재산권은 서로 상부상조하면서 갈등하였다. 재산권을 중요한 개인의 권리로 생각한 철학자들은 주권의 가장 중요한 기능은 개인의 재산권을 보호하고 유지하는 데 집중해야 한다고 주장한 반면, 주권을 재산권의 상위 개념으로 파악한 사람들은 주권의 주체인 국가를 통해 재산권은 국민들의 복리보다 우선하는 개념이 아니기 때문에 때에 따라서는 국가가 침해할 수 있다고 주장하였다.

전자에 속한 노직은 "최소 국가는 정당화될 수 있는 국가 가운데 가장 확대된 국가다. 최소 국가보다 더 확대된 국가는 사람들의 권리를 침해한다."[13]라고 하였으나, 이와 반대로 후자에 속한 피케티는 "민주주의가 자본주의에 대한 통제력을 다시 회복하고, 공동의 이익이 사적인 이익

---

12) 서양 근대 사회철학의 두 중심 개념은 주권(sovereignty)과 재산권(property) 개념이다. 이 두 개념은 모두 욕망을 추구하는 인간들의 공동생활을 가능하게 해줄 분배와 규범 체계와 관련된 것이다. 주권 개념은 근대 사회에서의 권력 배분과 관련되어 있으며, 재산권 개념은 권리로서의 재산의 근거와 권련되어 있다. 주권의 문제가 한 정치공동체 내에서 권력의 행사 범위와 그 정당성의 근거에 관해서 제기되었던 문제라면, 재산권은 어떤 경우에 재산의 소유가 정당하게 권리로 확립될 수 있느냐라는 문제와 연관되어 있다. 김남두, 「들어가는 말」, 김남두 엮음, 『재산권 사상의 흐름』, 천지, 1993, 6-7쪽.

13) Robert Nozick, *Anarchy, State and Utopia*, p.149.

에 앞서도록 보장할 수 있는 방법이 있다."[14]라고 주장하였다.

주권과 재산권 사이의 갈등은 자유민주주의가 발전하면서 '국가'와 '시장'의 대립으로 정형화되었다. 시장을 중시한 철학자들은 국가가 재산권에 봉사해야 한다고 주장하였으며, 국가를 중시한 철학자들은 재산권이 공익 곧 시민들의 보편적 이익을 위해 봉사해야 한다고 주장하였다. 재산권이 시민들의 보편적인 이익 곧 복지를 위해 봉사해야 한다는 주장은 국가가 재분배의 주체가 되는 복지국가의 이론으로 발전하였다.

복지국가의 주창자들은 재분배를 위해 필요한 재원을 조달하기 위해 국가가 조세제도를 통해 부와 소득을 가진 사람들에게 세금을 부과하는 것에 정당성을 입증해야 하는 과제를 부여받게 되었다. 이들의 과제는 과세가 사유재산권의 침해가 아니라는 것을 보여주는 것에 집약되었다. 전통적으로 복지국가론자들은 사유재산권이 신성하지 않기 때문에 그것에 국가가 개입하는 것이 정당하다고 주장하였다. 이들이 사유재산권을 전면적으로 부정하지 않았다는 측면에서 사회주의자와 구별되지만, 그것이 필요에 따라 침해될 수 있다고 생각하여 그것의 '신성성'을 부정하였다는 점에서는 공통점을 지니고 있다.

복지국가론자들은 경제적 자유와 정치적 자유를 구분하고, 양자는 서로 독립적이라는 전제를 받아들인다. 그러나 프리드먼과 같은 시장주의자들은 자유는 분할할 수 없으며, 경제적 자유가 정치적 자유에 우선한다고 주장한다.[15] 경제적 자유가 보장되지 않으면 정치적 자유가 위태롭다는 것이다. 그러나 평등주의자들은 이와 반대로 생각한다. 정치적 자유가 경제적 자유를 통제해야 한다고 주장하는 것이다. 정치적 자유의 핵심은 민주주의이며, 민주주의가 경제를 통제해야 경제가 인간을 위해 봉사한다는 것이다. 정치가 경제에 포획되면, 민주주의는 다수가

---

14) Piketty(2014), p.1.

15) Milton Friedman, *Capitalism and Freedom*, Fortieth Anniversary Edition, The University of Chicago Press, 2002(1962), pp.7-9.

아니라 소수의 자산가들의 이익에 봉사한다는 것이 이들의 생각이다.

롤스의 경우 제1차 분배 곧 시장의 분배에서는 응분의 원칙을 부정하고, 재분배를 통해 평등을 실현하려고 한다. 거기에는 시장에서의 분배에 대한 도덕적 정당화를 약화시킴으로써 재분배의 정당성을 확보하려는 시도가 숨어 있다. 이와 달리 피케티는 시장에서의 분배가 응분의 원칙에 따라 이루어진다는 것을 인정하면서도, 시장에서 이루어지는 모든 소득과 부가 정당하다고 인정하지는 않는다. 롤스와 피케티는 이러한 차이에도 불구하고 그들은 시장에서의 분배에 도덕적 정당성을 인정하지 않는다는 점에서 같다. 시장에서 이루어진 부와 소득의 분배가 공정하지도 도덕적이지도 못하다는 것이다.

자유주의자들도 시장에서의 분배가 항상 응분에 의한 분배라고 생각하는 것은 아니다. 시장에서의 분배는 개인의 능력과 같은 응분의 기저가 작동하지만, 때때로는 운이 작용하여 항상 응분의 몫이 시장 참여자들에게 부여되는 것은 아니기 때문이다. 그러나 그것은 자유주의자들에게 문제가 되지 않는다. 응분에 의한 분배가 이루어지든 않든 관계없이 그것은 개인의 자유로운 선택과 교환, 계약의 결과이기 때문이다. 자유주의자들의 이러한 입장은 부와 소득에 대한 로크의 전통과 노직의 현대적 해석에 기초한다.

평등주의자들은 개인에게 '마땅히 돌아가야 하는 몫'을 주는 응분과 평등은 상충관계에 있다고 생각하는 경향이 있다. 평등주의자들은 응분에 따른 분배는 개인의 능력이나 생산에 대한 기여에 따른 분배이기 때문에 평등 분배와는 거리가 있다고 생각하기 때문이다. 특히 능력에는 선천적인 요소와 후천적인 가정환경이 많이 작용하기 때문에 평등한 분배를 가져올 수 없다고 생각한다. 반면에 응분을 강조하는 사람들은 평등을 강조하면 개인에게 응분의 몫을 주지 않을 수도 있기 때문에 문제라고 생각한다. 응분과 평등은 함께 갈 수 없는 이상이라는 것이다. 평등과 응분이 함께 갈 수 없기 때문에 분배에서 응분을 폐기해야 한다는 주장의 선봉에 선 사람이 바로 평등주의적 자유주의자 존 롤스이다.

3. 분배적 정의와 응분

분배적 정의와 관련한 논의에는 평등과 응분(desert)이 개입된다. "X는 Z라는 공덕을 이루었으므로 Y를 받아 마땅하다(X deserves Y in virtue of Z)"로 정식화될 수 있는 응분은 우리의 상식적 정의관의 일부이다. '정의는 개인들이 마땅히 받아야 할 것을 주는 것', 곧 정의는 응분이라는 생각은 아리스토텔레스 이래 상식적인 정의관으로 자리 잡았다. 그러나 롤스는 이러한 상식적인 생각을 부정하였다. 그는 응분 개념은 '분배적 정의'나 '평등'과 아무런 관련이 없다는 주장을 전개함으로써 많은 논란16)을 야기하였다.

롤스는 응분을 결정하는 행위는 개인 스스로가 통제하고 책임질 수 있는 상황에서 나온 것이 아니기 때문에 분배의 기준으로 적절하지 않다고 주장한다. 롤스에 따르면 정의로운 분배는 자유의 원칙과 기회균등이 실현된 뒤에 중요한 가치들(primary goods)의 수혜에서 최소 수혜자의 기대치를 극대화하는 차등의 원칙을 실행하는 것이다. 차등의 원칙이 최소 수혜자17)가 차등의 원칙의 수혜자가 되기 위해 어떤 조건을

---

16) 이 논란에 대해서는 주동률, 「평등과 응분(desert)의 유기적 관계에 대한 변호」, 『철학』제 85호, 한국철학회, 2005, 196-197쪽 참고.

17) 롤스가 말하는 '최소 수혜자'에 포함될 수 있는 사람과 그렇지 않은 사람은 존재할 수 있다. 롤스가 말하는 '대표적 최소 수혜자(the representative least advantaged person)'는 일생에 걸친 삶의 전망에서 최소 수혜자들의 일상적인 전형을 지칭하므로, 주동률은 도박 등에 의해서 자신에게 주어진 자원을 탕진한 사람들은 포함되지 않는다고 말한다. 그러나 이러한 주장에 대해서는 좀 더 섬세한 연구가 필요하다. 나아가 절대적으로 인간적 삶의 전망을 상실한 자들에게 최소한의 생활수준을 보장해야 하기 때문에 이들은 최소 수혜자에 포함된다. 그러나 롤스의 '대표적 최소 수혜자'는 일상적인 평균적 극빈자를 지칭한다기보다는 '원초적 상황'에서 최소 수혜자층에 속할 가능성을 염두에 둔 가상의 인물로 해석하는 것이 적절한 해석이다. 주동률(2005), 198쪽, 각주 7 참조.

갖추어야 하는 것은 아니다. 롤스가 가설적으로 상정한 '원초적 분배' 상태인 평등 상태 이후에 자신의 결정과 선택의 결과로 자신에게 주어진 자원을 탕진한 사람과 함께 불가항력적으로 불행을 당한 사람은 모두 최소 수혜자에 포함된다.

롤스의 정의론에서는 개인의 선택과 행위가 그들이 당연히 받아야 할 몫을 결정하는 데 아무런 영향을 미치지 않는다. 개인은 그들의 선택과 행위가 아니라 공적 규칙에 따라 사회적 기구들이 제시한 활동에 참여함으로써 어떤 보상을 받을 것이라는 '합법적 기대치(legitimate expectations)'[18]를 갖게 된다.

롤스는 자유시장의 생산성을 유지하여 국가가 최소 수혜자에게 최대의 혜택이 가도록 하기 위해서는 생산할 수 있는 재능을 가진 사람들에게 적절한 유인을 제공해야 한다고 말한다. 생산과정에서 기여가 많은 사람은 더 많은 몫을 받을 수 있다. 그렇다고 그것을 롤스가 '도덕적 응분'으로 해석하는 것은 아니다. 다만 그들에게서 더 높은 생산성을 유도하기 위해 그렇게 한다. 롤스는 생산성을 높이기 위해 '유인'을 인정하지만, 개인이 가지고 있는 능력과 자질과 그에 따른 행위를 분배 기준으로 삼는 것은 아니다.[19]

---

18) '합법적 기대치(legitimate expectations)'에 대해서는 John Rawls, *A Theory of Justice*, The Belknap Press of Harvard University Press, 1971, pp.310-315, 한국어 번역본, 『정의론』, 황경식 옮김, 이학사, 2003, 409-416쪽 참고. 한국어 번역본은 Rawls(2003)으로 표시. 필요에 따라 번역본을 그대로 따르지 않은 경우도 있다. 황경식 번역본의 원본은 1999년에 발간된 revised edition이다.

19) Rawls(1971), pp.311-312. 롤스가 '도덕적 응분'을 정의로운 분배 기준으로 받아들이지 않는 것은 두 가지 의미를 지니고 있다. 첫째로 정의로운 분배는 '도덕적 응분'이 아니라는 것은 합당한 도덕적 기준을 만족하는 심성 또는 행위에 따라 분배의 몫을 결정하는 것이 아니라는 의미이다. 둘째로 '도덕적 응분'이 아니라는 것은 분배받은 몫에 대해 도덕적 정당성을 주장할 수 없다는 의미이다. 우리는 일반적으로 분배의 몫이 개인의 생산에 기여한 것이나 노력한 것에 대한 대가라고 생각하여 도덕적으로 정당하다고 생각하지만 롤스는 그렇지 않다고 주장한다.

롤스가 기여도와 노력에 대한 응분으로 분배의 몫이 결정되는 것에도 반대하는 이유는 그것은 도덕적 임의성(moral arbitrariness)을 내포하고 있기 때문이다. 우선 개인이 생산에 얼마나 기여하느냐 하는 것은 그의 능력에 의해서 결정된다. 그런데 이러한 능력은 그의 유전적, 천부적 특질과 초기 가족과 사회적 환경에 의존한다. 이러한 특질들은 개인의 선택이 아니라 우연에 의해 주어진 것이기 때문에 응분의 기준이 될 수 없다는 것이 롤스의 주장이다. 노력도 '자연적 재능, 기술, 그리고 그에게 주어진 대안들'에 의해 영향을 받기 때문에 분배의 기준으로는 적합하지 않다는 것이다.[20]

따라서 '도덕적 응분'은 분배의 기준이 될 수 없다는 롤스의 주장은 '덕', '재능', '자질', '노력'에 대한 대가로 분배의 몫이 결정되는 것이 아니기 때문에 이런 것을 기준으로 하여 행해진 분배가 도덕적 정당성을 갖지 못한다는 주장으로 해석될 수도 있다. 분배를 이렇게 이해하면 부자의 소득이나 부에 대한 도덕적 정당성을 인정하지 않기 때문에 과세에

---

20) 주동률(2005), 200쪽. 롤스는 응분의 정의로은 분배의 기준으로 적합하지 않은 이유를 '도덕적 임의성'과 함께 세 가지를 더 제시하였다. 첫 번째는 '도덕적' 응분은 순환논증에 빠진다는 비판이다. 도덕적 응분과 덕은 행위자의 정의감(sense of justice)에 의존하고, 분배의 몫은 정의의 원칙과 그것이 제시하는 의무 개념에 의존한다. 그리고 정의의 원칙과 의무는 롤스의 정의론이 도출하려는 것이기 때문에 도덕적 응분은 정의의 원칙과 의무와 독립하여 규정될 수 없다. 응분의 정의 관련성은 파생적이거나 이미 확립된 정의기준의 축약된 언급에 불과하다. 두 번째 비판은 선의 다양성/국가 중립성 논증에서 나왔다. 롤스에 따르면 자유주의 국가에서 용인될 수 있는 덕 또는 도덕적 가치관들은 하나로 통일될 수 없고, 국가의 기본 정책이 그것들 사이에서 중립을 지켜야 하기 때문에 특정의 도덕적 응분의 개념을 분배의 기준으로 사용할 수 없다. 그는 경쟁적 경제체제에서 임금은 도덕적 응분이 아니라 개인이 생산에 공헌한 기여도에 의존한다고 말한다. 그리고 기여도는 개인의 재능의 희소성과 노동력의 수요와 공급에 의존한다는 것이다. 롤스가 그 다음으로 지적하고 있는 것은 실행 불가능성이다. 비록 개인의 행위 결과가 천부적 재능과 선택에 따른 노력에서 나왔다고 가정하더라도, 그것을 구분하여 노력에 따른 부분을 따로 분리하여 분배를 정하는 몫으로 결정할 수 없다. Rawls(1971), pp.103-104, p.312. Rawls(2003), 153-155쪽, 412쪽. 주동률(2005), 200-201쪽에서 재인용.

대한 도덕적 장애가 없어지고, 생산에 기여한 바가 없는 가난한 사람들은 분배를 받을 자격이 없다는 주장도 설득력을 잃게 된다. 재분배에 대한 자유주의자들의 반론이 일거에 무력화된다.

롤스는 분배의 원칙으로 '도덕적 응분'을 부정함으로써 자유시장에서 받은 분배가 응분의 도덕적 자격을 인정하는 것은 아니라고 주장한다. 곧 시장에서 분배받은 몫에 대해 도덕적 정당성을 부여하지 않은 것이다. 그의 이러한 논의는 '차등의 원칙'과 밀접한 연관이 있다. 그는 말한다. "결과적으로 차등의 원칙은 사람들의 천부적 재능의 배분을 공동 자산(common asset)으로 여기고, 그 자질을 사용하여 무엇을 생산하든 그것을 함께 나누자는 데 사실상 동의한다는 것을 의미한다."[21] "차등의 원칙을 수용함으로써 그들은 보다 탁월한 능력을 공공의 이익을 위해 사용되어야 할 사회적 자산(a social asset)으로 여긴다. 그러나 보다 탁월한 천부적 재능을 갖는 것은 그것을 가진 각각의 사람에게도 역시 이익이 된다. 천부적 재능은 그로 하여금 보다 나은 인생 계획을 추구하도록 해준다."[22]

롤스는 차등의 원칙과 관련된 이러한 결론이 일반 상식과 맞지 않는다는 것을 인정한다. "상식에 따르면 소득과 부, 그리고 일반적으로 삶에서 좋은 것들은 도덕적 응분에 따라 분배되어야 한다. 정의란 덕에 따른 행복이다. … 그런데 공정으로서 정의는 이러한 개념을 거부한다."[23]

롤스가 '공정으로서 정의'가 상식과 상충한다는 부담을 안고서 추구하려는 것은 무엇인가? 이는 정의를 실현하기 위해 과세하는 것이 사유재산권에 대한 침해이며, '강제노동'이라는 재분배에 대한 고전적 자유주의자들의 논제를 격파하는 것이다. 사유재산권은 도덕적으로 신성한

---

21) Rawls(1971), p.101. Rawls(2003), 152쪽. 박정순(2016), p.131.
22) Rawls(1971), pp.107-108. Rawls(2003), 160쪽.
23) Rawls(1971), p.310. Rawls(2003), 409-410쪽.

것이 아니기 때문에 과세가 그것을 결코 침해하는 것이 아니라는 것이다. 그것은 '공유자산'에서 생산성을 위해 수단적으로 분배되었기 때문에 엄밀한 의미에서 '사유재산'이 아니라는 것이다. 공유재산에 과세하여 공공의 이익을 위해 사용하는 것을 결코 사유재산에 대한 침해로 볼 수 없다는 논리이다. 여기에서 롤스의 '차등의 원칙'은 사유재산권에 대한 전통적인 주장이 완전히 잘못된 전제에서 기초하고 있다는 것을 이론적으로 입증하려는 것이다.

롤스의 정의의 원칙 가운데 소득과 부와 관련하여 중요성을 갖는 원칙은 사회적이고 경제적인 불평등과 관련이 있는 두 번째 차등의 원칙이다. 그는 소득과 부의 평등한 분배를 요구하지는 않지만, 사회적이고 경제적인 불평등은 최소 수혜자에게 이익을 주기 위한 경우에만 허용한다. 곧 롤스의 이러한 입장에는 불평등은 교정의 대상이라는 전제가 깔려 있다. 불평등은 정의롭지 못하기 때문에 시정되어야 한다는 것이다. 그의 이러한 믿음은 불평등을 교정하면 사유재산권을 침해하거나 자생적 질서인 시장 질서를 교란한다는 자유지상주의자들의 주장과 정면으로 대치된다.

레이건의 경제정책에 결정적인 영향을 미친 밀턴 프리드먼은 부유한 가정에서 출생한 어린이는 그렇지 못한 가정에서 태어난 어린이와 비교하여 더 많은 혜택을 누리는 것은 사실이고 이것은 불공정한 상황이라는 것을 인정했다. 그렇지만 그는 이런 불공정을 교정하려고 해서는 안 된다고 말한다.

프리드먼은 대부분의 자유(지상)주의자들과 같이 불평등이 정의에 어긋나지 않는다고 생각하는 것이다. 그러나 롤스는 그렇게 생각하지 않는다. 높은 소득과 부가 개인의 능력이나 노력에서 왔다고 할지라도 그것은 정의로운 분배의 결과가 아니라는 것이다. 이런 분배는 '도덕적 한계'를 지닌다고 믿기 때문이다.

롤스는 개인의 타고난 능력이나 노력은 우연적인 것이며, 우연적인 것은 도덕적 한계(moral limits)를 지닌다고 주장한다. 공정한 조건에서 나온 것만 정의로운데 능력과 노력은 공정한 조건에서 나온 것이 아니라는 것이다. 그는 많은 사람들이 우연적이고 자의적인 요인이 작용하여 나온 모든 결과에 대해 도덕적 정당성을 부여하는 것은 잘못이라고 단정한다. 빼어난 자질과 노력으로 성공한 운동선수가 엄청난 수입을 올리는 경우에 많은 사람들은 그의 수입이 도덕적으로 정당하다고 생각하지만 이것은 잘못이라는 것이다. 빌 게이츠나 스티브 잡스가 새로운 기술과 디자인을 통해 사업적으로 성공하여 억만장자가 된 것도 도덕적으로 정당화될 수 없다는 것이다.

그의 이러한 주장은 소득과 기회의 분배는 임의의 요소에 근거해서는 안 된다는 도덕적 주장이 전제되어 있다. 봉건 귀족 계급, 카스트 제도가 출생이라는 우연에 의해 소득, 재산, 기회, 권력이 분배되기 때문에 도덕적으로 정당화될 수 없듯이, 능력이나 노력에 의해 소득과 부가 분배되는 것이 정의롭다는 자유지상주의자들의 분배도 도덕적으로 정당화될 수 없다는 것이다. 부유한 가정에 태어나 좋은 양육과 교육을 받은 사람은 그렇지 못한 사람보다 유리하다. 처음부터 출발점이 다르다면 이 경기는 공정하지 않다. 원칙적으로 기회 균등이 보장된다고 할지라도, 자유시장에서 소득과 부가 공정하게 분배된다고 할 수 없다. 분배되는 몫이 도덕적 관점에서 볼 때 대단히 우연적인 요소에 의해 영향을 받기 때문에 자유지상주의 체제의 분배는 부당하다는 것이다.[24]

능력 사회가 평등한 기회를 보장함으로써 사회적 우연을 제거한다고 할지라도 능력과 재능과 같은 자연적인 분배에 의해 부와 소득이 분배되는 것을 허용하기 때문에 능력 사회는 정의롭지 못하다는 것이다.[25] 곧 기회의 평등을 보장하는 자유시장은 부와 소득을 공정하게 분배하지 못

---

24) Rawls(1971), p.74. Rawls(2003), 121쪽.
25) Rawls(1971), pp.73-74. Rawls(2003), 121쪽

한다. 그 이유는 다음과 같다.

분배되는 몫은 타고난 운에 따라 결정된다. 그리고 이 결과는 도덕적 관점에서 볼 때 임의성을 띤다. 소득과 부의 분배가 역사적-사회적 행운으로 결정되어서는 안 되듯이, 타고난 자산에 따라 결정되어서도 안 된다.[26]

롤스에 따르면 정의를 '능력' 위주 개념으로 이해하는 것은 정의를 자유지상주의 개념으로 이해하는 것과 똑같은 이유로 문제가 있다. 양자 모두 분배되는 몫이 도덕적으로 임의적인 요소에 의해 좌우된다.

우리가 일단 분배되는 몫의 결정에 사회적 우연 또는 자연적 운 가운데 하나가 영향을 미친다는 사실에 난처함을 느끼면, 우리는 다른 것도 영향을 미친다는 사실을 숙고하게 되고 이것에 대해서도 당혹스러운 감정을 갖는다. 도덕적 관점에서 보면 그 둘은 똑같이 자의적인 것이다.[27]

자유지상주의나 능력 위주에 따른 소득과 부의 분배는 모두 '도덕적 임의성'을 포함하고 있어 공정한 분배가 아니라는 것이 롤스의 결론이다. 그렇다고 롤스가 완전 평등주의로 나아가는 것은 아니다. 도덕적 임의성의 원인이 되는 교육 기회의 불평등과 타고난 재능의 불평등에 본질적인 차이가 있다는 것을 알기 때문이다. 교육 기회의 불평등은 수정할 수 있지만 재능의 불평등은 수정할 수 없다. 전체주의 사회에서도 재능의 불평등을 수정하는 것은 불가능하다.

롤스가 택한 길은 대단히 '간교한' 것이다. 이것은 헤겔의 '이성의 간지'를 연상하게 한다. 시장에서 재능 있는 사람들이 재능을 발휘할 수 있

---

26) Rawls(1971), p.74. Rawls(2003), 120쪽.
27) Rawls(1971), pp.74-75. Rawls(2003), 122쪽.

도록, 그것의 결과는 공동체 전체의 몫으로 하되 약간의 차이를 두자는 것이다. 이것이 바로 차등의 원칙의 요지이다. 차등의 원칙은 소득과 부를 분배할 때, 약간의 차이를 두어 그것을 미끼로 재능이 있고 노력하는 사람들의 생산성을 유지하는 것이다.

노직은 분배를 위해 세금을 부과하는 것은 일종의 강제노동이고, 사유재산의 침해이고, 자유의 침해라고 주장하였지만 롤스는 그렇게 생각하지 않는다. 개인의 노력으로 받은 보상이 개인에게 귀속되지 않기 때문에 분배해야 할 부는 개인의 소유물이 아니다.

분배의 원천인 세금은 사유재산을 침해하는 것이 아니다. 왜냐하면 그것은 원초적으로 사유재산이 아니라 공동체의 몫이기 때문이다. 공동체에 속한 것을 공동체 구성원들에 분배하는 것이 어떻게 사유재산의 침해일 수가 있겠는가. 롤스는 원리적으로 노직의 소유권리론을 인정하지 않기 때문에 세금의 부과가 사유재산의 침해라는 전제를 받아들이지 않을 수 있게 된 것이다. 그렇게 하여 롤스의 공동 소유론은, 평등주의자들은 개인의 소유권을 침해함으로써 자유를 인정하지 않는다는 자유지상주의의 반론을 강력하게 피하고 있는 것이다.

차등의 원칙은 결국 천부적 재능의 분배를 공동의 자산으로 생각하고 그 결과에 상관없이 이러한 분배가 주는 이익을 함께 나누어 가지는 데 합의한다는 것을 의미한다. 천부적으로 보다 유리한 처지에 있는 사람들은, 그들이 누구든지 간에, 아주 불리한 처지에 있는 사람들의 여건을 향상시켜준다는 조건하에서만 그들의 행운에 의해 이익을 볼 수 있다. 천부적으로 혜택 받은 사람들은 그들이 재능을 더 많이 타고났다는 바로 그 이유만으로 이득을 볼 수 없으며 훈련과 교육비를 감당해야 하고 불운한 사람들도 도울 수 있도록 그들의 자질을 사용해야 한다. 아무도 자신의 보다 큰 천부적 능력이나 공적을 사회에 있어서 보다 유리한 출발 지점으로 이용할 자격은 없다. 하지만 물론 이것이 이러한 차이점들을 무시하거나 없애야 할 이유는 아니다. 그 대신 기본 구조는 이러한 우연성이 최소 수혜자의 선을 위하여 작용할 수 있도록 편성할 수 있다. 따라서 우리는 만일 우리가 아무도 대신에 보상해줄 이익을 주거나 받음이 없이는 그의 천부적 자질이나 최초의 사회적 지위가 갖는 임의적인 위치를 사용해서 이익을 보거나 손실을 보지 않도록 사회 체제를 세우고자 한다면 차등의 원칙에 이르게 된다.[28]

롤스의 이러한 주장에 대한 첫 번째 비판은 차등의 원칙이 인센티브를 없앤다는 것이다. 차등의 원칙이 작동하면 열심히 일한 인센티브가 사라진다는 것이다. 열심히 일하나 그렇지 않으나 자신에게 돌아올 보상이 크게 차이가 나지 않는다면 누가 열심히 일하겠는가? 세금이 아주 높거나 임금 격차가 거의 나지 않는다면 재능 있는 사람들이 자신의 재능을 발휘하기 위해 힘든 노력을 하겠는가? 이런 비판에 대해 롤스는 차등의 원칙은 최소 수혜자의 몫을 늘리기 위해 필요하다면, 인센티브나 소득의 불평등을 허용한다고 말한다. 인센티브가 경제성장을 촉진해 저소득층의 사람들에게 돌아갈 몫이 늘어난다면, 차등의 원칙은 인센티브를 허용한다는 것이다.

그러나 여기에서 우리가 주목해야 할 것은 인센티브로 임금 격차를 허용하는 것이 성공한 사람이 자신의 노동을 통해 부를 축적한 것을 도덕적으로 허용하거나 그것에 대해 배타적 권리를 인정한다는 것은 아니다. 소득 불평등을 정당화하는 것은 최소 수혜자에게 돌아갈 몫을 확대하기 위해서 그렇게 하는 것이지, 소득이나 부를 많이 가진 사람들에게 그들이 가진 것에 대해 도덕적 정당성을 부여하는 것은 아니다. 그러므로 언제든지 과세가 가능하다고 본다.

롤스는 우연적인 것에 도덕적 정당성을 부여하지 않는다. 타고난 재능은 우연적인 것이기 때문에 그것을 통해 소득이나 부를 축적하는 현대

---

28) Rawls(1971), pp.101-102. Rawls(2003), 152-153쪽.

자본주의 사회의 부는 도덕적으로 정당한 것이 아니다. 그렇다고 그가 노력을 통해 높은 소득이나 부를 가진 것을 도덕적으로 정당하다고 여기지도 않는다. 타고난 재능과 노력은 본질적으로 다른 것이라고 보지 않기 때문이다.[29]

롤스가 '도덕적 응분'을 '차등의 원칙'을 통해 부정한 것은 사유재산권과 관련하여 대단히 중요한 의미를 지닌다. 자유시장에서 분배된 소득과 부가 도덕적으로 정당하지 않은 것이라면 샌델이 지적한 것과 같이 "조세제도에 따라 수입의 일부를 내놓아 어려운 사람을 돕는 데 사용해야 한다면, 자신이 도덕적으로 마땅히 받아야 할 어떤 것을 빼앗아간다고 불평할 수는 없다."[30]는 결론이 도출된다. 분배 정의가 덕이나 '도덕적 응분(moral desert)'을 보상하는 것이 아니라는 롤스의 주장은 고전적 자유주의와 자유지상주의의 자기소유권에 기초한 사유재산권을 전면적으로 부정하는 것이다.

롤스가 '도덕적 응분'을 분배 정의의 기준에서 배제한 것은 그가 '재산소유 민주주의'를 옹호한 것에서도 선명하게 드러난다. 롤스가 옹호하는 '재산소유 민주주의'[31]는 그의 정의론과 부합할 수 있는 정치경제체

---

29) 분배적 정의가 도덕적 응분을 보상하는 것이 아니라면, 규칙을 따라 열심히 일하고 운동한 사람이 그들의 노력에 대해 아무런 대가를 요구할 수 없다는 의미인가? 그렇지 않다. 롤스는 중요하고 미묘한 '도덕적 응분'과 '정당한 기대에 대한 권리(entitlements to legitimate expectations)'를 구분한다. 도덕적 응분과 달리 '권리'는 어떤 게임의 규칙에서 발생한다. 그러나 애당초 그 규칙이 어떻게 정해졌는지 말해주지 못한다. Sandel(2009), p.160.

30) Sandel(2009), p.161.

31) 롤스의 '재산소유 민주주의'라는 개념은 원래 경제학자 미드로부터 빌려온 개념이다. 미드는 자본주의에 대한 대안이 될 수 있는 개념으로 네 가지 ① 노동조합 국가(a trade union state) ② 복지국가(a welfare state) ③ 재산소유 민주주의(a property-owing democracy) ④ 사회주의 국가(a socialist state)를 제시하였다. 이 가운데 롤스는 ③, ④가 자본주의에 대한 대안이 될 수 있다고 생각하였다. 롤스의 재산소유 민주주의는 미드의 그것과 유사성이 많다. 정원섭(2008), 37쪽, 각주 16.

제로 고전적 자본주의에서 말하는 자본주의와는 전혀 다른 체제이다.[32] 롤스 자신은 자신의 정의론과 부합할 수 있는 체제들의 목록에서 복지국가 자본주의를 분명히 배척한 후, 양립 가능한 체제로 재산소유 민주주의와 자유주의적(민주주의적) 사회주의를 제시하고, 전자를 구체적으로 예시하였다.[33]

롤스는 재산소유 민주주의 체제의 기본적인 제도로 정치적 자유의 공정한 가치를 보장하는 장치들, 교육 및 훈련에서 기회의 공정한 평등을 실현하기 위한 장치들, 모든 이들을 위한 기본적 수준의 보건의료[34]에 경쟁적 시장체제, 시장의 불완전성을 시정하고 나아가 분배적 정의의 관건이 되는 배경적 제도들을 보존하기 위한 적정 수준의 국가 개입을 첨부하였다.[35] 롤스가 경쟁적 시장체제를 첨부하는 것은 시장의 높은 생산력이 분배 정의를 실현할 수 있는 재원을 마련하는 데 효과적이라고 판단했기 때문이다. 롤스가 사유재산권을 인정하고 있는 것은 고전적 자유주의자나 자유지상주의자들이 인정하고 있는 사유재산권 개념과는 근본적으로 차이가 있다. 롤스의 '사유재산에 대한 권리(a right to privative property)'는 '생산적 자산에 대한 사유적 권리(the right of private property in productive assets)'와는 구분된다.[36] 롤스의 정의의 원칙은 재산소유 민주주의나 민주적 사회주의와 양립 가능하며, 어느 체제이건 정의의 원칙은 실현될 수 있기 때문에 사유재산권은 신성 불가침이 아니다. 그것은 목적이 아니라 다만 도구일 뿐이다. 롤스의 '재산소유 민주주의'의 체제가 곧 사유재산권을 전제하고 있는 자본주의 체제를 의미하는 것은 아니다. 롤스는 한 경제체제 내에서조차 생산

---

32) 정원섭(2008), 38쪽, 각주 18.

33) John Rawls, *Justice as Fairness: A Restatement*, edited by Erin Kelly, The Belknap Press of Harvard University Press, 2001, pp.135-178.

34) Rawls(2001), pp.135-138

35) Rawls(1971), pp.270-274. Rawls(2003), 361-368쪽. 정원섭(2008), 39쪽.

36) Rawls(2001), p.140, §32.5. 정원섭(2008), 47쪽과 각주 32.

수단 또는 생산적 자산에 대한 다양한 형태의 소유를 허용한다. 롤스는 사회주의적 소유 형태의 기업들이 재산소유 민주주의 내에서 자본주의적 기업들과 공존할 수 있다고 볼 뿐 아니라 사회주의적 기업들이 자본주의적 소유관계를 대체할 수 있는 가능성도 차단하지 않았다.[37]

4. 피케티는 왜 사유재산의 도덕적 정당성을 의심하는가[38]

피케티는 『21세기 자본』이 경제학 책이 아니라 역사책이라고 주장하면서, "우리가 우리 자신의 존엄과 재정적인 문제들을 다른 사람이 컨트롤하게 두어서는 안 된다"고 하였다.[39] 나아가 피케티는 불평등은 바람직하지 않기 때문에 교정되어야 한다고 주장한다. 피케티의 불평등에 대한 실증적 분석과 불평등 해소를 위한 구체적인 정책 제안은 자본주의의 본질적 문제점에 초점이 맞추어져 있다. 그에 의하면 소득과 부의 불평등은 자본주의의 본질적인 모습 가운데 하나다. 자본주의의 법칙 가운데 하나인 경제성장률에 앞서는 자본수익률로 불평등이 심화되고, 이것을 그대로 두면 세습 자본주의가 도래하여 심각한 불평등은 영원히 고착된다는 것이다.

그는 자본주의의 불평등은 정치를 통해서만 개선될 수 있으며, 이를 위해 '글로벌 자본세'[40]와 '누진 소득세'[41]를 도입해야 한다는 것이다. 그가 자본주의 체제 안에서 왜 불평등이 심화되는가를 설명하기 위해 도

37) Rawls(2001), p.143. 정원섭(2008), 48-49쪽.
38) 이 장은 신중섭, 「피케티 『21세기 자본』에 대한 철학적 비판」, 안재욱, 현진권 편저, 『피케티의 「21세기 자본」 바로읽기』, 백년동안, 2014, pp.13-59의 내용을 사용하였다.
39) 토마 피케티, 이정우, 김홍중(사회), 「특별대담: 자본주의의 운명에 대한 예언의 서사, 『21세기 자본」」, 『문학동네』, 2014년 겨울호, 296-297쪽.
40) Piketty(2014), p.515.
41) Piketty(2014), p.493.

입한 자본주의의 경제 법칙 세 가지는 전문적인 경제학자들 사이에서 논란이 되고 있으나, 일반적인 관심의 대상이 된 것은 불평등과 '세습 자본주의', 불평등과 '민주주의의 침식', 불평등을 해소하기 위한 자본에 대한 고율의 글로벌 자본세와 고율의 누진적 소득세다.

피케티는 왜 자본주의의 본질적 특성이 부와 소득의 불평등이라고 주장하는가. 그에 따르면 '자본주의의 핵심적 모순'인 불평등은 '자본수익률 (r)'이 '경제성장률(g)' 즉 '임금성장률'보다 높기 때문에 발생한다. 그의 통계 분석에 따르면 과거 300년 동안 자본수익률은 4-5%였는 데 반해 경제성장률은 1-2%에 지나지 않았다. 이런 상황에서는 노동하는 자가 아니라 자본을 가진 자, 자본을 상속으로 물려받는 자에게 부가 집중된다. 시간이 지날수록 부는 극소수에게 집중되어 극단적인 부의 불평등이 발생한다.

피케티가 옹호하는 '사회적 국가(social state)'는 재분배에 대한 현대적 해석으로 단순히 소득이 부자로부터 가난한 사람으로 이전되는 국가는 아니다. '사회적 국가'에서의 재분배는 특히 의료, 교육, 연금과 같은 영역에서 모든 사람에게 동일하게 혜택이 돌아가는 공공서비스와 대체소득을 위한 재원을 조달하는 방식으로 이루어진다. 교육 및 의료는 원칙적으로 자신의 소득이나 부모의 소득과 관계없이 모든 국민에게 동등하게 주어진다.[42]

피케티는 이러한 보편적 복지의 이론적 근거를 1776년 미국의 '독립선언문' 서문과 1789년 프랑스의 '인간과 시민에 대한 권리 선언'에서 찾는다. 프랑스의 '인간과 시민에 대한 권리 선언' 1조는 "인간은 자유롭고 평등하게 태어나고 살아갈 권리를 갖고 있다."는 것이다. 하지만 바로 그 뒤에 "사회적 차별은 오직 공익의 바탕이 될 경우에만 허용된다."[43]라는

---

42) Piketty(2014), p.479.
43) "Social distinctions can be based only on common utility." Declaration of the Rights of Man and the Citizen, article 1, 1789, Piketty는 이 문장을 *Capital in the Twenty-First Century Introduction*의 표제어로 사용하였다. 그리고 이 책 pp.479-480에서 다시 설명하고 있다.

문장이 뒤따른다. 이 선언은 첫 번째 문장이 절대적인 평등의 원칙을 선언하고 있음에도 불구하고 실제로는 불평등이 존재할 수 있음을 암시하고 있다.

피케티는 이 선언의 첫 두 문장을 평등이 정상적인 것이며 불평등은 오직 '공익'에 근거할 때만 허용될 수 있는 것으로 해석한다. 이 당시 선언문의 입안자들은 앙시앵레짐의 질서와 특권의 폐지를 목적으로 삼았기 때문에 구질서와 특권은 '공익'에 해당되지 않는다. 피케티는 '오직 공익의 바탕이 될 경우에만'을 넓게 해석한다. 그는 사회적 불평등은 오직 모두에게 이익이 될 때에만, 특히 가장 불리한 처지에 있는 사람들의 집단에 공헌할 때만 받아들일 수 있는 것으로 해석한다. 자신의 이런 해석은 미국의 철학자 롤스가 『정의론』에서 제시한 '차등의 원칙'의 취지와 유사하다고 말한다. 뿐만 아니라 인도인 경제학자 아마르티아 센이 말하는 '능력(capabilities)'의 개념과도 기본 논리가 크게 다르지 않다고 말한다.[44]

피케티가 불평등을 완화하기 위해서 제안하고 있는 방식은 상속재산과 소득, 자본에 대한 세금이다. 이 세 가지 세금은 모두 상호보완적으로 불평등 완화와 해소에 기여할 것이라고 장담한다.[45] 상속재산과 소득은 모두 자본으로 화하기 때문에 그가 주목하는 것은 자본이다. 그는 불평등에 자본이 결정적인 역할을 하고 있다고 본다.

이러한 문제를 해결할 수 있는 방식은 무엇인가? 자본수익률을 성장률 이하로 낮추기 위해 자본소득에 가혹한 세금을 부과할 수도 있지만, 피케티는 이것은 좋은 방법이 아니라고 말한다. 자본소득에 무차별적이고 혹독한 세금을 부과하면 자본축적의 동력이 사라지고 그에 따라 성장률도 더 낮아질 위험성이 있다고 믿기 때문이다. 이런 상황에서는 기업

---

44) Piketty(2014), p.480.
45) Piketty(2014), p.527.

가가 나오지 않을 것이며 기존의 기업가들도 자본소득을 추구하지 않을 것이다.[46] 따라서 피케티는 자본소득에 대한 고율의 세금이 아니라 '매년 부과하는 누진적 자본세(a progressive annual tax on capital)'를 제안한다.[47]

이렇게 하면 세계적인 부의 불평등이 무한히 커지는 것을 방지할 수 있다는 것이다. 현재 불평등은 장기적으로 지속되기 힘든 속도로 증가하고 있으며, 이것은 시장의 자율성을 믿는 사람들에게까지도 위협적인 요소라는 것이다. 피케티의 주장은 역사적 경험에 의하면 부의 거대한 불평등은 기업가 정신과 아무런 관련이 없으며, 성장을 촉진하는 데 아무런 쓸모가 없다는 것이다.[48]

피케티는 '매년 부과하는 누진적 자본세'가 실효성을 갖기 위해서는 높은 수준의 국제적 협력과 지역별 정치적 통합이 필요하다고 말한다. 국제적 협력이 없으면 자본이 세금을 피해 다른 나라로 이동할 수 있기 때문이다. 그렇게 되면 '누진적 자본세'는 실제적인 효과를 낼 수 없기 때문에, "우리가 자본주의에 대한 통제력을 회복하려면 민주주의에 모든 것을 걸어야 한다."[49] 피케티가 말하는 민주주의는 개별 국가 차원이 아니라 글로벌 차원의 민주주의다.

---

46) Piketty(2014), p.572.
47) 피케티는 '매년 부과하는 누진적 자본세'는 초기 단계에 새로운 자본축적을 가능하게 하는 경쟁과 유인을 제공하면서도 끊임없는 불평등의 악순환을 피하게 한다고 주장한다. 그는 "100만 유로 이하의 재산을 가진 사람에게는 재산에 대해 0.1% 또는 0.5%의 세금을, 100만 유로에서 500만 유로의 재산을 가진 사람에게는 1%의 세금을, 500만 유로에서 1,000만 유로를 가진 사람에게는 2%의 세금을, 1,000만 유로 이상의 재산을 가진 사람에게는 5%에서 10%의 자본세를 부과하는 것이다"라고 주장한다. 뿐만 아니라 그는 '사회적 국가'를 실현하기 위해서는 고율의 누진적 소득세와 상속세가 필요하다고 주장한다. 누진적 소득세와 상속세는 불평등을 완화하는 데 결정적인 역할을 하며 사회적 국가의 지속 가능성을 확보하기 위해서도 필요하다고 말한다. Piketty(2014), pp.497-498.
48) Piketty(2014), p.572.
49) Piketty(2014), p.573.

피케티는 불평등을 해소하기 위해 소득과 부에 과세하는 것이 고전적 자유주의자들이 주장하듯이 사유재산권의 침해라고 생각하지 않는다. 기본적으로 그는 사유재산에 도덕적 정당성을 부여하지 않는다. 피케티의 이러한 입장은 그가 부각시킨 세습 자본주의의 문제점에도 그대로 반영되어 있다. 개인의 소득이나 부는 그의 능력이나 노력이 아니라 그가 상속받은 재산에 의해 결정된다고 생각하기 때문이다.[50]

따라서 그의 관심은 많은 세금을 거두어 제대로 사용함으로써 불평등을 완화하는 것이다. "세금이 투명하게 걷히고 효율적으로 사용되기만 한다면 교육, 보건, 은퇴생활 등 사회적 국가의 실현을 위해 국민소득의 2/3 또는 3/4을 세금으로 거두지 못할 이유가 없으며", "세금은 그 자체는 선도 악도 아니고 어떻게 거두고 어디에 사용되는가가 중요하다."고 주장한다.[51]

나아가 피케티는 새로운 형태의 소유권과 자본에 대한 민주적 통제를 제안한다. 그는 "새로운 형태의 소유권의 발전과 자본에 대한 민주적 통제"가 중요하다고 강조한다.[52] 그리고 "가장 중요한 점은 자본에 대한 다양한 형태의 통제는 주로 각각의 관련된 당사자와 관련이 있는 정보를 이용할 수 있는 가능성에 의존한다."[53] "투명성은 민주적 거버넌스와 참여에 본질적이다."[54] "실질적으로 투명한 회계와 금융에 대한 정보와 그 정보에 대한 공유 없이는 경제민주주의가 가능하지 않다."[55]

미래 어느 날 민주주의가 자본주의에 대한 통제권을 다시 얻으려면, 민주주의와 자본주의가 구현된 구체적인 제도들이 끊임없이 재창조되

---

50) Piketty(2014), p.135, p.257.
51) Piketty(2014), p.481.
52) Piketty(2014), p.569.
53) Piketty(2014), p.569.
54) Piketty(2014), p.570.
55) Piketty(2014), p.570.

어야 한다는 사실을 인식하는 것에서 시작해야 한다는 것이다.

그는 "21세기의 중요한 과제 가운데 하나는 새로운 형태의 거버넌스와 공적 소유권과 사적 소유권 사이에 새로운 형태의 공유적 소유권(shared ownership)을 발전시키는 것이다."[56]라고 주장하며, 이러한 발전이 개별 국가 차원에서도 가능하지만, 그것은 별로 효과가 없다고 믿는다. 21세기의 글로벌화된 세습 자본주의에 대한 효과적인 규제는 지역적인 정치통합을 통해서만 가능하다고 주장한다.[57]

사유재산제도를 신성시하는 고전적 자유주의에 반기를 든 것은 그가 처음이 아니다. 이미 케인즈도 1920년대에 이와 유사한 주장을 하였다. 케인즈는 "개인이 자신의 경제활동에서 규범적인 '천부의 자유권'을 갖는다는 것은 진실이 아니다."[58]라고 하였다. 부(富)를 갖고 있거나 획득하는 사람들이 영구적인 권리를 갖는 것은 불공정하다고 믿었기 때문이다. 케인즈는 고전적 자유주의가 주창한 사유재산권의 도덕적 정당성을 거부하였으며, 피케티도 이러한 전통을 이어받고 있다.

피케티는 케인즈에서 한 걸음 더 나아가 경제와 정치가 결합되었고, 정치가 경제에 포획되었다고 주장한다. 소득과 부의 불평등이나 자본/소득 비율을 나타내는 곡선을 한 번 보기만 해도 우리는 곳곳에 정치가 숨어 있으며, 정치적 변화와 경제적 변화는 밀접하게 연결되어 있다는 것을 알 수 있기 때문이다. "돈을 많이 가진 사람들은 그들의 이익을 방어하는 데 결코 실패하지 않는다."[59]는 것이다.

피케티는 자본주의 사회에서의 불평등을 단순히 경제 현상으로만 이해하지 않는다. 불평등은 정치 현상이라는 것이다. 부자들은 자신의 권

---

56) Piketty(2014), p.573.
57) Piketty(2014), p.573.
58) 존 메이나드 케인즈, 「자유방임주의의 종언」, 『설득의 경제학』, 정명진 옮김, 부글북스, 2009, 151-152쪽.
59) Piketty(2014), p.577.

력을 동원하여 의회와 정부를 움직여 자신에게 유리한 정책을 입안하고 시행하도록 한다는 것이다. 돈 있는 사람들은 많은 정치 자금을 내고, 정치인은 정치 자금을 준 사람들의 이익으로부터 자유로울 수 없다는 것이다. 뿐만 아니라 부자들은 언론을 장악하여 자신에게 유리한 여론을 조성하고, 싱크탱크를 통해 자신의 이익이 공공의 이익인 것처럼 선전한다는 것이다.

높은 세율의 누진과세는 재산권에 의문을 제기할 수 있는 계기를 마련할 것이라고 기대한다. 예를 들어 억만장자의 부에 해마다 10%의 세금을 매긴다고 할 경우 그것은 억만장자가 가진 부의 10%에 대해 질문을 던지는 것이고, 그만큼 억만장자는 엄청난 부를 지속하기 어렵게 된다. 따라서 사람들은 재산권의 기반에 대해 의문을 가질 것이라고 주장한다.[60]

피케티에 있어서 과세는 단순히 재분배를 위한 재원의 확보를 위한 것만은 아니다. 곧 그는 '누진과세'를 단순히 불평등 해소를 위한 수단이나 복지를 위한 재원 확보로만 생각하지 않는다. 그는 누진과세가 궁극적으로 민주주의의 심화와 관계가 있으며, 누진과세 자료를 통한 정보의 공개는 우리가 자본주의 사회에서 당연시하고 의문을 제기하지 않는 사유재산제도에 대해서 다시 생각하는 계기를 마련해줄 것이라고 생각한다.

5. 사유재산권은 정당화될 수 없는가

자유시장에서는 분배가 개인의 재능이나 노력 또는 운에 따라 이루어지기 때문에 불평등이 심화된다는 우려가 높다. 운에는 좋은 가정에 태

---

60) 토마 피케티, 이정우, 김홍중(사회), 「특별대담: 자본주의의 운명에 대한 예언의 서사」, 『21세기 자본』, 305쪽.

어나 좋은 교육과 훈련을 받고 많은 부를 상속받는 것도 포함된다. 그러나 자유(지상)주의자들은 자유시장에서 이루어지는 소득이나 부의 분배가 정의롭다고 생각한다. 소득이나 부가 재능이나 노력 또는 운에 따라 이루어지는 것은 시장의 자연스러운 소득 분배의 결과라고 믿기 때문이다. 자유시장의 교환 과정에 사기나 속임수가 작용하지 않고 자유의사에 따라 거래가 이루어진 것이라면 그 거래는 정당한 것이다. 그럼에도 불구하고 결과적으로 소득과 부가 불평등하게 분배된 것을 정의롭지 못하다고 생각하여 국가가 개입하여 이것을 바로잡으려고 하면 개인의 자유를 침해하고 시장 질서를 교란하여 의도하지 않는 부정적인 결과가 나온다고 주장한다.

자유주의자의 소득과 부와 관련된 이러한 주장은 '응분에 기초한 분배'와 '소유 권리에 기초한 분배'로 정당화된다. 소득과 부를 많이 가지고 있는 사람은 그것을 가질 응분의 자격이 있기 때문에 가진 것이거나 그것을 가질 소유 권리가 있기 때문에 도덕적으로 정당하다는 것이다. 이런 정당성을 인정하면 응분의 자격이 있거나 소유 권리가 있는 사람의 소득이나 재산에 세금을 부과하여 가난한 사람을 돕는 것은 개인의 자유와 사유재산권을 침해하는 것이기 때문에 도덕적으로 정당하지 않다는 결론이 자연스럽게 도출된다.

자유주의자들의 이러한 철학적 전제는 평등주의자들이 주창한 과세를 통한 재분배에 의한 평등 실현에 이론적 장애물이다. 평등을 실현하기 위해서는 소득이나 부에 과세하는 것이 개인의 자유나 사유재산권의 침해가 아니라는 주장을 해야 한다. 이것은 곧 높은 소득과 많은 부를 가진 사람들이 그것을 가질 도덕적 정당성이 없다고 해야 한다. 과세는 사유재산이나 개인의 자유를 침해하는 것이 아니기 때문에 도덕적으로 정당하다는 주장을 해야 한다.

이 글은 평등 분배를 위한 과세가 개인의 자유나 사유재산권의 침해가 아니라는 주장을 한 철학자와 경제학자로 롤스와 피케티를 상정하고 그들의 이론을 분석하였다. 그들은 시장경제의 높은 생산성을 유지하면서도 평등을 실현할 수 있는 이론적 기초를 마련하기 위해 각각 '차등원칙'과 '글로벌 자본세'와 같은 장치를 마련하였다. 이들은 자본주의의 장점은 유지하면서 평등을 함께 실현할 수 있는 제도로 '재산소유 민주주의 국가'와 '사회국가'를 설정하였다. 이 국가는 사유재산권에 기초한 자본주의 사회와 이를 부정한 공산주의 사회 사이의 어느 지점에 존재할 것이다.

이 글은 이들의 주장은 결국 사유재산제도에 기초한 현재의 정치경제의 제도에 대한 근본적인 변혁을 도모하는 것으로 해석하였다. 롤스와 피케티가 이상적이라고 생각한 국가에서는 사유재산이 도덕적으로 정당성을 갖지 못한다. 이들이 능력과 분배는 도덕적으로 무관하다고 주장하고 있다는 점에서 "능력에 따라 일하고 필요에 따라 분배받는다"는 공산주의의 분배 방식과 근본적으로 차이가 나지 않는다. 높은 소득과 많은 부를 가진 사람에게 도덕적 정당성을 부여하지 않았듯이, 최소 수혜자가 혜택을 입는 것도 그들이 그럴 만한 자격이 있어서 그런 것이 아니라는 것이다.

그러나 이들의 분배 철학에는 내적 긴장이 존재하는 것이 사실이다. 롤스는 최소 수혜자에게 최대의 혜택을 주기 위해 열심히 일할 수 있는 유인을 제공하고, 열심히 일한 결과물에 과세하여 재분배의 자원을 확보하려고 하였지만 현실에서 이런 방식이 작동할지는 의문이다. 물고기가 미끼를 미끼로 알면 미끼를 물지 않듯이, 열심히 일한 대가에 높은 세금이 부과된다면 열심히 일할 의욕을 상실할 것이다. 롤스뿐만 아니라 피케티도 소득과 자본에 대해 높은 세금을 물려도 그것이 생산성에 부정적인 효과를 미치지 않을 것이라고 전제했는데 이 전제가 현실성이 있다고 보기는 어렵다. 세율이 높아지면 생산성이 떨어진다는 것은 경험적인 사실이기 때문이다. 그렇다면 이들의 이론이 실제 현실에 적용되기는 어려울 것이다.

특히 롤스와 피케티가 제시한 경제적 관점에서 불평등을 완화하기 위해 자본주의의 장점을 유지하면서 경제적 평등에 초점을 맞춘 사회는 여전히 많은 문제점을 안고 있게 될 것이다. 이런 문제점을 해소하기 위해 월저는 '다원적인 복합평등사회'를 제시하였는데, 이 사회는 롤스와 피케티의 평등론이 미처 고려하지 않은 불평등 사회가 안고 있는 문제를 해결한 사회로 볼 수 있다. 롤스와 피케티가 지향하는 사회는 월저의 '복합평등'이 추구하는 '도덕적 결속'을 갖지 못한다. '도덕적 결속'은 운이 좋은 사람과 불운한 사람, 부자와 빈자를 결합하여 모든 이익의 차이를 초월하는 연합을 창출한다. 박정순에 따르면 월저의 복합평등은 삶의 승리의 순간에도 사람들을 겸손하게 하고 실패의 순간에도 위안을 준다. 곧 복합평등은 "자만과 계급적 특권 의식을 감소시킬 뿐만 아니라 자기비화와 모멸감, 그리고 압제적 명령과 그에 따른 맹종도 사라지게 할 것이다. 따라서 복합평등은 절대적 불평등뿐만 아니라 상대적 박탈감도 아울러 감소시킬 것이다."[61] 그러나 월저의 '다원적인 복합평등사회'가 어떻게 구현될 수 있을지에 대해서는 의문이 든다.

　뿐만 아니라 더 근본적인 문제는 불평등의 정도 문제다. 한 사회에서 용인되는 최적 불평등이나 지속가능한 불평등과 그렇지 않은 불평등을 구분하는 것은 어려운 일이다. 상위 1%나 10%에 어느 정도 부와 소득이 집중될 때 허용되거나 허용되지 않는가. 플라톤[62]은 극심한 가난과 집중된 부(富)는 나라의 가장 큰 질환, 곧 불화와 내란을 초래할 수 있다고 우려했다. 그는 이러한 우려가 현실화되는 것을 막기 위해 가난한 사람도 일정 재산을 갖도록 하고, 부자는 그 재산의 4배 이상을 갖지 못하도록 하는 4 : 1의 불평등을 허용 가능한 불평등으로 제시했다. 이탈리아

61) 박정순, 『마이클 월저의 사회사상과 철학적 깨달음』, 철학과현실사, 2017, 168쪽.
62) 플라톤, 『법률』, 박종현 역주, 서광사, 2009, 744d-744e,
63) 김인규, 「플라톤의 지속가능한 불평등과 한국」, 『철학과 현실』 109호, 철학문화연구소, 2016, 120-121쪽.

의 경제학자 파레토도 '80 : 20의 법칙'을 제시하기도 하였다.[63] 4 : 1의
비율이 최적 비율인가에 대한 합의도 어렵겠지만, 그 비율을 최적 불평
등으로 받아들인다 하더라도 지속적으로 그 비율을 유지하기 위해서는
끊임 없는 조정과 재조정이 필요하고, 이러한 조정은 전체주의 사회라
하더라도 실현하기는 어렵다. 전체주의 사회보다는 불평등한 사회가 더
바람직한 사회라면, 이런 제안은 전혀 실효성이 없다.

지금까지 이 글은 롤스와 피케티를 중심으로 현대 많은 사람들의 불
만을 야기하고, 많은 사람들에게 정의롭지 못한 것으로 받아들여지고
있는 소득과 부의 불평등과 양극화에 대한 문제 제기와 해결 방안을 살
펴보았다. 이들에 주장에 대해서 이론적인 반론도 많이 제기되었고 현
실적으로 피케티의 주장은 프랑스에서 정책에 반영되는 데 실패했다.
불평등에 대한 철학적 논의는 그것 자체로서 의미 있는 작업이지만, 철
학자들의 주장이 실제적으로 어떻게 구체적인 정책으로 채택되고 실현
되는가는 이론적 논쟁이나 이론의 완결성과는 별개의 문제다. 철학자들
의 주장이 현실 정치에서 채택되고 실현되기 위해서는 급진적 방법인 혁
명이나 점진적 방법으로 '민주주의'를 통과해야 하기 때문이다. 현대 자
유민주주의 사회에서 철학이 현실이 되기 위해서는 시민들의 선택을 받
아야 한다. 곧 철학적 주장은 시민 다수의 선택을 받을 때 정책으로 구현
된다. 철학이 이론에 머물지 않고 실현되기를 바란다면, 현실적으로 실
현 가능한 것인가, 정책으로 구현하는 과정과 그 결과에서 어떤 문제가
야기될 것인가에 철학자들은 더 깊은 관심을 가져야 할 것이다.

의료민영화와 정의로운 보건의료체계: 수단과 목적

박 상 혁

1. 서론

의료민영화는 보건의료체계를 조직하거나 운영하는 데 있어서 시장원리나 시장기제를 적용하는 의료시장화로 잠정적으로 이해할 수 있는데, 의료민영화를 둘러싼 논의는 1970년대 말부터 서구와 북미 지역의 국가들에서 논의가 시작되어 세계적으로 확산되었으며 한국에서도 진행 중이다. 그런데 세계적으로나 한국에서나 의료민영화 논의는 참가자들 사이에 논점이 연결되지 않거나 혹은 이데올로기적으로 흘러서 비생산적으로 되는 경우가 많은데, 그렇게 되는 주된 이유는 의료민영화 문제가 단일 이슈 문제가 아니라 복수 이슈 문제(multi-issue problem)이기 때문이다.

* 이 논문은 한국의료윤리학회 편, 『한국의료윤리학회지』 제19권 4호(2016)에 실린 글이다.

의료민영화 문제가 포함하는 이슈들은, 보건의료는 일반적인 상품과 다르다는 것이 널리 인정되어왔는데 과연 의료시장화가 어떻게 가능한 지, 이타주의를 강조해온 보건의료 분야에서 이익을 추구하는 의료시장 화가 '개념적'으로 혹은 '이념적'으로 가능한지, 한 사회에서 정의로운 보건의료체계는 어떤 보건의료체계인지, 의료시장화가 정의로운 보건 의료체계에 기여하는지 아니면 정의로운 보건의료체계를 손상시키는 지, 의료시장화의 미래는 어떤 것인지 등이다.

이처럼 의료민영화 문제는 경험적 이슈와 개념적, 논리적, 이념적 이 슈들을 포함하고 있기 때문에 이 논의를 생산적으로 만들기 위해서는 한 편으로는 경험적 문제를 다루는 데 특장을 가지는 보건의료학, 보건경 제학, 보건사회학적 접근이 필요하고 다른 한편으로는 개념적, 논리적, 이념적 문제를 다루는 데 특장을 가지는 철학·윤리학적 접근이 필요하 며, 특히 이들 학문들 간의 학제적 대화가 필요하다.[1]

서구와 북미 국가들의 경우에는 시간이 지나면서 의료민영화 문제에 대해 학제적인 접근이 이루어지면서 논의가 점차 생산적으로 되어간 데 반해 한국에서는 주로 경험적인 학문의 관점에서 접근되어왔고 철학· 윤리학 분야에서의 접근은 거의 전무하다. 한국의 경험적 분야의 연구 자들은 자신들의 분야에서 탁월한 연구결과를 산출했을 뿐만 아니라, 개념적, 논리적, 이념적 문제들에 대해서도 깊은 이해를 가지고 이들 문 제들을 논하고 있지만, 아마도 지면의 부족으로 인해 철학·윤리학적 접근을 필요 없게 할 정도로 충분히 다루고 있지는 않다.[2]

---

1) 여기서 사용하는 철학·윤리학적 접근방법은 분석철학적 방법으로 개념 분석, 논리적 관계 분석, 논증 분석을 강조한다.
2) 김원식(2012), 『지속가능한 국민건강보장시스템의 구축』, 대한발전전략연구소; 김창엽 등 (2013), 『건강할 권리』, 후마니타스; 김창엽 등(2015), 『한국의 건강불평등』, 서울대학교 출 판문화원; 김명희 등(2010), 『의료사유화의 불편한 진실』, 후마니타스; 양봉민 등(2013), 『보건경제학』, 개정2판, 나남출판; 이상이 등(2013), 『의료민영화 논쟁과 한국의료의 미 래』, 도서출판 밈; 이규식(2015), 『보건의료정책, 뉴 패러다임』 계축문화사.

필자는 이런 한국의 탁월한 경험적 연구를 통해 의료민영화 문제에 대한 이해를 심화시킬 수 있었는데, 이 논문에서 의료민영화 문제를 철학·윤리학적인 관점에서 접근함으로써 학제적 연구에 일조하고자 한다.[3] 이 논문은 다음과 같이 진행된다. 2절에서는 의료민영화가 현실적으로 어떻게 가능한지를 밝히고, 3절에서는 의료민영화가 '개념적'으로는 물론이고 '이념적'으로도 가능하다는 것을 밝히고, 4절에서는 정의로운 보건의료체계가 형평성, 효율성, 공적 책임성을 수용하는 보건의료체계라는 것을 제시하고, 5절 이하에서는 의료민영화를 찬성하는 입장을 살펴본다. 의료민영화를 찬성하는 입장은 두 가지 입장으로 나뉘는데, 한 입장은 의료시장이 정의로운 보건의료체계를 위한 수단이 될 수 있다는 '시장도구주의'이고, 다른 입장은 의료시장 자체가 목적이라는 '시장근본주의'이다. 필자는 시장근본주의가 아니라 시장도구주의가 적절하지만, 의료민영화를 시행할 때에는 엄격한 전제조건을 충족해야만 한다고 논한다.

2. 의료시장화가 어떻게 가능한가

보건경제학을 개척한 학자 중 한 명인 애로우(K. Arrow)는 1963년에 보건의료 서비스는 다른 표준적인 상품들과 달리, 정보의 비대칭성, 수요의 비정규성, 불확실성, 불규칙한 공급조건 등의 특징을 가지고 있기 때문에 통상적인 완전한 시장이 있을 수 없고, 내재적으로 시장실패에 직면하게 되기 때문에 보건의료에 관한 한 비(非)시장적인 해결책이 필요하다고 논변했다.[4]

애로우의 논문이 발표된 후 대부분의 보건경제학자들 사이에는 보건

---

3) 필자의 능력을 넘어서는 일이기는 하지만, 필자는 개념적, 논리적, 이념적 문제를 밝힘으로써 한국의 경험적 연구자들의 연구 성과의 진면목을 드러내는 데 조금이나마 도움이 되었으면 한다.

4) K. Arrow(1963), "Uncertainty and the Welfare Economics of Medical Care," *American Economic Review*, 53: 941-973.

의료는 시장에서 거래되기에 적합하지 않은 상품이라는 거의 보편적인 합의가 존재했으며[5] 의료민영화 논쟁이 상당히 진행된 현재에도 블라 덱(B. C. Vladec)이나 라이스(T. Rice)같이 저명한 보건경제학자들은 애 로우와 유사한 방식으로 의료민영화에 반대한다.

애로우의 논변의 심대한 영향력을 고려할 때, 의료민영화를 찬성하는 측에서는 의료민영화가 어떻게 가능한 것인지를 명확하게 밝힐 필요가 있고, 의료민영화를 반대하는 측에서도 그런 주장이 적절한지 검토할 필요가 있다. 보건경제학자들 중에 의료시장화를 찬성하는 학자들은 두 가지 방식으로 의료시장화가 가능하다고 주장하는데, 한 방식은 불완전 한 시장화이고 다른 방식은 부분적인 시장화이다.

불완전한 시장화는 애로우의 논문이 출판된 이후 가장 먼저 반론을 제시한 폴리(M. Pauly)가 주장하는 견해인데, 그에 의하면 보건의료를 위한 완전한 시장이 없다 하더라도 '의료시장화'가 가능한데, 의료민영 화 논쟁은 보건의료를 위해 통상적으로 완전한 시장이 있는지 없는지의 문제가 아니라, 한편으로는 불완전한 시장에 의한 보건의료체계와 다른 한편으로는 비효율적이고 관료적인 운영방식 등의 문제점을 가지고 있 는 불완전한 국가에 의해 운영하는 보건의료체계 중 어느 쪽이 바람직한 가를 결정하는 문제라는 것이다. 물론 폴리는 불완전한 시장에 의한 보 건의료체계가 불완전한 국가에 의한 보건의료체계보다 바람직하기 때 문에 의료시장화를 해야 한다고 주장한다.[6]

부분적 시장화는 주로 서구의 보건경제학자들이 제시하는 견해인데, 비록 보건의료를 위한 완전한 시장이 없다 하더라도 '의료시장화'가 가 능한데, 시장화가 보건의료체계 전체가 아니라 보건의료체계의 부분에

---

5) J. Appleby(1998), "Economic Perspectives on Markets and Health Care," W. Ranade ed., *Markets and Health Care: A Comparative Analysis*, Routledge, p.41.
6) Michael Pauly, et al.(1991), "A Plan for Responsible national Health Insurance," *Health Affairs*, 10, no. 1: 5-25.

적용될 수 있기 때문이라는 것이다. 즉 시장 자체가 보건의료체계를 운영하는 최선의 방식은 아니어서 보건의료체계 전체는 공적으로 운영되지만, 이런 보건의료체계 내에서 효율성 등을 추구하기 위해 부분적으로 시장화를 할 수 있으며 소기의 목적을 달성하지 못할 경우 이런 부분적 시장화는 수정되거나 철회될 수 있다는 것이다.

이런 두 가지 의료민영화 방식을 애로우의 논변과 관련해서 평가해보자. 폴리의 불완전한 시장화 방식을 평가하자면, 폴리의 애로우 비판은 논리적인 비판과 경험적인 비판으로 이루어져 있다. 논리적인 비판은 애로우의 논변에서 (보건의료를 위한 이상적인 시장이 존재하지 않는다는) 기본전제가 참이라 하더라도, 그 기본전제로부터 (보건의료는 시장이 아니라 국가에 의해 운영되어야 한다는) 결론이 연역적으로 도출되지 않는다는 것이고, 경험적인 비판은 불완전한 시장에 의한 보건의료체계와 불완전한 국가에 의한 보건의료체계의 우열은 선험적으로 결정될 수 없고 경험적으로 결정되어야 한다는 것이다. 필자는 폴리의 논리적 비판과 경험적 비판 모두 적절하다고 보는데, 폴리와 논쟁을 벌여온 라이스 역시 폴리의 반론이 적절하다고 인정하고 그의 저서의 초판에서는 시장의 약점만을 들었던 데 반해, 2판에서는 정부의 강점과 약점을 밝힘으로써, 불완전한 시장과 불완전한 국가의 대차대조표를 만들고 있다.[7]

---

7) 애로우와 유사한 방식으로 논변하는 블라덱과 라이스의 논문에 대해서 김창엽 교수는 다음과 같이 응답한다. "완전한 시장은 실재한다기보다는 이념형에 가깝다는 것을 고려하면, 정도의 차이는 있을 수 있어도 시장실패는 예외적인 현상이 아니라 일반적인 현상이라고 해야 할 것이다. 따라서 보건의료에 시장실패가 나타나는가 혹은 보편적인 시장의 법칙이나 논리가 적용되는가 하는 식의 논란은 적실성을 가진다고 보기 어렵다." 김교수의 논변은 폴리의 반론과 유사하지만 훨씬 더 강한 주장으로 폴리의 주장은 애로우의 기본적인 전제가 참이라 하더라도 결론이 연역적으로 도출되지 않는다는 논리적 비판인 데 반해 김교수의 주장은 애로우의 기본적인 전제 자체가 참이 아니라는 실질적인 비판이다. 김창엽 등(2015), 47-48쪽; B. C. Vladeck and T. Rice(2009), "Market Failure and the future of discourse: facing up to the power of sellers," *Health Affairs*, 28, no. 5: 1305-1315; Thomas Rice(2003), *The Economics of Health Reconsidered*, 2nd ed., Chicago: Health Administration Press, p.272.

부분적 시장화방식을 평가하자면, 사실 이 방식은 애로우의 기본전제를 받아들일 뿐만 아니라 사실상 애로우의 결론도 부정하고 있는 것이라 볼 수 없는데, 그 이유는 애로우의 결론이 보건의료체계에서 시장적 요소를 완전히 제거하고 100% 공적으로 운영해야 한다는 주장으로 볼 수 없기 때문이다. 세계 어느 나라의 보건의료체계이건 100% 국가나 100% 시장에 의해 운영되는 보건의료체계는 없으며, 여러 나라의 보건의료체계는 국가와 시장이 다른 비율로 조합되어 있는 것으로 볼 수 있다. 그렇게 본다면 보건의료체계가 비시장적인 방법에 의해서 운영되어야 한다는 애로우의 결론은 부분적 시장화와 반드시 상충하지 않는다.

의료민영화가 위와 같은 두 가지 방식으로 가능하다고 할 때, 이제 의료민영화 논쟁에서 의료시장 혹은 의료시장화가 정확히 무엇을 의미하는지 살펴보자. 의료민영화 논의에서 참가자들이 의료시장이라는 개념을 사용하지만, 사실 의료민영화 논쟁에서 논쟁 참가자들이 공통으로 쓰는 "단일하고 단순한 의료시장의 개념은 없"고[8] 오히려 공적인 보건의료체계를 운영하는 방법에 대비되는 시장방법(market methods)이라고 할 만한 것이 있다. 이런 시장방법의 특징은 "보건의료체계를 조직하는 데 있어서 관료적인 방식보다는 경영적인 방식, 보건의료의 '소비자'들에게 가격을 의식하는 행동의 진작, 구매자와 공급자 사이에 경쟁과 시장방법의 상호작용을 진작하는 것 등"이다.[9] 좀 더 구체적으로 이런 시장방법은 병원이나 보험 간의 경쟁의 도입 및 강화, 공공병원의 폐쇄 및 축소, 영리병원의 허용 및 증대, 민간보험의 확대, 개인부담금 증대, 의료제공자 인센티브 등의 시장도구나 기제들(market tools or market practices)을 사용하는 것을 말한다.[10]

---

8) R. B. Saltman and J. Figueras(1997), *European Health Care Reform: Analysis of Current Strategies*, Copenhagen: World Health Organization, 1997, pp.40-41.

9) M. Ferrara(1995), "The Rise and Fall of Democratic Universalism: Health Care Reform in Italy," *Journal of Health Politics, Policy and Law*, 20, no. 2: 275-302.

10) A. Buchanan(2009), "Privatization and Just Health Care," Reprinted in

그런데 의료민영화는 이런 시장기제들을 사용하는 스케일에 따라 '보건의료체계 전체의 시장화'와 '보건의료체계 하부의 시장화'로 구분될 수 있다. 설명하자면 한 사회의 보건의료체계는 그 보건의료체계를 설계하는 기본이념 혹은 기본가치가 있고(예를 들어 서구 국가들의 경우에 시민들 사이의 연대), 그 기본가치를 초석으로 세워진 구조물로 이해할 수 있는데, 체계 전체 시장화는 보건의료체계 전반의 중요한 변화를 목표로 하는 것으로서, 정부의 역할을 대폭축소하면서 가능한 한 체계의 중요 부분에 많은 시장기제의 확대, 그리고 어떤 경우에는 더 나아가 보건의료를 설계하는 기본이념마저도 시장 에토스(market ethos)로 바꾸려 하는 것이고, 보건의료체계 하부의 시장화는 체계의 기본이념은 바꾸지 않은 채 효율성을 제고하거나 비용통제를 위해서 시장기제들을 부분적으로 사용하는 것이다.[11]

3. 의료시장화는 '개념적'으로 혹은 '이념적'으로 가능한가

미국의 의료민영화 논의에서 렐맨(A. S. Relman)이나 펠레그리노(E. D. Pellegrino) 같은 저명한 의료전문가들은 의료민영화가 초래할 수 있는 의료상업화가 보건의료의 개념 혹은 의료전문직의 윤리와 개념적으로(conceptually) 혹은 이념적으로(ideally) 상충하기 때문에 불가능하다는 논변을 제기해왔는데, 여기서는 펠레그리노의 논변을 중심으로 살펴보겠다.[12]

Buchanan, *Justice and Health Care*, Oxford University Press.

11) 캘러헌과 와스나는 '두 가지 타입의 시장기제' 라고 하는데, 필자는 그런 제안을 명확히 하기 위해서 '체계 전체 시장화'와 '체계 하의 시장화'라는 용어를 사용한다. D. Callahan and A. Wasuna, *Medicine and the Market*, pp.37-38.

12) E. D. Pellegrino(1999), "The Commodification of Medical and Health Care: The Moral Consequences of a Paradigm Shift from a Professional to a Market Ethic," *Journal of Medicine and Philosophy*, vol. 24, no. 3: 243-266.

1) 보건의료는 개념적으로 상품이 아니라는 논변

펠레그리노는 옥스퍼드 영어사전을 인용하면서 전형적인 상품이란 "소비자에게 유용하거나 소비자 선호의 만족을 위해 가치를 가지는 판매를 위해 생산된 것"인데, 이런 전형적인 상품은 다음과 같은 두 가지 특징을 가진다고 말한다. 첫 번째 특징은 생산자와 소비자의 관계는 오직 상품의 교환에만 관심을 가지는 비개인적인 관계여서, 만일 두 개의 다른 상품이 동일한 질과 양이라면 교체 가능하다는 것이고(fungibility), 두 번째 특징은 상품은 개인이 새로운 것을 부가하여 산출한 것이기 때문에 생산자가 그 상품에 대해 소유권을 인정할 수 있다는 것이다(proprietary).

그러나 펠레그리노에 의하면 보건의료 서비스는 이런 두 가지 특징을 갖지 않는다. 첫 번째 특징인 교체 가능성과 관련해서, 환자들의 치료를 위해서는 환자와 의사의 관계가 개인적이어야 하기 때문에 아무리 실력과 자격이 같은 의사들이라도 교체 불가능하며, 둘째 특징인 소유권과 관련해서는, 보건의료의 지식은 선행하는 연구자들로부터 유래하며, 생체해부 등의 지식은 일반적으로는 윤리적으로 허용되지 않는 것인데, 사회가 의학교육을 위해 특별히 허용해주어 가능한 것이기 때문에 보건의료인들은 의료지식에 대한 소유권자라기보다는 오히려 의료지식의 관리자(steward)라는 것이다. 이처럼 보건의료 서비스는 전형적인 상품이 가지는 두 가지 특징을 가지지 않기 때문에 보건의료 서비스를 상품으로 취급하는 것은 개념적으로(conceptually) 문제가 있으며, 따라서 의료민영화를 해서는 안 된다는 것이다.

이제 펠레그리노의 논변을 평가해보자. 펠레그리노는 의료상업화가 '개념적'으로 문제가 있다고 하는데, 개념적으로 문제가 있다는 것을 강하게 해석하면 '결혼한 총각'같이 개념적인 모순이라는 것으로 이해될 수 있고, 약하게 해석하면 그런 표현을 썼을 때에 같은 언어를 사용하는 사람들 사이에서 소통에 어려움이 있다는 것으로 이해될 수 있다. 그러나 미국에서 "보건의료 서비스가 상품이다"라는 주장은 개념적 모순으로 인식되지 않을 뿐만 아니라, 별다른 어려움 없이 소통될 수 있기 때문에, 의료시장화가 '개념적'으로 문제가 있다는 주장은 참이 아니며, 따라서 펠레그리노의 논변을 문자 그대로 받아들이면 실패한 논변이 된다.[13]

그러나 철학 · 윤리학에서 논증을 할 때 상대방의 논변이 최선의 논변이 되도록 해석해야 한다는 '자비로운 해석의 원칙'을 따른다면, 그의 논변은 의료민영화가 개념적으로 문제가 있다는 것이 아니라 '이념적(ideally)'으로 문제가 있다는 논변으로 이해되어야 한다.[14] 개념적이라는 것은 개념(concept)이라는 명사로부터, 이념적이라는 것은 이념(idea)이라는 명사로부터 온 것인데, 어떤 것의 이념은 어떤 것의 바람직한 혹은 이상적인 목적이 실현된 상태라고 할 수 있다. 그런데 서양철학의 전통에서나 일상용법에서 개념과 이념은 밀접한 관련을 가지고 있는데, 플라톤은 어떤 것에 대한 올바른 개념이 바로 이념이라고 주장했고, 이런 플라톤적인 주장은 관념론 혹은 이상주의(idealism)로 계승되어왔을 뿐만 아니라, 철학 외의 분야에서도 예를 들어 대학이 마땅히 지향해야 할 본래의 목적을 가리키기 위해 '대학의 이념(the idea of a university)'이라는 표현이 사용되고 있다. 그래서 의료민영화가 이념적으로 문제가 있다는 것을 의료민영화가 개념적으로 문제가 있다고 펠레그리노가 표현하는 것이 아주 이상한 표현방식은 아니다.[15]

---

13) 한국에서도 보건의료가 상품이라는 주장은 개념적으로 문제가 있는 듯이 보이지 않는다.

14) 한국에서 '이념적'이라는 표현은 주로 'ideological'을 표현하는 데 쓰이는데, 필자는 몇 가지 이유에서 'ideal'을 표현하는 데 사용하고자 해서, 'ideological'을 표현할 때에는 '이데올로기적'이라는 표현을 사용한다. 그 주된 이유 중 하나는 '이념'과 '이상'이 밀접히 관련되어 있다는 것을 강조하기 위함이다. 이규식 교수는 '이념적'이 아니라 '규범적'이라는 표현을 사용한다. 이규식, 「의료에 대한 이념과 정책」, 『보건행정학회지』 제17권 제3호: 111-115.

15) 영국의 뉴먼과 독일의 슐라이어마허가 '대학의 이념'을 이런 방식으로 사용한다. 백종현 교수가 '독일 관념론'이 아니라 '독일 이상주의'라는 표현을 사용한다. J. H. 뉴먼, F. 슐라이어마허(1999), 『대학의 이념』, 이진우 역주, 계명대학교 출판부.

이제 펠레그리노의 논변을 보건의료 서비스를 상품으로 취급하는 것이 이념적으로 문제가 있다는 논변으로 이해하고 평가해보자. 그의 논변에서 쟁점은 이상적인 치료와 의료민영화가 양립 가능한가 하는 것이다. 펠레그리노가 염두에 두고 있는 이상적인 치료는 의료전문인과 환자가 전면적이고 개인적인 관계 속에서 서로 협력해서 환자의 전면적인 회복을 추구하는 치료이다. 그런데 펠레그리노가 염두에 두는 이런 이상적인 치료만이 이상적인 치료의 전부라고 볼 수는 없고, 사실 이상적인 치료는 펠레그리노식의 이상적인 치료가 한 끝이고, 최소적절한 치료라고 부르는 것이 다른 한 끝인 스펙트럼을 이루는 것으로 볼 수 있다. 여기서 최소적절한 치료란 전문의료인과 환자의 관계가 개인적 관계가 아니라 하더라도, 환자를 적절히 존중하면서 효과적으로 회복시키는 치료를 가리킨다. 이상적인 치료가 이런 스펙트럼을 이룬다고 볼 때, 의료민영화는 펠레그리노가 염두에 두는 가장 이상적인 치료와는 상충하겠지만 최소적절한 치료와는 양립하지 못할 논리적 필연성이 없다. 따라서 의료민영화가 이념적으로 문제가 있다는 펠레그리노의 논변은 성공하지 못한다.

2) 의료민영화는 의료전문직의 이념과 상충한다는 논변

펠레그리노는 의료민영화가 초래할 수 있는 의료상업화는 의료전문직의 이념과 상충하기 때문에 의료민영화가 불가하다고 논변한다. 펠레그리노에 의하면 의료전문직 윤리는 "보건의료를 상품으로 보지 않고 인간 삶에 꼭 필요한 인간의 가치로 보며, 제일원리는 선행이고, 환자-지향적"이며, "이타주의와 자신의 이익을 무시할 것을 요구한다."[16]

---

16) E. D. Pellegrino, "The Commodification of Medical and Health Care: The Moral Consequences of a Paradigm Shift from a Professional to a Market Ethic," 254.

그런데 의료상업화는 의료전문인을 비즈니스맨으로 만들고 의료전문직 윤리를 비즈니스 윤리로 대체한다. 비즈니스맨으로서 의료전문인은 "보건의료를 상품으로 보고, 그 첫 번째 원리는 선행이 아니라 악행금지이며, 환자중심적이 아니라 투자자 혹은 기업지향적이며, 그 태도는 실용적이고, 자기이익, 경쟁에서의 우위선점, 불평등한 능력에 기초한 불평등한 치료를 정당화한다."[17] 따라서 이런 비즈니스맨으로서의 윤리와 의료전문직의 윤리가 이념적으로 상충하기 때문에 의료민영화를 해서는 안 된다는 것이다. 펠레그리노는 플라톤을 인용하며 의사는 자신의 이익이 아니라 환자의 이익을 추구하기 때문에 의사라고 주장한다.[18]

펠레그리노는 이 논변에서 의료민영화가 개념적으로가 아니라 이념적으로 문제가 있다는 것을 명백히 하고 있는데, 이제 이 논변을 평가해 보자. 이 논변에서도 핵심적인 쟁점은 의료전문직의 이념과 의료상업화가 양립 가능한가 하는 것이다. 그런데 의료전문직의 이념도 스펙트럼을 이루는 것으로 이해할 수 있는데, 그 한 끝은 펠레그리노가 염두에 두고 있는 자신의 이익을 무시하며 환자의 이익을 추구하는 플라톤적인 의료전문직의 이념이 있을 수 있고, 다른 끝에는 자신의 이익을 추구하기 위해서 환자의 이익을 추구하거나, 자신의 이익과 환자의 이익을 조화롭게 추구하게 되는 아담 스미스(Adam Smith)적인 의료전문직의 이념이 있을 수 있다.[19] 이런 스미스적인 의료전문직의 이념을 최소적절한 의료전문직의 이념이라 할 수 있을 것이다. 그런데 이처럼 의료전문직의 이념이 스펙트럼을 이룬다면, 의료민영화가 플라톤적인 이념과는 상충하겠지만, 스미스적인 최소적절한 의료전문직의 이념과는 양립 불가능하지 않을 것이며, 따라서 의료민영화가 이념적으로 불가능하다고 할

---

17) 같은 곳.
18) Plato, *Republic*, 342d, 346a–c.
19) A. Smith(1976), *The Wealth of Nations*, Glasgow Edition, ed. by R. H. Campbell and A. S. Skinner, 2 vols., Oxford University Press, 1. ii. 27.

수 없을 것이다.[20]

위에서 필자는 펠레그리노의 논변이 성공하지 못한다고 평가했지만, 필자는 펠레그리노가 이런 논변을 제시하는 기본적인 이유에 충분히 공감한다. 사실 펠레그리노가 이런 논변을 제시하는 기본적인 이유는 의료시장화가 보건의료의 전통적인 이타주의적 가치를 약화시킬 수 있다는 우려 때문인데, 사실 이런 우려는 의료민영화에 반대하는 한국의 의료전문인들이 공유하는 것이다.[21] 필자 역시 이런 우려를 공유하며 의료민영화가 이념적으로 가능하기 위해서 의료전문직은 최소적절한 의료전문직 윤리를 반드시 지켜야 한다고 본다.

지금까지의 논의를 통해서 의료민영화가 가능하다고 할 때, 이제 다루어야 할 이슈는 의료민영화가 사회의 정의로운 보건의료체계에 기여하는지 아니면 그런 보건의료체계를 손상시키는지 하는 것인데, 그런 이슈를 다루기 위해 우선 정의로운 보건의료체계가 무엇인지부터 살펴보겠다.

4. 정의로운 보건의료체계

정의로운 (여기서는 공정하고 정당한) 보건의료체계는 공정하며 그 사회가 견지하는 중요한 가치들에 의해 정당화되는(justified) 보건의료

---

20) 필자와 같은 취지의 논변을 캘러헌은 미국의 의료사의 맥락에서 제시한다. 미국 의료사를 보면 제2차 세계대전 전에 개인의사들이 상대적으로 낮은 수가를 받고 환자들을 치료해주었으며, 만일 환자가 지불능력이 없으면 그런 치료비를 면제해주던 단계가 있었고, 제2차 세계대전 이후에 의사들이, 특히 전문의들이 비싼 수가를 받고 의료를 제공했던 단계이고, 그 후 여러 단계를 거쳐서 건강관리기구 등에 의한 경쟁이 심화되면서 본격적으로 의료민영화가 진행된 단계를 볼 수 있는데, 펠레그리노는 마지막 단계에 대해서 우려를 나타내지만 첫 번째 단계는 의료전문직 윤리와 상충하지 않는다고 본다. 그런데 비록 마지막 단계가 아주 명백한 시장경제이기는 하지만 첫 번째 단계도 시장경제 단계이기 때문에 펠레그리노가 의료상업화에서 문제가 있는 단계와 없는 단계를 구분하는 것이 자의적이라고 비판한다. D. Callahan and A. Wasuna, *Medicine and the Market*, pp.239-240.

21) 김명희 등(2010); 이상이 등(2013); 김창엽 등(2015).

체계를 말한다.[22] 따라서 정의로운 보건의료체계를 논하기 위해서는 그 사회의 중요한 가치들을 밝힐 필요가 있는데, 이런 가치들은 정치제도적 레벨과 사회적 레벨에서의 가치들을 포함한다.

의료민영화 논쟁이 시작된 서구나 미국의 경우에 정치제도적 레벨에서의 중요한 가치는 자유민주주의라 할 수 있다. 정치체제로서 자유민주주의는 자유주의와 민주주의가 결합된 것이다. 자유주의 국가는 모든 국민들에게 최대한의 평등한 정치적 자유(집회 결사의 자유 등)와 개인적 자유(양심의 자유, 인신의 자유 등)를 보장하며, 이들 자유들에 비해서는 제한된 경제적 자유를 보장한다.[23] 민주주의 국가는 국민들의 삶의 전망에 심대한 영향을 미치는 사회의 기본 구조와 기본적 정의와 관련된 문제들에 관해서 시민들이 영향을 미칠 수 있도록 보장한다.[24]

사회적 레벨에서 중요한 가치를 살펴보자면 서구와 미국은 상당한 차이가 있는데, 서구의 경우에는 시민들 사이의 연대(solidarity)가 중요한 사회적 가치라는 데 대해서 거의 보편적인 합의가 있는 데 반해 미국의 경우에는 개인주의(individualism)가 중요한 사회적 가치라는 것이 정설이다.[25]

---

22) 정의와 정당성은 밀접한 관계를 가지지만 동일한 개념은 아닌데 정당성이 정의보다 약한 개념이다. 예를 들어 한 정부가 정의롭지 않지만 정당할 수도 있다. 그러나 물론 그 정부의 부정의가 지속되면 정당성을 상실할 것이다. 다원주의 사회에서는 정의에 관한 다양한 견해가 있을 수 있기 때문에 실질적으로 정의로운 보건의료체계의 개념보다 공정하고 정당한 보건의료체계의 개념이 실천적으로 적실하다고 보는 학자들이 많다.

23) 롤스는 재산소유권을 인정하지만 자유지상주의자들이 주장하는 절대적인 재산권을 기본적 자유나 권리로 인정하지 않는다. 대부분의 자유주의 전통에서는 롤스보다는 강한 재산권을 인정하지만 자유지상주의자들이 주장하는 절대적인 재산권을 기본권으로 인정하지 않는다.

24) 여기서 말하는 자유주의는 전국경제인연합회의 싱크탱크인 자유경제원이 주장하는 자유민주주의와 다른데, 이들이 주장하는 자유민주주의는 하이에크적인 자유지상주의 혹은 경제자유주의이다.

25) Anna Dixon, Martin Pfaff and Jean Hermesse, "Solidarity and competion in social health insurance countries," in *Social Health Insurance Systems in Western Europe*, ed. by R. B. Saltman, R. Busse, and J. Figueras, Open University Press, pp.170-186.

그렇지만 이런 정설에 반대해서 대니엘스, 라이트, 캐플런 등은 미국 사회에서 공정한 기회균등의 원리가 서구의 시민들 사이의 연대와 비교될 만한 사회적 가치가 될 수 있다고 주장한다.[26]

정치제도적 레벨에서 자유민주주의라는 가치와, 사회적 레벨에서 시민들의 연대나 공정한 기회균등의 원리라는 가치를 인정할 때, 세계적으로 널리 인정되는 정의로운 보건의료체계에 관한 이론은 철학자 대니엘스, 의료사회학자 라이트, 경제학자 캐플런이 학제적인 연구를 통해 제시한 "형평성, 효율성, 책임성으로서 공정성(fairness as equity, efficiency and accountability)" 이론이다.[27] 이 이론에 의하면 정의로운 보건의료체계는 형평성, 효율성, 책임성을 통합적으로 수용하는 체계로, 모든 국민들에게 적절한 수준에서 포괄적인 보건의료 서비스를 형평성 있게 보장하고, 보건의료체계를 유지하기 위한 부담을 형평성 있게 분배하며, 보건의료체계가 미시적으로나 거시적으로나 효율적으로 운영되고, 시민들의 건강을 형평성 있고 효율성 있게 유지하는 과업

---

26) 필자는 대니엘스 등의 시도를 한국적 맥락에서 진지하게 고려해보아야 한다고 본다. 의료민영화에 반대하는 한국의 많은 연구자들이 시민들 사이의 연대 등의 가치를 주장하지만, 과연 이런 가치가 한국사회의 에토스(혹은 사회의 가치풍토)와 어떤 관련을 가지는지 밝히는 작업이 필요할 듯하다. 그리고 한국의 에토스에서 이런 가치가 약하다면, 대니엘스 등처럼 다른 가치에 주목을 하든지, 아니면 사회적 연대감을 어떻게 강화시킬 수 있는지 고려해야 한다고 본다. 평등주의적 정의론을 강력하게 주장해온 코헨(Jerry Cohen)이나 민주주의의 실현을 주장해온 달(Robert Dahl), 한국의 최장집 교수도 그런 가치들의 실현을 위해서는 사회의 에토스가 중요하다고 말하는데, 윤리학자(ethicist)인 필자에게 절실한 문제이다. N. Daniels, D. W. Light, and R. L. Caplan(1996), *Benchmarks of Fairness for Health Care Reform*, New York: Oxford University Press, pp.15-34.

27) 이 이론의 원형은 미국의 보건의료개혁을 위한 계획을 평가하기 위해 만들어졌는데, 당시에는 공정성의 기준(Benchmarks for Fairness) 이론이라고 불렸다. Daniels, Light, and Caplan(1996). 그 후 대니엘스가 세계 여러 나라의 이론가들과 협력하여 세계적으로 적용 가능한 버전(generic international version)을 만들면서 지금의 이름, 형평성, 효율성, 책임성으로서 공정성이론이라고 불렀다. 이에 대한 설명은 N. Daniels, *Just Health Care*, pp.243-262를 참조하라.

(responsibility)을 어떻게 수행하고 있는지를 시민들에게 소명하는 공적 책임(accountability)을 지는 보건의료체계이다.[28]

이 이론을 정확하게 이해하기 위해서 우선 공정한 정당성을 위해서 왜 형평성, 효율성, 책임성이 통합적으로 수용되어야 하는지를 살펴보아야 하는데, 그러기 위해서는 건강의 중요성부터 살펴볼 필요가 있다. 대니엘스에 의하면 건강은 질병과 장애의 부재로 인한 인간종의 정상적인 기능의 유지로 이해되는데, 건강이 중요한 이유는 사람들이 건강할 경우 그 사회에서 주어진 기회의 공정한 몫(fair share)을 누릴 수 있는데 반해, 건강하지 못할 경우 그런 공정한 기회의 몫을 누릴 수 없기 때문이다. 건강과 기회 사이의 이런 밀접한 관계 때문에 국가가 시민들에게 공정한 기회의 균등을 보장할 의무가 있다고 할 때, 국가는 시민들에게 공정하게 건강을 보장할 의무를 가진다.[29]

그런 의무를 수행하기 위해서 국가는 국민들이 가능한 한 평등한 건강을 누리도록 해야 하고, 질병이나 장애를 겪을 위험을 형평성 있게 줄여야 하며, 만일 그런 질병이나 장애를 겪을 경우 국가의 보건의료체계

---

28) 한국에서 responsibility와 accountability가 모두 책임으로 번역되는 경우가 많은데 이 둘의 관계를 보다 잘 드러내기 위해서 과업과 책임으로 번역한다.

29) 김창엽 교수는 대니엘스의 이론이 부적절하다고 평가한다. "대니엘스의 이런 주장에서도 건강의 도구적 성격은 여전하다. 즉 건강은 다른 더 중요한 가치를 달성하기 위한 수단으로 이해되기 쉽다. 또한 건강을 개인의 삶에서 중요한 기회를 부여하는 것으로 이해하면, 대부분 삶의 경과를 종료하거나 막 그럴 위치에 있는 사람들(예: 노인)의 건강에는 어떤 의미를 부여할 수 있을까 하는 질문에도 답하기 어렵다." 김창엽 등(2013), p.27.
김교수가 이런 주장을 하는 이유는 대니엘스와 롤스의 공정한 기회균등의 원칙이 같은 것이라고 이해하기 때문인데, 사실 대니엘스의 공정한 기회균등의 원리는 롤스의 공정한 기회균등의 원리와 동일한 것이 아니라 롤스의 원리를 확대한(expand) 것인데, 그렇게 하는 이유는 롤스의 공정한 기회균등의 원리가 직업선택 등과 관련해서 청년기에만 적용되는 것으로 읽힐 수 있기 때문이다. 대니엘스의 확대된 기회균등의 원칙은 연령상대적이어서 노년기에는 노년기에 열려 있는 기회의 영역에서 공정한 몫을 보장할 것을 요구한다. N. Daniels, *Just Health Care*, pp.86-69. 박상혁(2008), 「자유주의 의료정의론에 대한 오해와 이해」, 『동서철학연구』 제48호: 223-242 중 232-233 참조.

는 '적절한 수준에서 포괄적인' 보건의료 서비스에 대해 모든 국민들이 지불능력, 건강조건, 건강위험에 관계없이 형평성 있게 접근할 수 있도록 보장해야 하며 이런 보건의료체계를 유지하기 위한 재원을 마련하기 위한 부담 역시 형평성 있게 분배되어야 한다.

그런데 사회적인 자원과 보건의료자원은 국민들의 의료필요를 모두 충족하기에는 부족한데, 이렇게 보건의료자원이 부족하다고 할 때 보건의료체계가 비효율적일 경우 효율적일 경우보다 국민들의 보건의료필요를 덜 충족시키게 된다. 따라서 국민들의 건강을 형평성 있게 보장하기 위해서 보건의료체계는 미시적으로나 거시적으로 효율적이어야 한다. 이처럼 효율성은 형평성과 상충(trade-off)하는 것이 아니라 형평성을 돕는 역할을 한다.[30]

그런데 보건의료 분야에서 효율성을 논할 때 주의해야 할 것이 있는데, 보건의료에서 쓰이는 효율성(value for money)의 개념이 산업 분야에서 쓰이는 표준적인 효율성(efficiency)의 개념과 상당한 차이가 있다는 것이다. 이런 차이는 비효율성을 살펴보면 명백히 드러나는데, 보건의료 분야에서 비효율성은 산업 분야에서 통상적으로 나타나는 비효율성뿐만 아니라 보건의료전문가들의 규범이나 그들이 일을 조직하는 방식 속에 있는 다른 비효율성을 포함하는데, "편익이 적거나 없는 보건의료 서비스, 과도한 이윤, 돈을 낭비하는 엉성한 조직, 비용이 많이 드는 권력구조, 과도한 전문 서비스" 등을 포함한다.[31] 그래서 보건의료 분야

---

30) 김창엽 교수는 이와 유사한 취지의 주장을 한다. "흔히 효율과 형평을 서로 상충하는 가치로 생각하는 경향이 있지만, 가장 '효율적'으로 형평을 달성한다는 것이 논리적으로 모순된다고 할 수 없다." 김창엽 등(2013), p.53. 그리고 김창엽 교수는 "효율은 그 자체로 특정한 가치를 나타낸다기보다는 어떤 목적이나 목표를 달성하는 수단으로서의 성격을 갖는다"고 말하는 데 반해, 이상이 교수는 효율성이 목표라고 한다. 대니엘스 등의 경우에는 효율성이 수단이며 동시에 목적이라고 할 수 있을 것이다.

31) D. W. Light, "Fostering a Justice-based health care system," *Contemporary Sociology* 29, 1. p.67.

에서 산업 분야의 통상적인 비효율성뿐만 아니라 보건의료 분야에서 현저히 나타나는 비효율성의 공통점을 포괄하기 위해서 표준적 영어 표현인 'efficiency'가 아니라, 영국식 표현인 'value for money'가 사용되는 것이다. 물론 이 표현에서 money는 사회적 재원이고, value는 국민건강이다.[32]

건강과 기회의 밀접한 관련 때문에 보건의료체계는 사람들의 삶의 전망에 심대한 영향을 미치는 사회의 기본 구조의 중요한 부분이다.[33] 따라서 민주주의 사회에서 시민들은 보건의료체계의 설계와 운영방식에 관해 이해하고 국가기관을 통해서 이런 보건의료체계에 궁극적인 통제를 할 수 있어야 한다. 민주주의 사회에서 시민들은 보건의료체계에 시민들의 건강을 형평성 있고 효율적으로 유지하는 과업(responsibility)을 부과하기 때문에, 보건의료체계는 그런 과업을 어떻게 수행하고 있는지를 시민들에게 공적으로 소명할 책임(public accountability)을 진다.[34]

이처럼 형평성, 효율성, 공적 책임성은 상충하는 것이 아니라, 상호보완하는 것이기에 정의로운 보건의료체계를 위해서는 이런 세 가지 점이 모두 통합적으로 수용되어야 하는 것인데, 이들 각각을 수용하기 위한 하부기준들을 구체적으로 살펴보겠다.

형평성

정의로운 보건의료체계가 제공하는 보건의료 서비스는 적절하게 포괄적이어야 하고, 이런 적절한 보건의료 서비스를 접근하는 데 있어서 경제적 장애와 비경제적 장애가 최소화되어야 한다. 적절한 포괄성에

---

[32] 물론 필자의 과문 탓이겠지만 한국의 효율성에 관한 논의에서는 이 점이 명시적으로 논의되고 있지 않는 듯하다.

[33] 사회의 기본 구조에 대한 이런 이해는 롤스에 기초한 것이다.

[34] 한국의 여러 연구에서도 민주적 통제가 자주 언급되지만 이를 가장 명시적이고 체계적으로 논의는 김창엽 교수에 의한 것이다. 김창엽 등(2013), 3부 "건강의 정치와 민주주의"를 참고하라.

대해서 설명하자면, 정의로운 보건의료체계가 제공하는 보건의료 서비스는 생존에 필요한 최소한의 보건의료 패키지를 넘어서서 공정한 기회균등을 보장하기 위해서 사회가 적절하게 부담할 수 있는 한도 내에서 포괄적이어야 한다. 이런 포괄적 보장목록에 포함시켜야 하는 서비스의 중요성은 공정한 기회균등의 보호에 기여하는 정도에 달려 있는데, 이들 서비스들은 예방, 치료, 재활 등등의 서비스를 포함할 것이다.[35] 그러나 이런 보건의료 패키지가 포괄적이라고 해서 모든 국민들의 건강필요를 충족시키기에 충분한 것일 수는 없는데, 사회의 자원이 부족하므로 건강관리에 투여하는 사회적 자원에 제한을 가하는 것이 합리적이기 때문이다. 물론 이런 제한에 관한 결정은 민주적인 방식으로 그리고 공적으로 투명하게 이루어져야 한다.

보건의료체계가 제공하는 혜택뿐만 아니라 보건의료체계를 유지하기 위한 재원을 마련하기 위한 부담 역시 형평성 있게 분배되어야 하는데, 그러기 위해서 보험료 기준은 커뮤니티 레이트여야 하고, 현금지불을 통한 차별이 최소화되어야 하며, 지불능력이 반영되어야 한다.

효율성

정의로운 보건의료체계는 미시적 효율성과 거시적 효율성을 극대화해야 한다. 미시적 효율성을 극대화하기 위해서는 보건과 예방이 강조되어야 하고, 1차 진료가 강조되어야 하며, 증거기반의학이 강화되어야 하고, 보건의료자원의 과다한 이용과 과소 이용을 최소화하는 방법을 개발해야 한다. 그리고 보건의료체계의 거시적 혹은 재정적인 효율성을 극대화하기 위해서는 행정비용을 최소화하고, 의약재 보건의료 계약 시 강한 거래를 해야 하고, 비용전가를 최소화하며, 사기와 남용을 막아야 한다.

---

35) 필자가 받는 인상은 한국의 보건경제학자들은 지속 가능성에 더 많이 신경을 쓰면서 덜 포괄적인 보건의료 패키지를 주장하는 경향이 있는 듯하고, 보건의료인들은 보다 포괄적인 패키지에 대한 평등한 접근을 주장하는 듯이 보인다.

공적 책임성

보건의료체계가 공적인 책임성을 충족하기 위해서는 보건의료체계 전체와 그 부분들을 평가하는 명시적이고 공적이며 구체적인 절차가 있어야 하며, 이런 평가에 대해서 완전하고 공적인 결과보고가 있어야 하고, 자원할당(배급)을 위한 명시적인 민주적인 절차가 있어야 하고, 불만과 이의에 대한 모든 레벨에서의 공정한 대응절차가 있어야 하고, 부족한 사회자원 중에 보건의료 분야에 얼마만큼 사용하는 것이 합당한 수준인지 민주적으로 결정하는 데 도움이 되도록 하기 위해 보건의료체계 전체 예산책정(global budgeting)이 필요하다.

그런데 자유민주주의 사회에서 개인의 자유 혹은 자율성은 필요 이상으로 제한되어서는 안 되기 때문에 보건의료체계의 형평성과 효율성을 유지하는 한도 내에서 환자들과 의료제공자의 자유 및 자율성이 보장되어야 한다. 환자의 자유를 보장하기 위해서 원칙적으로 기본층위(basic tier)를 손상하지 않는 한 가외의 서비스를 위한 여지를 남겨놓고, 개인이 보충보험을 살 수 있는 자유를 허용해야 하는데, 환자 개인이 자신의 가용수입을 가지고 기본보장 이상의 보건의료 서비스를 이용하는 것을 금지하는 것은 의료이용자의 자유를 필요 이상으로 제약하는 것이다. 환자의 자율성과 관련해서 보충보험의 선택 외에 형평성과 효율성이 허용하는 한 일차 진료 제공자의 선택, 전문의 선택, 대체의학제공자의 선택, 치료절차 선택 등이 존중되어야 한다. 그리고 보건의료제공자의 경우에도 형평성과 효율성이 허용하는 한도 내에서 임상적 자율성, 경제적 자율성 등이 존중되어야 한다.[36]

---

36) 김명희 박사는 김창엽 등(2013)의 7장에서 세계와 한국에서의 공정한 보건의료체계의 논의들을 잘 정리한 후에 형평성 원칙을 도출하고 있다. 필자가 보기에 대니엘스 등이 형평성 원칙들의 기초를 좀 더 명백히 제시하고 있으며 그 기준들 사이의 관계를 보다 명백히 밝히고 있지만, 김명희 박사의 주장과 대니엘스의 주장 사이에 근본적인 차이는 없는 듯하다.

5. 시장도구주의 대 시장근본주의

이제 의료민영화를 찬성하는 진영을 살펴보면 시장도구주의(market instrumentalism)라고 불릴 수 있는 입장과 시장근본주의(market fundamentalism)라고 불릴 수 있는 두 가지 입장이 구별된다. 시장도구주의는 시장이 정의로운 보건의료체계가 이루고자 하는 목적을 달성하기 위한 도구 혹은 수단이 될 수 있다고 본다. 예를 들어 어떤 시장기제가 보건의료체계의 효율성 향상이라는 목적을 이루기 위한 수단이 될 수 있으며 그것이 과연 그런지는 귀납적이고 경험적으로 뒷받침되어야 한다는 입장이다. 시장근본주의는 시장을 수단으로 보는 것이 아니라 거의 내재적 가치를 가진 목적으로 보며, 의료시장화를 경험적으로 접근하기보다는 연역적이고 이데올로기적으로(ideologically) 접근한다.[37] 의료시장화의 입장이 강했던 미국에서 시장근본주의는 미국의 보수우파의 입장으로, 카토 인스티튜트, 헤리티지 연구소 등의 싱크탱크 등이 이런 입장을 지지하는 논변을 개발하며, 대표적인 학자들로 경영학자 헤르츠린거(Herzlinger), 법학자 엡스타인(Epstein) 등을 들 수 있다.[38]

필자는 이 절에서는 시장근본주의를 살펴보고 평가하겠다. 시장근본주의를 이해하기 위해서는 시장근본자들이 받아들이는 사회정의론을 살펴볼 필요가 있는데, 이들이 받아들이는 사회정의론은 하이에크와 프

---

37) 시장근본주의는 에반스가 만든 용어이다. R. G. Evans(1997), "Going for the Gold: Redistributive Agenda behind Market Based health Care Reform," *Journal of Health Politics, Policy and Law*, 22, no. 2: 456. 캘러헌과 와스나는 politicals라는 표현을 사용하는데 정치적 이데올로기에 의한 동기가 강하다는 의미에서 그런 표현을 사용한다. 캘러헌과 와스나는 시장도구주의라는 용어를 사용한다. D. Callahan and A. Wasuna, *Medicine and the Market*, pp.40-41

38) R. Herzlinger(1997), *Market Driven Health Care*, Reading, MA: Addison-Wesley; R. A. Epstein(1997), *Mortal Peril: Our Inalienable Right to Health Care*, Reading, MA: Addison-Wesley.

리드먼의 자유지상주의이다. 자유지상주의에 의하면 인간이나 인간사회에서 근본적인 가치는 개인적 자유인데, 이런 개인적 자유를 실현하는 가장 중요한 기제가 시장으로, 시장에서 사람들 사이의 상호작용은 개인적 자유를 보장하며 사회에 번영을 가져오는 데 반해 국가는 개인의 자유를 침해하며, 관료적이며 비효율적이다.

자유지상주의를 받아들이면서 시장근본주의자들은 시장이 사회의 많은 영역에서 자유를 보장하고 번영을 가져오기 때문에 보건의료 분야에서도 시장이 환자의 자유를 보장하고 복지를 실현할 것이라고 주장한다. 즉 시장근본주의자들은 시장화가 정의로운 의료체제에 기여하는지 아닌지를 경험적, 귀납적으로 살펴본 후에 시장적 접근을 최선이라고 하는 것이 아니라, 시장의 가치에 대한 신념으로부터 연역적으로 시장이 보건의료 분야에서도 가치 있을 것이라는 결론을 끌어낸다.

시장근본주의자들이 바라는 의료시장화는 체계 전반에 적용되는 시장화로, 국가의 역할을 최소화하고 시장의 역할을 최대화하는 것이다. 즉 국가는 국민들을 위한 최소한의 안전망만을 유지하고, 보건의료체계 전반에 광범위하게 시장관행들을 적용하는 것으로서, 이들은 의사와 환자의 관계를 기업가와 소비자의 관계로 생각하며 소비자들의 선택을 최대화할 것을 원하고, 보건의료를 산업으로 인식하며, 의료시장화가 경제적 가치를 가지는 기술적 혁신을 산출할 것이라고 믿는다.[39] 이들은 설사 시장실패가 있다 할지라도 정부실패보다 심하지 않으며, 필요악으로서 수용할 만한 정도라고 본다.

이제 시장근본주의를 평가해보자면, 필자는 시장근본주의가 세 가지 심각한 문제점을 가지고 있다고 평가한다. 첫 번째 문제점은 논리적인 것인데, 시장이 보건의료 외의 분야, 즉 일반적으로 다른 분야에서 성공적이었다고 하더라도, 그로부터 바로 보건의료체계의 조직과 운영에서

---

39) 한국에서도 의료산업화를 주장하는 사람들 중에는 시장근본주의자들이 있는 듯하다.

도 성공할 것이라 추론하는 것은 연역적으로는 타당하지(valid) 않다는 것이다. 캘러헌과 와스나는 이런 논리적 추론방식을 '시장오류(market fallacy)'라고 부르고 있다.[40]

두 번째 문제점은 경험적인 것인데, 시장근본주의자들의 중요한 전제인 시장이 보건의료 외의 분야에서 효율성과 번영을 가져오는 데 성공적이라는 주장이 참일 수 있는 개연성과 관련된 것이다. 이 주장은 시장화가 1980년대부터 1990년대에 이르기까지 영국과 미국 등지에서 어느 정도 성공을 거둘 때에는 경험적으로 지지되는 듯했지만, 2007년 미국의 금융위기에서 보듯이 이제는 그렇다고 볼 수 없다. 이렇듯 시장근본주의자들의 중요한 전제가 참일 개연성이 경험적으로 높지 않다면, 보건의료 서비스의 특수한 성격을 고려할 때 시장이 보건의료 분야에서도 성공적일 것이라는 시장근본주의 주장이 경험적으로 참일 개연성은 더욱 낮다고 할 수 있다.

세 번째 문제점은 시장근본주의자들이 주장하는 시장화는 6절에서 제시한 정의로운 보건의료체계를 위한 기준을 충족시킬 수 없기에 부정의하다는 것이다. 필자가 지적하는 이 문제점에 대해 시장근본주의자들은 두 가지 방식으로 반론할 수 있을 터인데, (i) 시장화가 정의로운 보건의료체계를 충족시킬 수 있다고 반론하는 것이고, (ii) 정의로운 보건의료체계에 관한 이론이 적절치 않다고 반론하는 것이다. (i)과 관련해서, 시장근본주의자들 중 일부는 만일 시장에 완전한 기회를 준다면, 그런 정의로운 보편적 의료체제를 충족할 수 있는데, 아직까지 시장에 충분한 기회를 주지 않았다고 주장한다. 그러나 오랫동안 시장에 기회가 주어졌던 미국에서 보편적 보건의료체계가 정착되지 않았다는 것을 볼 때, 이것은 경험적으로 뒷받침되는 주장이라기보다는 종교적 믿음에 가깝다고 할 수 있다. (ii)와 관련해서, 일부 시장근본주의자들은 대니엘스 등

---

40) D. Callahan and A. Wasuna, *Medicine and the Market*, p.211.

이 제시한 정의로운 보건의료체계 이론이나 그와 유사한 이론을 받아들이지 않는다. 그렇지만 시장근본주의자들이 받아들이는 일반적 사회정의론인 자유지상주의에도 극단적인 입장과 온건한 입장이 있는데, 온건한 자유지상주의자들은 이런 정의로운 보건의료체계를 받아들이며 보건의료 분야에서만은 보다 많은 정부의 역할이 필요하다는 것을 인정하는데, 논쟁의 여지가 있기는 하지만 하이에크도 이 진영에 포함시킬 수 있다.[41] 이런 온건한 자유지상주의자들이 적지 않다는 것을 고려할 때, 정의로운 보건의료체계에 관한 이론이 합당할 개연성이 높아지며, 따라서 필자의 비판의 적실성도 강화된다.

6. 시장도구주의와 시장의 미래

시장도구주의자들의 가장 기본적인 믿음은 시장기제가 사회의 대부분의 영역에서 대단히 중요하고 효율적인 자원의 배분기제이므로, 우리가 보건의료체계의 설계 및 유지와 관련해서도 시장의 가능성을 고려해볼 수 있다는 것이다. 즉 시장이 정의로운 보건의료체계라는 목적을 달성하기 위한 도구나 수단이 될 수 있으며, 그것이 과연 그런지는 경험적, 귀납적으로 뒷받침되어야 하며, 만일 증거에 의해서 입증되지 않으면 그런 시장기제의 이용을 재고하거나 철회할 수 있다는 것이다.[42]

미국과 서구에서 의료민영화가 실험된 이후 의료시장화가 정의로운 보건의료체계에 기여하는가에 대한 많은 경험적 연구결과가 산출되었다. 경험적 연구자가 아닌 필자는 당연히 이런 연구를 수행할 능력이 없기에, 필자는 자신의 지식과 능력의 범위 내에서 가장 공정하다고 판단

---

41) F. A. Hayek(1992), *The Road to Serfdom*, 5th ed., Chicago: University of Chicago Press, p.133.

42) 필자는 한국의 보건경제학자들 대부분은 시장도구주의자들이라고 평가하며, 적지 않은 의료인들도 그렇다고 본다. 양봉민 등(2013), p.33.

하는 연구결과를 따른다. 필자가 따르는 연구는 헤이스팅스센터의 설립자인 생명윤리학자 캘러헌과 법학자 와스나의 학제적 연구인데, 이들은 시장화 실험의 결과에 대한 여러 연구들을 종합해서 비교평가하고, 그런 기반 위에서 시장의 미래에 대해 제언을 하고 있다.

우선 캘러헌과 와스나는 보건의료체계에 대한 민영화의 영향을 평가하는 데 있어서 '전술적' 레벨에서의 평가와 '전략적' 레벨에서 평가를 나눈다. 전술적 레벨에서의 평가는 경쟁, 이용자 비용부담, 민간의료보험, 영리병원, 인센티브 등의 시장기제가 어떤 목적을 성취하고자 하며 과연 그런 목적을 성취했는지를 평가하는 것이다. 전략적 레벨에서의 평가는 한 사회의 보건의료체계에서 다양한 시장기제들이 다른 비율로 결합되는 방식과 그런 방식들이 그 사회의 사회문화적 목적들(예를 들어 시민들 사이의 연대 등)에 기여하는 것을 평가하는 것을 의미한다.

전술적 레벨에서 평가를 하자면 경쟁, 영리병원의 도입, 이용자 비용부담 등 여러 시장기제들이 여기저기에서 효율성과 비용억제의 목표를 실현하더라도 전반적으로 효율성을 증대시켰거나 비용억제를 달성했다는 결정적 증거가 없고, 그 자체만으로 사용되었을 때에는 형평성을 손상시킨다는 것이다. 그리고 특기할 것은 이런 시장기제들이 시장중심적인 체제에서보다 공적인 체제 하에서 효율성이나 비용증가를 더욱 잘 해냈다는 것이다.[43]

전략적 레벨에서 캘러헌과 와스나는 미국의 시장중심적인 보건의료체계와 서구의 보다 공적인 체계를 두 가지 항목을 통해 비교평가하는데, 한 항목은 건강결과와 비용평가이고, 두 번째 항목은 의료의 질과 만족도 평가이다. 첫 번째 항목에서 미국과 유럽의 시민들의 건강결과 사이에 큰 차이는 없지만 미국이 유럽국가들에 비해 더 높은 비용을 지불하고 있고, 그런 비용을 들이면서도 유럽에 비해 낮은 형평성을 초래하

---

43) D. Callahan and A. Wasuna, *Medicine and the Market*, pp.204-227.

고 있다. 두 번째 항목의 보건의료의 질을 평가하자면 유럽의 보건의료 체계가 미국보다 높은 질의 보건의료를 보다 낮은 가격으로 제공하며, 이용자들에 의해서 호의적으로 판단된다. 따라서 전략적인 레벨에서 보았을 때 유럽의 보건의료체계가 미국의 보건의료체계보다 거의 모든 범주에서 낫다. 그리고 특기할 것은 이런 서구의 보건의료체계가 시민들 사이의 연대와 보편적 케어를 고수하는 한에서 그 목적을 달성하기 위해 어떤 시장기제들을 사용한다고 해도 체계 자체를 크게 손상할 것 같지 않다는 것이다.[44]

그러나 위의 결론에도 불구하고 캘러헌과 와스나는 의료민영화가 유럽이나 미국 모두에서 여전히 열린 가능성이라고 진단하는 데 두 가지 이유를 제시한다. 첫째 이유는 한 사회가 어떤 방식의 보건의료체계를 선택하는가는 그 사회가 중시하는 사회적 가치 혹은 사회적 에토스에 의존하는데, 미국 같은 사회는 개인주의와 시장 에토스를 중시하기 때문에 비록 유럽의 보건의료체계가 여러 가지 면에서 낫다는 것이 경험적으로 입증되었다 하더라도 반드시 그런 보건의료체계를 선택하지 않으리라는 것이다.[45] 둘째 이유는 서구와 미국을 포함한 세계 대부분의 보건의료체계에 적용되는 것인데, 보건의료비용의 폭발적인 증가로 인해 보건의료체계의 지속 가능성이 위협받는 상황에서 시장기제가 효율성 증대와 비용 통제에 기여할 수 있다는 가능성을 배제할 수 없다는 것이다.[46]

이렇게 의료시장화의 가능성이 열려 있다고 할 때, 캘러헌과 와스나는 사회가 의료시장화를 실행하기 위해서는 다음과 같은 엄격한 전제조건을 충족해야 한다고 주장한다. 첫째, 실행하고자 하는 시장기제가 전

---

44) 김명희 등(2010)에서 서구의 민영화에 대한 평가는 캘러헌과 와스나의 평가보다 훨씬 부정적이고 단정적이다. D. Callahan and A. Wasuna, *Medicine and the Market*, pp.227-246

45) D. Callahan and A. Wasuna, *Medicine and the Market*, pp.233-235, p.256.

46) 같은 책, p.256.

체 인구의 건강을 향상시킬 수 있다는 개연성이 높아야 한다. 둘째, 시장화로 인한 형평성의 손상이 최소화되도록 해야 하고, 이런 손상이 어디서 어느 정도로 발생하는지 공적으로 소명되어야 한다. 셋째, 시장관행을 모니터하고 통제하는 규제체계가 있어야 한다. 넷째, 실행될 시장기제가 트랙레코드에 의해 뒷받침되어야 한다. 다섯째, 트랙레코드가 없을 경우에는 시장화는 시험으로써 설계되고 시행되어야 한다.[47]

7. 결론

우선 지금까지의 논의를 간략히 정리하자면, 의료민영화 문제는 다양한 경험적, 철학·윤리학적 이슈들을 제기하는데, 의료민영화 문제에 대한 최선의 접근방법은 학제적인 방법으로, 필자는 이 논문에서 철학적, 윤리학적 접근을 시도하며 다름과 같이 논했다.

비록 보건의료가 표준적인 상품과 다르다고 해도, 불완전한 시장화와 부분적인 시장화 방식에 의해서 시장화가 가능하기 때문에 의료시장화가 현실적으로 가능하고, 보건의료 분야에서 전통적으로 이타주의가 강조되어왔고 이런 전통이 존중되어야 하지만, 적절한 이타주의와 적절한 의료민영화가 양립 가능하기 때문에 보건의료의 이념에 비추어 보더라도 의료시장화는 가능하다. 그리고 정의로운 보건의료체계는 형평성, 효율성, 공적 책임성을 통합적으로 수용하는 체계인데, 의료시장화를 찬성하는 입장 중에 시장근본주의는 정의로운 보건의료체계와 양립 가능하지 않을 개연성이 높지만, 시장도구주의는 정의로운 보건의료체계와 양립할 수 있으며 정의로운 보건의료체계에 기여할 가능성도 있다.

---

47) 같은 책, pp.257-259. 대니엘스도 연구를 하고자 할 때 기관윤리위원회의 승인을 얻어야 하는 것처럼 민영화도 그와 비슷한 절차를 밟아야 한다고 주장한다. N. Daniels, *Just Health Care*. pp.267-272.

그러나 시장도구주의가 적절한 견해라고 해도 의료민영화를 실행하려면 매우 엄격한 전제조건을 충족해야만 한다.

그런데 필자가 이 논문에서 논의를 전개하는 데 있어서, 주로 서구와 북미 국가에서의 논의를 중심으로 했는데, 그런 이유는 그런 나라들에서 학제적 연구가 활발히 이루어져왔고, 그런 논의가 한국의 의료민영화 논의를 생산적으로 만드는 데 시사하는 바가 많다고 보았기 때문이다. 그렇지만 필자는 이런 논의를 진행하면서 한국의 경험적 연구들과의 관련성도 지적함으로써 학제적 대화를 위한 작은 걸음을 내딛었다고 보며, 앞으로 보다 내실 있는 학제적 대화를 할 수 있도록 노력하겠다.

여성의 범주와 젠더 정체성의 법적 수행

김 선 희

1. 가부장제 여성 범주의 해체

전통적으로 주어진 여성의 개념은 가부장제가 규정한 타자로서의 여성이다. 그것은 남성의 속성을 결핍한 존재이며 남성의 속성과 대립하는 속성을 지닌 자, 즉 남성에 대한 타자로서의 제2의 성인 것이다. 그것은 다양한 여성들을 인정하는 것이 아니라, 여성이라면 누구에게나 그런 속성을 부과한다는 의미에서 단일한 여성 범주이다. 또한 그것은 여성이 스스로 귀속시킨 속성이 아니라 가부장제 체계가 부과한 남성과 대조되는 속성으로서("남자는 이러이러한 반면에 여자는 저러저러하다") 여성의 스트레오타입(가부장제가 요구하는 전형적인 여성성)을 의미한다. 예컨대, 남성은 강하고-여성은 유약하며, 남성은 이성적이고-여성

---

* 이 논문은 이화여자대학교 젠더법학연구소 편, 『이화젠더법학』 제4권 제2호(2012. 2)에 실린 글이다.

은 감성적이며, 남성은 정신적이고-여성은 육체적이며, 남성은 씩씩하고-여성은 수줍어하며, 남성은 사회적이고-여성은 가정적이며, 공적-사적, 초월적-세속적, 독립적-의존적이다 등등. 여기서 '-' 앞의 속성은 남성성을 구성하며 '-' 뒤의 속성들의 집합이 바로 여성에게 부과되는 전형적인 속성으로서 여성의 스트레오타입을 구성한다. 실제로 현실의 여성들이 어떤 존재이건 여성에게는 모두 이러한 여성의 스트레오타입이 부과되었으며, 여성은 그런 속성을 지녔다기보다는 따라야 했다는 점에서 그것은 요구된 것인 동시에 규범적인 것이기도 하다.

가부장제 사고에 따르면 남성성으로 규정되는 것은 사실상 이상적인 인간상이기에 그러한 남성성/인간성을 결핍한 여성은 인간이 되기에 모자란 존재가 된다. 즉 남성은 여성에 비해 우월한 성이고 이상적 인간인 것이다. 반면에 여성은 열등한 성이고 인간으로서 자족할 능력이 없는 존재가 된다. 앞에 제시된 여성의 속성들을 다 모아 한 개체를 구성해보라. 그것은 유약하고, 비이성적-감성적이고, 육체적이며 사적 공간에 제한될 뿐 공적 주체가 되지 못하며 타인에게 의존적이다. 그 자체로 한 인간이 되기에는 부족한 것이 많은 존재가 아닌가! 따라서 여성은 독립할 능력이 없으며 (남성) 대리인이 필요하다는 논리가 성립한다.

이러한 여성성 혹은 젠더 정체성은[1] 출산이라는 여성의 생물학적 조건과 결부되어 여성을 출산과 양육이라는 가정사에 묶어두는 가부장제의 성역할 분업을 정당화시켰다. 그리고 자식을 잘 기르는 어머니와 남

---

1) 사회학자들과 여성학자들은 생물학적 성과 구분하여 사회적 성을 '젠더'로 표현하여왔다. 나는 이 구분을 문제 삼으면서 생물학적 성과 사회적 성의 구분을 해체시키는 J. 버틀러의 논의를 받아들인다. 그 논의에 앞서, 사실상 첨단기술시대에 테크놀로지에 의해서도 이 구분이 해체되는 방식을 생각해볼 수 있다. 예컨대, 유전공학기술에 의해 유전자를 디자인한 맞춤아기가 가능하고 여러 개의 수정란 중에서 성별을 선택할 수 있게 된다면 (성별도 기술을 이용한 선택의 문제가 되었다는 점에서) 사회문화적 영향을 전혀 받지 않은 생물학적 성의 개념은 더 이상 설 자리를 잃게 된다. 즉 젠더화되지 않은 순수 생물학적 성은 더 이상 존재하지 않게 될 것이다. 이는 기술이 생물학적 성과 사회적 성의 경계를 해체하는 명백한 방식이다.

편을 잘 내조하는 어진 아내(현모양처)가 되는 것이 여성의 최고의 미덕이라고 가르쳐왔다.[2] 여성은 공적인 영역에서 제외되었으며 정치적 행동을 할 능력은 애초에 인정받지 못했다. 결과적으로 여성은 (가부장제의 규정과 정의에 따라) 항상 경제적 약자이고 하는 일 없이 집에서 노는 여자가 될 수밖에 없었다. 한 세기 전만 하더라도 여성은 공적으로 자신의 권리를 주장할 수도 없었고, 한 인간으로서 삶의 목표를 추구하거나 자신을 실현할 꿈을 꾸는 것도 있을 수 없는 일이었다.[3] 그것이 여성이라면 '자연스럽게' 따라야 할, 즉 자연의 법도(자연성)를 가장한 가부장제 규칙이며 규율이었기 때문이다.

타자이며 열등한 성으로서의 여성(정체성)의 개념은 여기에 그치지 않고 보다 추상적인 가부장제 이분법적 가치질서와 연계되어왔다. 즉 남성은 이성과 (신적인) 정신, 초월을 상징하며 자아이자 주체이고 문명을 상징한다. 반면에 여성은 감성과 몸(동물적 육체성)을 상징하며 타자이자 대상이고 자연과 땅을 상징한다. 남성을 상징하는 항목은 가치체계의 상위 질서에 있는 것이며, 남성의 타자로서 여성의 상징은 이분법적 가치체계의 낮은/하위 질서에 위치하는 것으로 이해되어왔다. 동시에 여성은 여성인 한 그러한 가치질서를 따를 것을 요구받아왔다. 낮은 질서로 평가받으면서도 그것을 극복하기보다는 그것에 잘 동화되는 여

---

2) 한국 여성주의 선구자로서 자신이 주체가 되는 삶을 사는 대가로 사회로부터 오는 모진 비난과 고통을 감수해야 했던 나혜석은 가부장제 여성성의 왜곡에 대하여 핵심을 찌르는 말을 남겼다. "현부양부란 말을 들어보지 못했으니 '현모양처'란 사실상 여성을 노예로 만드는 족쇄일 따름이다." 즉 그녀에 따르면, '현모양처'란 여성을 독립적인 주체로 인간의 의무와 권리를 가진 주체로 간주하지 않으며 남성(아들과 남편)에 기생하는 종속적인 존재로 만드는 미화된 언어일 따름이다.

3) 오늘날 여성들은 그렇게 살지 않는다고 반박하려고 하는가? 그렇다면 가사와 양육에서 자유로운 여성이 과연 얼마나 되는지 보라! 여성의 몇 퍼센트나 자신의 성취를 위해 가부장제 성 분업의 틀을 깨고 가정적, 사회적 압박 없이 자신의 뜻을 펼치고 있는지 확인해보라! 여성 총리가 있는지의 문제가 아니라 전 세계를 통틀어서 여성이 정치인과 국회의원의 몇 퍼센트나 되는지를 보라!

성이 덕 있는 여성이며[4] 적어도 문제가 없는 여성이다. 남성의 정체성으로 규정된 것을 넘보거나 상위 질서로 진입하려는 여성은 (예컨대, 독립적인 주체로서 자신의 욕구에 충실하거나 가정의 울타리를 벗어나 자아실현을 꿈꾸는 여성이 있다면) 가부장제가 용인할 수 없는 위험한 존재로 낙인찍히게 된다. 성별과 관련된 이분법적 범주체계는 가정의 안과 밖에 대한 성 분업만이 아니라 사회의 직업 전선에서도 성 분업을 조장해왔으며, 남녀의 직업의 경계가 개방된 오늘날에도 여성이 접근할 수 없는 영역은 여전히 존재한다.[5]

이와 같이 가부장제가 규정하는 여성성은 모든 여성에게 귀속되는 전형적인 속성으로서 단일한 범주를 구성한다. 즉 이런 여성도 있고 저런 여성도 있다는 개별성과 다양성을 인정하는 것이 아니라, 가부장제의 여성 범주는 여성이라면 귀속되어야 할 일련의 범주적 속성들이 있음을 가정한다. 또한 가부장제는 이원적 가치체계를 상정한 후 여성의 범주적 속성들을 상위 질서의 남성성과 대립하는 타자의 속성으로 규정함으로써 가부장제 이원적 가치체계의 하위 질서에 위치시킨다. 즉 가부장제가 규정하는 단일한 여성 범주는 이분법적 가치질서에 토대를 둔 예속적인 범주가 된다. 그 결과 가부장제 사회에서 정의 내린 여성의 단일 범주는 이분법적 가치체계에 따라 여성을 가치절하하고 성 분업을 통한 여성의 예속을 정당화시킨다.

---

4) 동양의 유가전통에서도 인간의 목표로 삼는 군자는 남성의 이야기일 뿐이며, 여성이 군자가 된다는 생각은 (불경죄에 가까우며) 상상도 할 수 없는 일이었다. 여성은 군자를 내조할 수는 있지만 자신이 군자가 될 수는 없는 것이다. 여성성과 군자는 연결고리를 가질 수 없었던 것이다.

5) 예컨대, 이성과 (신적인) 정신이 남성을 상징하고 그와 대조적으로 감성과 (동물적) 육체가 여성을 상징한다면, 여성이 어떻게 이성적이고 정신적인 영역에 종사할 수 있겠는가? 바로 성직자는 신적인 정신 영역을 상징/대표하는 역할을 맡고 있기에 대다수 종교에서 이 영역은 여성에게 개방될 수 없는 성역으로 남아 있다. 그러한 사고의 이면에는 가부장제 여성성의 범주와 가치체계가 배경으로 작용한다. (즉 비이성적이고 감성적이며 동물적-육체적인 것으로 규정되는 여성이 어떻게 신적인 업무를 수행하는 성직자가 될 수 있겠는가?)

그러나 포스트모던 사유에 의하면, 근대적 주체를 상징하는 대문자 단일 주체가 존재하지 않듯이, 대문자 여성이자 단일 범주로서의 여성이란 존재하지 않는다. 실제로 존재하는 것은 다양한 관점을 가지고 다양한 목소리를 내는 여성들, 즉 복수의 여성들이 있을 뿐이다. 여기서 포스트모던 사유는 억압적인 단일의 여성 개념을 해체하는 전략으로 사용될 수 있다. 즉 계몽주의에 경도된 모더니즘이 추구해온 절대주의를 해체하는 포스트모던 사고는 아무것이나 다 좋다는 허무주의 논리라기보다는 단 하나의 진리를 자처하는 대문자 진리가 허구라는 것을 드러냄으로써 복수의 진리 가능성을 인정하거나 억압적인 개념을 해체시킴으로써 다양한 목소리를 드러내도록 해방의 역할을 한다.[6]

2. 정치적 범주로서 여성

이와 같이 가부장제가 규정한 단일 범주로서의 여성이나 자연 본래적인 대상으로서의 여성이 더 이상 존재하지 않는다면 우리의 물음은 새로운 방식으로 물어져야 한다.[7] 즉 자연적으로 주어진 생물학적 범주로서 여성이 일종의 가부장제 신화라면, 그리고 그것이 여성들에게 부당한 억압과 불평등(출산과 양육, 가사노동의 성역할 분담 및 그로 인해 여성이 공적 생활 영역에서 배제되는 등)을 초래했다면, 여성들은 스스로 자

---

6) 김선희(2010), 「다문화시대의 여성주체」, 『철학과 현실』, 철학문화연구소; 정대현, 「다원주의적 실재론」, 2012년 여름 석학인문강좌; 허라금, 「치유의 인문학으로서의 여성주의 실천」, 2012년 12월 한국철학상담치료학회 발표문 참고. 정대현은 포스트모던 해체주의를 절대주의적이거나 억압적인 개념을 다원화하는 논리로 해석하고 있다. 또한 허라금은 포스트모던 인문주의를 대문자 진리를 해체하는 소수자 관점으로 해석하고 있다. 이들은 모두 포스트모던 해체를 허무주의 논리가 아니라 해방적 논리로 이해한다는 점에서 유사한 관점을 공유한다.

7) 이러한 여성주체 및 정체성에 대한 새로운 물음의 방식에 대해서는 2008년 세계여성철학자대회에서 발표한 글에서 논의한 적이 있다. 「다문화시대의 여성주체」 참고.

신의 성정체성을 형성하고 동시에 여성 억압을 초래한 가부장제 여성 범주를 해체하는 것이 필요하다.

나아가 마치 여성의 자연적 본성이 존재하는 듯이 가정하는 "여성이란 무엇인가?"라는 물음 대신에,[8] 우리는 여성 본성의 물음을 떠나 여성이 된다는 것은 무엇이며 여성은 어떻게 여성이 되는가 하는 것을 물어야 한다. 여기서 따라 나오는 물음은 다음이다. "여성은 무엇이 문제이며, 어떻게 여성이 되길 요구받아왔으며, 이제 어떻게 여성으로 행위할 것인가? 여성이 된다는 것은 무엇이며, 어떻게 여성이 될 것인가?" 혹은 "여성은 어떻게 자신의 정체성을 선택하고, 동시에 억압에서 벗어나기 위해 여성성을 실천적으로 수행해나갈 것인가? 다시 말하면 어떻게 여성 정체성을 구성할 것인가?" 이 물음이야말로 여성주체에 대한 정당한 물음이다. 이처럼 여성성에 대한 올바른 물음은 본성의 문제이거나 사실의 문제가 아니라, 당위의 문제이며 규범적 문제이고 정치적 특성을 띠고 있다. 이는 여성/젠더 정체성의 문제가 단지 형이상학적 문제가 아니라 윤리적, 정치적 문제라는 것을 함축한다. 또한 여성성에 대한 탐구는 가부장제 사회에서 주어진 편견이나 여성들에게 부과되어온 편협한 속성들로부터 출발할 수 없다는 것을 의미한다. 이런 방식으로 물음을 전환시키는 것은 여성주의를 실천할 여성주체의 정립을 위한 출발점이자 여성주의가 나아갈 올바른 방향을 잡기 위한 지침이 될 것이다. 그것이 다원주의 시대인 오늘날 여성주의를 실천할 수 있는 여성주체를 정립하기 위한 요구이기도 하다.

페미니즘의 역사적 흐름을 살펴볼 때, 이제 여성주의자들은 더 이상 하나의 범주로 분류되는 단일한 여성 혹은 대문자 여성은 존재하지 않는다는 것을 통찰하였다. 즉 남성에 대한 타자로 규정된 단일 범주로서 여

---

8) 이 물음은 존재하지 않는 것에 대한 물음이며, 현실을 떠난 물음이며, 심지어 현실을 왜곡시키는 잘못된 물음이다.

성이나 여성의 스트레오타입은 그 자체 가부장제 문화의 편견이라는 것을 알게 되었다. 나아가 자연적으로 주어진 생물학적 대상으로서 여성 신화를 파기할 때, 여성들이 처한 문화와 상황에 따라 여성들이 받는 억압과 고통의 문제는 문화적 차이만큼이나 다종다양하다는 것을 알게 된 것이다.

비록 여성주의 운동이 백인 중산층 여성들로부터 시작되었으나, 그들의 문제는 그들이 속한 사회문화의 맥락에서 제기된 문제일 뿐 모든 여성들의 문제는 아니었다. 제3세계 여성에게서 성의 문제는 빈곤 및 계급의 문제가 교차하는 것이며, 흑인 노동자 여성의 문제 상황은 인종과 계급과 성의 문제가 중첩되어 있다. 가부장제 문화 간에도 유교문화권 여성들과 이슬람 여성들은 다른 삶의 맥락에서 다른 종류의 고통을 받고 있다. 그들은 제각기 다른 방식으로 자신의 삶의 문제를 해결해야 할 요구에 직면해 있다. 다문화 가족 안에서의 여성들은 또한 다양한 문제 상황에 놓여 있다. 이주 노동자 혹은 다국적 가족 안에서 여성의 위치, 이민 가족 내에서의 여성의 문제는 여러 가지 문화가 복합적으로 중첩되고 충돌하곤 한다. 나아가 다문화 가족의 문제는 동시대적으로 혹은 세대 간의 차이를 두고 더욱 복잡한 양상으로 벌어지기도 한다.[9]

이렇게 무수히 다양하고 복합적인 여성의 문제와 억압 상황에서 여성의 문제를 하나의 문제로 추상하는 것은 불가능하며 현실을 왜곡하는 것이기도 하다. 여기서 여성의 문제가 하나가 아니듯이, 또한 고통 받는 여성들이 동일한 정체성과 동일한 이유로 고통 받는 것이 아니듯이, 여성의 범주도 더 이상 하나가 아니다. 그렇다면 결국 여성들은 각자 자신의 삶의 목표와 문제 상황에 따라, 즉 추구하는 정치적 목적에 따라 연대하

---

[9] 예컨대 1960년대 한국에서 미국으로 이민 간 가족의 경우, 폐쇄적인 교민사회에서 유교권 문화의 규율에 따라 고부간에 일방적인 예속관계로 지내던 여성이 미국 문화권에서 교육받은 신세대 며느리가 가족에 편입되면서 다문화적 상황을 넘어서서 연령과 세대 간의 문화차이로부터 오는 혼란과 고통을 이중적으로 받기도 한다.

고 해체하는 전략을 취할 수밖에 없다. 이것은 여성들이 자신의 삶의 지향과 정체성을 선택하고 그에 따르는 정치적 실천과 수행을 통하여 여성의 범주를 선택해야 한다는 것, 다시 말해서 어떤 여성이 될 것인지를 선택해야 한다는 것을 의미한다. 동시에 여성들에 대한 부당한 억압의 역사를 의식하는 여성들은 자신의 여성성을 정치적 범주로서 이해한다. 그때 그들은 자신들이 처한 다양한 상황에서 '특수한 목적을 가지고' 행동하는 정치적 주체가 되는 것이다.

'여성'의 이념(혹은 이데올로기)이 아닌 현실세계에서 억압받는 구체적인 여성들은 복수의 정체성을 지니고 있다. 즉 그들은 성, 인종, 계급, 세대, 성적 선호, 나아가 다양한 삶의 방식의 차이로부터 오는 복수의 정체성을 지닌 여성주체이다. 예컨대, 흑인 노동자 여성의 경우, 성차별의 문제만이 아니라 백인으로부터 차별받는 인종의 문제와 사회적 계급의 문제가 복합적으로 제기된다. 그는 흑인으로서의 정체성과 여성으로서의 정체성과 사회적 빈곤계층에 속하는 정체성을 동시에 갖는다. 또한 각자 다른 삶의 가치와 목적을 지닌 다양한 여성들의 그룹, 즉 다수의 여성 범주가 있을 수 있다. 그들의 목적은 다양하기 때문에 여성의 범주는 복수적이며, 여성 정체성은 다원적이고 중층적이다.

여기서 여성 정체성의 복수성은 이중적으로 그러하다. 첫째는 여성들 간의 다양한 정체성으로부터 오는 복수성을 의미하고, 둘째는 한 여성 내의 복수 정체성을 의미한다. 첫째 의미에서 볼 때, 가부장제가 구성한 단일의 여성 범주는 여성들을 예속적으로 억압하는 것이며 그것을 의식하고 극복하려는 정치적 목적을 가진 여성들은 각자의 목표와 상황에 따라 복수의 여성 범주를 형성하게 된다. 둘째 의미에서, 한 여성은 내적으로도 하나의 여성 범주에만 속하는 것이 아니라 다수의 정체성을 가지고 동시에 여러 범주에 속할 수 있다는 점에서 복수의 정체성을 갖는다.

그럼에도 불구하고 여성 정체성의 복수성은 여성의 해체를 의미하지 않으며, 그래서도 안 된다. 비록 전통적 의미의 가부장제 단일 여성은 해체되었지만, 부당한 여성 억압이 존재하는 한 그것에 대항하는 정치적 주체로서 '다양한 목소리를 가진 여성들'(복수의 여성 범주)은 엄연히 존재한다. 여성들의 문제 상황이 다양하다는 점에서 정치적 의미의 여성 범주도 다양해야 한다(모든 여성이 공유하는 이슈란 현실적으로 없기 때문에). 그들은 자신의 성정체성에 부과된 부당한 억압을 자각하고 그로부터 벗어나고자 하는 정치적 의식을 지니며, 각자 추구하는 가치와 목적에 따라 연대하는 정치적 주체들이다. 비록 다양한 여성 범주를 인정할지라도, 여성주의가 추구하는 여성주체는 부당한 억압에서 벗어난다는 문제의식과 역사의식을 갖는다는 점에서 정치적 특성을 공유한다.

그렇다면 '정치적 범주로서의 여성'은 여성의 본성에 근거한 단일 여성 범주를 전제하지 않으면서도 동시에 여성을 해체하지 않고 여성주의를 위한 주체로 간주할 수 있는 방식이 된다. 즉 여성의 본질이 없다면, (자연 본성적 범주로서) 단일한 여성 집단은 해체되지만, (다양한 여성들의 집단을 인정하는) 정치적 범주로서 '여성들의 범주'는 가능하다는 것이다. 여기서 해체되는 것은 가부장제가 구성한 '단일 여성'의 범주이지, (각기 다른 정치적 목적을 가진) 다양한 집단의 여성들이 아니다. 사실 '단일 여성'은 없으며, 다양한 여성 그룹으로서 '여성들'이 있을 뿐이다. 그들은 가부장제가 규정하는 '특권으로서의 여성'(백인 중산층 여성)이 아니라, 다양한 방식/환경/맥락에서 소외되고 권리가 박탈된 여성들이다. 전자는 자연적 본성을 전제로 한 형이상학적 범주라면, 후자는 실천적 수행과 더불어 대항의식을 가진 정치적 범주이다.[10]

---

10) 이런 관점은 주디스 버틀러의 여성 및 젠더 범주나 도나 해러웨이의 여성 정체성 등과 대화 가능하다. 특히 도나 해러웨이의 '분열된 사이보그 정체성'은 여기서 제시하는 '다수의 여성 범주'라는 개념과 맥을 같이한다. 해러웨이는 페미니즘이 '분열된 정체성들', 즉 흑인 페미니즘, 사회주의 페미니즘, 레즈비언 페미니즘 등을 정치적으로 포용할 수 있다고 본다. 본성을 전제하는 통합의 정치학 대신에 차이를 인정하면서 대항의식을 가진 연대의 정치학을 제시한다.

그리고 실제로 페미니즘이 필요한 여성 범주는 본성적/자연적 범주가 아니라, 정치적 범주로서 여성 개념이다. 여성 정체성이 문화적으로 구성되는 것이라면, 여성이 놓인 문제 상황도 사회문화적으로 다양할 수밖에 없다. 따라서 페미니즘의 전략에 따라 여성 전체를 묶을 수도 있고, 지역별, 계급별, 문화별로 여성 집단을 더 세부적으로 나눌 필요도 있다. 페미니즘 안에서도 백인 중산층 여성만이 아니라, 제3세계 여성, 흑인 노동자 여성, 유교문화권의 여성 등 다양한 목소리가 있다는 것이 이러한 필요를 잘 반영해준다. 여성의 공통된 본성을 부정하고 여성들 사이의 차이를 인정하는 것은 '하나의 여성' 범주에는 의문을 제기하지만, 대안적인 '여성들의 범주'를 배제할 이유가 되지 않는다. 그리고 하나의 여성 범주에 대응하는 단일한 여성 집단이 있어야 페미니즘 운동이 가능한 것은 아니다. 페미니즘이 도달한 상황이 딜레마처럼 보이는 것은, 여성은 '하나의(단일한) 범주'라는 신화와 더불어 단일한 여성 범주가 페미니즘의 조건이라는 전제 때문이다.[11] 그러나 페미니즘 운동의 주체는 단일 범주로서의 여성이 아니다. 사실상 여성주의 운동은 그런 방식으로 이루어진 적이 없고 앞으로도 그럴 것이다. 그들이 놓인 상황과 맥락에 따라, 필요와 목표에 따라, 그리고 그것을 얼마나 공유하거나 하지 않는가에 따라, 개인들은 그 다양한 '여성들'의 범주에 속하거나 속하지 않을 것이다. 여성 정체성이 구성의 문제이며 정치적 목표에 따른 선택의 문제라면, 여성의 개념이나 여성의 범주도 그러하다. 다시 말해서, 여성이 된다는 것은 (정치적 목표에 따라) 특정한 여성 정체성에 동참하

---

11) 여기서 딜레마의 문제는 다음이다. 여성/젠더 정체성이 사회문화적 산물이라면 여성의 범주는 해체되는 것이며, 또한 여성이 해체되고 없다면 페미니즘 운동의 주체도 없는 것이 아닌가? 요지는 여성성이 가부장제의 산물이라는 통찰은 옳았으나 동시에 그로부터 여성주의 주체가 되는 여성이 해체되는 결과에 이른 것이 페미니즘의 딜레마라는 것이다. 그러나 단일 여성 범주의 해체는 여성주체를 무화시키는 게 아니라 복수의 여성주체로 다원화할 뿐이다.

는 것의 문제이고, 이것으로도 페미니즘의 가능한 토대가 되기에 충분하다.

3. 젠더 정체성의 수행성

자연적 본성을 가장한 여성 범주가 일종의 가부장제 신화라면, 그리고 그것이 여성들에게 부당한 억압과 불평등을 초래했다면, 여성들은 스스로 자신의 성정체성을 형성하고 동시에 바로 그것으로 여성 억압을 초래한 가부장제 여성 범주를 해체할 필요가 있다. 가부장제 위계적인 이원적 범주를 해체하고 여성의 (젠더) 정체성이 새로운 방식으로 구성되어야 한다면, 그것은 어떻게 재구성되어야 하는가? 여성 범주의 해체가 자동적으로 문제를 해결해주는 것이 아니라면, 여성주의를 위한 주체와 젠더 정체성을 어떻게 구성할 것인지가 중요한 문제로 대두된다. 젠더 정체성이 본질로서 주어진 것이 아니라면, 먼저 젠더 정체성의 특징은 무엇이며 그것은 어떻게 형성되는지 살펴보자.

『젠더 트러블』에서 주디스 버틀러는 젠더는 실체가 아니라 행위이며 수행적이라는 것을 다음과 같이 강조한다.

"… 젠더는 언제나 행위이다. 비록 그 행위에 앞서 존재하는 것으로 여겨지는 어떤 주체에 의한 행위는 아니지만 말이다. … 행위, 수행, 과정의 배후에는 (behind) 어떤 '존재'도 없다. '행위자'는 그 행위에 부가된 허구에 불과하다. … 즉 젠더의 표현물 뒤에는 어떠한 (고정된) 젠더 정체성도 없다. 정체성은 (행위의) 결과라고 알려진 바로 그 '표현물' 때문에 수행적으로 구성된다."[12]

여기서 버틀러는 젠더 정체성에 관해 두 가지를 주장하고 있다. 하나

---

12) Judith Butler(1990), *Gender Trouble*, Routledge; 『젠더트러블』, 조현준 옮김, 문학동네, p.131.

는 젠더가 수행적이라는 것(혹은 수행적으로 구성된다는 것)과 다른 하나는 젠더 수행/행위 이전에 그 행위 배후에 주제나 정체성이 존재하지 않는다는 것이다.

그러면 젠더가 수행적이라는 것의 의미는 무엇인가? 버틀러는 '수행성'이라는 용어가 오스틴(J. L. Austine)의 언어 수행성이라는 언어행위론(*How to Do Things with Words*)으로부터 온 것이라는 점을 밝히고 있다.[13] 오스틴에 의하면, 언어 수행성은 단어/언어가 행위를 구속(혹은 보증)하거나 그 자체로 행위를 구성/초래하는 것을 말한다. 이에 따르면 수행적 언어행위란 그것이 명명하는 존재나 행위들을 초래하는 행위이다. 예컨대, 배의 이름을 부여하는 언어의 발화("이 배를 퀸엘리자베스라고 명명한다")가 배의 명명식을 수행하는 행위가 되고, 결혼식에서 주례가 "이제 이 두 사람은 부부가 되었습니다"라고 말하는 언어행위는 둘이 부부임을 선언하는 행위가 되는 것이다. 여기서 수행문은 언어를 통하여 특정 행위를 수행하는 동시에 그 행위에 구속력을 부여한다. 즉 언어의 수행성으로 인해 배는 이름을 갖게 되고 두 사람은 비로소 부부가 되는 것이다. 여기서 하나의 수행문이 선행하는 의도나 그 행동 배후의 행위자를 표현하는 듯이 보일지라도, 그런 주체가 전제되어 있는 것은 아니며 그 주체는 그 발화의 결과로서만 알아볼 수 있다.

마찬가지로 젠더가 수행적이라고 할 때, "젠더는 선행하는 주체가 선택하여 행하는 수행이 아니다. 오히려 젠더는 표현됨으로써 그 결과 그것이 바로 그 주체를 구성한다는 의미에서, 젠더는 수행적(performative)이다."[14] 즉 수행과 행위에 앞서 존재하는 주체/수행자

---

13) Judith Butler(1995), *Feminist Contentions*, Routledge, 2장 "우연적 토대"; J. L. Austine, *How to Do Things with Words* 참고할 것.

14) 젠더 정체성에 대한 벤하비브(S. Benhabib)의 해석과 반론에 대해 버틀러는 다음과 같이 논박한다. "벤하비브는 내가 제시한 수행적 이론을 (1) 행위 '배후의' 주체를 문법적으로 재장치함으로써 그리고 (2) 이상의 수행성의 개념을 연극에서의 연기 개념으로 환원함으로써 오해를 범했다." Butler(1995), pp.133-137.

란 없으며 그 행위들의 결과가 그 주체를 구성한다. 이런 의미에서 "젠더의 표현들 배후에(behind) (또 다른) 젠더 정체성이란 없으며, 그 정체성은 바로 그 '표현'에 의해 그것의 결과로서 수행적으로 구성된다." 또한 정체성의 변화와 변경은 '수행성(performativity)'이라는 바로 그 과정의 일부이다.

그런데 한 수행문이 행위를 일으키는 구속력을 가지려면 그것은 전통적으로 어떤 종류의 결과를 보증하도록 작용해왔던 언어적 규약의 집합을 끌어들이고 인용해야만 한다. 한 수행문의 힘이나 효력은 현재 행위에서 그 규약들의 역사성을 끌어들이고 재암호화하는 능력으로부터 나온다. 이와 같이 "만일 그 주체가 수행적으로 구성된다면, '나'와 '우리'는 언어에 의해서 완전히 결정되지도 않고 또한 언어를 외부적 매개로서 도구화할 만큼 대단히 자유롭지도 않을 것"이라고 말한다. 버틀러는 행위주체성을 재의미화 작용(agency as resignification)으로 간주한다. 만일 주체가 그것이 작용하는 바로 그 담론 과정의 반복적 활동 결과라면, '행위주체성'은 담론에 의해 개방된 재의미화 작용의 가능성 안에서 발견될 것이다. 이런 의미로 담론은 행위주체성의 지평이며, 담론 안의 행위주체성의 조건은 반복적 과정이다. 그러나 그것은 또한 그것에 의해 또 다른 수행적 결과들이 성취되는 역동적 틈을 구성한다. 젠더 수행성은 도구적으로 '가장무도회'를 전개하는 문제가 아닌데, 왜냐하면 수행성에 대한 그러한 접근은 행동 배후에 있는 의도적 주체를 전제하기 때문이다. 반대로 "젠더 수행성은 우리를 구성하는 동시에 우리가 대항하고 있는 바로 그 권력 제도로부터 행위주체성을 획득하는 어려운 작업을 포함한다."15)

버틀러가 젠더를 비롯한 성별 범주와 관련하여 수행성을 주장하는 이유는 무엇일까? 버틀러는 여성주의/페미니즘을 위한 주체의 위치가 처

---

15) Butler(1995).

한 딜레마를 인식한다. 그것은 우리가 위치한 가부장제 현실을 무시할 수도 없고 그렇다고 그러한 가부장제 토대를 자연적인 것처럼 견고한 것으로 수용할 수도 없는 딜레마이다. 이 딜레마 사이를 지혜롭게 빠져나가면서 정치적 주체를 위한 젠더 정체성을 구성하는 것이 필요하고, 그 방법으로 제시한 것이 바로 수행적 주체의 개념이다. 또한 그것은 (가부장제) 본질적인 토대가 아니라 '우연적인 토대'에 근거한 페미니즘이라고 본다. 젠더 수행성의 개념에 의하면, 가부장제 토대를 구성하는 자연 본래적(본질적) 젠더 정체성도 부정하지만 가부장제 언어와 문화를 초월한 주체가 자율적으로 구성되는 정체성이라는 것도 부정한다. 즉 젠더 정체성은 본질적/자연적으로 주어진 것도 아니고 선행하는 주체에 의해 임의적으로 구성되는 것도 아니다. 오히려 젠더 정체성은 행위를 통하여 그러한 행위의 결과로서 (혹은 행위하고 수행해내는 만큼) 이런 방식으로 혹은 저런 방식으로 구성될 수 있다. 즉 "젠더 정체성은 젠더의 수행을 통하여 구성되는 것이다." 이는 목적한 정체성을 실천적으로 수행함으로써 스스로 그러한 방향으로 자신의 정체성을 스스로 구성한다는 것을 의미한다.

그렇다면 젠더는 자연적, 생물학적 운명이나 사실의 문제가 아니며 생물학적 성별(섹스)의 해부학에 의존하는 것도 아니다. 일반적으로 섹스와 젠더를 구분할 때, 전자는 생물학적 범주로 후자는 사회적, 문화적인 범주로서 이해하는 한편, 생물학적 성 범주를 더 근본적인 것으로 간주해왔다. 그러나 버틀러는 이 구분을 비판하면서 오히려 우리가 몸을 인식하는 것 자체가 문화적이고 사회적인 것이기 때문에,[16] 둘 다 사회

---

16) 몸에 대한 인식 가능성 자체가 몸을 인식할 수 있는 토대를 마련하기 때문에 몸과 몸 인식은 선후관계가 아니라 동시에 발생한다. 그런데 그러한 인식은 역사적으로 불변하는 것이 아니라 당대의 지배담론과 제도규범에 따라 가변적으로 형성되기 때문에 필연적 본질이 아니라 우연적 토대 위에 있다. 이런 맥락에서 버틀러는 성이라는 것도 우연적 토대 위에 일시적으로 구성되고 잠정적으로 형성되는 것으로 파악한다. Butler(1990)의 주요 개념들 참고.

적 구성물이고 담론의 결과라는 점에서 섹스 역시 젠더에 속한다고 주장한다. 즉 섹스조차도 생물학적 본질이 아니며 문화적이라는 점에서 젠더의 특성을 띤다는 것이다. 또한 젠더는 가부장제가 구성한 자연적, 생물학적 속성을 토대로 한 여성 범주와도 무관한 것이다. 그것은 자연적으로 주어진 실체가 아니며 행위를 통해 (수행적으로) 구성되는 것이기 때문이다. 이처럼 젠더가 수행적으로 구성되는 것이라면 원래 선재하는 본질적 정체성이란 존재하지 않으며 마찬가지로 진정하거나 왜곡된 젠더 행위도 존재하지 않는다. 그렇다면 '진정한' 젠더 정체성에 대한 가정은 허구로 드러난다.[17]

젠더가 수행적이라는 주장은 젠더 정체성의 문제가 사실의 물음이 아니라 정치적 물음이라는 주장과 일맥상통하는 사고이다. 우리는 앞에서 여성/젠더 정체성은 사실적/기술적인 물음이 아니라, 규범적이고 정치적인 물음이라는 것을 논의하였다. 즉 여성 및 여성/젠더 정체성이 (마치 과학적 사실이 객관적으로 있듯이) 무엇인지를 찾기보다는, 우리는 어떤 여성/젠더 정체성을 선택해야 할 것인지를 묻는 것이 참된 문제라는 것이다. 젠더가 실체적 속성이 아니라 행위이며 행위의 결과로 구성되는 것이라면, 우리는 (어떤 정치적 목적을 가지고) 어떤 젠더 정체성을 선택하고 구성할 것인가, 또 페미니즘의 정치적 주체를 위해 어떤 정체성을 구성해야 하는가를 의미 있게 물을 수 있다.

이제 우리는 이 물음을 젠더의 수행적 특성에 비추어 다음과 같이 묻는 것이 바람직하고 정당하다. "여성의 부당한 억압을 해소하기 위해, 여성 예속적이고 억압적인 가부장제의 성 범주의 구분과 전제들을 의문시하고 재고하며 전복하기 위해 (즉 여성주의 정치주체를 위해) 어떤 종류의 젠더 수행이 필요한가?" 이 물음은 당연히 법적 제도의 영역에서도 유효한 물음이다. 즉 법의 영역에서도 젠더 정체성의 수행이 필요하다

---

17) Butler(1990), p.350.

면, 법적 주체의 차원에서 젠더 수행이란 무엇인가? 또한 젠더의 법적 수행은 어떻게 가능한가?

4. 젠더 정체성의 법적 수행은 어떻게 가능한가?

이상에서 논의한 바와 같이 젠더 정체성이 수행적이라면, 법의 영역에서도 젠더의 수행성을 이야기하고 실천할 수 있어야 할 것이다. 근대 국민국가의 헌법을 보면, 법의 주체로서 국민이 등장하며 모든 법의 정당화 근거는 바로 그것을 만든 국민에게 있다는 것을 언급하고 있다. 대한민국 헌법 전문을 보면 헌법 제정과 개정의 주체로서 '우리 대한민국'이 등장한다. 법적 주체로서 '우리'는 대한민국 '국민'을 가리킨다. 헌법 제정과 개정의 주체로서 국민은 헌법에 의해 누구에게나 똑같이 부여되는 기본적 인권을 보장받는다. 그리고 국민은 개별적으로 주어지는 기본권을 통하여 자유롭고 평등하게 자신의 의사를 표현할 수 있는 동등한 인격이 된다. 즉 민주주의 사회에서 모든 국민은 주권을 가지며 그것을 표현하는 헌법 제정의 주체라는 의미에서 동등한 법적 주체가 된다.[18]

그런데 법적 주체로 간주되는 국민들 각각은 개별적 인격이다. 우리 헌법에는 주권은 국민에게 있고 모든 권력은 국민으로부터 나온다는 것을 명시하고 있다. 그런데 법적 주체로서 개인의 인격은 동등할지라도 개인마다 추구하는 삶이나 가치는 더 이상 동질적이지 않다. 그러면 법을 제정하거나 개정할 뿐 아니라 그것을 실제로 적용하고 해석하는 국민의 법의식은 어디서 나오는가? 국민들의 법의식을 동질적이고 통일적으로 나타낼 수 있다고 기대했던 법 사상가들도 있었으나,[19] 그것은 근대

---

18) 대의 민주주의에서 대표를 통해 자신의 주권을 행사할 경우에도 주권의 원천은 각각의 개별적 시민이라는 것에는 의심의 여지가 없다. 그렇지 않다면 그것은 전제정치이거나 독재정치일 것이다.

19) 법적 주체의 일반의지를 주장했던 대표적인 사상가로는 칸트나 칼 슈미트를 들 수 있다.

적인 절대이성(혹은 일반의지)을 전제로 하는 사고일지도 모른다.

앞에서 논의했듯이, 포스트모던 사고에 의해 단일 범주의 이념(혹은 대문자 진리나 절대이성)이 해체되었다면, 법적 주체에 대해서도 같은 논리를 적용할 수 있다. 즉 가치다원주의 시대에 법적 주체로서 일반의지를 추구하는 것은 전근대적인 사고의 산물에 가깝다. 또한 국민들 각각의 법의식이 동질화되어 나타나리라고 생각하는 것은 근대적인 주체의 신화에 불과할지 모른다. 우리가 논의한 대로, 복수의 정체성이 있다면 법에 대해서도 복수의 해석 체계와 복수의 다양한 내러티브가 있다고 보아야 한다. 여기서 "법은 누구의 정신과 누구의 해석을 반영하는가?" 하는 물음이 필연적으로 제기된다. 절대이성이 허구가 된 포스트모던 시대에 윤리의 영역에서 "누구의 정의인가?"를 묻고 있듯이, "누구의 법의식인가?" 하는 물음이 제기된다. 국민 삶의 일정 부분을 지배하는 기본 틀과 원리를 규정하는 법체계는 누가 규정하는가? 또한 국민의 기본권에 대한 해석은 누가 하는가? 또한 헌법 전문은 헌법 자체의 제정과 개정의 역사를 언급하고 있다는 점에서, 헌법은 한 번의 제정으로 완결되는 것이 아니라 (국민의 법의식의 성장 및 변화에 따라) 개정을 거치거나 새롭게 해석되고 변화해가는 유기체로 이해해야 할지도 모른다. 그리하여 헌법을 세운 법적 주체는 법의식의 변화에 따라 그것을 개정하는 주체이기도 하다. 그렇다면 과연 헌법의 제정과 개정의 주체는 누구인가? 여기서 누구의 법의식과 법해석이 작용하는가? 필자는 이러한 물음이야말로 법적 주체와 젠더 정체성을 연관지어주는 문제의식이라고 생각한다.

이제 다음의 물음을 물을 차례이다. 헌법의 저자로서 법을 해석하는 주체는 누구이며, 그러한 법적 주체와 젠더의 연관성은 무엇인가? 이 물음은 법적 주체는 젠더 중립적이며 법과 정치의 영역에서 젠더와 성별에 상관없이 개인들은 동등한 권리와 동등한 행위 능력을 부여받는다는 것에 대해 의문을 제기하는 것이다.

헌법은 "모든 국민은 법 앞에 평등하며, 성별에 의해 모든 영역에서 차별을 받지 않는다"(11조)라고 기술하며 남녀평등을 보장하고 있음에도 불구하고, 법의 제정과 개정과 관련한 법추론, 법의식, 법감정 등에서 진정으로 평등하다고 할 수 있는가? 이 모든 영역에서 법의 실천은 젠더와 성별에 따른 차별 없이 동등하고 공정하게 적용되는가? 또한 남녀는 법적 주체인 동시에 법의 적용 대상으로서 차별 없이 평등하다고 할 수 있는가? 과연 법적 주체는 젠더 중립적인 개인인가? 법의식/법인식/법추론/법해석의 주체 내지 법감정의 주체는 누구인가? 가부장제 문화에서 주체는 항상 남성이었듯이, 법적 주체가 남성을 대변한다면 법은 젠더 중립적이거나 젠더 독립적이라고 하기 어렵다. 즉 가부장제 사회문화 안에서 법에 대한 접근에 있어서 젠더의 차별이 존재해왔다면, 법적 주체인 인격은 젠더 독립적이라고 보기 어렵다. 나아가 단일 주체라는 근대적 이성 개념이 허구라면, 복수의 여성과 더불어 소외되고 주변화된 복수의 법적 주체가 있다는 것을 인정해야 한다. 또한 헌법 제정과 개정의 주체로서 모든 국민은 개별적으로 젠더 중립적이지 않으며, 또한 성별과 젠더에 따라 법의식과 법해석의 차이가 존재한다는 것을 인정해야 한다.

그렇다면 젠더 관점의 내러티브를 없애거나 중화시키는 것이 법적 주체의 젠더 중립성을 보장해주지 않는다. 오히려 젠더 중립성을 가장한 법기술이 여성 관점의 다양한 내러티브를 억제함으로써 결과적으로 불공평을 초래할 수 있다. 다시 말해서 남성주체의 관점을 젠더 중립적인 것으로 간주함으로써 소수자를 비롯한 여성 관점의 법의식을 배제시킬 수 있다. 앞에서 논의했듯이 법적 주체에도 복수의 정체성이 존재한다면 법에 대한 복수의 해석과 복수의 내러티브를 인정해야 하며, 특히 여성 관점의 해석과 다양한 내러티브를 인정하고 허용해야 한다. 나아가 복수의 다양한 내러티브를 법의 해석과 적용에 반영할 수 있어야 한다.

법의 개정 및 적용과 해석을 위한 여성 관점의 내러티브를 활성화하는 것은 일종의 정치적 활동인 동시에 젠더 정체성을 법적으로 수행하는 일이기도 하다. 여성 관점에서 법을 해석하고 이야기한다는 것은, 여성이 자신의 삶과 경험에 비추어 법의 의미가 무엇이며 무엇이어야 하는지를 보여주는 것이기 때문이다. 그것이 법의식의 변화를 수반한다면 그만큼 참여와 수행을 통하여 젠더 정체성의 변화를 실천하게 된다. 이것이 필자가 생각하는 젠더의 법적 수행을 실천하는 첫 번째 방식이다. 여성의 관점에서 바라보는 법해석과 내러티브는 여성이 누구인지(나아가 어떤 여성을 추구하는지)를 보여주는 활동이라는 점에서 여성/젠더 정체성의 법적 실천이 된다.

둘째, 젠더의 법적 수행은 무엇에 대하여 말하느냐보다는 어떻게/어떤 방식으로 혹은 어떤 연관성 안에서 말하느냐가 중요하다. 예컨대, 양선숙은 경제민주화의 이슈를 어떤 맥락에서 말하는가가 중요하다는 것을 논의한다. 그 논의의 요지는, 헌법 119조 2항의 경제민주화에 대한 해석을 정치적인 내러티브로 접근하는가, 경제적인 내러티브로 접근하는가 하는 방식의 차이에 따라 전혀 다른 이야기를 구성하게 된다는 것이다. 헌법의 경제민주화 조항은 시장경제에 관한 언명인 1항과 묶여 있다는 이유에서 순전히 경제적인 문제로만 접근함으로써 복지문제를 가난한 사람을 돕는 문제에 한정시킨다면 그 사안은 계층 간의 갈등의 문제로 비화될 수밖에 없다고 한다. 반면에 경제민주화가 단순한 재화의 배분 문제가 아니라 공평한 삶의 조건의 문제로서 공평과 배려의 배분 문제로 이해될 때, 그 문제는 정당한 공적 의제로 격상한다고 주장한다.[20]

마찬가지로 젠더 정체성의 법적 수행을 위하여 여성의 관점에서 말하고 해석할 때에도 어떤 맥락에서 어떤 방식으로 말하는지가 매우 중요하다. 법에 대한 복수의 내러티브 자체가 중요하다기보다는 여성 관점의

---

20) 양선숙, 「국가권력과 헌법」, 2012년 철학연구회 추계학술대회 자료집, pp.38-39 참고.

내러티브를 어떤 맥락과 연관성 안에서 구성하느냐가 더욱 중요하다는 것이다. 복수의 다양한 해석을 취하되 집단 간에 당파성을 띠거나 대립을 낳는 구도가 아니라, 억압받고 소외된 소수자의 다양한 목소리를 존중하고 포용하는 해방의 맥락에서 이야기를 구성하는 것이 중요하다. 그럴 경우에 여성들의 다양한 내러티브는 계층이나 집단 간의 대립과 대결의 문제가 아니라 공동체의 소외된 자들의 다양한 목소리에 귀 기울임으로써 상호 공감과 유대감을 증진시키는 것이 하나의 의무로 수용되는 공동체의 내러티브로 기능할 수 있다.

셋째, 기존의 법의식과 법해석에 대하여 젠더 관점을 반영하는 새로운 내러티브를 형성하기 위해서 여성의 경험에 비추어 어떤 물음을 물어야 하는지 숙고하는 것이 필요하다. 젠더 정체성의 법적 수행은 법개선(제정과 개정)과 법해석의 두 차원에서 이루어질 수 있다. 헌법의 주체인 '우리 대한민국'이 소외되고 고통 받는 개별적 존재들을 포함한다면, 법적 제도는 그들의 인간존엄성과 기본권을 보호하며 그들의 삶의 질을 향상시키는 데 기여해야 함을 기본전제로 삼아야 할 것이다. 그러기 위해서 공동체의 주변부에 있는 여성과 소수자(성폭력 피해자, 미혼모, 비정규직 노동자 등)의 내러티브에 귀 기울여야 하며, 그들의 내러티브를 포용하는 법해석이 이루어져야 한다. 그러한 내러티브는 법의 제도 안에서 소외받는 이들을 대변하거나 여성 정체성에 대한 왜곡된 관점 개선하는 법의식을 확대시킬 것이다. 그리하여 여성의 다양한 경험을 반영하고 가부장제 억압적/왜곡된 현실을 개선하기 위한 목소리를 내는 것, 그럼으로써 법적인 차원에서도 '바람직한' 방향으로 젠더 정체성을 실천하는 것, 우리가 (여성과 남성을 포함하여) 추구하는 젠더의 이상을 실천하는 것, 그것을 위해 새로운 의무를 기꺼이 지는 것, 가부장제 특권을 포기하는 것, 자유로운 시민으로서 이웃과 더불어 억압 없는 좋은 삶을 실현하기 위해 협력하는 것 등의 실천을 동반하게 될 것이다. 그러한 실천은 가부장제 단일 주체를 대변하는 동질성을 추구하기보다는 억압받고 고통 받는 소수자들의 다양한 복수의 내러티브를 활성화함으로써 다양성 안에서 해방적 수렴을 통해 도달되어야 할 것이다.

참고문헌

김선희(2010), 「다문화시대의 여성주체」, 『철학과 현실』, 철학문화연구소.

____(2012), 『과학기술과 인간정체성』, 아카넷.

정대현(2012), 「다원주의적 실재론」, 2012년 여름 석학인문강좌.

허라금(2012), 「치유의 인문학으로서의 여성주의 실천」, 2012년 12월 한국철학상담치료학회.

양선숙(2012), 「국가권력과 헌법」, 2012년 철학연구회 추계학술대회 자료집.

Judith Butler(1990), *Gender Trouble*, Routledge.

____(1995), *Feminist Contentions*, Routledge.

안희정 1심 무죄 판결의 부당성 조명

정 대 현

1. 여는 말: 법률언어의 의미론

1) 판결문의 의미론

대한민국 법원은 안희정의 김지은에 대한 간음 및 성추행에 대하 피의 사실들에 대해 1심(재판부: 조병구, 정윤택, 황용남)에서 무죄를 판결하였다.[1] '위계'나 '위력' 같은 법률언어를 자연법학적으로 이해했을 때 무죄 판결문은 정당한 것으로 해석할 수 있지만, 이들을 인간학적으로 해석했을 때 판결문은 선명하게 부당하다. 무죄 판결문은 사용하고 있

---

* 이 논문은 정대현, 「왜곡된 위력 공간을 간과한 안희정 판결의 부당성: 최성호 교수의 주장에 대한 반론」, 『교수신문』(2018. 10. 8)의 요약이며, 정대현, 「피해자다움을 왜곡한 안희정 1심 무죄 판결의 부당성」, 이화여자대학교 한국여성연구원, 『여성학 논집』 제35집 2호(2018)의 내용 일부와 중첩한다.
1) 서울서부지방법원(2018). 이 글에서 표시하는 쪽수 숫자는 114쪽에 달하는 이 판결문의 쪽수를 지칭한다.

는 법률언어를 자연법학적으로 구성하거나 제시하고 있지 않다. 그러나 최성호 교수는 무죄 판결을 지지하면서 그 법률언어를 개념적으로 구성하여 판결문의 구조적 완성도를 높이고 있다.[2]

이 글은 인간학적으로 해석했을 때의 판결문의 부당성을 보이고자 하는 논변이다. 따라서 무죄 판결문만이 아니라 최 교수가 취하고 있는 철학적 관점에 대한 분석이 불가피할 것이다. 먼저 판결문의 정당성 논변이 어떻게 구성되는가를 보고 그리고 정당성 논변을 구성하는 데 있어서 사용되는 위력, 피해자다움, 자유 등의 개념의 분석을 통해 오히려 판결문의 부당성을 보일 수 있게 될 것이다. 먼저 법률언어에 대한 두 가지 다른 이해 방식의 의미론이 있다는 것을 기억하고자 한다.

2) 자연법학적 법률언어의 의미론

이 글이 구성하는 논변 전체가 무죄 판결문의 언어가 자연법학적이라는 것을 나타낼 것이다. 그러나 우선 예비적으로 한 가지 표현에 주목하여 이 표현이 어떻게 자연법학적인가를 살펴보자. 판결문은 '인과관계'라는 개념을 도입하고 이를 특별한 방식으로 사용하면서도 그 사용에 대한 정당화를 하지도 않고 불편함을 내비치지도 않는다. 그러나 이 표현의 사용 방식은 판결문이 어떻게 자연법학적인가를 보이는 결정적인 단서라고 생각한다.

법원의 1심 판결문은 안희정과 김지은 사이에 "위력과 간음·추행과의 인과관계 존부"(10쪽)가 합리적인 의심이 없을 전도로 증명될 것을 요구하고, 검찰이나 피해자는 "행사된 위력과 간음·추행 행위 사이에 인과관계"(32쪽)를 보여야 한다고 요구한다. 그러나 판결문은 안희정과 김지은 사이에 "위력과 성관계 사이에 인과관계도 존재하지 않는다"(9쪽)고 하고, "위력과 성관계 사이에 인과관계도 없다"(33쪽)고 판단한다.

---

2) 최성호(2018).

"위력과 성관계 간의 인과관계"란 무엇인가? 임의의 두 사건 a와 b가 인과관계에 들어간다는 것은 '돌 던짐'과 '창 깨짐'의 두 사건들이 연결되는 방식에서처럼 두 사건이 독립적일 것을 전제한다.[3] 그러므로 군대에서 '규칙 위반'과 '연병장 돌기'에서의 두 사건은 인과관계를 나타내지 않고 이유관계를 나타내는 것은 이 두 사건은 사물적으로 독립적인 사건이 아니라 구조적으로 연결된 사건이기 때문이다. 잘된 군대에서는 부당한 행위와 처벌의 항목의 관계가 이미 제시되어 있거나 또는 훌륭한 지휘관은 미리 그 관계를 경고할 것이다. 이유관계는 사건들의 의미관계로서 사회적이고 공동체적이지만, 인과관계는 사건들의 물리관계로서 자연적이고 법칙적이다. 그렇다면 위력과 성관계 사이에 관계가 있다면, 이는 인과관계가 아니라 이유관계가 되는 것이다.[4] 위력과 성관계는 자연적도 아니고 법칙적인 것도 아니기 때문이다.

판결문의 언어에 들어 있는 인과관계 개념만이 아니라 다른 사안들도 자연법학적이라고 규정할 수 있고 이에 주목하는 것은 판결문이 관련된 사건들을 독립적으로 처리하는 방식 때문이다. 그리고 여기에는 재판부의 법률에 대한 독특한 해석 방식이 들어 있다. 이러한 해석은 자연법사상의 잔재이기도 하다. '자연법학적'이라는 속성은 법률의 조문들뿐만 아니라 이들이 적용되는 사건들이 독립적, 완결적, 자체 진정성을 유지할 수 있다는 믿음의 성향을 나타낸다.

플라톤에게 자연 질서의 근거는 선(Good)의 이데아이고, 아리스토텔레스는 자연을 인간 완성의 목표로 삼았고, 아퀴나스는 자연법을 피조물의 영원법에의 참여라고 믿었다. 정당한 법률들은 자연에 숨겨진 것이어서 인간 이성에 의해 발견된다고 한다.[5] 인간 이성이 찾아내는 자

---

3) 정대현(1996).

4) Davidson, D.(1980a), p.164; Davidson, D.(1963), pp.3-20; Davidson, D.(198b), p.151.

5) https://en.wikipedia.org/wiki/Natural_law

연법들은 인간 행동과 자연법칙을 인과관계로 연결하는 독립적 질서인 것이다. 자연법학의 법률언어가 존재론적으로 인과관계적이고 인식론적으로 초월 이성적이어서 사건들을 독립적으로 보아야 한다는 전통이 이해될 수 있는 것이다.

3) 인간학적 법률언어의 의미론

자연법사상은 인간 역사에서 중요한 사상가들을 통해 오랜 전통의 궤적을 이어오고 있었다. 그러나 계몽기를 지나면서 인간 이성은 더 이상 초월적이거나 선험적인 것이 아니라 공동체적인 것이고 언어적이라는 것이 밝혀졌다. 그리고 법(률)이라는 것도 하늘이 자연에 감추어놓은 진리가 아니라 인간 사회로부터 올라오는 공동체 소통의 결과이게 되었다. 박은정은 이러한 관점을 "인간학으로서의 법학"으로 체계화하고 있다.[6] 그에 의하면, 법은 단순히 법률과 판례들의 총체가 아니라, 법원리와 법이념을 담지하여 발생하는 정신적 긴장이나 대결을 결과하는 법실천을 포함한다. 법률언어는 한편으로 사태 규정적이지만 다른 한편으로 자유 지향적인 양면성을 갖는다고 한다. 법률가들은 자연법사상의 오랜 그리고 무거운 무게로 사태 규정적인 실정법이라는 판례들의 총체에 쉽게 매이게 된다. 그러나 법률가들은 또한 법률언어의 자유 지향적인 가능성에 주목하고 이를 지켜내고 실현할 수 있어야 한다. 자유의 언어는 체계가 보존하는 무게에 쉽게 억눌리는 약자 관점이나 소수 의견을 기존의 단일 체계가 아니라 항상 열려 있는 새로운 시각을 통해 자유를 확장할 수 있어야 하는 것이다.

자연법학적 법률언어가 자연 내재적 질서를 선험적 이성으로 찾아낼 수 있어야 한다는 절대주의적이고 확실성의 언어라면, 인간학적 법률언

---

6) 박은정(2007); 박은정(2010).

어는 공동체가 추구하는 질서를 상호 소통으로 합의할 수 있어야 한다는 상대주의적으로 불확실하고 따라서 변화에 개방적인 언어이다. 자연법적 언어는 인간을 선험적 주체로 간주할 수 있다는 신뢰를 보이면서 선악, 진위의 이분법이 유지되는 확실성에 이르고자 한다면, 인간학적 언어는 인간을 자기 마음도 잘 알 수 없는 경우들이 많다는 것을 인정하는 불확실성을 천명한다. 자연법 언어가 선험적 주체로 홀로 주체성에 익숙해져 있다면 인간학적 언어는 공동체적 주체로 서로 주체성에 뿌리 내리고 있는 것이다.[7]

2. 무죄 판결문의 정당성 논리

1) 정당성 논리의 얼개

무죄 판결문을 자연법학적 언어로 읽어갈 때 그 정당성을 읽어낼 수 있을 것이다. 우선 그 정당성이 어떻게 구성되었는지를 주목하고자 한다. 재판부는 안희정이 김지은에 대한 간음 및 성추행에 대한 피의 사실들에 대해 무죄를 판결하면서 놀랍게도 그 피의 사실들 10건 모두에 대해 비슷하거나 동일한 논리를 근거로 제시하였다. 그 무죄 판결의 정당성 논리는 다음과 같이 세 개의 전제로부터 무죄 결론으로 가는 구조로 요약할 수 있을 것이다.

(P1) 안희정은 김지은에 대한 임면권을 갖는 직속상사로서의 위력을

---

7) 데카르트로 대표되는 근대성은 "나는 생각한다 고로 나는 존재한다"라는 나의 확실성 명제에 기초하여, 합리주의라는 유일언어, 논리중심, 중앙중심주의, 체계의 위계성, 시간과 공간의 유일성 등을 특징으로 하고, 비트겐슈타인과 니체로 대표되는 탈근대성은 "우리는 소통한다"라는 착상에 기초하여, 일상언어, 공동체의 생활양식, 지역중심주의, 시공의 다원성, 다원주의 등을 내세운다. 참조: 김상봉(2007); 김선욱(2007); 김상환(2012).

소유한다.

(P2) 그러나 안희정은 그러한 위력을 행사하지는 않았다.

(P3) 김지은의 피해자다움에 관한 각종 증언, 기록의 확인은 안희정이 김지은의 성적 자기결정권을 침해하지 않았다는 것을 보인다.

(C) 고로 안희정은 무죄이다.

이 중 첫째 전제 (P1)은 결론을 향한 필요한 조건이 아니라 보조적 조건으로 볼 수 있을 것이다. 재판부는 위의 세 전제들에 대한 근거나 이유를 제시하고 있다. 이들을 차례로 살펴볼 수 있을 것이다.

먼저 재판부는 전제 (P1), 즉 안희정이 김지은에 대한 직속상사로서의 위력을 인정한다. "피해자는 수행비서로서 도지사인 피고인의 지시를 거부하거나 이의를 제기하는 것이 사실상 불가능한 수직적인 업무환경에 있었"(4쪽)다는 것이다. 안희정은 당시 현직 충청남도 도지사이고 더불어민주당의 강력한 대통령 후보이고 김지은은 대통령 경선 후보의 수행비서이자 계약직 공무원(18쪽)이었기 때문이다. 당시 안희정 선대본부는 일사분란한, 효율적인 조직 구성과 운영을 위하여 상명하복식으로 구조화된 것도(19쪽) 그러한 위력의 현실감을 강화했을 것이다. 그리하여 재판부는 안희정이 자신의 비서이자 정치적 추종자이던 김지은의 자유의사를 제압할 수 있을 정도의 무형적인 사회적, 정치적 지위나 권력을 가지고 있었다고 인정하고, 이는 위력에 의한 간음, 추행죄에 있어서의 위력에 해당한다고 볼 수 있다고 한다(24-25쪽). 판결문은 위력에 의한 간음, 추행죄에 있어서의 위력이 피고인에게 존재하였다고 봄이 타당하다고까지 기록하고 있다(26쪽).

그러나 재판부는 전제 (P2), 즉 위력을 행사하지는 않았다고 주장한다. 검사가 제출한 증거만으로는 안희정이 김지은의 자유의사를 제압하거나 위력의 존재감이나 그 지위(직책)를 남용하였다고 보기가 어렵다고 한다(27쪽). "당시 상황에서 피해자가 단순히 방을 나가거나 피고인의 접근을 막는 손짓을 하는 등의 행동을 하지 못하게 할 정도로 피고인이 위력적 분위기를 만들었거나 물리력을 행사한 사정도 보이지 아니한다"고 적고 있다(35쪽). 재판부는 안희정이 김지은에게 행한 신체접촉은 맥주를 들고 있는 김지은을 포옹한 행위뿐이고 언어적으로는 외롭다고 안아달라고 말한 것뿐이라고 적고 있다. 그리고 "그와 같은 행위가 정치적, 사회적 지위 내지 권력을 남용한 정도에 이른 것이라고 단언하기는 어려울 뿐"이라고 하여, "성인 여성의 자유의사를 제압하여 성적 자기결정권을 침해하기에 충분할 정도로의 위력을 행사한 것이라고 인정하기도 어렵다"(35쪽)고 한다. 재판부는 안희정이 위력을 행사하여 간음에 이르렀다는 공소사실에 대해 김지은의 진술을 수용하기 어렵다(51쪽, 61쪽, 77쪽)고 하고, 위력을 행사하여 김지은의 성적 자기결정권을 침해하였다고 볼 수 없다(66쪽)고 결정한다.

재판부는 셋째 전제인 (P3), 즉 "김지은이 성폭행을 당했다고 하지만 그 후의 김지은의 행태가 피해자다웠는가에 대한 정황은 안희정이 김지은의 성적 자기결정권을 침해하지 않았다는 것을 보인다"고 판단했다. 재판부는 "'피해자로서의 일반적 반응'이 나타나지 않는 경우가 빈번"(77쪽)했다고 하여, '피해자로서의 일반적 반응'이라는 행동 유형을 일반화하고 논의를 이에 의존시킨다. 따라서 재판부는 조심스럽게 "피해자 진술 등의 신빙성 저하가 성폭력 피해로 인하여 발생한 부조화 때문인지 여부"(78쪽)를 판단하기 위하여, 피해자의 심리상태에 관한 네 가지 설명 모델들, "그루밍, 학습된 무기력, 해리, 심리적으로 얼어붙음"(91-95쪽)을 도입한다. 그러나 재판부는 김지은의 피해자다움의 행태를 보아 그러한 설명 모델에 부합한 것으로 판단하지 않는다. 김지은이 성폭력으로 인한 불쾌감을 느끼면서도 아무런 내색을 하지 않고 가해자를 지근거리에서 지속적으로 수행한 의식적 행동은 "부인과 억압"의 방어기제가 작동한 것이라고 단정하기 어렵다고 하는 것이다(96쪽). 안희정이 자기를 흠모하는 김지은의 심리상태에 편승하였다 하더라도 이는 상호적인 것으로 볼 여지가 없지 않고, 이를 두고 위력에 의한 간음, 추행에서의 위력을 행사한 것으로 단정 짓기도 어려워 보인다고 판단했다(97쪽).

안희정의 무죄 판결을 위한 재판부의 논리는 세 개의 전제 (P1), (P2), (P3)로 요약되지만, 최 교수는 재판부의 논리 중에서 가장 중요하다고 생각하는 요소인 '피해자다움'의 구조를 분석하여 재판부 판결의 개념적 구조를 완성하고자 한다. 김지은의 사후 행태가 피해자답지 않다는 재판부의 의견을 존중할 수 있다면, 그러면 최 교수가 구성하는 의지의 자기근원성으로서의 자유 개념에 따라, 안희정은 김지은의 성적 자기결정권을 침해하지 않았다는 결론에 이를 수 있다고 말한다. 그렇다면 안희정 무죄 판결에 대한 최 교수 논변의 바탕이 되는 의지의 자기근원성으로서의 자유란 무엇인가?

2) 의지의 자기근원성

재판부는 '피해자로서의 일반적 반응'이라는 행동 유형을 일반화하고 논의를 이에 의존시키면서 김지은에게서 "'피해자로서의 일반적 반응'이 나타나지 않는 경우가 빈번"(77쪽)했다고 적고 있다. 재판부는 '피해자다움의 부재'를 김지은의 피해 진술의 신뢰성을 떨어트리는 지표로 사용할 수 있었던 것이다. 재판에서 가장 핵심적 사안으로 부각시킨 사안으로 보인다. 그리고 재판부는 김지은의 사건 경우에 보이는 '피해자다움의 부재'를 보다 적극적으로 활용할 수 있었는데도 이상하게도 이를 활용하지 않았다. 예를 들면, 재판부는 '피해자다움의 부재'는 안희정의 김지은을 향한 성적 접근이 일방적이 아니라 쌍방적이었을 것이라는 가설을 더 선명하게 주장할 수 있었고, '피해자다움의 부재'는 안희정의 김지은을 향한 성적 접근이 김지은이 원해왔던 것으로 논의할 수도 있었을 것이다. 그리고 재판부는 다른 논의에서 활용했던 인과관계 개념을 여기에서의 관계들에 도입하면, '피해자다움의 부재'라는 속성은 재판부의 무죄 판결을 지지하는, 더욱 강력한 속성이 되었을 것이다.

최 교수는 재판부의 '피해자다움의 부재' 논변을 강화한다. "재판부가 이 지점에서 새로운 자유 개념을 제시하는 것이 가능하다"고 보고 그 빈자리를 채워, 안희정 무죄 판결의 논변을 강화한다. 행위에 있어서의 전통적인 자유 개념은 '달리 행동할 수 있음'이지만, 최 교수가 제시하는 새로운 자유 개념은 '행위자가 자신이 원하는 것을 수행할 수 있음'이라는 자기근원성의 자유이다. 최 교수는 자기근원성의 자유를 다음과 같은 사유실험을 구성하여 보이고 있다. "외과 의사인 철수가 고정의자에 포승줄로 꽁꽁 묶여 있는 상황을 상상해보자. 그때 한 명의 응급 환자가 제때 철수의 수술을 받지 못해 사망했다고 가정하자. 이 경우 많은 이들이 철수는 응급 환자의 죽음에 대한 책임이 없고, 그것은 철수에게 신체의 자유가 없었기 때문이라고 말할 것이다. 이제 한 가지를 더 가정해보자. 평소 수술을 귀찮게 여기던 철수는 의자에 묶여 있는 것을 싫어하지 않았다고. 철수는 의자에 묶여 있는 것을 진심으로 좋아했고, 설사 포승줄이 없었다 하더라도 의자에서 벗어나려 하지 않았을 것이라는 가정이다."

최 교수는 '철수 사유실험'을 통해 하나의 선택지를 제시한다. "의자에 앉아 있는 철수의 행위는 자유의사에 따른 것인가 아닌가?"라는 물음에 대해 자유 개념을 어떻게 선택하는가에 따라 답이 달라진다는 것이다. '달리 행동할 수 있음'으로 이해하는 전통적 자유론자는 철수가 고정의자에 묶여 있는 상황에서 철수는 의자에 앉아 있는 것 이외에 달리 행동할 수 없었기 때문에 자유가 없었다고 말하면서 의자에 앉아 있는 철수의 행위는 자유의사에 따른 행위가 아니라고 할 것이지만, '행위자가 자신이 원하는 것을 수행할 수 있음'이라는 자기근원성의 자유론을 선택하는 경우 "그때 의자에 앉아 있는 철수의 행위는 자유로운 의사에 따른 것이 된다"는 것이다.

최 교수는 '철수 사유실험'을 김지은에게 적용한다. 재판부가 자료들을 통해 확인한 것은 김지은이 안희정과의 성관계를 원했거나 피하지 않았다는 것이다. 그렇다면 그들의 성관계는 김지은의 '자유로운 의사' 하에서 이루어졌다고 추리하는 것이 힘을 얻는다. 김지은이 여러 가지 정황에서 '의지 자기근원성'을 유지하면서 안희정과의 성관계를 원했거나 피하지 않은 심리상태 하에 있었다면, 그렇다면 김지은은 자유의사에 따라 안희정과 성관계를 가졌다고 할 수 있다는 것이다. 이는 법적, 도덕적 맥락에서 적합한 자유 개념을 채택할 때 김지은이 성적 자기결정권을 행사했다는 것을 뜻하고 안희정은 김지은의 성적 자기결정권을 침해하지 않았다는 것을 함축한다. 안희정의 성폭행 혐의에 대한 재판부의 무죄 판결이 힘을 얻는 대목이다. 최 교수는 재판부의 '피해자다움의 부재' 논변을 '자기근원성의 자유' 논변으로 전환하여 안희정 무죄 판결의 논변을 새롭게 하고 있다.

3. 위력의 공간

안희정의 무죄 판결에 대한 재판부의 정당성 논변들은 성공하고 있는가? 최 교수의 지원논의는 그 논변들을 강화하고 있는가? 그런 것 같지 않다. 재판부의 '위력 행사 부재' 논변과 '피해자다움의 부재' 논변은 그 자체로 설득력이 없다. 그리고 최 교수는 재판부의 두 논변을 수용하지 않고 비판이나 부정적 언급도 삼가면서 재판부의 무죄 결론을 지지할 수 있는 '자기근원성의 자유'라는 제3의 논변을 제시한다. 그러나 이것이 논변이라면 매우 옹색한 논변이다. 이들을 차례로 살펴보고자 한다.

1) 위력과 위력 행사의 구분

안희정 무죄 판결문의 재판부는 "안희정은 위력을 가졌지만 위력을 행사하지 않았다"라는 논리 구조를 그 정당성의 핵심 중 하나로 취하고 있다. 재판부는 판결문의 어디에도 '위력과 위력 행사'의 구분에 대한 정당화 없이 그 구분을 자명한 것으로 취하고 있다. 최 교수가 "위력의 존재 자체가 김지은이 안희정과의 성관계를 거부할 가능성을 차단해버릴 수 있다"고 쓰면서, 이 구분을 '무시' 또는 '부인'하는 태도와는 대조적이다. 재판부는 '위력과 위력 행사'의 구분을 '소유권과 소유권 행사'의 구분처럼 해석한 것이다. '소유권 행사'는 매각, 양도, 포기, 기증은 가능하지만 소각, 파괴, 국외이전 등은 부가적 절차를 밟아야 하는 점에서 '소유권'과 구분이 가능하고 분리되어야 한다. 위력 행사도 표면적으로 소유권 행사 같은 행태를 보일 수 있다. 그러나 소유권 행사와 위력 행사는 사적인 것과 공적인 것의 차이에서 오는 차별화를 줄 수 있다. 위력과 위력 행사의 공적인 차원이 아래에서 더욱 분명해지겠지만 양자의 엄밀한 구분을 어렵게 하는 특성이 된다.

소유권과 소유권 행사의 구분은 소금과 소금 녹음의 구분처럼 행동하지만, 위력과 위력의 행사는 소금과 소금 녹음의 구분처럼 행동하지 않는다. 그렇다면 소금과 소금 녹음의 구분을 명료화하는 것이 필요하다. 소금(salt)은 물이나 다른 액체에서 녹을 수 있다(solubility). 소금의 그러한 용해성 성질을 소금의 성향성(disposition)이라고 한다.[8] 소금을 용해성 조건과 결합하는 사건 즉 '소금을 물에 넣음'이라는 사건은 '소금의 녹음'이라는 사건의 인과관계의 연결고리를 구성한다. 여기에서 중요한 것은 '소금을 물에 넣음'이라는 사건과 '소금의 녹음'이라는 사건은 구분 가능하고 분리 가능할 뿐 아니라 분리되어 독립적이어야 한다는 것이다. 그렇지 않으면 인과관계에 들어가는 것이 아니기 때문이다. 소유권과 소유권의 행사도 이와 같이 행동하는 것이다. 소유권을 소유권 행사 조건들과 결합하는 사건은 소유권 행사라는 사건을 결과하는 독립

8) Choi, Sungho and Fara, Michael(2018).

적인 사건인 것이다.

그러나 위력과 위력 행사의 구분은 성향성 모델로 설명되지 않는다. 소금과 소금 녹음의 관계를 설명하는 성향성 모델은 소금과 발현조건이 합하여 소금 녹음이라는 결과 사건에 대한 인과적 관계를 유지하지만, 그와 같은 인과관계의 구조는 위력과 위력 행사 사이에 나타난다는 것을 상정하기 어렵다. 인과관계는 두 사건들이 독립적일 것을 요구하는 데 반하여 위력과 위력의 행사 간에는 독립적, 물리적 인과 연쇄를 구성할 수 없기 때문이다. 아래에서 보다 구체적으로 논의할 것이지만, 위력과 위력 행사는 개념적 지평에서 구분할 수 있지만 실천적 지평에서 구분할 수 없는 것이다. '위력'과 '위력의 행사'가 동의어가 아니라는 점에서 개념적 지평에서의 구분이 가능하지만, 두 표현이 나타내는 성향적 속성은 그 발현적 조건들이 동일하다는 의미에서 실천적 지평에서의 구분이 불가능하다는 것이다. 또한 두 표현은 인과관계에서 독립적 사건들이어야 한다는 조건을 만족할 수 없는 까닭도 주목해야 하는 것이다.

개념적 지평에서 구분할 수 있지만 실천적 지평에서 구분할 수 없는 위력과 위력 행사의 구분이 자초하는 위험이나 오류 가능성을 예시할 수 있을 것이다. 1979년 12월 12일 당시 합수부장 전두환 장군은 당시 최규하 대통령을 찾아가 당시 계엄사령관 정승화 육군참모총장 체포를 재가할 것을 요청했고,[9] 최 대통령이 국방장관의 의견을 듣겠다고 버티는 동안 정 계엄사령관은 연행되었고 전 장군은 4인의 장군을 대동하고 다시 찾아와 정 계엄사령관 체포 재가를 요청하였다. 안희정 무죄를 판결한 재판부의 위력 행사 개념에 의하면, 전 장군과 그 일행은 최 대통령을 향한 군부 위력은 가지고 있지만 군부 위력을 행사하지는 않았다는 것이고, 최 대통령의 사후 '피해자다움의 행태'를 보아 '계엄 사령관 체포 재가'는 대통령직 자기수행권을 행사한 자유의지의 수행이었다고 해야 한

---

9) 전영기, 최준호(2015).

다. 재판부는 안희정이 김지은을 향하여 도지사 위력은 가지고 있었지만 도지사 위력은 행사하지 않았다는 것이고, 김지은의 사후 피해자 행태를 보아 안희정과의 성관계는 김지은의 성적 자기결정권을 수행했다고 추정하는 것이다.

2) 위력 공간의 개념적 구조

위력과 위력 행사의 구분이 어렵거나 불가능하다는 것은 위력의 공간에 대한 자세한 분석을 통해 보다 선명해질 것이다. 위력 공간들은 사물적인 인과관계의 공간일 수도 있고 언어적인 의미의 공간일 수도 있다. 흔한 오류는 이러한 두 공간을 혼동하거나 동일시함으로써 비롯된다. 예를 들어, 건물 공사장 공간, 생명 신체 공간은 사물적 인과관계의 공간이지만, 군대의 위계 공간이나 야구게임에서 팀들의 위계 공간은 언어적 규칙이 지배하는 의미 공간이다. 물론 두 공간의 혼동은 이해할 만하다. 왜냐하면 화이트헤드가 지적한 대로 "어떤 공간의 지점도 그 공간의 다른 지점과 연결"[10]되어 있기 때문이다. 공간의 총체성은 부인할 수 없는 것이고 이 지점에서 모든 공간들을 동일한 구조에서 파악하고자 하는 유혹이 발생한다. 그러나 사물적 공간은 인과관계로 연결되는 총체성을 갖지만, 사건들은 그 자체로 독립적이고 분리되어 있어야만 인과관계의 법칙 하에 들어가기 때문에 경험적인 종합판단의 대상이 된다. 한편 의미적 공간은 인과관계가 아니라 언어 규칙적인 총체성을 갖기 때문에 선험적인 분석판단의 대상이 된다.[11]

사물적 공간에서는 위력의 존재와 위력의 행사가 구분되지만, 의미적 공간에서는 구분되지 않는다. 사물적 공간에서 돌 던질 힘의 성향적 성

---

10) Whitehead, A. N.(1925), p.114; Whitehead, A. N.(1920), p.189.
11) 이한구(1986).

질과 그 성향성의 발현조건의 배합인 돌 던짐이라는 사건과 유리창의 깨짐이라는 사건 사이에는 인과적 연쇄가 존재한다. 따라서 돌을 던졌는데 유리창이 깨어졌는가의 여부는 경험적 판단의 몫이 된다. 그러나 의미적 공간에서는 위력의 존재와 위력의 행사가 구분되지 않는다. 의미적 공간에서 의미적 힘과 의미적 힘의 행사는 구분될 수 없다. 김씨의 이씨를 사랑할 힘과 그 힘의 행사는 구분되지 않고 구분될 필요도 없다. "김씨는 이씨를 사랑할 힘은 가지고 있지만 그 사랑의 힘의 어떠한 행사도 할 수 없다"라는 말은 거짓이 된다. 양자가 분리 가능하다면 이 문장은 모순관계에 들어갈 수 없는 것이다. '사랑한다'라는 발화는 사랑의 힘과 사랑의 힘의 행사를 동시에 선언하는 것이다. 그 발화의 함축은 경험과학자가 아니라 언어학자가 언어분석을 통해 추출해낼 수 있는 것이다. "사랑은 오래 참고 온유하며 자랑하지 아니하며 교만하지 아니하며 모든 것을 믿으며 바라며 견디느니라"라는 성서의 구절은 경험적 진리가 아니라 세계의 존재론적 역사를 담고 있는 인간언어의 분석적 통찰로 보이는 것이다.[12] '미움'의 경우도 '사랑'에 대한 분석과 같은 구조로 접근될 수 있을 것이다. 미움의 정적인 심리적 상태로서의 위력과 미움의 위력의 행사는 구분되지 않는다. 미움은 그 행사를 필요조건으로 갖지 않는다. 어떠한 구체적 행사도 없이 한 개인은 다른 개인을 미워할 수 있는 것이다. 미움도 사랑처럼 의미적 위력 공간의 총체성을 갖기 때문이다.

3) 의미적 위력 공간의 작동적 차원

의미적 위력 공간에서 위력과 위력 행사의 구분은 불필요하거나 유해하다. 왜 그러한가를 분석해보자. 의미적 위력 공간은 언제나 특정한 인

---

12) 대한성서공회 편(2012b).

간 조직이나 공동체를 전제한다. 군대나 학교 같은 공적 공간만이 아니라 사랑이나 미움의 관계가 있는 사적 공간도 위력 공간이 된다. 사람들 간의 질서가 있기 때문이다. 그러나 모든 의미적 위력 공간들이 같은 방식으로 움직이지 않는다. 많은 인간 조직은 그 조직의 고유한 업무에만 관심을 갖고 접근될 때에는 조직 기능의 질서를 유지하는 위력, 즉 순기능적 위력을 갖는다. 그러나 어떤 인간 조직에서도 경우에 따라 또는 어떤 계기에는 조직의 업무적 기능 이외의 요인들이 들어올 수 있다. 조직의 어떤 구성원은 업무 외적 관심 때문에 역기능 또는 반기능적 위력을 도입한다. 비밀 누설적 첩보, 재산 탐욕, 승진 욕심, 다른 목적을 위한 환심, 성적 관심 같은 업무 외적 태도가 그러하다.

의미적 위력 공간이 조직의 순기능에 의해 유지될 때와 반기능이 개입될 때의 공간은 바로 그 공간이 의미적이기 때문에 질적으로 달라진다는 것에 주목할 수 있을 것이다. 먼저 의미적 위력 공간이 조직의 기능적 차원에서 인식되어 조직원들이 그 기능에 접근하고자 할 때 공간의 '성취적' 위력은 제대로 행사된다. 공간의 선임자는 후임자에게 그 기능에 대해 특정한 시간에 말하지 않아도 된다. 후임자는 선임자의 뜻에 따라 그가 원하는 시간에 그 기능을 수행한다. 성취적 위력의 구조에서는 후임자가 선임자에게 의견, 비판, 대안 등을 자연스럽게 개진할 수 있다. 그러나 선임자가 조직의 외적 관심으로부터의 사적 기능을 도입하고자 할 때 위력의 공간은 '왜곡적'이 된다. 왜곡적 공간에서는 투명한 상호 소통적 장치가 배제된다. 위력 공간의 왜곡은 무엇보다도 상호 소통적 투명성의 구조를 상실하게 된다. 위력의 공간이 더 이상 기존의 질서에 따라 진행되지 않기 때문에 소통의 문법은 왜곡자의 자의성에 의존하게 된다. 후임자는 문법의 상실로, 왜곡자의 자의성으로 자신의 위치나 역할이 명료하지 않거나 방향성을 상실하게 되는 것이다.

위력 공간에 조직 외적 기능이 개입될 때 위력 공간은 왜곡될 뿐만 아니라 위력 공간 자체가 왜곡 공간이 되고 만다. 왜곡적 위력 공간의 경우를 음욕 개념으로 예시할 수 있을 것이다. 국어사전은 '음욕'을 '음란하고 방탕한 욕심'으로 풀이하고 있다. 음욕은 성욕과 다르다. 사랑하는 사람들 간에 서로에 대해 성욕을 가질 수 있지만 음욕을 가질 수는 없다. 음욕은 마땅하지 않은, 서로 동의하지 않은 사람들이 일방적인 성욕을 품는 것이다. 방탕한 성욕인 것이다.

여기에서 주목하고자 하는 것은 음욕이 비위력 공간과 위력 공간 중 어디에서 발생하는가에 따라 음욕의 행태가 달라진다는 점이다. 비위력 공간에서의 음욕은 그 심리적 상태와 그 상태의 발현 행위가 구분된다. 모든 음욕이 상대방을 대상화하고 사물화한다는 점에서 도덕적으로는 정당하지 않지만,[13] 타인에게 해를 끼치는 행동을 취하지 않는 경우 음욕의 소유만으로 책임을 지우지 않는다. 그러나 위력 공간에서의 음욕은 적어도 두 가지 점에서 사정이 다르다. 첫째, 대개의 경우 선임자가 후임자를 향하여 음욕을 품는 것은 그 조직의 순기능을 왜곡시키는 반기능적 동기를 도입하는 것이다. 이것은 조직을 훼손하는 것이다. 둘째, 위력의 공간 안에서 선임자가 후임자를 향하여 음욕을 품는 것은 위력의 공간 구조로 말미암아 음욕 자체만으로 위력 행사가 된다. 최 교수의 "위력의 존재 자체가 김지은이 안희정과의 성관계를 거부할 가능성을 차단해버릴 수 있다"라는 통찰은 정당한 것이다. 비위력 공간에서의 음욕은 심리적 상태와 그 상태의 발현 행위가 구분되지만, 위력 공간에서의 음욕은 그러한 구분이 위력공간과 음욕이 갖는 관계의 개념적 구조 때문에 무화되는 것이다. 선임자가 후임자를 향하여 아직 신체적 행위에 돌입하지 않았다 할지라도 그렇게 접근하고자 하는 마음의 선임자는 억압하는 주체이고, 이때의 후임자는 억압받는 객체가 된다. 후임자는 순기능적 선임자의 지시에 대해 이의, 비판, 반대를 할 수 있는 소통의

---

13) "나는 너희에게 이르노니 음욕을 품고 여자를 보는 자마다 마음에 이미 간음하였느니라." 대한성서공회 편(2012a),

문법에 열려 있지만, 음욕을 품은 역기능적 선임자의 지시에서는 이미 위계 공간이 왜곡되어 있기 때문에 그러한 정상적 소통의 통로로부터 차단된, 음욕적 대상으로 전환된 사물적 존재가 된다.[14]

안희정 무죄 판결의 재판부는 위력과 위력 행사의 구분에 그 판결의 정당성을 의존하고 있다. 그러나 위에서 논의한 바를 따르자면, 그 구분은 물리적 위력 공간에서는 유지될 수 있지만 의미적 위력 공간에서는 허용되기 어렵다. 또한 의미적 위력 공간에서도 조직의 순기능적 행사나 반기능적 행사의 경우들은 구별되어야 할 필요가 있다. 성취적 기능과 왜곡적 기능의 차이가 명시되어야 하는 것이다. 특히 음욕 같은 반기능적 행사가 개입되는 경우 제도가 훼손될 뿐 아니라 음욕 자체가 음욕 행사가 되는 것이다.

위력 공간 개념에 대한 이러한 논의를 바탕으로 안희정과 김지은의 관계를 조명하도록 하자. 안희정은 러시아 호텔에서 김지은에게 "자신의 방으로 맥주를 가져오도록 지시"(32쪽)하였다. 이러한 지시는 일반적으로 도지사와 수행비서 간에 순기능적인 업무의 부분일 수 있다. 그러나 러시아에서의 이 특별한 지시는 맥주를 가져온 김지은을 "갑자기 껴안았"(32쪽)다는 사실에 의해 순기능적인 업무가 아니라 반기능적 업무 행사이다. 안희정은 그 지시를 했을 때 음욕을 품고 있었던 것이다. 안희정이 음욕을 품고 그 지시를 했을 때 간음까지의 사건들의 연쇄는 왜곡된 위력 공간의 여러 사항들을 총체적이고 복합적인 단일 사건의 그림을 나타낸다.

---

14) "나는 너희에게 이르노니 음욕을 품고 여자를 보는 자마다 마음에 이미 간음하였느니라." 대한성서공회 편(2012a).

4. 자기근원성의 자유

1) 피해자다움

　무죄 판결의 재판부는 위력과 위력의 행사의 구분을 자명한 것으로 간주하였다. 이와 달리 재판부가 힘들여 구성한 논변은 김지은의 '피해자다움의 결여' 논변이다. 재판부는 이 논변으로 김지은의 진술이 신빙스럽지 못하다고 판결한 것이다. 최 교수는 재판부가 '피해자다움'에 대해 "사려 깊게 판단"하기를 기대하면서도 그 스스로는 '피해자다움'에 대한 개념적 명료화를 시도하지 않는다. 그 대신 그는 '피해자다움의 결여' 논변을 대치할 수 있는 '새로운 자유 개념'을 제안하여 안희정 무죄 판결의 구조화를 강화한다. 그는 재판부의 무죄 판결에 대한 논변을 비판하지는 않고 유보적이면서 그 설득력을 구조화한다.

　최 교수는 왜 '피해자다움의 결여' 논변을 수용하지 않는가? 혹시 그는 피해자다움이라는 표현이 함축할 수도 있는 '다움'의 실체성 때문일까? 이 물음은 최 교수가 재판부의 논변을 하나도 수용하지 않으면서 결론만을 지지하고자 하는 중심을 이해하는 데 도움이 될 것이다. '다움'이라는 표현은 한국 일상언어에서 소중하고 아름다운 표현이다. 많은 부모들이 이를 자녀의 이름으로 선택하기도 한다. 이 단어는 사람다움, 여성다움, 남자다움, 신사다움, 아름다움, 학교다움, 노래다움, 재판관다움 등의 표현들을 통해 그 대상의 본질이나 실체, 기준이나 이상을 지칭하는 것으로 이해될 수 있다. 무죄 판결의 재판부도 이 단어에 대한 개념 분석은 하지 않았지만 '피해자다움의 결여' 논변을 구성했을 때 혹시는 모든 정상적인 피해자들이 만족해야 하는 기준이나 본질 같은 것을 상정한 것은 아니었을까? 그러한 상정이 정당하다면 재판부의 논변은 보다 설득력을 갖기 때문일 것이다. 그러나 만일 내가 "나는 남자지만 안살림만 하겠다"라고 말한다면, 나는 남자답지 않을 것인가? 이러한 물음의 가능성은 '다움' 본질론을 반박하는 경우가 될 것이다. 최 교수의 피해자다움의 결여 논변에 대한 유보는 이러한 고려가 전제된 것이 아닐까?

최 교수는 앞에서 본 '철수 사유실험'을 통해 '새로운 자유 개념'을 개진하였다. 그의 자유 개념 도출을 명확하게 하기 위해 철수의 국면들을 구분하기로 하자. 철수1은 고정의자에 포승줄로 꽁꽁 묶여 있는 상황의 철수이고, 철수2는 철수1에 고정의자에 앉아 있는 것을 좋아하고 묶여 있는 것을 진심으로 좋아하는 속성이 추가된 철수이고, 철수3은 철수2에 포승줄이 없었다 하더라도 의자에서 벗어나려 하지 않았을 철수이다. 최 교수의 '철수 사유실험'은 그 자체로 정합적이다. 데카르트의 코기토 사유실험이 논리적 진리도 의심할 수 있었던 것은 그 의심도 수용할 수 있는 해석이 가능했기 때문이다. 철수 사유실험의 가능적 장치가 반직관적으로 보일 수도 있지만, 사유실험의 정합성을 손상시키지 않는다. 전통적 자유론이 "달리 행동할 수 있음"에 기초하는 것이어서 사유실험의 철수는 자유가 없었다고 해야 하지만, 최 교수는 사유실험의 철수가 "비록 포승줄에 묶여 있기는 했지만 자신이 진심으로 원하는 행위, 즉 의자에 앉아 있는 행위를 수행하였다"고 하여 철수의 행위는 철수 자신에 의해 비롯되었다는 점에서 자유롭다는 것이다. 최 교수는 김지은에게서도 이러한 철수 사유실험과 같은 "동일한 상황이 성립"한다고 믿고, 이 논리를 김지은에게 적용하여, 김지은도 자기 의사에 의해 안희정과 성관계를 가졌다고 한다.

최 교수가 철수 사유실험으로부터 그 함축을 끌어내는 방식에 대해서는 다음 절에서 자세히 논의하기로 하고, 우선 철수 사유실험에 대응하여 '막동 사유실험'을 구성하여 두 실험들의 조건들을 비교할 수 있을 것이다. "막동은 조선조 중기의 노비로 막동1은 그의 몸과 마음이 주인 대감의 소유이고, 막동2는 막동1에 주인 대감을 존경하여 노비 신분, 노비 삶을 좋아하는 속성을 첨가한 노비이고, 막동3은 노비에서 풀려났더라도 주인 대감댁에 남아 과거처럼 섬겼을 속성을 막동2에 첨가한 사람이다. 이러한 막동은 주인 대감의 의지에 따라 거짓말, 도둑질, 타인 폭행을 수행할 수도 있었다." 이 사유실험의 막동은 '철수 사유실험'의 철수와 구조적으로 일치한다. 그리하여 막동은 최 교수의 의지의 자기근원성 조건을 만족하지만 막동의 행위들은 자유 행위라 하기 어렵다.

2) 자기근원적 자유의 한계

최 교수가 사유실험을 통해 도입하는 자유의 자기근원성은 자유의 정당한 조건이다. 그러나 이 조건은 자유의 필요조건일 뿐 충분조건이 아니다. 여기에서의 혼동을 '칸트적 오류'라 할 수 있다. 칸트가 "나의 도덕적 의지", "내적 강요로서의 자율"을 자유의 조건으로 제안했을 때,[15] 칸트적 자기근원성의 자유 조건을 만족할 수 있는 계급은 '상층부의 백인 남자'라는 비판의 정당성은 여기에 근거한다. 그 계급의 사람들은 대부분 넓은 외적 상태에 의해 억제를 받지 않는 조건에 있기 때문이다. 그러나 그 외의 사람들은 대부분 넓은 외적 상태로부터 억제를 받기 때문에 '나의 도덕적 의지'를 행사할 수도 없고 따라서 칸트적 자유를 누릴 수 없다. '하층부의 유색 여자'는 그 주변에 간섭하거나 방해하는 사람이 없어야 칸트적 도덕성 의지를 발동할 수 있는 것이다. 그렇다고 이 여자가 어떤 사람도 존재하지 않는 섬 또는 가능세계에 들어간다면 그의 도덕 세계는 공허해지고 만다. 그러므로 칸트의 도덕적 의지나 최 교수의 의지 자기근원성은 선험적 자아 또는 홀로 주체성에 기초했다는 구조에서 자칫 공허한 윤리가 될 우려가 있는 것이다. 의지의 자기근원성은 자유의 필요조건이지만 이를 충분조건일 것처럼 간주하는 데서 비약의

---

15) 백종현(2012), pp.105-120.

오류가 가능해지는 것이다.16)

철수 사유실험 자체는 정합적이지만 그러나 이 실험으로부터 그 함축을 끌어내는 과정에서의 칸트적 오류는 구체적으로 지적할 수 있을 것이다. 최 교수는 "이러한 자기근원성을 통해 자유의 개념을 새롭게 정의할 수 있는데, 그때 의자에 앉아 있는 철수의 행위는 자유로운 의사에 따른 것이 된다"고 적고 있다. 어떻게 이러한 비약을 할 수 있는가? 철수3은 '의자에 앉아 있는 철수의 행위는 자유로운 의사에 따른 것'을 함의하지 않는다. 철수3은 계속 철수1에 의해 지배되고 있기 때문이다. 철수3인 경우에도 자유의사는 단순히 철수의 좁은 내적 상태(앉아 있는 것을 좋아함)만이 아니라 그 좁은 내적 상태가 넓은 외적 상태(포승줄로 묶여 있음)에 의해 억제되지 않을 조건을 요구하고 있기 때문이다. 자유의사는 '앉아 있는 것을 좋아함'이 아니라 '앉아 있는 것을 선택함'이다. 그리고 이 '선택'은 어떠한 넓은 외적 상태에 의해서도 방해받지 않아야 한다.17)

재판부와 최 교수는 김지은의 좁은 의식에 주목함으로써 칸트적 오류에 이른 것으로 생각한다. 이러한 접근 때문에 안희정의 잘못을 찾는 것과 김지은의 잘못을 찾는 것 사이에 비대칭성이 있는 것이다. 이것은 강간범의 잘못을 찾는 것과 강간 피해자의 잘못을 찾는 것 사이의 비대칭성과 유사해 보인다. 오래전 시골에서 혼자 상경한 어린 여공이 유서를 남기고 자살하였다는 신문보도가 있었다. "강간을 당하고 몸이 더럽혀져 어머니와 남자 친구를 볼 면목이 없어 먼저 갑니다"라는 유서였다. "여공은 강간을 당했을 뿐인데 어떻게 몸이 더럽혀졌다는 것인가?" 이

---

16) 인간은 독립적인가 연대적인가의 인간 존재의 다양한 이해에 따라 자유와 평등의 가치의 배합에서의 우선순위나 강약의 지점이 달라진다. 칸트적 오류는 원자적 자유에 매인 데 기인한 시대 한계적 오류라고 생각한다. 참조: 남경희(1986); 박정순(1993; 2005).

17) 이현재(2018) 교수는 최 교수의 자유 개념이 안희정 무죄 판결을 지지하는 것이 아니라 오히려 반박하는 "자살골"이라고 날카롭게 평가한다.

물음에 대한 조명은 "성관계의 전반 단계에선 범인의 일방적 의도만 있었을 뿐이었기 때문에 여공은 '강간'을 당한 것이고, 후반 단계에선 합법적 부부관계에서 남자의 절정감만 필요하기 때문에 여공은 성관계를 수행한 것"이라는 시나리오로 시도된다. 성관계 경험의 이러한 개념적 구성은 성관계 경험을 남성적 관점으로 부터서만 기술해왔기 때문에 얻어진 것이다. 성관계 개념이 평등한 상호적 개념이기 위해서는 상호적 관점으로 부터 기술되어야 한다. 성관계의 전반 단계에서 남성의 삽입과 여성의 흡입이 있어야 하는 것처럼 후반 단계에서도 남성의 절정감 못지않게 여성의 절정감도 요구되어야 한다. 여공은 전반 단계에서 흡입을 하지 않았기 때문에 강간을 당한 것이고 후반 단계에서 절정감이 없었어도 성관계를 한 것이 된다. 여공은 강간범으로부터 일차적 피해를 입었어도 죽지 않았지만 '더러워졌다'라는 주류사회의 기술방식에 따른 사회적 인식을 자기 인식으로 하는 이차적 피해로 죽음을 선택한 것이다.[18]

김지은의 좁은 의식에 주목하는 방식은 자연법학에서 친숙한 사태들의 개체성 또는 독립성의 위험을 가지고 있다. 재판부는 맥주, 포옹, 외롭다 등의 언행을 독립적인 사건들로 파악하여 이들을 "포옹한 행위뿐", "언어적으로는 외롭다고 안아달라고 말한 것뿐"(35쪽) 등으로 기술한다. 그러나 음욕을 품지 않고는 맥주, 포옹, 외롭다 등의 행동을 통해 "침대로 데려가 옷을 벗긴 후 간음"(34쪽)에 이르기까지의 안희정의 언행들을 엮기가 어렵고, 이를 전제하면 이 언행들은 총체적으로 긴밀한 한 편의 이야기 사건이 된다. 자연법학적 법률언어 이해에 입각한 김지은의 좁은 의식에의 접근이 위험할 뿐 아니라 왜곡적이게 되는 까닭을 볼 수 있게 된다. 인간학적 법률언어 이해의 관점에 서면, 자연법학적 법률언어의 왜곡 경향성을 볼 수 있게 된다.

---

18) 정대현(2006), pp.227-246; 정대현(2007), pp.31-39.

5. 맺는말: 무죄 판결문에 대한 대립적 해석학

1) 해석학의 구조

안희정 1심 판결은 부당하다는 분석에 설득력이 있다. 판결이 정당하다는 분석의 설득력과는 어떻게 대조될 것인가? 나는 안희정 무죄 판결문은 부당하지만, 그 부당성의 근본을 재판부의 가치관이나 인격성 또는 품성에 돌리고 싶지 않다. 그 부당성의 까닭은 판례나 법조문에 대한 기존의 해석학에 있다고 생각한다. 재판부의 판결은 자연법학적 법률언어의 해석학을 수용하는 경우 정당하다 할 것이지만, 그리하여 이러한 판결문에 이른 것이지만, 그 해석학은 이제 수용하기 어려운 것이다. 선호해야 하는 것은 법률언어에 대한 인간학적 해석학이라야 한다. 이 글에서는 이미 자연법학적 해석학이 아니라 인간학적 해석학이 선호되어야 하는 방향을 시사하였다. 이 결론에서는 그 시사점을 보다 선명하게 요약하고자 한다. 먼저 해석학이란 크게 세 가지 요소로 되어 있다. 존재론적 조건은 해석의 표적이 되는 사태나 언어에 대해 무엇을 해석의 대상으로 선택할 것인가에 대한 대상의 특성적 규정이고, 인식론적 조건은 그 대상을 인식하는 문법이 인과관계의 질서일 것인지 다른 질서일 것인지의 지식의 조건이고, 해석론적 조건은 존재와 지식을 선호하는 가치의 프레임에서 읽어낼 수 있는 조건이다.

2) 자연법학적 해석학과 인간학적 해석학

그러면 안희정 무죄 판결문이 선택한 자연법학적 해석학은 무엇인가? 판결문은 판결의 프레임을 제시하고 있다. "위력에 의한 간음을 처벌하기 위해서는 … 행사된 위력과 간음 사이에 인과관계가 인정되어야 하며 그로 인해 피해자의 성적 자기결정권이 침해되는 결과가 발생해야 한다."(32쪽) 판결문은 사건들의 존재론을 '인과관계'나 '결과'의 질서가 유지되는 사건들로 구성하여 갖는다. 안희정의 행위 사건을 "포용한 행위뿐", "언어적으로는 외롭다고 안아달라고 말한 것뿐" 등으로 기술하고 있다. 판결문은 사건들 간의 관계의 인식론에 인과관계의 질서를 요구했기 때문에 김지은의 "저항을 불가능하게 하거나 곤란하게 하는 물리적인 위력이 직접 행사되었다고 볼 만한 구체적 증거는 제출되지 아니"(17쪽)했다고 하고, 김지은의 피해자다움의 행태와 "그루밍, 학습된 무기력, 해리, 심리적으로 얼어붙음"(91쪽)의 심리 상태와의 관계를 인정할 수 없었다고 생각한다. 판결문의 해석론은 '자연적 질서'라 불러왔던 '기존 질서 보존적' 가치에 입각해 있다. 기존의 법률이나 판례를 따르면서 명시되지 않은 사안에 대해서는 "현재 우리 성폭력 범죄의 처벌 체계 하에서" 유죄라 할 수 없고, "입법정책적 문제"라고 비켜가고 있다. 최 교수의 재판부를 향하여 보이는 신뢰의 태도도 '기존 질서 보존적'이다. 이 태도는 일반적으로 옳은 것이지만, 목전의 사안은 "신뢰를 받을 만한가?"라는 물음이다.

그러나 안희정 사건은 그 사건의 성격 때문에 인간학적 해석학으로 접근되어야 한다. 안희정 무죄 판결문에 대한 대안론은 그 존재론이나 인식론을 '안희정 캠프의 의미적 공간'의 프레임에서 접근되어야 한다. 캠프 공간에서 발생하는 사건들은 서로로부터 분리되어 독립된 개체성으로 존재하는 것이 아니라 유기적 긴밀성으로 연결되어 있는 것이다. 무죄 판결문이 제시하는 '피해자다움의 결여' 논변의 오류는 김지은의 특정한 소수 행위 사건들을 독립적으로 개체화하여 '피해자다움의 결여' 패턴을 그리는 데 사용한 것이다. 캠프 공간은 이미 위력 공간이고 안희정이 음욕을 품는 순간 그 위력 공간은 위력 행사의 공간이 된다. 안희정이 음욕으로써 왜곡한 캠프 공간은 '가해자다움의 발현' 패턴을 그리는 데 사용되어야 한다. 왜곡된 공간의 사건들은 기존 질서 보존적으로가 아니라 인간 가치 확장적으로 해석되어야 하는 것이다. 음욕으로 왜곡된 공간은 보존할 만한 가치 있는 공간이 아니라 거부되고 응징되어야 하는 부정적 귀감이기 때문이다. 그러한 경우에 대해 판례가 없다거나 '비동의 간음죄'의 입법을 기다리자는 판결문은 인간학적 법학의 언어와 대치된다. 안희정 무죄 판결문은 잘못된 해석학에 기초하여 있는 것이다.[19]

참고문헌

김상봉(2007), 『서로 주체성의 이념: 철학의 혁신을 위한 서론』, 도서출판 길.

김상환(2012), 『철학과 인문적 상상력』, 문학과지성사.

김선욱(2007), 「정치에 있어서 대중과 자각적 개인」, 『정치사상연구』 13-2: 183-202.

김효명 외(1996), 『인과와 인과이론』, 철학과현실사.

남경희(1986), 「사회정의, 평등이냐 자유냐」, 이화여자대학교 한국여성연구소 편(1986), pp.73-106.

대한성서공회 편(2012a), 『성경전서』, 「마태복음」 5장 28절. http://bible.godpia.com/etc/search.asp#ver=han&vol=mat&chap=5&sec=28d=han_mat_5_28#han_mat_5_28

대한성서공회 편(2012b), 『성경전서』, 「고린도전서」 13장 4절. http://bible.godpia.com/read/reading.asp?ver=gae&vol=1co&chap=13&sec=4&positionId=gae_1co_13_4#gae_1co_13_4

박은정(2007), 『법철학의 문제들』, 박영사.

____(2010), 『왜 법의 지배인가』, 돌베개.

---

19) 이 글은 정대현(2018a)에서 요약되었고 정대현(2018b)와 일부 중첩된다.

박정순(1993), 「자유주의대 공동체주의: 방법론적 쟁점」, 철학연구회, 『철학연구』 33: 33-63.

＿＿(2005), 「현대 윤리학의 지평 확대와 여성주의 윤리학의 공헌」, 『철학사상』 20호: 167-179.

백종현(2012), 『칸트이성철학』, 아카넷.

서울서부지방법원(2018), 「제11형사부 사건: 2018고합75」.

이한구(1986), 「사회과학에 있어서의 방법론적 개체론과 전체론」, 이화여자대학교 한국여성연구소 편(1986), pp.37-54.

이현재(2018), 「안희정 무죄 판결이 정당하다고 볼 수 없는 이유」, 『교수신문』, 2018년 9월 10일자. http://www.kyosu.net/news/articleView.html?idxno=42677

전영기, 최준호(2015), 「최규하 '총재님, 어젯밤 죽을뻔 했시유' … 상기된 목소리로 JP에게 하소연했다」, 『중앙일보』, 2015년 9월 4일자.

정대현(1996), 「인과와 사건」, 김효명 외(1996), pp.137-162.

＿＿(2006), 「성관계 개념의 억압성」, 『다원주의 시대와 대안적 가치: 한 인간론의 여성주의적 기초』, 이화여자대학교 출판부.

＿＿(2007), 「한국어와 폭력의 편재성」, 『철학윤리교육연구』 제23권 제39호.

＿＿(2018a), 「왜곡된 위력 공간을 간과한 안희정 판결의 부당성: 최성호 교수의 주장에 대한 반론」, 『교수신문』, 2018년 10월 8일자.

＿＿(2018b), 「피해자다움을 왜곡한 안희정 1심 무죄 판결의 부당성」, 이화여자대학교, 『여성학 논집』 제35집 2호.

이화여자대학교 한국여성연구소 편(1986), 『여성학 방법론: 사회과학적 접근』, 서울: 한국여성연구소.

최성호(2018), 「안희정 무죄 판결이 정당하다고 볼 수 있는 한 가지 이유」, 『교수신문』, 2018년 8월 27일자. http://www.kyosu.net/news/articleView.html?idxno=42527.

Choi, Sungho and Fara, Michael(2018), "Dispositions," The *Stanford Encyclopedia of Philosophy*(Fall 2018 Edition), Edward N. Zalta(ed.), forthcoming. https://plato.stanford.edu/archives/fall2018/entries/dispositions/

Davidson, Donald(1980a), "The Individuation of Events," Davidson, D.(1980).

____(1963), "Actions, Reasons, and Causes," Davidson, D.(1980), pp.3-20.

____(1980b), "Causal Relations," Davidson, D.(1980).

____(1980), *Essays on Actions and Events*, Oxford: Clarendon Press.

Whitehead, A. N.(1925), *Science and the Modern World*, New York: Macmillan.

____(1920), *The Concept of Nature*, Cambridge University Press.

https://en.wikipedia.org/wiki/Natural_law

기술격차에 대한 철학적 반성: '접근성' 개념의 제안

손 화 철

1. 들어가며

현대 기술의 발전 방향은 올바른가? 바람직한 기술발전의 방향은 무엇인가? 매우 단도직입적이고도 단순한 이 물음들은 기술철학의 궁극적인 탐구 주제이다. 기술철학은 과학기술로 인해 생겨나는 여러 가지 현

* 이 논문은 서강대학교 철학연구소 편, 『철학논집』 38권(2014)에 실린 글이다. 본 연구의 바탕이 된 최초의 아이디어와 여러 단계의 초고들이 2011년 한동대학교 '엔지니어링 런치' 모임, 2011년 미국 North Texas 대학에서 열린 Society for Philosophy and Technology 학회("Rediscovering Technological Divide as a Topic in Philosophy of Technology")와 2012년 미국 Baylor 대학에서 열린 Baylor Symposium of Faith and Culture("A Question Concerning the Future of Technology"), 그리고 2013년 한양대학교에서 열린 제2회 과학학연합학술대회("기술격차와 전문가의 책임")에서 다양한 제목들로 구두 발표되었다. 본 논문의 내용은 이 모임들에서 받은 논평과 질문들을 바탕으로 대폭 수정된 것이다. 많은 도움을 주신 각 학회의 참가자들께 감사드린다.

상들과 그 의미를 일차적으로는 관찰자의 입장에서 분석하지만, 그 관찰은 궁극적으로 실제 과학기술의 변화 과정에 일정한 영향을 미칠 수 있어야 한다. 기술철학이 기술사회가 안고 있는 여러 가지 문제들을 일거에 해결할 구체적인 방안을 제시하지는 못하더라도 그 문제들을 지적하고 비판하는 것에 만족할 수는 없는 것이다. 기술의 개발과 관련한 논의를 전문가에게만 맡길 것이 아니라 시민의 동의를 얻어야 한다고 주장하거나, 민주적인 기술을 개발하기 위한 공학설계의 기준들을 제시한 과거의 이론적 노력들은 모두 이러한 부담에서 시작되었다고 할 수 있다.

물론 이와 같은 시도는 쉽지 않다. 수많은 기술들이 점점 파악하기 힘든 엄청난 규모와 속도로 그 적용의 범위와 영역을 넓혀가고 있는 상황에서 '현대 기술'을 구체적으로 특정하기 어렵다는 문제가 있다. 또 '올바름'의 판단기준이 다양한 이해관계와 판단의 근거들에 따라 다르기 때문에 기술사회의 여러 구성원들이 모두 합의할 수 있는 설득력 있는 대안을 찾기가 어렵다. 구체적인 방안을 마련하기 위해서 선결되어야 할 문제도 많다. 기술발전의 방향 설정을 그 내용을 가지고 판단할지 형식을 가지고 판단할지를 고려해야 하고, 그 판단의 주체도 결정되어야 한다.

이처럼 다양한 수준과 종류의 문제들을 일거에 해결할 방안을 제시하는 것이 현실적으로 어렵다면, 대체로 동의할 수 있는 기술의 발전 방향을 출발점으로 설정하고 그로부터 논의를 발전시켜나가는 방식을 택할 수도 있을 것이다. 이러한 판단 아래, 본 연구에서는 기술격차(Technological Divide)의 해소를 기술진보의 새로운 기준으로 삼을 것을 제안하여 논의를 촉발하고자 한다. 먼저 논자가 기술격차를 검토의 대상으로 삼게 된 이론적 맥락을 소개하고(2절), 이어서 기술격차를 어떻게 규정할 것인지와 기술격차의 감소가 현대 기술사회의 구성원들이 동의할 만한 목표임을 밝혀 기술철학이 이 문제를 적극적으로 다루어야 함을 주장할 것이다(3절). 이어서 기술철학의 기존 이론들에서 제시된 주장과 개념들 중 기술격차의 문제와 연결되는 부분들을 살피고(4절), 그에 바탕하여 앞으로의 기술발전을 위한 노력에서 기술사회의 구성원들이 채택해야 할 새로운 진보의 기준으로서 '기술의 접근성'을 제안한다(5절).

2. 기술철학의 과제와 기존 논의의 한계

현대 기술철학은 산업혁명으로 촉발된 급속한 기술발전의 여파로 생겨났다. 그 짧은 역사는 기술에 대한 규범적 평가와 인식론적 이해를 두 축으로 삼아 발전해왔다. 19세기 말의 초기 기술철학자들이 인식론적 접근의 토대를 만들었다면, 마르틴 하이데거(Martin Heidegger)와 자크 엘륄(Jacques Ellul)을 비롯한 소위 '고전적 기술철학자'들은 현대 기술의 비인간적이고 전체주의적인 모습을 강하게 비판하면서 규범적 평가를 기술철학의 주류 논의로 만들었다.

20세기 후반의 기술철학자들은 기술사회에 대해 비판을 넘어 비관적인 분석과 전망을 제시하는 고전적 기술철학자들에 맞서 총론 수준에서의 비판이 아닌 구체적인 수준에서의 대안을 제시할 것을 요구하기 시작했다.[1] 이들은 기술의 발전이 인간의 삶에 상당히 부정적인 영향을 미쳤다는 고전적 기술철학자들의 주장을 완전히 부정하지는 않으면서도 기술이 인간의 통제를 벗어났다는 그들의 주장을 배격하였다. 이들은 좀 더 건설적이고 차분한 접근을 통해 현대 기술사회의 여러 가지 위기들을 극복하고 인류의 삶을 좀 더 안전하고 지속가능하게 만들 수 있는 방법을 제시할 수 있다고 믿었다. 이러한 노력 중 대표적인 것이 '기술의 민주화'를 주장하는 것인데, 이를 뒷받침하는 학자들은 기술발전의 여부와 방향을 전문가

---

1) 손화철, 「기술철학에서의 경험으로의 전환: 그 의의와 한계」, 『철학』 제87집, 2006, 137-164.

와 권력기관뿐 아니라 시민들도 함께 결정해야 한다거나, 시민의 민주적 권리를 최대한 보장할 수 있는 공학 설계를 해야 한다고 주장했다.[2]

이와 같은 기술철학의 논의들은 기술의 발전을 무작정 긍정하며 추구해온 기술사회에 강력한 경고를 발하고 좀 더 나은 세상을 위해 고민해야 할 지점이 어디인지를 가르쳐주었다. 그러나 복잡다단한 현대 기술의 여러 측면들을 고려할 때, 문제의 제기와 대안의 제시가 충분했다고 보기는 힘들다. 나아가 기술철학의 논의들이 전개되는 과정에서 깔끔하게 해결되지 않은 것으로 보이는 두 가지 이론적 불일치가 있다.

그 하나는 내용과 형식의 불일치이다. 현대 기술사회에 대해 부정적이거나 비판적이었던 고전적 기술철학자들은 현대 기술의 급속한 발전이 불러온 인간소외, 비인간화, 자연의 훼손과 같은 내용적인 부분을 지적하였다. 그런데 이에 대한 대안으로 제시된 기술의 민주화와 같은 개념들은 기술발전의 내용보다는 형식에 치우쳐 있다. 즉 기술개발의 과정과 설계에 시민의 참여가 있어야 좀 더 나은 방향의 발전이 이루어진다는 것이다. 물론 민주주의에서는 절차의 정당성이 그 절차를 통해 이루어진 결과의 정당성뿐 아니라 내용적인 우월성도 어느 정도 담보할 수 있다고 본다. 그럼에도 불구하고, 기술발전의 결과에 대한 내용적 우려에 대한 답으로서 기술발전 과정의 정당성을 제시하는 것이 충분한 답이 되는지에 대해서는 의문의 여지가 있다. 일반적으로 민주주의 정치체제에서는 어떤 결정을 입법을 통해 수정할 수 있고, 선거와 같은 반복 결정을 통해 시민이 스스로의 판단을 점검하고 번복, 혹은 수정할 수 있는 기회가 제공된다. 그러나 기술의 영역에서는 민주적 과정을 통하건 그렇지 않건 한 번 결정이 내려진 다음에는 수정과 번복이 힘들다. 과거와는

---

2) A. Feenberg, *Questioning Technology*, Routledge, 1999; L. Winner, 『길을 묻는 테크놀로지』, 손화철 옮김, CIR, 1986/2010; 손화철, 「사회구성주의와 기술민주화에 대한 비판적 고찰」, 『철학』 제76집, 2003, 263-288.

비교할 수 없을 정도로 규모가 커진 현대 기술은 많은 경우 오랜 개발기 간과 불가역성, 그리고 장기적인 영향력을 가지기 때문이다.[3] 나아가 새로운 기술이 간접적으로 영향을 미치는 정치, 사회, 문화의 변화까지 고려한다면, 특정한 기술의 개발에 대한 민주적 결정 과정 자체가 보장할 수 있는 내용적 개선에는 뚜렷한 한계가 있다.

또 하나의 불일치는 기술사회를 이루는 구성원들의 위계, 혹은 주체의 문제이다. 산업혁명 이후의 현대 기술사회는 그 발전의 도가 더해갈수록 전문가의 자리가 중요해지고 있다. 공학활동은 전문가인 공학자와 그 활동을 지원할 수 있는 큰 기업 혹은 국가에 의해 이루어진다. 따라서 기술사회의 앞날에 대해 공학자들과 기업 및 국가권력이 가진 실질적인 영향력은 막대하다. 그런데 기술철학의 여러 이론들은 기술사회를 바람직하게 이끌어갈 책임 있는 시민을 강조하는 경향이 있다. 물론 기술이 정치적이라는 점에서 볼 때 시민의 역할을 강조하는 것은 당연하고, 입법을 통한 기술의 통제도 가능할 것이다. 공학자가 시민이라는 사실 역시 명백하다. 그럼에도 불구하고, 현대 기술의 유지와 개발을 책임지고 어떤 방식으로든 그것들을 개선하려 할 때에도 주도적인 역할을 해야 할 기업과 공학자들에 대한 특별한 고려가 충분히 이루어지지 않은 것은 문제가 아닐 수 없다.[4] 이를 극복하기 위하여 공학자와 철학자가 마주앉

---

3) 독일과 네덜란드 접경에 1972년부터 1986년까지 총 35-40억 유로를 들여 만든 한 핵발 전소는 반핵 여론과 체르노빌 사태의 여파로 독일 정부가 핵발전을 포기하기로 하면서 발전을 시작도 하지 못한 채 버려지게 되었다. 건설비용을 고스란히 날리고 해체에 드는 비용을 감당할 수 없어 버려질 뻔했던 이 발전소는 네덜란드 사업가에게 팔려 현재 놀이 공원으로 운영되고 있다. 발전소의 시설을 그대로 유지한 채 냉각탑에 대형 놀이기구를 설치하는 등의 아이디어로 한 해 60만 명의 관광객이 찾는다는 이 놀이공원은 그나마 성 공한 예인지도 모른다. http://goo.gl/xpSTQ8

4) 손화철, 「공학설계와 기술철학」, 『철학연구』 제94집, 2011, 111-112. 물론, 공학자들이 가진 일방적인 결정권을 견제해야 한다는 주장은 타당하다. 그러나 결국 기술의 개발과 유지가 공학자들에 의해 이루어져야 한다면, 그들에게 무엇을 요구할 수 있는지에 대한 논의가 필요하다.

아 논의를 하려는 시도도 이루어지고 있으나,[5] 아직 그 결과를 말하기는 이르다.

이 문제는 기술민주화 논의가 가지고 있는 근본적인 한계와 밀접하게 연결되어 있다. 바로 민주주의는 일정한 경계(예를 들어 국경)를 전제로 하여 그 경계 내에서 권력의 분산을 논할 수 있는 데 반해, 기술의 제작, 사용, 그리고 그 영향력은 그러한 경계를 상정하기 힘들다는 점이다.

이와 같은 불일치를 극복하기 위해 몇몇 기존의 연구들은 시민들과 공학자들이 함께 좋은 세상에 대한 고민과 토론을 해야 하며, 그러한 고민들이 기술정책과 공학설계에 반영되어야 한다고 주장했다.[6] 이와 같은 제안은 좋은 세상이 어떠한 세상인지, 또 그것이 공학에서 어떻게 구현될 수 있는지에 대한 지침을 마련하는 것을 통해 좀 더 구체화될 수 있다.

3. 기술격차

쉼 없이 발전하는 현대 기술사회를 좀 더 나은 곳으로 만드는 데 꼭 필요한 요소는 무엇일까? 인류가 좀 더 나은 삶을 살기 위해 기술발전이 가장 중요한 요소라고 생각하는 사람과 그런 생각을 근대의 막연한 믿음으로 보고 의심하는 사람들이 토론의 시작점으로 삼을 수 있는 최소한의 합의점은 어디일까? 논자는 '기술격차의 해소'를 기술사회의 바람직한 미래에 대한 논의의 시작점으로 제안한다.

---

5) 기술철학자 칼 미첨(Carl Mitcham)이 주축이 되어 International Workshop on Philosophy and Engineering을 2007년과 2008년에 개최하였고, 그 결과물이 출판되었다. I. van de Pole and D. E. Goldberg, eds., *Philosophy and Engineering: An Emerging Agenda*, Springer, 2010.

6) 손화철, 「공학설계와 기술철학」; 손화철, 송성수, 「공학윤리와 전문직 교육: 미시적 접근에서 거시적 접근으로」, 『철학』 제91집, 2007, 305-331.

1) 기술격차의 정의

기술격차는 컴퓨터와 인터넷을 일상적으로 사용하는 사람들과 그렇지 않은 사람들 사이의 차이를 의미하는 정보격차(digital divide)를 기술 전반으로 확대한 개념이다. 정보격차는 이미 기술적으로 상당히 발달한 사회들에서 꼭 해결해야 할 시급한 문제로 제시되어 여러 가지 방식의 대처가 이루어지고 있지만,[7] 기술격차는 그 해결의 주체와 방법이 모호하여 별다른 논의의 대상이 되지 못했다.

기술격차는 다양한 범위와 차원, 단위에서 발견된다. 기술이 발달한 나라와 그렇지 못한 지역이나 나라 사이의 격차가 있고, 같은 지역이나 나라에 살더라도 개인별로 나타나는 격차가 있을 것이다. 사용하는 기술의 격차가 있는가 하면 그 기술을 개발하거나 생산할 능력의 격차도 있다. 예를 들어 2G 휴대전화를 사용하는 사람과 LTE 휴대전화를 사용하는 사람 사이의 기술격차, 휴대전화가 널리 보급된 국가와 그렇지 않은 국가 사이의 기술격차, 휴대전화를 생산할 수 있는 능력을 가진 국가와 그렇지 않은 국가 사이의 기술격차, 전기 공급이 원활하지 않은 사회와 거의 무한대의 전기를 사용하는 사회의 기술격차를 각각 이야기할 수 있을 것이다.

기술진보의 과정에서 기술격차는 생겨나기 마련이고, 모든 격차가 해소되어야 하는 것은 아닐 것이다. 그러나 이 격차가 극복 불가능한 정도

---

7) 정보격차에 대한 사회학적 논의의 예로는 다음의 논문들을 참고하라. 안미리, 「디지털 디바이드 해소를 위한 노인 정보화교육과 사이버 문화의 확산」, 『사회이론』 제20권, 2001, 147-172; 이동후, 「휴대전화 이용의 성별 차이에 관한 연구」, 『한국방송학보』 제20권, 제1호, 2006, 249-284. 기술격차와 관련한 연구로는 안두현, 송위진, 「소외계층 삶의 질 향상을 위한 과학기술」, 『STEPI Insight』 제40호, 2010을 참고하라. 문상현의 경우 국제적인 정보격차를 해소하고자 하는 노력 혹은 그 담론 자체가 기존의 기술적 불평등과 착취 구조를 지속하려는 일종의 음모로 파악한다. 문상현, 「글로벌 디지털 디바이드의 담론적 구성과 그 함의」, 『한국언론학보』 제49권 제6호, 2005, 257-286.

로 벌어지게 되면 심각한 문제가 된다. 기술격차는 서로 다른 수준의 기술을 사용하고 생산하는 것뿐 아니라 그로 인해 삶의 맥락과 기회, 가능성들에서 현저한 차이를 가지게 되는 것까지를 모두 감안해야 한다.

기술격차가 일정한 수준을 넘어서게 되면 경제적 부와 빈곤으로 환원할 수 없게 된다. 한 사회의 기술적 인프라가 일정 수준에 이르지 못한 상태에서 기술격차가 벌어질 경우, 어느 순간에 한 개인이나 기업, 국가가 부를 축적하게 되더라도 기술격차를 해소할 수 없게 된다. 현대 기술이 개별 수단의 보유 여부를 넘어 시스템의 성격을 가지게 되면서 이러한 문제는 더욱 커진다.

예를 들어 인터넷에 연결되었다고 해서 똑같은 세계시민이 될 것이라는 기대는 환상이라는 것이 밝혀진 지 오래다. 전기가 충분히 공급되지 않은 지역에서 전화선을 통해 간신히 인터넷에 연결하는 사람과 때와 장소를 가리지 않고 모바일 기기를 통해 인터넷에 연결할 수 있는 사람의 삶은 다를 수밖에 없다. 100달러짜리 컴퓨터가 빈곤국의 아이들에게 엄청난 혜택을 줄 것이라는 기대가 있었지만 수백만 대를 보급한 이후에도 별다른 교육 효과를 거두지 못하고 있다는 보고가 이러한 현실을 잘 보여준다. 100달러 컴퓨터를 보급한 저개발 국가들에는 인터넷 망이 깔려 있지 않거나, 학교의 선생들이 아이들에게 컴퓨터를 이용하여 교육할 능력이 없거나, 망가진 컴퓨터를 고칠 인력이 없는 경우가 많기 때문이다.[8]

2) 기술격차의 심각성

기술격차는 오늘날 점점 심각해지고 있는 경제적 양극화와 맞물려 있

---

[8] "Why laptops aren't beating poverty in Peru," *Stuff*, 2012년 7월 4일자 기사. http://goo.gl/cecjXr

다. 그런데 이 둘이 맞물려 있는 상황은 과거와 매우 다르다. 과거에는 경제력의 차이가 기술을 지배했다면, 오늘날에는 기술력의 차이가 경제를 지배한다. 과거에는 돈으로 기술을 살 수 있었지만, 이제는 이야기가 그렇게 간단하지 않다. 기술의 규모와 복잡성이 커지면서, 이른바 기술체계를 이루게 되었고, 과거와 같이 기술 하나를 독립적으로 보유하거나 구입하는 것이 무의미하게 된 것이다. 이 체계는 교통, 통신, 의료, 에너지 분야의 거대 기술들뿐 아니라 그것을 운용하는 전문직을 교육하기 위한 제도와 행정까지 모든 분야를 아우른다.

이러한 상황에서 기술격차는 경제적 양극화와 서로 상승작용을 일으키게 되고, 이 격차를 줄일 만한 방법은 점점 줄어든다. 이전에는 전혀 없던 가능성과 기능들이 생겨나고 운용되기 때문에, 기술문명의 혜택과 교육을 받지 못한 사람과 그가 속한 사회는 이미 구성된 기술체계에 적응하기가 점점 더 어려워진다. 이것이 심화되면 기술 수준이 떨어지는 사회와 국가는 발달된 기술을 가진 사회와 국가에 경제적, 문화적, 정치적으로 종속될 수밖에 없다.

그리하여 우리 시대를 사는 사람들은 한편으로는 발달된 미디어를 통해 서로가 어떻게 살고 있는지를 보면서 각자의 처지와 비교할 수 있게 되었지만, 다른 한편으로는 그 격차가 너무 커서 서로의 삶을 일종의 영화처럼 느끼는 이상한 상황에 처하게 되었다. 가장 낮은 수준의 기술을 가진 사람들이 더 나은 기술을 갖게 되는 경우에도, 기술격차는 점점 더 커지기만 하기 때문에 위안을 삼을 수 없다. 이 같은 차이는 결국 새로운 종류의 차별로 이어질 수밖에 없고, 그만큼 갈등의 가능성은 더 커진다. 따라서 만약 기술격차가 해소될 가능성이 없다면, 기술의 발전이 궁극적으로 모두에게 유익할 것이라는 통상적인 믿음은 그 근거를 잃게 된다.

이렇게 본다면, 경제 원조를 통해 돈과 기술을 제공해서 경제적 양극화와 기술격차를 줄이려는 노력은 무의미하다. 후발국들이 원조를 통해 일정한 정도의 기술발전을 이루는 동안 기술 선진국들은 훨씬 빠른 속도로 기술개발을 할 것이기 때문이다. 결국 해법은 기술 후발국들에 대한 지원이 아닌 기술 선진국들의 개발과 관련해서 마련되어야 한다. 기술개발을 통해 환경이 파괴되는 것을 막아야 하듯이, 기술격차가 심화되는 것도 막아야 지속가능한 개발이 가능하다.

3) 기술철학과 기술격차

그렇다면 기술철학에서는 기술격차를 어떻게 다루고 있는가? 고전적 기술철학에서 제기된 현대 기술사회의 문제들에 대한 비판은 직간접적으로 기술격차와 연결되어 있다고 볼 수도 있다. 엘륄의 '자율적 기술'이나[9] 하이데거의 '닦달(Ge-stell)' 개념은 극심한 일원론적 경쟁과 비인간화를 초래하는 현대 기술에 대한 경고다.[10] 현대 기술의 닦달은 결국 극단적인 기술격차로 이어질 수밖에 없고, 기술격차는 다시 목적 없는 효율성의 추구를 가열시켜 기술사회의 문제를 심화시킨다. 이러한 연결점에도 불구하고, 고전적 기술철학자들의 문제의식은 기술격차의 해소에 대한 고민으로 이어지지 않는다. 그들의 근본적 물음은 현대 기술의 발전 자체의 적절성이지, 그 결과의 적절성이 아니기 때문이다.

고전적 기술철학자들의 기술 비판이 그에 상응하는 대안을 제시하지 못했다는 점을 강하게 비판한 차세대 기술철학자들 역시 기술격차를 그들의 논의의 중심에 두지 않았다. 물론 이들이 제시한 대표적 대안인 기술의 민주화 이론들도 기술격차와 만나는 지점이 없는 것은 아니다. 특정한 기술을 소유하고 사용하는지 여부에 따라 정치적 역학관계가 달라

---

9) J. Ellul, *The Technological Society*, trans. by J. Wilkinson, Vintage, 1954/1964, 133-147.
10) M. Heidegger, 『기술과 전향』, 이기상 옮김, 서광사, 1962/1993, 14-15.

질 수밖에 없으며, 이 역학관계의 조정을 통해 새로운 기술의 발전방향이 결정되기도 하기 때문이다. 그러나 기술민주화 이론에서 기술적으로 낙후된 지역이나 사람들에 대한 언급은 놀라울 정도로 제한적이다.

결국 기술격차는 기술사회에 대한 철학적 반성에서 직접 다루어지지 않은 채 그 이론들의 언저리에 어정쩡한 남아 있는 문제인 셈이다. 이처럼 기술격차가 기술철학에서 별다른 주목을 받지 못한 이유는 이 문제를 기술의 문제로 인식하지 않았기 때문이다. 기술철학에서 주요한 주제가 되어온 비인간화, 획일화, 기술의 자율성 등과 비교했을 때 기술격차는 철학이 다루어야 할 본질적 문제가 아닌 부차적인 현상으로 치부되었다. 어떤 차원에서 논의되든 그 중요성에 대한 인식이 어떠하든, 기술격차는 기술발전의 불가피한 부산물로 인식된다. 다시 말해서 기술의 발달에 따라 기술격차가 생겨나는 것은 당연하다는 것을 인정하면서, 이를 해소하기 위해서는 기술적인 차원이 아닌 사회적, 정치적 노력이 필요하다는 일반적인 합의가 있는 것이다. 이런 입장에서는 기술격차 문제를 기술철학보다는 사회학, 정치학, 경제학, 정책학에서 다루어야 한다고 볼 것이다.

그러나 기술철학이 기술격차 문제를 좀 더 적극적으로 다루어야 한다고 주장할 이유는 충분하다. 먼저, 기술격차는 기술철학과 STS에서 다루는 여러 주제들처럼 현대 기술과 기술사회의 특징이다. 과거에도 일정한 정도의 기술격차가 있었겠지만, 그것이 동시대인들에게 오늘날과 같은 '격차'로 받아들여졌을지는 의문이다.[11] 산업혁명 이후 교통과 통신의 발달, 전 세계를 물리적, 정신적으로 일원화하는 현대 기술의 보편성 때문에 그 차이가 더욱 날카롭게 느껴지는 것이다.

---

[11] 엘륄은 18세기 이전의 기술이 효율성보다는 지역의 문화에 더욱 종속되어 있었기 때문에 새로운 기술을 접하게 되더라도 그것을 수용하는 데 오랜 세월이 걸렸다고 주장한다. J. Ellul, *The Technological Society*, 68-70.

둘째, 앞서 살펴본 것처럼, 기술격차는 단순히 경제적인 빈곤의 문제가 아니다. 기술은 단순한 도구나 경제적 지위의 반영이 아니라 정치적 이해관계를 비롯한 삶의 맥락에 심대한 영향을 미치는 요소이다. 나아가 더 이상 경제적인 양극화의 종속변수도 아니다. 이를 인정한다면, 기술격차를 좀 더 핵심적이고 독립적인 의제로 삼아 다룰 필요가 있다. 기술격차를 현대 기술발전의 불가피한 결과로 보기보다는 현대 기술의 흐름 안에서 해결할 수 있는 방안을 모색해야 한다.

셋째, 기술격차를 기술철학의 주제로 삼는 것은 위에서 지적한 기술철학의 기존 논의가 가지는 한계를 넘어서는 중요한 계기가 될 수 있다. 기술철학은 기술과 인간의 본질을 문제 삼는 것이라고 보는 입장에서는 기술격차를 기술발전이 초래한 여러 가지 문제의 하나로 과소평가할 수 있다. 그러나 설사 기술격차가 부차적인 것이라 하더라도, 이 문제가 해소되지 않으면 지금까지 기술철학에서 중요한 주제로 삼아왔던 획일화, 비인간화, 중앙집권화 등도 궁극적인 해결에 이르지 못한다.

나아가 기술격차는 앞서 언급한 기술철학의 두 가지 불일치를 함께 보여주는 사례이다. 우선 현대 기술의 내용에 대한 비판과 형식에 대한 대안 사이에 생겨나는 불일치가 기술격차의 문제에서 명확하게 드러난다. 기술의 민주화 논의는 사실상 고도의 기술발전을 이룩한 나라를 염두에 두고 있는 만큼, 기술격차 문제를 해소하는 데에는 큰 도움이 되지 못한다. 또한 기술격차는 기술사회의 시민들이 직접 불편을 느끼는 종류의 문제가 아니고, 그 해결을 위해 공학자들이나 기업에 영향력을 끼치기가 더욱 힘든 문제이다. 기술격차에 대한 관심이 결국 기업과 공학자의 역할에 대한 고민으로 우리를 이끄는 이유다.

4) 기술철학의 새 주제로서의 기술격차

기술철학의 논의에 관련되어 있는 모든 주체들과 모든 이론들을 막론하고, 기술격차는 더 심화되는 것보다 해소되는 방향으로 가는 것이 좋다는 정도의 합의가 가능할 것이다. 현대 기술의 엄청난 발전에 대해 환호하는 사람이건 우려하는 사람이건, 전문가의 권위와 기득권을 중시하는 사람이건 해체하려는 사람이건, 기술선진국에 사는 사람이건 후발국에 사는 사람이건 이에 합의하지 않을 이유는 없다. 어느 정도의 기술격차는 시장의 확대나 기술발전의 동력으로 삼을 수 있겠지만, 전체적으로 지속가능한 개발이라는 차원에서 볼 때 현재의 기술격차는 누구에게도 큰 도움이 되지 않기 때문이다. 따라서 당장 기술발전을 중단하고 후발국들이 따라올 때까지 기다리라는 식의 무리한 요구를 하지 않는다면, 이미 기술사회의 기득권을 누리고 있는 이들도 기술격차가 축소되는 것을 더 긍정적인 것으로 받아들일 가능성이 크다.

이 가상의 합의를 전제하면 기술철학 안에서 제기되어온 여러 가지 이론과 개념들을 활용하여 좀 더 폭넓은 논의를 할 수 있다. 이제 기존의 이론들과 개념들이 가지는 전제와 편견, 그 함의들을 기술격차를 염두에 두고 다시 분석하는 것을 통해 설득력 있고 구체적인 대안의 제시로 한 걸음 더 나아가 보자.

4. 기술격차를 논하기 위한 개념과 이론들

기술격차를 기술철학의 맥락에서 논의하기 위해서는 먼저 기술철학 및 과학기술학(STS)에서 이루어져온 기존 이론과 개념들 중에서 기술격차와 연결할 수 있는 것들을 찾아 검토할 필요가 있다. 이들이 기술격차와 어떻게 연결되며 기술격차 문제에 어떤 통찰을 제공하는지, 또 어떤 한계를 가지는지를 밝히면 이 문제를 해결하는 데 기술철학이 어떤 기여를 할 수 있는지가 드러날 것이다.

1) 마르쿠제의 새로운 과학과 기술

허버트 마르쿠제(Herbert Marcuse)의 일원론적 사회에 대한 비판이 기술철학의 역사에서 본류에 있었다고 보기는 힘들다. 그러나 그의 새로운 기술에 대한 논의[12]는 고전적 기술철학자들의 기술사회 비판과 밀접하게 닿아 있을 뿐 아니라, 새로운 진보의 개념을 제시하여 기술격차를 극복하는 데 유용한 통찰을 제공한다.

마르쿠제의 우려는 현대 과학과 기술을 주도하고 그것들에 의해 주도되는 실증주의적 세계관이 결과적으로 인간의 자유를 박탈하고 억압적인 일원론적 사회로 이어지는 것이었다. 과학적 합리성이 모든 것의 기준이 되고 좋은 삶의 의미가 왜곡되면서 기술은 더 이상 평화를 회복한 실존(pacified existence)을 향해 발전하던 역사의 도구로서의 기능을 상실하였다.[13] 마르쿠제는 기술이 다시 평화를 회복하는 도구로 변하기 위해서는 과학과 합리성에 대한 생각이 혁명적으로 바뀌는 것과 '필요의 재정의'가 요구된다고 주장하였다.[14]

문제는 일원론적 사회가 나름의 유연성을 가지고 구성원들을 거짓 만족에 빠뜨리기 때문에 거기에서 벗어나기가 힘들다는 것이다. 앞으로 살펴볼 적정기술에 대한 위너의 분석에서도 드러나는 것처럼[15] 모든 것을 생산성과 진보로 재해석해버리는 일원론적 사회의 힘은 엄청나다. 결국 민주주의와 상상력에 기반한 근본적인 변화를 위한 힘은 다른 곳에서 나와야 한다.

그러나 보수적인 대중적 기반 아래에는 버려진 자들과 외부자들, 핍박받는

---

12) H. Marcuse, *One Dimensional Man*, Routledge, 1964, 227ff.

13) H. Marcuse, *One Dimensional Man*, 240-243.

14) H. Marcuse, *One Dimensional Man*, 245.

15) L. Winner, 『길을 묻는 테크놀로지』, 89-124.

다른 인종들과 유색인들, 실업자들과 고용될 수 없는 자들이 있다. 이들은 민주적 과정의 외부에 있다. 그들의 삶 자체가 참을 수 없는 조건과 제도를 끝내려는 가장 직접적이고도 가장 진실한 필요다. 그래서 그들의 의식이 그렇지 않을 때에도 그들의 반대는 혁명적이다. 그들의 반대가 사회의 구조를 외부에서 타격하기 때문에 그 구조에 의해 비껴나지 않는다. 그것은 게임의 규칙을 어기는 기본적인 힘이며, 그 어김을 통해 그 게임이 부정한 게임이었음을 드러낸다. … 그들이 게임하기를 거부하기 시작한다는 사실이 바로 그들이 한 시대의 끝이 시작되었음을 보이는 표시가 될 것이다.[16]

근대 산업사회에 속하지 못하거나 속하기를 거부하는 이들의 존재가 역사를 진보시키는 부정적 합리성(negative rationality)의 근원이다. 그리고 이 운동은 과학과 기술의 발전에 대한 새로운 개념 혹은 패러다임과 연결되어 있다. 마르쿠제는 새로운 기술의 모습이 어떠한지에 대해 충분히 구체적인 그림을 그려주지 않았지만, 그 단초는 기술적 합리성에 매몰된 사람들이 아닌 소외된 사람들로부터 나온다고 본 것이다.

기술격차 문제는 기존의 기술발전 패러다임, 즉 효율성의 극대화에 대한 끝없는 추구가 인류 전체에게 유용할 것이라는 가정이 더 이상 유효하지 않음을 여실히 보여주는 증거다. 기술 후발국들은 애써 기술발전을 추구해도 점점 더 벌어져가는 기술격차로부터 벗어나지 못한 채 기술 선진국들의 착취의 대상이 되기 십상이다. 이 패러다임에 대한 근본적인 반성이 일어나고, 현재 모두가 암묵적으로 받아들이고 있는 기술의 진보가 과연 누구의 것이며 누구를 위한 것인가를 냉정하게 돌아볼 때가 되었다. 기술발전, 기술진보와 관련한 새로운 이해가 필요하다. 마르쿠제가 꿈꾸었던 새로운 과학과 기술의 시대는 지금도 우리에게 숙제로 남아 있는 것이다.

---

16) H. Marcuse, *One Dimensional Man*, 256-257.

2) 효율성

기술의 진보는 효율성의 추구로 이해된다. 효율성의 계산에 어떤 요소를 넣어야 하는지에 대한 애매함이 있음에도 불구하고, 주로 경제적인 측면에서의 투입 대비 산출이라는 간단한 이해에 바탕한 효율성의 추구가 현대 기술사회를 특징짓는다.

급속한 기술발전은 곧 효율성의 향상이기도 했기에 고전적 기술철학자들, 그중에서도 엘륄은 기술사회의 무조건적인 효율성 추구를 강하게 비판하였다.[17] 효율성이 지역, 문화, 정치, 경제를 넘어 모든 것의 단일 잣대가 되는 것이 비인간화, 획일화를 초래하고 결국 인간의 자유를 앗아가는 것으로 본 것이다. 이러한 입장은 기술혐오적인 태도로 간단히 무시되는 경우가 많지만 이를 좀 더 자세히 살펴볼 필요가 있다.

엘륄의 효율성 추구에 대한 비판은 현대 기술사회에 효율성을 추구한다는 사실 자체에 대한 것이 아니다. 효율성의 계산에서 투입과 산출에 경제적 득실 이외에 많은 것이 포함될 수 있으며, 계산에 포함하는 항목에 따라 전혀 상반되는 주장이나 정책이 옹호될 수 있기 때문이다. 예를 들어 핵발전소는 온실가스 배출이 적은 효율적인 에너지 생산방식으로 옹호될 수도 있고, 핵폐기물 처리 문제와 사용이 끝난 핵발전소의 처리 문제, 보안과 안전 문제 등을 고려할 때 에너지 생산으로 인한 이익보다 손해가 많아 비효율적이라는 평가에 직면할 수도 있다. 엘륄이 주목하는 것은 현대 기술사회에서는 '효율성의 이름으로' 모든 것이 정당화되고 있다는 점이다.[18] 이는 엘륄의 '기술' 개념이 기계를 중심으로 한 기

---

17) J. Ellul, *The Technological Society*, 20-21, 74; J. Ellul, *The Presence of the Kingdom*, trans. by J. Wilkinson, Vintage, 1948/1967, 70.

18) W.-C. Son, "Are We Still Pursuing Efficiency Principle?: Interperting Jacques Ellul's Efficiency Principle," *Jacques Ellul and the Technological Society in the 21st Century*, H. M. Jerónimo, J. L. Garcia, and C. Mitcham eds., Springer, 2013, 49-62.

술에 머물지 않고 경영이나 정치 분야에서의 여러 가지 방법론을 포함한다는 점을 고려하면 명확하게 드러난다. 기술사회의 문제는 이전에는 중요한 판단의 근거가 되지 않았던 효율성이 삶의 거의 모든 영역에서 갑자기 너무 중요한 의미를 가지게 된 데 있는 것이다.

효율성에 대한 기술철학의 논의를 기술격차 문제와 어떻게 연결시킬 수 있을까? 일단 두 가지 사실을 지적해야 하는데, 그 하나는 효율성의 추구 자체를 부정적으로 볼 수는 없다는 것이다. 효율성의 기준이 애매함을 인정하더라도, 기술발달의 양극단에 있는 집단들을 비교한다면 효율성 측면에서의 격차는 자명하고, 이는 해소되어야 할 문제다. 보다 높은 가치를 추구한다 하더라도, 삶의 기본적인 영역에서 현격한 차이를 경험하면서도 효율성 추구를 포기해야 한다고 주장하기는 어렵다. 방금 살펴본 것처럼, 고전적 기술철학자들 역시 효율성의 추구 자체를 비판하지는 않는다.

다른 하나는 이미 현대 기술의 혜택을 보고 있는 사람들과 기술의 진보를 직접 경험하지 못한 사람들 모두가 효율성을 간절히 추구하고 있지만, 이를 통해서 이미 벌어진 기술격차가 해소될 가능성은 별로 없다는 사실이다. 이미 일정 정도의 효율성을 확보한 사람들은 그것을 바탕으로 더 많은 자원을 소유하게 되고, 그에 따라 이후의 기술진보에서도 우위를 차지하게 된다. 따라서 기술의 격차는 점점 더 벌어지게 될 공산이 크다. 기술격차는 엘륄이 비판한 무조건적인 효율성 추구의 부작용 중 하나다.

그렇다면, 우리에게 필요한 것은 한편으로는 기술격차를 줄이면서도 그 격차의 양 극단에 있는 이들이 함께 추구할 수 있는 새로운 효율성의 기준을 설정하는 것이다. 기존의 효율성이 그 내용이 특정되지 않은 채로 무작정 추구되고 있는 기준이라면, 좀 더 상세하게 규정되고 나아가는 방향이 뚜렷한 효율성의 개념이 재정의가 필요하다.

이와 관련된 사례로 '지속가능한 개발'이라는 개념을 들 수 있다. 지속가능한 개발은 기술의 진보와 자연 환경의 보호가 동시에 이루어져야 한다는 생각을 반영한다. 무분별한 자연 훼손을 통한 기술진보는 결국 개발의 지속성을 저해하기 때문에 지속적인 기술개발이 일어나기 위해서는 환경문제에 대한 고려가 이루어져야 한다는 것이다. 온실가스 배출에 대한 다양한 규제 및 억제 정책들이 기술발전의 정의를 바꾸고 있다.

3) 중간기술과 적정기술

기술격차의 해소와 보다 직접적으로 관련된 개념들로 '중간기술', '적정기술' 등이 있다. 최근 공학교육, 국제원조 등의 분야에서 이들에 대한 관심이 높아지고 있다. 영국의 경제학자인 슈마허(E. F. Schumacher)는 제3세계가 가내 수공업을 통한 전통적인 생산방식과 서구의 대량생산 기술의 중간 규모를 가진 중간기술을 도입하면 효율성과 더불어 지역 주민의 고용을 촉진함으로써 효과적인 개발을 할 수 있다고 주장했다. 나아가 지역에 특화된 작은 규모의 중간기술이 대량생산 기술이 초래하는 권력과 부의 집중과 실업의 문제도 해소할 수 있을 것으로 보았다.[19]

중간 개념 기술의 연장선장에서 슈마허가 제시한 적정기술도 이후 이론과 실천의 차원에서 더 발전하였다. 전 세계 기술개발을 위한 자원의 90%가 상위 10%에 속한 이들을 위해 사용되는 것에 문제를 제기하면서, 적정기술 운동가와 이론가들은 소규모이면서 노동집약적이고, 에너지를 효율적으로 이용하며, 환경친화적이고 지역의 특성을 감안하여 독립적으로 제작, 사용할 수 있는 기술의 사용을 주장한다. 1960년대와 1970년대 미국에서도 유행한 적이 있지만, 지금은 주로 낙후된 지역에

---

19) E. F. Schumacher, 『작은 것이 아름답다』, 이상호 옮김, 문예출판사, 1973/2002.

대한 공학 원조 분야에서 주로 논의되고 있다.[20]

중간기술과 적정기술 개념은 직관적으로는 기술격차 문제와 쉽게 연결되고, 일원론적이고 무조건적인 효율성 추구에도 문제를 제기하고 있다. 그러나 이들이 기술격차의 해소에 실질적인 영향을 주기는 힘들다. 가장 열악한 상황에 있는 사람들에게 적정기술을 보급함으로써 지금보다 나은 삶을 살게 해줄 수 있다 하더라도, 이미 기술적으로 앞서 있는 사회는 기존의 기술발전을 지속할 것이기 때문에 궁극적으로 기술격차가 그대로 유지될 수밖에 없는 것이다.[21] 기존에 개발된 적정기술들을 발전된 기술사회에 그대로 적용하기도 여전히 어렵다.

4) 기술코드와 모두를 위한 디자인

앤드류 핀버그(Andrew Feenberg)는 기술코드(technical code)의 변화를 기술 민주화의 중요한 계기로 보았다.[22] 기술코드는 기술 활동이나 인공물에 대한 고정된 기술적 이해를 의미한다. 기술코드는 당연한 것으로 받아들여지지만 불변은 아니다. 관련 기술의 발전이나 유행의

---

20) 최근 우리나라에서 적정기술에 대한 논의가 활발하게 전개되면서 다양한 소개서들이 나오고 있다. 손화철, 「적정한 적정기술」, 『적정기술』, 제1권, 5-17; 나눔과 기술, 『적정기술: 36.5도의 과학기술』, 허원미디어, 2011; 김정태, 홍성욱, 『적정기술이란 무엇인가: 세상을 바꾸는 희망의 기술』, 살림, 2011; 김정태 외, 『적정기술과의 만남』, 에이지, 2012.

21) 한때 적정기술이 대안문화로서 제시된 경우도 있었다. 그러나 랭던 위너(Landon Winner)가 미국 적정기술의 유행과 몰락에 대한 분석에서 보여준 것처럼 당시의 적정기술은 새로운 세상을 만들기 위한 시도이기보다는 기술사회의 기존 틀 안에서 스스로의 삶을 즐기는 유행이자 약간의 허영이 섞인 취미생활이었다(L. Winner, 『길을 묻는 테크놀로지』, 89-124).

22) A. Feenberg, *Questioning Technology*, 87-89; P. Feng and A. Feenberg, "Thinking about Design: Critical Theory of Technology and the Design Process," *Philosophy and Design: From Engineering to Architecture*, ed. by Vermass, P. E. et al. Springer, 2009; 손화철, 「공학설계와 기술철학」, 120-122.

흐름, 사회 구성원들의 합의나 인식 전환에 따라 기술코드에도 변화가 일어날 수 있으며, 이를 통해 전혀 다른 사회적 맥락이 형성될 수 있다. 장애인 이동권에 대한 인식이 바뀌면서 건물에 엘리베이터를 설치하는 것이 선택이 아닌 의무로 변하거나, 환경보호에 대한 인식이 바뀌면서 가전제품의 재활용에 대한 고려가 설계에 포함되는 것을 그 예로 들 수 있다.

이와 같은 여러 가지 논의들은 공학설계로 현실화될 수 있다. 공학설계를 통해 주어진 과업을 단기간에 효율적으로 해결하는 것뿐 아니라, 최종 생산물이나 기능이 가지는 장기적인 효과와 다른 사회적 요구들에까지 영향을 미칠 수 있다. 달리 표현한다면, 공학설계에 반영하는 효율성의 계산에서 과거의 단순한 기준이 아닌 훨씬 더 복잡한 방식을 채택하는 것이라고 할 수도 있겠다.

좋은 사례를 '모두를 위한 디자인(설계)', 혹은 '보편 디자인(universal design)'에서 찾을 수 있다. 모두를 위한 디자인은 연령과 장애에 상관없이 모든 사람들이 같이 사용할 수 있는 디자인 혹은 설계를 말한다.[23] 초기에는 장애인들이 불편 없이 살 수 있도록 사회 제반 시설들을 다시 설계하는 것에 초점을 맞추었지만, 점차 노인과 어린이 등 사회적 약자들이 다른 구성원들과 함께 살아갈 수 있도록 하는 것으로 확대되고 있다. 대표적인 예로 휠체어가 지날 수 있도록 건널목 부분에서 보도에 경사면을 만들어 차도와 연결시키는 것이나 버스의 승강대 부분을 낮추어 계단을 없앤 것 등이 있다. 이러한 설계는 장애인들과 노인들을 배려한 것이지만 일반인들의 희생을 요구하지 않는다.

기술코드에 대한 인식과 이를 현실적으로 구현하는 '모두를 위한 디자인' 개념은 앞서 말한 새로운 효율성의 정의와 기술사회의 강자와 약

---

23) "universal design," Wikipedia. http://goo.gl/4VICCT. 포항공대 장수영 교수와의 만남(2013년 1월 24일)에서 소개받음.

자를 두루 만족시킬 수 있는 공학설계라는 점에서 시사하는 바가 있다. 이를 토대로 새로운 진보의 기준을 제시해보고자 한다.

5. 접근성: 새로운[24] 진보의 기준

1) 접근성의 원칙

위에서 살펴본 몇몇 개념과 이론들은 기술격차의 문제를 염두에 두고 제시된 것들은 아니지만 기술격차 문제에 여러 가지 통찰을 제공한다. 기존의 과학과 기술, 진보에 대한 개념을 전제로 하는 한, 기술이 주는 유익을 재분배하거나 기술을 가지지 못한 이들을 위한 기술을 따로 개발하는 것으로는 궁극적으로 기술격차를 줄이기 힘들다. 그보다는 마르쿠제와 엘륄의 현대 기술 비판이 암시하는 것처럼 진보에 대한 새로운 이해가 필요하다. 다시 말하자면, 현재 발전된 기술을 사용하지 못하는 사람들에게만 보급하는 적정기술이 아닌, 모두에게 적정한 기술과 기술발전의 모델을 찾아 제시할 필요가 있다. 새로운 기술발전의 모델은 당장 기술격차 문제를 해소하려는 것이기보다는, 궁극적으로 이 문제가 해소될 수 있는 방향을 제시해줄 수 있어야 할 것이다.

본 연구에서는 위의 다양한 개념들에 근거하여 기술의 진보를 규정하는 데 있어 접근성(accessibility)을 중요한 기준으로 추가할 것을 제안한다. 사실 이 개념은 장애인 이동권을 위한 여러 운동에서 이미 어느 정도 사용되어왔는데, 여기서 기술의 영역으로 좀 더 확대해본 것이다. 이를 정형화시켜 표현한다면, 다양한 기술 수준에 있는 사람과 사회들이 특정한 기술의 개발과 제작, 사용에 좀 더 쉽게 접근할 수 있도록 해야

---

24) 이때 '새롭다'는 것은 기존의 진보 개념을 대체한다기보다는, 그것에 추가되어 고려되어야 한다는 의미이다.

한다는 원칙으로 다음과 정리할 수 있다.

어떤 기술이나 기술체계는, 그 개발 및 생산이나 사용에 있어서 더 많은 사람들에게 접근이 용이할수록, 또는 그 개발 및 생산과 사용을 통해 궁극적으로 기술격차를 줄일 수 있는 가능성이 클수록 더 바람직하다.

이 원칙은 기술의 진보를 신기술 개발을 중심으로 이해하는 일반적인 흐름에 반대하여 기술격차를 줄이는 데 얼마나 효과적인가를 중심으로 진보를 이해하자는 제안이다. 신기술의 개발을 반대하거나 부정적으로 보는 것이 아니라, 신기술 개발 자체에 무게를 두는 현재의 인식으로 바꾸어 그 신기술이 기술격차를 해소하는 데 효과적이라는 점을 부각시키는 것이다. 현대 기술발전의 당사자들, 즉 정부와 기업, 시민과 공학자가 이와 같은 진보의 기준을 받아들인다면, 새로운 차원의 경쟁과 발전이 일어날 수 있다.[25]

2) 접근성의 사례들

사용에 있어서의 접근성의 예는 모두를 위한 디자인에서 바로 찾아볼 수 있다. 앞서 살펴본 것처럼, 버스를 제작함에 있어서 승강대의 높이를 낮추는 것은 승차감, 속도, 안정성 등의 측면에서 더욱 효율적이거나 기술적으로 우월한 일이 아니다. 그러나 노약자나 장애인이 버스에 오르기가 더 쉬워지기 때문에 승차를 위해 계단을 올라야 하는 버스보다 접근성이 높아진 것이고, 그러한 면에서 더 진보했다고 할 수 있다.

---

25) 접근성의 원칙은 기술격차의 해소를 위한 것이지 기술사회의 모든 문제를 해결할 만능의 열쇠일 수 없다. 예를 들어 3D 프린터를 이용해 권총을 만들 수 있는 정보가 공개되는 것은 해당 기술의 접근성을 높이는 일이지만 치안에는 위험할 것이다. 그러나 다른 성능의 면에서 동일하지만 접근성이 더 높은 권총의 제작 기술이 더 진보한 것이라고 보는 것이 이 제안의 약점이 되지는 않는다.

생산에 있어서의 접근성에 대한 사례는 조금 덜 직관적이다. 적정기술에서는 현지에서 조달할 수 있는 재료를 이용하여 필요한 물건을 만드는 것을 크게 강조하고 있는데, 생산에서의 접근성은 이러한 원칙의 확장으로 이해할 수 있을 것이다.

Design that Matters라는 비영리 단체[26]는 저개발국가의 매우 낙후된 지역에도 자동차와 자동차 수리공이 있다는 사실에 착안하여 자동차 부품으로 만든 인큐베이터(NeoNuture)를 개발하였다. 저개발국가의 여러 병원이 해외에서 기부를 받거나 구입한 인큐베이터를 사용하고 있는데, 고장이 나면 고칠 수가 없어 버려지곤 하는 것이 현실이다. NeoNuture는 자동차 부품을 이용해서 수리가 가능하기 때문에 사용과 수리, 심지어 제작의 측면에서도 접근성이 높다. 불행히도 이 제품은 서구에서 많은 관심과 찬사를 받았음에도 불구하고 저개발국가들에서는 철저하게 외면당했다.[27] 의료기기로서는 단순해 보이는 디자인이 현지인들에게 충분한 신뢰를 주지 못했고, 현지의 병원들에 의료기기를 공급하는 정부기관이나 기업들에게도 그다지 매력적이지 않았기 때문이다.[28] 그러나 그 현실적인 실패를 인정하더라도, 이 아이디어가 가지는 가치에 주목하고 이를 강조할 필요가 있다. 다른 제품의 생산을 위해 이미 가용한 기존의 부품, 기술, 생산설비를 이용해 새로운 제품을 생산하는 것은 비단 저개발국가에서만 시도해야 할 일이 아니다. 나아가 현재는 충분한 기술력을 가지지 못한 다른 주체들이 차후에라도 용이하게 해당 제품을 생산할 수 있도록 하려는 고려가 기존의 생산공정 설계에 포함된다면, 특정한 제품 생산에 있어서 접근성을 훨씬 더 높일 수 있을 것이다.

소프트웨어 분야에서 시작되어 점차 정보기술의 다른 영역으로도 확

---

26) www.designthatmatters.org

27) NeoNurture는 2010년 『타임』지의 최고발명품 50선에 선정되었다.

28) T. Prestero, "Design for People, not Awards," TEDx Boston. http://goo.gl/DahJ0g. 이 단체의 CEO인 프레스테로는 NeoNurture가 현지의 필요와 상황을 무시한 제품이었다고 평가했다.

대되고 있는 오픈소스 운동의 움직임도 접근성을 높인 좋은 사례다. 1980년대 컴퓨터 운영체제로 개발되어 배포된 리눅스는 오픈소스 운동의 대명사로 현재까지도 상당한 영향력을 행사하고 있다. 리눅스의 성공 이래로 자신이 개발한 소프트웨어나 원천기술을 공개하여 누구든지 사용하고 응용할 수 있도록 하는 움직임이 꾸준히 계속되고 있다. 최근에는 '오픈소스 하드웨어'라는 이름으로 "특정 제품을 만드는 데 필요한 회로도, 자재명세서, 인쇄회로 기판 도면 등 모든 것을 일반 대중에게 공개"하기도 한다.[29] 3D 프린터로 제품을 만들 수 있도록 소스를 공개하는가 하면, 3D 프린터 자체를 만들 수 있는 도면마저 공유하기도 한다.[30] 이러한 시도에서 주목해야 할 것은, 모두에게 말 그대로의 접근성을 완전히 확보한다는 사실뿐 아니라, 오픈소스를 활용하여 개발된 새로운 기술들이나 제품에 대한 정보 역시 개방되어 접근성의 선순환이 일어난다는 것이다.

3) 접근성 원칙의 현실성

인큐베이터와 같이 상대적으로 단순한 기술이 아닌 복잡하고 규모가 큰 기술의 개발 및 생산과 관련하여 접근성을 향상하는 것은 여러 가지 복잡한 문제와 얽혀 있다.[31] 따라서 위와 같은 노력들이 현실적으로 가

---

29) 신동흔, 「오픈소스 하드웨어 시대」, 『조선일보』, 2014년 4월 25일자. http://goo.gl/6UwEa9

30) 이지영, 「내 손으로 뚝딱, 오픈소스 3D 프린터 세계」, 『블로터넷』, 2013년 5월 26일. http://www.bloter.net/archives/154012

31) 포항공대의 장수영 교수는 2013년 1월 24일 포스텍에서 논자와 가진 만남에서 접근성 개념이 생산자보다는 사용자에 초점을 맞추어 고려되어야 하며, 이때 사용자의 경제적, 문화적, 사회적 상황이 중요하게 고려되어야 한다고 조언하였다. 그는 기존의 공학활동에서도 최적화 개념을 통해 접근성에 대한 고려가 있었지만, 사용자의 접근성에 대한 고려는 부족했다고 지적했다. 논자는 이러한 통찰에 동의하면서도, 기술격차의 해소는 기술의 생산과 개발 측면에서 일어나야 한다는 점에 주목하고 있다.

능한 것인지, 경쟁사회에서 바람직한 것인지 등에 대한 여러 가지 의문이 제기될 수 있다. 예를 들어 제품 생산에 있어서 접근성을 어렵게 하는 것은 일차적으로 물리적인 설비들인데, 설비 면에서 기존의 격차를 혁신적으로 줄일 방법은 별로 없다. 기술적으로 낙후된 지역에서도 동일한 생산이 가능하도록 하는 새로운 설계가 말처럼 쉬운 것도 아니다.

그럼에도 불구하고, 이를 전혀 실현 불가능한 것으로 치부할 이유는 없다. 이미 기존의 기술발전 과정에서 접근성 향상을 위한 노력이 이루어지고 있기 때문이다. 특히 기존 설비 투자를 간소화함으로써 생산성을 높이기 위한 최적화의 노력은 결과적으로 기술의 접근성을 향상시키는 결과를 낳는다. 또 기존의 설비나 제품을 다시 설계하여 에너지를 덜 사용하도록 하는 시도가 상당할 정도로 이루어지고 있는데, 이들 에너지 절약을 위한 노력들도 접근성을 높이는 기술진보라 할 수 있다. 무한정의 에너지 공급을 전제로 한 설비 설계와 비교할 때, 적은 에너지를 사용하는 공정이 접근성이 높다고 보아야 할 것이기 때문이다.

에너지 효율성에 가치를 두고 에너지 친화적인 기술을 더 나은 것으로 보는 입장은 다양한 외부적 조건에 의해 만들어진다. 때로는 에너지 비용과 같은 경제적인 요인일 수도 있지만, 지구 온난화에 대한 세계의 공동 노력이나 정부의 정책 변화와 같은 외교적, 정치적 요인일 수도 있다. 그렇다면 기술의 접근성 향상의 문제 역시 기술진보에 관한 일반의 의식 변화를 포함한 외부적 조건을 어떻게 구성하느냐에 상당 부분 달려 있다고 할 수 있다.

과거에는 시장경쟁에서 고려의 대상이 되지 않던 것들이 새롭게 중요한 기준으로 등장하는 경우들이 있다는 점에도 주목해야 한다. 경영에서는 윤리경영을 강조하면서 사회적 책임을 다하려는 노력을 통해 기업의 이미지와 가치를 향상시키려는 시도가 더 이상 낯설지 않다. 20세기 중후반까지도 공학의 여러 분야에서 환경에 대한 고려는 낯선 것이었지만, 이제는 더 이상 무시할 수 없는 중요한 요소가 되었다.

이렇게 본다면, 접근성의 원칙을 급진적이라거나 시장경쟁과 상충하는 것으로 보는 견해는 섣부르다. 접근성을 높이려는 노력은 이미 다양한 방식으로 이루어지고 있는데, 아직 그 노력이 기술격차의 해소를 견인할 수 있다는 사실을 인지하지 못하고 있을 뿐이다. 기술격차의 해소라는 당위가 좀 더 부각되고, 신기술 개발 자체를 신성시하는 분위기가 극복된다면 기술발전의 방향성을 재점검하는 좋은 계기가 될 것이다. 진보에 대한 새로운 인식을 통해 기술격차가 당장 없어지지는 않겠지만, 장기적으로 기술격차가 줄어드는 데 기여할 수 있다. 기술사회 작금의 상황은 한편으로는 기술로 인한 일원화와 획일화가 가중되고 다른 한편으로는 기술격차가 더 벌어지는 것으로 요약할 수 있다. 이는 결과적으로 기술사회가 지금까지 노출한 여러 가지 부작용들을 더욱 심화시킬 것이기 때문에, 기술격차의 해소 혹은 기술접근성의 확대는 지속가능한 발전을 위한 노력의 일환으로 보아야 한다.

6. 결론

이상욱은 기술철학이 그 짧은 역사를 거치면서 "공학기술의 이론적 내용과 역사적 전개 과정에서 실제로 중시되는 개념적, 실천적 주제에 대해 구체적으로 검토한 바탕 위에 문명 비판적 검토든 인식론적 분석이든 이루어져야 한다는 '현장성'의 요구가 대다수의 기술철학자들에게 받아들여지고 있다"고 분석하면서[32] 기술철학 이론들의 상이성은 "기술철학이 무엇을 성취해야 하는가", 즉 지향성에 대한 입장 차이에서 비롯된 것이라 정리하였다. 본 논문에서는 기술격차를 현대 기술과 현대 기술사회가 안고 있는 현장의 심각한 문제라 보고 기술철학의 주제로 삼

32) 이상욱, 「현장성과 지향성: 현대 기술철학을 읽는 한 방식」, 『철학과 현실』 제83호, 2009, 120-132.

을 것을 제안하였다. 또 이 문제를 해결하기 위해서는 기술진보에 대한 새로운 접근과 공학자들의 사회적 책임에 대한 확장된 이해가 이루어져야 한다고 주장하였다.

접근성의 원칙을 기술진보의 개념에 포함시킨다고 해서 현실적인 기술격차의 문제가 바로 해소되는 것은 아닐 것이다. 기술격차와 접근성의 개념 역시 좀 더 정교화해야 할 부분이 있다. 그러나 접근성에 대한 고려는 단순 효율성의 추구를 통한 무한정의 기술개발을 긍정하거나 수동적으로 받아들이는 태도에 대한 비판적이고도 근본적인 재검토를 요청한다. 지금까지는 에너지와 환경 문제가 유사한 효과를 거두었다고 할 수 있는데, 기술격차 문제와 접근성의 원칙은 현대 기술사회를 향하여 이보다 조금 더 적극적인 요구를 하려는 시도인 것이다.

참고문헌

고인석, 「공학윤리교육의 지향점과 방법: 특히 ABEEK와 관련하여」, 『철학논총』 제59집, 2010, 3-23.

김정태, 홍성욱, 『적정기술이란 무엇인가: 세상을 바꾸는 희망의 기술』, 살림, 2011.

김정태 외, 『적정기술과의 만남』, 에이지, 2012.

나눔과 기술, 『적정기술: 36.5도의 과학기술』, 허원미디어, 2011.

문상현, 「글로벌 디지털 디바이드의 담론적 구성과 그 함의」, 『한국언론학보』 제49권, 제6호, 2005, 257-286.

손화철, 「사회구성주의와 기술민주화에 대한 비판적 고찰」, 『철학』 제76집, 2003, 263-288.

＿＿＿, 「기술철학에서의 경험으로의 전환: 그 의의와 한계」, 『철학』 제87집, 2006, 137-164.

_____, 「적정한 적정기술」, 『적정기술』, 제1권, 5-17.

_____, 「공학설계와 기술철학」, 『철학연구』 제94집, 2011, 107-136.

손화철, 송성수, 「공학윤리와 전문직 교육: 미시적 접근에서 거시적 접근으로」, 『철학』 제91집, 2007, 305-331.

신동흔, 「오픈소스 하드웨어 시대」, 『조선일보』, 2014년 4월 25일자. http://goo.gl/6UwEa9

안두현, 송위진, 「소외계층 삶의 질 향상을 위한 과학기술」, 『STEPI Insight』 제40호, 2010.

안미리, 「디지털 디바이드 해소를 위한 노인 정보화교육과 사이버 문화의 확산」, 『사회이론』 제20권, 2001, 147-172.

이동후, 「휴대전화 이용의 성별 차이에 관한 연구」, 『한국방송학보』 제20권, 제1호, 2006, 249-284.

이상욱, 「현장성과 지향성: 현대 기술철학을 읽는 한 방식」, 『철학과 현실』 제83호, 2009, 120-132.

이지영, 「내 손으로 뚝딱, 오픈소스 3D 프린터 세계」, 『블로터넷』, 2013년 5월 26일. http://www.bloter.net/archives/154012

Ellul, J., _The Technological Society_, trans. by J. Wilkinson, Vintage, 1954/1964.

_____, _The Presence of the Kingdom_, trans. by J. Wilkinson, Vintage, 1948/1967.

Feenberg, A., _Questioning Technology_, Routledge, 1999.

Feng, P. and A. Feenberg, "Thinking about Design: Critical Theory of Technology and the Design Process," _Philosophy and Design: From Engineering to Architecture_, ed. by Vermass, P. E. et al., Springer, 2009.

Heidegger, M., 『기술과 전향』, 이기상 옮김, 서광사, 1962/1993.

Jonas, H., 『책임의 원칙: 기술시대의 생태학적 원리』, 이진우 옮김, 서광사, 1979/1994.

Marcuse, H., *One Dimensional Man*, Routledge, 1964.

Prestero, T., "Design for People, not Awards," TEDx Boston. http://goo.gl/DahJ0g

Schumacher, E. F., 『작은 것이 아름답다』, 이상호 옮김, 문예출판사, 1973/2002.

Son, W.-C., "Are We Still Pursuing Efficiency Principle?: Interperting Jacques Ellul's Efficiency Principle," *Jacques Ellul and the Technological Society in the 21st Century*, H. M. Jerónimo, J. L. Garcia, and C. Mitcham eds., Springer, 2013, 49-62.

"universal design," Wikipedia. http://goo.gl/4VICCT

Van de Pole, I. and D. E. Goldberg eds., *Philosophy and Engineering: An Emerging Agenda*, Springer, 2010.

Winner, L., 『길을 묻는 테크놀로지』, 손화철 옮김, CIR, 1986/2010.

"Why laptops aren't beating poverty in Peru," *Stuff*, 2012년 7월 4일자 기사. http://goo.gl/cecjXr

Design That Matters 홈페이지: www.designthatmatters.org

5부

한국사회와 정치철학

전통과 근대:
한국의 유교적 근대성 논의를 중심으로

나 종 석

1. 들어가는 말: 유교전통, 동아시아 그리고 한국 근대성

오늘날 한국사회와 조선사회의 유교전통은 어떤 관계 속에 있는가? 이 글은 이 물음을 한국 근대성(modernity)[1]에 대한 새로운 해석의 가능성과 관련하여 다루어보고자 한다. 우리의 전통, 특히 유교적 전통과

---

* 이 논문은 사회와 철학 연구회 편, 『사회와 철학』 제30호(2015)에 실린 것을 수정한 글이다.

1) 근대란 modern age의 번역어인데 modern이란 용어는 과거 시대와 다른 새로운 시대라는 시대 구분의 의식을 담고 있다. 또한 modern이란 용어는 오늘날과 연결된 시대로 이해될 수 있다. 근대성 혹은 현대성으로 번역되는 modernity는 근대라는 시대가 지니는 근본적인 성격을 지칭하는 개념으로 혹은 근대라는 시대가 지향해야 하는 규범적인 이상을 나타내기도 한다. 유럽에서 modern의 라틴어에 해당되는 modernus는 5세기 말, 즉 고대 로마에서 기독교 세계로의 이행기에 처음 등장했다고 한다. 이 용어에는 새로운 기독교적 세기의 도래에 대한 의식이 포함되어 있다. modo에서 파생된 형용사인 modernus는 '새로운(neu)' 이라는 뜻과 아울러 '당시의(derzeitig)' 의 뜻을 지니고 있었다. H. R. 야우스, 『도전으로서의 문학사』, 장영태 옮김, 문학과지성사, 1998, 21-22쪽.

한국사회의 근대성 사이의 관계에 대한 물음은 한국사회 발전 경로의 고유성이 무엇인지를 해명하는 작업이기도 하다. 이는 서구중심주의적인 사유 방식을 상대화하면서 우리 사회의 모습을 제대로 이해해보려는 노력의 일환이다. 오늘날 한국사회의 근대성을 이론화하려는 작업에서 서구의 역사 발전 모델을 한국을 비롯한 동아시아 지역에 적용하는 것에 대해 비판적인 태도를 취하는 것은 한국 지식인 사회에서도 낯설지 않다.

　서구중심주의적인 역사인식의 패러다임을 비판하는 작업은 한국사회의 근대성을 서구 근대성의 단순한 수입이나 이식이라는 관점으로 보려는 시도와의 결별을 의미한다. 이는 서구중심주의적 시각으로는 한국을 비롯한 동아시아의 독자적인 역사상을 제대로 이해할 수 없다는 자각의 표현이다. 더 나아가 이런 시도의 배경 뒤에는 한국의 급속한 경제성장 및 민주주의의 성취에 대한 경험이 자리하고 있다. 그럼에도 이런 발전이 어떻게 가능했던 것인가, 그리고 그런 발전의 고유한 동력학을 형성하는 데 전통이 어떤 방식으로 영향을 주었는가라는 핵심적인 문제는 여전히 충분히 해명되었다고 보기 힘들다.

　그러므로 요즈음 여러 학자들이 우리의 유교적 전통과 관련해서 한국 근대성의 고유한 논리를 탐색하려는 것은 고무적이다. 그중 몇몇을 열거하면 다음과 같다. 김덕영, 『환원근대』(2014), 김상준, 『맹자의 땀 성왕의 피』(2011),[2] 미야지마 히로시(宮嶋博史), 『나의 한국사 공부』(2013), 송호근, 『인민의 탄생: 공론장의 구조변동』(2011), 장경섭, 『가족

영국에서의 modern의 용법의 역사를 보면 셰익스피어(1564-1616) 시대까지만 해도 "비속한, 용렬한, 범속한(vulgar, mean, common)" 등의 의미를 지니고 있었으나 18세기 중엽에는 "근래의, 최근의, 옛것이 아닌, 고풍이 아닌(late, recent, not ancient, not antique)"의 뜻으로 사용된다. 물론 오늘날에도 modern은 시대 개념으로 쓰이지만 "오늘날의, 요즘의, 최근의" 뜻으로 사용되기도 한다. 이에 대해서는 김홍규, 『근대의 특권화를 넘어서: 식민지 근대성론과 내재적 발전론에 대한 이중비판』, 창비, 2013, 202쪽.

2) 물론 김상준의 저서는 20세기 한국 근대성을 대상으로 삼고 있지는 않다. 그러나 그의 저서는 유교전통과 한국 근대성에 대한 새로운 시각을 제공하는 많은 통찰들을 포함하고 있다.

생애 정치경제: 압축적 근대성의 미시적 기초』(2009), 장은주, 『유교적 근대성의 미래: 한국 근대성의 정당성 위기와 인간적 이상으로서의 민주주의』(2014) 등이 바로 그것이다.

유교전통과 한국 근대성과의 관계에 대한 물음이 새로 주목을 받는 것과 마찬가지로 일본 및 중국의 근대성의 길을 해명하는 작업에서도 유교전통의 중요성을 재평가하려는 의미 있는 시도들이 존재한다. 예를 들어 일본에서 에도시대에 오규 소라이(荻生徂徠, 1666-1728)의 학문에 의해 주자학이 해체되어 일본이 근대로의 자생적인 길을 준비하고 있었던 데 반해, 조선과 중국은 일본과 달리 소위 전근대적인 사유 방식인 주자학적인 유교의 영향력에 지나치게 포섭되어 있었기 때문에 서구적 근대로의 길을 제대로 준비할 수 없었다는 식의 종래의 통설적 이해[3]는 많은 비판을 받고 있다. 이런 통념은 물론 유교는 근대화의 장애물이라는 시각을 자명한 것으로 전제한다. 그러나 유교가 근대화의 장애물이었다는 통념과 달리 유교적인 정치문화가 일본의 근대화에 긍정적인 영향을 주었음을 보여주는 박훈의 저서 『메이지유신은 어떻게 가능했는가』(2014)나 한국과 일본의 근대성의 경로의 차이점을 유교국가 모델의 수용 방식의 차이에서 해명하고 있는 미야지마 히로시의 저서 『일본의 역사관을 비판한다』(2013)는 한국 및 일본의 근대성에 대한 새로운 시도로서 눈에 띈다.

중국의 근대성의 경로를 새롭게 규명하는 연구 중에서 필자가 높이 사는 연구 결과는 미야지마 히로시의 유교적 근대론과 더불어 미조구치 유조(溝口雄三, 1932-2010)의 여러 저서들이다. 그는 『중국의 충격』(2009), 『중국의 공과 사』(2004), 그리고 『중국의 예치 시스템』(2001) 등에서 서구중심주의적 근대관을 넘어 중국의 독자적인 근대로의 길을

---

3) 이런 입장을 대변하는 이론가는 마루야마 마사오(丸山眞男, 1914-1996)이다. 그의 이론에 대해서는 마루야마 마사오, 『일본정치사상사연구』, 김석근 옮김, 통나무, 1998 참조.

유교전통의 변형 속에서 보여준다. 중국을 대표하는 신좌파 지식인으로 유명한 왕후이(汪暉)도 유교적인 전통사회의 의미를 새롭게 성찰하면서 중국의 근대성의 문제를 고민하는 학자로 알려져 있다(『아시아는 세계다』, 2011).

이 글에서 필자는 오늘날 한국사회의 근대성을 해명하는 작업에서 매우 중요한 성과로 평가될 수 있는 장은주의 유교적 근대성 이론을 비판적으로 검토한다. 필자는 한국사회 고유의 근대성의 논리를 해명하기 위해서는 유교적 전통이 한국 근대성의 형성에 끼치는 영향의 성격을 이해해야 한다는 그의 문제의식에 적극적으로 동의한다. 그러나 필자는 그가 서술하는 한국 근대성의 동력학과 성격에 대해서는 비판적이다.[4] 그래서 필자는 장은주의 유교적 근대성 이론을 비판적으로 검토하면서 유교전통과 한국 근대사회와의 만남에서 그 부정적 측면에 주목하는 장은주와는 달리 둘 사이의 접합에서 출현하는 긍정적 계기에도 응당 관심을 기울여야 할 필요가 있음을 보여주고자 한다.

아울러 유교전통의 한국적 특성 그리고 그런 한국 고유의 유교적 전통문화의 영향사의 맥락에서 한국 근대성의 고유한 동력학과 그 병리적 현상의 정신사적 조건을 해명하기 위해서는 반드시 조선사회에서부터 누적되어온 우리 사회의 유교전통을 유교문명권에 속하는 중국 및 일본의 유교전통과 비교하는 연구가 필요함을 입증하고자 한다. 특히 일본 유교전통과 조선 유교전통의 유사성과 차이점을 염두에 두지 않고서는 한국 근대성의 고유성을 형성하는 데 작동하는 유교전통의 존재 방식을

---

4) 필자는 유교전통이 오늘날의 한국사회, 더 나아가 한국의 근대성의 논리를 해명하는 실마리라는 입장에서 한국 민주주의와 유교적 정치문화 사이의 긍정적인 상관성에 대한 글을 발표한 바 있다. 나종석, 「한국 민주주의와 유교문화: 한국 민주주의론을 위한 예비적 고찰」, 나종석, 박영도, 조경란 엮음, 『유학이 오늘의 문제에 답을 줄 수 있는가』, 혜안, 2014, 242-270쪽 참조. 한국 민주주의론에 대한 필자의 최근의 성과로는 『대동민주 유학과 21세기 실학: 한국 민주주의론의 재정립』, 도서출판 b, 2017 참조.

해명하는 작업에서도 불가피하게 여러 심각한 오류를 초래하지 않을 수 없다는 점을 보여줄 것이다.

2. 유교전통과 한국 근대성: 장은주의 '유교적 근대성' 이론을 중심으로

한국사회의 근대성을 다루는 연구에서 왜 많은 학자들이 새삼스럽게 유교전통에 주목하는가? 그 이유를 우리는 사회학자 송호근의 문제의식에서 찾아볼 수 있다. 한국의 사회과학(넓게는 인문학 전체라고 보아도 무방할 것이다)은 서구이론을 갖고 한국사회를 분석하려고 애를 써보아도 늘 한계를 느낄 수밖에 없었다고 송호근은 회고한다. "서양 인식론으로 재단하다간 본질을 왜곡"하는 오류를 범하기 때문이라는 것이다. 그리고 그런 오류의 배후에는 한국사회의 심층에서 늘 한국사회의 전반적인 영역을 규정하는 한국인의 "유교적 습속"에 대한 부정적 평가가 놓여 있다고 그는 생각한다. 왜냐하면 서구중심적 근대화 이론에 익숙한 사회과학은 한국과 같은 비서구사회를 늘 후진국이나 전근대국가라는 시각을 통해 이해하고자 하면서 전근대적인 전통과 서구적인 근대 사이의 단절만을 강조하는 이분법에 익숙해 있었기 때문이다. 그런 시각을 통해 한국사회에 대한 "표층"은 어느 정도 이해하는 듯하지만, "심층의 깊이는 가늠할 수 없는 암흑 상자"로 내버려두는 것에 불과했다고 송호근은 말한다.[5]

그래서 오늘날 한국사회의 다양한 모습을 제대로 이해하기 위해서는 한국사회의 심층을 형성하고 있는 유교적 습속을 이해해야 하고, 이를 위해서는 당연히 그런 유교적 습속을 형성했던 "세계 최고의 유교 국가"인 조선사회를 알아야 한다고 송호근은 강조한다. 이처럼 현재의 한국

---

5) 송호근, 『인민의 탄생』, 민음사, 2011, 9-15쪽.

사회의 기원을 조선사회에서 형성된 유교적 생활양식 및 사고방식의 지속적 영향사의 맥락에서 이해하려는 접근 방식을 그는 "전기, 중세, 근대를 하나의 연장선에서 파악"하려는 연구 방법이라고 말한다. 그는 이런 연속론적 입장을 근대를 "중세, 또는 조선 초기와 단절적으로 규정하는" 한국 역사학계의 "단절론적 관점"과 대비시킨다.[6]

송호근의 저서를 포함하여 앞에서 한국 근대성과 유교전통 사이의 밀접한 연관성에 주목하는 최근의 저서들을 언급했는데, 물론 이들 사이에 많은 의견 차이가 존재한다. 간단하게 말해 유교적 전통과 한국 근대성 사이의 내적 연관성을 강조한다는 점에서는 공통되지만 그 평가에 대해서는 상당히 다르다. 예를 들어 김상준과 미야지마 히로시는 오늘날의 한국사회를 형성하는 데 유교전통이 미치고 있는 부정적 현상보다는 그 긍정적 현상에 주목한다. 특히 이들은 국가주도의 경제성장에 유교적인 에토스가 긍정적 영향을 주었다는 점을 강조하는 아시아적 가치론이나 유교자본주의론을 주장하는 사람들과 달리, 한국사회가 민주주의로 이행하는 과정에서 유교적 정치문화가 준 긍정적 의미에 주목하거나 한국 시민사회의 역동성 및 한국 민족주의의 평화지향에 유교적 전통이 지속적으로 영향력을 행사하고 있다는 점을 강조한다.

김덕영이나 장은주도 한국 근대사회의 형성과 발전과정의 문화적 기원을 유교적 전통문화 속에서 찾고자 한다. 그러나 그들의 문제의식은 한국 근대성의 기원과 궤적을 유교적인 문화적 습속과 연관해서 해명하면서도 한국사회의 병리적 현상의 뿌리를 진단하고 그에 대한 비판적 대안을 모색하는 데 있다. 장은주에 의하면 근대성을 향한 한국사회의 노력은 성공과 함께 심각한 모순들을 산출하고 있다는 점에서 한국의 근대

---

6) 같은 책, 28쪽 참조. 물론 송호근이 '조선사회의 심층에 대한 이해'라는 문제의식을 설득력 있게 실현했는지는 회의적이다. 그 역시 도처에서 서구중심적 분석 틀에 사로잡혀 있기 때문이다. 송호근의 한계에 대해서는 배항섭, 「서구중심주의와 근대중심주의, 역사인식의 천망(天網)인가」, 『개념과 소통』 14, 2014 참조.

성은 "성공의 역설"을 보여준다.[7] 그러므로 그는 한국사회의 위기를 한국 근대성의 내적 동학에서 구하고자 한다. 이런 점에서 그는 탈근대주의적 접근 방식과 자신의 접근 방법을 차별화한다. 그는 서구적 근대성 자체가 지니는 내적 한계 같은 것을 한국사회의 근대성에서 구하는 시도를 하지 않는다. 그 대신 그는 우리 사회의 "문화적 차원"에서 한국 근대성의 위기를 찾아야 한다고 강조한다.[8] 예를 들어 대형교회에서의 목사직 세습 현상, 한국사회 재벌의 세습적 지배구조, 한국사회 구성원들의 일상생활을 지배하는 연고주의나 서열주의와 같은 사회현상을 볼 때 근대 외부로의 탈주나 근대의 초극은 아무런 의미를 지니지 않는다는 것이다.[9] 그래서 그는 우리 사회에서 유행했던 다양한 포스트모더니즘 사조들이 지적으로 아무런 생산성을 보여주지 못하고 우리 사회의 지적 식민주의의 문제점만을 보여주었다고 비판한다.[10]

그렇다고 장은주가 서구중심주의적 근대성 이론을 한국사회의 근대성을 분석하는 기준으로 삼는 것도 아니다. 서구적 맥락에서 형성된 근대성 이론은 서구와 다른 역사적–문화적 맥락을 지녀 온 한국사회를 이해하는 데 불충분하다. 그는 앞에서 거론된 한국사회의 병리적 현상들을 아직 근대화가 제대로 되지 않아서 생긴 현상이라고 보지 않는다. 우리 사회는 아직 진정한 의미의 근대화를 달성하지 못했기에 여러 병리적 현상과 위기를 겪고 있다고 보는 시각은 서구중심적일 뿐만 아니라, 그가 볼 때 한국사회의 근대성의 성취는 눈부시다. 따라서 한국사회의 문제들을 봉건적이라고 규정하거나 아직 충분하게 근대화가 되지 않은 사회여서 비롯된 것으로 보는 것은 무리라고 그는 강조한다. 그런 생각들

---

7) 장은주, 『유교적 근대성의 미래: 한국 근대성의 정당성 위기와 인간적 이상으로서의 민주주의』, 한국학술정보, 2014, 16쪽.
8) 같은 책, 17쪽.
9) 같은 책, 17–18쪽 및 40쪽.
10) 같은 책, 40쪽.

은 한국을 비롯한 비서구사회가 서구와 동일한 역사 발전의 궤도를 겪을 것이라는 전제가 참일 경우에만 의미를 지닐 것이다. 그렇지만 우리의 역사는 서구의 근대성과 다른 길을 걷고 있다. 간단하게 말해 장은주가 보기에 한국사회는 "너무도 뚜렷하고 성공적인 근대사회이긴 하되, 무언가 조금 다른 종류의 근대사회"이다.[11] 그리고 그런 다른 길은 서구적 근대성에 비해 지체되어 있거나 저발전되어 있거나 그것도 아니라면 기형적인 특수한 사회이기 때문에 형성된 것도 아니다.[12]

그래서 장은주가 시도하고자 하는 것은 서구중심주의적 사유 방식을 상대화하면서 한국사회의 근대성이 보여주는 다른 종류의 성격과 그 근원에 대한 분석이다. 그는 한국의 근대성을 "유교적 근대성"으로 명명한다. 그리고 이 유교적 근대성을 "서구적 근대성과 우리 고유의 문화적 전통의 상호 적응적 결합의 산물 속에서 성립한 하나의 '혼종 근대성(hybrid modernity)'"이라고 좀 더 상세하게 규정한다. 한국사회가 서구 근대성과 다른 종류의 근대성의 모습을 보이게 된 까닭은 무엇인가? 장은주는 그 이유를 유교문화 전통이 서구 근대성과 만나 변형되면서 한국적 근대성을 특별한 방식으로 규정했다는 점에서 구한다. 그리고 그는 한국 근대성의 고유성을 규정하는 유교적 삶의 문법에 그 기원을 두는 두 가지 문화적 특질을 다음과 같이 설명한다. "하나는 집단과 공동체의 가치를 강조하는 '개인의 부재'라는 특징이고 다른 하나는 서구에서보다 더 강한 물신숭배 같은 것을 낳는 '현세적 물질주의'라는 경향이다."[13]

앞에서 보았듯이 장은주는 서구 근대성과는 다른 한국 근대성의 고유한 발전 동학을 해명하기 위해서는 유교전통의 역할에 주목해야 한다고

---

11) 같은 책, 18쪽.
12) 같은 책, 54쪽.
13) 같은 책, 29-30쪽.

믿는다. 그에 의하면 우리의 전통적인 삶의 문법이자 양식이었던 유교적 생활방식은 우리 사회의 근대성의 방향을 제약하면서 동시에 근대화 과정에서 자신도 변형을 겪은 결과 유교적 근대성이라는 한국 고유의 근대성이 형성되었다. 그래서 그는 한국의 근대성이 "서구적 근대성의 압도적 영향" 아래 이루어진 것임을 인정하면서도 한국의 고유한 문화적 전통에 의해 매개되어 형성된 독자적인 근대성이라고 생각한다. 그러므로 그는 유럽적인 근대성을 근대성의 기본 모델로 설정하지 않는다. 그것은 단지 하나의 모델에 지나지 않는다. 서구적 유래를 지닌 근대성은 그런 근대성을 창조적으로 변형시키는 비서구사회의 전통에 의해 매개됨으로서 다양한 형태를 지니는 것으로 이해되어야 한다. 그래서 그는 "근대성"을 기본적으로 "다중 근대성(multiple modernities)"으로 이해한다.[14] 이런 다중 근대성의 입장에서 볼 때 한국의 근대성은 "전통과 서구적 근대성이 독특한 방식으로 접합"되었다는 점에서 혼종적인 근대성이며[15] 그 혼종 근대성이 유교적 특색을 보이고 있다는 점에서 유교적 근대성이라고 할 수 있다고 장은주는 주장한다.

장은주에 의하면 유교적 문화전통이 외부로부터 주어진 서구적 근대성에 적응하면서 한국 근대성의 논리와 문법을 규정했다. 그가 보기에 한국 근대성 형성에 주된 역할을 한 유교는 유교적 사상전통이나 양반들의 유교가 아니라 일반 사람들의 일상생활에 내면화된 윤리로서의 유교적 전통이다.[16] 따라서 한국 근대성의 고유한 동학을 규정했던 유교전통의 의미를 제대로 이해하기 위해서는 그것을 인간의 "사회적 실천" 내지 "문화적 실천"이라는 맥락에서 파악해야 한다.[17] 그에 의하면 유교적인 전통문화는 자체적으로는 근대성을 산출하진 못했지만 서구적인 근

---

14) 같은 책, 28-29쪽.
15) 같은 책, 85쪽 참조.
16) 같은 책, 88쪽.
17) 같은 책, 79쪽.

대성의 충격을 매개로 근대성을 추진시켜 나갈 다양한 요소들을 풍부하게 갖고 있었다. 그는 말한다. "세계긍정과 현실적응을 향한 유교적인 윤리적 지향은 전근대적인 사회관계 안에서는 개인들에게 위계적 사회질서에 대한 절대적 순응과 전통과 관습에 대한 무조건적인 긍정에 대한 도덕적 강제로 작용했을 것임에 틀림없다. 그리고 그런 차원에서, 베버의 지적처럼 유교사회들은 자신의 힘으로는 자본주의적 근대사회를 '창조(schaffen)'해낼 수 없었을지도 모른다. 그러나 다른 한편으로 우리는 그런 윤리적 지향이 적어도 강제된 자본주의적 근대화의 압력 속에서라면 그 근대화 과정을 촉진시킬 수 있는 모든 근본적인 문화적 요소를 함축하고 있음을 어렵지 않게 확인할 수 있다. 베버가 이 세계 그 어느 곳에서도 발견할 수 없었다고 평가한 유교사회의 경제적 복리에 대한 매우 적극적인 가치평가가 그것이고, 나아가 물질적 재화에 대한 매우 강렬한 공리주의적, 실용주의적 태도가 그러하며, 유교적 사회 성원 일반의 물질주의적 윤리적 지향이 그렇다."[18]

장은주는 한국사회의 유교의 근대적 성격을 다루면서 강력한 현세적 물질주의나 입신출세주의가 유교적인 전통에서 곧바로 도출된 것이 아니라, 서구적 근대성의 도전에 응전하면서 변형된 방식으로 등장한 역사적 산물임을 강조한다. 그렇다고 이런 변형이 속류 유교적인 삶의 방식이나 유교적인 전통문화의 문법과 완전히 다른 것이라고 보아서는 안 된다. 유교적인 삶의 방식은 현실적인 인간관계 속에서의 성공이나 출세를 "인간의 도덕적인 완성"과 매우 밀접하게 연결시켜 바라보고 있었기 때문에 일반 사람들에게서 유교적인 삶의 방식은 "입신출세주의로 자연스럽게 변질"될 수 있었다는 것이다. 달리 말하자면 서구적인 근대화의 압력 속에서 전통적인 유교 국가체제나 사회질서가 해체되면서 "유교적 문화논리의 공리주의적–물질주의적 발전은 상당히 자연스러워

---

18) 같은 책, 104쪽.

보인다"는 것이다.[19]

서구적 근대성의 도전에 응전하고 그에 창조적으로 적응하면서 유교적 전통문화 속에 내장되어 있었던 '현세지향적-윤리적 지향'이라는 근대적 본성은 우리 사회의 구성원들에게 현실에서의 세속적 성공이나 물질적 행복의 추구를 통해서 개인의 자아실현의 전망을 갖게 해주었다. 그리고 그런 유교적 문법의 세속화로 인해 한국인들은 세속적 성공을 통한 사회적 인정 추구를 통해 그들의 삶의 의미를 확보할 수 있다고 믿게 되었다. 그 결과 유교적 전통문화에 익숙한 사람들에게는 현실세계에서의 성공은 거의 "종교적 구원의 차원"에 어울리는 최상의 가치를 지니게 되었다고 장은주는 진단한다.[20]

그러므로 장은주에 의하면 유교적 근대성으로 규정되는 한국의 근대성은 자체 내에 엄청난 사회 병리적 현상과 문제점들을 초래할 한계를 갖고 있다. 한국의 고유한 근대성을 가능하게 한 유교적인 도덕적 문법과 그것을 내면화한 유교적인 삶의 양식, 즉 유교적인 도덕적-문화적 지평은 한국인들로 하여금 세속적이고 물질적인 성공을 사회적 인정투쟁의 궁극적 목적으로 설정하도록 해 인권이나 개인존중 및 민주주의적 사회를 구성하는 문화적 조건들의 성공적 발현을 불가능하게 만들기 때문이다. 그래서 그는 다음과 같이 말한다. 한국의 "유교적 근대성은 개인 없는 근대성이며 이러한 근대성에서 근대적 정체성의 내적 지평은 원천적으로 낯설다. 유교적인 근대적 정체성을 가진 사람들은 개인의 성공적이고 좋은 삶을 위한 개인적이고 내면적인 지평을 알지 못한다. 그들의 근대적 정체성의 지평은 외적인 가족과 집단을 향해 있다. 그들에게는 가족의 집단적 번영과 풍요, 그리고 그 틀에서 인정받는 개인의 성공이 어떤 유사 종교적인 최고선이다. 그런 정체성이 만들어내는 모듬

---

19) 같은 책, 105-106쪽.
20) 같은 책, 108쪽.

살이의 양식에 대한 사회적 상상에서 우리가 서구를 통해 알고 있는 인권, 개인의 도덕적 자율의 존중, 관용, 민주주의적 평등, 연대와 같은 민주적 가치들은 제대로 된 도덕적 위상을 가지기 힘들다. 우리 유교적 근대성의 불편한 진실이다."[21]

장은주는 한국의 유교적 근대성을 분석하면서 민주주의 및 자율성의 이념을 유교적 근대성에 낯선 원리로 이해한다. 이매뉴얼 월러스틴의 용어를 사용하자면 기술적 근대성과 더불어 서구 근대의 또 다른 모습을 보여주는 해방적 근대성[22]이라 불리는 개인의 자율성 및 민주주의와 같은 공적 자치의 이념 그리고 그와 결부된 생활방식은 동아시아의 유교적 사유 방식 및 유교적 삶의 방식에서 구하기 힘들다는 것이다. 간단하게 말하자면 개인의 자율성 및 민주주의와 유교적 삶의 양식 및 그 도덕적 문법 사이에는 친화성이 거의 없다고 장은주는 생각한다. 즉 "한마디로 민주주의적 가치와 이념은 우리의 유교적 근대성에 온전하게 내재적인 것은 아니다."[23] 그래서 그는 한국의 근대성에서 구현된 민주주의를 "타락한 민주주의의 형식으로서의 '주리스토크라시(Juristocracy)'"[24] 로 규정한다.

장은주에 의하면 한국에서 작동하는 사법지배체제는 유교적인 정치적 근대성의 표현이다. 그리고 이 체제는 민주주의와 법치의 외피 속에서 법을 수단으로 삼아 우리 사회의 지배세력이 자신의 권력을 재생산하는 억압적 지배체제이다. 그리고 그는 이런 '타락한' 형식의 민주주의를 탄생시키는 문화적 배경으로 성취원리, 즉 능력주의 사회의 원리를 최상의 가치로 삼은 유교적인 관료지배체제 전통에 주목한다. 달리 말하자면 오늘날 우리 사회의 일그러진 정치적 근대성의 배후를 일제에 의한

---

21) 같은 책, 139쪽.
22) 이매뉴얼 월러스틴, 『자유주의 이후』, 강문구 옮김, 당대, 1996, 179쪽.
23) 장은주, 『유교적 근대성의 미래』, 앞의 책, 133쪽.
24) 같은 책, 138쪽.

식민지적 근대화나 박정희 정권기의 파시즘적 근대화 과정의 폭력성에
서만 구하는 것은 온전하지 못한 것인데, 이는 한국의 정치적 근대성 형
성에 결정적인 영향을 행사한 전통적인 유교적 삶의 문법의 중요성을 간
과하고 있기 때문이다. 그래서 장은주는 '사법지배체제'를 유교적 전통
문화의 배경 위에서 탄생된 한국의 "정치적 근대성의 본질적인 한 양상"
이라고 말한다.[25]

3. 유교적 근대성 이론의 문제점

서구 근대성을 창조적 방식으로 모방하면서 형성된 한국의 유교적 혹
은 혼종적 근대성의 고유성을 규정했던 유교적인 '도덕적-문화적 지평'
에 주목하는 것은 부인될 수 없는 장은주 이론의 긍정적 측면이다. 이런
그의 시도는 서구적 근대성을 유일한 근대성의 모델로 설정하면서 비서
구사회가 서구적 근대성으로 수렴될 것이라고 보는 서구중심주의적 시
각의 한계를 넘어서는 중요한 통찰들을 제공하고 있다. 동시에 장은주
는 한국의 독자적인 근대성의 논리를 해명하기 위해 유교전통의 역할에
주목하면서 한국 근대성의 잠재성은 물론이고 그것이 어떤 모순들을 동
반하고 있는지에 대한 종합적인 인식을 추구한다. 그래서 그의 유교적
근대성 이론은 산업화 및 민주화에서 거둔 일정한 역사적 성취에도 불구
하고 불충분한 민주주의나 가족주의 및 지역주의 그리고 족벌사학 및 재
벌들의 경영권 세습 등 우리 사회가 안고 있는 여러 사회적 문제와 병리
현상을 우리 사회 특유의 '도덕적-문화적 지평'의 작용 연관 속에서 진
단하고 그에 대한 대안을 제시하려 한다. 이처럼 장은주는 유교적 근대
성 혹은 혼종 근대성 이론을 통해 서구 근대성을 근대성 자체의 모델로
설정하는 부당한 일반화의 오류를 넘어서 한국사회의 고유한 근대성의

---

25) 같은 책, 139쪽.

작동 논리를 해명할 수 있는 새로운 근대성 이론과 개념을 제공한다. 그가 제시한 유교적 근대성 이론의 세부적인 측면이나 유교전통에 대한 그의 이해에 대해서는 의견을 달리하는 사람들도 그의 유교적 근대성 이론의 중요성을 부인하지 않을 것이다.

그러나 장은주의 유교적 근대성은 여러 문제점을 안고 있다. 서구적 근대성과 구별되는 독자적 발전 경로를 보여주는 한국 근대성은 유교전통과 관련되어 이해되어야 한다는 점에 대해서는 필자도 그와 입장을 같이한다. 그러나 한국사회의 근대성을 규정하는 유교적인 습속과 전통의 작용방식 및 영향사에 대한 해석과 접근 방식에 대해서는 의견을 달리한다. 유교적 전통이 한국의 근대성 형성에 작용하는 방식에 대한 그의 이론이 지니는 문제점을 언급하면 크게 세 가지이다.

첫째로 장은주의 유교적 근대성 이론은 전통적인 유교사회에서 축적된 유교적 습속에 내재해 있는 해방적 요소를 과소평가한다. 그는 한국의 근대성을 유교적 근대성으로 규정하고 그 기본적 성향을 물질적 현세주의나 입신양명주의에 대한 종교적 숭배 현상으로 이해한다. 그래서 장은주는 "유교에는 개인 형성적 작용이 없다"고 진단하고 유교에서의 개인은 늘 가족의 일원으로 효를 다하고 국가에 충성을 다하여 "사회질서와 조화해야 하는 처음부터 끝까지 사회적 개인"이라고 평가한다. 특히 그는 예치 시스템의 영향력에 주목한다. 인간관계를 예를 통해 규제하려는 유교적 전통에서 인간의 인격적 완성은 예적 규범을 철저하게 내면화하여 그것을 성실하게 이행하는 행동 속에서 이루어질 수 있다고 본다고 그는 이해한다. 그래서 동아시아 유교사회에서 사람은 "어떤 내면적이며 고유한 도덕적 세계의 지평"을 확보하는 데보다는 오히려 "외적으로 검증받고 평가될 수 있는 행동 규범의 완수"만을 보다 고차적인 가치 규범으로 받아들이게 된다.[26]

---

[26] 같은 책, 92-93쪽.

그러나 전통적인 동아시아, 특히 중국과 조선의 유교사회가 과연 개인의 자발성에 대한 자각을 결여한 몰개인주의적 사회였는지는 의문이다. 유교문화에는 개인의 자발성을 존중하는 기나긴 전통이 존재했다.[27] 여기에서는 상세하게 논할 자리는 아니지만 그가 예(禮)를 통한 인간관계를 규율하려는 유교적 전통에 주목하면서 인(仁)에 대해 언급하지 않는 것도 문제다. 물론 인과 예의 관계는 간단하지 않다. 그러나 예(禮)가 없는 인간의 행동이 가져올 위험성을 경계하는 것과 마찬가지로 인(仁)이 뒷받침되지 않는 채로 예에 어울리게 행동하는 것 역시 인간의 도덕적 완성을 저해하는 폐단에 지나지 않는다는 것은 유학의 전통에서 늘 강조된 것이다. 유학의 전통을 창시한 공자가 바라본 개인은 "진실로 사회적 존재이며 철저하게 행동 지향적"임에는 분명하지만, "이러한 사회적 본성과 행동 지향성이 개인의 일관된 내면적 삶과 결코 양립할 수 없다"고 생각하는 것은 설득력이 없다. 벤자민 슈워츠에 의하면 공자에게 중요한 것은 "단순한 구체적 행위가 아니라 인격체로서의 살아 있는 인간과 결부되는 특징, 능력, 내면적인 정신 성향"이기에 그렇다. 그래서 슈워츠는 공자의 핵심적이고 혁신적인 사상인 인(仁)을 "자아 인식과 반성을 포함하는 인간 개체 내면의 도덕적 삶을 가리키는 것으로 정의"할 수 있다고 주장한다.[28]

유학전통 속에 들어 있는 개인의 자발성과 개인의 도덕적 완성에 대한 긍정적인 평가를 과소평가함으로써 장은주는 그의 유교적 근대성 이론에서 전통적인 유교사회에서 실현된 능력주의 사회의 성격을 제대로 포착하지 못한다. 예를 들어 그는 다음과 같이 말한다. "세계긍정과 현실적응을 향한 유교적인 윤리적 지향은 전근대적인 사회관계 안에서는

---

27) 이에 대해서는 나종석, 「인권에 대한 유교적 정당화의 가능성에 대한 연구」, 나종석, 박영도, 조경란 엮음, 『유학이 오늘의 문제에 답을 줄 수 있는가』, 앞의 책, 47-57쪽 참조.
28) 벤자민 슈워츠, 『중국 고대 사상의 세계』, 나성 옮김, 살림, 2004, 113-118쪽.

개인들에게 위계적 사회질서에 대한 절대적 순응과 전통과 관습에 대한 무조건적인 긍정에 대한 도덕적 강제로 작용했을 것임에 틀림없다."[29]

그러나 장은주는 개인주의의 결여를 유교적 전통문화의 근본 성격으로 규정하면서도 "유교적 메리토크라시(meritocracy)"를 유교문화의 핵심적 요소로 강조한다. 그에 의하면 유교적 메리토크라시는 유교문화가 창출한 "서구적 근대성보다 더 근대적이며 심지어 서구적 근대성의 발전에서 어떤 모범이 되기까지 했다고 할 수 있는 문화적 요소"이다.[30] 그가 강조하듯이 메리토크라시는 타고난 혈통이나 신분 및 계급에 의해 재산이나 권력이나 명예가 정해지는 것을 부인하고 개인의 능력에 따라 사람들의 사회적 지위나 권력을 배분하는 이념을 의미한다. 그리고 조선이나 명청 시대의 중국에서 실시된 과거제도는 능력에 따라 관료를 선발하는 제도였다. 여기에서 장은주는 이론적인 모호함을 보여준다. 과거제도는 능력에 의한 인재선발의 방식으로 개인의 능력이나 노력에 의해 그 사회에서의 지위가 결정되는 이념을 전제로 한다. 그렇다면 동아시아의 전통적인 유교사회는 이미 개인의 자발성을 이념으로만 긍정한 데 그치지 않고 그런 이념을 정치사회의 구성 원리로 보고 이를 실현하기 위해 합리적인 관료선발제도를 채택한 개방적 사회의 성격을 지니고 있다고 볼 수 있다.[31]

그럼에도 장은주는 유교적인 전통에서 실현된 메리토크라시적인 인재선발 방식에서 개인의 자발성에 대한 긍정적 태도를 독해해내려고 하지 않는다. 오히려 그는 유교적인 메리토크라시적 전통이 지니는 의미

---

29) 장은주, 『유교적 근대성의 미래』, 앞의 책, 104쪽.

30) 같은 책, 122쪽.

31) 일본은 한국 및 중국과 달리 과거제도를 실시하지 않았으며 에도시대는 사무라이의 세습 신분제 사회였다. 영국이 관리 임용에 시험을 채택한 것은 1870년 이후이고, 미국에서는 1883년에 이르러서이다. 그런데 이런 "관리 등용 시험제도의 시작은 중국 과거의 영향이라고 보는 견해가 유력하다." 미야자키 이치사다(宮崎市定), 『중국의 시험지옥: 과거(科擧)』, 박근철, 이근명 옮김, 청년사, 1993, 230쪽.

를 그것이 한국사회의 구성원들로 하여금 오로지 입신출세주의나 현실 세계 내에서 과도하게 물질적 행복만을 추구하도록 고무하는 측면에서만 해석하고자 한다. 그래서 한국의 유교적 근대성에서 메리토크라시 이념은 "심각한 사회적 위계와 불평등을 정당화하는 문화논리"로 작동하고 있기 때문에 그것이야말로 우리 사회가 개인의 평등한 존엄성에 대한 사회적 인정의 실현이나 민주주의의 진정한 발전을 저해하는 "문화적-도덕적 원천"이라고 장은주는 강조한다.[32] 물론 그런 해석이 전적으로 틀린 것은 아닐 것이다. 유교전통의 강력한 현세지향적인 도덕적 태도가 특정한 역사적 맥락에서 극단적인 입신출세주의나 입신양명주의와 같은 사회 병리적 현상을 초래할 수도 있다는 것을 부인하기는 어려울 것이기 때문이다. 그러나 더욱더 중요한 사실은 입신양명주의조차도 개인을 타고난 신분이나 혈통에 의한 귀속의식에서 평가하는 것이 아니라 개인의 능력과 노력에 의한 신분상승의 이동과 권력 및 재산의 재분배를 원칙적으로 승인하고 있는 유교적인 합리적 사유를 바탕으로 하고 있다는 점이다.[33]

둘째로 장은주의 이론은 한국 근대성의 '문화적-도덕적인 지평'을 형성한 유교적 전통이 개항기, 식민지 지배, 분단과 전쟁 그리고 개발독재 과정에서 어떤 방식으로 변용되었는지에 대한 분석을 결여하고 있다. 달리 말하자면 물질적 현세주의나 입신양명주의라는 유교적 에토스가 목사직 세습을 당연시하는 기독교나 학벌과 정실주의적 인간관계를 재생산하는 데 강력하게 영향력을 발휘하고 있다는 식의 분석은 일면적이

---

32) 장은주, 『유교적 근대성의 미래』, 앞의 책, 125쪽.

33) 알렉산더 우드사이드(Alexander Woodside)는 동아시아의 과거제도가 귀족제를 직업적 엘리트로 대체한 인류사에 등장한 중요한 혁명적 전환에 비견될 만한 특성을 지니고 있다고 강조한다. 그에 의하면 직업적 엘리트들에 의해 귀족제를 대체한 것은 식량 공급을 위한 정착 농업의 시작 및 산업의 발달에 이은 인류사에 등장한 세 번째 혁명이다. 알렉산더 우드사이드, 『잃어버린 근대성들』, 민병희 옮김, 너머북스, 2012, 55-63쪽 참조.

란 것이다. 유교적 전통이 식민지 지배의 과정에서 변형되었으며 그리고 그런 변형된 유교적 전통이 한국의 경제성장제일주의의 근대화 기획과 결합되었기 때문이다. 이런 모습들을 종합적으로 분석하지 않고 모든 것을 유교적 전통 혹은 유교적인 문화적—도덕적 삶의 양식의 영향사로 설정하는 것은 서구적 근대성과 유교적 전통의 다양한 결합양식들을 획일화하는 것으로 비판되어야 한다.

이런 획일적인 접근 방식에 의하면 조선사회의 유교적 전통, 구한말의 혁신유림의 유교전통, 그리고 1930년대 후반 일제 식민지기에 총독부에 의해 체계적으로 유포된 황도(皇道)유학의 전통은 아무런 차이가 없게 된다. 그러므로 장은주가 표면적으로 그렇지 않다고 강조하지만[34] 사실상 한국 근대성의 병리적 현상들을 초래한 물신주의적인 입신양명주의는 역사적 구성물이 아니라 유교적 전통 자체의 본질적 성격으로 치부되는 경향으로 이어질 수밖에 없다. 한국의 유교적 근대성이 보여주는 천박한 물질주의적인 경향이나 몰개인주의적인 집단주의적 경향 그리고 극단적인 사회적 불평등을 능력에 따른 자연스러운 현상으로 정당화하는 모습 등이 "우연적인 역사적—정치적 구성의 산물"이라고 하면서도, 다른 한편으로 그런 모습을 "유교적 도덕 이해 그 자체의 함축"이라고 강조하는 것도 이런 염려를 가중시킨다.[35]

마지막, 세 번째 문제는 장은주가 한국의 근대성을 해명하면서 유교전통이 한국의 근대성 형성을 한 가지 방식으로가 아니라 다양한 방식으로 규정하고 있다는 점을 종합적이고 균형 있는 관점으로 바라보고 있지 않다는 데 있다. 이는 위에서 거론된 두 번째 문제점과 중첩되지만 별도로 거론될 필요가 있다. 두 번째 문제점은 예를 들어 유교적 전통이 자체 내에 강력한 입신양명출세주의나 물질주의적 현세지향의 성격을 갖고

---

34) 장은주, 『유교적 근대성의 미래』, 앞의 책, 191쪽 참조.
35) 같은 책, 126쪽 및 191쪽.

있다손 치더라도, 그런 전통이 상이한 역사적 맥락에서 어떻게 변용되고 있는지 그리고 그런 변용 과정을 주도한 당대의 권력구조가 무엇인지를 함께 염두에 두지 못한다는 것과 관련된 것이다. 간단하게 말하자면 두 번째 문제점은 장은주의 유교적 근대성 이론이 아쉽게도 문화환원론의 유혹에서 크게 벗어나 있지 않다는 지적이다.

이와 달리 세 번째 문제에서 거론되는 것은 장은주가 유교전통의 영향사의 여러 갈래들에 대한 관심을 소홀히 하고 있지 않은가에 대한 비판이다. 그는 한국의 독특한 근대화 과정을 "유교적 문화전통과의 연관 속에서 총체적이고 체계적으로 파악"[36]해야 한다고 강조하면서도 그런 문제의식을 제대로 살리고 있지 못하다. 그는 한국사회의 가족주의, 연고주의, 권위주의 및 집단주의 등을 유교적 전통에 기인한 것으로 본다. 이런 이해 자체가 전적으로 틀린 것은 아니다. 그러나 유교적인 정치문화나 습속이 과연 한국사회의 권위주의적, 집단주의적 그리고 전체주의적인 성향을 확정하는 방식으로만 작동해왔는지에 대해서는 엄밀한 검토가 필요한 사항이다.

오해의 소지를 없애기 위해 달리 표현해본다면 장은주는 유교적 전통의 작동 방식을 한국사회의 집단주의적이고 권위주의적인 질서가 형성되는 맥락 속에서만 분석하는 경향을 보인다고 비판받을 소지가 있다. 그의 유교적 근대성 이론은 한국의 민주주의적 근대성이나 저항적 근대성이 유교적 전통과 맺고 있는 관련성을 온전하게 담아내지 못하고 있다. 이렇게 본다면 세 번째 문제는 위에서 언급된 첫 번째 문제와도 깊게 연결되어 있음을 알 수 있다. 그의 유교적 근대성 이론은 유교적 전통이 지니는 해방적 요소를 주변적인 것으로 배제하고 있기 때문이다.

---

36) 같은 책, 62쪽.

4. 충효일치 이념의 기원: 한국과 일본의 유교전통의 차이

필자는 유교전통 속에서의 개인의 자율성 문제를 이미 다룬 적이 있기 때문에 이 글에서는 위에서 거론된 두 번째와 세 번째 문제를 통해 장은주의 유교적 근대성의 문제점을 좀 더 명료하게 해볼 것이다. 우선 충효 이데올로기로 대변되는 개인주의 부재 및 집단주의 문화에 대한 문제를 살펴보자. 장은주는 한국의 유교적 근대성을 설명하면서 그것은 "개인 없는 근대성"임을 강조한다. 그리고 그는 권위주의적 근대화 과정에서 대중들이 박정희의 지배체제에 광범위하게 '동의'했던 사실을 설명하기 위해서는 한국사회의 유교적 성격을 함께 고려할 필요가 있다고 말한다.[37] 그에 의하면 유교적인 도덕적-문화적 가치관과 생활방식의 영향으로 인해 사람들이 인권과 민주주의와 같은 보편적 가치를 폄하하고 박정희가 주장한 '한국적 민주주의'에 대해 동의를 해주었기 때문이다. 박정희에 대한 종교적인 숭배에 버금가는 열광도 마찬가지이다.[38]

특히 "유교적-권위주의적 훈육 또는 '길들이기'"를 사람들이 자연스러운 것으로 받아들이게 된 현상을 설명하면서 장은주는 일제 시기의 '교육칙어'나 박정희 시기의 '국민교육헌장'을 예로 든다. 그가 보기에 한국인들이 이런 교육을 통해 큰 저항감이 없이 삼강오륜과 충효사상을 내면적으로 체화했던 것도 유교적인 전통문화의 도덕적 지평이 개인의 존중과는 거리가 먼 것이기 때문에 가능했다. "개인의 절대적 자기희생과 가족이나 조직 및 국가에 대한 헌신, 갈등의 회피, 단결과 질서와 규율 같은 것이 강조되었고, 충효의 도덕이 지시하는 것과 같은 '위계의 존중과 권위에 대한 순응'의 태도나 규칙 같은 것이 그 자체로 도덕으로 자리를 잡았다."[39]

---

37) 같은 책, 95쪽, 각주 66 참조.
38) 같은 책, 130-131쪽.
39) 같은 책, 131쪽.

그러나 박정희 시대 이후 우리 사회에 널리 퍼진 충효 관념이 과연 조선사회에서 누적된 유교적인 문화적-도덕적 지평에서 출현한 것인지는 진지하게 따져보아야 할 문제이다. 유교전통에서 효와 충이 중요한 도덕관념이었다는 점은 부인될 수 없다. 그리고 유교전통에서 효와 충의 관계는 매우 긴 역사를 지닌 주제였다. 효와 충의 관계에 대해 유교에서는 '부자천합(父子天合)'과 '군신의합(君臣義合)'의 대조가 존재했었다. 『예기(禮記)』「곡례(曲禮)」편에 "만약 부모가 잘못된 행위를 할 경우, 자식은 세 번을 간청해도 듣지 않으면 울면서라도 그에 따르지만" 임금에 대해서는 "세 번을 간해서 듣지 않으면, 그를 떠난다(爲人臣之禮: 不顯諫.三諫而不聽則逃之. 子之事親也: 三諫而不聽, 則號泣而隨之)"는 구절이 있다.[40] 『맹자(孟子)』에서 "군주가 과실이 있으면 간하고, 반복하여도 듣지 않으면 떠나가는 것(君有大過則諫, 反覆之而不聽, 則去)"이라고 맹자는 강조한다.[41] 이처럼 중국과 조선에서는 '부자천합'과 '군신의합'이 유교의 기본 명제로 받아들여졌고, 그에 따라 효가 충보다 더 근원적인 도덕관념으로 이해되었다.

일본의 유교전통과 달리 충보다 효가 강조되었던 조선의 유교전통의 몇 가지 사례를 보자. 예를 들어 구한말 시기 단발령을 내린 왕명을 거부한 김평묵(金平默, 1819-1891)을 보자. 화서(華西) 이항로(李恒老, 1792-1868)의 학통을 계승한 그는 "잘못된 왕명을 따르지 않는 것이 왕의 잘못을 구제하는 길이고, 왕의 잘못을 구제함이야말로 충"이라고 말하면서 단발령을 내린 왕명에 따르기를 거부했다.[42] 구한말 의병장 이인영(李麟榮, 1868-1909)의 효행에 관한 일화도 조선에서 효가 충보다 더 중요한 것으로 간주되었음을 잘 보여준다. 이인영은 서울 진입 총공

---

40) 『禮記』 상, 이상옥 옮김, 명문당, 2003, 167쪽.
41) 주희, 『孟子集註』, 성백효 옮김, 전통문화연구회, 1991, 311-312쪽.
42) 윤사순, 『한국유학사』 하, 지식산업사, 2012, 170쪽.

격을 앞두고 부친이 사망했다는 소식을 받자 '불효는 불충'이라면서 의병의 총대장직을 그만두고 그날로 귀향해버렸다.[43)

일본 유교전통과 조선 유교전통 사이의 차이점은 충효의 관계에 국한되지 않는다. 충성의 궁극적인 대상에 대해 일본과 조선의 유교전통은 사뭇 다른 모습을 보여준다. 충성의 대상을 천황이나 국가로 한정하는 일본의 유교전통[44)과 달리 조선에서는 충성의 궁극적인 대상은 유교의 보편적 원리인 천리(天理) 및 인의(仁義)였다. 그리고 김평묵의 주장에서 보듯이 왕이라 할지라도 도덕과 정치의 근본 원칙인 천리(天理)를 어기는 행위는 비판받아야 하는 것이었다. 조선의 유교적 전통에서 보면 하늘의 공공성(천리의 공)은 왕도 순종해야 할 도덕적 권위의 궁극적인 기반이었다.[45) 그리고 인간이 그런 천리를 자신의 내적인 도덕적 이상으로 간직하고 있다는 점에서 왕이나 일반 백성은 근본적으로 차이가 없다는 것이 조선의 주자학의 기본 주장이었다.[46) 한국과 일본의 유교전통의 차이점에 대한 인식도 우리 사회에서 긴 역사를 갖고 있다. 이미 1909년 『대한매일신보』 논설은 조선 유학의 대표로 화서 이항로를 그리고 야마자키 안사이(山崎闇齋, 1618-1682)를 일본 유학의 대표로 들어 조선 유교와 일본 유교의 전통을 대비한 바 있다.[47)

이항로는 구한말의 위기 상황에서조차도 국가의 존망보다 유학의 근

---

43) 한영우, 『다시 찾는 우리 역사』, 경세원, 2009, 506쪽 참조.
44) 일본에는 원리에 대한 충성을 강조하는 흐름이 전무했다는 주장은 아니다. 이 주제에 대한 보다 상세한 서술로는 나종석, 『대동민주 유학과 21세기 실학: 한국 민주주의론의 재정립』, 앞의 책, 제13장 참조.
45) 주자학에서의 천리의 공공성 이론에 대해서는 나종석, 「성리학적 공공성의 민주적 재구성 가능성」, 나종석, 박영도, 조경란 엮음, 『유교적 공공성과 타자』, 혜안, 2014, 83쪽 이하 참조.
46) 나종석, 「인권에 대한 유교적 정당화의 가능성에 대한 연구」, 앞의 글, 49쪽 이하 참조.
47) 노관범, 『고전통변』, 김영사, 2014, 137쪽. 물론 조선이 망하기 직전에 『대한매일신보』는 한국과 일본의 유학전통의 차이에서 조선의 국력이 약화되고 일본의 국력이 강해지는 요인을 보고 조선 유교전통의 무기력을 비판했다. 같은 쪽 참조.

본정신을 지키는 것이 더 우선적인 과제라고 보았다. 이항로가 서양의 침략에 강력하게 대응한 것은 유교문명의 도를 지키고자 함이었다. '소중화'인 조선을 외세의 침략으로부터 보호하는 것은 유교문명을 지키는 작업과 결부된 인류 보편의 과제로 생각되었던 것이지 단순히 위기에 처한 국가를 구하는 차원에 그치는 것은 아니었다. "서양이 도를 어지럽히는 것이 가장 우려할 만하다. 천지간에 한 줄기 밝은 기운이 우리 조선에 있는데, 만일 이것마저 파괴된다면 천심이 어찌 견딜 수 있겠는가. 우리는 천지를 위해서 마음을 곧바로 세우고 도를 밝히는 일을 서둘러 불을 끄는 것처럼 하지 않으면 안 된다. 나라의 존망은 그 다음이다."[48]

조선의 이황을 크게 염모했던 야마자키 안사이는 에도시대 일본 주자학의 원류(原流)를 이루는 해남파(海南派)의 집대성자로 알려져 있는 인물이다. 그는 "주자를 배워서 잘못된다면 주자와 더불어 잘못되는 것이니 무슨 유감이 있겠는가"라고 할 정도로 경건한 주자학자였다.[49] 그런 야마자키 안사이도 그의 제자들과 공자와 맹자가 군대를 이끌고 일본을 공격할 경우 공맹의 도를 배우는 일본 유학자들은 어떻게 행동해야 하는지를 놓고 대화를 한 적이 있다. 그 내용을 보면 매우 흥미롭다. 그 역시 국가에 대한 충성을 충성의 궁극적 대상으로 삼고 있기 때문이다. 그 대화 내용은 다음과 같다. "야마자키 안사이가 일찍이 여러 제자들에게 질문하였다. '지금 중국에서 공자를 대장으로 삼고 맹자를 부장으로 삼아 수만의 기병을 이끌고 우리나라를 공격해온다면, 공맹의 도를 배운 우

---

48) 강재언, 『선비의 나라 한국유학 2천년』, 하우봉 옮김, 한길사, 2003, 435쪽에서 재인용. 조경달이 주장하듯이 이항로에게서 발견되는 유교적 문명주의, 즉 유교적 민본주의는 개화파에 의해서도 공유되고 있었으며 민란과 동학농민전쟁을 일으킨 조선 민중에게서도 광범위하게 퍼져 있었다. 그리고 그는 그런 조선의 유교적 정치문화는 서구적인 근대적 국민국가의 형성에 상당한 어려움을 주기도 했지만 서구적인 근대성의 폭력성을 상대화하고 그에 대해 저항하는 힘으로도 작용했다는 점을 강조한다. 조경달, 『근대조선과 일본』, 최덕수 옮김, 열린책들, 2015, 5-7쪽, 59-61쪽 그리고 282쪽 참조.

49) 마루야마 마사오, 『일본정치사상사연구』, 앞의 책, 143쪽 이하 참조.

리들은 어떻게 해야 하는가?' 제자들이 대답하지 못하고서 '저희들은 어찌할 바를 모르겠으니 선생님의 말씀을 듣고 싶습니다'라고 하자, 야마자키 안사이가 말하였다. '불행히도 이런 난리를 만난다면 우리들은 갑옷을 걸치고 창을 쥐고서 그들과 싸워야 된다. 그리하여 공자와 맹자를 사로잡아 나라의 은혜에 보답하는 것, 이것이 바로 공맹의 도이다."[50]

충성이 국가와 천황으로 환원되고 있는 경향은 야마자키 안사이에 국한된 것이 아니다. 이런 인식은 일본 유학의 기본적 특성으로 보아도 좋을 정도로 일본 유학의 전통에서 반복적으로 등장한다. 에도시대 말기에 활동한 요시다 쇼인(吉田松陰, 1830-1859)도 군신관계에 대한 일본의 이해방식을 잘 보여준다. "공자와 맹자가 자신들이 태어난 나라를 버리고 다른 나라에 가서 군주를 섬기는 것은 유감스러운 일이다. 무릇 군주와 아버지는 그 의리가 한가지이다. 우리가 군주를 어리석고 어둡다고 하여 태어난 나라를 버리고 다른 곳의 군주를 따르는 것은 우리가 아버지를 완고하고 어리석다고 하여 집을 나와 이웃집 노인네를 아버지로 삼는 것과 같다. 공자와 맹자의 이런 의리를 잃어버린 행동은 아무리 해도 변명할 수가 없다. 한 나라의 신하들은 이를테면 반년만 차면 떠나가는 노비와 같다. 그 군주의 선악을 가려서 옮아가는 것은 원래부터 그런 것이다. 일본의 신하는 … 신하라면 주인과 생사고락을 같이하며, 죽음에 이른다고 할지라도 군주를 버리고 가는 도리는 결코 없다."[51]

요시다 쇼인이 주장하듯이 "무릇 군주와 아버지는 그 의리가 한가지"라는 명제는 주목을 요한다. 이는 일본 특유의 충효일치 관념과 맥을 같이하기 때문이다. 일본 특유의 충효일치의 이론은 메이지유신 이후

---

50) 황준걸, 『일본 논어 해석학』, 이영호 옮김, 성균관대학교 출판부, 2011, 123쪽에서 재인용. 야마자키 안사이가 말년에 일본 신도(神道)를 받아들이는 것도 우연이 아니다. 이에 대해서는 마루야마 마사오, 『일본정치사상사연구』, 같은 책, 146쪽 참조.
51) 시마다 겐지(島田虔次), 『주자학과 양명학』, 김석근, 이근우 옮김, 까치, 2001, 117-118쪽에서 재인용.

1890년에 반포된 일본의 교육칙어(敎育勅語)에서도 명료화된다. 이를 보면 국가와 국민의 관계가 부모와 자손의 관계와 구조적으로 동일하다는 생각이 등장한다. 부모에 대한 효가 군주에 대한 충에 비해 선차적인 것으로 이해되어온 조선의 유교전통과 달리 일본에서는 '충효'로 변형된다. 즉 천황에 대한 충이 가장 우선적인 것이고, 천황에 대해 모든 것을 다해 헌신하는 충성은 바로 부모에 대한 효에 해당하는 것으로 이해된다.[52] 교육칙어를 입안한 모토다 나가자네(元田永孚)는 효와 충의 순서를 역전시켜 충과 효를 떼려야 뗄 수 없는 충효일치로 만들었다. 군주혹은 천황에 대한 충성이 바로 부모에 대한 효라는 충효일치의 관념은 효와 충의 관계에 대해서 내린 일본사상 고유의 결론이었다. 달리 말하자면 황실을 본가로, 각 국민을 분가로 보면서 천황을 일본이라는 가족국가의 가장으로 그리고 국민을 천황의 어린 자식으로 보아 천황에 대한 충성을 참다운 효라고 강조하는 도덕관념이 국민도덕의 기본 원칙으로 이해되었다.[53] 모토다 나가자네의 사례가 보여주듯이 가족에 대한 효를 국가에 대한 충성으로 귀일시키는 충효일치의 관념은 일본의 독특한 근대적인 천황제 국가를 형성시키는 데 이론적 토대를 제공했다.[54]

일본의 유교전통의 특징인 충효일치사상은 일제 식민지기에 황도(皇道)유학으로 전개된다. 식민지 조선에서 경성제대 교수로 활약하면서 조선 유교사상사에 대한 저서를 낸 다카하시 도루(高橋亨, 1878-1967)는

---

52) 우에노 치즈코(上野千鶴子), 『근대가족의 성립과 종언』, 이미지문화연구소 옮김, 당대, 2009, 93-95쪽.

53) 박진우, 「일본 내셔널리즘과 천황제」, 박진우 편저, 『21세기 천황제와 일본: 일본 지식인과의 대담』, 논형, 2006, 21쪽 참조.

54) 모토다 나가자네는 구마모토번에서 활동한 유학자로 정부에서 천황의 교육을 담당하도록 특별히 선발한 전문가들 중 한 명이었다. 그는 한학의 담당자로 『논어』와 『서경』 강독을 통해 메이지 천황에게 유교적 성왕이론을 가르친 인물이었다. 하라 다케시(原武史), 『직소와 왕권: 한국과 일본의 민본주의 사상사 비교』, 김익한, 김민철 옮김, 지식산업사, 2000, 184쪽 참조.

'황도유학'을 주창하여 일제강점기 식민지 조선의 지식인들에게 커다란 영향을 주었다. 황도유학은 1930년대 중반 이후 일본의 유교전통을 식민지 조선에 전파하기 위해 발생한 담론이다. 다카하시 도루가 황도유학을 주창한 것은 1939년 12월에 발표된 글 「왕도유교에서 황도유교로」에서였다.[55] 황도유학의 핵심적 주장은 충을 효보다 중요하게 간주하고 충의 대상을 일본의 국체인 만세일계의 천황으로 제한하고 역성혁명을 부정하는 것이다. 이를 다카하시 도루는 다음과 같이 주장한다. "오늘날 조선에서 크게 진흥해야 할 유교 교화는 그런 미지근한 유교의 가르침이 아니며, 충분하게 일본의 국수(國粹)에 동화한 국민정신과 국민도덕을 계발과 배양 및 함양해온 황도적인 유교가 되어야 할 것이다. 우리는 지나 유교의 정치사상인 역성혁명, 선양(禪讓), 방벌을 배제하고, 충효불일치, 효를 충보다 중시하는 도덕사상을 부인하고, 그리하여 우리 국체에 따른 대의명분으로써 정치사상의 근본을 세워, 충효일체로써 도덕의 골자로 삼아야 할 것이다. 또 지나를 중화로서 숭배하는 것을 폐지하고 우리나라를 중조(中祖)로 삼고, 우리 국사의 정화를 존중해야 할 것이다. 이러한 것은 참으로 우리 일본 유교도가 품고 있는 정치도덕사상으로서, 그리고 이제부터의 조선 유교도도 이렇게 하여 세태에 기여하며 스스로를 살려나가야 하는 것이다. 조선의 유교단체는 황도유교를 선포하고 발양하지 않으면 안 될 것이다."[56]

위 인용문이 보여주듯이 황도유학의 이론으로 일본 식민주의 관학자 다카하시 도루가 조선 총독부와 더불어 꾀한 것은 당연히 일제강점기에도 계속해서 일본 제국주의의 침략에 저항하는 독립정신의 뿌리를 이룬 조선의 유교적 전통을 해체하여 조선인들을 일본의 총력전 체제에 동원

---

55) 1939년 이후 다카하시 도루에 의해 황도유학이 주창된 이래 조선사회에서 황도유학은 공론화된다. 이에 대해서는 정욱재, 「조선유도연합회의 결성과 '황도유학'」, 『한국독립운동사연구』, 33, 2009, 227-264쪽 참조.
56) 같은 글, 243쪽에서 재인용.

하기 위함이었다. 시마다 겐지(島田虔次, 1917-2000)에 의하면 조선 및 중국의 주자학에서 보는 것과 달리 일본의 "주자학에는 천지를 위해서, 인류를 위해서, 학문의 전통을 위해서, 또 만세를 위해서라는 것과 같은 웅대한 정신, 바로 그런 것이 매우 결여되어 있는 것처럼 생각된다."[57] 앞에서 본 것처럼 이항로와 김평묵은 국가나 왕 혹은 황제를 넘어서 인류 보편의 유교적 문명의식에서 부당하다고 여겨지는 왕명을 비판하기도 하고 일본 및 서구의 패도적인 제국주의 침략을 비판했다.

또한 앞에서 살펴본 것처럼 충과 효가 유교적 전통에서 매우 귀중하게 간주되는 사회윤리의 기본이라고 하지만 조선 및 중국에서의 충효관과 일본에서의 그것에는 상당한 차이가 존재한다. 대의멸친과 멸사봉공(滅私奉公) 그리고 충효일치를 공자의 사상이자 유교사상의 핵심으로 간주하는 것은 유교의 일본적 변형을 유교사상 자체로 오인한 결과이다. 한국과 중국에서의 유학은 늘 자기에서 출발하여 제가, 치국 그리고 평천하에 이르는 동심원적 방향으로 인의(仁義)의 윤리를 확장시켜가는 것을 궁극적 지향으로 삼았다. 그런 점에서 한 국가나 한 가정에만 모든 것을 바치는 충과 효의 관념은 유교사상의 본래 정신에서 볼 때나 한국 및 중국에서 주류적 지위를 차지한 유교전통에서 볼 때 매우 이질적인 것이다. 그러므로 충효일치 및 멸사봉공의 이념을 국가주의적인 방식으로 활용하여 시민들의 비판 및 저항정신을 마비시키고 이들을 순응적인 대중들로 순치시킨 박정희 정권의 작업은 조선 유교전통의 정치적 동원이 아니라 일본 제국주의를 매개로 하여 우리 사회에 전파된 일본 유교전통의 지속으로 이해되어야 마땅하다.

그런데 앞에서 본 것처럼 장은주는 오늘날 한국사회, 더 나아가 한국의 유교적 근대성을 특징짓는 물질주의적인 경쟁원리에 대한 종교적 숭배를 유교적 전통문화의 변용에서 할 뿐, 그 유교적 전통문화가 식민지

---

57) 시마다 겐지, 『주자학과 양명학』, 앞의 책, 6쪽.

시대를 통해 일본적인 유교전통의 영향과 깊게 결합되어 변형되고 있음을 간과한다. 한국 근대성을 유교적 전통문화와의 연관 속에서 해명하는 작업이 중요한 만큼 한·중·일 3국의 유교문화 전통의 성격을 비교하는 연구가 요구된다. 그런 인식의 토대 위에서 비로소 우리는 19세기 후반 이후 전면화되는 서세동점의 시기에 한·중·일 3국이 걸어간 길의 상이성을 좀 더 분명하게 인식할 수 있을 것이다. 그러나 장은주는 일본의 에도시대가 중국의 명말청초 및 조선의 전통사회와 동일한 유교문화를 공유하면서도 중요한 지점에서 다른 모습을 보이고 있다는 점에 대해 충분한 관심을 기울이지 않는다. 그래서 그는 유교적 특징을 지니는 근대성이 한국만이 아니라 일본, 중국, 베트남 등과 같은 유교문화권을 공유하는 여러 나라의 근대성과 "다소간 동질적"일 것이라고 결론짓는다.[58]

5. 유교적 정치문화와 민주주의 그리고 한국의 근대성

장은주의 유교적 근대성의 또 다른 문제점은 한국 근대성의 '해방적 측면'에 대한 설명력이 부족하다는 것이다. 물론 그는 한국의 근현대사가 동학혁명에서 1980년대 민주화운동에 이르는 근대성의 해방적 기획을 실현하기 위해 엄청난 희생과 노력을 했다는 점, 그리고 그런 움직임의 성과도 존재한다는 사실을 부인하지 않는다. 그가 한국사회의 병리적 현상들의 문화적 심층을 유교적 전통문화의 영향사에서 구하는 것도 모든 인간의 존엄한 삶을 실현시켜줄 '민주적 공화주의'를 우리의 삶의 맥락과 조건 속에서 더 잘 실현할 수 있는 방법을 모색하기 위해서다.[59]

그러나 문제는 장은주가 한국사회의 해방운동의 생명력 그리고 민주주의의 제도적 실현을 향한 도정을 한국 근대성의 고유한 동학을 이해하

---

58) 장은주, 『유교적 근대성의 미래』, 앞의 책, 89쪽.
59) 같은 책, 237쪽.

기 위한 핵심 주제로 삼지 않는다는 것이다. 그는 한국의 유교적 근대성의 "정치적 형식"을 박정희가 권위주의와 독재를 정당화하기 위해 내세운 "한국적 민주주의"라고 본다.[60] 그래서 그는 다음과 같이 주장한다. "한마디로 민주주의적 가치와 이념은 우리의 유교적 근대성에 온전하게 내재적인 것이 아니다. 그것들은 우리 근대성의 삶의 조건과 경험에 충분히 부합하지 못한다고 배척되거나, 최소한 주변화되었다. 우리의 근대인들은 그것들을 자연스럽게 여길 새로운 '사회상'을 발전시킬 기회를 충분히 갖지 못했다. 대신 어떤 민족주의적이고 물질주의적인 부국강병의 이상과 유교적-메리토크라시적으로 정당화되는 능력에 따른 불평등 사회의 이상이 지배적이게 되었다. 이런 문화적-도덕적 지평 위에서 민주주의가 제대로 형성되고 작동할 까닭이 없다."[61]

앞에서 살펴본 것처럼 장은주가 구상하는 한국의 유교적 근대성 이론에 의하면 유교적인 사회적 상상 혹은 일반 사람들의 삶 속에 깊게 배태된 유교적인 생활양식 및 도덕의식은 능력주의(메리토크라시) 원칙의 성공적 관철이라는 패러다임에 한정되어 있다. 그러나 이런 한정은 한국의 근대성을 민주주의와는 상당히 이질적인 성격을 지니는 것으로 몰고 간다. 장은주의 유교적 근대성 이론에는 제국주의 열강의 침략에 대한 저항운동뿐만 아니라 일제강점기에서의 줄기찬 독립운동, 그리고 분단된 상황에서 독재 권력에 저항한 민주화운동이 어떤 방식으로 한국의 근대성을 구성하는 요소인지 그리고 그런 움직임이 유교적 전통문화와는 어떤 방식으로 연결되어 있는지에 대한 성찰이 부족한 것도 이런 현상과 무관하지 않다. 달리 말하자면 그는 조선 건국에서 시작하여 동학농민전쟁에서 정점에 이르는 유교적 민본주의 이상을 구현하려는 조선사회의 다양한 역사적 경험이 일본의 제국주의적 침략에 대한 저항 및 식민

---

60) 같은 책, 211쪽.
61) 같은 책, 133쪽.

지 독립운동을 거쳐 오늘날 우리 사회의 민주공화국의 실현과 어떤 관련을 맺고 있는지에 대한 분석을 수행하지 않는다.

만약에 그가 주장하듯이 한국의 유교적 근대성이 민주주의와 인권 그리고 인간의 존엄한 삶을 나름대로 실현할 문화적 배경으로 작동하기 힘든 것이라면, 민주적 공화주의가—비록 충분하지 않다 할지라도—어떻게 우리 사회의 현실에 뿌리내릴 수 있었는지 궁금하다. 물론 이런 식의 반론에 대해 그는 우리 사회의 민주주의는 필자가 생각하는 것과 달리 피상적인 것에 지나지 않는다고 응답할 수도 있을 것이다. 실제로 그는 "전통적인 유교적 메리토크라시적 이념은 근대화된 조건 속에서 민주적-평등주의적 지향과 결합되기보다는 사회적 불평등의 정당화 논리의 성격을 더 강하게 갖게 된 것"으로 본다.[62] 그래서 그는 인권의 보편성과 민주주의적 이념은 우리 사회의 유교적 근대성에 "온전하게 내재적인 것"이 아니라고 강조할 뿐만 아니라, 한국의 민주주의를 "유사 민주주의" 혹은 "결손 민주주의(defeckte Demokratie)"라고 규정한다. 심지어 장은주는 우리 사회의 민주주의가 결손 민주주의 중에서도 "더 악질적인, 곧 권위주의와의 경계가 희미해져버린 '비자유 민주주의(iliberal Demokratie)'"의 유형으로 "전락해버렸다"고까지 비판한다.[63]

게다가 장은주는 인간 존엄성의 보편성을 추구하는 근대성의 규범적 지평을 시야에 넣으면서 유교적 근대성이 창출한 온갖 사회 병리적 현상들의 극복을 위하여 우리 사회의 문화적 삶의 문법의 혁신, 즉 "문화혁명"[64]까지 주장한다. 이런 주장도 그의 유교적 근대성 이론에서 볼 때 논리적으로는 자연스럽다. 물론 한국사회의 정치적 근대성과 유교적 문

---

62) 같은 책, 128쪽.
63) 같은 책, 134-135쪽. 물론 한국 민주주의의 잠재력과 그 전망에 대한 장은주 비판적이고 비관적인 전망은 2016년에 시작되어 박근혜 전 대통령의 탄핵 및 문재인 정부로의 이행을 주도한 '촛불혁명'이 발생하기 이전의 암담한 우리 현실에 터를 두고 있다.
64) 같은 책, 207쪽.

화전통 사이의 부정적 상관성에 대한 그의 분석과 진단이 옳다는 가정에서만 그렇다. 그러나 자본주의적 근대성의 병리적 현상의 진단과 유교적 전통을 긴밀하게 연결시키면서, 한국 근대성의 또 다른 축인 민주적 근대성의 형성에 대한 그의 지극히 부정적 평가를 포함하는 장은주의 유교적 근대성 이론은 "현실 분석과 해방 기획의 결합을 추구하는 비판적 사회이론의 자기 배반"65)을 피하고자 하는 그의 문제의식을 해결될 수 없는 딜레마의 상황으로 몰고 가는 것처럼 보인다. 민주주의적 가치와 이념이 유교적 전통문화에 의해 압도적으로 규정당하고 있는 한국 현실에 내재된 것이 아니라면 어떻게 민주적 공화주의의 좀 더 온전한 실현이라는 해방의 기획이 우리의 현실과 매개될 수 있는지가 분명하지 않기 때문이다. 그리고 이런 문제는 민주적 공화주의와 한국사회의 근대성 형성에 지대한 영향력을 행사한 전통적인 유교적 생활방식 사이의 상생적인 만남의 가능성을 그의 유교적 근대성 이론이 주변적인 것으로 만들고 있다는 점과 연결되어 있다.

필자가 다른 글에서 한국의 민주주의와 유교문화 사이의 긍정적인 상호연관성을 주장한 것도66) 한국의 근대가 서구 및 일본(동아시아에서의 서구)의 충격에 의해서 시작되었다는 서구 편향적 시각을 상대화하는 작업의 일환이었다. 그뿐만 아니라 필자는 선행 연구에서 조선의 유교국가 전통이 한말의 의병운동, 일제강점기의 독립운동 그리고 해방 이후 민주화 과정에서 끊임없이 되살아나고 변형되는 과정에 대한 분석이 필요하다는 점을 강조하였다. 이런 측면에 대한 적절한 이해가 없이는 한국의 근대화 과정의 독특한 논리가 충분하게 드러나지 않을 것이라고 생각했기 때문이다. 사실 한국이 경제발전과 민주화에서 이룩한 성취에

---

65) 같은 책, 75쪽.
66) 나종석, 『대동민주 유학과 21세기 실학: 한국 민주주의론의 재정립』, 앞의 책, 제14장 '한국 민주주의와 유교문화' 참조.

대한 많은 관심에도 불구하고, 한국학계는 이런 변화가 어떻게 이루어졌는지에 대한 설득력 있는 논리를 제공하고 있지 못하다.

지면의 한계로 인해 상세하게 분석할 수 없으나 필자는 한말 혁신유림의 개혁운동에서부터 독립운동과 민주주의로 이어지는 과정에서 유교적인 전통이 긍정적으로 기여한 측면이 존재한다고 생각한다. 한말 의병운동이나 일제강점기에 독립운동에 헌신했을 뿐만 아니라, 항일독립운동의 이론을 제공한 인물들은 친미 개화파가 아니라 신채호나 박은식 등과 같은 한국의 유교적 전통문화를 더 잘 이해하고 있었고 그 긍정적 가치를 전적으로 부인하지 않으면서 이를 창조적으로 활용할 수 있었던 혁신유림 출신이었다는 점은 널리 알려져 있다.[67]

또한 한국 민족주의의 양상은 다양하고 타자를 배제하는 폭력적인 성격만을 지닌 것도 아니다. 한국의 민족담론에도 여러 갈래와 다양한 목소리들이 존재한다. 예를 들어 한국의 저항적 민족주의는 진보적 성격을 지니고 있었으며 배타적 민족주의를 순치하고 세계시민주의에로 나갈 평화지향을 뚜렷하게 간직하고 있었다. 미야지마 히로시가 주장하듯이 3·1운동의 민족정신에는 유교적인 문명주의 정신이 녹아들어 있다.[68] 유교적 문명주의는 유교적 민본주의로서 유교적 세계시민주의 혹은 유교적 평천하사상이라고도 볼 수 있는데, 한국의 민족주의에는 조선사회의 유교적 경험에서 기원하는 대동(大同)사회에 대한 희망이 변형되어 면면히 흐르고 있다.

한국 근대성의 유교적 특색을 민주적 근대성 내지 해방적 근대성의 차원에서 긍정적으로 밝혀줄 또 하나의 열쇠는 유교적 충(忠) 관념이 민주주의와 만나 창조적으로 변형되는 지점이다. 필자는 한국의 유교적 정치문화와 민주주의 사이의 만남에서 충의 민주적 변형 및 민주공화적

67) 박노자, 『우승열패의 신화』, 한겨레신문사, 2005, 354쪽 참조.
68) 미야지마 히로시, 『나의 한국사 공부』, 앞의 책, 2013, 제9장 참조.

인 헌법의 원리에 대한 충으로 변형되는 과정이 한국 근대성의 성격을 해명하는 데 결정적인 지점이라고 생각한다. 한국의 민주화운동 과정에서 전통적인 효와 충에 대한 유교적 관념이 민주적 사유 방식과 결합되면서 충(忠) 관념에서의 민주적 변화가 나타난다. 충성의 참다운 대상이 민주주의의 주인인 백성과 민중에 대한 충으로 변형되기 때문이다.

물론 전통적인 유교적 사유 방식에서도 충의 진정한 대상은 천리(天理)와 같은 도덕적 원칙이었지만 민주화 과정에서 도덕적 원칙에의 충성이 민주주의적 원리에의 충성으로 변형된다. 이런 충성 관념의 민주적 변형의 예를 잘 보여주는 것 중의 하나가 김대중 전 대통령의 다음과 같은 주장이다. "현대사회에서 충(忠)의 대상은 반드시 국민이 되어야 한다. 헌법정신도 국민이 주권자라는 데 있다. 충의 대상은 바로 내 아내요, 내 남편이요, 내 이웃이다. 과거에는 임금이 주권자로서 좌지우지했지만, 지금은 백성 '민(民)' 자, 임금 '주(主)' 자, 즉 백성이 임금이고 백성이 주인이다."[69]

필자는 장은주를 비롯하여 여러 학자들이 새롭게 제기하는 헌법애국주의나 진보적 애국주의도 한국사회에서 출현한 현대적인 민주주의적 충(忠) 이론의 하나라고 생각한다. 장은주에 의하면 우리 사회에 유일하게 정당화될 수 있는 "진보적 애국주의는 민주적 헌정질서의 가치와 원리 및 제도들에 대한 사랑과 충성에서 성립하는 애국주의"이다.[70] 그런데 그가 말하는 민주적 헌정원리에 대한 충성은 바로 김대중이 언급했던 민주주의 사회에서 나라의 주인인 백성에 대한 충성과 동일한 것이다. '모든 권력은 국민(인민)으로부터 나온다'는 민주적 공화주의 헌법의 원

---

69) 김대중, 「충효사상과 21세기 한국」, 『신동아』 1999년 5월호. 충(忠) 관념을 백성과 연결시키는 유교적 전통에 대해서는 나종석, 「한국 민주주의와 유교문화」, 앞의 글, 266쪽 각주 46 참조. 충성을 민중에 대한 충성으로 이해하는 중국에서의 변형 양상에 대해서는 쉬지린(許紀霖), 『왜 다시 계몽이 필요한가』, 송인재 옮김, 글항아리, 2013, 140쪽 참조.
70) 장은주, 『인권의 철학』, 새물결, 2010, 342-343쪽.

리를 실현하는 역사성에 주목하면서 민족주의의 배타성과 세계시민주의의 추상성을 극복하려는 헌법애국주의 이론은 보편적 문명원리를 지향했던 조선 유교전통의 현대적 변형이자 반복으로 재규정될 수 있을 것이다.

필자가 강조하고 싶은 것은 유교적 정치문화의 민주적 잠재성은 단순히 텍스트 속에만 존재하는 것이 아니라, 한국사회의 근대성 속에서 나름의 방식으로 현실화되고 있다는 점이다. 필자는 제헌헌법의 제15조에 주목하는데, 그 조항의 내용은 다음과 같다. "재산권은 보장된다. 그 내용과 한계는 법률로써 정한다." 그리고 제헌헌법의 소유의 공공성 규정은 흔히 경제민주화 조항으로 불리는 오늘날의 헌법(1987년 개정된) 제119조 2항("국가는 균형 있는 국민경제의 성장 및 안정과 적정한 소득의 분배를 유지하고, 시장의 지배와 경제력의 남용을 방지하며, 경제주체 간의 조화를 통한 경제의 민주화를 위하여 경제에 관한 규제와 조정을 할 수 있다.")으로 지속되고 있다.

'소유의 공공성'을 명시한 제헌헌법의 규정은 전통적인 유교의 평등 이념을 계승한 것으로 해석될 수 있다. 대한민국 헌법탄생에서 조소앙(趙素昂, 1887-1958)의 균평(均平) 이념이 끼친 영향에 대한 연구는 유교적 정치문화와 우리 사회의 민주주의 사이의 흥미로운 연결 고리를 보여준다. 서희경은 대한민국 헌법을 미국의 영향으로 인해 탄생한 것으로 보는 한국학계의 흐름에 대해 이의를 제기하면서 대한민국 헌법의 자생적 뿌리를 탐구하였는데, 그 연구 결과에 의하면 균평·균등 이념이 대한민국헌법 이념에 강하게 각인되어 있다. 달리 말하자면 대한민국의 헌법이 미국에 의해 이식된 것이 아니라 한말, 식민지, 광복에 이르는 과정에서 민주공화국을 지향하는 헌법 이념이 독자적으로 형성되어왔다는 것이다.[71] 서희경은 조소앙의 정치, 경제 그리고 교육에서의 평등을

---

71) 서희경, 『대한민국헌법의 탄생: 한국 헌정사, 만민공동회에서 제헌까지』, 창비, 2012, 100쪽, 416쪽 이하 참조.

지향하는 삼균주의(均權, 均富, 均知)나 균등 이념의 유교적 요소에 대해 강조한다. 즉 그의 균등 이념의 형성에 지도자는 "(백성이) 적음을 근심하지 않고 고르지 못한 것을 근심한다(不患寡而患不均 不患貧而患不安)"[72]는 공자의 사상이 영향을 주었다는 것이다.[73] 그러므로 서희경은 1948년 대한민국헌법의 제정과정에서 유진오가 결정적 역할을 했다고 하는 기존 한국학계의 통념에 이의를 제기하고 조소앙을 '대한민국 헌법의 숨겨진 아버지'로 규정한 신우철의 입장과 궤를 같이하면서 조소앙의 헌법사적 위상의 중요성을 보여준다.[74]

1970년대와 80년대의 한국 민주화운동에서 주역의 역할을 담당한 학생운동가들 및 대학생들의 행위방식 및 사고방식도 유교적인 전통에서 이어져온 비판적이고 사회적 책임을 다하는 지식인, 즉 선비 모델을 반복하고 있다. 한편으로 1970년대와 80년대의 대학생들은 가족의 물질적 번영과 신분상승을 위한 압박을 받고 있었다. 당시의 많은 대학생들, 특히 남학생은 가족에서 유일하게 대학에 들어간 식구인 경우였기에 가족의 행복을 담당해야 한다는 책임감은 대단했다. 그러나 다른 한편으로 이 당시의 많은 대학생들은 부당한 정치현실에 침묵하지 않고 사회를 더 바람직한 상태로 만들기 위해 헌신적으로 운동에 참여하는 것이 참다운 지식인의 모습이라는 조선의 유교적 전통에 기원을 둔 책임의식으로 괴로워했다. 가족과 개인의 물질적이고 사회적 성공을 위해 노력할 것인지, 아니면 정의롭고 올바른 사회를 만들기 위해 도덕과 사회적 양심

---

72) 주희, 『論語集註』, 성백효 옮김, 전통문화연구원, 1990, 328쪽.
73) 서희경, 『대한민국헌법의 탄생』, 앞의 책, 92-94쪽 참조.
74) 같은 책, 118쪽 이하 참조. 그러나 서희경도 대한민국 헌법이 균등과 평등 지향의 성격을 깊게 지니게 된 원인을 조소앙의 영향과 연관해서 해석하여 유교적 정치전통과 한국헌법의 정신 사이의 연계성을 암시하면서도 민주공화제와 유교적 전통 사이의 적극적인 연결 시도에 대해서는 회의적이다. 서희경은 조소앙이 자신의 민주주의론과 균등 이념의 사상적 원천의 하나로 동양의 유학을 강조하는 점을 언급하면서도 "민주주의가 서양의 정치전통에서 비롯되었다는 점"을 강조한다. 같은 책, 94쪽.

의 대변자로서의 지식인의 사회적 책임을 다할 것인지의 갈림길에서 1970년대와 80년대의 많은 학생들은 후자의 길을 택했다.[75]

이남희가 강조하듯이 많은 학생들이 "민중의 목소리이자 진정한 대변 자를 자임한 것은 지식인에 대한 유교적인 관념 때문이었다."[76] 달리 말 하자면 한국 학생운동이 한국의 민주화운동에서 커다란 영향력을 행사 하게 된 문화적 조건은 "지식인의 전통적 역할에 근거한 실천양식, 즉 사회비판이라는 오랜 지식인 전통"이었다.[77] 그러므로 한국의 근대성을 유교적 전통과의 상호작용의 맥락에서 분석할 때 유교적 전통이 입신양 명주의와 결합되는 측면과 동시에 사회비판적인 운동과 결합되는 양상 에도 주목해야 한다.

6. 유교적 메리토크라시와 한국사회의 민주주의

앞에서 우리는 이미 한국사회의 정치적 근대성, 즉 민주주의의 질적 특성을 제대로 이해하기 위해 한국사회의 민주주의와 유교적 정치문화 사이의 긍정적 연관성에 주목할 필요가 있음을 살펴보았다. 또한 능력 주의 원칙을 나름대로 내면화한 유교적 생활습속이 우리 사회의 자본주 의적 근대성의 내적 동력학과 그 병리적 현상의 근원에 대한 인식에서 필수적임을 인정하면서도 장은주가 제안한 유교적 근대성 이론의 문제 점을 극복할 방안의 하나로 한국사회의 민주주의를 유교적 정치문화의 지속적 영향사의 맥락에서 이해하려는 시도가 중요함을 역설했다.

그래서 필자는 조선 후기 사회에 이르러 일반 백성들에게까지 보편화 되고 내면화되는 유교적 전통과 정치문화 등이 오늘날 우리 사회가 이룩

---

75) 이남희, 『민중 만들기: 한국 민주화 운동과 재현의 정치학』, 유리, 이경희 옮김, 후마니타 스, 2015, 242-243쪽.
76) 같은 책, 385쪽.
77) 같은 책, 248쪽.

한 정치적 민주화의 문화적 동력으로 이어지고 있음을 다음과 같이 요약했다. "조선의 유교적 전통사회에서 축적된 인간의 주체성과 자발성의 존중, 능력이 있는 사람이라면 누구나 다 사회에서 존중받고 성공할 수 있는 동등한 존재라는 능력주의 문화, 모든 사람들이 사회 속에서 소외됨이 없는 사회 구성원으로 대우받아야 한다는 대동세계의 관념, 유가의 이상적 세상인 요순성왕의 시대를 만드는 데 일반 백성들도 당연한 책임을 지고 있는 당당한 정치 주체라는 관념 그리고 유교적 세계관을 내면화하여 모든 백성이 다 요순성왕과 같은 존재가 될 수 있다는 각성을 바탕으로 하여 위기에 처한 나라를 구하기 위해 몸소 실천에 나선 역사적 경험 등은 우리 사회의 민주주의의 문화적 동력이자 그 정신사적 조건으로 보아야 할 것이다."[78]

장은주는 「메리토크라시와 민주주의: 유교적 근대성의 맥락에서」라는 최근의 글에서 그의 유교적 근대성 이론에 대한 필자의 반론에 나름의 응답을 보여주었다.[79] 그는 자신의 유교적 근대성 이론을 좀 더 명확하게 전개하기 위해 메리토크라시, 즉 능력주의 이념과 민주주의 사이의 관계에 대해 그 이전과 달리 좀 더 긍정적으로 검토한다. 장은주는 능력주의, 특히 유교적 전통에 기반을 둔 메리토크라시의 긍정적 영향사라는 맥락에서 한국사회의 민주주의의 정신사적 조건을 탐구하려는 필자의 시도를 "우리 민주주의의 잠재력과 역동성을 이해하는 데에서 아주 중요한 통찰을 제시했다"고 긍정적으로 평가한다. 더 나아가 그는 유교적 능력주의 전통과 한국사회의 정치적 근대성, 즉 민주주의와의 관계에 관련하여 다음과 같은 주장을 한다. "우선, 나는 한국 민주주의와 관련하여 메리토크라시를 매개로 한 유교적 근대성이 우리에게 남겨준

---

78) 나종석, 『대동민주 유학과 21세기 실학: 한국 민주주의론의 재정립』, 앞의 책, 275쪽.
79) 장은주, 「메리토크라시와 민주주의: 유교적 근대성의 맥락에서」, 『철학연구』 119, 철학연구회, 2017, 1-33쪽.

가장 중요한 역사적 유산은 한국적 시민의 탄생이라고 생각한다. 이 한국적 시민은 명백히 민주주의의 주체이자 대상인 바로 그 시민이되, 서구사회들에서 발전했던 '부르주아'도 '시토와엥'도 아닌, 유교적 군자의 민주적 후예다. 이 시민은, 단순히 부르주아로서 어떤 사적 이익의 추구를 위해서도 아니고 시토와엥으로서 정치적 삶이 주는 고유한 가치와 의미 그 자체를 향유하기 위해서도 아니라, 말하자면 민주적 '우환의식'을 내면화하고서 사회적 불의의 궁극적 감시자이자 그에 대한 저항자로서 한국 민주주의의 최후의 보루를 지켜내 왔다."80)

물론 장은주는 여전히 메리토크라시81)와 민주주의 사이의 긍정적 관계에도 불구하고 능력주의 원칙이 심각한 사회경제적 불평등 구조의 재생산을 산출할 뿐만 아니라, 그것을 정당화하여 민주주의 토대를 잠식하는 '배반의 이데올로기'라는 점을 역설한다. 유교적 메리토크라시는 물론이고 메리토크라시 이념이 일반적으로 다른 정의의 원칙에 의해 시정되지 않는다면 자체적으로 심각한 사회적 불평등을 정당화하여 민주주의 사회를 위기로 몰고 갈 위험성이 있다는 그의 지적은 매우 설득력이 있다.82) 세계화의 급속한 진행과 결합된 신자유주의와 시장근본주의에 의해 민주주의는 커다란 위기에 직면했다. 미국이나 영국은 물론이고 프랑스, 오스트리아 그리고 독일과 같은 유럽연합의 핵심적 국가들도 그런 위기를 겪고 있다. 장은주에 의하면 서구사회의 여러 국가들이 겪는 민주주의의 위기는 메리토크라시 이념의 확산과 결합되어 있다. 역설적이게도 독일의 경우만 보더라도 메리토크라시 이념을 사회 전체

---

80) 같은 글, 26-27쪽.
81) 흔히 능력주의라고 번역되는 메리토크라시는 오해의 소지가 있다. 그것은 '능력자 지배체제' 혹은 '능력지상주의'의 의미도 함축하고 있다. 물론 정치체제와 관련해서는 '현능정치'라고 번역되기도 한다. 이에 대해서는 같은 글, 3쪽, 각주 2 참조..
82) 능력주의 원칙이 지니는 논리적 한계에 대해서는 나종석, 『대동민주 유학과 21세기 실학: 한국 민주주의론의 재정립』, 앞의 책, 제5장 참조.

에 확산시켜 사회적 불평등을 심화시킨 정치 세력은 사회민주당이었다.[83]

낸시 프레이저(Nancy Fraser)에 의하면 미국에서 트럼프의 승리는 단순히 국제금융에 대한 저항의 표현만이 아니라, "'진보' 신자유주의"에 대한 거부를 의미한다. 미국식 진보 신자유주의는 페미니즘, 인종차별주의 반대, 다문화주의 및 성소수자 권리 옹호와 같은 새로운 사회운동의 주류적 흐름과 월가, 실리콘밸리, 할리우드 등의 고가의 서비스 기반 사업 분야와의 연합으로 정의된다. 그리고 이런 진보적 신자유주의는 1992년 빌 클린턴의 대통령 당선으로 새로운 정치적 흐름으로 승인받았는데, 영국의 토니 블레어의 신노동당도 이런 흐름의 영국판이었다고 한다. 클린턴은 낸시 프레이저에 의하면 "버락 오바마를 포함한 클린턴의 후임자들이 지속한 클린턴의 정책은 모든 노동자들의 생활 여건을 저하시켰는데 특히 공업 생산에 종사하는 노동자들의 생활을 악화시켰다." 그래서 그는 진보 신자유주의의 상징이라 할 클린턴주의는 "노조의 약화, 실질임금의 하락, 일자리의 불안정한 상승, '맞벌이 가족' 증가에 막대한 책임이 있다"고 결론짓는다.[84]

흥미롭게도 낸시 프레이저도 진보 신자유주의를 분석하면서 그것이 "평등에 반하는 능력주의를 진보와 동일시"하는 것으로 이해한다. 달리 말하자면 진보 신자유주의는 "1960년대와 1970년대에 번성한 더 포괄적이고 반계급적이고 평등주의적이고 반자본주의적인 해방"을 "승자 독식 기업 위계질서에서 '재능 있는' 여성, 소수자, 동성애자의 부상"을 옹호하는 새로운 해방으로 대체했다.[85] 이처럼 능력주의 원칙이 평등의 이념이나 다른 더 적절한 정의의 원칙에 의해 시정되지 않는다면 그것은

---

83) 장은주, 「메리토크라시와 민주주의: 유교적 근대성의 맥락에서」, 앞의 글, 16쪽.
84) 낸시 프레이저, 「진보 신자유주의 대 반동 포퓰리즘: 홉슨의 선택」, 지그문트 바우만 외, 『거대한 후퇴』, 박지영 외 옮김, 살림, 2017, 82-84쪽.
85) 같은 글, 84-85쪽.

수많은 불평등을 양산하는 주범으로 전락하기 쉽다. 그런데 장은주는 유교적 메리토크라시 전통이 강력한 우리 사회에서는 사회적 경쟁체제에서 발생하는 패자를 배제하는 모습이 더 극적으로 표현될 가능성을 염려한다. 그리하여 그는 한국사회의 민주주의와 다양한 방식으로 연결되어 있는 유교적 메리토크라시 전통의 영향사를 좀 더 종합적이고 균형 잡힌 시각 속에서 분석하고 그런 바탕 위에서 우리 사회의 민주주의의 더 나은 길을 모색하려고 한다. 이런 그의 시도는 많은 공감을 불러일으킨다.

그러나 필자는 "메리토크라시 이념은, 본디 유교의 사회 및 정치철학적 이념의 어떤 본질적 핵심이라 할 만한 것"[86]으로 보는 장은주의 입장에 동의하면서도, 능력주의 원칙만으로는 유교적 정치문화의 역사 형성적 힘을 종합적으로 이해하기에는 역부족이라고 본다. 거듭 강조하지만 메리토크라시 이념이 유교의 핵심적인 사상을 구성한다는 것은 맞는 말이다. 그럼에도 유교적 정치사상의 근원적 통찰을 메리토크라시로는 충분히 담아내기 힘들다. 특히 천(天) 사상이나 천하위공(天下爲公)의 사상에 뿌리를 두고 있는 대동세계의 이념과 그것의 지속적 영향사를 메리토크라시 이념으로 제대로 이해하기 힘들 것이기 때문이다.

주지하듯이 유교적 전통에서 천과 공의 개념이 밀접하게 연결되어 있다. 그래서 천리의 공이나 천하위공 이념은 인간의 도덕적 잠재력의 평등성에 대한 긍정과 깊게 연결되어 있다. 인간의 도덕적 평등성 역시 하늘, 즉 천으로부터 연원하는 것으로 이해되기 때문이다. 필자가 보기에 유교적 메리토크라시 이념은 유교적인 도덕적 평등주의 및 천하위공 사상에 토대를 두고 있다. 달리 말하자면 능력이 있는 사람이 더 나은 대우를 받아야 마땅하다는 능력주의 원칙이 전제하는 단순한 형식적 의미의 기회의 평등을 옹호하는 차원을 넘어선 소중한 통찰이 유교적 대동세계

---

86) 장은주, 「메리토크라시와 민주주의: 유교적 근대성의 맥락에서」, 앞의 글, 4쪽.

의 이상이나 천하위공의 이념 속에 함축되어 있다고 필자는 생각한다.

『예기(禮記)』「예운(禮運)」편에 나타나 있는 유교의 천하위공 및 대동사회 이념을 인용해보자. "공자가 말씀하셨다. 큰 도가 행하여진 세상에는 천하가 모두 만인의 것(天下爲公)으로 되어 있다. 사람들은 현자(賢者)와 능자(能者)를 선출(選賢與能)하여 관직에 임하게 하고, 온갖 수단을 다하여 상호 간의 신뢰화목을 두텁게 하였다. 그러므로 사람들은 각자의 부모만을 부모로 여기지 않았고, 각자 자기 자식만을 자식으로 여기지 아니하여, 노인에게는 그의 생애를 편안히 마치게 하였으며 장정에게는 충분한 일을 시켰고, 어린이에게는 마음껏 성장할 수 있게 하였으며, 과부·고아·불구자 등에게는 고생 없는 생활을 시켰고, 성년 남자에게는 직분을 주었으며, 여자에게는 그에 합당한 남편을 갖게 하였다. 재화라는 것은 헛되이 낭비되는 것을 미워하였지만 반드시 자기에게만 사사로이 독점하지 않았으며, 힘이란 것은 사람의 몸에서 나오지 않으면 안 되는 것이지만 그 노력을 반드시 자기 자신의 사리(私利)를 위해서만 쓰지는 않았다. 모두가 이러한 마음가짐이었기 때문에 [사리사욕에 따르는] 모략이 있을 수 없었고, 절도나 폭력도 없었으며 아무도 문을 잠그는 일이 없었다. 이것을 대동(大同)의 세상이라고 말하는 것이다."[87]

위 인용문에서 보듯이 능력과 덕성이 있는 사람을 존중하는 것은 천하위공의 실현, 즉 유가가 꿈꾼 이상사회인 대동세계를 구현하는 목적과 관련되어 있다. 그리고 능력(힘)이나 노력도 자신의 사사로운 이익 추구를 위해서나 아니면 오로지 개인의 입신영달 및 입신출세를 위한 수단으로 삼아서는 안 된다는 점이 강조되어 있다. 그러므로 유교적 능력주의 이념이 대동세계 및 천하위공의 이념과의 연관 속에서 이해되지 않는다면 그 본래의 뜻이 변질될 수 있음은 당연하다. 그럴 경우에 대도(大道)가 상실되고, 그로 인해 난세가 초래되기에 능력주의 원칙이 천하의

---

87) 『禮記』 중, 이상옥 옮김, 명문당, 2003, 617-618쪽.

공공성과 별개로 자립해서 유일한 사회의 구성 원리로 관철되는 것은 경계되어야 할 사항이었을 것이다. 요약해 말하자면, 능력주의 이념을 극단적으로 신봉하는 사회가 유교가 꿈꾸는 이상사회가 아님은 두말할 나위가 없을 것이다.

물론 천하위공 및 대동세계의 이상에서 민주주의적 평등원칙을 곧바로 도출하는 것은 성급한 일일 것이다. 그러나 역사적으로 천하위공의 사상이 민주공화제의 이념과 만난 것도 사실이다. 중국이나 한국의 역사 및 지성사가 이런 점을 보여준 바 있다. 또한 천하위공 및 대동세계의 이상을 지향하는 유교사상은 한국사회의 근현대사 속에서 서구의 민주공화주의와의 창조적 만남을 가능하게 하는 매개의 역할을 수행했다고 본다. 그래서 필자는 한국사회의 근현대 역사를 해명할 실마리로 대동민주주의라는 개념을 제안한 바 있다.

대동민주주의라는 개념은 "대동적 세계를 이상적 사회로 상상해온 동아시아 고유의 유교적 정치문화와 서구적 근대의 해방적 계기인 민주주의가 결합되어 한국사회에서 독특하게 형성되어온 민주주의 역사 및 그것을 추동한 기본 정신을 표현"하기 위해 제안된 것이다.[88] 그리고 대동민주 정신은 한국의 독립운동을 거쳐 제헌헌법에는 물론이고 최근의 촛불혁명에 이르는 민주주의 역사를 구성하는 중요한 원동력으로 현재에 이르고 있다고 본다. 그래서 오늘날 한국사회의 민주주의 성숙과 발전에 장해가 되는 능력주의 원칙의 과도한 일반화 및 관철을 제어하기 위한 문화적 자산의 하나로 천하위공의 유교적 대동정신의 민주적 변형의 흐름에도 주목할 필요가 있다.

---

88) 나종석, 『대동민주 유학과 21세기 실학: 한국 민주주의론의 재정립』, 앞의 책, 26쪽.

참고문헌

『論語集註』, 성백효 옮김, 전통문화연구회, 1990.

『孟子集註』, 성백효 옮김, 전통문화연구회, 1991.

『禮記』 상, 이상옥 옮김, 명문당, 2003.

『禮記』 중, 이상옥 옮김, 명문당, 2003.

강재언, 『선비의 나라 한국유학 2천년』, 하우봉 옮김, 한길사, 2003.

김대중, 「충효사상과 21세기 한국」, 『신동아』 1999년 5월호.

김덕영, 『환원근대』, 길, 2014.

김상준, 『맹자의 땀 성왕의 피』, 아카넷, 2011.

김흥규, 『근대의 특권화를 넘어서: 식민지 근대성론과 내재적 발전론에 대한 이중비판』, 창비, 2013.

나종석, 『대동민주 유학과 21세기 실학: 한국 민주주의론의 재정립』, 도서출판 b, 2017.

_____, 「인권에 대한 유교적 정당화의 가능성에 대한 연구」, 나종석, 박영도, 조경란 엮음, 『유학이 오늘의 문제에 답을 줄 수 있는가』, 혜안, 2014.

_____, 「한국 민주주의와 유교문화: 한국민주주의론을 위한 예비적 고찰」, 나종석, 박영도, 조경란 엮음, 『유학이 오늘의 문제에 답을 줄 수 있는가』, 혜안, 2014.

_____, 「자유주의적 공사이원론의 위기와 유교적 대안」, 나종석, 박영도, 조경란 엮음, 『유학이 오늘의 문제에 답을 줄 수 있는가』, 혜안, 2014.

_____, 「성리학적 공공성의 민주적 재구성 가능성」, 나종석, 박영도, 조경란 엮음, 『유교적 공공성과 타자』, 혜안, 2014.

노관범, 『고전통변』, 김영사, 2014.

박노자, 『우승열패의 신화: 사회진화론과 한국민족주의 담론의 역사』,

한겨레신문사, 2005.

박진우, 「일본 내셔널리즘과 천황제」, 박진우 편저, 『21세기 천황제와 일본: 일본 지식인과의 대담』, 논형, 2006.

박훈, 『메이지 유신은 어떻게 가능했는가』, 민음사, 2014.

마루야마 마사오, 『일본정치사상사연구』, 김석근 옮김, 통나무, 1998.

미야자키 이치사다, 『중국의 시험지옥: 과거(科擧)』, 박근철, 이근명 옮김, 청년사, 1993.

미야지마 히로시, 『나의 한국사 공부』, 너머북스, 2013.

_____, 『일본의 역사관을 비판한다』, 창비, 2013.

미조구치 유조, 『중국의 충격』, 서광덕 외 옮김, 소명출판, 2009.

_____, 『중국의 공과 사』, 정태섭 외 옮김, 신서원, 2004.

미조구치 유조 외, 『중국의 예치 시스템』, 동국대 동양사연구실 옮김, 청계, 2001.

배항섭, 「서구중심주의와 근대중심주의, 역사인식의 천망(天網)인가」, 『개념과 소통』 14, 2014.

서희경, 『대한민국 헌법의 탄생』, 창비, 2012.

송호근, 『인민의 탄생』, 민음사, 2011.

시마다 겐지, 『주자학과 양명학』, 김석근, 이근우 옮김, 까치, 2001.

왕후이, 『아시아는 세계다』, 송인재 옮김, 글항아리, 2011.

우에노 치즈코, 『근대가족의 성립과 종언』, 이미지문화연구소 옮김, 당대, 2009.

윤사순, 『한국유학사』 하, 지식산업사, 2012.

이남희, 『민중 만들기: 한국 민주화 운동과 재현의 정치학』, 유리, 이경희 옮김, 후마니타스, 2015.

장경섭, 『가족 생애 정치경제: 압축적 근대성의 미시적 기초』, 창비, 2009.

장은주, 「메리토크라시와 민주주의: 유교적 근대성의 맥락에서」, 『철학연구』 119, 철학연구회, 2017.

_____, 『유교적 근대성의 미래: 한국 근대성의 정당성 위기와 인간적 이상으로서의 민주주의』, 한국학술정보, 2014.

_____, 『인권의 철학』, 새물결, 2010.

정욱재, 「조선유도연합회의 결성과 '황도유학'」, 『한국독립운동사연구』 33, 2009.

조경달, 『근대조선과 일본』, 최덕수 옮김, 열린책들, 2015.

하라 다케시(原武史), 『직소와 왕권: 한국과 일본의 민본주의 사상사 비교』, 김익한, 김민철 옮김, 지식산업사, 2000.

한영우, 『다시 찾는 우리 역사』, 경세원, 2009.

황준걸, 『일본 논어 해석학』, 이영호 옮김, 성균관대학교 출판부, 2011.

황준걸, 『동아시아 유교경전 해석학』, 최영진, 안유경 옮김, 문사철, 2009.

벤자민 슈워츠, 『중국 고대 사상의 세계』, 나성 옮김, 살림, 2004.

한스 로버트 야우스, 『도전으로서의 문학사』, 장영태 옮김, 문학과지성사, 1998.

알렉산더 우드사이드, 『잃어버린 근대성들』, 민병희 옮김, 너머북스, 2012.

이매뉴얼 월러스틴, 『자유주의 이후』, 강문구 옮김, 당대, 2000.

낸시 프레이저, 「진보 신자유주의 대 반동 포퓰리즘: 홉슨의 선택」, 지그문트 바우만 외, 『거대한 후퇴』, 박지영 외 옮김, 살림, 2017.

독립운동과 민주공화주의 이념

이 상 훈

1. 들어가는 말

역사학과는 달리 철학에서 일제강점기는 아직 연구가 미진한 영역에
속한다. 일제의 강압과 나라 잃은 민족의 비탄 속에 사상의 발전을 도모
하기 어려웠던 객관적 이유도 있었겠지만, 전통사상이 망국의 한 원인
으로 지적되었기 때문에 사상적 조류에 대한 관심이나 연구도 상대적으
로 공백기를 맞았던 것이다. 하지만 독립운동은 단순히 우발적 저항이
나 비조직적 투쟁이 아니었고, 매우 뚜렷한 이념적 지도원리 아래 기획
된 정치, 군사 활동이자 외교활동이었으며 따라서 국내에 대한 영향력
뿐 아니라 국제적 파급효과까지를 염두에 두고 이루어졌었다. 그렇지만
20세기 초 풍미했던 세계 사상의 흐름들이 당시 민족해방을 위해 투쟁
했던 애국지사들의 사고와 행동에 미친 영향과, 또한 독립운동에 어떻

* 이 논문은 한국철학사상연구회 편, 『시대와 철학』 제23권 4호(2012)에 실린 글이다.

게 발현되었는지는 아직 본격적으로 연구되지 못하고 있다. 따라서 이 글은 독립운동의 철학, 곧 독립운동의 사상을 민주공화주의 이념과 관련지어 연구하는 것이 주목적이다.

손병희, 한용운, 오세창 등 민족대표 33인의 명의로 발표된 기미독립선언문에는 정의와 인도주의 및 자유의 정신 등이 언급되고 있지만 아직 민주공화주의 이념은 나타나지 않는다.[1] 그런데 3·1운동에 대한 화답으로 그로부터 불과 몇 달 후에 수립된 대한민국임시정부의 헌법에 해당하

---

[1] 그렇다고 해서 기미독립선언문의 역사적 가치가 폄하되는 것은 아니다. 언론자유의 심각한 제약을 받고 있던 당대 상황을 감안할 때 선언문은 자유와 자존, 평등과 평화, 정의에 관한 민주공화주의 이념의 단초들을 그대로 다 담고 있다. 다만 여기서 민주공화주의 이념이 나타나지 않는다는 것은 주권재민이나 기본권에 대한 명시적 표현이 결여되어 있음을 지적할 뿐이다. 이 글은 민주공화주의 이념의 도입과 발전 및 숙성이 어떻게 이루어지고 있었는가를 연구하는 것이 목적이기에 그 구체화의 정도에 따라 기미독립선언문과 뒤에서 살펴볼 '대동단결선언'의 내용 등을 구별하고 있을 뿐이다. 참고로 기미독립선언문 가운데 관련되는 대목을 인용한다. 독립기념관 자료실(http://search.i815.or.kr/Search/기미독립선언) 및 신용하, 『3·1독립운동』, 독립운동사연구소, 1989 참조.
"1. 오등(吾等)은 자(玆)에 아(我) 조선의 독립국임과 조선인의 자주민임을 선언하노라. 차(此)로써 세계만방에 고하야 인류평등의 대의를 극명하며, 차로써 자손만대에 고(誥)하야 민족자존의 정권(政權)을 영유(永有)케 하노라. …
6. 금일 오인(吾人)의 소임은 다만 자기의 건설이 유(有)할 뿐이오, 결코 타의 파괴에 재(在)치 안이하도다. 엄숙한 양심의 명령으로써 자가(自家)의 신운명(新運命)을 개척함이오, 결코 구원(舊怨)과 일시적 감정으로써 타를 질축배척(嫉逐排斥)함이 안이로다. 구사상(舊思想), 구세력에 기미된 일본 위정가의 공명적(功名的) 희생이 된 부자연, 우(又) 불합리한 착오상태를 개선광정(改善匡正)하야, 자연, 우(又) 합리한 정경대원(政經大原)으로 귀환케 함이로다. … 8. … 금일 오인의 조선독립은 조선인으로 하여금 사로(邪路)로서 출(出)하야 동양 지지자인 중책을 전(全)케 하는 것이며, 지나(支那)로 하여금 몽매에도 면하지 못하는 불안, 공포로서 탈출케 하는 것이며, 또 동양평화로 중요한 일부를 삼는 세계평화, 인류행복에 필요한 계단이 되게 하는 것이라. 이 엇지 구구한 감정상 문제리오. …
공약 삼장(公約三章)
―. 금일 오인의 차거(此擧)는 정의, 인도, 생존, 존영을 위하는 민족적 요구니, 오즉 자유적 정신을 발휘할 것이오, 결코 배타적 감정으로 일주(逸走)하지 말라.
―. 최후의 일인까지, 최후의 일각까지 민족의 정당한 의사를 쾌히 발표하라.
―. 일체의 행동은 가장 질서를 존중하야, 오인의 주장과 태도로 하여금 어대까지던지 광명정대하게 하라."

는 '임시헌장'과 '임시헌법'에는 민주공화주의가 명문화된다. 이는 사실상 매우 커다란 차이이며, 사회사상사적 관점에서 설명이 필요한 대목이다. 아마도 기미독립선언문이 천황제를 고수하던 제국주의 일본 치하에 있던 국내에서 입안되고 발표된 점과, 임정의 헌법들이 해외 독립운동 지역들에서 발표된 것과도 무관하지 않겠지만, 그 이상의 이유가 있다.

민주공화주의 이념이 등장한 것은 단순히 미국 독립혁명이나 신해혁명, 바이마르 헌법 등의 외적 영향에서 비롯한 것이 아니라 당대의 국내적 상황, 즉 일제의 강점과 1910년 융희황제(隆熙皇帝: 순종)의 주권 포기 선언이라는 암울한 배경과 나아가 당시의 국제정세와 흐름을 정확하게 읽고 있던 애국독립지사들의 매우 현명한 주체적, 능동적인 사상적 대응의 일환으로 보인다. 다시 말해, 독립운동이 민주공화주의 이념을 수용한 이유는 첫째, 국권 회복을 위해 망명정부를 수립하려던 움직임마저 여의치 않은 가운데 국권의 계속성과 정통성을 합법적으로 구성하기 위한 방안이었고, 둘째, 3·1운동을 봉건군주제와 제국주의적 강압에 반대하는 근대적 시민혁명으로 자리매김하고자 했기 때문이었으며, 셋째, 국가와 민족중흥의 힘과 가능성을 국민의 내적 역량 속에서 발견하고자 하는 열망이자 노력의 일환이었던 것이다. 따라서 한국사의 진정한 근대는 거국적이자 국제적 시민혁명으로 발전한 3·1운동으로 완성된다.[2]

---

2) 역사학계에서 근대의 출발점에 대한 논란은 1960년대 일본 식민사관에 대한 비판적 연구로 시작되었다. 종래의 식민사관은 조선사회 정체성론을 내세워 식민지배를 정당화했는데 이에 대한 반발로 조선 후기 사회경제적 발전(자본주의 맹아론, 자본주의의 발생·발전, 근대화론)에 대한 연구가 본격화되면서 기점을 나누는 방법도 천주교 박해에서부터 1876년에 강화도조약, 1945년설까지 다양하다. 필자는, 적어도 철학적 관점에서는 근대의 기점을 단일하게 잡기보다 반침략·반봉건 국민운동이 시작된 동학혁명에서부터 3·1운동까지 기간으로 보는 것이 타당하다고 생각한다. 왜냐하면, 근대 개념은 수동적인 과정이라기보다, 주체적이고 능동적인 시민의식과 이를 통한 시민혁명의 발발 시기에서 찾는 것이 더 합당하기 때문이다. 이는 미국 독립혁명이나 프랑스혁명, 메이지유신 등을 기준으로 근대의 출발점을 찾는 학계의 일반 논리와도 부합한다고 본다. 강준만, 『한국근대사산책 1: 천주교 박해에서 갑신정변까지』, 인물과사상사, 2007 및 강만길, 『고쳐 쓴 한국근대사』, 창작과비평사, 2006 참조.

잘 알려져 있듯이, 대한민국 제헌헌법의 내용에도 매우 큰 영향을 미쳤으며, 20세기 현대국가 헌법들의 고전처럼 여겨지는 독일 바이마르 공화국 헌법은 1919년 8월 11일에 공포되었다.[3] 따라서 1919년 4월 13일에 의결된 상해 대한민국임시정부의 초기 헌법인 '임시헌정'에는 영향을 미치지 않았음이 확실하다. 또한 독립운동가들의 활동 무대였던 중국에서 1911년 일어난 신해혁명과 그로부터 비롯한 중화민국의 초기 헌법, 즉 '임시약전'에도 주권재민이란 공화주의 사상은 반영되어 있지만, '민주공화국'임을 천명하는 대표적 문구는 없다. 국내나 일본을 기반으로 한 독립운동이 어려웠기에 해외, 특히 중국이나 미국을 기반으로 독립운동이 전개되어서 당시 그들 국가들의 상황이 독립운동의 이념에 많은 영향을 미쳤음을 미루어 짐작할 수 있지만, 독립지사들이 민주공화주의 이념을 수용한 직접적인 원인으로 보기에는 부족한 점이 있다.

따라서 이 글은 사회철학적 관점에서, 당대 국내외적인 사정을 반영하여 애국지사들이 독립운동의 지도 원리로 민주공화주의 이념을 능동적으로 받아들였음을 규명함으로써, 민주공화주의 이념의 수용을 독립지사들의 세계인식과 주체적 역량의 성과로 이해하고자 한다. 융희황제의 주권 포기 선언을 국민에 대한 주권 양여로 해석하면서 이를 통해 국민주권설로 독립운동의 정당성을 확립하고자 한 것은, 민주공화주의 이념을 근대적 질서에 따라 임시적인 형태로나마 새로운 국가를 건립하는 지도 원리로 삼아 당대 상황에 주체적으로 현명하게 대응한 독립지사들의 탁월한 성취였던 것이다. 그러므로 이것이 대한민국임시정부의 초기 헌

---

4) 이 헌법은 종래의 비스마르크 헌법과는 달리, 제1차 세계대전 뒤 독일혁명으로 독일 제정(帝政)이 붕괴된 후, 국민주권주의에 입각하여 바이마르에서 열린 보통·평등·비례선거에 의하여 선출된 국민의회가 정한 헌법이다. 독일 국민의 통일을 지도이념으로 삼되, 19세기 정신이었던 자유민주주의를 기본으로 하면서 20세기적 사회국가 이념을 취하여 근대 헌법상 처음으로 소유권의 사회성과 재산권의 공공성을 규정하고, 또한 인간다운 생존권을 보장함으로써 20세기 현대 헌법의 전형이 되었다. 투멘 편집부, 『독일바이마르헌법』(e-BOOk), 투멘, 2009 참조.

법에 해당하는 '임시헌장'과 '임시헌법' 및 해방 이후 남북한 건국헌법에 공히 '민주공화제'가 명시될 수 있었던 단서였으며, 아마도 앞으로 통일 한국의 미래 방향을 설정하는 데도 결정적으로 영향을 미칠 것이다.

이 글에서 민주공화주의 이념이라 함은 최근의 공화주의에 대한 여러 현대적 논의의 가닥 중에 시민의 덕과 주권재민의 원리를 강조하는 전통적인 의미의 민주공화주의 개념으로 사용함을 먼저 밝혀둔다.[4] 루소는 그의 나이 50인 1762년에 『사회계약론』을 쓰면서 "각자 자신의 신체와 모든 능력을 공동의 것으로 만들어 일반의지(la volonté générale)의 최고 감독" 아래에 두는 것이 사회계약이며, 이 계약을 통해 개인의 인격들이 모두 결합되는 공적 인격이 나타나고 이를 옛날에는 "도시국가(Cité)라 불렀고, 지금은 공화국(République)"이라 부른다고 한다.[5] 말하자면 인민주권에 의해 성립하고 공적 인격을 존중하는 국가가 공화국이라는 것이며, 이 글에서 민주공화주의 이념으로 삼는 내용이다.

2. '독립선언문'과 '대동단결선언' : 초기 독립운동에서 민주 공화주의 이념의 도입

기미독립선언문에 민주공화주의 이념이 나타나지 않는 이유에 대한 가능한 설명은 아마도, 독립을 제창하면서도 일본을 탓하기보다 조선민족의 자존을 외치고 이것이 아시아 평화 및 세계평화에 진정으로 도움이 됨을 천명하고자 했기 때문에 탄압의 빌미를 줄 민감한 천황제가 걸린 공화주의 이념을 끌어들이지는 않았던 것이다. 따라서 공화주의 이념이란 관점에서만 보면, 3·1운동에 앞서 당시 동경 유학생들을 중심으로 만들어

---

4) www.stanford.edu/encyclopedia of philosophy/Republicanism 참조.
5) 역자는 여기서 'la volonté générale'을 '전체 의사'로 번역하지만, 필자는 일반적인 이해를 좇아 '일반의지'로 번역하였다. Jean-Jacques Rousseau, *Du Contrat social*, 이환 옮김, 『사회계약론』, 서울대학교 출판부, 1999, 21쪽 참조.

진 '2·8 독립선언문'이 더 구체적이다. 여기서 유학생들은 일본의 군국주의와 대조해 민주주의를 선명히 하면서 아무런 무력 수단을 갖고 있지 못함에도 불구하고 열혈청년의 기백으로 심지어 무력투쟁까지를 정당화시킨다. 아울러 민주공화주의의 기초 원리인 국민 기본권과 그 권리 인식에 대한 분명한 주장과 더불어, 일본의 조선 합병이 당시 내세운 명분과 달리 실제적인 정복과 지배에 불과하며 심지어 이를 승인한 미국과 영국 등 선진국들의 제국주의적 행보에 대한 질타도 담겨 있다. 또한 한민족은 오랜 역사와 문화 및 국가 경영 경험을 가졌기에 민족자결로 독립되면 세계평화와 인류문화에 이바지할 수 있음을 천명한다. 당대 지성적 애국지사들에게 투영된 서구의 민주공화주의 편린을 찾을 수 있기에 이광수가 기초한 1919년 2월 8일 '재일본동경 조선청년독립단' 이름의 '2·8 독립선언문'은 민주공화주의 수용사에서 중요한 과정을 보여준다.[6]

---

6) 관련 대목을 인용하면 다음과 같다. "조선청년독립단은 우리 2천만 민족을 대표하여 정의와 자유의 승리를 득(得)한 세계의 만국 앞에 독립을 기성(期成)하기를 선언하노라. … 우리 민족은 일본의 군국주의적 야심의 사기와 폭력 아래 우리 민족의 의사에 반하는 운명을 당하였으니 정의로 세계를 개조하는 이때에 당연히 이의 광정(匡正)을 세계에 요구할 권리가 있으며, 또 오늘날 세계 개조의 주역이 되고 있는 미국과 영국은 보호와 합병을 지난날 자기들이 솔선하여 승인한 잘못이 있는 까닭으로, 이 때에 지난날의 잘못을 속죄할 의무가 있다고 단언하는 바이다. 또 합병 이래의 일본의 조선 통치 정책을 보건대, 합병시의 선언에 밝혔던 우리 민족의 행복과 이익을 무시하고 정복자가 피정복자에게 대하는 고대의 비인도적 정책을 습용(襲用)하여 우리 민족에게는 참정권과 집회·결사의 자유, 언론·출판의 자유 등을 불허하며 심지어 신교의 자유, 기업의 자유까지도 적지않이 구속하며 행정·사법·경찰 등 여러 기관이 다투어 조선 민족의 사적인 권한까지도 침해하였다. … 우리 민족에게는 한 명의 병사도 없다. … 그러나 일본이 만일 우리 민족의 정당한 요구에 불응할진대 우리 민족은 일본에 대하여 영원히 혈전을 선언하노라. 우리 민족은 구원(久遠)히 고상한 문화를 지녔으며, 반만년 동안 국가 생활의 경험을 가진 민족이다. 비록 다년간 전제정치 아래에서 여러 해독과 경우의 불행이 우리 민족의 오늘을 이르게 하였다 할지라도 정의와 자유를 기초로 한 민주주의 위에 선진국의 모범을 따라 새 국가를 건설한 뒤에는 건국 이래 문화와 정의와 평화를 애호하는 우리 민족은 세계의 평화와 인류의 문화에 공헌할 수 있게 될 줄로 믿는 바이다." 독립유공자사업기금운용위원회, 「2·8 독립선언문」, 『학생독립운동자료집』 및 국가보훈처 훈터(http://mpva.tistory.com/853) 2·8 독립선언 참조. '오족' 등의 표현만 '우리 민족'으로 바꾸었다.

1789년부터 1848년에 이르는 기간이 유럽에서 혁명의 시대였다면,[7] 유라시아 대륙에서 혁명의 시대는 20세기 초, 특히 1910년대였다. 중국에서는 1911년 신해혁명이 일어났고, 1917년에는 러시아 혁명이 발생했으며, 1919년에는 3·1 독립선언이 선포되었다. 유럽에서도 핀란드와 폴란드가 독립을 선언했으며, 이와 같은 혁명의 시대정신을 '2·8 독립선언문'은 반영하고 있다. 일제의 군국주의적 강압과 합병이 정의와 자유의 세계정신에 반한 것이며, 또한 조선 말기와 대한제국 시대도 '다년간 전제정치'의 '해독'으로 부정하면서, '정의와 자유를 기초로 한 민주주의 위에 선진국의 모범을 따라 새 국가를 건설'하기 위해 독립을 선언함을 천명한다. 몰락한 대한제국에 대해 보다 단절적이고 혁명적으로 구별하고, 참정권을 포함한 정치적 자유권과 더 나아가 경제적 자유권까지를 명문화한다. 물론 이때 민주주의적 선진국이란 '세계 개조의 주역'인 영국과 미국을 일컫는 말이다.

특히 당시 미국은 스페인과의 전쟁에서 필리핀을 양여 받았지만[8] 스페인 치하에서 민족주의적 흐름을 타고 먼저 1898년 독립을 선언했던

---

7) 20세기 최고의 마르크스주의 역사학자였던 홉스봄은 『혁명의 시대』에서 1789~1848년 사이 유럽은 시민혁명과 산업혁명이라는 '이중혁명'을 통해 자본주의 체제에 기반한 근대 시민사회를 수립했다고 분석한다. Eric Hobsbawm, *Age of Revolution*, 정도영 외 옮김, 『혁명의 시대』, 한길사, 1998, 제17장 참조.

8) 마젤란이 필리핀을 처음 발견한 1521년 이래 스페인은 1565년부터 필리핀을 지배하지만, 19세기 말의 민족주의적인 서구 자유주의 사상의 확산과 더불어 점차 저항운동이 독립운동으로 발전해가며, 스페인 함대가 미국 함대에 1898년 5월 1일 궤멸되자 곧이어 독립이 선언(Malolos Republic)되고 아시아에서 처음으로 공화국 헌법(말로로스 헌법)이 만들어졌다고 한다. 그러나 그 당시 미국은 파리조약에 따라 필리핀을 식민지로 넘겨받고자 하며 1902년 필리핀인들의 저항을 제압하면서 이 공화국은 빛을 보지 못한다. 하지만 고무된 필리핀의 민족주의적 혁명운동을 미국은 외면하지 않고 1907년부터 자치권을 부여하여 독자적인 의회 구성과 자주독립을 준비하는 정당들이 만들어진다. 이어서 1934년에는 필리핀 독립법이 미국의회를 통과했고, 이듬해에는 케손을 대통령으로 하는 필리핀연방정부가 1946년 독립을 목표로 만들어진다. 비록 일본의 점령으로 단절기를 갖지만, 전후 필리핀은 1945년 독립한다. Dean C. Worcester, *Philippines: Past and Present*(eBook), Vol. 1. Gutenberg Project, 2011 참조.

필리핀 민족의 주장을 받아들여, 1907년부터 자치권을 부여하여 필리핀 내에 독자적인 의회 구성과 자주독립을 준비하는 정당들이 만들어진다. 미국 자신이 대영제국의 식민지에서 독립하면서 민주공화주의의 이념에 따라 국가를 건설한 역사를 가진 터라 미국은 필리핀에 대해서도 관용적인 자세를 취하며, 이는 일본의 조선에 대한 강압적인 태도와 비교되고 이런 것들이 미국을 세계 개조의 진보적 국가로 평가하게 된 계기를 이룬다. 미국은 이어서 1934년에 필리핀 독립법을 미국의회에서 통과시키며, 이듬해에는 케손을 대통령으로 하는 필리핀연방정부가 구성된다. 비록 제2차 세계대전으로 실질적인 독립은 1945년 이후가 되지만, 미국의 이런 관용적 행보는 대한민국임시정부의 수립과 활동 등에 큰 영향을 미친 것으로 평가된다.

그렇지만 어쨌든 미국 독립헌법 자체를 임정의 조소앙을 비롯한 독립운동가들이 직접 바로 옮겨온 것은 아니었던 것으로 보인다. 왜냐하면 대영제국으로부터 1776년 미국이 독립을 성취하고 13개 독립주의 결속력을 강화하기 위해 1787년 필라델피아에서 연방헌법을 채택해 초대 대통령으로 독립전쟁의 영웅인 조지 워싱턴(George Washington, 1732-99, 재임 1789-97)을 선출하지만, 당시 더 긴급했던 것은 13개 독립주의 연합문제였기에 이것이 초기 미국의 건국헌법에 그대로 드러난다. 다시 말해, 1789년에 발의되어 1791년 발효한 수정 헌법 제1조부터 제10조까지를 묶어 보통 미국의 '권리장전'이라고 하듯이, 민주공화주의 이념은 이 속에 보편적으로 표현되어 있지 대한민국임시정부의 헌법처럼 축조적으로 서두에 나타나지는 않는다.[9] 미국 독립의 상황에서는 연합

---

9) 1787년 헌법은 전문과 본문(article) 7조로 구성되었고, 여기에 권리장전이라 불리는 수정조항 10조가 더해지며, 가장 최근인 1992년에 추가된 것을 포함하여 현재는 27조에 이르는 수정조항(amendment)이 더해져 있다. 전문은 연방의 안녕과 방위란 국가목표와 국민의 복지와 정의란 원칙을 천명하며, 이어서 제1조는 연방의회, 제2조는 행정부, 제3조는 사법부, 제4조는 주와 연방과의 관계, 제5조는 개정절차, 제6조는 국가의 최고법규

주를 결속시켜 강력한 연방으로 만드는 것이 중요해서 그것이 전문에 표현되었듯이, 대한민국임시정부 독립운동가들에게는 국권회복의 합법적 정통성을 만들어내는 것이 중요했으며 그런 내용이 헌법조문에 반영되어야 했을 것이다.

또 한편, 임정 요인들의 주요 활동 무대가 상해였기 때문에 초기 독립운동에서 민주공화주의적 이념의 수용에서 미국 독립혁명보다 더 구체적인 영향을 미쳤던 것은 아마도 중국의 신해혁명이었을 것이다. 아편전쟁과 태평천국의 난 이래 제국주의 열강의 중국침략이 강화되면서 강유위(康有爲), 양계초(梁啓超) 등 중국의 지식층들이 광서제의 지원 아래 중앙집권제를 기반으로 하는 변법자강(變法自强)운동을 시도하지만 이 무술(戊戌)개혁(1898)은 서편제 등 수구세력의 거센 저항에 부딪혀 103일 만에 실패로 끝나게 된다. 당시 또한 산동성과 화북지방을 중심으로 반기독교, 반제국주의를 기치로 했던 의화단 운동이 일어났지만 구미와 일본의 8개국 연합에 의해 격파되면서, 서편제조차 과거철폐와 군대의 근대화를 도모하는 신정(新政)에 나서지만 별 성과를 거두지 못한다. 이후 정치구조의 변혁을 요구하는 신사층의 입헌제적 개혁 움직임과, 1905년 일본의 도쿄에서 만들어진 전국적인 차원의 혁명조직인 중국동맹회를 중심으로 한 손문의 삼민주의적 혁명노선이 합쳐져 1911년 10월

의 규정, 제7조는 비준에 의한 발효의 규정 등으로 구성된다. 전문을 옮기면 다음과 같다. "우리들 연합주(the United States)의 인민은 더욱 완벽한 연방(Union)을 형성하고, 정의를 확립하고, 국내의 안녕을 보장하고, 공동의 방위를 도모하고, 국민의 복지를 증진하고, 우리들과 우리들의 후손에게 자유와 축복을 확보할 목적으로 미국(the United States of America)을 위하여 이 헌법을 제정한다." 또한 제1조(입법부) 제1절은 "이 헌법에 의하여 부여되는 모든 입법 권한은 미국 연방의회(Congress of the United States)에 속하며, 연방의회는 상원(Senate)과 하원(House of Representatives)으로 구성한다"로 되어 있다. 따라서 대한민국임시정부 헌법처럼 제1조를 '민주공화주의'로 시작하지는 않는다. http://www.americanhistory.or.kr/book/link/d-law-k.htm 및 A. Brinkley, *The Unfinished Nation*, 황혜성 외 옮김, 『있는 그대로의 미국사』, 휴머니스트, 2005, 제1권, 6장 참조.

10일 이른바 무창봉기로부터 비롯하는 신해혁명이 발발해 1912년 1월 1일 중화민국(中華民國)이 탄생한다. 손문(孫文, 쑨원)의 삼민주의는 청조의 타도와 한민족의 국가회복을 지향하는 민족주의, 봉건적 전제지배의 타도와 민주국가의 수립을 지향하는 민권주의, 사회경제질서와 조직을 개혁하고 지권 평등을 실현하고자 하는 민생주의를 그 내용으로 했다.

중화민국 임시대총통에 취임한 손문은 청조 퇴위를 조건으로 원세개(袁世凱, 위안스카이)에게 총통직을 물려주면서 삼민주의에 입각한 중화민국의 골격으로서 임시약법을 성조하지만 그러나 여기서의 내용도 임정의 헌법과는 다르다. 원래 총통제를 채택할 계획이었지만, 원세개의 독재를 막고 공화제를 보전하기 위해 총통제를 책임내각제로 고친 임시약법은 "제1조 중화민국은 중화인민이 이를 조직한다. 제2조 중화민국의 주권은 국민 전체에 속한다."고 표현되어 있다. 물론 이어지는 조항들에서 평등(제5조)과 자유권(제6조)에 대한 명시적인 규정을 가함으로써 공화헌법의 특성을 분명히 하지만,[10] 역시 임정의 헌법과는 그 표현과 구성이 다르다.

이상의 고찰을 토대로 하면, 당시 미국, 영국, 프랑스 등 서구 선진국들의 국가지도 이념이었던 민주공화주의 이념이 필리핀 독립선언과 신해혁명 이후 동아시아 정세에서 각광받고 있었던 것은 사실이지만, 이를 수용하고 또한 국가의 기본틀로 만들어나가는 과정은 동아시아 국가들의 각각의 사정에 따라 각기 달랐을 것으로 짐작되며 임정의 독립운동

---

10) 관련조항을 옮기면 다음과 같다. "제5조 중화민국의 인민은 종족, 계급, 종교 등에 관계 없이 모두 평등하다. 제6조 인민은 이하의 각종 자유권을 향유한다. 1. 인민의 신체는 법률에 따르지 않을 경우 체포, 구금, 심문, 처벌할 수 없다. 2. 인민의 주택은 법률에 따르지 않을 경우 침입 및 수색을 할 수 없다. 3. 인민은 재산 보유 및 영업의 자유를 갖는다. 4. 인민은 언론, 저작, 간행 및 집회와 결사의 자유를 갖는다. 5. 인민은 비밀 서신의 자유를 갖는다. 6. 인민은 거주 이전의 자유를 갖는다. 7. 인민은 종교의 자유를 갖는다." 한중일3국공동역사편찬위원회, 『미래를 여는 역사』, 한겨레신문사 출판사업단, 2012 및 국회도서관, 『세계의 헌법』, 국회도서관, 2010 참조.

가들도 이런 면에서 매우 주체적으로 대응해나갔던 것으로 보인다. 이 점은 앞에서 고찰한 동경 유학생들이 발표한 '2·8 독립선언문'보다 앞서 1917년에 만들어진 '대동단결선언'이 훨씬 더 새로운 국가를 만들어나가는 데 필요한 국가의 정체성과 정통성 문제 및 미래 비전과 목표에 대해 더 다각적인 고민을 담아내고 있는 데서 구체적으로 드러난다. '대동단결선언'은 이런 의미에서 민주공화주의 이념의 도입과정과 필요성 및 정당성을 이해하는 데서 매우 중요하고 귀중한 자료라고 생각한다.

사실 '대동단결선언'은 '2·8 독립선언문'과 달리 제목 그자체가 시사하듯이 당시 국내외 상황을 바탕으로 어떤 의미에서 민족대단결을 이루어나가기 위한 촉구선언의 내용을 담고 있다. 말하자면, 여러 독립선언문들이 발표되게 된 동기로 작용했던 '대동단결선언'은 민족대단결을 통한 국권회복에 초점이 맞추어져 있고, 이를 위한 논리적 이념으로 민주공화주의를 제창한다. 다시 말해, 국권회복의 합법적 정당 근거를 마련하고 이를 통해 국권의 연속성과 정통성을 주장하기 위해 민주공화주의 이념을 자연스레 도입하는 것이다. 일제에 의한 국권 강탈의 상황을 오히려 역으로 활용해, 유혈혁명 아닌 방식으로 구습의 청산을 선언하고 왕정에서 공화정으로의 자연스런 이행을 정당화하여 독립을 선언하고 있는 것이다. 이는 당시의 국제적 상황과 또한 통치행위가 미칠 영토를 독자적으로 갖고 있지 못했던 민족 상황을 고려할 때, 어떤 의미에서 해외 망명 생활을 하고 있는 우국 독립지사들의 존재 이유를 통해 임시정부 수립을 정당화하는 매우 고도의 정치철학적인 선언문이었다고 생각된다. 관련 대목을 간략히 인용해보자.

융희황제가 삼보(토지, 인민, 정치)를 포기한 8월 29일은 즉, 동지가 삼보를 계승한 8월 29일이니, 그동안에 한순간도 숨을 멈춘 적이 없음이라, 우리 동지는 완전한 상속자니 저 황제권 소멸의 때가 곧 민권 발생의 때요, 구한국 최후의 날은 곧 신한국 최초의 날이니 무슨 까닭이오. … 고로 경술년 융희황제의 주권 포기는 즉, 우리 국민 동지에 대한 묵시적 선위니, 우리 동지는 당연히 삼보를 계승하여 생령과 삼천리의 옛 강역과 사천 년의 주권은 우리 동지가 상속하였고, 상속하는 중이오, 상속할 터이니, 우리 동지는 이에 대하여 불가분 무한책임이 중대하도다. 지금 이에 우리 동지는 내외정세에 느낀바 절실하게 깊어 법리상 정신상으로 국가 상속의 대의를 선포하며 해외 동지의 총단결을 주장하며 국가적 행동의 진급적 활동을 표방하며 동시에 내면으로 실질 문제에 들어가 대동단결의 이익을 논하노니. … 동서정형에 비추어보건 대 제1차의 통일기관은 제2차 통일국가의 연원이 되고, 제2차 국가적 의제는 결국 원만한 국가의 전신이라. … 저 '슬라브'의 혁명은 반도 한국의 복이니 핀란드, 유태, 폴란드는 그 선진이요, 연합국의 흩어짐은 전 세계의 복이니, 아일랜드, 트리폴리, 모로코, 인도, 티베트, 고려는 그 부활의 소리가 날로 높아지고 그 해방의 논의가 날로 굳어지도다.[11]

1910년 융희황제의 주권 포기를 국민에 대한 주권 양여로 주장하면서 주권 상속의 대의를 살리고, 이를 계기로 새로운 국가를 건설하기 위해 해외동포와 망명객까지를 포함한 각계의 대동단결을 통한 민족회의의 필요성을 촉구하는 내용을 담고 있다. 아울러 당시 제1차 세계대전과 러시아 혁명 및 각국의 독립운동 등을 포괄적으로 인식하면서 긴박하게 돌아가던 세계정세를 능동적으로 활용하고자 하는 애국지사들의 놀라운 안목을 담고 있다. 또한 민주공화주의적 이념에 따른 독립국가 수립의 절차적 과정에 대한 인식도 갖추고 있어서, 민족회의를 통해 국가 설립

---

11) '대동단결선언'은 조소앙, 신규식, 박은식, 신채호, 박용만, 윤세복, 신석우, 한진교 등 14인의 애국지사 명의로 발표되었으며, 필자는 위에서 분석한 것과 같은 이유로 대한민국임시정부의 민주공화주의 수용사에 대한 이해에서 가장 중요한 단서를 주는 문건이라 생각한다. 독립기념관 자료실(http://search.i815.or.kr/Search/대동단결선언) 및 조동걸, 「1917년의 대동단결선언(大同團結宣言)」, 『한국학논총(韓國學論叢)』, 10, 국민대학교, 1987 참조.

의 기초가 될 통일 기관을 만들고 이에 따라 임시정부, 곧 독립국가를 설립하고자 하는 절차적 방법론도 뚜렷이 나타나고 있다. 이런 의미에서 '대동단결선언'은 명실공히, 베스트팔렌조약 이래 서구에서 점차 일반화되어가던 주권의 합법적 정통성 문제에 대한 뚜렷한 근대적 인식을 토대로 주권재민의 원칙과 독립국가 건설 의지를 천명한 귀중한 문서이지 않을 수 없다.

3. 대한민국임시정부와 민주공화주의 이념

1919년 3·1운동은 일제강점기에 살던 국내외 2천만 한민족(韓民族)이 다 함께 참여한 거족적인 민족운동이었으며, 또한 단순한 집단 저항의 성격을 넘어 새로운 국가질서를 탄생시키고자 하는 헌법제정 권력 성격을 띠었던 거사였다. 이를 통해 표현된 독립의지는 자연히 조직적인 국가 차원의 독립투쟁을 갈망하게 되어, 각지의 독립운동가들은 국권회복과 항일투쟁을 위한 임시정부 수립에 나섰다. 그래서 기미독립선언 이래 일제의 무력탄압에도 불구하고 국내외에서 국가 설립이 이어지게 된다. 당초 임시정부 수립을 발표한 지역은 무려 7군데나 되었다고 한다.[12] 식민통치와 일제의 탄압으로 인해 국내외 지역에서 서로 내왕이나 연락이 힘들었을 뿐 아니라 공동 행동이 불가했기 때문에 우선 각 지역에서 기존의 독립운동을 기반으로 각각 정부 수립이 추진될 수밖에 없었을 것이다. 그래서 막상 발표되었을 때는 여러 곳에 임시정부가 나타났고, 이런 사실이 회자되면서 다행스레 곧바로 하나로 통합을 추진하는 움직임이 형성된다.

---

12) 이현희, 『대한민국임시정부사』, 집문당, 1982 및 국사편찬위원회, 『한국사론 10: 대한민국 임시정부』, 민족문화사, 1992 참조.

당시 독립운동의 내외적 조건과 상황을 먼저 좀 살펴보면,[13] 우선 1914년 제1차 세계대전과 더불어 노령(露領)과 만주지방의 독립운동이 봉쇄되어 독립운동단체였던 대한광복군정부(大韓光復軍政府), 권업회(勸業會), 간민회(墾民會) 등이 해체되고 축출되는 시련을 맞고 있었다. 그리하여 노령에 있던 이상설은 상해로 피신하여 신규식과 박은식 등 기존에 동제사(同濟社)를 만들어 활동하고 있던 인사들과 함께 1915년 신한혁명당을 결성하고, 독립운동의 구심체로서 망명정부를 수립하기 위한 대비책을 강구하였다고 한다. 이에 따라 신한혁명당의 외교부장 성낙형을 국내로 잠입시켜 광무황제(光武皇帝: 고종)의 망명을 추진하였지만, 이것이 발각되어 1915년 소위 보안법위반사건으로 무위가 되고 만다. 밖으로는 때마침 1917년 러시아 혁명이 일어났고, 핀란드와 폴란드가 독립을 선언하며 임시정부를 수립함으로써 같은 처지에 있던 약소민족을 고무하였다. 이런 가운데 '대동단결선언'의 내용이 『신한민보(新韓民報)』 등 각처의 신문을 통해 동포 사회에 널리 계몽되었고, 결정적으로 3·1독립운동이 일어나면서 민족의 주권회복을 위한 조직적 저항운동단체로서 임시정부가 1919년 수립된다.

7개의 임시정부 중에 조선민국임시정부, 고려공화국, 간도임시정부, 신한민국정부는 이름뿐 추진 주체나 실체가 없었지만, 서울의 대조선공화국 즉 통칭 한성임시정부(漢城臨時政府)와 블라디보스토크의 국민의회(國民議會)에서 수립한 노령정부(露領政府), 그리고 상해의 대한민국임시정부 등은 각기 그곳의 독립운동가들이 추진한 것으로 수립과정과 실체를 가지고 있었다고 한다. 어쨌든 이들이 모여 통합된 대한민국임시정부는 그 국호와 헌법은 상해의 결정을 따랐고, 인선은 한성 조직을 대체로 인준하였다고 한다. 왜냐하면 한성 조직은 첫째, 국내인 서울에

---

13) 한국사사전편찬회, 「대한민국임시정부」, 『한국근현대사사전』, 가람기획, 2005 및 네이버 지식백과, 두산백과, 「대한민국임시정부」 참조.

서 구성되었고, 둘째, 13도 대표자대회라는 국민대회 절차를 통해 수립되었으며, 셋째, 정부조직과 각료 구성이 짜임새가 있었고 또한 해외지도자를 총망라한 대표자로 조각되었다는 점 등에서 주목을 받았다고 한다.[14] 시간적 흐름을 보면, 1919년 3월 17일 노령의 대한국민의회(決議案, 大統領制)가 구성되고, 같은 해 4월 11일에 상해 임시정부(대한민국임시헌장, 의원내각제), 4월 23일에 한성정부(漢城政府: 約法, 집정관총재제)가 구성되었으며, 이 세 임시정부는 다시 1919년 9월 11일 상해 임시정부가 개헌형식(통합헌법, 제1차 개헌)으로 대한국민의회를 흡수하고 또한 한성정부와 통합하여 명실공히 하나의 독립운동추진기구로 통일 임시정부를 수립하였다고 한다. 대한민국임시정부의 이념과 기초가 국호와 헌법에 나타나기에 이를 먼저 살펴보기로 하자. 상해 임시정부가 제정한 '대한민국임시헌장(大韓民國臨時憲章)'은 전문과 제10조로 구성된 내용을 통해 공화주의 이념을 다음과 같이 천명한다.

신인일치하고, 중외협응(中外協應)하여, 한성(漢城)에서 기의(義)한지 30유여일(有餘日)에 평화적 독립을 3백여 주에 선언하고, 국민의 신의로써 완전히 조직한 임시정부는 항구히 자주독립의 복리를 아(我) 자손여민(子孫黎民)에게 세전하기 위해 임시의정원의 결의로서 임시헌장을 선포한다.

제1조 대한민국은 민주공화제로 한다.
제2조 대한민국은 임시정부가 임시의정원의 결의에 의하여 이를 통치한다.
제3조 대한민국의 인민은 남녀 · 빈부 및 계급 없이 일체 평등으로 한다.
제4조 대한민국의 인민은 종교 · 언론 · 저작 · 출판 · 결사 · 집회 · 주소이전 · 신체 및 소유의 자유를 향유한다.
제5조 대한민국의 인민으로 공민자격이 있는 자는 선거와 피선거권이 있다.

---

14) 네이버 지식백과, 두산백과, 「대한민국임시정부」 참조.

제6조 대한민국의 인민은 교육·납세 및 병역의 의무가 있다.

제7조 대한민국은 인민의 의사에 의해 건국한 정신을 세계에 발휘하고 나아
가 인류문화 및 평화에 공헌하기 위해 국제연맹에 가입한다.

제8조 대한민국은 구황실을 우대한다.

제9조 생명형·신체형 및 공창제(公娼制)를 전폐한다.

제10조 임시정부는 국토 회복 후 만 1년 내에 국회를 소집한다.[15]

민주공화주의적 이념의 수용이라는 관점에서 보면, 임시정부의 최초
헌법이었던 '대한민국임시헌장'은 이후 헌정사에 길이 영향을 미치는
기초 골격을 완성하는 면에서 매우 중요하다. 특히, 전문에서 3·1운동
을 평화적 독립을 성취하기 위한 시민적 의거 곧 시민혁명으로 들고, 나
아가 제1조로 다른 어느 나라 헌법에서도 찾기 어려운 민주공화주의를
천명하고 있으며, 평등과 자유의 가치를 드높이고 공민권을 명확히 선
언한다. 굳이 구황실의 예우문제를 언급한 것은 아마도 봉건적 잔영이
라기보다 국가정통성을 연계한다는 차원의 고려로 보이며,[16] 주권재민
과 사회경제적 자유권 및 권력분립의 이상을 담아내는 점이 매우 주목할
만하고 이런 민주공화주의 정신이 8·15광복 이후 대한민국 건국헌법의
이념적 기조로까지 이어진다.

한편, 애초 이 일곱 곳의 임시정부 모두에서 시민의 덕을 강조하는 공
화주의 이념과 연관지어 볼 때 매우 중요한 공통점이 두 가지 있었다고
한다.[17] 하나는 정부 수립을 추진한 인물들은 각료 구성에 거의 참여하

15) http://search.i815.or.kr/Search/대한민국임시헌장(독립기념관 자료실) 참조.

16) 한국학중앙연구원에서 간행한 『한국민족문화대백과』에서는 이를 봉건 잔영으로 보지
만, 민주공화정을 헌법 제1조로 정립한 취지와 '대동단결선언' 이래 국권의 연속성을 중
요시 여긴 점 등을 고려할 때, 이는 필자의 견해가 더 온당한 것이라고 본다. 한국학중앙
연구원, 『한국민족문화대백과』, 1996, 「대한민국임시정부헌법」 참조.

17) 네이버 지식백과, 두산백과, 「대한민국임시정부」 참조.

지 않은 애국적인 순수성과 진정성 및 헌신성이 일반의지 차원에서 견지된 점이고, 다른 하나는 민주공화주의를 이념으로 삼은 점이다. 어쨌든 상해 임시정부의 '임시헌정'부터 대한민국임시정부의 헌법은 제5차까지로 이어지는 개정 작업 속에서도 모두 민주공화제를 명문화하고 있다. 다만 개정과정 속에 헌정체제는 대통령제(제1차 개헌: 대한민국임시헌법, 전문, 8장, 본문 58개조), 국무령제(國務領制)(제2차 개헌: 대한민국임시헌법, 6장, 본문 35개조), 국무위원제(제3차 개헌: 대한민국임시약헌, 5장, 본문 50개조), 주석제(主席制)(제4차 개헌: 대한민국임시약헌, 5장, 본문 42개조) 및 주·부석제(제5차 개헌: 대한민국임시헌장, 전문, 7장, 본문 62개조)로 내용을 달리하며, 이에 따라 국민의 권리 의무와 권력 분립 등에서 변화가 있다.

특히, 이 가운데 제1차 개헌을 통해 통합된 1919년의 대한민국임시헌법(통합헌법)과 제5차 개헌을 통해 만들어진 1945년의 대한민국임시헌장은 근대 입헌주의적 헌법의 면모를 뚜렷이 담고 있다. 다시 말해, 3·1독립정신을 계승하고, 삼균주의(三均主義)에 입각해[18] 국민주권과 자유권의 보장 및 삼권분립을 명확히 하고, 의회제도와 법치주의를 명문화하는 등 민주공화주의 이념에 따른 성문헌법으로서의 체계를 온전히 갖추고 있다. 미국의 참전으로 제2차 세계대전이 전환점을 맞은 1942년부터 국제사회에서 제기된 전후 한국의 일명 국제관리설 곧, 신탁통치를 철회하기 위해 임시정부가 부단히 외교적 노력을 경주하였던 것도 민주

---

18) 임시헌장의 초를 잡았던 조소앙은 1931년 삼균주의(三均主義)를 제창한다. 삼균이란 인균(人均), 족균(族均), 국균(國均)을 이르는 것으로 중국의 삼민주의가 아직 민족주의와 국가주의를 벗어나지 못하고 있던 단계에서 정치, 경제, 교육의 모든 면에서 평등을 내용으로 하며 또한 인류평등과 민족평등 및 국가평등을 주장하는 매우 개방적인 민주주의 원리였다. 삼균주의 이념은 1941년 건국강령에서 더욱 구체화되어 광복한국의 기초 이념으로 다져졌고, 그리하여 1948년의 대한민국 건국헌법에도 반영된다. 삼균주의에 대해서는 삼균(三均)학회, 『소앙선생문집(素昻先生文集)』, 횃불사, 1979 참조.

공화주의 이념에 따른 완전한 국권회복을 구현하기 위한 노력이었으며, 광복 후 치열했던 신탁통치 반대 운동도 같은 맥락이었던 것이다. 제한독립은 대한민국임시정부가 27년간 숙성시켜온 민주공화주의 이념에 원천적으로 위배되었기 때문이다.

어쨌든 이렇게 임시정부 헌법은 전문에서 '3·1 독립정신'을 삽입하여 우리 민족의 건국정신임을 천명하며, 대한민국 건국헌법의 모체가[19] 된다. 건국헌법 기초위원장이었던 서상일(徐相日) 의원과 전문위원이었던 유진오(俞鎭午)는 헌법초안 제안 설명에서 "정신적으로 대한민국은 대한민국임시정부와 그 헌법의 이념과 정신을 계승하여 수립되었다"라고 증언하며, 또한 헌법초안 제1장 제1조인 "대한민국은 민주공화국이다."라는 조문에 대한 대체토론에서 발언한 제헌의원 대부분이 '대한민국'이라는 임시정부의 국호를 그대로 사용해야 한다고 주장하였다고 한다.[20] 물론 대한민국 건국헌법이 임시정부 헌법의 개정이 아니고 새 헌법의 제정이므로 그 상호관계에서 법적 연속성을 말하기는 어려우나, 적어도 정신적인 측면에서는 1948년에 건국된 대한민국과 그 헌법이 3·1 독립정신과 그 역사적 산물인 대한민국임시정부와 그 헌법의 계승이라 할 수 있는 것이다.

4. 맺음말: 민주공화주의 선택의 역사적 의의

독립운동기에 애국지사들이 민주공화주의 이념을 받아들인 것은 미국

---

19) 1948년에 제정된 대한민국 건국헌법은 전문에서 "유구한 역사와 전통에 빛나는 우리들 대한국민은 기미 3·1운동으로 대한민국을 건립하여 세계에 선포한 위대한 독립정신을 계승하여 이제 민주독립국가를 재건함"을 밝힌다. 법제처/대한민국법령연혁집 참조. www.law.go.kr/헌법.

20) 대한민국국회, 『헌법제정회의록 1』, 국회도서관, 1967 및 최창규, 『근대한국정치사상사』, 일조각, 1977 참조.

독립혁명이나 중국의 신해혁명을 그냥 본뜬 것이 결코 아니었다. 민주공화주의 이념은 당대 우리 민족이 국내외적으로 처한 상황 속에서 시대정신에 부응할 수 있는 어쩌면 유일하고 필연적인 선택으로 보인다. 2절에서 '대동단결선언'의 의의를 고찰하고, 또한 3절에서 대한민국임시정부의 이념을 규명하면서 밝혔듯이, 애국지사들이 민주공화주의 이념을 채택한 역사적 의의는 대체로 다음 세 가지로 정리될 수 있을 것 같다.

첫째, 국권회복을 위한 필연적 선택이었다. 융희황제가 일본의 강압에 의해 퇴위당함으로써 대한제국의 이름이나 여타의 군주제로서는 국권회복이나 주권의 정통성에 대한 주장이 불가했으며, 이런 가운데 국가의 연속성과 합법성을 구성해 국제사회에서 정통성을 인정받기 위해서는 주권재민 원리에 따른 민주공화주의의 채택이 유일하게 가능한 선택이었을 것이다.

둘째, 3·1운동을 봉건적 군주제와 제국주의적 강압에 반대하는 근대적 시민혁명으로 승화시키고자 했기 때문이었다. 민주공화주의의 천명은 3·1운동을 압제에 대한 단순한 우발적 저항이 아니라, 미국 독립혁명이나 프랑스혁명, 그리고 바로 당대에 일어난 신해혁명과 러시아혁명처럼 인간의 평등과 자유 및 기본권에 대한 분명한 인식에 토대한 사회혁명으로 천명하는 계기를 이룬다. 따라서 한국사의 진정한 근대는 거국적이자 국제적 시민혁명을 불러일으킨 3·1운동으로 완성된다.

셋째, 민주공화주의 이념의 제창은 국가와 민족중흥의 힘과 가능성을 국민의 내적 역량 속에서 발견하고자 하는 열망이자 노력의 일환이었다. 조국을 빼앗긴 피폐한 상황에서나마 좌절하지 않고 다시금 민족자존과 자결을 회복하고 중흥시키기 위해서는 역사 발전의 원동력을 내적 역량 속에서 구성해낼 수 있어야 했으며, 민주공화주의 이념의 발견은 이런 면에서 필연적인 시대정신이었다.

민주공화주의 이념을 뚜렷이 교육받은 바 없지만 애국지사들은 무엇보다도 압제의 핍박을 통해 몸으로, 정신으로 이런 원리를 터득한 것이었다. 오히려 미국에서 서구 고등교육의 전체 과정을 이수했던(조지워싱턴대학 학사, 하버드대학 석사, 프린스턴대학 국제정치학박사) 임시정부의 초대 이승만 대통령(집정관)은 미국의 필리핀 정책과 유사하게 위임통치를 제안해 많은 반발을 불러일으켰던 반면,[21] 독립운동 자체를 통해 민주공화주의 이념을 역사의 필연적인 선택으로 받아들인 여타의 독립지사들은 초지일관 자주독립국가를 주창했던 이유도 바로 여기서 찾을 수 있다. 민주공화주의 이념에 따른 민족자결만이 국제사회 속에서 독립운동의 정통성과 국권의 합법적 연속성을 정당화시킬 수 있었던 것이다.

이상의 고찰에 따르면, 애국계몽기로부터[22] 일제 아래서의 독립운동기까지 민주공화주의 이념의 수용과정은 서구 열강의 세계지배와 일본의 압제로부터 합법적으로 우리 민족의 자주성과 정통성을 지켜나가고 또한 국권회복을 위한 노력을 통해 독립과 해방의 계기를 주체적으로 구성해나가고자 했던 독립운동의 연장이었던 것이다. 해방 이후 반탁운동이나 단독정부 수립에 대한 국민적 저항이 반도를 뜨겁게 달구었던 것도 이런 맥락에서 민주공화주의 이념을 역사적으로 터득한 민중적 저항정신이 발현된 것으로 이해할 수 있는 것이다. 그나마 해방 이후 건국헌법에서 3 · 1운동의 정신과 민주공화주의 이념을 천명한 것은, 식민지 종속국가가 독립 후 갑자기 서구의 국가지도 원리를 차용한 것이 아니라, 우리 민족의 이런 독립운동의 역량을 집대성하고 계승했다는 의지를 표현한 것으로 다행스러운 일이라 할 것이다.

---

21) 정병준, 『우남 이승만 연구』, 역사비평사, 2005 참조.
22) 애국계몽기 공화주의 수용에 관한 연구로는 이상훈, 「애국계몽기 신소설에 나타난 공화주의 연구」, 『시대와 철학』 제22권 4호, 2011 참조. 이상훈은 여기서 갑오경장(1894) 이래 1919년 3 · 1운동까지 한국 근대사의 격동기에 서양의 공화주의 사상이 어떻게 수용되고 있는가를, 한국 근대문학의 효시를 이루는 작가로 평가받고 있는 동농 이해조의 작품세계를 통해 분석한다.

참고문헌

강만길, 『고쳐 쓴 한국근대사』, 창작과비평사, 2006.

강준만, 『한국근대사산책 1: 천주교 박해에서 갑신정변까지』, 인물과사상사, 2007.

국사편찬위원회, 『한국사론 10: 대한민국 임시정부』, 민족문화사, 1992.

국회도서관, 『세계의 헌법』, 국회도서관, 2010.

대한민국국회, 『헌법제정회의록 1』, 국회도서관, 1967.

독립유공자사업기금운용위원회, 「2·8 독립선언문」, 『학생독립운동자료집』

삼균학회, 『소앙선생문집』, 횃불사, 1979.

신용하, 『3·1독립운동』, 독립운동사연구소, 1989.

이상훈, 「애국계몽기 신소설에 나타난 공화주의 연구」, 『시대와 철학』 제22권 4호, 2011.

이현희, 『대한민국임시정부사』, 집문당, 1982.

정병준, 『우남 이승만 연구』, 역사비평사, 2005.

조동걸, 「1917년의 대동단결선언(大同團結宣言)」, 『한국학논총(韓國學論叢)』, 10, 국민대학교, 1987.

투멘 편집부, 『독일바이마르 헌법』(e-BOOk), 투멘, 2009.

한국학중앙연구원, 『한국민족문화대백과사전』, 한국학중앙연구원 편집부, 1996.

한중일3국공동역사편찬위원회, 『미래를 여는 역사』, 한겨레신문사 출판사업단, 2012.

A. Brinkley, *The Unfinished Nation*, 황혜성 외 옮김, 『있는 그대로의 미국사』, 제1권, 휴머니스트, 2005.

Eric Hobsbawm, *Age of Revolution*, 정도영 외 옮김, 『혁명의 시대』, 한길사, 1998

Jean-Jacques Rousseau, *Du Contrat social*, 이환 옮김, 『사회계약론』, 서울대학교 출판부, 1999

Dean C. Worcester, *Philippines: Past and Present*(e-Book), Vol. 1, Gutenberg Project, 2011.

네이버 지식백과, 두산백과, 「대한민국임시정부」

http://www.law.go.kr/헌법(법제처/대한민국법령연혁집)

http://mpva.tistory.com/853(국가보훈처 훈터/2.8독립선언)

http://search.i815.or.kr/Search/기미독립선언;대동단결선언;대한민국임시헌장(독립기념관 자료실)

http://www.americanhistory.or.kr/book/ link/d-law-k.htm

http://www.stanford.edu/encyclopediaofphilosophy/Republicanism

강성훈

서울대학교 철학과 교수. 서울대 철학과와 석사과정을 졸업한 후, 미국 프린스턴대학교에서 덕과 앎에 대한 플라톤의 초기 입장과 중기 입장을 비교하는 논문으로 박사학위를 받았다. 그리스·로마 원전을 연구하고 번역하는 모임인 정암학당의 연구원으로 플라톤 전집 번역 작업에 참여하고 있으며, 전집 번역의 일환으로 플라톤의 『프로타고라스』와 『에우튀프론』을 번역하였다. 주요 논문으로 「『파이돈』에서 대중적 시가와 뮈토스」, 「플라톤의 『국가』에서 세 종류의 사람들과 영혼의 세 부분」, 「아리스토텔레스는 계사와 존재사를 구분하였는가?」, 「고대 그리스어 einai에 해당하는 한국어는?」 등이 있다.

김선희

이화여자대학교 철학과 초빙교수. 이화여대를 졸업하고 서강대학교 대학원 철학과에서 박사학위를 받았다. 한국여성철학회 회장을 역임했으며, 철학상담 수련감독이다. 주요 연구 분야는 심리철학, 과학기술철학, 여성철학, 철학상담으로, 자아, 자아정체성, 인격과 도덕적 주체, 젠더 정체성, 사이버자아, 포스트휴먼, 로봇의 인격과 윤리, 철학상담, 철학상담 방법론 등에 관하여 연구해왔다. 그리고 '철학적 사고실험 모델'을 개발하여 철학상담을 실천하고 있다. 주요 저서로 『자아와 행위』, 『사이버시대의 인격과 몸』, 『과학기술과 인간 정체성』, 『철학상담: 나의 가치를 찾아가는 대화』, 『철학상담 방법론: 철학적 사고실험과 자기치유』,

『사소하지 않은 생각』, 『혐오미러링』 등이 있다

김은희

건국대학교 상허교양대학 교수. 서울대학교 철학과를 졸업하고 동 대학원에서 롤즈와 왈저의 정치철학을 비교 연구한 논문으로 박사학위를 받았다. 주요 연구 분야는 자유주의, 공동체주의의 정치철학, 성윤리, 도덕적 추론과 비판적 사고 교육이다. 주요 저서로『윤리학과 그 응용』(공저),『처음 읽는 윤리학』(공저),『현대 정치철학의 테제들』(공저),『현대 페미니즘의 테제들』(공저), 역서로 왈저의『해석과 사회비판』등이 있고, 논문으로「롤즈의 해석은 칸트 윤리학을 왜곡하는가: 롤즈의『도덕철학 사강의』를 중심으로」,「칸트 성윤리의 구조와 재구성: 섹스 본성론, 정언명령, 호혜성을 중심으로」,「취약한 존재를 위한 정의론: 사회계약론, 역량접근법, 돌봄 윤리의 대결」등이 있다.

나종석

연세대학교 문과대학 및 국학연구원 교수. 연세대 철학과를 졸업하고 독일에서 헤겔과 비코에 대한 논문으로 철학박사학위를 받았다. 주요 저서로『차이와 연대: 현대 세계와 헤겔의 사회 · 정치철학』,『삶으로서의 철학: 소크라테스의 변론』,『헤겔 정치철학의 통찰과 맹목』,『대동민주 유학과 21세기 실학』등이 있다.

목광수

서울시립대학교 철학과 교수. 서울대학교 철학과를 졸업하고 동 대학원에서 석사학위를 받았으며, 미국 미시간주립대학교에서 박사학위를 받았다. 한국윤리학회, 한국철학회, 한국생명윤리학회, 과학철학회 등에서 임원으로 활동하고 있으며, 지구촌 윤리와 정의, 생명의료윤리, 인공지능과 빅데이터 윤리 등의 주제들을 중심으로 연구하고 있다. 주요 논문으로 「인공지능 시대의 정보 윤리학: 플로리디의 '새로운' 윤리학」, 「인공지능 시대에 적합한 인격 개념: 인정에 근거한 모델을 중심으로」, 「전지구화 시대에 적합한 책임 논의 모색」, 「민주주의적 덕성과 공론장」, 「롤즈의 자존감과 자존감의 사회적 토대의 역할과 의미에 대한 비판적 고찰」, 「장애(인)와 정의의 철학적 기초」, 「나노과학과 관련된 리스크 분석과 윤리적 대응」, 「아마티아 센의 정의론에 대한 비판적 고찰」, 「역량 중심 접근법과 인정의 문제」, 「윤리적인 동물 실험의 철학적 옹호 가능성 검토」 등이 있다.

박상혁

동아대학교 철학생명의료윤리학과 교수. 서울대학교 지리교육과(학사), 미학과(석사)를 졸업하고 미국 캔자스대학교에서 철학박사학위를 받았다. 주요 연구 분야는 윤리학, 정치철학, 생명윤리학이며, 2007년부터 2015년까지 계명대학교 철학윤리학과에서 가르쳤다. 주요 저서로 박사학위 논문인 *The Normativity of Morality*가 있고, 윤리학, 사회정의, 민주주의, 의료정의론에 관한 다수의 논문이 있다.

박정순

전 연세대학교 인문예술대학 철학과 교수. 연세대학교 철학과를 졸업하고 동 대학원에서 석사학위를, 미국 에모리대학교 철학과에서 철학박사학위를 받았으며, 미국 프린스턴 고등학술연구소 방문 연구교수를 역임하였다. 전공은 현대 영미 윤리학 및 사회철학, 그리고 정의론이다. 한국윤리학회 회장을 역임하였으며, 한국철학회 다산기념철학강좌위원회 위원장을 지내면서 찰스 테일러, 슬라보예 지젝, 페터 슬로터다이크, 마이클 샌델, 피터 싱어 등 세계 석학들을 초빙하여 강연케 하였다. 주요 저서로 *Contractarian Liberal Ethics and the Theory of Rational Choice*, 『익명성의 문제와 도덕규범의 구속력』, 『롤즈의 정의론과 그 이후』(공저), 『마이클 샌델의 정의론, 무엇이 문제인가』, 『마이클 월저의 사회사상과 철학적 깨달음』, 『사회계약론적 윤리학과 합리적 선택: 홉스, 롤즈, 고티에』, 『존 롤즈의 정의론: 전개와 변천』 등이 있다.

손화철

한동대학교 교양학부 교수(철학). 서울대학교 철학과를 졸업하였고 벨기에 루뱅대학교 철학부에서 기술철학 전공으로 박사학위를 받았다. 주요 연구 분야는 기술철학의 고전이론, 기술과 민주주의, 포스트휴머니즘, 인공지능의 철학, 미디어 이론, 공학윤리 등이다. 주요 저서로 『랭던 위너』, 『4차 산업혁명이라는 거짓말』(공저), 『포스트휴먼 시대의 휴먼』(공저) 등이 있고, 역서로 『불평할 의무』, 『길을 묻는 테크놀로지』 등이 있다.

신중섭

강원대학교 윤리교육과 교수. 고려대학교 철학과 및 동 대학원을 졸업하였다. 주요 저서로 『포퍼와 현대의 과학철학』, 『포퍼의 열린사회와 그 적들』, 『샌델의 정의론 바로읽기』 등이 있고, 역서로 『현대의 과학철학』(공역), 『치명적 자만』, 『무한한 다양성을 위하여』 등이 있다.

이상인

연세대학교 인문예술대학 철학과 교수. 연세대 철학과 및 동 대학원을 졸업하였다. 독일 마인츠대학교와 마르부르크대학교에서 고전문헌학과 철학을 연구하였고, 마르부르크대학교에서 박사학위를 받았다. 주요 저서로 *Anamnesis im Menon: Platons Überlegungen zu Möglichkeit und Methode eines den Ideen gemäßen Wissenserwerbes*, 『플라톤과 유럽의 전통』, 『진리와 논박: 플라톤과 파르메니데스』 등이 있고, 역서로 『메논』, 『고대와 근대의 논쟁들: 문제로 읽는 서양철학사』 등이 있다.

이상훈

한국철학회 회장(2019. 7. 1-2020. 6. 30). 대진대학교 산학협력부총장, 교무처장, 중앙도서관장을 역임하였다. 또한 경기도 4년제대학 산학협력단협의회 회장, 철학연구회 회장, 대동철학회 회장, 한국철학회 편집위원장을 역임하였고, 한겨레신문 칼럼니스트이다. 미국 캘리포니아대학교(Berkeley) Center for Korean Studies 방문학자(2012), 퍼듀대학교 Dept. of Philosophy 방문학자(2005), 캘리포니아대학교(Irvine) Dept. of Philosophy 방문학자(1997)를 지냈다. 주요 저서로 『사회철학 대계 4』(공저), 『뉴미디어 시대의 문화와 철학』(공저) 등이 있고, 역서로 세일라 벤하비브의 『타자의 권리』, 안토니오 그람시의 『옥중수고』 등이 있다. 논문으로는 「이해조 '윤리학'에 대한 철학적 소고」, 「통일이념으로서의 민주공화주의」, 「민주공화주의 이념의 기원」, "Korean Unification as a Dual Emancipation"(WCP, 2013), 「독립운동과 민주공화주의 이념」(『시대와 철학』, 2012), 「애국계몽기 신소설에 나타난 공화주의 연구」(『시대와 철학』, 2011), 「DMZ, 평화·생명·상생·통일의 희망 공간」(『DMZ연구』, 2011) 등이 있다.

이양수

미국 조지아대학교 철학과를 졸업하였다. 현재 인하대학교, 연세대학교, 숭실대학교, 건국대학교에서 강의 중이며, 주요 연구 분야는 윤리학, 정치철학이다. 학위논문으로 『정의, 비폭력, 정치판단의 실행: 리쾨르 정의개념 연구』가 있다. 주요 저서로 『롤스와 매킨타이어: 정의로운 사회의 조건』, 『폴 리쾨르』, 『무엇이 정의인가』(공저), 『롤즈의 정의론과 그 이후』(공저), 『현대정치철학의 테제들』(공저), 『내러티브 연구의 현황과 전망』(공저) 등이 있고, 역서로 『정의의 한계』, 『휴머니티』 등이 있다.

이영환

이화여자대학교 철학과 조교수. 서울대학교 철학과에서 학사 및 석사학위를 받고 미국 프린스턴대학교에서 철학박사학위를 받았다. 인제대학교 연구교수를 역임하였다. 주요 저서로 *Aristotle and Determinism: An Interpretation of Aristotle's Theory of Causation, Necessity and Accidents*(2009), 역서로 『아리스토텔레스의 형이상학 입문』 등이 있다. 논문으로는 「아리스토텔레스에 있어서의 필연성과 소위 아리스토텔레스적 본질주의」, 「아리스토텔레스 행복관에 대한 몇 가지 오해에 대한 해명」, 「아리스토텔레스 논리학 연구: dictum de omni et nullo와 아리스토텔레스의 '특칭' 문장」, 「아리스토텔레스의 아이티아론: 원인과 실체로서의 아이티아」, 「설득, 이성, 자유 그리고 철학: 아리스토텔레스의 『니코마코스 윤리학』에서」 등이 있다.

정대성

연세대학교 근대한국학연구소 HK교수. 연세대 철학과를 졸업하고 동 대학원에서 석사학위를 받았으며, 독일 보쿰대학교에서 유럽 근현대 철학으로 박사학위를 받았다. 근대 서양철학의 국내 수용과 철학적 담론의 유포 양상에 관심을 두고 연구하고 있다. 역서로 헤겔의 『청년헤겔의 신학론집』, 테일러의 『헤겔』 등이 있고, 논문으로 「자유주의와 공화주의를 넘어서: 헤겔 철학에서 사회적 국가의 이념」 등이 있다.

정대현

이화여자대학교 철학과 명예교수. 고려대학교와 미국 웨스트민스터 신학대학교, 템플대학교에서 수학하였으며, 이화여대 철학과에서 언어철학, 심리철학, 인식론을 30년간 강의하였다. 주요 저서로 『한국현대철학, 그 주제적 지형도』, 『이것을 저렇게도: 다원주의적 실재론』, 『심성내용의 신체성: 심리언어의 문맥적 외재주의』, 『맞음의 철학: 진리와 의미를 위하여』, 『필연성의 문맥적 이해』, 『한국어와 철학적 분석』, 『정대현 철학을 토론한다』(공저), 『표현인문학』(공저) 등이 있고, 논문으로 「알파고. 나는 자연종 인간과 둔 바둑을 이겼다: 로봇종 인간의 의식론 서설」, 「체계적 이성과 탐구적 이성: 헌법재판소의 통합진보당 해산 결정의 합리성」, "Integrationality(誠): A Metaphysical Basis for the Concept of Causation" 등이 있다.

정원섭

경남대학교 자유전공학부 교수. 서울대학교 철학과에서 윤리학 및 정치철학으로 박사학위를 받았으며, 미국 퍼듀대학교에서 박사후과정을 마쳤다. 주요 연구 분야는 현대사회의 규범 전반이다. 최근에는 인공지능 기술과 더불어 등장하는 다양한 윤리적 쟁점들을 인권과 정의, 민주주의와 평화 및 공공성의 시각에서 연구하고 있다. 주요 저서로 『롤즈의 공적 이성과 입헌민주주의』(2008), 『정의론과 사회윤리』(2012), 『처음 읽는 윤리학』(2013), 『처음 읽는 영미현대철학』(2014), 『인공지능과 새로운 사회규범』(2018) 등이 있고, 역서로 『자유주의를 넘어서』(마이클 왈쩌, 2000), 『정의와 다원적 평등』(마이클 왈쩌, 1999) 등이 있다. 논문으로는 「인권의 현대적 역설」, 「현대 자유주의 정치철학에서 복지」, "Human Rights and Asian Values", 「인공지능시대 기본소득」 등이 있다.

정태창

서울시립대학교 박사후 연구원. 서울대학교 철학과에서 『민주주의의 규범적 기초로서의 자율성에 대한 연구: 하버마스와 롤스를 중심으로』로 박사학위를 받았다. 민주주의의 새로운 가능성이라는 주제를 중심으로 연구를 수행해나가고 있으며 그 외에도 도덕철학, 정치/사회철학과 관련된 여러 주제에 관심이 있다. 주요 논문으로는 「롤즈의 공정으로서의 정의가 현대 입헌 민주주의의 위기에 대해 갖는 실천적 함의」, 「아도르노 철학에서의 이성의 파괴」, 「비지배 자유와 공화주의의 딜레마」, 「칸트의 자율성에 대한 구성주의 해석과 실재론 해석의 화해 가능성」 등이 있다.

정현철

연세대학교 인문학연구원 철학연구소 전문연구원, 연세대 강사. 연세대에서 철학으로 박사학위를 받았고 독일 베를린대학교와 프랑크푸르트대학교에서 연구하였다. 주로 정치철학과 사회철학 그리고 현대철학에 관심이 있다. 주요 논문으로 「정의 이론에서 타자의 문제에 관한 비판적 고찰」, 「비판 이론에 있어서 윤리적 가치 지향의 이론적 수용 가능성 연구」 등이 있다.

정훈

일본 와세다대학교 정치경제학부 부교수. 서울대학교 철학과를 졸업하고, 미국 코넬대학교 철학과에서 윤리학, 정치철학 분야로 석사 및 박사학위를 받았으며, 로체스터대학교 정치학과에서 게임이론, 사회적 선택이론 분야로 석사 및 박사학위를 받았다. 애리조나대학교 PPE 포스닥 펠로, 로체스터 공대(RIT) 초빙조교수, 육군사관학교 조교수를 역임하였다. 주요 연구 분야는 철학 – 정치학 – 경제학에 걸친 학제간(PPE) 연구이며, 주로 정치철학적 주제들을 게임이론과 사회적 선택이론에 기반한 형식/수리모형을 통해서 분석하고 있다. 다수의 논문들을 *Economics and Philosophy*, *Episteme*, *Erkenntnis*, *Journal of Theoretical Politics*, *Journal of the American Philosophical Association*, *Organon F*, *Philosophical Studies*, *Synthese*와 같은 SCI/SSCI/A&HCI 국제학술지에 출판하였다.

정의론과 정치철학

1판 1쇄 인쇄	2020년 6월 20일
1판 1쇄 발행	2020년 6월 25일

지은이	박 정 순 외
발행인	전 춘 호
발행처	철학과현실사

출판등록	1987년 12월 15일 제300-1987-36호
	서울특별시 종로구 동숭동 1-45
	전화번호 579-5908
	팩시밀리 572-2830

ISBN 978-89-7775-838-4 93190
값 30,000원

지은이와의 협의 하에 인지는 생략합니다.
잘못된 책은 바꿔 드립니다.